墨学大辞典

孙中原　邵长婕　杨文　编

创于1897 商务印书馆 The Commercial Press

2016年·北京

图书在版编目(CIP)数据

墨学大辞典 / 孙中原，邵长婕，杨文编. — 北京：商务印书馆，2016
ISBN 978－7－100－12308－2

Ⅰ. ①墨… Ⅱ. ①孙… ②邵… ③杨… Ⅲ. ①墨家—词典 Ⅳ. ①B224.5-61

中国版本图书馆CIP数据核字(2016)第144663号

墨学大辞典

孙中原　邵长婕　杨文　编

商　务　印　书　馆　出　版
（北京王府井大街36号　邮政编码 100710）
商　务　印　书　馆　发　行
三河市尚艺印装有限公司印刷
ISBN 978 － 7 － 100 － 12308 － 2

2016年7月第1版　开本 710×1000　1/16
2016年7月北京第1次印刷　印张 37 1/4

定价：120.00元

国家社科基金后期资助项目
出版说明

后期资助项目是国家社科基金设立的一类重要项目，旨在鼓励广大社科研究者潜心治学，支持基础研究多出优秀成果。它是经过严格评审，从接近完成的科研成果中遴选立项的。为扩大后期资助项目的影响，更好地推动学术发展，促进成果转化，全国哲学社会科学规划办公室按照“统一设计、统一标识、统一版式、形成系列”的总体要求，组织出版国家社科基金后期资助项目成果。

全国哲学社会科学规划办公室

《诸子百家经典辞书系列》出版说明

诸子百家经典是中华优秀传统文化的源头、重要内容和理论基础。孙中原编《诸子百家经典辞书系列》，创新解释诸子百家经典语词，含范畴和命题。借助电脑高科技，用电子数字化考据，系统调查研究，对诸子百家经典语词，穷尽检索，完全归纳，统计词频，定性定量分析，用现代观点解释，纳入现代科学分类系统，阐发诸子百家学说精华，为振兴中华，实现中华民族伟大复兴的中国梦，提供锐利思想武器和强大精神动力。首批推出《墨子大辞典》和《墨学大辞典》，解释《墨子》与墨学语词。释文准确通俗，有科学性和可读性。

前　言

本辞典是国家社科基金项目的最终结项成果。经专家评审，全国哲学社会科学规划领导小组批准立项，批准号15FZX017。兹简述本书编写宗旨和词目排列，编写过程和资料依据，最终结项和修改完善。

一、编写宗旨和词目排列

编写宗旨：创新解释墨学语词，是首部全面系统的大型墨学辞典，面向广大读者，弘扬墨学精华，普及国学知识，有助于深入理解中华优秀传统文化。释文准确通俗，有科学性和可读性。

词目排列：设墨学分科、墨学研究史和墨学研究方法论三编，收词657个。

（一）第一编墨学分科，收词294个。分科收词：1. 逻辑学，收词62个。2. 方法论，收词18个。3. 认识论，收词32个。4. 科技哲学，收词13个。5. 世界观，收词17个。6. 历史观，收词11个。7. 经济学，收词7个。8. 政治学，收词30个。9. 伦理学，收词26个。10. 教育学，收词3个。11. 语言文学，收词5个。12. 音乐艺术美学，收词5个。13. 军事学，收词22个。14. 数学，收15个。15. 物理学，收词7个。16. 力学，收词4个。17. 简单机械学，收词5个。18. 光学，收词12个。以上“逻辑学”到“军事学”属人文科学（哲学社会科学），收词251个。“数学”到“光学”属自然科学，收词43个。

第一编墨学分科，创新解释墨学分科的范畴和命题，是墨学与现代世界科学的融会贯通。借用希尔伯特元数学纲领和塔尔斯基元逻辑的称谓，墨学是本项目成果的对象研究，对象语言。本项目按国家出版工程《中华大典》的编纂方法，把墨学纳入现代科学分类系统，是元研究，元语言。

墨学分科研究，是现代墨学研究的标志和内容，是墨学研究现代化的需求，是现代墨学研究者的神圣使命和社会责任。本编墨学分科使用“逻辑学”到“光学”等类名，是全世界全人类几千年来所积淀的人文自然科学名称，是学科划分的类概念，用来标识墨学资料的学科类别，反映墨学资料的学科性质。

本编从“逻辑学”到“光学”等墨学分科类名的设立，释文的编写，是课题组成员集体智慧的结晶，经长期系统的调查研究，借助电脑高科技，用电子数字化考据和传统考据，详细占有资料，切磋琢磨，反复斟酌，从理论、历史和现实多角度分析厘定。本编墨学分科词目和释文的知识内容，是现代墨学分科研究的概括和总结，为现代和未来的墨学研究，奠定坚实基础，开拓继续前进的新起点。

本编墨学分科词目的释文，通过科学的分析和论证，阐明分科类名与墨学资料的内在联系，观点材料恰当结合，推动墨学研究的进展。本编墨学分科类名设立的依据，是墨学原始资料的实证铁证，借鉴全世界全人类几千年文化发展积淀的成果。课题组成员长期学习运用现代科学知识，专职专业专攻墨学研究。本编墨学分科词目和释文的知识内容，经课题组成员长期教学研究的专业历练和学术实践的严格检验。

1980年后孙中原撰《墨经分类译注》，是长期在中国人民大学哲学院给硕博士研究生授课的教材，有广泛的学术影响。2004年以《王玉玺书〈墨经〉》为书名，由（杭州）西泠印社出版，石印线装，一函一册，是中国墨子学会的礼品书，广受海内外学人的欢迎和肯定。后作为《中国逻辑研究》附录，由商务印书馆于2006年出版，经专家评审，于2015年列入国家社会科学基金中华学术外译项目，译为英文，在海外出版。

项目负责人和主编孙中原，从2001年起至今，借鉴中国最大文化出版工程《中华大典》的编纂规范，参照《国务院关于编纂中华大典问题的批复》（国函〔1990〕73号）、《群策群力编好中华大典——中华大典编纂工作简介》、《中华大典编纂工作总则》和《中华大典的体例、结构及说明》等文件的规定，经历年实践，精心选取墨学资料的实证铁证和现代世界通行的学科类名，反复锤炼斟酌词目和释文。

1980 年以来，项目负责人和主编孙中原，适应时代和社会需求，出版墨学和墨家逻辑学专著 30 多种。《中华大典》总编辑任继愈亲自审查两遍，批准孙中原作为《中华大典 · 哲学典》编委，《中华大典 · 哲学典 · 诸子百家分典》副主编，编写墨学人物、流派、典籍和范畴稿 50 万字，任继愈亲自审定。孙中原《墨学通论》（辽宁教育出版社 1993 年版）等专著，得到张岱年等学者的肯定。

（二）第二编墨学研究史词目，涵盖古今墨学史重要人物、典籍、范畴和命题，收词 313 个。分专题收词：1. 墨家创学，收词 35 个。2. 诸子论墨，收词 6 个。3. 中世论墨，收词 86 个。4. 大陆论墨，收词 141 个。5. 台湾论墨，收词 18 个。6. 韩国论墨，收词 6 个。7. 日本论墨，收词 9 个。8. 西方论墨，收词 12 个。展现墨学在战国产生，汉到清中绝，现代复兴的曲折前进历程，体现墨学由肯定、否定到再肯定的辩证发展规律。

"墨学研究史"是本编词目的一级分类名称。从"墨家创学"到"西方论墨"等专题，是本编词目的二级分类名称。在以上各专题内部，根据实际情况，人物、典籍、范畴和命题，依次排列。如先出人名词目"李绍昆"，后出李绍昆典籍、范畴和命题词目。条理清晰，易读易检。

（三）第三编墨学研究方法论，创新解释墨学研究方法论语词，含范畴和命题，揭示墨学研究发展的理论基础和原理，探索墨学研究的前沿课题。本编墨学研究方法论收词 50 个，按方法理论展开的逻辑层次，顺序排列。

本编词目是在详细占有墨学研究历史和现实资料的基础上，精心选取对墨学研究至关重要的科学方法论点，是墨学研究的灵魂、工具、利器和决定因素，非墨学研究专用，墨学研究必用，不可不用，反映课题组成员亲身实践和系统调查研究的真切感受。

本编释文密切联系墨学研究实际，突出所列科学方法论点在墨学研究中的应用价值，体现最终结项成果的创新性和独创性。类似"会当凌绝顶"等诗句性条目，作为墨学研究方法论点的形象比喻，修辞手段，增强释文的语言表达效果，提高辞书的可读性，使读者易于理解、接受和运用释文的知识内涵与抽象理论。

以上墨学分科、墨学研究史和墨学研究方法论三编，以词目和释文形式，再现墨学的系统性、整体性和内容架构的特质。本辞典前列墨学分科、墨学研究史和墨学研究方法论索引，方便检索。本辞典词目，按专题排列，意义关联，前后照应，一望而知，一目了然，不另列音序笔画索引，以利披览。

二、编写过程和资料依据

本辞典编写过程，历经课题组成员长期系统的调查研究，切磋琢磨，精心锤炼。本辞典资料依据，用电子数字化考据和传统考据，严格核查，务求真切。

（一）1961 ～ 1964 年，孙中原师从中国科学院哲学研究所汪奠基、沈有鼎，专攻中国古代文献和中国逻辑史，墨学是攻读重点。经导师指导和批改，积累数十万字系列读书报告，是本辞典编写的开端和部分资料来源。

（二）2001 年，孙中原任《中华大典·哲学典·诸子百家分典》副主编，编撰诸子百家各总部稿，含墨家总部稿 50 万字（《中华大典·哲学典·诸子百家分典》，云南教育出版社 2007 年版）。1980 年以来，孙中原出版墨学和墨家逻辑学专著数十种，是本辞典编写的前期准备和部分资料来源。

（三）本辞典编写，充分利用海峡两岸两部特大型丛书《墨子集成》和《墨子大全》，广取资料，精心考辨。《墨子集成》，严灵峰编，台湾成文出版社 1977 年版。《墨子大全》，任继愈等编，北京图书馆出版社 2004 年版。

（四）〔英〕德龙（Donald Sturgeon）主编：诸子百家，“中国哲学书电子化计划”（Chinese Text Project，网址 http：//ctext.org/zh）。用正在发展的学术新领域数字人文（Digital humanities），把电脑高科技应用于人文学术研究。从 2006 年起，德龙独自开发“中国哲学书电子化计划”网站，给全世界各地学者提供原创功能，方便查询资料，提高研究效率。本书集中修改时间，跟德龙网站发展同步。2008 年上半年，孙中原任台湾东吴大学哲学系哲学研究所客座教授，德龙是该所李贤中教授（现台湾大学教授兼系主任）的硕士生，选修孙中原在该所开设的“逻辑元研究”课程。孙中原与德龙开始合作研究，始终得益于德龙网站提供的丰富资料。

（五）从1961年至今，孙中原在墨学专攻中，利用长期学习和工作机会，遍查中国国家图书馆，中国科学院、中国社会科学院、北京大学、清华大学、中国人民大学图书馆和资料室，含个人藏书，计数千册，广取资料，思考论点。

（六）孙中原从2006年开始至今，集中时间编改本辞典，邀邵长婕和杨文结成课题组，分工合编，团队攻关，集体研讨。具体分工：项目负责人孙中原任主编，课题组成员邵长婕和杨文撰第二编和第一编部分原稿，最后由孙中原修改完善，统稿总成。邵长婕和杨文复审全稿。山东大学滕州市墨子研究中心办公室全体同仁参审校样。集体把关，群策群力。

本辞典项目课题组成员，潜心治学，扎实研究，遵守学术规范，坚持正确导向。在本辞典编写过程中，跨学科、单位、地区和国界，广交同仁，切磋琢磨，汲取智慧。为完善词条，核实资料，准确表述，编者跟海内外学人，密切联系，反复沟通，往返电邮数千件。

（七）在本辞典长期编写过程中，承蒙海内外学人，提供大量丰富和鲜活生动的研究资料。美国宾州爱丁堡大学教授李绍昆等，提供西方的墨学研究资料。日本东京大学教授池田知久和二松学社大学文学部教授山边进等，提供日本的墨学研究资料。韩国成均馆大学教授李云久和孙中原指导的韩国博士留学生黄晟圭等，提供韩国的墨学研究资料。台湾大学哲学系教授兼系主任李贤中，以及高雄、云林、台中、台北学者韦政通、史墨卿、王赞源、吴进安、李哲贤、萧宏恩、孙长祥、邱健硕等，提供台湾地区的墨学研究资料。山东大学滕州市墨子研究中心办公室历届主任李广星、任守景和邵长婕等，提供中国墨子学会同仁的墨学研究资料。

本辞典的学术观点和知识构成，是墨学研究历史积淀的概括和总结，是海内外研究成果的荟萃和浓缩，是中国墨子学会同仁集体智慧的结晶和升华，经课题组成员长期教学研究和学术活动的反复运用与严格检验，聆听高见，反映共识，博采众长，从善如流，恰切反映当代学术界墨学科学研究的结论和共识。

三、最终结项和修改完善

全国哲学社会科学规划办公室《2015 年国家社科基金后期资助项目申报公告》说，项目宗旨：国家社科基金后期资助项目是国家社科基金项目主要类别之一，旨在鼓励广大人文社会科学工作者潜心治学，扎实研究，多出优秀成果，进一步发挥国家社科基金在繁荣发展哲学社会科学中的示范引导作用。资助对象：国家社科基金后期资助项目资助少量学术含量较高的工具书。申报成果学术上具有原创性开拓性，达到本学科领域目前先进水平。

本项目负责人主编于 2016 年 1 月 5 日收到全国哲学社会科学规划办公室整理反馈 5 位通讯评审专家对《墨学大辞典》的意见全文。全国哲学社会科学规划办公室来信说：“孙中原同志：您申报国家社科基金后期资助项目的成果《墨学大辞典》，已通过专家评审，获准立项。5 位匿名专家在充分肯定该成果学术价值的同时，也提出了较详尽的修改意见。请您参考评审专家意见，对成果进行修改完善。全国哲学社会科学规划办公室 2015 年 12 月 15 日。”

本项目负责人主编孙中原于 2015 年 12 月 17 日收到全国哲学社会科学规划办公室 12 月 4 日签发的《国家社会科学基金后期资助项目立项通知书》。该通知书说：“项目负责人要参照评审专家意见对成果作出修改、完善，力求出精品。结项时请认真填写结项审批书，特别是要作出详细的修改说明。”

商务印书馆 2016 年 1 月 8 日发来《国家社科基金后期资助项目结项和出版工作流程》说：“项目负责人参照专家评审意见对成果修改完善。”2012 年 3 月 20 日商务印书馆签出版本辞典的合同。2015 年经商务印书馆推荐，本辞典列入国家社科基金后期资助项目。

（一）评审意见专家一：“在中国传统思想文化中，先秦诸子的思想具有原创性，是中国传统文化的活水源头。在先秦诸子中，以墨翟为代表的墨家思想具有浓厚的经验论色彩和一定的科学、逻辑思想，尤其在后期墨家中其科学思想和逻辑思想有一定的广度和深度。墨学虽在汉代一降失传了，但它在近现代又复兴了，且在现代科技条件下表现出不凡的影响力。该成果以‘辞典’的形式来梳理、总结、发掘墨学，这的确是一项开创性工作。其特点是大、全、详，其创新之处在于对墨学思想以及墨学研究的全面的开拓性梳理，即‘开拓性、创造性、创新性地诠释墨学词语’。该成果辟为墨学学科、墨学研究史、墨学研究方法论三大块，共有词条764个（孙中原按：参考专家意见，增删合并，最后厘定词目为657个），计50余万字，的确分门别类、层次分明、详细全面地总结、概述了墨学思想及其研究成果。同时，该成果虽说是对先秦墨学的分类性解释，但作者却能‘用现代科学的世界观、认识论和方法论的重要范畴与命题，阐发墨学研究发展的理论前提、基础和机理，探讨墨学研究的前沿课题’，这就使该成果有了现代意义与价值。”

（二）评审意见专家二：“墨学在中国的发展大致经历了兴盛、衰微和复兴三个不同的发展时期。清代中叶以来，墨学逐渐复兴，这一方面是西方科学理论的进入，许多方面与墨经中的数学、光学、力学、天文学等理论相吻合，引起了治墨者的关注，同时，治墨者发现，墨学的墨辩，是西方穆勒名学、印度因明三段论、近现代兴起的逻辑学的先驱，而清代学者孙诒让写成《墨子间诂》把《墨子》校注推向高峰，使得《墨子》人人可读，在学术上引领了现代墨学的复活。另一方面，在近代寻找救国救民的理论和指导思想上，墨学思想也曾是知识分子探索的对象，因此，这也是墨学复兴的深层原因之一，如孙中山在《民报》创刊号中，把墨子推崇为平等、博爱的中国宗师。这进一步推动了墨学的复兴。《墨子》现存五十三篇，其思想缤纷深邃，古今中外的治墨者从不同的层面和角度进行研究和探析，不断推动着墨学研究的发展。

该成果的创新程度、突出特色和主要建树：（1）是我国学术界墨学研究的第一部全面系统的大型综合性墨学辞书、类书和工具书，在墨学研究上具有重要的开拓性意义。（2）在墨学研究上，尤其在墨学词语的诠释上，体现了综合性、拓展性和创新性的统一。（3）在研究方法上，既承启了墨学研究的传统方法（如校勘训诂考据），又借助现代科学研究方法（如电子数字化考据），有利于促进墨学研究的新发展、新突破。

该成果的学术价值、理论价值或应用价值：（1）成果由墨学分科、墨学研究史和墨学方法论构成，体现了墨学研究的综合性，一定程度上拓展了墨学研究的新视野，推动了当代墨学研究的进一步发展。（2）《墨子》一书虽语言质朴，不饰雕琢，但部分内容佶屈聱牙，难以解读。该成果对墨学词语进行了创新性挖掘和诠释，对丰富墨学研究，实现墨学从书斋和课堂走出来，把深奥的墨学变成易读易懂的新墨学，进一步推动墨学研究的现代转型，具有重要的意义。（3）该成果作为第一部墨学研究的工具书，对促进墨学研究的进一步发展，学术意义较大。”

（三）评审意见专家三：“该成果会推动墨学研究的进展，在中国当前的文化建设中具有重大意义。”专家四：“该成果资料丰富，作者态度认真。”专家五：“该成果是一项弥补空白之作，具有重要的学术价值和积极的现实意义。”

本项目负责人兼主编孙中原，认真参考评审专家和商务印书馆编审的详细意见，严格统稿，修改完善和优化最终结项成果，力求出精品和优秀成果，体现成果的学术含量和学术价值，发挥在墨学研究中的示范引导作用。修改完善成果，体现在词条的增删调整，释文的改写凝练，力争成果更趋精优。

最后修改完善，删减原稿八万字，增加新稿四万字。删繁就简，务求精炼。全稿经由邵长婕和杨文复审。校样经由山东大学滕州市墨子研究中心办公室全体同仁参审。层层把关，众人献智。

商务印书馆编辑部同仁，在本辞典的长期编写过程中，不辞辛劳，多次审稿，提出意见，细致编订。期待本书出版，有助于中华优秀传统文化的弘扬。在本辞典出版之际，谨向海内外学人、商务印书馆编辑部同仁和项目成果评审专家，敬致由衷谢意。不当之处请指正。

《墨学大辞典》项目课题组

2016年5月15日

目　录

索　引

第一编　墨学分科索引

〔说明〕墨学分科词目，涵盖墨学的重要范畴和命题，收词 294 个。词目旁的数字，表示该词目释文所在页码。

第二编　墨学研究史索引

〔说明〕墨学研究史词目，涵盖古今墨学史的重要人物、典籍、范畴和命题，收词313个。词目旁的数字，表示该词目释文所在页码。

第三编　墨学研究方法论索引

〔说明〕墨学研究方法论词目，涵盖相关方法论的重要范畴和命题，收词50个。词目旁的数字，表示该词目释文所在页码。

正　文

第一编　墨学分科

〔说明〕墨学分科词目，涵盖墨学的重要范畴和命题，收词 294 个。

墨学分科

墨学分科是用现代学科类名创造性解释墨学的产物。狭义《墨经》四篇，是墨学发展的高级阶段，用定义、划分、命题和论证形式，荟萃当时各种科学知识，包括逻辑学、哲学和人文自然科学，是古代朴素科学知识的综合，相当于古代微型的百科全书。

《小取》把“辩”（辩学，逻辑学）作为专门学术论列纲目。狭义《墨经》四篇，尚无明晰的学术分科概念，把当时所有概括的科学知识，笼统归总为“知”（知识，智慧）。严格的学术分科概念，是现代科学高度发展的产物和进步标志。运用现代学术分科概念，分析墨学，是当今墨学研究深化的需求和进步表征。梁启超、胡适和沈有鼎等现代墨学研究著名先行者的作品，是现代墨学分科研究的典范。

习近平 2013 年 9 月 24 日在纪念孔子诞辰国际学术研讨会上指出，要“努力实现传统文化的创造性转化、创新性发展，使之与现实文化相融相通”。用现代学科类名创造性解释墨学，体现墨学研究的最新进展，把墨学朴素综合性的知识形态，改造转型，质变创新为现代墨学分科的知识精品，除旧布新，推陈出新，革故鼎新，新陈代谢，完成墨学研究范式的新旧转型，古今更迭，把墨学从学者的书斋和课堂解放出来，适应今日广大人民群众迫切的知识追求，创造性转化、创新性发展为今人喜闻乐见，易懂能用的新墨学，构成现代新文化的必要成分，使之成为实现振兴中华，促进实现中华民族伟大复兴中国梦的锐利精神武器和强大精神力量。

第一编墨学分科，收词294个。分科收词：1．逻辑学，收词62个。2．方法论，收词18个。3．认识论，收词32个。4．科技哲学，收词13个。5．世界观，收词17个。6．历史观，收词11个。7．经济学，收词7个。8．政治学，收词30个。9．伦理学，收词26个。10．教育学，收词3个。11．语言文学，收词5个。12．音乐艺术美学，收词5个。13．军事学，收词22个。14．数学，收词15个。15．物理学，收词7个。16．力学，收词4个。17．简单机械学，收词5个。18．光学，收词12个。以上"逻辑学"到"军事学"属人文科学（哲学社会科学），收词251个。"数学"到"光学"属自然科学，收词43个。以上墨学分科共收词294个。

逻辑学

研究思维规律的学科。《墨经》总结中国古代思维方式，论述《小取》称为"辩"的逻辑学体系。"名辞说"相当于概念判断推理。"彼止于彼"相当于同一律。"不俱当，必或不当"相当于矛盾律。"辩也者，或谓之是，或谓之非，当者胜"相当于排中律。"辞以故生，以理长，以类行"相当于充足理由律。透过《墨经》古汉语的特殊表达方式，把握《墨经》逻辑学的本质，可知全世界全人类逻辑学的唯一性、一元性、同质性、共同性、共有性和共享性。

逻辑学跟"数理化天地生"等全部基础学科的本质一样，有全世界全人类的普遍性、普适性和普世性。思维规律的本质，全世界全人类都相同，没有民族性之别。思维规律的表述，不同民族有不同的语言形式。认为不同民族，有本质不同的思维规律和本质不同的逻辑学，是违反科学史基本事实和科学原理的不经之谈。

逻辑学和"数理化天地生"七大基础学科，是近现代从西方引进的系列学问，从根本上改变国人的教育内容和知识结构，引领国人迈向现代化科学化的康庄大道。逻辑学和"数理化天地生"七大基础学科，有全世界，全人类的普遍性，普适性，普世性。近现代中国的教育内容，跟世界联通接轨，从西方引进全套的逻辑学和"数理化天地生"各门基础科学，技术科学，人文社会科学，使之转化为东方中华民族不可或缺的知识构成，融入国人的精神心理。

逻辑学跟“数理化天地生”七大基础学科，有全世界，全人类的唯一性，一元性，同质性，共同性，共有性和共享性。按其本性说，无关于西方的“地区性”和“民族性”。从本质上说，中华民族，中国人，没有理由把来源于西方的逻辑学和“数理化天地生”七大基础学科，视为异端邪说，加以排斥，拒绝运用。

毕生倡导中西哲学比较会通的贺麟说：“我们不但可以以中释西，以西释中，互相比较而增了解，而且于使西方哲学中国化以收融会贯通之效，亦不无小补。”（贺麟：《哲学与哲学史论文集》，商务印书馆1990年版，第269页）

中西互释，比较研究，融会贯通，是墨学和中国逻辑学研究唯一正确的指针。“以西释中”（据西释中，以西解中，以西框中）的语义，是借鉴西方，解释中国，以西方逻辑学和各门科学为工具方法，解释中国古代逻辑学和各种朴素科学知识。这正是中国逻辑学、墨学跟全世界，全人类知识文化的比较研究，融会贯通，是天经地义，正常合理的文化发展趋势。

沈有鼎《墨经的逻辑学》：“（有人）企图证明中国没有逻辑学，或者说中国人的思维遵循着一种从人类学术康庄大道游离出来的特殊逻辑，于是《墨经》渐渐变成了供神秘主义者穿凿附会的天书，乌烟瘴气笼罩了《墨经》。”中国逻辑学界和墨学界亟须“拨云雾而见青天”。（《沈有鼎文集》，人民出版社1992年版，第377～378页）

马克思：“人体解剖对于猴体解剖是一把钥匙，低等动物身上表露的高等动物的征兆，反而只有在高等动物本身已被认识之后才能理解。”（《马克思恩格斯选集》第二卷，人民出版社1972年版，第108页）发达完善典型的西方逻辑学，是分析不够发达完善典型的中国逻辑学资料的唯一科学工具、规范和标准，是墨辩研究的合用钥匙。墨辩表露的现代逻辑学征兆萌芽，只有在现代世界逻辑学被认知和应用之后，才能真正被理解和唤醒，使之进一步发挥为人民服务的功效，这已为全部中国逻辑学研究史事实一再确凿地证明。“逻辑学”类名，含“辩”到“狗非犬”等词目 62 个。

辩

辩学。中国古代逻辑学。《小取》:“夫辩者，将以明是非之分，审治乱之纪，明同异之处，察名实之理，处利害，决嫌疑，焉摹略万物之然，论求群言之比。以名举实，以辞抒意，以说出故。”(1 次）辩学功能定义和结构定义。辩学功能定义：正确思维方法，探求真理工具。辩学结构定义：概念、命题和推理是理性认识和语言表达的构造单元。

梁启超:“西语的逻辑，墨家叫作‘辩’。”(《墨子学案》，商务印书馆 1921 年版，第 92 页）把墨家辩学跟西方逻辑接轨。沈有鼎:“‘辩’字的一个意义是‘逻辑学’。”(孙中原:《墨家逻辑研究的长期性——纪念沈有鼎诞辰百年》,《中州学刊》2009 年第 1 期，《中国社会科学文摘》2009 年第 5 期，《沈有鼎先生的学术生涯》附录《沈有鼎传记资料》)

墨家辩学，中国古代逻辑学的典型。辩学：辩的学说，辩论术（dialectic)，辩论的技巧方术，先秦诸子百家争鸣辩论和朴素科学认识的思维表达方式。全世界，全人类只有同一的逻辑学基础学科，正如全世界，全人类只有同一的“数理化天地生”基础学科。“数理化天地生”：数学；物理学；化学；天文学和天体物理学；地球科学和空间科学；生命科学”的略称。墨家辩学（中国古代逻辑的典型）跟全世界全人类共同的逻辑学本质同一。

《小取》是中国逻辑学的系统论文，以简明流畅语言，揭示中国逻辑学的纲目，全篇论述用“辩”概括归类，后世称《墨辩》、《辩经》。《晋书 • 隐逸传》载鲁胜《墨辩注序》，勾勒中国逻辑谱系、元典和范畴。王国维等用“辩学”名称（“辨”“辩”通)，翻译西方逻辑学著作，指称中国逻辑学（郭湛波:《先秦辩学史》中华书局 1931 年版)。

中国文化轴心时代春秋战国期间，诸子百家争鸣辩论，朴素科学认识进展，墨家在道儒名法杂诸家推动刺激下，在狭义《墨经》四篇和大小《取》共六篇（广义《墨经》)，总结先秦诸子百家争鸣辩论和朴素科学认识方法，构成中国古代逻辑学体系。《小取》是其体系的原型架构，范本蓝图。

《小取》是中国古代罕见的

逻辑学专论，墨家"谈辩"逻辑学的教学大纲和简明读本。"辩"是中国古代逻辑学的原称。晋鲁胜据此把《墨经》称为《墨辩》、《辩经》。"墨辩"术语流传至今，兼指《墨辩》书名和"墨辩"学说名。今语"墨辩"，墨家辩学，即墨家逻辑学。《小取》概括"辩"的认知功能，突出"辩"是正确思维方法，探求真理工具，标志"辩"在墨家逻辑学体系中的地位。

"辩"是墨家逻辑学中标示学科名称的一级范畴。名、辞、说等分论，隶属于"辩"的总名之下，是标示思维论辩形式各部分的二级范畴。"以名举实，以辞抒意，以说出故"三命题，是辩学的结构定义，确认概念、命题和推理三论是墨家逻辑学的基本内容，概括理性认识的基本形式，语言表达的工具手段。

墨家辩学相当于西方的辩论术（dialectic)。西方辩论术长期兼作逻辑学的统称，一直到近现代，才正式叫作逻辑学（logic)。明末李之藻翻译西方逻辑学著作《名理探》，原书名即《辩论术》(*Dialectic*)。19世纪末到20世纪初，中国把西方逻辑学翻译为"名学"（严复《穆勒名学》、《名学浅说》)、"辩学"（王国维《辨学》，"辨""辩"通)。

"名"、"辩"来源于儒墨逻辑学思想。春秋末有儒家"正名"（名学)，战国末有墨家"辩"学。《小取》是战国末作品，跟《荀子•正名》和《公孙龙子•名实论》同时。"名"、"辩"合称"名辩思潮"、"名辩思想"、"名辩之学"和"名辩学"。研究中国逻辑学史的专书，名为《先秦名学史》（胡适)、《先秦辩学史》（郭湛波)。后经章士钊等极力提倡，该学科名称逐渐确定为"逻辑"（逻辑学)。孙中原《中国逻辑史》（先秦)（中国人民大学出版社1987年版)、《中国逻辑学》（台湾水牛出版社1993年版)，在海峡两岸被用作教材。

名

语词，概念。(87次)《小取》:"以名举实。"名的实质定义。从语言层面说，用语词列举实体。从思维层面说，用概念反映实质。语言思维，一体两面，互相兼容，互不排斥。《经上》:"举，拟实也。言，出举也。"《经说上》:"告以之名，举彼实也。故言也者，诸口能之，出名者也。名若画虎也。

言，谓也。言由名致也。”用概念反映实际事物，思维通过语言实现。

商周甲骨文、金文“名”由“夕”“口”两部分会合而成。模拟月牙形状，表示黑夜；模拟口部形状，表示说出名称。寓意在黑夜，视物不清，用口说出名称，区分说明对象。《说文》：“名，自命也，从口从夕。夕者冥也，冥不相见，故以口自名。”清段玉裁注：“故从夕口会意。”

“名”的字体结构，隐含“名”的表意、指谓和交际功能，道出名称语词指谓对象，形成概念，担负认知世界，交流思想的使命。（孙中原：《中国逻辑史》，中国人民大学出版社1987年版，第26页）

“名”是《墨经》重要范畴，论述名的实质、种类和用名规律。《墨经》的语言论、符号论、符号学，同思维论、认识论、概念论，一体两面，密不可分。“告以之名，举彼实”，明确指出用口告诉这个名称语词，用名称语词列举客观外界实物，这是符号论和概念论的结合，是主观反映客观的认识论。

“言也者，诸口能之，出名者也。名若画虎也”：语言是人类口部功能，能够说出名称语词，名称语词标举外界事物的功能，像写象形文字“虎”摹拟真虎。“言，谓也”：语言功能，是指谓、陈述、述说外界事物。“言由名致也”：称谓陈述事物的言辞语句，由名称语词联结构成。《经说上》：“声出口，俱有名。”“声”即“言”，人只要一开口说话，就包含语词概念。

在名（语词概念）和言（语句）关系上，墨家认为名对实的反映作用，是通过一系列语句来实现的。从结构上说，语句是由名联结而成的。从认识作用上说，名对实的反映，靠语句对事物的列举指谓实现。

利用名（语词、概念）和言（语句），认识事物、表达感情、进行交际和指导行动，是人类特质。名的作用是列举实际事物。列举是摹拟，即《小取》所谓“摹略”（反映、抽象、概括）。列举、摹拟、摹略，是人的意识对外界事物的认识作用。列举、摹拟、摹略，实质上是概念、范畴的抽象、概括作用。这种抽象、概括作用，需要通过语言实现。表达概念范畴的“名”（语词），通过口说出。用“摹拟”定义“列举”，拿图画比喻概念范畴对事物的反映作用，表明墨家概念论以能动反映论认识论为基础。

《大取》：“名，实名。实不必名。”名称是实体的名称，有实体，不一定有名称。这是科学观点。告诉你这个名称，列举那个事实，语言是人们用口说出名称，表明名称、语言的指谓和交际作用。指谓和交际，是语言的两大功能。

墨家从事物、语言和意义（人的意识对事物列举、摹拟、摹略的结果）三者关系上，说明名的性质和作用。名称（语词概念）是语言的构成元素，是推论式的细胞，逻辑学研究以概念论为必要成分。

《经说上》：“声出口，俱有名。”接近黑格尔说“人只要一开口说话，在他的话中就包含着概念”，人注定跟语词概念打交道，说明语词概念运用的普遍性。《经说上》：“若姓字丽。”“名”、“言”与事物的关系，犹如姓名后面跟着一个人，姓名附属于人，名以副实。

名有指谓作用。《经上》：“谓：移、举、加。”《经说上》：“谓犬‘狗’，命也。‘狗犬。’举也。叱：‘狗！’加也。”称谓有命名、列举和附加感情因素等用法，把犬叫作“狗”，是命名。用“狗”这一命名，做一个命题的主项，说：“狗是犬。”这是列举，是用已命之名“狗”，指称被命名的实体“犬”。斥责一声：“狗！”这是附加感情因素。同一语词“狗”，不同语境，不同用法。这是属于语义学（研究语言符号与对象的关系）和语用学（研究语言符号与对象和使用者的关系）的讨论。

名首先是名称语词，如“马”，是语言指号。研究语言指号的学问，叫指号学（semiotics）。指号学有三个分支。第一，是语形学（syntax），研究指号与指号的关系。第二，是语义学（semantics），研究指号与对象的关系。第三，是语用学（pragmatics），研究指号与使用者的关系。

名（名称语词）的指谓和交际功能，是语义学和语用学的研究对象。用名（名称语词）指谓实际对象，是语义学的应有之义。名正则言顺，言顺则事成，涉及名（名称语词）的交际功能，是语用学的应有之义。与“指”相比较，“名”有抽象概括作用。

“指”即用指头指着实际事物说，相当于“实指定义”。一个人不认识鹤，于是指着鹤的实体说：“这是鹤。”《经说下》：“或以名示人，或以实示人。举友富商也，是以名示人也。指是鹤也，是以实示人也。”我的朋友某某不在眼前，利用现成的概念说：“我的朋友某某是富商。”这是给主项“我的朋友某某”加以谓项“富商”，是用一般概念使人了解。指着面前的一种鸟说：“这是鹤。”这是把实体、实物展示给人看。

“名”是脱离个别事物的一般概念，“指”是不脱离个别事物的感性直观。《经下》：“所知而弗能指，说在春也、逃臣、狗犬、遗者。”《经说下》：“春也，其死固不可指也。逃臣，不知其处。狗犬，不知其名也。遗者，巧弗能两也。”

有些知识只能用概念表达，不能用手指着说。如名叫“春”的女仆病死，不在人间，无法指着说。逃亡奴仆，不知现在哪里，无法指着说。小孩子不知狗、犬名称，必须分别解释，仅用手指指着实物，区分不出狗、犬两个名称。遗失东西不能指着说，即使能工巧匠，也难造出跟原物同样的实物。

科学概念范畴，通过心智抽象概括作用获得。《经下》：“知而不以五路，说在久。”《经说下》：“以五路知久，不当以目见。若以火见。”有些知识的获得，不是直接通过五种感官（眼耳鼻舌身），是通过心智的抽象、概括作用。五种感官所提供的经验，是形成抽象知识的条件。

“时间”概念的获得，是通过概括作用。五种感官的经验，是认识时间概念的条件，犹如光线是见物的条件，不是见物的器官。见物的器官是眼睛。所以“以五路知久”，不相当于“以目见”的“以”字，而相当于“以火见”的“以”字。“五路”（五种感官）是认识时间概念的条件，心智是认识时间概念的器官。《经上》对“久”（时间）的定义是“弥异时”，概括各种不同的具体时间，如古今旦暮。感官只能感知个别时间，思维才能抽象一切时间共同性质（普遍本质），用语词“久”概括，成为“时间”哲学范畴。

《墨经》成百各门科学和哲学范畴，通过心智理性抽象概括获得。名兼语词和概念双重性。中国古代没有“概念”术语，不等于没有概念。1921年梁启超出版《墨子学案》，把《小取》“以名举实”对应于“概念”（concept）。“概念”术语，是日本学者在明治维新时期用汉字对英文“concept”的翻译。“概念”译名，通俗易懂，见字知意，符合《荀子·正名》“径易而不拂，谓之善名”的原则，很快流行日本和中国，成为学界普遍采用的术语。

“概念”术语，顾名思义，是概括性观念。思维认识，概括事物性质，抽取部分叫“抽象”。“抽象”术语，是日本学者对英文“abstract”的翻译。“抽”：抽取。“象”也写作“相”，指事物性质。事物特殊性质，叫“殊相”。事物普遍、一般、共同性质，叫“共相”。“抽象”：抽取性质。“科学抽象”：抽取事物本质属性。

对事物性质进行抽象概括的结果，形成概念。概念是人脑抽象概括的意念。形成和运用概念，叫抽象思维，理性思维，理论思维，逻辑思维。概念是理性认识的形式，是抽象的思想、意念、意识。

概念这种抽象思想，借助语词凝结和表达，储存认知的结果，进行信息的交流和交际。概念是抽象思想，不能用感官感知，只能下定义，用语言说出来，让人了解。语词是用声音和笔画构成的语言单位，声音可以听见，笔画可以看见。借助可感知的语词，了解抽象概念。

语词和概念是对立统一的整体，是一个统一体的两个侧面。语词和概念是表里关系。语词、语言是表，是思维的物质外壳，概念、意识是里，是思维的思想内容。瑞士语言学家索绪尔（1857～1913）把语词指号比作一张纸。纸的一面，是声音意象，声音的听觉形象，笔画组合的视觉形象，是意谓者。纸的另一面，是概念的内容，是被意谓者。

索绪尔认为，语词指号是由声音意象和概念组成的精神实体。不可能去掉一张纸的一面，而不同时毁坏另外一面。同样地，在语词指号中，声音是不能够同概念（意义）分开的（波兰沙夫：《语义学引论》，商务印书馆1979年版，第200页）。

对“名”即语词和概念，可从语言学和逻辑学两面研究，运用指号学和概念论两种方法。说

“名”中有概念，不否定“名”是语言指号。说“名”是语言指号，不否定“名”中有概念。用指号学和概念论两种方法分析“名”，并行兼容。

墨家辩学和荀子名学，都以“名辞说辩”作为思维表达的基本形式。“名辞说辩”，相当于概念、命题、推理和论证。这跟逻辑学概念论、命题论和推理论的结构相似。“名辞说辩”，密切联系，相辅相成，构成思维表达的有机整体。语词概念，是思维表达的基本单位。概念是思维的细胞。正确思维，有效表达，包含恰当构造命题，合乎逻辑推论，都依赖于准确运用概念。

《墨经》传承孔子，把“正名”术语，提高到思维规律（同一律、矛盾律）角度总结，构成墨辩重要内容。荀子撰《正名》，系统总结儒家和诸子百家“正名”思想，形成有儒家特色的概念逻辑学，即荀子名学。

近代中国思想家用辩学、名学称呼东进的西方逻辑学。王国维译《辨学》（“辨”“辩”通），北平文化书社1908年版，原书名直译为《逻辑基础教程：演绎与归纳》。

严复译《穆勒名学》，金陵金粟斋1905年木刻，原书名直译为《逻辑体系：演绎与归纳》。严复译《名学浅说》，商务印书馆1909年版，原书名直译为《逻辑初级读本》。

1915～1917年，胡适在美国哥伦比亚大学哲学系攻读博士学位，用英文撰写博士论文，原题是中国古代逻辑方法的发展，胡适自署中文标题《先秦名学史》。所谓名学，意即中国古代逻辑方法。英文版由上海亚东图书馆于1922年出版。中文译本由学林出版社于1983年出版。

名在中国古代逻辑学中，占有极重要地位。孔子首倡“正名”，诸子百家紧跟，名实关系在整个战国时期，是各学派普遍持久，激烈争辩的题目。名是语词概念，是思维论辩的细胞、元素和构成单位。墨家总结先秦诸子百家辩论，重视名的范畴。《墨经》系统论述名的实质、种类和谬误，形成名范畴的系统理论。

正名

矫正语词概念。把概念搞正确。墨家从纯逻辑上讨论“正名”原则，表达同一律。《经说下》：“正名者。”（1次）《经说下》：“正名者：彼彼此此可：彼彼止于彼，此此止于此。彼此不可彼且此也。彼此亦可：彼此止于彼此。若是而彼此也，则彼亦且此此也。”

在研究把概念搞正确的规律时，应注意以下三种情况。第一，“彼彼此此可”：那个“彼”之名，要确定地指称“彼”之实。这个“此”之名，要确定地指称“此”之实。如“牛”名指牛实体，“马”名指马实体。第二，“彼此不可”：“彼此”的集合概念，不能仅单独地指称“彼”之实，或“此”之实。如“牛马”的集合名词，不能仅单独地指称“牛”之实，或“马”之实。第三，“彼此亦可”：“彼此”的集合概念，要确定地指称“彼此”的集合体。如果“是”与“彼此”的不同概念，可以混同，那么“彼”与“此此”的不同概念，也可以混同，这当然是不对的。

如“牛马”的集合名词，要确定地指称“牛马”的集合体。如果“羊”与“牛马”的不同概念，可以混同，那么“牛”与“马马”的不同概念，也可以混同，这当然是不对的。这是用归谬法，说明违反同一律会带来混乱。

达类私

指达名、类名和私名。“达名”：最高类概念，范畴。“类名”：一般类概念。“私名”：单独概念，专有名词。《经上》：“名：达、类、私。”《经说上》：“物，达也，有实必待之名也命之。马，类也，若实也者必以是名也命之。臧，私也，是名也止于是实也。”

“达名”是范畴（category），是外延最大的名。如“物”，指称宇宙所有存在的实体。“类名”是一般类概念，普遍概念，外延介于“达名”和“私名”之间。如“马”，指称具有共同性质的一类事物。

“私名”是单独概念，专有名词。如“臧”，外延最小，指称个别事物。这是根据外延划分“名”的种类。“达、类、私”三种“名”，是外延由大到小，依次排列的属种关系。这种区分，是正确演绎推论的基础、起点和前提。

以形貌命

“以形貌命者”：实体概念，具体概念。“不可以形貌命者”：抽象概念、属性概念，关系概念。《大取》：“以形貌命者，必知是之某也，焉知某也。诸以形貌命者，若山丘室庙者皆是也。不可以形貌命者，虽不知是之某也，知某可也。”

据内涵划分概念种类。以形貌命者是实体概念、具体概念，这种概念必须知道它反映的是什么对象，才能了解。如山丘室庙，都有各自对应的实体。不可以形貌命者是抽象概念、属性概念（包括关系概念），这种概念虽然不知道它反映的究竟是什么对象的性质或关系，也可以了解它。如黑、白、大、小，并没有各自对应的实体，是概括两个以上实体的一般性质，实体之间的关系。

属性和关系有不同。《大取》：“苟是石也白，败是石也，尽与白同。诸非以举量数命者，败之尽是也。是石也虽大，不与大同，是有使谓焉也。”属性概念带有绝对性，它不依赖于跟别的事物相比较，而本身就是如此。说这块石头是“白”的，这“白”不依赖于跟别的事物相比较，本身就是“白”的：“白”的性质，渗透于石头的每一颗粒。把这块石头打碎，它的每一颗粒都是“白”的。

“诸非以举量数命者”，指属性概念。“败之尽是也”：把一块坚硬石头打碎，每一小块都坚硬。关系概念带有相对性，它依赖于跟别的事物相比较，才是如此。说这块石头“大”，是有小石头作参照物（“是有使谓焉也”）。如果把这块大石头打碎，不能说每一部分仍“大”。

“举量数命者”：“大”、“小”、“多”、“少”是数量关系概念。《大取》：“诸以居运命者，苟人于其中者皆是也，去之因非也。诸以居运命者，若乡、里、齐、荆者皆是。”“不可以形貌命者”中有“以居运命者”：反映空间范围的概念，如乡里齐楚，指人在一空间范围内居住运动，一旦离开，就不再属于那空间范围。某人生于齐，长于齐，是齐人，后举家离齐迁楚，服务于楚，称楚人，不再是齐人。

兼名

集合概念。《经下》：“牛马之非牛与可之同，说在兼。”“牛马非牛”命题的正确性在于，把“牛马”理解为“兼名”（集合概念）。相对而言，“牛马”“兼名”（集合概念）中的元素概念“牛”和“马”是“体名”。《经上》：“体，分于兼也。”《经说上》：“若二之一、尺之端也。”

《经下》：“区物一体也，说在

俱一、惟是。”《经说下》：“俱一若牛、马四足。惟是当牛马。数‘牛’、数‘马’，则‘牛’、‘马’二。数‘牛马’，则‘牛马’一。若数指，则指五而五一。”把事物区划为不同整体，会遇到集合和元素这两方面的性质。解释“俱一”的例子，如牛、马每一个元素分别都是“四足”。“惟是”说的是“牛马”这一集合概念所具有的整体性质。

就像数指头，从元素方面说，一只手指头有五个，从集合方面说，“五指”集合只一个。其元素（部分）具有的性质，集合作为整体不一定具有。集合作为整体具有的性质，其元素（部分）不一定具有。《经说下》：“牛不二，马不二，而牛马二。则牛不非牛，马不非马，而‘牛马’非‘牛’、非‘马’。”元素概念“牛”不是两个元素，“马”不是两个元素，集合概念“牛马”是两个元素。成立公式：牛＝牛，马＝马，牛马≠牛，牛马≠马。

辞

语句，命题，判断，推理的结论，论证的论题。中国古代逻辑学范畴。（8次）《小取》：“以辞抒意。”用语句表达判断。《大取》）：“夫辞以故生，以理长，以类行者也。立辞而不明于其所生，妄也。今人非道无所行，虽有强股肱，而不明于道，其困也，可立而待也。夫辞以类行者也，立辞而不明于其类，则必困矣。”《小取》：“侔也者，比辞而俱行也。”“辞之侔也，有所至而正。”“是故譬侔援推之辞，行而异，转而危，远而失，流而离本，则不可不审也，不可常用也。”

意

意义，思维。（89次）《小取》：“以辞抒意。”用语句表达判断。《经上》：“循所闻而得其意，心之察也。执所言而意得见，心之辩也。”《经上》：“通意后对，说在不知其孰谓也。”《经上》：“信，言合于意也。”《经说上》：“意规圆三也，俱可以为法。《经说上》：“所欲指不传，意若未较。”

《经下》：“以楹为抟，于以为无知也，说在意。”《经说下》：“楹之抟也，见之，其于意也不易，先知。意，相也。若楹轻于秋，其于意也洋然。”《经说上》：“意未可知。”《大取》：“知与意异。”“意楹，非意木也，意是楹之木也。意指之人也，非意人也。意获也，乃意禽也。”

尽

都，所有，全称量词。表全称命题。（87次）《经上》：“尽，莫不然也。”《小取》：“或也者，不尽也。”《经说上》：“尺与尺俱不尽，端与端俱尽。”《经上》：“见：体、尽。”《经说上》：“特者，体也。二者，尽也。”《经下》：“以言为尽悖。”《经下》：“一法者之相与也尽类。”《经说下》：“方尽类。”“尽类犹方也。”《经上》：“同长，以正相尽也。”《经说上》：“尺与尺俱不尽。端与端俱尽。尺与端或尽或不尽。坚白之攖相尽。体攖不相尽。”

《经说下》：“南者有穷则可尽，无穷则不可尽。有穷、无穷未可知，则可尽、不可尽未可知。人之盈之否未可知，而必人之可尽、不可尽亦未可知，而必人之可尽爱也，悖。（以上引难者语）人若不盈无穷，则人有穷也，尽有穷无难。盈无穷，则无穷尽也，尽无穷无难。”《经下》：“不知其数而知其尽也。”《经说下》：“不知其数，恶知爱民之尽之也？（以上引难者语）或者遗乎其问也。尽问人，则尽爱其所问。若不知其数而知爱之尽之也，无难。”

《经说上》：“消尽，荡也。”《经下》：“推类之难，说在之大小、物尽。”《经说下》：“谓四足，兽与？并鸟与？物尽与？”《经下》：“价宜则售，说在尽。”《经说下》：“尽也者，尽去其所以不售也。”《大取》：“知是世之有盗也，尽爱是世。知是室之有盗也，不尽恶是室也。知其一人之盗也，不尽恶是二人。虽其一人之盗，苟不知其所在，尽恶其非也。”“败是石也，尽与白同。”

《七患》：“五谷尽收，则五味尽御于主，不尽收则不尽御。”《兼爱中》：“越国之宝尽在此。”《非攻中》：“丧师尽。”“尽士民之死。”《天志上》：“言语不可尽计。”《非命上》：“天下之良书不可尽计数。”《非儒下》：“虽尽能。”“劳思尽知以行邪。”“累寿不能尽其学。”《耕柱》：“三朝必尽言。”《贵义》：“尽天下之卵。”《公输》：“公输盘之攻械尽。”

俱

全，都。全称量词。表全称命题。（45次）《经上》：“同，异而俱于之一也。”《经说上》：“二人而俱见是楹也。”《经说上》：“俱止、动。”在一个论域中，说“所有的个体都停止”，“所有的个体都运动”。“俱”：与“尽”同义，意为“所有的”。《经说上》：“尺与尺俱不尽。端与端俱尽。”这一直线与那一直线交叉，二者都不完全重合。这一点与那一点迭合，二者完全重合。“尽”：完全重合。

《经说上》：“意规圆三也，俱可以为法。”《经说上》：“是不俱当。”《经说上》：“声出口，俱有名。”凡语言从人口中说出，里面都一定包含着语词概念。“俱处于室，合同也。”共同处于同一空间是“合同”。《经说上》：“兄、弟，俱适也。”兄弟三人中的老二，说他是兄或弟都合适。“同异交得”（对立统一）一例。

《经说下》：“谓四足，兽与？并鸟与？物尽与？大小也。此然是必然，则俱为麋。”说到“四足”，能够断定是兽呢？还是两鸟相并而立呢？甚至于说万物尽是如此？这就牵涉到“四足”范围大小的问题。若见甲四足是麋，乙四足是麋，就说所有四足都是麋，丙是四足，就说丙必定是麋，甚至于说万物尽是（俱是）麋，岂不荒谬？

《经下》：“不可偏去而二，说在见与不见、俱一与二。”《经说下》：“俱一无变。”《经下》：“区物一体也，说在俱一、惟是。”《经说下》：“俱一若牛马四足。”《经说下》：“鉴、影当俱，就、去亦当俱，俱用背。鉴者之容，于鉴无所不鉴。影之容无数，而必过正。故同处，其体俱然鉴分。”《经说下》：“俱无胜。”《经说下》：“取去俱能之。”“取去”：选取和舍去。

《经说下》：“段、锤、锥俱事于履。”《经说下》：“方尽类，俱有法而异，或木或石，不害其方之相合也。尽类犹方也，物俱然。”《经说下》：“是俱有。”《小取》：“侔也者比辞而俱行也。”《非儒下》：“俱以贤人也。”《备城门》：“墙垣树木小大俱坏伐。”《杂守》：“薪土俱上。”“蒙橹俱前。”《备蚁附》：“即俱发之。”

或

有，有的。特称量词。表特称命题，存在命题。（69次）《小取》：“或也者，不尽也。”特称量词“或”的定义是“不尽”：不是全部。《经说上》“不俱当，必或不当”，“不尽当”：并非所有都恰当，等值于“或不当”：有的不恰当。《经说上》：“尺与端或尽或不尽。”

“或”在语法上作为副词，可译为“也许”，“或许”，表可能，推测，逻辑上表可能命题，或然命题。语法上作为连词，可译为“或者”，表选择，逻辑上表选言命题。语法上作为连词，可译为“假如”，“假设”，“如果”，逻辑上表条件命题，假言命题。以上意义，逻辑值不是“非此即彼”的排斥关系，是“亦此亦彼”的相容关系，可互通，翻译可因具体语境而异。

《小取》：“马或白者，二马而或白也，非一马而或白。”说“马或白”（有马白），是在至少有两匹马的情况下，才可以说，如果在只有一匹马的情况下，就不能说。《经说下》：“或者欲有不能伤也，若酒之于人也。”有些欲望的满足，不会伤生损寿，如适量喝酒对人体有益。《非命上》：“今天下之士君子，或以命为有。”《非儒下》：“其所循，人必或作之。”所传承的，必然得先有人创造出来。

《经说下》：“或伤之。”《经下》：“合，与一或复否。”《经说上》：“时或有久，或无久。始当无久。”《经说下》：“其体或去或存。”《经说下》：“或以名示人，或以实示人。”《经说下》：“或木或石，不害其方之相合也。”《经说下》：“使人夺人衣，罪或轻或重。使人予人酒，功或厚或薄。”《小取》：“夫物或乃是而然，或是而不然，或不是而然，或一周而一不周，或一是而一非也。”《公孟》：“此同服或仁或不仁。”

有

存在。特称量词。表特称命题。在一论域中，断定“至少存在部分个体是如此”。公式：“有S是P。”“有”作特称量词，表特称命题。（22次）《经说上》：“以人之有不黑者也，止黑人。”用“有人不黑”，驳倒“所有人黑”。用“有S不是P”，驳倒“所有S是P”。公式：SOP →┑ SAP（读作：有S不是P，所以，并非所有S是P）。

《经下》：“有知焉，有不知焉。”《经说下》：“欲有不能伤也。”《大取》：“有（友）有于秦马，有（友）有于马也。”至少有一匹秦马为我的朋友所有，就是至少有一匹马为我的朋友所有。《小取》：“有乘于马。”《非命中》：“有闻之，有见之。”《公孟》：“有得之寒暑，有得之劳苦。”《贵义》：“其色有黑者，有白者。”

已

已经。过去时间模态词。表实然命题。（104次）《经说上》：

"自后曰已。"在一事物过程已经完成之后来表述它，使用过去时间模态词"已"。"已"("已然"、"尝然")，相当于现代汉语"已经"、"曾经"，表过去时态，实然命题。《经上》："已：成；无。"《经说上》："为衣，成也。治病，无也。"过去时模态词"已"的用法有两种：一种表建设性，如："已经制成一件衣服。"一种表破坏性，如："已经找到病源，消除病根。"

《经说下》："知与？以已为然也与？过也。"《经说下》："过而以已为然。""以已为然"的逻辑谬误：不能从过去已经（曾经）如此，就说现在仍然如此。《经下》："可无也，有之而不可去，说在尝然。"《经说下》："已然则尝然，不可无也。"

《经下》："无不必待有，说在所谓。"《经说下》："若无马，则有之而后无。无天陷，则无之而无。"一件事情可以是"无"（从来没有），但是一旦有了（发生了），就不能把它从历史上抹掉（有之而不可去），因为它确实曾经发生过。所谓"已然"（已经如此）就是"曾经发生过"（尝然），就不能说"没有发生过"（不可无也）。"无"不以"有"为必要条件，这里就看说的是哪种"无"。如："我现在无马。"这是指过去曾经有马，而后来无马（有之而后无）。又如："没有天陷（天塌下来）这回事。"这是指从来就没有（无之而无）。

已然

"已然则尝然"：已经如此，即曾经如此。过去时间模态词。表实然命题。《经说下》："已然则尝然，不可无也。"《经下》："可无也，有之而不可去，说在尝然。"

且

有两种用法，一是在事物发生之前说"且"，相当于现代汉语"将"、"将要"，表将来时态，或然命题，可能命题。二是在事物发生过程中说"且"，相当于现代汉语"正在"、"刚刚"，表现在时态，实然命题。(33 次)《经上》："且，言然也。"《经说上》："自前曰且，自后曰已，方然亦且。"

《小取》："且入井，非入井也；止且入井，止入井也。且出门，非出门也；止且出门，止出门也。若若是：且夭，非夭也；寿且夭，寿夭也。有命，非命也；非执有命，非命也。"《经下》："且然不可止，而不害用功，说在宜。"《经说下》："宜犹是也。且然必然，且已必已。且用功而后然者，必用功而后然。且用功而后已者，必用功而后已。"

必

必然模态词。表必然命题。"必"（必然）是模态概念，标志事物存在的样式和认识断定的程度，比"或然"（可能如此）、"实然"（事实如此）的样式和程度层次高。（485次）《经上》："必，不已也。"《经说上》："谓一执者也。若弟兄。一然者，一不然者，必不必也，是非必也。"

定义"必"（必然）的模态概念。必然命题论域，涉及一类事物，有全称性和全时间性，贯穿于过去、现在和将来三时态。必然命题涉及一类事物，"必然"蕴涵"尽然"（所有个体都如此，全称）。"一然者，一不然者"（有是这样的，有不是这样的），即"不尽然"，一定不是"必然"，是"非必然"。

下列两公式成立。公式a: 所有S必然是P→所有S是P→并非有S不是P。公式b: 有S不是P→并非所有S是P→并非所有S必然是P。"必然"除蕴涵"尽然"（全称性）外，还有全时间性，即作为永不停止的趋势，贯穿于过去、现在和将来三时态。"不已"：不停止。"一执"：维持一种趋势永不变。如："有弟必有兄。"对所有场合，都如此（全称性）；对任何时刻，都如此（全时间性）。

《经下》："无说而惧，说在弗必。"《经说下》："子在军，不必其死生。闻战，亦不必其死生。前也不惧，今也惧。"不具有全称性，而得出负必然命题的例子。如下推论不成立："所有军人都必死，所以，所有军人都死，所以并非有军人不死。"如下推论成立："有军人不死，所以，并非所有军人都死，所以，并非所有军人都必死。"《小取》："以说出故。""说"即有根据的推论。必然命题的否定（负必然命题）叫"不必"、"非必"或"弗必"。对一类事物而言，如果不具有全称意义和全时间性意义，就不能说是"必"，就是"不必"、"非必"或"弗必"。

《经说上》："二必异，二也。"用"必"（必然）的模态概念，说明"两个体必然相异"的本体论规律。两个体必异，引出"万物毕（必）异"结论。《经下》："行修以久，说在先后。"《经说下》：

“行者必先近而后远。远近修也，先后久也。民行修必以久也。”《经上》：“合：正、宜、必。”《经说上》：“矢至侯中，志功正也。臧之为，宜也。非彼必不有，必也。圣者用而勿必，必也者可勿疑。”

《大取》：“语经也，三物必具，然后足以生。夫辞以故生，以理长，以类行者也。立辞而不明于其所生，妄也。今人非道无所行，虽有强股肱，而不明于道，其困也，可立而待也。夫辞以类行者也，立辞而不明于其类，则必困矣。”

《经说上》：“故。小故：有之不必然，无之必不然。体也，若有端。大故：有之必然，无之必不然。若见之成见也。”《经上》：“使：谓；故。”《经说上》：“令、谓，谓也，不必成。湿，故也，必待所为之成也。”《经下》：“假必悖，说在不然。”《经说下》：“假必非也，而后假。狗假鹤也，犹氏霍也。”

《兼爱上》：“圣人以治天下为事者也，必知乱之所自起。”“如医之攻人之疾者然，必知疾之所自起。”“治乱者何独不然，必知乱之所自起。”《兼爱下》：“非人者必有以易之，若非人而无以易之，譬之犹以水救水，以火救火也，其说将必无可焉。”“言必信，行必果。”

《非攻上》：“杀一人谓之不义，必有一死罪矣，若以此说往：杀十人十重不义，必有十死罪矣；杀百人百重不义，必有百死罪矣。”“少尝苦曰苦，多尝苦曰甘，则必以此人为不知甘苦之辩矣。”《天志下》：“今有人于此，少而示之黑谓之黑，多示之黑谓白，必曰吾目乱，不知黑白之别，今有人于此，能少尝之甘谓甘，多尝谓苦，必曰吾口乱。”

《非命上》：“言必立仪，言而毋仪，譬犹运钧之上而立朝夕者也，是非利害之辨，不可得而明知也。故言必有三表。”《非命下》：“凡出言谈，则必可而不先立仪而言，若不先立仪而言，譬之犹运钧之上而立朝夕焉也，我以为虽有朝夕之辩，必将终未可得而从定也。”“彼以为强必治，不强必乱；强必宁，不强必危。”“彼以为强必富，不强必贫；强必饱，不强必饥。”“强必暖，不强必寒。”《非儒下》：“无辞必服，见善必迁。”《贵义》：“贫家而学富家之衣食多用，则速亡必矣。”

使

指使（祈使句主观或然模态），致使（因果关系客观必然模态）。（261次）《经上》："使：谓；故。"《经说上》："令、谓，谓也，不必成。湿，故也，必待所为之成也。"即"使"有两种意义。

一种意义是指使，祈使句主观或然模态。甲用一个祈使句"命令"、"指谓"（令谓）乙去干某件事，仅仅由于这种主观指使，乙"不必成"，即不必然成功。甲命令乙："你必须把丙杀死！"这种祈使句中的"必"，实际上只表达甲主观上的杀人意图，并不构成乙杀死丙的充分条件。尽管甲有这种主观上的杀人意图，乙可能由于主观、客观原因，没有把丙杀死。不能仅仅用甲的这一祈使句，给乙定杀人罪。

第二种意义，是原因致使结果必然产生，因果关系客观必然模态，相当于产生结果的充分条件。公式："如果P必然Q。"实例："如果天下雨，地必然湿。"（"湿，故也，必待所为之成也"）

祈使句主观或然模态和客观必然模态的原则区别是：祈使句的主观或然模态，是"不必成"，即为负必然命题"不必"。在模态命题的等值关系中，"不必然P"等值于"可能不P"。如"乙不必然杀死丙"，等值于"乙可能没有杀死丙"。客观必然模态是"必成"。公式："如果P必然Q。"实例："如果下雨，必然地湿。"

《经下》："使：殷；美。说在使。"《经说下》："使。使，令也。成使成，不殷，亦使成。殿使殿，不美，亦使殿。"《经说下》："'和无过，使也，不得已。'（引辩者语）唱而不和，是不学也。智少而不学，功必寡。和而不唱，是不教也。智多而不教，功适息。使人夺人衣，罪或轻或重。使人予人酒，功或厚或薄。"

《经说下》："以为不知学之无益也，故告之也，是使知学之无益也。"《经说下》："使人视城得金。"《经下》："物之所以然，与所以知之，与所以使人知之，不必同。"《经说下》："或伤之，〔所以〕然也。见之，〔所以〕知也。告之，〔所以〕使知也。

令

命令，使令。（176次）《经说上》："令、谓，谓也，不必成。"命令祈使句，指谓陈述句，都还停留在语言谓述的层面，都还不必成为现实的事实。区分语言和事实。指出命令祈使句的可能性，指谓陈述句的实然性，跟现实必然性有区别。

谓

指谓，陈述。(246 次)《经说上》:“言，谓也。”《经上》:“使：谓；故。”《经说上》:“使。令、谓，谓也，不必成。”《经上》:“谓：命、举、加。”《经说上》:“谓犬狗，命也。狗犬，举也。叱狗，加也。”

《经说上》:“所以谓，名也。所谓，实也。”《经下》:“谓而固是也，说在因。”《经说下》:“谓。有之实也，而后谓之。无之实也，则无谓也。不若假。举‘美’谓是，则是固美也，谓也。则是非美，无谓，谓则假也。”

《经下》:“通意后对，说在不知其孰谓也。”《经说下》:“问者曰：‘子知羁乎？’应之曰：‘羁何谓也？’彼曰：‘羁旅。’则知之。若不问：‘羁何谓？’径应以：‘弗知。’则过。”《经说上》:“或谓‘之牛’，或谓‘之非牛’。”《经下》:“谓‘辩无胜’必不当。”《经说下》:“谓。所谓非同也，则异也。同则或谓‘之狗’，其或谓‘之犬’也。异则或谓‘之牛’，其或谓‘之马’也。俱无胜。(以上引辩论对方语)是不辩也。辩也者，或谓之是，或谓之非。当者胜也。”

《经说下》:“推。谓四足，兽与？”《经说下》:“知是之非此也，又知是之不在此也，然而谓此南北，过而以已为然。始也谓此南方，故今也谓此南方。”《经下》:“无不必待有，说在所谓。”“无”不以“有”为必要条件，论证的理由在于所说之“无”的种类。《经说下》:“疑无谓也。”《经下》:“惟吾谓非［私］名也则不可。”《经说下》:“谓是鹤可，而犹之非夫鹤也。谓彼是是也，不可。谓者毋惟乎其谓。彼犹惟乎其谓，则吾谓不行。彼若不惟其谓，则行也。”

《经说上》:“力。重之谓。”重物下落，上举重物，都是力引起物体运动变化的例。《大取》:“是石也虽大，不与大同，是有使谓焉也。”“于所体之中，而权轻重，之谓权。”“于事为之中，而权轻重，之谓求。”“不至尺之‘不至’也，与不至钟之‘不至’异。其‘不至’同者，远近之谓也。”《小取》:“是犹谓也者，同也，吾岂谓也者异也。”“之马之目眇，则谓‘之马眇’。之马之目大，而不谓‘之马大’。之牛之毛黄，则谓‘之牛黄’。之牛之毛众，而不谓‘之牛众’。”

《亲士》:“此之谓用民。”《所染》:“必择所渐，必谨所渐者，此之谓也。”《七患》:“一谷不收谓之馑，二谷不收谓之旱，三谷不收谓之凶，四谷不收谓之馈，五谷不收谓之饥。”“此之谓国备。”《三辩》:“若之何其谓圣王无乐也？”

《尚贤上》:“举公义，辟私怨，此若言之谓也。”《尚贤中》:“是以贤者众，而不肖者寡，此谓进贤。然后圣人听其言，迹其行，察其所能，而慎予官，此谓事能。”“何谓三本？”“以尚贤使能为政而治者，夫若言之谓也，以下贤为政而乱者，若吾言之谓也。”《尚同上》:“其人兹众，其所谓义者亦兹众。”《尚同下》:“逮至人之众不可胜计也，则其所谓义者，亦不可胜计。”“大用之，治天下不窕，小用之，治一国一家而不横者，若道之谓也。”

《兼爱上》:“臣子之不孝君父，所谓乱也。”“臣自爱不爱君，故亏君而自利，此所谓乱也。虽父之不慈子，兄之不慈弟，君之不慈臣，此亦天下之所谓乱也。”《兼爱中》:“挈太山而越河济，可谓毕劫有力矣。”《兼爱下》:“子墨子之所谓兼者，于文王取法焉。”“子墨子之所谓兼者，于禹求焉。”“子墨子之所谓兼者，于汤取法焉。”“子墨子之所谓兼者，于文武取法焉。”

《非攻上》:“当此，天下之君子皆知而非之，谓之不义，今至大为攻国，则弗知非，从而誉之，谓之义。”“杀一人谓之不义。”“天下之君子皆知而非之，谓之不义。”“大为非攻国，则不知非，从而誉之，谓之义，此可谓知义与不义之辩乎？”“虽四五国则得利焉，犹谓之非行道也，譬若医之药人之有病者然，今有医于此，和合其祝药之于天下之有病者而药之，万人食此，若医四五人得利焉，犹谓之非行药也。”

《非攻下》:“今天下之诸侯将犹多皆攻伐并兼，则是有誉义之名，而不察其实也，此譬犹盲者之与人，同命白黑之名，而不能分其物也，则岂谓有别哉？”“彼非所谓攻，谓诛也。”“以此三圣王者观之，则非所谓攻也，所谓诛也。”“此譬犹医之药万有余人，而四人愈也，则不可谓良医矣。”“此可谓不知利天下之巨务矣。”

《天志中》：“此吾所谓君子明细而不明大也。”“中吾规者谓之圆，不中吾规者谓之不圆。”“中吾矩者谓之方，不中吾矩者谓之不方。”《天志下》：“今有人于此，少而示之黑谓之黑，多示之黑谓白，必曰吾目乱，不知黑白之别，今有人于此，能少尝之甘谓甘，多尝谓苦。”《明鬼下》：“齐庄君之臣有所谓王里国、中里徼者。”

《非命上》：“何谓三表？”“此所谓言有三表也。”“在于桀纣，则天下乱；在于汤武，则天下治，岂可谓有命哉！”《非命中》：“有闻之，有见之，谓之有；莫之闻，莫之见，谓之亡。”“安危治乱，在上之发政也，则岂可谓有命哉！”《非命下》：“何谓三法？”“此谓三法也。”“岂可谓有命哉？”“若有而谓有，夫岂为矫哉？”“谓人有命，谓敬不可行，谓祭无益，谓暴无伤。”

《非儒下》：“妻子上侵事亲，若此可谓孝乎？”“所谓古之言服者，皆尝新矣。”“婴闻所谓贤人者。”“此诸侯之所谓良宝也。”“所谓贵良宝者，为其可以利也。”《耕柱》：“古者周公旦非关叔，辞三公东处于商盖，人皆谓之狂。”“世俗之君子，贫而谓之富，则怒，无义而谓之有义，则喜。”“是所谓经者口也，杀常之身者也。”

《公孟》：“是言有三物焉，子乃今知其一身也，又未知其所谓也，若大人行淫暴于国家，进而谏，则谓之不逊，因左右而献谏，则谓之言议。”“今未有扣，而子言，是子之谓不扣而鸣邪？是子之所谓非君子邪？”“子以三年之丧非三日之丧，是犹裸谓揭者不恭也。”“公孟子谓子墨子曰：‘知有贤于人，则可谓知乎？’子墨子曰：‘愚之知有以贤于人，而愚岂可谓知矣哉？’”“鸟鱼可谓愚矣。”

《鲁问》：“今有刀于此，试之人头，猝然断之，可谓利乎？大王曰：‘利！’子墨子曰：‘多试之人头，猝然断之，可谓利乎？’大王曰：‘利！’”“然吾以子之言观之，则天下之所谓可者，未必然也。”“今有人于此，窃一犬一彘则谓之不仁，窃一国一都则以为义，譬犹小视白谓之白，大视白则谓之黑。是故世俗之君子，知小物而不知大物者，此若言之谓也。”

“以翟之所谓忠臣者，上有过则微之以谏，己有善，则访之上，而无敢以告。外匡其邪，而入其善，尚同而无下比，是以美善在上，而怨雠在下，安乐在上，而忧戚在臣。此翟之所谓忠臣者也。”“子之所谓义者，亦有力以劳人，有财以分人乎？”“所为功，利于人谓之巧，不利于人谓之拙。”《公输》：“杀所不足，而争所有余，不可谓智，宋无罪而攻之，不可谓仁，知而不争，不可谓忠，争而不得，不可谓强，义不杀少而杀众，不可谓知类。”

假

假设，假定，假说。表假言命题。《小取》：“假者，今不然也。”假设是假定性的设想，并非表示当前事实。从假设性的前提条件出发，引出一定结论，断定前提和结论的关系。引出一定结论的前件，称为原因、理由、根据。

且

并且。表联言命题。（104次）《经说下》：“是梯，挈且挈则行。”“挈且挈”：提着并且提着，是有两个联言肢的联言命题。《经说下》：“彼此不可彼且此也。”《经说下》：“是不是，则是且是焉。”《七患》：“时年岁善，则民仁且良；时年岁凶，则民吝且恶。”《公孟》：“国士战且扶人。”《备城门》：“出挑且败。”

信

信实，诚信。（52次）《经上》：“信，言合于意也。”《经说上》：“信。不以其言之当也，使人视城得金。”信不以言论的恰当（符合实际）为必要条件。有时言论虽与思想不符合（“不信”），但却偶然跟事实符合（“当”）。某人故意骗别人：“城门内藏有金！”别人去一看，果然得到金。言论“不信”，但却偶然“当”（恰当）的事例。“信”是语言准确表达思维，是发挥语言表意和交际功能的目的和标准。

当

恰当，正确，符合事实。（21次）《经上》：“信，言合于意也。”《经说上》：“不以其言之当也。”《经上》：“辩，争彼也。辩胜，当也。”《经说上》：“或谓之牛，或谓之非牛，是争彼也。是不俱当。不俱当，必或不当，不若当犬。”《经下》：“谓辩无胜，必不当，说在辩。”《经说下》：“所谓非同也，则异也。同则或谓之狗，其或谓之犬也。异则或谓之牛，其或谓之马也。俱无胜。（以上引辩论对方语）是不辩也。辩也者，或谓之是，或谓之非。当者胜也。”

《经说下》：“悖，不可也。之人之言可，是不悖，则是有可也。之人之言不可，以当必不当。”所谓虚假，就是不正确。这个人的这句话如果正确，这就是有并不虚假的言论，则是有正确的言论。这个人的这句话如果不正确，那么认为它恰当，就必然不恰当。

《公孟》：“子墨子与程子辩，称于孔子。程子曰：‘非儒，何故称于孔子也？’子墨子曰：‘是亦当（恰当）而不可易者也。”《所染》：“此四王者所染当。”“此五君者所染当。”“行理生于染当。”“不知要者，所染不当也。”《非攻中》：“赏罚之当。”《杂守》：“天下事当。”

彼

在抽象逻辑公式中充当变项，指代任一对象、属性、概念、主词、主题。（25次）《经下》：“彼彼此此与彼此同，说在异。”《经说下》：“正名者：彼彼此此可：彼彼止于彼，此此止于此。彼此不可彼且此也。彼此亦可：彼此止于彼此。若是而彼此也，则彼亦且此此也。”

“彼”、“此”的非集合概念，与“彼此”的集合概念这两种情况，在都要遵守同一律这一点上相同，论证的理由在于这两种情况还有所不同。在研究把概念搞正确的规律时，应注意以下三种情况：

第一种情况。“彼彼此此可”：那个“彼”之名，要确定地指称“彼”之实。这个“此”之名，要确定地指称“此”之实。

第二种情况。“彼此不可”：“彼此”的集合概念，不能仅单独地指称“彼”之实，或“此”之实。

第三种情况。“彼此亦可”：“彼此”的集合概念，要确定地指称“彼此”的集合体。如果“是”与“彼此”的不同概念，可以混同，那么“彼”与“此此”的不同概念，也可以混同，这是不对的。

《经上》：“彼，不可两也。”辩论者不能举出两个不相干的论题来进行辩论。《经上》：“辩，争彼也。”《经说上》：“辩。或谓：‘之牛。’或谓：‘之非牛。’是争彼也。”辩论就是双方争论一对矛盾命题的是非。如针对同一对象，有人说：“这是牛。”有人说：“这不是牛。”这就是争论一对矛盾命题的是非。

《经说上》:“非彼必不有，必也。”没有那个必然没有这个，这是必合（符合必然规律）。“非彼必不有”:《墨经》逻辑公式，等价于“无之必不然”、“无P则无Q”，彼、有、之、然犹如P、Q、R、S之类的变项符号。“非彼必不有”是作为解释必然性概念的一例。《小取》:“此与彼同类，世有彼而不自非也，墨者有此而非之。”《经说上》:“取此择彼，问故观宜。”

此

这，这个，这样。指示代词，用于近指。跟“彼”相对。指代事物、情况、时间、空间、行为动作的状态、条件。《墨经》用指示代词“此”充当逻辑变项，概括一般逻辑公式。（579次）《经说上》:“取此择彼，问故观宜。以人之有黑者、有不黑者也，止黑人；与以有爱于人、有不爱于人，止爱人：是孰宜？”

《经说上》:“彼举然者，以为此其然也，则举不然者而问之。”《经下》:“彼彼此此与彼此同，说在异。”《经说下》:“正名者：彼彼此此可：彼彼止于彼，此此止于此。彼此不可彼且此也。彼此亦可：彼此止于彼此。若是而彼此也，则彼亦且此此也。”《经说下》:“知是之非此也，又知是之不在此也，然而谓此南北，过而以已为然。始也谓此南方，故今也谓此南方。”

是

跟“彼”相对。相当于“此”。用指示代词“是”，作为虚指符号，进行抽象逻辑推演。（523次）《经说下》:“若是而彼此也，则彼亦且此此也。”可改写为：“若C而AB也，则A亦且BB也。”用实例代换：“若羊而牛马也，则牛亦且马马也。”这是归谬式间接反驳法。

《经说下》:“止。彼以此其然也，说是其然也；我以此其不然也，疑是其然也。”《经下》:“谓而固是也，说在因。”《经说下》:“有之实也，而后谓之。无之实也，则无谓也。不若假。举美谓是，则是固美也，谓也。则是非美，无谓，谓则假也。”

《经说下》:“彼止于彼。”“此止于此。”“彼此不可彼且此也。彼此亦可：彼此止于彼此。若是而彼此也，则彼亦且此此也。”《经说下》:“物甚不甚，说在若是。”《经说下》:“甚长甚短，莫长于是，莫短于是。是之甚也、非甚也者，莫甚于是，有甚于是。”

《经说下》：以其敢于是也命之，不以其不敢于彼也害之。”《经说上》：“得是而喜，则是利也，其害也，非是也。”《经说上》：“得是而恶，则是害也，其利也，非是也。”《经说上》：“二人而俱见是楹也。”《经说下》：“知是之非此也，又知是之不在此也。”

说

推理，论证，推论。中国古代逻辑学范畴。（154次）《小取》：“以说出故。”用推论揭示理由。《经上》：“说，所以明也。”“说”本义说明事实，解说道理，《墨经》引申为推理论证，简称推论。推论是推理论证的合并简称，即常说的“摆事实，讲道理”。论证又叫证明，各种推理的运用。“说”：列举论据，说明理由，推理论证。

《经下》和《经说下》表达的结构，是“以说出故”形式的杰出运用。《经下》先列论题，以“说在某某”形式，简明标示论题成立的理由（事实或道理），在《经说下》展开。《经下》和《经说下》整篇，由论题、论据和论证组成，是表达“说知”（推论之知）的范例。演绎推论实质，是用“出故”、讲理方法论证，达到说服目的。列举具体推论事例，用古汉语词表逻辑变项和常项，概括推论形式，说明理论。

《经说下》：“以此其然也，说是其然也。”用现代汉语和符号语言解释：“根据‘所有M是P，所有S是M’，推论‘所有S是P’。”“此”理解为一较大类M。“是”理解为M类包含一较小子类S。“此其然”理解为“所有M类事物都是P”。《经上》：“知：闻、说、亲。”《经说上》：“方不彰，说也。”“方”：比方，推论。“不彰”：不明白，不清楚，不知道。通过推论，把原来不知道，变为知道，是间接推论知识。“说”：推论知识。

《经下》：“闻所不知若所知，则两知之，说在告。”《经说下》：“在外者，所知也。在室者，所不知也。或曰：‘在室者之色若是其色。’是所不知若所知也。犹白若黑也，孰胜？是若其色也，若白者必白。今也知其色之若白也，故知其白也。夫名以所明正所不知，不以所不知疑所明。若以尺度所不知长。外，亲知也。室中，说知也。”

《经说上》：“五诺，皆人于知。

有说，过五诺，若‘圆无直’。无说，用五诺，若自然矣。”“说”：推论。“圆无直”字意“圆周上没有直线”，即“一圆周上任何三点都不在一直线上”，相当于平面几何定理“一直线与一圆的公共点不能多于两个”，推论“无圆能通过同在一直线上的三点”。《经上》：“直，参也。”直线定义，意为“三点中有一点，恰好介于其余两点之间”，直线基本性质。“参”：“介于其间”。

《经下》：“止，类以行之，说在同。”《经说下》：“彼以此其然也，说是其然也；我以此其不然也，疑是其然也。”“止”这种反驳方式应按事物类别进行，我所要反驳的跟对方所要证明的是同一论题。对方如果从“某类事物都是如此”，推出“这个事物是如此”，我则根据“并非某类事物都是如此”，怀疑“这个事物是如此”。“说”：推论，演绎推理。“是其然”：从“此其然”（所有M是P）一般前提，推出个别结论“这个S是P”。“是”：这个。“此其不然”：对“此其然”的否定，并非“此其然”，并非“所有M是P”。

《经下》：“无说而惧，说在弗必。”《经说下》：“子在军，不必其死生；闻战，亦不必其死生。前也不惧，今也惧。”《经下》：“狂举不可以知异，说在有不可。”《经说下》：“今是不久于是，而久于是，故是久与是不久同说也。”《经说下》：“‘欲恶伤生损寿’，说以少连。”

“说在某某”：《经说下》八十三条体例：“所有S是P，说在x。”简化浓缩论证。其中“所有S是P”，是《经说下》待证论题，《墨经》概括的各门科学定理规律。“说在x”：揭示论题成立理由。“说在”：待证论题跟论据的逻辑联结词，作用是从论题逆指论证理由。“说在”格式化翻译：“论证理由在于”。

《经说下》：“推类之难，说在之大小、物尽、同名、二与斗、爱、食与招、白与视、丽与暴、夫与履。”用“大小、物尽、同名、二与斗、爱、食与招、白与视、丽与暴、夫与履”大批实例，说明“推类之难”。

《经说下》：“正而不可倚，说在抟。”“丸无所处而不中悬，抟也。”用圆球运动状态的事例，说明“正而不可倚”（垂直而不偏斜）受力原理。“倚者不可正，说在梯。”用斜放云梯的运动事例，说明"倚者不可正"（偏斜不是垂直）受力原理。

《非攻上》："杀一人谓之不义，必有一死罪矣，若以此说往，杀十人十重不义，必有十死罪矣；杀百人百重不义，必有百死罪矣。""以此说往"：由此推论，以此类推。《修身》："慧者心辩而不繁说。"智慧者心中辩明，不繁琐论证。

《节葬下》："后得生者，而久禁之，以此求富，此譬犹禁耕而求获也，富之说无可得焉。""以此求众，譬犹使人负剑，而求其寿也。众之说无可得焉。"《非儒下》："有强执有命以说议曰：'寿夭贫富，安危治乱，固有天命，不可损益。穷达赏罚幸否有极，人之知力，不能为焉。'""若皆仁人也，则无说而相与（敌）。"《耕柱》："能说书者说书。"

《鲁问》："昔者三代之圣王禹汤文武，百里之诸侯也，说忠行义取天下。""翟以为不若诵先王之道，而求其说。""公尚过说越王。"《公输》："子墨子起，再拜曰：'请说之。吾从北方，闻子为梯，将以攻宋。宋何罪之有？荆国有余于地，而不足于民，杀所不足，而争所有余，不可谓智。宋无罪而攻之，不可谓仁。知而不争，不可谓忠。争而不得，不可谓强。义不杀少而杀众，不可谓知类。'公输盘服。"

说知

推论知识。（1次）《经下》："闻所不知若所知，则两知之，说在告。"《经说下》："在外者，所知也。在室者，所不知也。或曰：'在室者之色若是其色。'是所不知若所知也。犹白若黑也，孰胜？是若其色也，若白者必白。今也知其色之若白也，故知其白也。夫名以所明正所不知，不以所不知疑所明。若以尺度所不知长。外，亲知也。室中，说知也。"

以"亲知"和"闻知"为前提，用演绎推论引出新知识。论式："（亲知）室外之物的颜色是白的。（闻知）室内之物的颜色是室外之物的颜色。（说知）所以，室内之物的颜色是白的。"作为认知形式的"说"，跟"闻"（闻知）和"亲"（亲知）并列，指推论（推理论证）知识。讨论"说知"即推论知识的实质，包含对演绎推理性质的认知。

明

察明，辩明，说明，证明。表思维认识的明确。（133次）《经上》："说，所以明也。"《经说下》："夫名以所明正所不知，不以所不知疑所明。"《小取》："夫辩者，将以明是非之分，审治乱之纪，明同异之处。""譬也者，举他物而以明之也。""盗人，人也，多盗，非多人也，无盗非无人也。奚以明之？恶多盗，非恶多人也；欲无盗，非欲无人也。"

《大取》："立辞而不明于其所生，妄也，今人非道无所行，虽有强股肱，而不明于道，其困也，可立而待也，夫辞以类行者也，立辞而不明于其类，则必困矣。"《经说上》："知也者所以知也，而不必知，若明。"

《经上》："知，明也。"《经说上》："知也者以其知论物，而其知之也著。若明。"理性认知是清楚明白的认识。理性认知是用人的认知能力，分析整理事物，而能获得到显著透彻的认知。如人用心观察，把事物看明白。《经上》："誉，明美也。"《经上》："诽，明恶也。"

《尚同上》："是非利害之辩，不可一二而明知。"《非攻下》："子未察吾言之类，未明其故者也。"《天志中》："此吾所谓君子明细而不明大也。""此其故何？则圆法明也。匠人亦操其矩，将以量度天下之方与不方也。曰：中吾矩者谓之方，不中吾矩者谓之不方。是以方与不方，皆可得而知之。此其故何？则方法明也。"

《非命上》："故当执有命者之言，不可不明辨。""然则明辨此之说将奈何哉？子墨子言曰：'必立仪，言而毋仪，譬犹运钧之上而立朝夕者也，是非利害之辨，不可得而明知也。'"《非儒下》："言明而易知也，行明而易从也，行义可明乎民。"

《备城门》："城持出必为明填。"出城必须持有填明身份的证件。《备穴》："必令明习橐事者勿令离灶口。"《旗帜》："建旗其署，令皆明白知之。"《号令》："凡守城者以亟伤敌为上，其延日持久以待救之至，不明于守者也。"

推

广义指推理。狭义指归谬式类比推论。（5次）《小取》定义："推也者，以其所不取之同于其所取者，予之也。"论辩方式"推"（狭义）是指：我摆出一个证明给对方来反驳他，我这个证明是说明，对方所不赞成的，跟对方所赞成的，本为同类。归谬式类比推论。"是故辟侔援推之辞，行而异，转而危，远而失，流而离本，则不可不审也，不可常用也。”

《经下》:“推类之难。”“推类”：类推，狭义指各种类比推论，包括譬（譬喻式类推）、侔（比词类推）、援（援例类推）、推（归谬类推）。广义“推类”（类推），指推理、推论，包括演绎、归纳和类比。各种推理都跟类有关。《大取》“辞以故生，以理长，以类行”三原则，适用一切推理，推类、推理、推故意近。

《经下》:“察诸其所然未然者，说在于是推之。”《经说下》:“尧善治，自今察诸古也。自古察之今，则尧不能治也。”审察某事之所以这样和之所以不这样的原因，可从“尧善治”命题适用于古而不适用于今的事例，类推而知。说“尧善治”，是从今天情况出发，考察古代情况（“尧善治”指善于治理古代）。从古代情况出发，考察今天情况，就不能够说“尧善治”（“尧善治”不是指善于治理现代）。

“推”广义指“推理”。表推论性质的一级范畴，有“推”（广义）、“推类”。表推论个别方式的二级范畴，有“推”（狭义）、“止”、“效”、“援”、“譬”、“侔”等。“推”（狭义）指归谬类比。“止”是综合推论。“效”是代入公式。“援”是援例类比。“譬”是譬喻类比。“侔”是比词类比。“推类”范畴，泛指推论意义，是类比、归纳和演绎的综合推论，朴素结合，没有明确区分演绎、归纳和类比的不同形式。

非人者

“非人者必有以易之”：反驳对方错误论点，一定要先建立自己正确论点，用来代替对方错误论点。欲破先立。欲反驳先论证。辩论原则。（1次）《兼爱下》:“非人者必有以易之。若非人而无以易之，譬之犹以水救水，以火救火也，其说将必无可焉，是故子墨子曰：兼以易别。然即兼之可以易别之故何也？曰：借为人之国，若为其国，夫谁独举其国以攻人之国者哉？为彼者由为己也，为人之都若为其都，夫谁独举其都以伐人之都者哉？为彼犹为己也，为人之家若为其家，夫谁独举其家以乱人之家者哉？为彼犹为己也。然即国都不相攻伐，人家不相乱贼，此天下之害与？天下之利与？即必曰天下之利也，姑尝本原若众利之所自生，此胡自生？此自恶人贼人生与？即必曰非然也，必曰从爱人利人生，分名乎天下爱人而利人者，别与？兼与？即必曰兼也，然即之交兼者，果生天下之大利者与？是故子墨子曰兼是也。”

《兼爱中》：“既以非之，何以易之？子墨子言曰：以兼相爱，交相利之法易之，然则兼相爱，交相利之法，将奈何哉？子墨子言，视人之国，若视其国，视人之家，若视其家，视人之身，若视其身。是故诸侯相爱，则不野战，家主相爱，则不相篡，人与人相爱，则不相贼，君臣相爱，则惠忠，父子相爱，则慈孝，兄弟相爱，则和调，天下之人皆相爱，强不执弱，众不劫寡，富不侮贫，贵不傲贱，诈不欺愚，凡天下祸篡怨恨，可使毋起者，以相爱生也，是以仁者誉之。”

墨子在春秋战国诸子百家争鸣辩论的语境中，率先总结辩学一般规律“非人者必有以易之”：反驳对方错误论点，一定要先建立自己正确论点，用来代替对方错误论点。反驳对方错误论点，没有自己正确论点来代替，就像以水救水，以火救火，乱上添乱，恶性循环。

作为这一辩学一般规律的应用，墨子提出“兼以易别”，用兼爱学说代替儒家别爱学说。兼爱是整体、普遍、交互、平等的爱。墨子理想，是全人类都互相亲爱，互利互惠。“为彼犹为已”：对别人就像对自己。“不相攻伐，不相乱贼”：不互相攻打亏害。天下之人都相爱，强不执弱，众不劫寡，富不侮贫，贵不傲贱，诈不欺愚，得天下大利，无天下大害。别爱即偏爱，部分爱，差等爱。必得相反结果，是天下祸篡怨恨，坏人坏事的根源。

“兼”指整体。《经上》说，“体”（部分）是从“兼”（整体）中分出来的。如一个集合“二”中的元素“一”，尺（一个线段）中的端（点），就是“兼”中之“体”（整体中的部分）。人个体是人整体一分子，全人类是“兼”（整体，集合）。《说文》：“兼，持二禾。”

“兼”在甲骨文金文中字形，像人一手握两棵稻谷，现代规范字形，失去原来“一手持二禾”素描图画的生动形象性，仍保有原来“兼”字意义：兼有，兼顾，整体。墨家从前5世纪创立，到前3世纪消亡，在近三百年的发展历程中，始终明确彻底地坚持墨子兼爱说，不断申述墨家兼爱，是尽爱，俱爱，周爱，不分民族、阶级、阶层、等级、亲疏、住地、人己、主仆等差别，包括过去、现在和未来一切人，都要整体、普遍、交互、平等的爱。墨子反对儒家的别爱、偏爱、部分爱、差等爱。

《耕柱》载儒者巫马子跟墨子辩论说：我跟你不同，我爱邹国人胜过爱越国人，因为越国离我更远。爱鲁国人胜过爱邹国人，爱家乡人胜过爱鲁国人，爱家人胜过爱乡人，爱父母胜过爱家人，爱自身胜过爱父母。儒者巫马子的“别爱”论，是一个有无数层的同心圆，个人处于圆心，以下从父母到全人类，以血缘亲疏和地域远近为区分标准，爱自己的程度最高，然后从父母到全人类，施爱程度愈来愈递减，这是极端个人利己主义，以自我为中心的“偏爱”论。《孟子·滕文公下》：“墨氏兼爱。”“墨者夷之爱无差等。”《孟子·告子下》：“墨子兼爱，摩顶放踵利天下为之。”宋张栻《癸巳孟子说》：“摩其顶，以至于踵。一身之间，凡可以利天下者，皆不惜也。”

《庄子·天下》：“墨子泛爱兼利。”《尸子·广泽》：“墨子贵兼。”儒家强调爱的差等性。《非儒》批判儒家“亲亲有杀，尊贤有等，亲疏尊卑之异”，批判其强调爱有血缘亲疏、宗法等级的差异。

《荀子·天论》：“墨子有见于齐，无见于畸。”“齐”：平等。“畸”：不平等。说墨子只看到平等一面，没看到不平等一面。儒家坚持不平等一面，是儒家根本立场。墨家强调平等一面，是墨家根本立场。儒家讲爱的差等观，目的是维护封建宗法等级制，是中国封建社会延续两千多年的意识形态。儒家政治伦理观，以维护封建宗法等级制为依归。

《论语·阳货》载孔子说：“唯女子与小人为难养也。”认为只有妇女和小人不好养。《四库全书》有53卷53处发挥孔子“唯女子与小人为难养”的话，制造舆论，轻视妇女和劳动者，恶劣影响至今存。“小人”跟“君子”相对，指劳动者。朱熹《四书章句集注·论语集注》卷九说“小人”“谓仆隶下人”，即仆人和奴隶。《墨经》明确说男女奴隶“臧获”都要爱，是“兼爱”整体不可分割的部分。

兼爱平等观，是墨家理想和奋斗目标。曹耀湘《墨子笺·兼爱下》："兼爱者，墨氏之学之宗旨也。"皮嘉佑于1898年5月《湘报》第58～60号《平等说》："平等之说导源于墨子。"孙中山《三民主义》："古时最讲爱字的莫过于墨子。"梁启超《墨子学案》："墨学所标纲领，其实只从一个根本观念出来，就是兼爱。"

墨家兼爱平等观，是墨家理想和奋斗目标，当时未做到。理想跟现实不同。现实是有强盗，有强大国家攻伐掠夺弱小国家，掠夺者和强盗不应爱。墨家理想是兼相爱，交相利。现实事实和理想不构成矛盾，是两回事，两个领域的问题。就现代逻辑来说，兼爱是道义的最高理想，目前现实是有掠夺者和强盗。这是两个不同的问题，分属于两个不同的道义逻辑范围。

墨家兼爱说，体现普遍彻底的人文精神，人道主义，是引领人性解放的灯塔，鼓舞社会进步的动力。随社会政治、经济、文化、思想的发展，墨家兼爱说的合理性和真理性愈益显现，赢得更多人的热烈赞同和热情实践，这是墨子总结辩学一般规律"非人者必有以易之"的初衷和期待。

方

比方，类推，推理，推论知识。（1次）《经说下》："方不彰，说也。""方不彰"：由已知测未知。"说"：说知，即推论知识。

悖

悖谬，荒谬，背理，矛盾。元语言的语义概念。运用归谬法的一种形式：指出辩论对方言词相"悖"，自相矛盾。（14次）《耕柱》："世俗之君子，贫而谓之富则怒，无义而谓之有义则喜。岂不悖哉！"《贵义》："世之君子，使之为一犬一彘之宰，不能则辞之；使为一国之相，不能而为之。岂不悖哉！"

《经下》："以言为尽悖，悖，说在其言。"《经说下》："悖，不可也。之人之言可，是不悖，则是有可也。之人之言不可，以当必不当。"认为"所有的言论都是虚假的"，自相矛盾，论证的理由在于分析"所有的言论都是虚假的"这句话本身。虚假就是不正确。这个人这句话如果正确，就是有并不虚假的言论，则是有正确的言论。这个人这句话如果不正确，认为它恰当，就必然不恰当。"尽"：全称量词，"所有的"。第一个"悖"：虚假。认识论概念：虚假指违反事实。第二个“悖”：自相矛盾。逻辑概念：论点本身是语义悖论，否定性的语义评价概念“悖”（虚假）涉及自身，自我相关。

《经下》：“‘非诽’者悖，说在弗非。”《经说下》：“‘非诽’：非己之诽也。不‘非诽’，非可非也；（非）不可非也，是不‘非诽’也。”提出“反对一切批评”这一论点的人，自相矛盾，论证的理由在于批评不该反对。对方说：“反对一切批评。”实际上把对方自己“反对一切批评”这一特定的批评，也反对了。如果对方放弃“反对一切批评”这一论点，那么有错误就可以批评了。如果有错误不能够批评，这本身也导致对“反对一切批评”这一论点的否定。

“非诽”：反对一切批评。“悖”：自相矛盾。“弗”：不。“弗非”：指批评是不应该反对的。第一个“非”字意为错误。“不可非也”承上文省略“非”字，此“非”字亦解为错误。“非可非也；非不可非也”相对为文。《墨经》辩论，常用二难推理形式。《经说上》作为止式反驳的例，列举对方论题“圣人有非而不非”，此句“非不可非”意同于“若有非而不非”。“是”：这，这个，指前句“非不可非”。

墨家批评“非诽”（反对一切批评）论的背景。《公羊传•闵公元年》载儒家主张：“为尊者讳，为亲者讳，为贤者讳。”《论语•子路》载孔子提倡：“父为子隐，子为父隐。”《经说上》批评儒家主张的“圣人有非而不非”（圣人见人有非，不非其非，即不批评其错误）。墨家认为批评是正常的。

《经上》定义说：“诽，明恶也。”诽即非人之非（批评别人错误）。《经下》说“诽之可否”，“说在可非”，《经说下》说“论诽之可不可以理”，即讨论批评的可否，以是否合乎道理为标准。

墨家批评“非诽”（反对一切批评）论，连续用两个二难推理式：二难推理式一：非诽，非己之诽也。不非诽，非可非也。即说“反对一切批评”，则也反对自己这一特定的批评。如果不“反对一切批评”，则有错误就能批评。二难推理式二：非可非也，则非可非也。（非）不可非也，是不非诽也。即如果有错误能批评，则有错误能批评。如果有错误不能批评，则也导致对“反对一切批评”论点的否定。

《经下》:“学之益也，说在诽者。”《经说下》:“以为不知学之无益也，故告之也，是使知学之无益也，是教也。以学为无益也教，悖。”《经下》:“‘知知之否之足用也’悖，说在无以也。”《经下》:“论之非知无以也。”“知道自己是知道，还是不知道，这就够用了”的论点，是自相矛盾的，论证的理由在于，这样说是不够用的。讨论一个问题，要求知道那个问题。如果说:“讨论一个问题，就承认不知道那个问题，这就已经够用了。”这样说是不够用的，况且既然说“知道自己不知道”，却又说“够用”，自相矛盾。《论语·为政》:“知之为知之，不知为不知，是知也。”《老子》:“知不知，上。”是《墨经》所批评论点的语境。“无以”:无用处，无意义。“以”:用。

《经下》:“无穷不害兼，说在盈否。”《经说下》:“‘南者有穷则可尽，无穷则不可尽。有穷、无穷未可知，则可尽、不可尽未可知。人之盈之否未可知，而必人之可尽、不可尽亦未可知，而必人之可尽爱也，悖。’(以上引难者语)人若不盈无穷，则人有穷也，尽有穷无难。盈无穷，则无穷尽也，尽无穷无难。”《经下》:“假必悖，说在不然。”

《经说下》:“假必非也，而后假。狗假鹤也，犹氏霍也。”《非攻下》:“厮役以此饥寒冻馁疾病，而转死沟壑中者，不可胜计也，此其为不利于人也，天下之害厚矣，而王公大人，乐而行之，则此乐贼灭天下之万民也，岂不悖哉！”《非儒下》:“颠覆上下，悖逆父母。”《鲁问》:“有人于此，其子强梁不材，故其父笞之，其邻家之父，举木而击之曰:‘吾击之也，顺于其父之志。’则岂不悖哉？”

言尽悖

一切言论是虚假的:典型的语义悖论。驳庄子。《经下》:“以言为尽悖，悖，说在其言。”《经说下》:“悖，不可也。之人之言可，是不悖，则是有可也。之人之言不可，以当必不当。”“一切言论是虚假的”自相矛盾，论证的理由在于“一切言论是虚假的”本身是言论。虚假就是不成立。如果这个人这个言论成立，就是有并不虚假的言论，有成立的言论。如果这个人这个言论不成立，认为它恰当必然不恰当。

《墨经》指出论证的关键是

"说在其言"，即"一切言论是虚假的"中"言论"、"虚假"的概念，涉及自身，自我相关，运用否定概念自我涉及。使用否定（悖）和全称（尽），连自身也否定，误用否定（悖）和全称（尽）。"言尽悖"论类似庄子观点。《庄子·齐物论》："是非之途，樊然淆乱，吾恶能知其辩？""其所言者特未定也。"《至乐》："天下是非果未可定也。"怀疑一切言论真实性的论点，导致相对主义怀疑论和不可知论。

非

非难，批评，反对。用于表现多主体认知的矛盾。（94次）《小取》："有诸己不非诸人。"《墨子》有"非攻"、"非乐"、"非命"、"非儒"等论题和篇名，其中"非"，意即非难，批评，反对。"非攻"：反对大国强国攻伐掠夺小国弱国。"非乐"：反对统治者大办乐舞，掠夺人民。

"非命"：反对儒家命定论，主张充分人力作用。"非儒"：反对儒家，批评儒学。《兼爱下》："非人者必有以易之，若非人而无以易之。"《非攻上》："今小为非，则知而非之，大为非攻国，则不知非。"《贵义》："今为义之君子，奉承先王之道以语之，纵不说而行，又从而非毁之。"

诽

批评。（17次）《经上》："诽，明恶也。"《经说上》："诽之可否，不以众寡，说在可非。"《经说上》："论诽之可不可以理。理之可诽，虽多诽，其诽是也。其理不可诽，虽少诽，非也。今也谓多诽者不可，是犹以长论短。"《经下》："非诽者悖，说在弗非。"《经说上》："非诽：非己之诽也。不非诽，非可非也。（非）不可非也，是不非诽也。"

非诽

反对一切批评：典型的语义悖论。驳儒道。（4次）《经下》："非诽者悖，说在（非）弗非。"《经说下》："非诽，非己之诽也。不非诽，非可非也。（非）不可非也，是不非诽也。""非诽"（反对一切批评）自相矛盾。因为"反对一切批评"，连自己"反对一切批评"这一批评也反对了。如果不反对一切批评，那么有错误就可以批评了。如果有错误不能批评，这本身也导致对"反对一切批评"论点的否定。因为对方正是把批评视为错误来反对的。"诽"：批评缺点、错误。"非诽"

论类似儒道观点。

《公羊传·闵公元年》载，儒家主张“为尊者讳，为亲者讳，为贤者讳”。《论语·子路》载，孔子提倡“父为子隐，子为父隐”。《经说上》批评儒家主张“圣人有非而不非”（圣人见人有错误而不批评）。庄子否定百家言辩，自己积极言辩，自相矛盾。墨家概括儒道论点为“非诽”论，揭示其自相矛盾，采用归谬反驳。

《经下》：“诽之可否，不以众寡，说在可非。”《经说下》：“论诽之可不可以理。理之可诽，虽多诽，其诽是也。其理不可诽，虽少诽，非也。今也谓多诽者不可，是犹以长论短。”“以长论短”：认为“凡长的都不好，凡短的就好”的荒谬逻辑。

学无益

学习没益处：典型的语义悖论。驳老庄。《经下》：“学之益也，说在诽者。”《经说下》：“以为不知学之无益也，故告之也，是使知学之无益也，是教也。以学为之无益也教，悖。”认为学习是有益处的，论题的理由在于，反对这一命题的人，会陷于自相矛盾。倡导“学习没有益处”的人，认为别人不懂这一道理，要千方百计告诉别人，这就是要别人学习“学习没有益处”的道理，这就是教。倡导“学习没有益处”，却又教别人，是自相矛盾。归谬法，反驳老庄“学无益”论题，论证“学有益”论题。

《老子》：“绝学无忧。”“知不知，上；不知知，病。”《庄子·齐物论》：“知止其所不知，至矣。”《养生主》：“生也有涯，而知也无涯，以有涯随无涯，殆矣。已而为之者，殆而已矣。”《论语·为政》：“知之为知之，不知为不知，是知也。”这是《墨经》批评的“知知之否之足用”论点，即知道自己是知道，还是不知道，就够用了。墨家主张积极探求知识，反对道儒两家对待知识的消极态度，用归谬法反驳“知知之否之足用”的悖论。

墨子出身工匠，靠学习成为名扬天下的大学者。《贵义》载，墨子到卫国游说，车上装很多书，对学生说：“过去周公旦，一大早就读书百篇，我怎能不多读书呢？”《尚贤下》：“有道者劝以教人。”《公孟》载墨子说“遍从人而说”，“不强说人，人莫之知”。墨子常劝别人学习。墨子遇到身体强健，思维敏捷的年轻人，劝他跟随自己学习。《庄子·天下》赞扬墨子“好学而博”。

《吕氏春秋·当染》载，墨子早年就学于周王史官的后代。跟随墨子学习的弟子“弥众”、“弥丰”、“充满天下”，“无时乏绝”，一直“显荣”到战国末期。《淮南子·要略》说，墨子曾“学儒者之业，受孔子之术”。

墨家从认识论上阐述“闻知”（“传受”之知）的意义，肯定教学的作用。《经说下》：“智少而不学，功必寡。”“智多而不教，功适息。”即智慧少又不学习，教育的功效一定少。智慧多而不教人，教育的功效等于零。墨家驳斥与认识相关的诡辩，是古代诸子百家在认识论领域争鸣辩论的缩影。墨家主张积极求知，反对消极的认知论调，是其认识论研究成果的应用。

知知之否

“知知之否之足用”：知道自己是知道，还是不知道，就够用：典型的语义悖论。驳儒道。（1次）《经下》：“知知之否之足用也，悖，说在无以也。”《经说下》：“论之非知无以也。”儒道两家论证“知道自己是知道，还是不知道，就够用了”，自相矛盾。论证在于，别人要是在你宣传这个论点时，声称自己不知道你这个论点，你肯定认为不够用。向别人论证一个论点，又宣称别人可以不知道你这个论点，你这个论证就没有意义。道儒两家强调要知道自己有所不知，表现在知识问题上的谦虚态度。

《论语·为政》：“知之为知之，不知为不知，是知也。”《老子》71章：“知不知，上。不知知，病。夫唯病病，是以不病。圣人不病，以其病病，是以不病。”知道自己有所不知，是最好的。以不知为知，是弊病。正因为以弊病为弊病，所以不发生弊病。圣人之所以不发生弊病，就是因为以弊病为弊病，所以不发生弊病。这是《墨经》所批评“知知之否之足用”的论点。道儒两家在求知问题上缺乏积极进取的精神。《老子》20章：“绝学无忧。”即弃绝学问，没有忧愁，荒谬地取消知识。孔子认为文献不足，只能存疑，对自然知识探求缺乏兴趣。

《论语·子路》载孔子斥责“请学稼”、“请学为圃”的学生子路是“小人”，认为农工生产知识不值得君子学习，与墨家极力把百工技艺总结上升为科学知识的做法大相径庭。墨家主张积极求知（特别是自然知识），反对道儒两家对知识的消极态度。墨家反对儒道两家在探求知识，特别是在探求自然知识问题上的消极态度，主张积极求知，探索自然，总结和运用自然科学与工匠技术知识于生产实践，于是把儒道两家对待知识的消极态度总结为认知悖论“知知之否之足用也”，运用矛盾律和归谬法反驳。

明于小

“明于小而不明于大”：明小事不明大事。懂小道理不懂大道理。归谬法别名。（4 次）《尚贤下》：“今天下之士君子，居处言语皆尚贤，逮至其临众发政而治民，莫知尚贤而使能，我以此知天下之士君子，明于小而不明于大也。何以知其然乎？今王公大人，有一牛羊之财不能杀，必索良宰；有一衣裳之财不能制，必索良工。当王公大人之于此也，虽有骨肉之亲，无故富贵，面目美好者，实知其不能也，不使之也，是何故？恐其败财也。当王公大人之于此也，则不失尚贤而使能。王公大人有一疲马不能治，必索良医；有一危弓不能张，必索良工。当王公大人之于此也，虽有骨肉之亲，无故富贵，面目美好者，实知其不能也，必不使。是何故？恐其败财也。当王公大人之于此也，则不失尚贤而使能。逮至其国家则不然，王公大人骨肉之亲，无故富贵，面目美好者，则举之，则王公大人之亲其国家也，不若亲其一危弓、疲马、衣裳、牛羊之财与？我以此知天下之士君子皆明于小，而不明于大也。”

《天志下》：“天下之所以乱者，其说将何哉？则是天下士君子，皆明于小而不明于大。何以知其明于小不明于大也？”“明于小不明于大”，也叫“明小物而不明大物”，“知小物而不知大物”。

《尚贤中》：“何则？皆以明小物，而不明大物也。”《天志下》：“此吾所谓大物则不知也，所谓小物则知之者。”《鲁问》：“子墨子谓鲁阳文君曰，世俗之君子皆知小物，而不知大物。今有人于此，窃一犬一彘，则谓之不仁，窃一国一都，则以为义，譬犹小视白谓之白，大视白则谓之黑，是故世俗之君子，知小物而不知大物者，此若言之谓也。”

墨子创建中国古代逻辑学（墨辩）的开端、萌芽和典型案例。“明小不明大”，又叫“知小不知大”，是墨子对归谬式类比推理的元逻辑首次概括。归谬式类比推理是中国古代逻辑学的核心和主要推论方式，实质是揭露对方逻辑矛盾，说服对方。

墨子为论证“尚贤”论点，先从揭露对方逻辑矛盾入手：当今掌权者王公大人士君子，有一牛羊不会宰杀，一定要找好屠夫。有一布料不会做衣服，一定要找好裁缝。有一病马不会治，一定要找好兽医。有一张弓需修理，一定要找好工匠。这叫“居处言语皆尚贤”，即日常生活小事，都知道尚贤。遇到治国大事，不知尚贤，叫“明小不明大”，“知小不知大”。

《小取》把这种归谬式类比推理，命名为“推”，定义说：“推也者，以其所不取之，同于其所取者，予之也。”“推”规则：“以类取，以类予。”“有诸己不非诸人，无诸己不求诸人。”实质是同一律和矛盾律。“治国须尚贤”，为对方“所不取”。墨子证明“治国须尚贤”，跟“居处言语皆尚贤”属同类。同类事物有同样性质，下同样判断，取同样态度。既然“居处言语”即日常生活小事，都知尚贤，“治国”大事，更须知尚贤。这叫既明小又明大，知小又知大，符合“以类取，以类予”和“有诸己不非诸人，无诸己不求诸人”规则。对方犯“明小不明大”（“知小不知大”）逻辑错误，不符合“以类取，以类予”和“有诸己不非诸人，无诸己不求诸人”规则。

“明小不明大”、“知小不知大”，是墨子对归谬式类比推理的概括，表明对方自相矛盾，荒谬背理。鼎盛于前五世纪的墨家创始人墨子，首创归谬法的自觉辩术，是战国前期初具规模，自成体系的应用逻辑，是后期墨家《墨经》总结系统辩学的丰富素材。归谬法是运用矛盾律的反驳论证方式。

在西方，归谬法广泛应用，刺激促进系统逻辑学诞生。古希腊芝诺、苏格拉底、柏拉图，都极善用归谬法，为亚里士多德逻辑创立准备条件。归谬法是辩论术的统称，在西方近代以前，长期兼作逻辑学总称。百家争鸣中，墨子率先总结运用矛盾律的归谬反驳方式。《墨经》对“推”这种归谬式类比推理定义和规则的总结，言简意赅。

“推”的论证方式，有归谬法的演绎必然性和逻辑性，兼具类比推理的生动形象性，富有说服力，感染力，是诸子百家争鸣辩论的得力工具，普遍方法，行之有效，为后世喜用常用，通过诸子百家传播，变为中华民族普遍思维方式，沿用到现代，跟西方逻辑学融通合流。

止

综合类推。(5次)《经上》:“法异则观其宜。”《经说上》:“取此择彼，问故观宜，以‘人之有黑者’、‘有不黑者’也，止‘黑人’；与以‘有爱于人’、‘有不爱于人’，止‘爱人’：是孰宜？”《经上》:“止，因以别道。”《经说上》:“彼举然者，以为此其然也，则举不然者而问之。若‘圣人有非而不非’。”《经下》:“止，类以行之，说在同。”《经说下》:“彼以此其然也，说是其然也，我以此其不然也，疑是其然也。”

“止”是综合论证，包含归纳及其反驳，演绎及其反驳。给出“止”的定义、步骤、规则和实例。“止”本意停止，阻止，制止，引申为反驳：止住论敌论证，否定论敌推论。包括驳倒论敌归纳推理的结论，反驳论敌演绎推理的大前提，质疑论敌演绎推理的结论，包含归纳演绎，证明反驳。“止”式推论性质：综合论证，非单一性推理。

《经上》:“止，因以别道。”这是“止”式推论定义。“止”用来区别和限制一般性道理，用特称否定命题（反例）反驳全称肯定命题（道）。“因以”：用来。“别”：区别，限制。“道”：一般性道理，用全称肯定命题表示。用“有圣人不是见人有非而不非”（有圣人不是见人有错误不批评），反驳“所有圣人都是见人有非而不非”（所有圣人都是见人有错误不批评）。用“有人不是黑的”，反驳“所有人是黑的”。用“有人不是可人爱的”，反驳“所有人是可人爱的”。

“圣人有非而不非”，即“圣人见他人有非，而不指斥其非”，就是“圣人见他人有错误，而不批评其错误”。父亲偷别人羊，是侵犯别人财产，是“非”（错误），由于偷羊人是父亲，儿子明知是“非”（错误），根据孔子和历来儒家主张，坚持“子为父隐”，不要非难、批评、指责和举证父亲偷羊。

《春秋公羊传·闵公元年》把

"父子互相隐瞒"（如隐瞒父亲偷羊）观点，概括为"《春秋》为尊者讳，为亲者讳，为贤者讳"。"圣人有非而不非"，即孔子"父为子隐，子为父隐，直在其中"和"《春秋》为尊者讳，为亲者讳，为贤者讳"观点引申。

"止"式推论中归纳证明及其反驳。《经说上》："彼举然者，以为此其然也，则举不然者而问之，若'圣人有非而不非'。""彼"：辩论对方。"举"：列举。"然者"：如此这般的正面事例。"彼举然者"：对方列举若干正面事例。"以为"：推论出。"此其然也"："所有此类事物都是这样。"

"彼举然者，以为此其然也"：对方列举若干正面事例，用简单枚举归纳推理，推论出全称命题"所有此类事物都是这样"。对方说："甲圣人是见人有非而不非。乙圣人是见人有非而不非。所以，所有圣人都是见人有非而不非。"其公式是：M_1是P，M_2是P，∴所有M都是P。"不然者"：有不是这样的反面情况，即反例。"问"：问难，反驳。

"则举不然者而问之"：用反例反驳全称命题，用特称否定命题反驳全称肯定命题。如用"有圣人不是见人有非而不非"（有圣人不是见人有错误不批评），反驳"所有圣人都是见人有非而不非"（所有圣人都是见人有错误不批评）。公式：∵有M不是P，∴并非所有M都是P。"止"式推论中演绎证明及其反驳。

《经说下》："彼以此其然也，说是其然也。我以此其不然也，疑是其然也。"即对方用"所有此类事物都是这样"的整体断定，推论"此类事物中有部分是这样"的断定。也就是对方用不正确的全称命题，演绎个别结论。我则用并非"所有此类事物都是这样"的矛盾命题，质疑、问难、反驳"此类事物中有部分是这样"的断定。

"疑"：可疑，非必然，非有效。如对方说："所有圣人见人有非而不非。墨家的圣人是圣人。∴墨家的圣人见人有非而不非。"公式是：所有M是P，所有S是M，∴所有S是P。我则用跟对方演绎推论的大前提相矛盾的命题，质疑对方演绎推理的结论。用"并非所有圣人都见人有非而不非"（等值于"有圣人不是见人有非而不非"），质疑、问难、反驳对方演绎推理的结论"墨家圣人是见人有非而不非”。公式是：并非所有M是P（等值于“有M不是P”），所有S是M，∴“所有S是P”可疑。

“止”式推论规则：同一律应用。《经下》：“止，类以行之，说在同。”即“止”的步骤和过程，根据事物类别进行，论证的理由在于辩论双方证明和反驳的是同一论题。

《经上》：“法异则观其宜。”《经说上》：“取此择彼，问故观宜，以‘人之有黑者’、‘有不黑者’也，止‘黑人’，与以‘有爱于人’、‘有不爱于人’，止‘爱人’，是孰宜？”“法”：论证的法式、程式、公式。证明和反驳有不同的公式，可供选择。要观察所选取公式，跟所使用的前提（论据），是否适宜。

《经说上》列两个反驳：反驳1，因为“有人不是黑的”，所以并非“所有人是黑的”。反驳2，因为“有人不是可人爱的”，所以，并非“所有人应该爱所有人”。反驳1是合宜（有效、正确）的，因为符合同类相推的规则（同一律）。其前提，即用来反驳的论据“有人不是黑的”和结论，即被反驳论题并非“所有人是黑的”，都是关乎事实的，都是属于真值逻辑。

反驳2，不是合宜（有效、正确）的，因为不符合同类相推的规则（同一律）。其前提，即用来反驳的论据“有人不是可人爱的”是关乎事实的，是属于真值逻辑范畴。而结论，即被反驳论题并非“一切人应该爱一切人”，关乎道德理想、目标、义务，属于规范模态逻辑，道义逻辑范畴。

以上两个反驳，其推论公式不同（法异），属不同逻辑领域、分支、范围和语境。墨家兼爱理想，不考虑种族、阶级贵贱区别，只要是人，都应该一视同仁相互关爱。这理想可成立一命题：所有人应该爱所有人。有人不可人爱，是一种事实状况，不能据此反驳“所有人应该爱所有人”的理想。正因为现实状况并非所有人都爱所有人，也有人不可人爱，墨家才要追求“所有人应该爱所有人”的理想。

援

援例类推。（2次）《小取》：“援也者，曰：‘子然，我奚独不可以然也？’”援例类推法是说：“你可以这样说，我怎么就不能这样说呢？”以同一律和矛盾律为根据的辩论方式。“譬侔援推之辞，行而异，转而危，远而失，流而离本。”譬喻、比词、援例、归谬等类推方法，实行时有差异，辗转引证会导致诡辩，离题远了会失去原义，流失原义就离开根本。

《小取》提供两个援式论证的例子：“此与彼同类，世有彼而不自非也，墨者有此而非之。”就“是而不然”的侔式推论说，世人赞成“彼”组论式：“获之亲，人也；获事其亲，非事人也。其弟，美人也；爱弟，非爱美人也。车，木也；乘车，非乘木也。船，木也；入船，非入木也。盗，人也；多盗，非多人也；无盗，非无人也。恶多盗，非恶多人也；欲无盗，非欲无人也。”我就可以援引世人赞成的“彼”组论式，类比论证我所赞成的“此”组论式：“盗，人也；爱盗，非爱人也；不爱盗，非不爱人也；杀盗，非杀人也”。

就“不是而然”的侔式推论说，世人赞成“彼”组论式：“读书，非书也；好读书，好书也。斗鸡，非鸡也；好斗鸡，好鸡也。且入井，非入井也；止且入井，止入井也。且出门，非出门也；止且出门，止出门也。”我就可以援引世人赞成的“彼”组论式，类比论证我所赞成的“此”组论式：“且夭，非夭也；寿且夭，寿夭也。有命，非命也；非执有命，非命也。”墨者认为以上两组论点“同类”，对方赞成前者，墨者就可以援引来类比证明后者，这符合“以类取”即同类相推的原则。根据“以类取”和“有诸己不非诸人”的原则（同一律、矛盾律），对方就不应该反对我这样推论，应该接受我的结论。

譬

譬喻类推。（53 次）《小取》：“譬也者，举他物而以明之也。”譬的认知功用定义。譬是列举他物的性质，比拟此物的性质，让人明白。如用“医之攻人之疾者”，“必知疾之所自起，焉能攻之；不知疾之所自起，则弗能攻”，比拟“以治天下为事者”，“必知乱之所自起，焉能治之；不知乱之所自起，则不能治”。

墨子论证善用譬。“譬”即譬喻，有修辞功能，墨子喜用的论证方式，譬喻论证。墨子直接用“譬”字连接的譬喻论证，有 50 余次，其中“譬犹”20 次，“譬之犹”7 次，“譬若”21 次，“譬之若”5

次。还有很多用“若”、“犹”、“如”等词连接的譬喻论证。

直接用“譬”字连接的譬喻论证用例。《尚贤下》论证崇尚贤人，说治国如果不用贤人，“譬犹喑者（哑巴）而使为行人（外交官），聋者而使为乐师”，就像叫哑巴当外交官，叫聋子当乐队指挥。《尚同上》论证崇尚国家统一，说“譬若丝缕之有纪，网罟之有纲”，就像丝缕有头绪，提网有总绳。《非攻下》：“今天下之诸侯，多攻伐并兼，则是有誉义之名，而不察其实也，此譬犹盲者之与人，同命白黑之名，而不能分其物也。”《非命上》：“言而无仪，譬犹运钧之上，而立朝夕者也。”言论如果没有标准，就像在运转的陶轮立标杆，测日影，决定时间早晚，无标准可言。

“譬”兼有论证和修辞两种功能。譬喻的说词，从论证上说，分为论据和论题；从修辞上说，分为被譬喻说明的“本体”和用来譬喻说明的“喻体”。譬喻论证，举彼明此，以近喻远，以浅喻深，以易喻难，由已知到未知，是论证的手段，说服的方法。

“譬”相当于印度逻辑论式中的“喻”。用厨房有烟并有火，譬喻类推这山有烟，所以有火。从瓶是人为的，并且不是永恒的，譬喻类推语言是人为的，所以不是永恒的。喻的本意是譬喻、例证。

窥基《因明入正理论疏》卷四：“喻者，譬也，况也，晓也。由此譬况，晓明所宗，故名为喻。”喻是通过譬况，比较、说明论题。《小取》定义譬喻论证的联结词：“‘是犹谓’也者，同也。”“是犹谓”和“譬”、“若”、“犹”、“如”一样，是譬喻论证的联结词，其作用是表明两个论点的相同或相似，是譬喻论证成立的标志。

《公孟》：“教人学而执有命，是犹命人包而去其冠也。”“执无鬼而学祭礼，是犹无客而学客礼也，无鱼而为鱼罟也。”《小取》定义反譬喻论证的联结词说：“吾岂谓也者，异也。”“吾岂谓”用现代汉语说，即“我难道那样说吗？”“吾岂谓”是用反问的口气说话，意思是“我没有那样说”。“吾岂谓”式的反驳，揭示譬喻前提与结论的相异，证明对方譬喻不当，是对于论敌不当譬喻的反驳，意味着反譬喻论证的建立，是反类比。

《兼爱中》记载当时辩论："今天下之士君子曰：'然乃若兼则善矣，虽然，不可行之物也，譬若挈泰山，越河济也。'子墨子言：'是非其譬也，夫挈泰山而越河济，可谓毕劲有力矣，自古及今，未有能行之者也，况乎兼相爱，交相利，则与此异，古者圣王行之。'"当今天下的士君子说："兼爱好是好，就是实行不了，譬如举起泰山，越过黄河、济水一样。"墨子说："这个譬喻不恰当，举起泰山，越过黄河、济水，可以说是很有力气，但从古到今还没有能实行的，可是兼相爱，交相利，就与此不同，古代圣王就曾经实行过。"墨子反驳论敌可说："吾谓兼爱可行，吾岂谓挈泰山而越河济可行乎？"这种"吾岂谓"式的反驳，揭示譬喻论证论据和论题的不同，证明对方譬喻不当。

譬喻论证的联结词，是"譬"、"若"、"犹"、"如"等，这是正类比。反譬喻论证的联结词，是"不若"，这是反类比。论证实质：摆事实，讲道理。摆事实，是归纳或类比。讲道理，是演绎。《墨经》长于论证，常以"若"、"犹"等联结词，联结具体事例。具体事例的功能，或是归纳论证论题的事实论据，或是类比论题主项的相似事例。

《经上》："故，所得而后成也。"有因必有果，《经说上》以"若见之成见"为事实例证。《经说下》："夫名以所明正所不知，不以所不知疑所明。若以尺度所不知长。"概念和推论是以所已知，类推说明所未知，不能反过来以所未知，怀疑所已知，这就像用尺子量度所未知物体的长度，这是以"若"作譬喻词的类比论证。

《小取》："夫物有以同，而不率遂同。"从事物有相同之处，不能推出其全部相同。"有以同"是特称肯定命题，特称真推不出全称真。由特称真推出全称真，是"仓促概括"的谬误。譬式推论在运用中容易出现"行而异"（行进走样）的谬误，因此要注意运用的限度和范围。"譬"48次写作"譬"，5次写作"辟"，今统一合并整理为"譬"。

"譬犹"：譬如，就像，好比。《尚贤下》："逮至其国家则不然，王公大人骨肉之亲，无故富贵，面目美好者，则举之，则王公大人之亲其国家也，不若亲其一危弓、疲马、衣裳、牛羊之财与？

我以此知天下之士君子皆明于小，而不明于大也，此譬犹喑者而使为行人，聋者而使为乐师。”《非攻下》：“今天下之诸侯将犹多皆攻伐并兼，则是有誉义之名，而不察其实也，此譬犹盲者之与人，同命白黑之名，而不能分其物也，则岂谓有别哉？”“古者天子之始封诸侯也，万有余，今以并国之故，万国有余皆灭，而四国独立，此譬犹医之药万有余人，而四人愈也，则不可谓良医矣。”

《节葬下》：“（厚葬久丧）财以成者，扶而埋之，后得生者，而久禁之，以此求富，此譬犹禁耕而求获也，富之说无可得焉。”“（厚葬久丧）此其为败男女之交多矣，以此求众，譬犹使人负剑，而求其寿也，众之说无可得焉。”“夫众盗贼而寡治者，以此求治，譬犹使人三还而毋负己也，治之说无可得焉。”“三还而毋负己”：使人在自己面前旋转三周圈，而一次不许背对自己。

《非命上》：“言而毋仪，譬犹运钧之上而立朝夕者也，是非利害之辨，不可得而明知也。”《非命中》：“若言而无仪，譬犹立朝夕于运钧之上也，则虽有巧工，必不能得正焉。”《耕柱》：“大国之攻小国，譬犹童子之为马也。童子之为马，足用而劳。今大国之攻小国也，攻者农夫不得耕，妇人不得织，以守为事；攻人者，亦农夫不得耕，妇人不得织，以攻为事。故大国之攻小国也，譬犹童子之为马也。”

《公孟》：“国治则为礼乐，乱则治之，是譬犹噎而穿井也，死而求医也。”“告子为仁，譬犹跂以为长，隐以为广，不可久也。”告子行仁义，如同踮起脚尖使身子增长，卧下使面积增大一样，不可长久。《鲁问》：“今有人于此，窃一犬一彘则谓之不仁，窃一国一都则以为义。譬犹小视白谓之白，大视白则谓之黑。”

“譬之犹”同“譬犹”：譬如，就像，好比。《三辩》：“今夫子曰：圣王不为乐，此譬之犹马驾而不税，弓张而不弛。”《尚贤中》：“‘告女忧恤，诲女予爵，孰能执热，鲜不用濯。’则此语古者国君诸侯之不可以不执善，承嗣辅佐也，譬之犹执热之有濯也。将休其手焉。”《兼爱下》：“非人者必有以易之，若非人而无以易之，譬之犹以水救水，以火救火也，其说将必无可焉。”“人之生乎地上之无几何也，譬之犹驷驰而过隙也。”“苟有上说之者，劝之以赏誉，威之以刑罚，我以为人之于就兼相爱交相利也，譬之犹火之就上，水之就下也，不可防止于天下。”

《天志中》：“故置此以为法，立此以为仪，将以量度天下之王公大人卿大夫之仁与不仁，譬之犹分黑白也。”《非命下》：“凡出言谈，则必可而不先立仪而言，若不先立仪而言，譬之犹运钧之上而立朝夕焉也，我以为虽有朝夕之辩，必将终未可得而从定也。”

“譬若”：譬如，譬犹，就像，好比。《尚贤上》：“譬若欲众其国之善射御之士者，必将富之贵之，敬之誉之，然后国之善射御之士，将可得而众也。”《尚同上》：“古者圣王为五刑，请以治其民，譬若丝缕之有纪，罔罟之有纲，所连收天下之百姓不尚同其上者也。”《兼爱中》：“兼则善矣，虽然，不可行之物也，譬若挈泰山越河济也。”

《非攻中》：“虽四五国则得利焉，犹谓之非行道也，譬若医之药人之有病者然。今有医于此，和合其祝药之于天下之有病者而药之，万人食此，若医四五人得利焉，犹谓之非行药也。”《非攻下》：“天下处攻伐久矣，譬若童子之为马然。”《天志上》：“我有天志，譬若轮人之有规，匠人之有矩。”《耕柱》：“譬若筑墙然，能筑者筑，能实壤者实壤。”“舍今之人而誉先王，是誉槁骨也，譬若匠人然，智槁木也，而不智生木。”

《贵义》：“唯其可行，譬若药然，天子食之以顺其疾，岂曰一草之本而不食哉？”“为义而不能，必无排其道，譬若匠人之斫而不能，无排其绳。”《公孟》：“君子共己以待，问焉则言，不问焉则止，譬若钟然，扣则鸣，不扣则不鸣。”“若大人为政，将因于国家之难，譬若机之将发也然，君子之必以谏，然而大人之利，若此者，虽不扣必鸣者也。”“且子曰：‘君子共己待，问焉则言，不问焉则止，譬若钟然，扣则鸣，不扣则不鸣。’今未有扣，子而言，是子之谓不扣而鸣邪？是子之所谓非君子邪？”“实为善，人孰不知？譬若良玉，处而不出有馀糈，譬若美女，处而不出，人争求之，行而自衒，人莫之娶也。”

“譬之若”：譬如，譬犹，就像，好比。《尚同中》：“方今之时之以正长，则本与古者异矣，譬之若有苗之以五刑然。”“古者之置正长也，将以治民也，譬之若丝缕之有纪，而罔罟之有纲也，将以运役天下淫暴，而一同其义也。”《天志下》：“苟兼而食焉，必兼而爱之，譬之若楚越之君，今是楚王食于楚之四境之内，故爱楚之人，越王食于越，故爱越之人。”

侔

比词类推。（3次）《小取》：“侔也者，比辞而俱行也。”比较语句结构、意义和用法相似性的类推。《小取》列举五种侔式论证公式“是而然”、“是而不然”、“不是而然”、“一周而一不周”和“一是而一非”，涉及语言指号、指谓对象、使用者和使用语境四项关系，紧密联系先秦古汉语的语法、语义和语用，是中国古代的论证逻辑和逻辑语义学，语用学，是诸子百家争鸣辩论的有效工具和锐利武器。《小取》：“是故譬侔援推之辞，行而异，转而危，远而失，流而离本，则不可不审也，不可常用也，故言多方、殊类、异故，则不可偏观也。”

是而然

肯定前提正确，肯定结论正确。侔式推论有效式。（2次）《小取》：“白马，马也；乘白马，乘马也。骊马，马也；乘骊马，乘马也。获，人也；爱获，爱人也。臧，人也；爱臧，爱人也：此乃是而然者也。”“是而然”：用“是”（对，正确）和“然”（对，正确），表示肯定性的断定，制定正确的侔式推论形式。这种侔式论证，肯定前提成立，肯定结论成立。

《大取》：“一曰乃是而然。”《大取》列举两个“是而然”侔式论证。其一，“[秦马，马也；]友有于秦马，友有于马也”：秦马是马，朋友有秦马，朋友有马。其二，“爱人不外己，己在所爱之中。己在所爱，爱加于己。伦列之：[己，人也；]爱己，爱人也”：圣人爱人，不排除爱自己，自己也在所爱之列。自己也在所爱之列，爱也就加于自己。论式：自己是人；爱自己是爱人。对荀子批评的回应。

《荀子·正名》说“圣人不爱己”，是“惑于用名以乱名者也。验之所以为有名，而观其孰行，则能禁之矣”。“圣人不爱己”似墨子观点。墨子提倡以夏禹为榜样，自苦利人，“爱人”，“不爱己”。荀子认为圣人爱人，圣人是人，所以圣人爱人包括爱自己。说“爱人不爱己”，是把自己这个人，从“人”的普遍概念中排除，是用“不爱己”的混乱概念，搞乱“爱人”概念的定义，不符合制定名称“以区别同异”的目的。

《大取》说“己，人也。爱己，爱人也”这种“附性法”的复杂概念推理，符合“是而然”的侔式论证格式。荀子批评“圣人不爱己”的论点，不是来自《大取》。由于荀子批评，墨家学派修正墨子观点。“是而然”的侔式论证，肯定前提正确，在肯定前提的主谓项前，各加一个表示关系的动词，形成新的肯定命题，也正确。公式：A是B，并且CA是CB。这里“是”和“然”，都指肯定的断定。“是”即正确，对，与“非”相对。

《小取》：“夫辩者，将以明是非之分。”“是非”指正误，对错，真假。“然”指是，对，表肯定。《小取》用“是”表示出发命题（前提）的正确、对、真。如：“白马，马也。”即“白马是马”，这一命题的真值，为“是”，即正确、对、真。《小取》用“然”表示结束命题（结论）的“是”、“对”。如：“乘白马，乘马也。”即“乘白马是乘马”，这一命题的真值为“然”，即是、对。

用现代逻辑方法，分析第一个实例：由于“白马”的概念，真包含在“马”的概念中，所以，与“白马”的一部分发生“乘”的关系，必然是与“马”的一部分发生“乘”的关系。这是由一般到个别的演绎推理，推论形式有必然性。前提肯定“白马是马”，结论必然肯定“乘白马是乘马”。

墨家“白马是马”的推论，跟当时“白马非马”诡辩对立。“白马非马”诡辩，历史上有许多故事流传。《公孙龙子·白马论》，论证“白马非马”。《公孙龙子·迹府》：“龙之所以为名者，乃以白马之论尔。龙之学以白马为非马者也。使龙去之，则龙无以教。”

《韩非子·外储说左上》：“儿说，宋人，善辩者也，持白马非马也，服齐稷下之辩者。乘白马而过关，则顾白马之赋。故借之虚辞，则能胜一国，考实按形，不能谩于一人。”桓谭《新论》：“公孙龙常争论曰白马非马，人不能屈。后乘白马，无符传，欲出关，关吏不听。此虚言难以夺实也。”

高诱《吕氏春秋·淫辞》注：“龙乘白马，禁不得度关，因言马白非马。”高诱《淮南子·诠言训》注：“公孙龙以白马非马、冰不寒、火不热为论。”三国魏刘邵《人物志·材理篇》凉刘昞注说，公孙龙论证“白马非马”，“一朝而服千人，及其至关必赋，直而后过也”。唐《古类书》第一种文笔部：“公孙龙度关，官司禁曰：‘马不得过。’公孙曰：‘我马白，非马。’遂过。”

是而不然

肯定前提正确，肯定结论不正确。侔式推论无效式。（2次）《小取》：“获之亲，人也；获事其亲，非事人也。其弟，美人也；爱弟，非爱美人也。车，木也；乘车，非乘木也。船，木也；入船，非入木也。盗，人也；多盗，非多人也；无盗，非无人也。奚以明之？恶多盗，非恶多人也；欲无盗，非欲无人也。世相与共是之，若若是，则虽：盗，人也；爱盗，非爱人也；不爱盗，非不爱人也；杀盗，非杀人也，无难矣。此与彼同类，世有彼而不自非也，墨者有此而非之，无他故焉：所谓内胶外闭，与心无空乎内，胶而不解也。此乃是而不然者也。”

《大取》：“二曰乃是而不然。”《大取》列举两个“是而不然”的侔式论证：其一，“一人指，非一人也；是一人之指，乃是一人也”：一个人的指头，不是整个人。但在特殊情况下，确认一个人的指头，可以确认整个人。如挖掘北京猿人指头的化石，等于挖掘北京猿人。其二，“方之一面，非方也；方木之面，方木也”：方形的一面，不是方形；方木头的一面，是方木头。公式：A是B，并且CA不是CB。

不是而然

肯定前提不正确，肯定结论正确。侔式推论无效式。（2次）《小取》：“读书，非书也；好读书，好书也。斗鸡，非鸡也；好斗鸡，好鸡也。且入井，非入井也；止且入井，止入井也。且出门，非出门也；止且出门，止出门也。若若是：且夭，非夭也；寿且夭，寿夭也。有命，非命也；非执有命，非命也，无难矣。此与彼同类，世有彼而不自非也，墨者有此而非之，无他故焉：所谓内胶外闭，与心无空乎内，胶而不解也。此乃不是而然者也。”这种侔式论证，否定的前提是正确的，否定的结论却是错误的。公式：A不是B，并且CA是CB。

一周

“一周而一不周”：一个断定，有时周遍所有对象，有时不周遍所有对象。（2次）《小取》：“爱人，待周爱人而后为爱人；不爱人，不待周不爱人。失周爱，因为不爱人矣。乘马，不待周乘马，然后为乘马也。有乘于马，因为乘马矣。逮至不乘马，待周不乘马，而后为不乘马。此一周而一不周者也。”这是“一个断定，有时周遍所有对象，有时不周遍所有对象”的侔式类推。公式：AB一语，有时A遍及B各分子，有时则否。

一是一非

一个语言简约公式，代入一种内容正确，代入另一种内容不正确。（2次）《小取》：“居于国，则为居国；有一宅于国，而不为有国。桃之实，桃也；棘之实，非棘也。问人之病，问人也；恶人之病，非恶人也。人之鬼，非人也；兄之鬼，兄也。祭人之鬼，非祭人也；祭兄之鬼，乃祭兄也。之马之目眇，则为之马眇；之马之目大，而不谓之马大。之牛之毛黄，则谓之牛黄；之牛之毛众，而不谓之牛众。一马，马也。二马，马也。马四足者，一马而四足也，非两马而四足也。一马，马也。二马，马也。马或白者，二马而或白也，非一马而或白。此乃一是而一非也。”

《小取》“一是一非”的侔式论证，强调语言运用的复杂性，不能用个别代替一般，把特例当作公式。公式：f（A）=g（A），但f（B）$\neq$g（B）。即两个语句结构f（x）和g（x），用A代入，二者意义相同；用B代入，二者意义不同。

《经下》列举“一是而一非”的侔式论证说，“推类之难”，“说在之”“二与斗”、“白与视、丽与暴、夫与屦。”《经说下》解释说，“俱斗不俱二：二与斗也”，“白马多白，视马不多视：白与视也。为丽不必丽，为暴必暴：丽与暴也。为非以人，是不为非，若为夫勇，不为夫；为屦以买衣，为屦：夫与屦也”。

类推存在困难和导致谬误的机会，论证这一点可以列举二与斗、白与视、丽与暴、夫与屦等事例。如说“甲与乙斗殴”，可以说“甲与乙俱（都）在斗殴”，但“甲与乙二人”不能说“甲与乙俱是二人”（只能说“甲与乙俱是一人”）。说“白马”是指马身上白的地方多，但说“视马”却并不需要多看上几眼。人为地想打扮得美丽，结果却不一定真的美丽，但人为地残暴，结果一定就是残暴。因为别人的原因而被迫犯错误，并不等于自己主观上想犯错误，就像表现武夫之勇不等于做丈夫，但是做鞋子以用来交换衣服却就是做鞋子。

“推类”，即类推，指各种类比推论。“推类之难”，即推论中所遇到的困难和容易出现的谬误。“甲与乙斗”，可以说“甲与乙俱斗”，即他们合起来才能斗殴。“甲与乙二”，不能说“甲与乙俱二”，只能说“甲与乙俱一”，因为尽管甲与乙合起来是二，但分开说还都是一。这涉及概念的集合与非集合意义。“俱一”为《墨经》惯用语和基本概念，见《经说下》“俱一与二”、《经下》“说在俱一、惟是”、《经说下》“俱一若牛、马四足”。

《大取》列举“一是而一非”的侔式论证。“以臧为其亲也而爱之，爱其亲也；以臧为其亲也而利之，非利其亲也”：把臧误认为自己的父亲而爱他，是爱父亲的表现；把臧误认为自己的父亲而利他，并不是真正有利于父亲。“以乐为利其子而为其子欲之，爱其子也；以乐为利其子而为其子求之，非利其子也”：以为音乐对儿子有利，而为儿子考虑音乐，是爱儿子的表现；以为音乐对儿子有利，而为儿子千方百计地寻求使其沉溺于音乐的条件，并不是真正有利于儿子。

墨家坚持“非乐”，认为沉溺于音乐，耽误做事，对儿子不利。“虑获之利，非虑臧之利也，而爱臧之爱人也，乃爱获之爱人也”：考虑获的利益，不等于考虑臧的利益；而爱臧的爱人，跟爱获的爱人是一样的。墨家要求注意事物、思维、语言、论证的复杂性、多样性，不同侔式论证，有不同形式和规则，当它们被混淆时，会出现谬误和诡辩。墨家逻辑学是百家争鸣的武器和辩论的工具，元典用较多篇幅讨论谬误问题，表现墨家逻辑学的应用性、实践性和批判性。

擢

典型分析式的归纳推理。（1次）《经下》：“擢虑不疑，说在有无。”《经说下》：“擢。疑无谓也，臧也今死，而春也得之，之死也可。”从一件事情中抽取思考一种必然性，可以不用怀疑，论证的理由在于究竟事实上有没有这种必然性。怀疑是没有意义的。臧在目前这种医疗条件下，得某种不治之症而死，春不幸得这种不治之症，她也必死无疑。

诺

对话论证法。用于讲授科学知识。(5次)《经上》:“诺，不一，利用。”《经说上》:“相从、相去、先知、是、可。五色、长短、前后、轻重援。”即“诺”的方式不止一种，可根据具体情况应用。

“相从”(从已知知识，跟随做出结论)、“相去”(从已知的选择关系和已有的选择出发，排除其他选择)、“先知”(断定先前已知)、“是”(确定断定个体)、“可”(对所提问题做肯定回答)，是五种常用的对话问答方式。“五色、长短、前后、轻重”，是讲授科学问题时常被援引的素材。

“相从”：从已知的大前提和问方给出的小前提出发，由答方跟随之给出相应的结论。相当于演绎法中的直言或假言三段论。如已知:“所有的圆都是一中同长。”问方又说:“这个图形是圆，那么怎么样？”答方说:“这个图形是一中同长。“从”：本义跟从，随从。

“相去”：从已知的若干选择关系和问方给出的某种选择出发，由答方排除其他的选择。相当于演绎法中选言三段论的肯定否定式。如已知:“时或有久或无久。”问方又说:“始当无久，那么怎么样？”答方说:“始非有久。”“去”：本义除去，排除。

“先知”：断定先前已知的知识。如先前已知“圆无直”(一圆周上任何三点都不在一直线上)的定理，现在需要用它作推论的前提，问方可以说:“我们先前不是已知‘圆无直’吗？”答方可以说:“是的，我们先前已知‘圆无直’。”

“是”：此，这个，用来确定一个断定的个体。问方问:“哪一个点是此圆的圆心？”答方指着图形说:“这一个点是此圆的圆心。”

“可”：许可，能，可以，对所提问题做肯定的断定。问方说:“中央可以为旁吗？”答方说:“可。”意味着肯定对方的问题，中央可以为旁，即一圆的圆心之点，可兼作另一圆圆周之点。“援”：援引，用来，指“五色、长短、前后、轻重”等，是常被援引来讲授科学问题的素材。

《经上》:“正无非。”《经说上》:“五诺，皆人于知。有说，过五诺，若圆无直。无说，用五诺，若自然矣。”即正确的科学理论，应该排除其中错误的成分。讲授科学问题时，借助五种问答方式，人人对论题都已经知晓。假如论题还需要证明，可以一一经过五种问答方式，如对“一圆周上任何三点都不在一直线上”的定理的证明，就是这样。假如论题不需要证明，用五种问答方式中的一部分，特别是后两种（是、可），论题就好像是自明的一样。“说”：推理，证明。

“圆无直”的字面意思是“圆周上没有直线”，即“一圆周上任何三点都不在一直线上”。相当于平面几何定理“一直线与一圆的公共点不能多于两个”，或推论“无圆能通过同在一直线上的三点”。《经上》：“直，参也。”是关于直线的定义，意为“三点中有一点，恰好介于其余两点之间”，《墨经》把这一点看作是直线的一个基本性质。“参”是“介于其间”的意思。这与希尔伯特几何学基础公理体系中顺序公理的某些内容相似。

效

公式演绎法。（10次）《小取》：“效者为之法也，所效者所以为之法也，故中效则是也，不中效则非也，此效也。”所谓公式演绎法，就是呈现一组公式（法式，程式，如譬、侔、援、推、止等），以供演绎（套用，仿效，效法，遵循）。所以正确运用公式就是对（中效，是），否则就是错（不中效，非）。

故

原因、理由、根据。（160次）。《大取》：“夫辞以故生。”论题凭借论据而成立。《经上》：“故，所得而后成也。”《经说上》：“小故。”“大故。”《经上》：“使：谓；故。”《经说上》：“湿，故也，必待所为之成也。”《经上》：“巧传则求其故。”对代代相传的手工业技巧技术，则探求它的原因和规律。《小取》：“以说出故。”《经说上》：“问故观宜。”“故”是论据。“宜”即合适、妥当、有效。《经说上》：“霍，为姓故也。”古“霍”、“鹤”通，“霍”（鹤）因为兼做人的姓氏的原故，所以一个姓“霍”（鹤）的人，既是“霍”（霍先生，老霍），又不是“霍”（鹤）。这是《墨经》证明“同异交得”（对立统一）普遍规律的一例。

《非攻上》：“是何故也？”“此何故也？”《天志下》：“不与其

劳获其实，已非其所有而所取之故。”《非儒下》：“无故从有故。”《公孟》：“‘何故为乐？’曰：‘乐以为乐也。’子墨子曰：‘子未我应也。今我问曰：‘何故为室？’曰：‘冬避寒焉，夏避暑焉，室以为男女之别也。则子告我为室之故矣。’今我问曰：‘何故为乐？’曰：‘乐以为乐也。’是犹曰：‘何故为室？’曰：‘室以为室也！’”

理

道理，条理，大前提。（12次）《大取》：“三物必具，然后足以生。夫辞以故生，以理长，以类行者也，立辞而不明于其所生，妄也；今人非道无所行，虽有强股肱，而不明于道，其困也，可立而待也。”

故理类三者齐备，论题才能必然成立。推论过程合乎条理。“理”：道理，条理，方法，形式。理与道、理、方、法、效同义，可互训。

《大取》把“理”作为“立辞三物（范畴）”之一，把“辞以理长”作为推论原则，认为建立论题所进行的推论过程，应该有条理，符合道理，拿道路比喻“理”。理是理由和推断间的联系方式。《大取》把故、理、类三范畴并列，《小取》以故、方、类三范畴并列，说“言多方、殊类、异故”。“方”即“理”，意为道理、条理、方法、方式、形式、法式。《小取》：“效者，为之法也。所效者，所以为之法也。故中效则是也，不中效则非也。此效也。”

“效”是提供方法、方式、形式、法式（“为之法”），如提供譬、侔、援、推、止等方法、方式、形式、法式。“中效”就是推论符合这些标准方法、方式、形式、法式。莫绍揆解释为建立和代入公式，符合公式即真，不符合公式即假。《墨经》提供各种推论形式，要弟子在辩论中应用模仿。如止式推论中用反例“有人不黑”，驳斥一个不正确的全称命题“所有人黑”，合理、合宜、中效。“理”范畴是“语经”（语言表达基本规律）重要组成部分。

类

类别，种类，类属。表事物同异界限和范围的范畴。类有相对性和绝对性。类由性质决定。事物在某方面有共同性质叫一类，有不同性质叫不类。类是两个以上个体的集合，整体，推理论证范畴。（43次）《大取》：“三物必具，然后足以生。夫辞以故生，以理长，以类行者也，立辞而不明于其所生，妄也；今人非道无所行，虽有强股肱，而不明于道，其困也，可立而待也；夫辞以类行者也，立辞而不明于其类，则必困矣。”推论过程必须符合事物的类别关系，否则必然遭困。

《经说下》说：“有以同，类同也。”“不有同，不类也。”《经下》：“一法者之相与也尽类，若方之相合也，说在方。”《经说下》：“方尽类，俱有法而异，或木或石，不害其方之相合也。尽类犹方也，物俱然。”《大取》说：“杨木之木，与桃木之木也同。”因为它们都具有“木”的性质。“小圆之圆，与大圆之圆同。”因为它们都具有“圆”的性质。《小取》：“故言多方、殊类、异故，则不可偏观也。”

《经上》：“名：达、类、私。”《经说上》：“马，类也，若实也者必以是名也命之。”《经上》：“同：重、体、合、类。”《经说上》：“有以同，类同也。”《经上》：“异：二、不体、不合、不类。”《经说上》：“不有同，不类也。”《经下》：“止，类以行之，说在同。”《经下》：“推类之难，说在之大小、物尽、同名、二与斗、爱、食与招、白与视、丽与暴、夫与履。”《经下》：“异类不比，说在量。”《经说下》：“曰‘牛与马不类’，用‘牛有角，马无角’，是类不同也。若不举‘牛有角，马无角’，以是为类之不同也，是狂举也，犹‘牛有齿，马有尾’。”

《大取》：“同类之同。”《大取》：“浸淫之辞，其类在鼓栗。圣人也为天下也，其类在于追迷。或寿或卒，其利天下也相若，其类在誉名。一日而百万生，爱不加厚，其类在恶害。爱二世有厚薄，而爱二世相若，其类在蛇纹。爱之相若，择而杀其一人，其类在坑下之鼠。小仁与大仁行厚相若，其类在田。凡兴利，除害也，其类在漏雍。厚亲不称行而顾行，其类在江上井。‘不为己’之可学也，其类在猎走。爱人非为誉也，其类在逆旅。爱人之亲，若爱其亲，其类在官亟。兼爱相若，一爱相若，一爱相若，其类在死蛇。”《小取》：“以类取，以类予。”“此与彼同类。”《非攻下》：“子未察吾言之类。”《公输》：“义不杀少而杀众，不可谓知类。”“臣以三事之攻宋也，为与此同类。”

知类

知道事物类别。(1 次)《公输》:“义不杀少而杀众,不可谓知类。”

察类

审察类别。《非攻下》:“子未察吾言之类。”

过名

指“过而以已为然”:事情已经过去了,还以过去曾经如此为理由,而说现在还是如此。名称过时。认知谬误。(1 次)《经下》:“或过名也,说在实。”《经说下》:“知是之非此也,又知是之不在此也,然而谓此南北,过而以已为然。始也谓此南方,故今也谓此南方。”

名称有时会过时,论证的理由在于,事物的实际情况已经起了变化。知道这个已经不是这个了,又知道这个已经不在这里了,然而因为过去曾经把这个地方叫“南”“北”,现在就还说这个地方是“南”“北”。这就是事情已经过去了,还以“过去曾经如此”为理由,而说“现在还是如此”。开始把这个地方叫“南方”,所以现在还把这个地方叫“南方”。

“过名”:名称过时,不适合当前情况。“是之非此”:这个已经不是这个,指事物性质变化,“此”亦即“是”。“是之不在此”:这个已经不在这里,指事物空间变化。“过而以已为然”:事情已经过去了,还拿“事情曾经如此”作为理由,推论说“现在还是如此”。《墨经》不赞成这种逻辑推论。

《经说下》:“知与?以已为然也与?过也。”认为“以已为然”(因为过去曾经如此,就说现在还是如此)不算知识,而是属于“疑”(猜疑、臆测,意见)。《大取》:“昔之知穑,非今日之知穑也。”过去知道节俭,不等于现在知道节俭。“过名”谬误,属推理论,强调不能从“过去必然类推现在”,误以“或然”为“必然”。

狂举

胡乱列举。论据不当。谬误类型。(3 次)《经下》:“狂举不可以知异,说在有不可。”《经说下》:“牛与马虽异,以‘牛有齿,马有尾’,说‘牛之非马也’不可。是俱有,不偏有,偏无有。曰‘牛与马不类’,用‘牛有角,马无角’,是类不同也。若不举‘牛有角,马无角’,以是为类之不同也,是狂举也,犹‘牛有齿,马有尾’。”

胡乱列举一些性质,不能用以说明事物的区别,论证的理由在于这些性质不能把事物区别开来。牛与马虽然不同，但是用“牛有齿，马有尾”做根据来说“牛与马是不同类的”，是不能成立的。因为齿和尾是牛与马都有的，不是一个有，一个没有。说：“牛与马是不同类的”，用“牛有角，马无角”来作为根据，可以区分出它们类别的不同。不举类似“牛有角，马无角”这样的性质，以此为根据来论证它们类别的不同，这就算是“狂举”（胡乱列举），犹如列举“牛有齿，马有尾”。

“狂举”：乱举，胡乱列举事物性质说明类别关系。常用术语。“俱”：都。全称量词。“偏”：部分。《经下》：“仁义之为内外也，悖，说在牾颜。”《经说下》：“仁，爱也。义，利也。爱利，此也。所爱所利，彼也。爱利不相为内外，所爱利亦不相为外内。其谓：‘仁，内也。义，外也。’举爱与所利也，是狂举也，若‘左目出，右目入’。”

把仁说成是内在的东西，而把义说成是外在的东西，这是矛盾、混乱的，论证的理由在于这相当于把人的面部器官的作用搞乱。仁的实质是爱人，义的实质是利人。爱人之心和利人之心，是主观的东西。所爱的对象和所利的对象，是客观的东西。爱人之心和利人之心，不能分为内在的东西与外在的东西。所爱的对象和所利的对象，也不能分为外在的东西与内在的东西。对方说：“仁是内在的东西，义是外在的东西。”这是将爱的主观方面和利的客观方面相提并论，是狂举（乱举），这就像说“左眼是管输出形象的，右眼是管输入形象的”一样荒谬。

狗非犬

狗名非犬名。用分析法驳辩者的诡辩。《经说下》：“知狗而自谓不知犬，过也，说在重。”《经说下》：“知狗重知犬则过，不重则不过。”从一定意义上说，知道狗而自己说不知道犬，是错误的，论证的理由在于，狗和犬是重名。如果在知狗与知犬相重合的意义上，说“知狗而不知犬”是错误的。如果在知狗与知犬不相重合的意义上，说“知狗而不知犬”就不算是错误。

《经下》：“狗，犬也。而杀狗非杀犬也不可，说在重。”《经说下》：“狗，犬也。杀狗，谓之杀犬，可，若蛹魄。”狗是犬，而说

“杀狗不是杀犬”不对，论证的理由在于狗和犬是“二名一实”的“重同”。狗是犬。杀狗，说是杀犬，是成立的。这就像蛹、魄二名都是指茧虫一实。“蛹魄”：茧虫的两个别名。

墨家把知识分为“名、实、合、为”四种，用分析法批评辩者“狗非犬”的诡辩。就“名知”说，狗名不是犬名，知狗名不等于知犬名，在这个意义上，可以说“狗非犬”、“知狗非知犬”。就“实、合、为”三种“知”说，不能说“狗非犬”。从“实知”、“合知”说，狗、犬是二名一实，是“重同”，在这个意义上，不能诡辩说“狗非犬”、“知狗非知犬”。从“为知”说，杀狗就是杀犬，在这个意义上，也不能诡辩说“狗非犬”、“杀狗非杀犬”。

墨家指明“狗非犬”命题的合理性和界限，辩者诡辩的谬误成因。狗、犬是同一实体，不同名称。狗、犬二名和同一实体综合考虑，有人说是狗，有人说是犬，是指同一实体，在这个意义上，应该说：“狗是犬。”如果把名称和实体分离开来说，即只考虑名称，不考虑实体，则有人说是狗，当然不等于说是犬，在这个意义上，可以说：“狗非犬。”用“以偏概全”的不正当论证方法，把“狗非犬”的特殊意义说成普遍意义，造成“狗非犬”的诡辩。以上“辩”到“狗非犬”等62个词目，归入“逻辑学”类名。

方法论

关于方法的理论。根据观点和方法一致，世界观、认识论、逻辑学和方法论一致的原理，观点同时又是方法。用观点观察处理问题，观点就转化为方法。用世界观、认识论和逻辑学观察处理问题，世界观、认识论和逻辑学就转化为方法论。

如“同异交得”，意为同异兼得，同异一体两面，对立统一。这首先是世界观，本体论，存在论的基本观点，其次用这观点观察处理问题，就成为方法论。“两而勿偏”（两点论）的思维方法，根植于万物对立统一的世界观，本体论，存在论的基本观点，用“两而勿偏”（两点论）观察处理问题，而成为方法论。“方法论”类名，含“同”到“辞过”等词目，共18个。

同

同一。方法论基本范畴。跟

"异"相对。(174次)《经上》:"同,异而俱于之一也。"《经说上》:"同。二人而俱见是楹也,若事君。""同"是相异事物都具有这同一属性。如两人同见一根柱子,不同人共事一君。标志物质世界统一性的概念,有最大普遍性,是最高类概念,没有"种差",不能使用逻辑学"种差定义"法,只能用对立概念"异"给"同"下定义。

《经上》:"同:重、体、合、类。"《经说上》:"二名一实,重同也。不外于兼,体同也。俱处于室,合同也。有以同,类同也。"《小取》:"夫辩者,将以明是非之分,审治乱之纪,明同异之处。"

《小取》:"推也者,以其所不取之,同于其所取者,予之也。""是犹谓也者,同也。吾岂谓也者,异也。""此与彼同类。"《小取》:"夫物有以同,而不率遂同。""其然也,有所以然也;其然也同,其所以然不必同。其取之也,有所以取之。其取之也同,其所以取之不必同。"

《大取》:"小圆之圆与大圆之圆同。""其不至同者,远近之谓也。""重同,俱同,连同,同类之同,同名之同,丘同,附同,是之同,然之同,同根之同。""长人之与短人也同,其貌同者也,故同。""杨木之木与桃木之木也同。"《经上》:"法同则观其同。"《经说上》:"法取同,观巧传。"《经下》:"止,类以行之,说在同。"

《经下》:"推类之难,说在之大小、物尽、同名。"《经说下》:"所谓非同也,则异也。同则或谓之狗,其或谓之犬也。异则或谓之牛,其或谓之马也。俱无胜。"《经说下》:"曰'牛与马不类',用'牛有角,马无角',是类不同也。若不举'牛有角,马无角',以是为类之不同也,是狂举也。"

《经下》:"'牛马之非牛'与'可之'同"。"《经下》:"彼彼此此与彼此同。"《经下》:"唱和同患。"《经下》:"是是[之是]与是[不是之是]同。"《经说下》:"故是久与是不久同说也。"《经说下》:"物之所以然,与所以知之,与所以使人知之,不必同。"《经说下》:"或会屦过锤,与或锤过会屦同。"《经上》:"平,同高也。"《经上》:"同长,以正相尽也。"《经说上》:"楗与框之同长也。"《经上》:"中,同长也。"

《亲士》:"夫恶有同方不取,

而取同已者乎？”《非攻下》：“此譬犹盲者之与人，同命白黑之名。”“大国之不义也，则同忧之；大国之攻小国也，则同救之。”《贵义》：“同归之物，信有误者。然而民听不钧，是以书多也，今若过之心者，数逆于精微，同归之物，既已知其要矣。”《公孟》：“昔者商王纣，卿士费仲，为天下之暴人，箕子、微子为天下之圣人，此同言而或仁不仁也。周公旦为天下之圣人，关叔为天下之暴人，此同服或仁或不仁。”《公输》：“臣以三事之攻宋也，为与此同类。”

异

差异。标志物质世界差异性的概念。跟“同”相对。（89 次）《大取》：“有其异也，为其同也。为其同也异。”有所不同，正是因为有同。正是因为有同，才显出不同。用“同”定义“异”。《经上》：“异：二、不体、不合、不类。”《经说上》：“异。二必异，二也。不连属，不体也。不同所，不合也。不有同，不类也。”“二必异”：只要是两个个体，就必然有差异。

德国哲学家莱布尼茨（1646～1716）在德国宫廷提出“相异律”，即“凡物莫不相异”，“天地间没有两个彼此相同之物”，“世界上没有两片完全相同的树叶”出典。黑格尔《逻辑学》：“没有两个事物是彼此等同的：这个命题很激动人的想象。”“据一个宫廷轶事说，莱布尼茨提出了这个命题，使得宫女们去找是否有两片等同的。”

黑格尔《小逻辑》：“莱布尼茨当初在宫廷里提出他的相异律时，宫廷中的卫士和宫女们，纷纷走入御园，四处去寻找两片完全没有差别的树叶，想要借以推翻这位哲学家所提出的相异律。毫无疑问，这是对付形而上学的一个方便法门，而且即在今天，也还是相当受人欢迎的方便法门。但就莱布尼茨的相异律而论，须知，他所谓异或差别，并非单纯指外在的不相干的差异，而是指本身的差别，这就是说，事物的本身，即包含有差别。”

《经上》：“同异交得仿有无。”《经上》：“同，异而俱于之一也。”《经上》：“久，弥异时也。”《经上》：“宇，弥异所也。”《经说下》：“方尽类，俱有法而异。”《经下》：“狂举不可以知异。”《经说下》：“牛与马虽异。”《大取》：“有非之异，有不然之异。”“不至尺之‘不至’也，与不至钟之‘不至’异。”“指之人也与首之人也异，人之体非一貌者也，故异。将剑与挺剑异，‘剑’以形貌命者也，其形不一，故异。”

《小取》：“是故譬、侔、援、推之辞，行而异，转而危，远而失，流而离本，则不可不审也，不可常用也。故言多方、殊类、异故，则不可偏观也。”《经说下》：“正鉴，影多寡、貌态、白黑、远近、斜正异于光。”《尚同中》：“故古者圣人之所以济事成功，垂名于后世者无他故异物焉。”《非乐上》：“今人固与禽兽麋鹿、飞鸟、贞虫异者也。”《尚贤中》：“无异物杂焉。”《耕柱》：“巫马子谓子墨子曰：‘我与子异。’”

同异交得

同异兼得。同异对立统一。同一性和差异性互相渗透，同时把握。同一事物有矛盾两面。辩证法对立统一律。（2次）《经上》：“同异交得仿有无。”《经说上》：“同异交得。于富家良知，有无也。比度，多少也。蛇蚓旋圆，去就也。鸟折用桐，坚柔也。剑犹甲，死生也。处室子母，长少也。两色交胜，白黑也。中央，旁也。论行、行行、学实，是非也。鸡宿，成未也。兄弟，俱适也。身处志往，存亡也。霍，为姓故也。价宜，贵贱也。超城，运止也。”

同一性和差异性互相渗透，同时把握，如“有”和“无”集于同一人之身。一个人有富家、无良知，或无富家、有良知，是“有”和“无”集于同一人之身。一数与不同的数相比，既多且少。蛇、蚯蚓旋转，既去（离开）且就（接近）。鸟筑窝折用的梧桐树枝，既坚且柔。用剑杀死敌人，同时就保存了自己的生命，所以剑这种杀伤性武器，也有如铠甲一样的防御作用。

一个未出嫁女儿的母亲，既长（对于她的女儿来说）且少（对于她的母亲来说）。一物颜色比甲物淡，又比乙物浓，既白且黑。一圆的中心可以是另一圆的周边，既是“中央”又是“旁”。言论与行动、行动与行动、学问与实践，既有是又有非。母鸡孵雏的某一时刻，幼雏既成又未成。兄弟三人中的老二，说他是兄或弟都合适。一个人的身体处在这里，而心志却跑往别处去了，是既存且亡。

霍本指鹤，又因为霍兼做了

人的姓氏的缘故，使“霍”这个字有了歧义。买卖双方商议的适宜价格，对卖方来说是够贵的，他才肯卖，对买方说是够贱的，他才肯买，这是贵贱集于同一价格之身。以超越城墙为目标的竞技活动，既有运动，又有停止，这是运动和静止两种性质集于同一人之身。

“同异交得”：辩证法对立统一规律的别名，世界观、认识论和方法论的重要原理。“同异交得”：“交”：交互，交错，交叉，渗透。“得”：获得，占有，把握。即同异兼得。“兼”：兼有，合取。“于富家良知，有无也”：典型事例。有人家里有钱，却没有良好的知识素养。有人家里无钱，却有良好的知识素养。同一个人，既有且无，是“有无”的对立统一，“同异交得”。

“同异交得仿有无”：理解“同异交得”规律一个典型事例是“有无”。《墨经》论证论题，常用举例证明。其所举例数量，大多一两个。为证明“同异交得”论题的真实性，列举十五个典型实例。辩证法是宇宙万物，自然、社会和人类思维的普遍规律，不是实例的总和。多举实例，可加深印象，帮助理解，启发运用。

“勇”是“敢”和“不敢”的对立统一。人的才能是“能”和“不能”的对立统一。对任一事物而言，“是久与是不久同说”。墨家对“同异交得”辩证法的总结阐发，标志墨家登上当时世界辩证哲学的最高峰。“同异交得”辩证规律的论证，是以同和异两个概念对立统一的辩证本性为核心的理论思维，是墨家哲学和科学思维的灵魂。当今中华民族复兴，科学繁荣，依赖于发扬传承辩证的理论思维。

两而勿偏

权衡思考，顾及两面，不只顾一面。（1次）《经说上》：“权者两而勿偏。”辩证思维全面性原则。两点论，避免一点论，片面性。偏、体、特、或表部分，兼、二、尽、俱表整体。

《经上》：“见：体、尽。”《经说上》：“特者体也，二者尽也。”观察思考有部分和整体两种境界。“体见”：部分观察，“尽见”：整体观察。《小取》：“不可偏观也。”《经上》：“体，分于兼也。”《经说上》：“若二之一、尺之端也。”“体”（部分）从“兼”（整体）分出。数学集合“二”中分出元素“一”，线段中分出元素点。

两

两面。(47次)《经说上》:"两色交胜,白黑也。"一物颜色比甲物淡,又比乙物浓,既白且黑。《经下》:"闻所不知若所知,则两知之。"

两而进之

比较正反两面典型事例确定优劣的思维方法。《兼爱下》:"姑尝两而进之,设以为二士,使其一士者执别,使其一士者执兼。是故别士之言曰:'吾岂能为吾友之身,若为吾身?为吾友之亲,若为吾亲?'是故退睹其友,饥即不食,寒即不衣,疾病不侍养,死丧不葬埋。别士之言若此,行若此。兼士之言不然,行亦不然,曰:'吾闻为高士于天下者,必为其友之身,若为其身;为其友之亲,若为其亲。然后可以为高士于天下。'是故退睹其友,饥则食之,寒则衣之,疾病侍养之,死丧葬埋之。兼士之言若此,行若此。若之二士者,言相非而行相反与?当使若二士者,言必信,行必果,使言行之合,犹合符节也,无言而不行也。然即敢问:今有平原广野于此,被甲婴胄,将往战,死生之权,未可识也。又有君大夫之远使于巴越齐荆,往来及否未可识也。然即敢问不识将恶也?家室,奉承亲戚,提挈妻子,而寄托之,不识于兼之友是乎?于别之有是乎?我以为当其于此也,天下无愚夫愚妇,虽非兼之人,必寄托之于兼之友是也。此言而非兼,择即取兼,即此言行悖也。"

"姑尝两而进之,设以为二君,使其一君者执兼,使其一君者执别。是故别君之言曰:'吾恶能为吾万民之身若为吾身?此太非天下之情也。人之生乎地上之无几何也,譬之犹驷驰而过隙也。'是故退睹其万民,饥即不食,寒即不衣,疾病不侍养,死丧不葬埋。别君之言若此,行若此。兼君之言不然,行亦不然,曰:'吾闻为明君于天下者,必先万民之身,后为其身,然后可以为明君于天下。'是故退睹其万民,饥即食之,寒即衣之,疾病侍养之,死丧葬埋之。兼君之言若此,行若此。然即交若之二君者,言相非而行相反与?常使(尝试)若二君者,言必信,行必果,使言行之合,犹合符节也,无言而不行也。然即敢问:今岁有疠疫,万民多有勤苦冻馁,转死沟壑中者，既已众矣。不识将择之二君者，将何从也？我以为当其于此也，天下无愚夫愚妇，虽非兼者，必从兼君是也。言而非兼，择即取兼，此言行悖也。”

偏

部分，局部，一面，片面。“偏”与“体”、“特”、“或”可互释，表部分。相对于“兼”、“二”、“尽”、“俱”，表整体。（13次）《经上》：“损，偏去也。”《经说上》：“偏也者兼之体也。其体或去或存，谓其存者损。”事物量的减少，就是它的部分失去了。“偏”是指“兼”中之“体”，即是指事物的部分。事物的部分或者失去了，或者存在着，事物量的减少，是对于其存在着的部分来说的。

“偏”：部分，义同于“体”。《经上》：“动，或徙也。”《经说上》：“偏徙者，户枢、蛇、蚕。”运动是物体至少有一部分迁徙。物体至少有一部分迁徙的例子，如门转轴的自转、蛇与蚕的蠕动。“或”：部分。

《小取》：“或也者，不尽也。”《经上》：“见：体；尽。”“或”、“体”指部分，相对于“尽”（全体、整体）。“偏”义同于“或”、“体”。《经说上》：“权者两而勿偏。”《小取》：“言多方，殊类，异故，则不可偏观也。”

《经上》：“一，偏弃之。”《经说上》：“一，与一，亡；不与一，在：偏去。”一个整体，可以去掉一部分。从一个整体中去掉的部分，如果与原整体结合，则它就失去独立存在的地位。如果不与原整体结合，则它就具有独立存在的地位。这是说的从一个整体中，去掉一部分的情况。“偏”：部分。

《经下》：“不可偏去而二，说在见与不见、俱一与二、广与修。”《经说上》：“见、不见离，一、二不相盈，广修、坚白相盈。”有些由两个元素构成的集合，其中的两个元素互相渗透、不能去掉其一。如一个较大的物体，我们看见这边，看不见那边，这“见与不见”两面不可偏去其一。由两个元素“一”构成的集合“二”，从元素说，每一个都是一个（俱一），这“俱一与二”两面互相渗透、不能去掉其一。一个面积中的宽度与长度二者互相渗透，不能去掉其一。一较大物体，看见一面和看不见一面，分离为两个不同方面。元素“一”

和集合“二”是两件不同的事情，“二”包含“一”，“一”不包含“二”，一边“盈”，一边不“盈”，所以说“一、二不相盈”。一面积宽度和长度，每一处互相渗透，不能去掉其一。一石头坚性和白性，每一处互相渗透，不能去掉其一。

《经上》：“盈，莫不有也。”《经下》：“偏去莫加少，说在故。”《经说下》：“俱一无变。”从一个整体中，去掉一部分，作为整体的数量，还没有减少，因为整体的数量，还是原来那样。虽然整体从量上说，是减少了，作为整体的数量，还是原来那一个，没有变化。

《经说下》：“牛与马虽异，以‘牛有齿，马有尾’，说‘牛之非马也’不可。是俱有，不偏有，偏无有。”胡乱列举一些性质，不能用以说明事物的区别，论证的理由在于这些性质不能把事物区别开来。牛与马虽然不同，但是用“牛有齿，马有尾”做根据来说“牛与马是不同类的”，是不能成立的。因为齿和尾是牛与马都有的，不是一个有，一个没有。

利害

害之中取小，非取害，取利：两害相权取其轻，不是取害是取利。趋利避害辩证法。《大取》：“断指以存腕。利之中取大，害之中取小也。害之中取小也，非取害也，取利也。其所取者，人之所执也。遇盗人，而断指以免身，利也。其遇盗人，害也。利之中取大，非不得已也。害之中取小，不得已也。于所未有而取焉，是利之中取大也。于所既有而弃焉，是害之中取小也。”

不得已情况下，宁肯断掉一个指头，也要争取保存手腕。利中取大，害中取小。“害中取小”，一定意义上可说不是“取害”，是“取利”。“取”指人的选择。遇强盗，被迫断掉一指，保全生命，就保全生命这一点说是利，就遇强盗，被迫断掉一指说是害。

利中取大，不是被迫不得已，是自己主动争取。害中取小，是被迫不得已。利中取大，是在尚未存在的事中，争取实现某一种。害中取小，是在已存在的事中，被迫舍弃某一种。墨家从商人经商办货实践中概括权衡利害，利中取大，害中取小，尽力争取向有利于己的选项转化，是辩证的实践哲学原则，有原创理论意义。

墨家理论的长处，是从实践

中总结正确思维方法。从亲身经历事情中，概括“利中取大”和“害中取小”的实践哲学原则，包含概念对立转化的辩证思维。

“害之中取小也，非取害也，取利也。”机智巧妙的辩证思维表达。“害之中取小”，分明说是“害之中取小”，怎又说是“非取害也，取利也”？这是运用辩证思维，意为在“处理两害相权取其小”的实践课题时，“取害”概念，在整体保存和发展意义上，就转化为“取利”。

经商办货，途经深山老林，“遇盗人”杀人越货，谋财害命，是“害”。被迫“断指以免身”，在生命整体保存和发展意义上，转化为“利”。争得生命整体保存，可东山再起，重新出发，再图发展，还可经商办货赚钱。

《贵义》：“商人之四方，市贾倍蓰（一倍和五倍），虽有关梁（关隘桥梁）之难，盗贼之危，必为之。”商人到四方，经商办货，流通赚钱，是自己本分。赚取比市价高出一倍和五倍，属正常。虽有关隘桥梁困难，盗贼抢劫危险，定要做。这是超越“断指”“小害”，得“免身”“大利”。被迫“断指”，遇“小害”，不如无害，可总结教训，力图避免。所以说：“其遇盗人，害也。”“利中取大，害中取小”的实践辩证哲学原则，是今日辩证逻辑应用研究的古代先驱，有重要的实践和理论意义。

敢不敢

敢于此不敢于彼，有所敢有所不敢。敢和不敢的辩证法。《经上》：“勇，志之所以敢也。”《经说上》：“以其敢于是也命之，不以其不敢于彼也害之。”勇是人有意志敢于做某件事情。因为某人敢于做某件事情，就可以说他是“勇”；并不因为他不敢于做另一件事情，而妨害说他是“勇”。

任何“敢”都包含“不敢”。敢于公正廉明，不敢于徇私舞弊。敢于损己利人，不敢于损人利己。敢于上山搏虎，未必敢于下海拯溺。兼“敢”和“不敢”相反性质于一身，构成“勇”的概念，是“同异交得”一例。“勇”的定义包含“敢”和“不敢”两面，是全面权衡思考的范例。

能不能

“能”和“不能”的“同异交得”。（240 次）《经上》：“不能而不害，说在容。”《经说上》：“举重不举针，非力之任也，为握者之奇偶，非智之任也，若耳目。”人的才能，总是有所能，有所不能。有所不能，不是害处。论证在于用面部器官的作用比喻类推。举重运动员不善举针绣花，因为这不是大力士的职任。握筹善算的数学家不善讲演辩论，因为这不是数学智慧的职任。如耳管听，目管看，各有职任专长，不能互相替代。

久不久

“是久与是不久同说”：说久说不久都成立。“久”和“不久”的“同异交得”，对立统一。概念确定性和灵活性的对立统一。《经说下》：“今是久于是，而不于是，故是不久。是不久，则是而亦久焉。今是不久于是，而久于是，故是久与是不久同说也。”

现在这个“是”，已经存在很“久”了，这是“是”有其“久”的一面。现在这个“是”变为不是“是”，这是“是“不久”的一面。现在这个“是”，“久”于这个“是”，又“不久”于这个“是”，说这个“是”“久”和“不久”，都同样成立。这是“久”和“不久”的“同异交得”，对立统一。

《墨经》“是久与是不久同说”的公式，表达概念确定性和灵活性、变动性的“同异交得”，对立统一。用古汉语代词“是”，作变项符号，指代任一事物概念，是对辩证逻辑原理形式化、公式化的尝试，表现高度逻辑智慧和辩证机智。“同异交得”（对立统一），是天地间永远不可抵抗的普遍规律。

“是久与是不久同说”，是“同异交得”（对立统一）的典型事例之一。辩证法典型事例，永远列举不完，关键是改造形而上学冥顽不化的心灵，承认辩证法对立统一规律的普遍性，用来分析解决任何问题。把辩证法世界观，变为认识论、方法论和逻辑学，在实践中贯彻实行。

列宁评俄国作家赫尔岑（1812～1870）说，辩证法是“革命的代数学”。这里刻画世界普遍运动变化的“代数学”，“是久与是不久同说”的辩证法，是对宇宙万物和概念普遍适用的规律性概括。

“是久与是不久同说”的名言，是说对任一事物的存在而言，说“是久”跟说“是不久”，都同样成立。因为“久”（长久，指事物存在时间的绵延），是一个相对的概念。一个人活九十岁，比活八十岁者为“久”，比活一百岁者为“不久”。“是”犹如说“A”，“不是”犹如说“非A”。“久”指时间的延续，意味着事物概念本质的相对稳定性。“不久”指这种稳定性的界限，即质变，指一事物性质改变，变为别的事物，即《经说下》所说“知是之非此”。

任何事物概念，不论其存在时间长短，都是“久”与“不久”的对立统一。一棵柳树，生长五十年，五十年后被加工为桌子，在这五十年之内，就是“久”。而就其变为桌子而言，又是“不久”。一粒种子，存放一年，这是“久”；一年后种在地里，长成庄稼，这是“不久”。

《经说下》对这种现象，高度抽象概括，表达概念确定性和灵活性、变动性的“同异交得”（对立统一）。这是用古汉语代词作变项符号，对辩证法世界观、认识论和方法论形式化、公式化的尝试，表现高度的哲学智慧和理论思维水平。

事物随时间而变化，在一定历史阶段，有其确定性，坚持事物、概念确定性和灵活性的统一，叫“同异交得”。“久是不久”是“同异交得”的证据。“是久与是不久同说”的名言，是观察认识世界时空变化的正确指针，对每个人都具有迫切现实意义。

盈坚白

坚白互相渗透，对立统一。“坚白盈离”是先秦诸子百家热烈争辩的题目。“坚白相盈”，简称“盈坚白”，是墨家观点。认为坚白存在于石，互不排斥，互相涵容，是“同异交得”（对立统一）关系。

“坚白相离”，简称“离坚白”，是名家（辩者）公孙龙等人的观点。《公孙龙子·坚白论》有“离坚白”的诡辩论证，体现先秦名家的世界观、方法论，认为石坚和白两种性质互相分离，互不涵容，从触觉、视觉的不同官能和精神的抽象作用，引出“坚白离石自藏”的论点。

离同为异，夸大差异性，忽视同一性，是关于差异绝对性的论辩。跟《墨经》“盈坚白”论证对立。《庄子·天地》：“辩者有言曰离坚白。”《秋水》载公孙龙自称能“离坚白，然不然，可不可，困百家之知，穷众口之辩”。唐张守节《史记正义》引《鲁连子》说齐辩士田巴能“离坚白”。

坚白盈离之辩，正反对比鲜明，贯穿两种不同世界观、方法论。《经上》：“盈，莫不有也。”《经说上》：“盈。无盈，无厚。”在一定范围内说“盈”（充满、渗透、涵容），就是某物无处不存在（处处都存在）。说“无盈”（不充满、渗透、涵容），那除非是“无厚”（无穷小的空间点、质点）。“盈”：充满，渗透，涵容。《经上》：“坚白，不相外也。”

《经说上》：“坚。于石无所往而不得二。异处：不相盈，相非，是相外也。”坚白两种性质不互相排斥。在一块坚白石中，到处都可发现坚和白两种性质。如果坚和白是处在两个不同物体，才可以说它们是“不相盈”（不互相渗透），互相排斥，互相除外。“坚白”：坚硬和白色两种性质。

《经上》：“撄，相得也。”《经说上》：“撄。坚白之撄相尽。”“撄”（接触、交叉、重合）是至少互相得到或占有对方一部分。在一块坚白石中，坚与白的渗透是完全密合的。“撄”：接触、交叉、重合。

《经上》：“不可偏去而二。”《经说上》：“广修、坚白相盈。”有些由两个元素构成的集合，其中两个元素互相渗透、不能去掉其一。一个面积的宽度和长度，是每一处都互相渗透、不能去掉其一，一块石头的坚性和白性也是同样，每一处都互相渗透、不能去掉其一。“偏”：部分。“偏去”：从一个整体中去掉一部分。

《经上》：“‘不坚白’（《墨经》作者引辩论对方的论点），说在无久与宇。”关于反驳“不坚白”（即坚白相离、坚白离石）的论点，论证的关键在于，把时间和空间分割为无穷小的单位，即“无久”、“无宇”（无厚）时，还是相盈而不离于石的。“不坚白”：公孙龙学派由“坚白相离”到“坚白离石”的观点。

《公孙龙子·坚白论》：“不坚石、物而坚。”“不白物而白焉。”“故离也。”“不坚白”是《墨经》作者引辩论对方的论点，《墨经》作者的观点是“盈坚白”和坚白“在石”。《经说下》：“石一也，坚白二也，而在石。”

“无久与宇”：即“无久”和“无宇”的合并省略。“无久”：《墨经》基本概念。屡见。指时间被分割为无穷小的单位、量、点。“无宇”即“无厚”，指空间被分割为无穷小的单位、量、点，与

"无久"相对应。

《墨经》作者认为，即使把时间、空间分割为无穷小的单位，一块坚白石中的坚白二性也同样是相互渗透的。《大取》："苟是石也白，败是石也，尽与白同。"《经上》："坚白，说在因。"《经说上》："坚。抚坚得白，必相盈也。"关于坚白之辩，论证的关键在于说明二者是互相因依渗透的。当我们用手触摸石头的坚硬性质时，同时也能看到白色，这就说明坚白两种性质在石头中是互相渗透的。

《经上》："于一，有知焉，有不知焉，说在存。"《经说上》："于。石，一也。坚、白，二也，而在石。故有知焉，有不知焉可。"一个事物有多种不同的性质，人在某些情况下对其性质有知道的，有不知道的，但这些性质是存在于事物本身的。如有一块石头，具有坚白两种性质，但坚白这两种性质，是存在于石头本身的。在这种情况下可以说对其性质有知道的，有不知道的。

《公孙龙子·坚白论》："于石，一也；坚白，二也，而在于石。故有知焉，有不知焉。"跟《墨经》文句相似。《墨经》在肯定坚白存于石的情况下，承认坚白二性在某些情况下可以"有知焉，有不知焉"。公孙龙虽引《墨经》此说，但紧接着论证"坚白离石而独立自存"的错误观点。

《经下》："有指于二，而不可逃，说在以二参。"《经说下》："子知是，又知是吾所先举，则重。子知是，而不知吾所先举也，是一，谓'有知焉，有不知焉'可。若知之，则当指之知告我，则我知之。兼指之以二也。横指之，参直之也。若曰：'必独指吾所举，毋举吾所不举。'则二者固不能兼指。所欲指不传，意若未校。且其所知是也，所不知是也，则是知是之不知也。恶得为一，而谓'有知焉，有不知焉？'"

假设有二人，同时指认事物的两种不同性质，那么，这两种不同的性质，就可以同时为人所把握，而无所逃逸，论证的理由在于，假设有二人同时参与认识活动。你知道这种性质，又知道这种性质也是我先前所已经认识、并列举出来的，那么我们二人的所知就是重复的。你知道这种性质，而不知道这种性质也是我先前已经认识、并列举出来的，那么你就是只知其一，而不知其二。在这种情况下，说"一个事物，有多种不同的性质，我们对其性质有知道的，有不知道的”，是可以的。你如果知道了事物的一种性质，则应当把你已经知道的这一种性质告诉我，那么我就也知道了，用这种方法我们可以同时知道事物的多种不同性质。同时指认事物的各种不同性质，也就可以同时把握它们。你如果故意跟我为难，说：“你必须仅仅指认我所已经列举的性质，而不许指认我还没有列举的性质。”那么事物的各种不同性质自然不能同时被认识。我想让你指认的性质，你偏偏不指认、不传播，那么意识、判断就不能彰显明白。在一种情况下你说你知道这一点（用手摸石头，你说你知道坚），在另一种情况下你又说你不知道这一点（用目看石头，你说你不知道坚），那么你就是说你既知道这一点，又不知道这一点，你知道这一点就是不知道这一点，这样你就是陷入了自相矛盾。既然你已经否认了确定的知识，你还怎么能够说“一个事物，有多种不同的性质，我们对其性质有知道的，有不知道的”？

以二人同时交换所知的形象、直观的方法，论证墨者“盈坚白”的论题，反驳辩者公孙龙等人“离坚白”的论题。设有坚白石于此，一人指其坚，一人指其白，这叫“有指于二”。“指”：以手指指物。“于二”：指坚白两种性质。“不可逃”：二人同时一指其坚，一指其白，同时俱指，则同时俱知，坚白无所逃离或避藏。“离”、“藏”的观点见《公孙龙子·坚白论》。“以二参”：以二人同时参加认识的方法，论证“坚白相盈”。参：参与，参加，参验。“是”：这，这个，指代坚、白中的一个。下同。“是一”：这个是“只知其一”。“横指”：二人同时指认坚白两种性质，即“有指于二”、“兼指之以二”。“参直之”：二人同时认知、把握坚白两种性质。《说文》：“直，正见也。”“直”有“见”意，引申有“得”意。“若”：乃。《广雅·释诂》：“较，明也。”“一”：指有多种性质的一个物体。“且其所知是也”以下用归谬法，驳斥对方自相矛盾。

《史记·平原君传》：“平原君厚待公孙龙，公孙龙善为坚白之辩，及邹衍过赵，言至道，乃绌公孙龙。”《孟子·荀卿列传》说公孙龙为坚白之辩。《汉书·艺文志》著录《公孙龙子》十四篇，班固自注："赵人。师古曰：'即为坚白之辩者。'"王充《论衡·案书》："公孙龙著坚白之论，析言剖辞，务曲折之言，无道理之较，无益于治。"

坚白之辩是公孙龙的代表性辩论，是仅次于白马之辩的第二大辩题，因其持论离奇，违反常识，而"耸动天下"。《庄子·秋水》载公孙龙"离坚白，然不然，可不可，困百家之知，穷众口之辩"，即让一块石头中的坚和白互相分离，从"不然"中分析出"然"，从"不可"中分析出"可"，让百家的智慧都陷于困境，让众口的辩才都陷于穷竭。《庄子·天地》"可不可，然不然"郭象注说："强以不可为可，不然为然。"

从方法论说，公孙龙"离坚白"由"盈"到"离"，由"是"到"非"，由统一到分离，由融合到排斥，导致绝对主义的诡辩。"然不然，可不可"，即"两可两然"，双重论证。"两可"，即可是可，不可也是可。"两然"，即然是然，不然也是然，导致相对主义的诡辩。

《淮南子·齐俗训》："公孙龙析辩抗辞，别同异，离坚白，不可与众同道也。""析辩抗辞"：分析辩论，把词句（而不是事实）放在第一位。东汉高诱注："公孙龙，赵人，好分析诡异之言，以白马不得合为一物，离而为二也。"公孙龙把"白马"和"坚白"的统一体，都分离为两个不可调和的对立物，导致绝对主义的诡辩。

唐杨倞《荀子·修身》注："坚白，谓离坚白也。公孙《坚白论》曰，坚白石三，可乎？曰不可。二，可乎？曰可。谓目视石，但见白，不知其坚，则谓之白石。手触石，则知其坚，而不知其白，则谓之坚石。是坚、白终不可合为一也。司马彪曰，坚白，谓坚石非石、白马非马也。""坚石非石"和"白马非马"是同一类诡辩，是公孙龙错误运用《名实论》中"彼此非此"矛盾律公式的结果。

《庄子·天地》："辩者有言曰，离坚白，若悬宇。"郭象注："言其高显易见。"成玄英疏："雄辩分明，如悬日月于区宇。"辩者有话说，坚白的相离，犹如日月高悬天宇，显而易见。《庄子·德充符》说惠施"以坚白鸣"，《庄子·齐物论》说惠施"以坚白之昧终"。《史记·鲁仲连传》正义引《鲁连子》说，齐之辩士田巴，"离坚白，合同异，一日服千人”。“离坚白”的辩题，除公孙龙外，一般辩者如惠施和田巴等人也谈论。

“盈坚白”：正方论点。公孙龙模拟客方观点：一块坚白石，不依赖于人的认识器官，而独立地存在着。坚白两种性质，互相包含，共存于一块石头。人通过触觉、视觉器官的感觉和思维的综合，可以认知石头的存在和坚白的互相包含。坚白相盈，即坚中有白，白中有坚，坚白互相包含。

客方观点“盈坚白”，是一种朴素辩证的哲学观和方法论，跟一般人所持的常识观点一致。公孙龙模拟客方的观点，是准确的，这种观点在《墨经》中有完整体现。《大取》：“苟是石也白，败是石也，尽与白同。”把一块坚白石打碎，可见其每一颗粒，既坚又白，这是“盈坚白”观点真理性的实践检验。

“离坚白”：反方论点。公孙龙自述观点：坚、白、石，原本是各个独立存在、互相分离的不同概念，它们与具体事物结合后，不能被人的触觉和视觉器官同时把握，也不能被思维、智慧和精神认知。各个独立存在、互相分离的抽象概念，与具体事物结合后，不再是抽象概念本身。所以构成如下命题：坚石非石，石坚非坚，白石非石，石白非白。概括地说，即具体非抽象，个别非一般。这是《名实论》中“彼此非此”正名和矛盾律公式的错误运用。

反方论点“离坚白”，是一种脱离实际，孤立片面，神秘离奇的哲学观和方法论，跟一般人所持的常识观点相反。纪昀《四库全书总目》卷117评论公孙龙：“目称谓之间，纷然不可数计，龙必欲一一核其真，而理究不足以相胜，故言愈辩，而名实愈不可正。”公孙龙的“离坚白”，把坚、白、石三个概念“一一核真”后所引出的结论，在一般人看来，是离奇荒谬，不合理的，确实是“言愈辩，而名实愈不可正”。

坚白之辩的意义，是一种朴素辩证的哲学观和方法论，跟脱离实际，孤立片面，神秘离奇哲学观和方法论的较量，是一般人所持的常识观点，跟公孙龙反常识观点的较量。较量的哲学成果，经过公孙龙哲学思辩的过滤，被《公孙龙子·坚白论》设置在主方胜过客方的格局中。

纪昀《四库全书总目》卷

117评判公孙龙的坚白之辩，尽管“持论雄赡，实足以耸动天下”，但“理究不足以相胜”，即辞胜理败。《庄子·天下》评论公孙龙之徒“饰人之心，易人之意，能胜人之口，不能服人之心”，即迷惑人心，曲解人意，使人口服心不服。

司马谈父子对名家的评价是“使人俭而善失真”，即叫人检视名词，却失掉真意，“苛察缴绕，使人不得反其意，专决于名，而失人情”，即名词抠得很细，但论证烦琐，缠绕不通大体，偷换概念，转移论题，叫人心迷意乱，不能返回原意，把名词放到第一位，失去人情事理。这道出公孙龙诡辩的方法论根源。

《孔丛子·公孙龙》引孔穿对公孙龙之辩的评价，是“言非而博，巧而不理”，“甚难实非”，把假话说得头头是道，言辞巧妙，不合道理，论证难以成立，不符合事实。燕客史由说公孙龙之辩，是“辞则有焉，理则否矣”，言辞很好，但不合理。平原君对公孙龙之辩的评价，是“辞胜于理”，即言辞胜过道理，从言辞上能胜过别人，从道理上输给别人，使人口服心不服。公孙龙的坚白之辩，正是这样。

《墨经》表达跟公孙龙相反的哲学观和方法论。公孙龙的坚白之辩，从反面刺激《墨经》哲学观和方法论的成熟。《庄子·天下》说墨家门徒“相里勤之弟子，五侯之徒，南方之墨者，苦获、已齿、邓陵子之属，俱诵《墨经》，而倍谲不同，相谓别墨，以坚白同异之辩相訾”。墨子死后，墨家门徒间，就“坚白同异之辩”热烈争辩，这一争辩在学派外的动力，是公孙龙“离坚白”的诡辩。

《墨经》所见关于坚白之辩的观点，跟《公孙龙子·坚白论》的观点对立，是先秦坚白之辩的总结。《公孙龙子·坚白论》模拟的主客对辩，其客观模型，就是墨龙两家围绕“坚白盈离”所展开的争辩。《墨经》坚白之辩的观点，针对公孙龙“离坚白”的诡辩而发。《公孙龙子·坚白论》模拟的客方论点，恰是《墨经》观点的改头换面。其中有些词句非常相像。没有公孙龙“离坚白”诡辩的反面刺激，就不可能有《墨经》“盈坚白”哲学观和方法论的总结。

荀子、韩非等从儒法学派的政治伦理观点出发，对公孙龙的坚白之辩提出严厉批判。《荀子·

儒效》："坚白、同异之分隔也，是聪耳之所不能听也，明目之所不能见也，辩士之所不能言也。虽有圣人之知，未能偻指也。不知无害为君子，知之无损为小人。工匠不知，无害为巧，君子不知，无害为治。王公好之则乱法，百姓好之则乱事。而狂惑戆陋之人，乃始率其群徒，辩其谈说，明其辟称，老身长子，不知恶也，夫是之谓上愚，曾不如相鸡狗之可以为名也。"

《荀子·修身》："夫坚白、同异、有厚、无厚之察，非不察也，然而君子不辩，止之也。"《韩非子·问辩》："坚白无厚之词章，而宪令之法息。"表现战国末儒法两家首领荀子、韩非鼓吹的泛政治观点，而忽视公孙龙学说的从反面刺激建立正确世界观、认识论、逻辑学和方法论的特殊意义。

盈

渗透，充盈。（12次）《经上》："盈，莫不有也。"在一定范围内说"盈"（充满、渗透、涵容），就是某物无处不存在（处处都存在）。《经说下》："坚白相盈。"一石坚性白性每一处互相渗透。《经说下》："坚。抚坚得白，必相盈也。"《经说上》："异处：不相盈。"坚白处在两个不同物体，才可以说它们"不相盈"（不互相渗透）。

《经下》："无穷不害兼，说在盈否。"《经说下》："南者有穷则可尽，无穷则不可尽。有穷、无穷未可知，则可尽、不可尽未可知。人之盈之否未可知，而必人之可尽、不可尽亦未可知，而必人之可尽爱也，悖。（以上引难者语）人若不盈无穷，则人有穷也，尽有穷无难。盈无穷，则无穷尽也，尽无穷无难。"

知要

知道事情的要点、重点和关键。（2次）《所染》："此六君者，非不重其国，爱其身也，以不知要故也。不知要者，所染不当也。"

平

平和。平静恬淡的心理状态。（2次）《经上》："平，知无欲恶也。"《经说上》："平：惔然。"平静是人的认识能力、精神，没有发生好恶感情的心理状态。平静是安然恬淡的状态。"知"：认知能力，精神。"惔"：平静恬淡。

欲恶

欲恶中道说：适宜适度有分寸。《经下》："无欲恶之为益损也，说在宜。"《经说下》："欲恶伤生损寿。说以少连。是惟爱也，尝多粟。或者欲不有能伤也，若酒之于人也。且知利人，爱人也，则惟恐弗治也。”《经下》：“损而不害，说在余。”《经说下》：“饱者去余，适足不害，能害饱。若伤麋之无裨也。且有损而后益者，若疟病之于疟也。”

辞过

辞绝过分。辞绝排除过分的错误。“辞”：辞绝，排除，避免。“过”：过分。超过合理界限，违反适度合度原则。有方法论意义。篇名。（1次）论述避免“宫室、衣服、饮食、舟车、蓄私”（衣食住行男女）五方面过分奢侈享受的错误，主张欲恶适中，享受有度，避免放纵，提出“俭节则昌，淫佚则亡”的著名命题，涉及哲学观点，包括世界、人生、价值观，生态、环境、处世、处人伦理和方法论，是关系国家盛衰，德业胜败的大事。以上“同”到“辞过”等18个词目，归入“方法论”类名。

认识论

认识来源、本质、分类和标准的理论。哲学部门。又称知识论，认知理论。墨子认识论，有经验论倾向和理性论因素。《墨经》认识论，感性和理性并重，重视“为知”（自觉实践之知）。这是墨家哲学高级发展阶段的重要标志和内容，是《墨经》认识论的崇高价值所在。“认识论”类名，含“知”到“讹”等词目32个。

知

认知，认识，知识。（356次）《经说上》：“虑也者以其知有求也。”知识和猜想。《经下》：“以楹为抟，于‘以为’无知也。说在意。”《经说下》：“楹之抟也，见之，其于意也不易，先知。”《经说下》：“知是之非此也，又知是之不在此也。”“狂举”谬误。《经下》：“狂举不可以知异。”《经下》：“知知之否之足用也，悖。”

《公输》：“义不杀少而杀众，不可谓知类。”《鲁问》：“世俗之君子，皆知小物而不知大物。今有人于此，窃一犬一彘则谓之不仁；窃一国一都，则以为义。譬犹小视白谓之白，大视白则谓之黑。是故世俗之君子知小物而不知大物者。”《修身》：“以不知要故也。不知要者，所染不当也。”《修身》：“审知卑城浅池。”“主人则先之知。”《迎敌祠》：“可知成败吉凶。”《旗帜》：“令男女可知。”《号令》：“令上通知之。”

《经上》：“生，形与知处也。”

《经上》："卧，知无知也。"《经上》："平，知无欲恶也。"《天志上》："今天下之士君子，知小而不知大，何以知之？以其处家者知之，若处家得罪于家长，犹有邻家所避逃之，然且亲戚兄弟所知识，共相儆戒，皆曰：'不可不戒矣！不可不慎矣！恶有处家而得罪于家长，而可为也？'非独处家者为然，虽处国亦然，处国得罪于国君，犹有邻国所避逃之，然且亲戚兄弟所知识。"《号令》："邑人知识。""其有知识。"《杂守》："知识者许之。"

智

智慧。（39 次）《大取》："智与意异。"智慧和猜想不同。"智"：智慧：确切知识，用实然和必然命题表示。"智"原作"知"，智""知"通。"意"：猜想，臆测，假说，意见，用或然命题表示。《经上》："讹，穷智而悬于欲也。"《经说上》："欲饮其鸩，智不知其害，是智之罪也。若智之慎之也，无遗于其害也，而犹欲饮之，则饮之是犹食脯也。搔之利害，未可知也，欲而搔，是不以所疑止所欲也。墙外之利害，未可知也，趋之而得刀，则弗趋也，是以所疑止所欲也。观'讹，穷智而悬于欲也'之理，食脯而非智也，饮鸩而非愚也。"

智者

智慧者。（6 次）《公孟》："夫智者必量其力所能至而从事焉。"智慧者一定衡量自己力量所能达到的地方，然后再行动。智者量力而行。"智"原作"知"，"智""知"通。《尚同下》："智者之事。"《非攻下》："此则智者之道也。"

知材

认识能力。《经上》："知，材也。"《经说上》："知也者，所以知也，而不必知。"认知能力是人的材质潜能。作为人的材质潜能的认知能力，是获取知识的必要条件，人类借以认知事物，但不必然获得知识。

知接

感性认识。《经上》："知，接也。"《经说上》："知也者以其知过物，而能貌之。若见。"感性认知是接触外界事物而产生的。感性认知是用人的认知能力，跟事物相过从（相交往），而能描摹出其相貌。如人以健全的视觉器官与事物接触，而能看见事物。"知"：特指感性认知。"知也者"的"知"，特指感性认知（结果）。"以其知"的"知"，指人的认知能力（手段）。这是对感性认知的定义和说明。其定义，用最浓缩的语言，揭示感性认知的特有属性、本质属性是“接”（接触）：感性认知是用人的感官，接触外界对象而产生。

《经说》解释，感性认知是用人的感官，接触外界对象相过从（来往，交往），而能描绘（描摹，反映）事物状貌（状况，然，现象）。“过”，即过从，来往，交往，指人用感官跟事物打交道，互相作用。结果就能在人的意识中描绘（描摹，反映）事物的状貌（状况，然，现象）。用“接”、“过”和“貌”，说明感性认知的特有属性、本质属性。“接”表感性认识的特点。感性认识器官有眼耳鼻舌身五种，专门术语叫“五路”：五种接触外界，感受信息的通路、通道和门径。“五种感官”说法，古今中外一样。《墨经》创“五路”术语。

五路

指感性认识器官眼耳鼻舌身，五种接触外界，感受信息的通路。《经下》：“知而不以五路，说在久。”《经说下》：“知。‘以目见’而目见，‘以火见’而火不见。惟‘以五路知久’，不当‘以目见’，若‘以火见’。”有些知识，不是仅靠五种感官就能获得，论证的理由在于分析对“时间”这一抽象概念的知识。说“用眼睛看见东西”，指眼睛是见物的器官。说“用光线看见东西”，指光线是见物的条件。光线本身不能看见东西。说“以五种感官认识‘时间’抽象概念”的“以”字，不相当于“以目见”的“以”字（五种感官不是认识“时间”抽象概念的器官，认识“时间”抽象概念的器官是心智），而相当于“以火见”的“以”字（五种感官是认识“时间”抽象概念的条件）。

知明

理性认识。《经上》：“知，明也。”《经说上》：“知也者，以其知论物，而其知之也著，若明。”理性认识的特点，是把握事物的本质规律，有清楚明白的特点。理性认识是用认识器官分析整理事物，认识深切显明。如人用心观察，把事物看清楚。理性认识是“明知”，清楚明白的知识；是“论物”之知，经过分析整理的系统知识。“知也者”的“知”指理性认识。“以其知”的“知”指认识器官。“论”：分析、整理，使认识有条理。“著”：显著，深切显明，透彻明白。理性认识，是比感性认识更高的认识阶段。

《经下》："知而不以五路，说在久。"五种感觉器官眼耳鼻舌身叫"五路"，接受外界信息的五种通路。如抽象概括的哲学范畴"时间"，不能单靠五种感官认知，要依靠心智器官思考把握。五种感官提供经验知识，心智器官用思考把握"时间"范畴。五种感官提供的经验知识，对心智器官把握"时间"范畴的作用，是必要条件，相当于光线对于见物的作用。

墨家定义"时间"的哲学范畴，是"弥异时"，概括"古今旦暮"等不同具体时间形式的抽象概念，不是仅靠五种感官能认知，需依靠心智思考，才能把握。《墨经》论述各门科学的抽象知识，是从工匠生产技艺中概括的理性认识。理解和运用概念、规律的抽象知识，是墨家认识论的要求。"明知"或"论物"之知，即理性认识，墨家用一个特制的字表示，在"知"字下加一个"心"字，组成会意字，表示通过心智思考得到理性认识。《墨经》感性和理性并重，有明显理性论倾向。

观

观察。（42次）《经说上》："身观焉，亲也。"亲自观察得来的是亲知。"亲"：亲身观察。《经上》："闻：传、亲。"《经说上》："或告之，传也。身观焉，亲也。"闻知有传闻和亲闻的不同。有人告诉某种情况，是传闻。亲身在场听到某种情况，是亲闻。"或"：有人。《小取》："言多方、殊类、异故，则不可偏观也。"对言论多方面的道理、特殊的类别和不同的缘故，不能片面观察。

《经上》："法同则观其同。"《经说上》："法取同，观巧传。"如果事物的法则（规律）相同，则观察其相同的方面。把握事物相同法则（规律）的事例，在代代相传的手工业技巧、技术中，可以观察到。《经上》："法异则观其宜。"《经说上》："取此择彼，问故观宜。"如果在推论中遇到法则、法式（形式、格式）不同的情况，则应该观察应用哪种法则、法式（形式、格式）适宜。在确定一个推论是否适宜时，是选择这个，还是选择那个，需要检查前提，才能观察其是否适宜。"法"：法则，规律，法式（形式、格式）。宜：适宜，合适，《小取》谓"中效”，即合乎标准的推论形式和法则，有效、合式。“故”：理由，根据，前提。“问故”：检查前提。“观宜”：观察是否适宜。

《辞过》：“以此观之。”《非攻下》：“以此三圣王者观之。”《节葬下》：“以此观。”《非命上》：“发以为刑政，观其中国家百姓人民之利。”《非命下》：“发而为政乎国，察万民而观之。”《鲁问》：“以子之言观之。”“愿主君之合其志功而观焉。”“子观越王之志。”《非乐上》：“观乐之害。”

亲

亲知，亲闻。直接知识和间接知识。（6次）《经下》：“知：闻、说、亲。”《经说下》：“知。传受之，闻也。方不彰，说也。身观焉，亲也。”知识的种类：闻知、说知、亲知。传授来的知识是闻知，由已知推测未知是说知，亲自观察得来的是亲知。《经下》：“闻：传、亲。”《经说下》：“闻。或告之，传也。身观焉，亲也。”

《经下》：“闻所不知若所知，则两知之，说在告。”《经说下》：“闻。在外者，所知也。在室者，所不知也。或曰：‘在室者之色若是其色。’是所不知若所知也。犹白若黑也，孰胜？是若其色也，若白者必白。今也知其色之若白也，故知其白也。夫名以所明正所不知，不以所不知疑所明。若以尺度所不知长。外，亲知也。室中，说知也。”《兼爱下》：“吾非与之并世同时，亲闻其声，见其色也。”

闻

听闻。（116次）《经上》：“闻，耳之聪也。循所闻而得其意，心之察也。”听闻是健全的听觉器官耳朵的功能。根据所听到的言词，而把握其中的含义，是心智的考察分析作用。《经上》：“知：闻、说、亲；名、实、合、为。”《经说上》：“知。传受之，闻也。”知识的种类：闻知、说知、亲知；名知、实知、合知、为知。传授来的知识是闻知。“闻”：闻知，听闻传授来的知识。闻知种类。《经上》：“闻：传、亲。”《经说上》：“闻。或告之，传也。身观焉，亲也。”

《经下》：“闻所不知若所知，则两知之，说在告。”《经说下》：“闻。在外者，所知也。在室者，所不知也。或曰：‘在室者之色若是其色。’是所不知若所知也。犹白若黑也，孰胜？是若其色也，若白者必白。今也知其色之若白也，故知其白也。夫名以所明正所不知，不以所不知疑所明。若以尺度所不知长。外，亲知也。室中，说知也。”《经说下》：“子在军，不必其死生；闻战，亦不必其死生。前也不惧，今也惧。”

《修身》：“举物而暗，无务博闻。”《尚同中》：“数千万里之外，有为善者，其室人未遍知，乡里未遍闻，天子得而赏之，数千万里之外，有为不善者，其室人未遍知，乡里未遍闻。”“助已视听者众，则其所闻见者远矣。”《尚同下》：“其乡里之人皆未之均闻见也，圣王得而赏之，千里之内有暴人焉，其乡里未之均闻见也，圣王得而罚之，故唯毋以圣王为聪耳明目与？岂能一视而通见千里之外哉！一听而通闻千里之外哉！圣王不往而视也，不就而听也。”《兼爱下》：“亲闻其声。”《非攻中》：“尚者以耳之所闻。”

《明鬼下》：“闻之见之，则必以为有，莫闻莫见，则必以为无。”《非命中》：“有闻之，有见之，谓之有；莫之闻，莫之见，谓之亡。然胡不尝考之百姓之情？自古以及今，生民以来者，亦尝见命之物，闻命之声者乎？则未尝有也。若以百姓为愚不肖，耳目之情不足因而为法，然则胡不尝考之诸侯之传言流语乎？自古以及今，生民以来者，亦尝有闻命之声。”《非儒下》：“以所闻孔丘之行。”《公孟》：“今儒固有此四政者，而我言之，则非毁也，告闻也！”“今鸟闻热旱之忧则高，鱼闻热旱之忧则下。”《备城门》：“闻鼓音。”《号令》：“闻寇所从来。”“以闻大将。”

目视

“一目之视也不若二目之视”：一只眼睛看，不如两只眼睛看。（1次）《尚同下》：“一目之视也，不若二目之视也。一耳之听也，不若二耳之听也。一手之操也，不若二手之强也。”《尚同中》：“夫唯能使人之耳目，助已视听，使人之吻，助已言谈，使人之心，助已思虑，使人之股肱，助已动作，助已视听者众，则其所闻见者远矣，助之言谈者众，则其德音之所抚循者博矣，助之思虑者众，则其谋度速得矣，助之动作者众，即其举事速成矣。”

一只眼睛看，不如两只眼睛看。一只耳朵听，不如两只耳朵听。一只手操作，不如两只手强。用别人耳目，帮助自己视听，用别人口，帮助自己说话，用别人心，帮助自已思考，用别人身，帮助自己动作，帮助自己视听人多，听见看见远。帮助自己说话人多，好话抚慰面广，帮助自己思考人多，能多谋善断，帮助自己动作人多，办事效率高。

“一目视不若二目视”：中华民族传统认识论命题，群众观点和群众路线萌芽，传统文化民主性精华，意涵群众智慧高于个人，是个人智慧的源泉。任何聪明个人，都必须汇聚众智。墨子首次提出检验言论真理性标准“三表法”，要求“下原察百姓耳目之实”，“观其中百姓人民之利”。眼睛向下，到社会基层，询问百姓见闻，参考百姓经验，观察言论是否符合百姓人民利益。“一目视不若二目视”命题，有重要启发借鉴意义。

心

心智，心思，心意。（47次）《经说上》：“循所闻而得其意，心之察也。执所言而意得见，心之辩也。”《小取》：“心无空乎内，胶而不解也。”《尚同中》：“使人之心，助己思虑。”《亲士》：“非无安居也，我无安心也。非无足财也，我无足心也。”“虽杂庸民，终无怨心。”《修身》：“慧者心辩而不繁说。”《所染》：“愁心劳意。”《七患》：“心无备虑。”

《尚贤中》：“戮力同心。”《非攻中》：“离疲之心。”“一心戮力。”《非攻下》：“植心不坚。”《非命上》：“心涂之辟。”《非命中》：“心志之辟。”《非命下》：“心意之辟。”《非儒下》：“孔丘所行，心术所至也。”《贵义》：“今若过之心者，数逆于精微，同归之物，既已知其要矣。”《备城门》：“有疑心。”《迎敌祠》：“和心比力。”《号令》：“皆心术与人事参之。”《杂守》：“民心百倍。”

知

认识层级、来源和形式。《经上》：“知：闻、说、亲；名、实、合、为。”《经说上》：“传受之，闻也。方不彰，说也。身观焉，亲也。所以谓，名也。所谓，实也。名实耦，合也。志行，为也。”

知识的种类：闻知、说知、亲知。知识的形态：名知、实知、合知、为知。传授来的知识是闻知，由已知推论未知是说知，亲自观察得来的是亲知，称谓陈述事物手段的知识是名知，对称谓陈述对象的知识是实知，概念理论和实际结合的知识是合知，自觉行动的知识是为知。

“知”是知识，“闻”是传授来的知识，“说”是推论的知识，

“亲”是亲身观察的知识，“名”是概念和理论的知识，“实”是对实际情况的知识，“合”是概念、理论跟实际结合的知识，“为”是自觉行动，即实践的知识。“方”是比方推论。沈有鼎说“方不彰”是由已知测未知。吴毓江说“方者比类推论之意”。“耦”：配合，结合。人跟世界的关系，归结认识世界和改造世界为两件大事。

认识世界，墨家总称为“知”。改造世界，墨家总称叫“为”，相当于“实践”。与此相应，墨家把认识世界分为“名、实、合”三种“知”。从改造世界说有“为知”。“闻、说、亲”三种“知”，是从认识的来源与获取知识的手段划分。“名、实、合、为”四种“知”，是从认识的层级、形式划分。认为亲闻的真实性高于传闻。

《经上》：“闻：传、亲。”《经说上》：“闻：或告之，传也。身观焉，亲也。”“闻知”分为“亲闻”和“传闻”。有人告诉叫传闻，亲身在场听到叫亲闻。以某人受伤生病为例，区分“亲知”和“闻知”两种认知方式。

《经上》：“物之所以然，与所以知之，与所以使人知之，不必同，说在病。”《经说上》：“或伤之，（所以）然也。见之，（所以）知也。告之，（所以）使知也。”事物之所以如此的原因，与人们之所以知道这原因的途径，与使人知道的方式，不一定相同。如某人生病，在某种情况下他受到伤害，这是他生病的原因。我亲眼看到了他因受伤而生病，这是我知道这原因的途径。我亲口告诉了别人，这是我使人知道的方式。“亲闻”真实性高于“传闻”。“说知”即推论之知，是不同于“亲知”和“闻知”的间接知识，靠推论得来。

《经下》：“闻所不知若所知，则两知之，说在告。”《经说下》：“在外者，所知也。在室者，所不知也。或曰：‘在室者之色若是其色。’是所不知若所知也。犹白若黑也，孰胜？是若其色也，若白者必白。今也知其色之若白也，故知其白也。夫名以所明正所不知，不以所不知疑所明。若以尺度所不知长。外，亲知也。室中，说知也。”“说知”：推论出来的知识。这是以“亲知”和“闻知”为前提，用演绎推论推演出新知识。列式：（亲知）室外之物颜色是白色。（闻知）室内之物颜色是室外之物颜色。（说知）所以，室内之物颜色是白色。

以名示人

说出语词让人知道。概念的认识。（2次）《经说下》："或以名示人。""举友富商也，是以名示人也。"或者是用名称语词概念让人了解。如甲对乙说："我的朋友丙是富商。"乙不认识丙，没有同丙打过交道，通过甲告知乙"朋友丙是富商"这个"名"（语词概念）所表示的性质，乙对丙就有了概念的认识。

以实示人

指着实体让人知道。实指定义。（2次）《经说下》："或以实示人。""指是鹤也，是以实视人也。"或者是展示实体让人了解。如甲对乙指着实体鹤说："这是鹤。"这是展示实体让人了解。乙不认识鹤，没有同鹤打过交道，通过甲告知乙"这是鹤"的实体，乙就认识鹤的实体。

名知

《墨经》认识论范畴，特指概念理论的知识。重要创见。《经上》："知：闻、说、亲；名、实、合、为。"《经说上》："所以谓，名也。""名知"即概念理论知识，有重要认识价值，有片面性、局限性。片面性、局限性是"知其名，不知其实"，知道名称概念，不知名称概念实际所指。墨子批评"今天下之诸侯""攻伐兼并"，知"义"之名，"而不察其实"，像瞎子会说"白黑之名"，不能分清白黑实际事物。

实知

《墨经》认识论范畴，特指实际情况的知识。重要创见。《经说下》："或以实示人。""指是鹤也，是以实视人也。"指着眼前的动物或教具标本说："这是鹤。"相当于实指定义的交际方式，通过展示实物，让人了解。"实知"是认识的实物素材和经验基础，有片面性、局限性。片面性、局限性是"知其实，不知其名"，知道实体，不知其名称概念，需进一步从实际知识，上升到概念理论认识。

合知

《墨经》认识论范畴，特指概念理论与实际结合的知识。重要创见。书本知识和经验知识的结合。知其名，又知其实。就认识世界而言，是结合亲知和闻知、名知和实知的全面知识。如学生通过教师系统讲授，考察，参观，演示，知道鹤的名和实、理论和实际知识。合：符合。（39次）

《经上》："信，言合于意也。"《经上》："知：闻、说、亲；名、实、合、为。"《经说上》："名实耦，合也。"概念理论和实际结合的知识是合知。

《经上》："合：正、宜、必。"《经说上》："合。矢至侯中，志功正也。"《经上》："同：重、体、合、类。"《经说上》："俱处于室，合同也。"相同的种类：重同、体同、合同、类同。共同处于同一空间是"合同"。《经上》："异：二、不体、不合、不类。"《经说上》："不同所，不合也。"《经下》："一法者之相与也尽类，若方之相合也，说在方。"《经说上》："方尽类，俱有法而异，或木或石，不害其方之相合也。"

为知

《墨经》认识论范畴，特指自觉实践的知识。重要创见。《经上》："知：闻、说、亲；名、实、合、为。"《经说上》："志行，为也。""为知"的定义是"志行"。"志"，是意志、意识、动机。"行"，是行动、行为、实践。"志行"：有目的、有计划、有意识的自觉行动，相当于"实践"。《经上》："行，为也。""为：存、亡、易、荡、治、化。"《经说上》："为：甲台，存也。病，亡也。买鬻，易也。消尽，荡也。顺长，治也。蛙、鹑，化也。"

列举六种重要的实践行为：制甲造台是保存的行为，治病是消除的行为，买卖是交易的行为，消除净尽是荡平的行为，遵循规律生长是治理的行为，蛙鹑养殖是促使生物变化的行为。墨家关注各种社会实践活动，与儒家主要关注道德实践行为大相径庭。

《经下》："知其所不知，说在以名、取。"《经说下》："杂所知与所不知而问之，则必曰：'是所知也，是所不知也。'取、去俱能之，是两知之也。""取知"即"为知"，指把概念理论知识运用于实践，在实践中能区分选取事物。

《贵义》："瞽不知白黑者，非以其名也，以其取也。""取知"：分辨，选取。"去"：排除，舍去。认识自己原来所不认识的东西，有两种方式：一种是通过概念理论；另一种是应用概念理论，在实践中选取为概念理论所反映的事物。把对方所知道的东西与所不知道的东西，混杂在一起问他，他一定说："这个是我所知道的东西，这个是我所不知道的东西。"像这样选取和舍去都能做到，是更全面的知识。

“为知”是知识、思想和行动、实践的统一。这是最高类型的知识，是在理论指导下的自觉实践能力。墨家认识论重视素质、知识和能力的统一，主张人以自己的认识能力认识世界之后，应转化为改造世界的实践能力。墨家把认识和实践相结合，把人有目的、有计划的自觉行为、实践引入认识论的范畴。

列宁说：“卓越的地方是：黑格尔通过人的实践的、合目的性的活动，接近于作为概念和客体的一致的‘观念’，接近于作为真理的观念。极其接近于下述这点，人以自己的实践证明自己的观念、概念、知识、科学的客观正确性”；“认识过程，其中包括人的实践和技术”；“人从主观的观念，经过‘实践’（和技术），走向客观真理”。（列宁：《哲学笔记》，人民出版社1956年版，第203、204、205页）。

人的智力是按照人如何学会改变自然界而发展的，人也反作用于自然界，改变自然界，为自己创造新的生存条件。墨家把“存、亡、易、荡、治、化”的自觉实践活动叫“为知”，纳入认识论的范畴。

虑

思虑，考虑。《墨经》认识论极重要的范畴，有理论性的定义和大量应用事例。（29次）《经上》：“虑，求也。”《经说上》：“虑。虑也者，以其知有求也，而不必得之。”思虑是求知的活动和状态。人用认识能力求知，未必获得知识。人类特有的主观能动性，是认识改造世界，特点是积极探求。墨家定义认识要素思虑的特有属性是探求，是以自身认知能力求取知识的状态、活动和过程。

《经下》：“擢虑不疑，说在有无。”《经说下》：“疑无谓也。臧也今死，而春也得之，之死也可。《大取》：“昔者之虑也，非今日之虑也。”“爱获之爱人也，生于虑获之利。虑获之利，非虑臧之利也。”

《亲士》：“非士无与虑国。”《七患》：“心无备虑。”《尚贤中》：“精其思虑。”《尚同中》：“使人之心助己思虑。”“助之思虑者众，则其谋度速得矣。”《节用中》：“圣王虑之。”《非乐上》：“殚其思虑之智。”《公孟》：“思虑徇通。”《鲁问》：“翟虑耕而食天下之人矣。”“翟虑织而衣天下之人矣。”“翟虑被坚执锐救诸侯之患。”

卧

睡眠。（3 次）《经上》：“卧，知无知也。”睡眠是认知能力处于没有认知活动的状态。第一个“知”，指认知能力、精神现象。第二个“知”，指认知活动。亚里士多德《论灵魂》：“睡眠则如同具有知识而不运用。”（苗力田主编：《亚里士多德全集》第 3 卷，中国人民大学出版社 1992 年版，第 31 页）墨家睡眠定义相似。

梦

做梦。（3 次）《经上》：“梦，卧而以为然也。”做梦现象，是人在睡眠中以为发生了某件事情，而实际并未发生某件事情。《辞海》释“梦”为“睡眠中所见”，跟《墨经》“梦”定义相似。现代生理学和医学解释，睡眠时中枢神经感受人体和环境的刺激，与部分处在兴奋状态的大脑皮层发生联系，形成做梦的生理现象。从认识论看，梦境中错乱虚幻的意识现象，跟确切的知识智慧有区别。

火热

火本身有热性，不能把物体热，归结为主观感觉。驳辩者“火不热”的诡辩。（1 次）《经下》：“火热，说在视。”《经说下》：“火。谓火热也，非以火之热我有，若视日。”火本身热，可用看太阳经验证明。说“火热”，不是说火热为我身体所有，如看太阳，热从太阳发出，不是从我眼睛发出。用朴素实在论、感觉论、经验论，反驳“火不热”的诡辩。

《庄子·天下》说，辩者提出许多诡辩论题跟惠施辩论，其中有“火不热”的诡辩。唐成玄英《庄子疏》：“譬杖加于体，而痛发于人，人痛杖不痛；亦犹火加体，而热发于人，人热火不热也。”用棍子打人，人感到痛，棍子不痛，类推用火加于人，人感到热，火本身不热。这是用“不当类比”方法，进行诡辩。人的痛觉和火的热性是两回事。依照这种诡辩，可以任意把事物的所有性质，如颜色、声音、香臭、甜苦、冷热等，说成人的主观感觉，否认事物本身的客观实在性，导致主观唯心论和不可知论的诡辩。

古希腊智者普罗泰戈拉说：“在一阵风吹来时，有些人冷，有些人不冷；因此我们不能说它本身是冷的或是不冷的。”（黑格尔《哲学史讲演录》第 3 卷，三联书店 1957 年版，第 29 页）把冷说成人的主观感觉，否认客观事物本身的实在性，智者“风不冷”怪论，酷似辩者“火不热”的诡辩。

目见

眼睛是见物器官。驳辩者的诡辩论题“目不见”（眼睛看不见）。《经说下》：“‘以目见’而目见，‘以火见’而火不见。”墨家认为眼睛是见物的器官，光线是见物的条件，两个“以“字的意思不一样，不能用光线不能见物为理由，否认眼睛能见物。《经说上》解释“大故”（充分必要条件）以“见之成见”为例。论述认识过程，以眼睛见物为例。墨家对“目不见”诡辩的批评，对“目见”（观察）认识手段的肯定，表明对主体认识能力抱有充分信念，反对诡辩家的不可知论和怀疑论。

《庄子·天下》载，诡辩家有“目不见”的论题。《公孙龙子·坚白论》论证：“以目、以火见，而火不见，则火与目不见。”通常说“用眼睛、用光线来看见”，但光线显然不是见物的器官，所以光线与眼睛加在一起也看不见。用两个“以”字的不同意义诡辩。“以”：用。“用眼睛来看见”，眼睛是见物的器官。“用光线来看见”，光线是见物的条件。这两个“以”（用）的意思不一样。这里先说“以目、以火见”，似乎眼睛和光线，对见物有同等作用，继而说，因光线不是见物的器官，所以，眼睛也不是见物的器官，即“目不见”。强词夺理，引向不可知论和怀疑论的诡辩。

狗犬

狗犬是二名一实，驳辩者的诡辩论题“狗非犬”（狗不是犬：有歧义，语意暧昧命题）。《庄子·天下》载，诡辩家有“狗非犬”论题。唐成玄英《庄子疏》：“狗、犬同实异名。名实合，则彼谓狗，此谓犬也。名实离，则彼谓狗，异于犬也。”

狗、犬是同一实体，不同名称。狗、犬二名和同一实体综合考虑，有人说是狗，有人说是犬，是指同一实体，在这个意义上，应该说：“狗是犬。”如果把名称和实体分离开来说，即只考虑名称，不考虑实体，则有人说是狗，当然不等于说是犬，在这个意义上，可以说：“狗非犬。”

用“以偏概全”的不正当论证方法，把“狗非犬”的特殊意义，说成普遍意义，造成“狗非犬”的诡辩。墨家用分析方法，批评辩者“狗非犬”的诡辩。《经说下》：“所谓非同也，则异也。同则或谓之狗，其或谓之犬也。”《经下》：“知狗而自谓不知犬，过也，说在重。”“智狗重智犬则过，不重则不过。”《经下》：“狗，犬也。而‘杀狗非杀犬也’不可，说在重。”“狗，犬也。杀狗谓之杀犬，可。”

墨家把知识分为“名、实、合、为”四种。墨家对辩者“狗非犬”诡辩的批评，运用这一分类理论。就“名知”说，狗名不是犬名，知狗名不等于知犬名，在这个意义上，可以说“狗非犬”、“知狗非知犬”。但是，就“实、合、为”三种“知”说，不能说“狗非犬”。

从“实知”、“合知”说，狗、犬是二名一实，是“重同”，在这个意义上，不能诡辩说“狗非犬”、“知狗非知犬”。从“为知”说，屠夫杀狗就是杀犬，在这个意义上，也不能诡辩说“狗非犬”、“杀狗非杀犬”。墨家用分析法，指明“狗非犬”命题的合理性、界限和谬误成因。

非命

反对命定论，天命论。（3次）《鲁问》：“国家喜音沉湎，则语之非乐非命。”《小取》：“读书，非书也。好读书，好书也。斗鸡，非鸡也。好斗鸡，好鸡也。且入井，非入井也。止且入井，止入井也。且出门，非出门也。止且出门，止出门也。若若是，且夭，非夭也。寿且夭，寿夭也。有命，非命也。非执有命，非命也，无难矣。此与彼同类，世有彼而不自非也，墨者有此而非之，无他故焉：所谓内胶外闭，与心无空乎内，胶而不解也。此乃不是而然者也。”

“读书”不等于“书”，“好读书”却等于“好书”。“斗鸡”不等于“鸡”，“好斗鸡”却等于“好鸡”。“将要入井”不等于“入井”，阻止“将要入井”却等于阻止“入井”。“将要出门”不等于“出门”，阻止“将要出门”却等于阻止“出门”。如果是这样的话，那么我们说“‘将要夭折’不等于‘夭折’，阻止‘将要夭折’却等于阻止‘夭折’（即采取措施使‘将要夭折’的人有寿，却是真的把‘夭折’的人转变为长寿）。儒家主张‘有命’论，不等于真的有‘命’这东西存在；墨家‘非执有命’，却等于‘非命’

（即墨家反对儒家坚持有命的论点，却等于实实在在地否定‘命’的存在）”就也应该是没有困难的。后者和前者是属于同类，世人赞成前者而不自以为不对，墨家的人主张后者却要加以反对，没有其他的原因：这就是所说的“内心胶结，对外封闭，听不进不同意见”，与“心里边没有留下一点空隙，胶结而解不开”的缘故。这是属于类推“不是而然”（前提否定，结论肯定）的情况。

墨家为反对儒家命定论，天命论，用否定副词构成以上“不是而然”型式的类推。“非”：反对，非难，批判。“命”：天命，命定。墨子认为暴虐君王桀纣幽厉和儒家宣扬天命论，命定论，断言“天命”、“命定”论，是“暴王所作，穷（懒）人所述”。主张充分发挥主观能动作用，强力而为，认识和改造世界，创造人生幸福。从墨子到墨家后学，坚持反对儒家天命论，命定论，是墨家突出的合理思想，是积极能动的认识论和实践论。篇名。（3 次）

《非命》载墨子说，国家安危治乱，不靠天命靠人力，提倡充分发挥人力的积极能动作用，批判消极的命定论。《非命上》：“古者桀之所乱，汤受而治之，纣之所乱，武王受而治之，此世未易，民未渝，在于桀纣则天下乱，在于汤武则天下治，岂可谓有命哉？”

《非命中》：“昔者桀之所乱，汤治之，纣之所乱，武王治之，此世不渝，而民不改，上变政，而民易教，其在汤武则治，其在桀纣则乱，安危治乱，在上之发政也，则岂可谓有命哉？”

《非命下》：“昔桀之所乱，汤治之，纣之所乱，武王治之，当此之时，世不渝，而民不易，上变政，而民改俗，存乎桀纣，而天下乱，存乎汤武，而天下治，天下之治也，汤武之力也，天下之乱也，桀纣之罪也，若以此观之，夫安危治乱，存乎上之为政也，则夫岂可谓有命哉？”

应用求异法的科学归纳证明。由暴王桀纣幽厉“执有命”，概括出“命者暴王所作”，懒人所述，应该抛弃，代之以“强力而为”的人力能动论，是墨家科学人文精神的突出代表。《公孟》载，墨子跟儒者程繁辩论，墨子说，命定论的“儒之道足以丧天下”，儒家“以命为有，贫富寿夭、治乱安危有极矣（命有定数），不可损益也。为上者行之必不听治矣，为下者行之必不从事矣，此足以丧天下”。

《非儒》：“（儒家）强执有命以说议曰：寿夭贫富、安危治乱，固有天命，不可损益。穷达、赏罚、幸否有极，人之智力不能为焉。群吏信之，则怠于分职。庶人信之，则怠于从事。吏不治则乱，农事缓则贫，贫且乱政之本。而儒者以为道教，是贼天下之人者也。”

儒家坚持有命论，说长寿和短命，贫穷和富贵，安定和危难，治理和混乱，都由天命决定，不能改变。穷困和通达，受赏和遭罚，吉祥和灾祸，都由天命决定，人的智慧和力量无所作为。官吏相信，会懈怠职守。平民相信，会荒废事业。官吏不理政事，会混乱，农业生产耽误，就会贫穷。贫穷是政治混乱的根源。儒家把有命论，作为教化的道理，是毒害天下人。

儒家所谓“命”，是人的智慧能力无可奈何的先天必然性。儒家宣扬人的现实遭遇，由命运预先安排，非人力所能改变。孔子肯定天命对宇宙人生的决定作用。《论语•宪问》记载孔子说：“道之将行也与，命也。道之将废也与，命也。”自己道理能否实现，都是命中注定，人力不能抗争。

墨子认为，儒家宣扬命定论，是害人的懒汉哲学，足以懈怠意志，使人放弃打拼奋斗，安于贫穷，导致天下沦丧。主张在认识世界的基础上，运用自身的力量，顽强奋斗，改变现状，达到理想目标。

墨子运用矛盾律，揭露儒家自相矛盾。儒家宣扬命定论，认为贫富寿夭，全在天命安排，非人力所能改变，同时又提倡学习，等于承认学习可以改变命运，这是自相矛盾。墨子说：“教人学而执有命，是犹命人包而去其冠也。”教人学习，又坚持命定论，就像叫人用帽子包裹头发，却又要人把包裹头发的帽子取下来，荒谬背理。

《小取》列举“不是而然”推论形式一例：且夭，非夭也。寿且夭，寿夭也。有命，非“命”也。非“执有命”，“非命”也。将要夭折，不等于事实上夭折。采取措施，让将夭折的人有寿，却等于将夭折的人在事实上有寿。儒家宣扬有命论，不等于事实上真有“命”这回事。墨家反对儒家坚持有命论，却等于“非命”

（反对命定论）的论题成立。

《墨经》对人的疾病死亡，看作人力可以认识和有所作为的自然现象，把治病除掉病根，作为人类的基本实践活动和可达到预期目的的例子，不承认命定论。某人因受伤而生病，是“物之所以然”。我亲眼看见，是“所以知之”。我亲口告诉你这件事，是“所以使人知之”。男仆臧得不治之症而死，女仆春也染同样疾病，死而埋葬，我不能用手指指着说，却能用语言表达。

《非儒》载，墨家嘲讽儒家说：“其亲死，列尸弗敛，登屋窥井，挑鼠穴，探涤器，而求其人矣。以为实在，则赣愚甚矣。知其亡也，必求焉，伪亦大矣。”双亲死，尸体陈放不入棺，为招魂爬屋顶，看水井，掘鼠洞，查器具，寻找死者。以为死者真在，是愚蠢至极。明知死者已不在人世，还非要寻找，是虚伪至极。

墨家认为，在认识规律的基础上，可以有计划运作，达到预期目的，如工匠认识方圆规律，可据以制作方圆之器。《经下》：“且然不可止，而不害用功，说在宜。”《经说下》：“宜，犹是也。且然必然，且已必已。且用功而后然者，必用功而后然。且用功而后已者，必用功而后已。”

论述必然性和人力的关系，认为在事物发展过程一定如此的必然趋势面前，不妨碍人力做功，关键在于人力运作应该把握分寸，合乎法则。这样做的意图，在于控制事物的发展过程，使之对人的利益增至更大，害处减到最小。如使用桔槔、辘轳、车梯等简单机械，提高操作效益，筑堤拦河，减免洪水肆虐。

篇名“非命”，即反对命定论，是墨子合理思想。墨子不信天命信人力，主张强劲而为的人力能动观。认为国家的安危治乱，不是期盼天命的赐予，是依靠充分发挥人民的力量。只要上级当政者把政策调整好，人民就会迅速改变不良风俗，提倡充分发挥人力的积极能动作用。

墨子首提检验言论真理性标准的“三表法”：“有本之者，有原之者，有用之者。于何本之？上本之于古者圣王之事；于何原之？下原察百姓耳目之实；于何用之？发以为刑政，观其中国家百姓人民之利。”“本”是言论要根据历史经验，“原”是言论要根据现实经验，“用”是把言论应用到国家政治，以便检验言论符合人民利益的程度。“三表法”即对言词理论，采取历史、现实和应用的三分检验法，是对哲学认识论的重要贡献，现代有重要启发借鉴意义。

墨子要求“下原察百姓耳目之实”，“观其中百姓人民之利”，提倡眼睛向下，到社会基层，考察百姓见闻，参考人民经验，观察言论是否符合百姓人民的利益，有重要现实应用价值。强调不是神仙命运决定一切，是“强力”人为创造一切。“强力”就是努力工作，充分发挥人的主观能动作用。农夫“强必富，不强必贫。强必饱，不强必饥”，农妇“强必暖，不强必寒”。

《荀子•王霸》比较儒墨之道的本质特征，认为“墨子之说”是“役夫之道”，儒家学说是“君子之道”，“圣王之道”。“役夫之道”即劳动者的道理。儒家学说是君子帝王封建贵族的道理。“役”是服役、干活。“役夫”是使用劳动力，干力气活的人，劳动者。

墨学和儒学有不同社会基础，代表不同社会阶层的利益和价值取向。墨学有人民性，墨子是劳动者圣人。儒学在长期封建社会，代表统治者贵族利益。孔子看不起劳动者。《论语•子路》载，樊迟希望向孔子学习种庄稼、种菜，孔子训斥说：“小人哉，樊须也！”希望学习种庄稼、种菜，是“小人”，“小人”指劳动者。《论语•子张》：“学而优则仕。”学习目的，不是做劳动者，是当官，做君子，行帝王道。

明李贽《墨子批选•非命上》：“勤俭致富，不敢安命，今观勤俭之家自见。”用当时社会实践实际例证的亲身观察，证明墨子“勤俭致富，不敢安命”思想的合理性。“勤俭致富，不敢安命”的致富策略，通过充分发挥人的主观能动作用，用勤俭、理性和智慧，探索致富道路，渗透科学人文精神，跟宿命论、机械论和迷信，划清界限。墨子主张在认识世界的基础上，运用自身力量顽强奋斗，改变现状，达到理想目标。积极进取的精神，体现中华民族自强不息的传统美德。

非命尚力

“岂可谓有命？故以为其力也”：非命尚力，人力能动。《非命》载，墨子认为国家安危治乱，不靠天命靠人力，提倡充分发挥人力的积极能动作用，批判儒者消极无为的“命定”论。《非命上》：“此世未易民未渝，在于桀纣，则天下乱；在于汤武，则天下治，岂可谓有命哉！”《非命中》：“此世不渝而民不改，上变政而民易教，其在汤武则治，其在桀纣则乱，安危治乱，在上之发政也，则岂可谓有命哉！夫曰有命云者亦不然矣（有命论不合事实）。”

《非命下》：“当此之时，世不渝而民不易，上变政而民改俗。存乎桀纣而天下乱，存乎汤武而天下治。天下之治也，汤武之力也；天下之乱也，桀纣之罪也。若以此观之，夫安危治乱存乎上之为政也，则夫岂可谓有命哉！故昔者禹汤文武方为政乎天下之时，曰‘必使饥者得食，寒者得衣，劳者得息，乱者得治’，遂得光誉令问于天下。夫岂可以为命哉？故以为其力也！今贤良之人，尊贤而好功道术，故上得其王公大人之赏，下得其万民之誉，遂得光誉令问于天下。亦岂以为其命哉？又以为力也！”

世界人民未改变，桀纣当政天下乱，汤武变政天下治，国家安危和治乱，人力作用非命定。用求异法的科学归纳证明。由暴王夏桀、商纣、周幽、厉王“执有命”，概括出“命者暴王所作”，懒人所述，应该抛弃，代之以“强力而为”的人力论，才能使国家富强康乐。用“求同法”的科学归纳证明。墨家认识论，是积极能动的反映论，实践论，是认识和改造世界的有力武器。

是

正确，对，当。跟“非”相对。（71 次）《小取》：“夫辩者，将以明是非之分。”“效者，为之法也，所效者，所以为之法也，故中效，则是也，不中效，则非也，此效也。”《经说上》：“论行、行行、学实，是非也。”《经下》：“辩也者，或谓之是，或谓之非。当者胜也。”《经说下》：“宜犹是也。”适度就是正确，合乎标准。《经说下》：“理之可诽，虽多诽，其诽是也。”

《修身》：“辩是非不察者，不足与游。”《尚同上》：“是非利害之辩。”《天志上》：“轮匠执其规矩，以度天下之方圆，曰中者是也，不中者非也。”《非命上》：“是非利害之辨。”《非儒下》：“仁人以其取舍是非之理相告。”《耕柱》：“子何独自是而非我哉？”“我是彼奉水者之意，而非夫掺火者之意。”“吾亦是吾意，而非子之意也。”

非

不是，不真，不正，不当，错误，谬误，虚假，不正确，不对，不恰当，不合适。表主观认识跟客观事实相反。跟“是”、“真”、“正”、“当”相对。(50 次)《经上》:“正无非。”《经说下》:“假必非也，而后假。”《小取》:“夫辩者，将以明是非之分。”《经说上》:“论行、行行、学实，是非也。”

三表

孙中原撰《中国大百科全书·哲学》第二版条目释文（中国大百科全书出版社 2009 年版）：战国初墨子提出检验认识的三条标准。《墨子·非命上》载墨子说：“言必立仪。”“言必有三表。”“有本之者，有原之者，有用之者。”为了检验言论认识的是非真假，必须建立三条共同的标准：第一，“上本之于古者圣王之事”，即追溯、根据前人的间接经验；第二，“下原察百姓耳目之实”，即以众人的直接经验为认识来源；第三，“发以为刑政，观其中国家百姓人民之利”，即把认识应用于社会实践，观察其对国家、人民利益的符合程度。

墨子在中国哲学史上，首次提出以直接和间接经验及社会应用的效果，为检验认识真理性的标准，强调历史和现实的事实与人民利益，在检验认识中的决定性作用，是对中国传统哲学真理论的重要贡献，有深远的影响。墨子三表，忽视思维、理性和理论，有经验论弊端，不能科学地区分事物的真相假象，导致墨子据史书对鬼神讹传和众人“见鬼神之物，闻鬼神之声”错觉，引申鬼神存在荒谬结论。

讹

错误，失误。(3 次)《经上》:“讹，穷知而悬于欲也。”《经说上》:“欲饮其鸩，智不知其害，是智之罪也。若智之慎之也，无遗于其害也，而犹欲饮之，则饮之是犹食脯也。搔之利害，未可知也，欲而搔，是不以所疑止所欲也。墙外之利害，未可知也，趋之而得刀，则弗趋也，是以所疑止所欲也。观‘讹，穷知而悬于欲也’之理，食脯而非智也，饮鸩而非愚也。所为与所不为相疑也，非谋也。”

人犯错误，是因为缺乏理智，而受欲望支配的结果。如某甲想喝毒酒，理智不知道毒酒的害处，这是理智的罪过。假若理智上很慎重，并没有忽视毒酒的害处，而还是想喝毒酒，那么他喝毒酒就像吃肉干一样（这种错误是由于受欲望支配，而不是受理智支配的结果）。

某乙对搔马的利害（是否会被马踢伤）在事前不能确知，他只是想搔就搔了，这是不以他在理智上所持有的怀疑（是否会被马踢伤）来制止他想搔马的欲望（这时如果他真的被马踢伤，这种错误同样是由于受欲望支配，而不是受理智支配的结果）。

某丙对到墙外去的利害（是否会受到伤害）在事前不能确知，即使去了能拾得钱币，也不冒然而去，这是以他在理智上所持有的怀疑（是否会受到伤害）来制止他想拾得钱币的欲望（这种理智上的慎重态度，可以使他避免受到伤害）。

看“人的言行之所以会犯错误，是由于没有受理智支配，而受欲望支配的结果”这一道理，某甲吃肉干是由于欲望，而不是由于理智的聪明，喝毒酒是由于欲望，而不是由于理智的愚蠢。某乙所干的（搔马）和某丙所不干的（不去墙外）都只是在理智上对自己行为的后果和利害有疑问，还算不上深刻智谋。以上“知”到“讹”等32个词目，归入“认识论”类名。

科技哲学

科学技术的哲学，科学技术认识论和方法论。“科技哲学”类名，含“巧传求故”到“智与意异”等13个词目。

巧传求故

“巧传则求其故”：相传技术，探求原因，上升科学。（1次）《经上》：“巧传则求其故。”“法取同，观巧传。”“巧传”：世代相传的手工业技巧技术。“求”：求取，探求，研究。“故”：原因，理由，根据。“求其故”：世代相传手工业技术，问其“为什么”，“知其然和所以然”，揭示规律，从技术上升为科学理论。技术是利用知识，改造自然，积累操作方法、技能、工具、手段的总和，是主体跟客体相互作用，产生改造自然的方法体系，生产和科学的中间环节。

“巧传则求其故”：《墨经》建构科学，形成理论的过程方法和机制原理，是《墨经》科技哲学的灵魂，科学精神的集中表现，墨家有高度自觉的科学理论和科技哲学意识。墨家科技理论的成因、机制和原理，是“求故明法”：探求原因，明确规律。诸子百家中，墨家最重视科技。墨家是能工巧匠上升的科技家集团，《墨经》是中国古代科技理论和科技哲学经典。

美国科学哲学家罗伯特·瓦尔托夫斯基说：“从古到今的能工巧匠中，向来就存在着许多不可言传的知识，总结它们，提高它们，不应把它们拒之门外。”（罗慧生：《西方科学哲学史纲》，天津人民出版社1988年版，第305～306页）

墨家兼具亚氏所说“技术家”、“大匠师”的经验技术，从中“求故明法”，总结提高，概括科学理论。巧：表明墨家是工匠理论家的标志性概念，透露《墨经》科学知识形成的机理，有重要的科学哲学意义。从工匠技巧，概括法则的同异（一般性和特殊性，共性和个性）。以工匠技巧为例，说明认识论的猜疑概念，说明实指定义的局限性，概括法则、规律的概念，说明检验言论真理性的标准，说明科学的功利观。表明民用工匠技巧，在战时转为军用。

功利民

科技功效和价值在利民。《经上》：“功，利民也。”墨家科技观，贯穿为民谋利的功利主义价值观。科学技术的功效和价值，出发点和归宿点，是有利于人民的生产和生活。墨家科技观，有突出的应用性和实用性。

《鲁问》载，公输子削竹木以为鹊，成而飞之，三日不下，公输子自以为至巧。子墨子谓公输子曰：“子之为鹊也，不如翟之为车辖，须臾斫三寸之木，而任五十石之重。故所为功，利于人谓之巧，不利于人谓之拙。”

墨家学团代表手工业阶层，直接从事手工业生产实践。墨子身兼经验家、技术家、工匠、大匠师和科学理论家的素质品格，是技术高明的工匠，熟悉各种手工业技术，特别是木工技巧，从实践获得丰富的科学技术资料，从事系统理论研究，把手工业技术上升为科学理论，成为著名学者、哲学家、理论家和科学家。

墨子论证，经常引用劳动者的生产实践经验。墨子“三表”法，从间接历史经验、人民现实直接经验和应用效果方面，考察理论正确与否，首次提出检验科学真理性的经验和实践标准。

狭义《墨经》四篇5700余字，专论科学技术，记载数学、物理学、光学等各门自然科学知识的定义、划分、定理、论证和实验结果。如八个光学专条，记载小孔成像实验，论光的直线传播原理，光的反射，光源和物影关系。墨家科技观，强调对世界本体的认识和改造相结合，理论和实践相结合。

专条分“存、亡、易、荡、治、化”诠释主体本体的实践行为对客体本体改造的意义。制造铠甲，修筑高台，是自我图存的防御行为。治病疗伤是祛病健身的行为。买进卖出是商品交易的行为。削尽叛乱是扫荡暴虐的行为。顺理循法，促进植物生长，是治理农事的行为。青蛙鹌鹑养殖，是促进动物变化的行为。涉及农工商兵医等各种实践活动，是主体改造客体自觉能动性的表现，是主体在知识引导下，从事改造客体的物质性活动。有意识从事改造世界的物质性活动，是人区别于其他动物的本质特征。墨家所说农工业者从事操作，属于人区别于其他动物的实践。

《墨经》把人看作认识和改造世界客体的主体，“行为”是人同认识和改造对象客体间发生作用、反作用的中介、桥梁。客体和主体间发生作用、反作用的公式是：客体（通过行为）→主体（通过行为）→客体。通过行为，客体作用于主体，形成主体的知与言；拥有知与言的主体，通过行为，反作用于客体，实现主体对客体的改造，使客体的结构和功能，跟主体的利益需要，协调一致。

《墨经》的科技观，从物与实范畴开始，经由人类认识和实践的主体性活动，形成知与言的认知范畴，再经由人有意识的自觉实践行为，改造物与实，使之成为符合人类利益需要的物质本体。其范畴进展脉络的公式如下：物与实→知与言→行与为→物与实。《墨经》文本的结构和内容，是这一公式的表现。

《墨经》科技观超越墨子，排除墨子天志、明鬼的谬误，把物与实看作客观自在的本体，经过“巧传则求其故”的抽象概括，探求世代相传手工业技巧的原因规律，用知与言的认知形式，形成反映物与实原因规律的科技理论。墨家崇尚科学的智慧取向，“求故明法，利人为巧”的科技哲学观，对中华民族实施科学教育兴国战略，是重要的启迪借鉴。

摹略万物

《小取》："摹略万物之然"：反映世界万物本来面目。求真务实的科学态度。科学认知的目的，是辨明是非真假，识别真相假象，反映万物本来面目。《公孟》载墨子生病，学生跌鼻问："您是圣人，怎么会生病？"墨子回答："人之所得病者多方，有得之寒暑，有得之劳苦。"从寒暑、劳苦等自然和人体实际状况，探求病因。

《贵义》载墨子到齐国，路遇相面先生说："今天上帝在北方杀黑龙，您长得黑，到北方去不吉利。"墨子反驳其迷信谬说不合事实，用鬼话骗人。《经上》和《经说上》一百条，解释各门科学概念、范畴和简单命题，据事实立说。《经下》和《经说下》论证各门科学复杂命题，用观察和实验的事实证明。

《大取》："智与意异。"区分真切的知识智慧，跟臆测（意见，假说）的区别。提出发展观念，认为古今有别，概念、判断、推论应如实反映今昔之别。《大取》："昔日之虑也，非今日之虑也。"今昔不同，古今有变，应该有创新的思考。

《耕柱》载墨子说："吾以为古之善者则述之，今之善者则作之，欲善之益多也！"古善则述，今善则作，多多益善。《经说下》："知与？以已为然也与？过也。"对于现实事物，是有真切知识，还是单纯由于过去已经如此，就说现在也必然如此。"知"指真切确实的知识，没有疑问，与"疑"相对。"以已为然"指以过去必然地推论现在。

《经说上》："必也者可勿疑。"必然性的知识，不用怀疑。《经上》："擢虑不疑，说在有无。"《经说下》："疑无谓也。"从事实中抽取必然性，可以不用怀疑，论证的理由在于必然性是否存在。怀疑必然性是无意义的。《贵义》载，墨子对卫国大夫公良桓子说："卫，小国也，处于齐、晋之间，犹贫家之处于富家之间也。贫家而学富家之衣食多用，则速亡必矣。"墨子从大量历史事实中，抽取"俭节则昌，淫逸则亡"的必然性，其真实性毋庸置疑。

方

方法，道理。（5次）《小取》："言多方、殊类、异故，则不可偏观也。"言论有多方面的道理，特殊的类别，不同的缘故，不能片面观察。"方、类、故"意同《大取》"故、理、类"。《小取》"方"即《大取》"理"。"方"、"道"、"理"、"法"和"效"意同。《亲士》："夫恶有同方不取，而取同己者乎？盖非兼王之道也。"哪里有跟道理相同的意见不采纳，而只取跟自己相同的意见呢？这不是兼王兼容天下的大道理。"方"即"道"、"理"。

《兼爱下》："别非而兼是者，出乎若方也。"别爱（爱部分）不对，兼爱（爱全体）对，就是出于这个道理。"方"即"道"、"理"。《明鬼下》："古者有夏，方未有祸之时，百兽贞虫，允及飞鸟，莫不比方。"古代夏朝，在尚未发生灾祸的时候，所有禽兽动物，以及飞鸟，没有不顺道而行。"方"即"道"。

《公孟》："人之所得于病者多方。""方"：道路、途径。"方法"一词希腊文含有"沿着"和"道路"的意思，表示人活动所选择的正确道路途径。英语 way：道路，方式，方法。汉语方式，方法，路径通用。多一方法多一路。《经说下》："方不彰，说也。""方"即比方，比类，推测，推论。"方不彰"：由已知测未知。

法

方法，法则。（109 次）《经上》："法，所若而然也。"《经说上》："意、规、圆三也，俱可以为法。"法则（规律）是人们遵循着它，而能得到确定结果的东西。如人按照圆的定义，使用圆规，或拿一个标准的圆形模仿，都可以作为画圆的法则。《经说上》："然也者，民若法也。"

《小取》："效者为之法也，所效者所以为之法也，故中效则是也，不中效则非也，此效也。""效"是提供标准的辩论形式和法则。所"效"是被提供的标准辩论形式和法则。所以合乎这些标准辩论形式和法则的是正确的。不合乎这些标准辩论形式和法则的是不正确的。这就是"效"。《经说下》："并石垒石，循夹寝者法也。"每层并砌和层层垒砌砖石，要遵循互相夹持着摆放的法则。

《尚贤下》："法其言，用其谋，行其道。"《兼爱中》："以兼相爱交相利之法易之。"《天志上》："我得天下之明法以度之。"《天志中》："不识不知，顺帝之则。帝善其顺法则也""今夫轮人操其规，将以量度天下之圆与不圆也，曰：中吾规者谓之圆，不中吾规者谓之不圆。是以圆与不圆，皆可得而知也。此其故何？则圆法明也。匠人亦操其矩，将以量度天下之方与不方也。曰：中吾矩者谓之方，不中吾矩者谓之不方。是以方与不方，皆可得而知之。此其故何？则方法明也。”

《非命中》：“凡出言谈，由文学之为道也，则不可而不先立仪法。若言而无仪，譬犹立朝夕于运钧之上也，则虽有巧工，必不能得正焉。然今天下之诚伪，未可得而识也，故使言有三法。三法者何也？有本之者，有原之者，有用之者。”

《非命下》：“凡出言谈，则必可而不先立仪而言。若不先立仪而言，譬之犹运钧之上而立朝夕焉也。我以为虽有朝夕之辩，必将终未可得而从定也。是故言有三法。何谓三法？曰：有考之者，有原之者，有用之者。恶乎考之？考先圣大王之事。恶乎原之？察众之耳目之请？恶乎用之？发而为政乎国，察万民而观之，此谓三法也。”

法仪

标准，方法，法则。（2次）《法仪》：“天下从事者，不可以无法仪。无法仪而其事能成者，无有也。虽至士之为将相者，皆有法。虽至百工从事者，亦皆有法。百工为方以矩，为圆以规，直以绳，正以悬，平以水。无巧工不巧工，皆以此五者为法。巧者能中之，不巧者虽不能中，放依以从事，犹逾己。故百工从事，皆有法所度。今大者治天下，其次治大国，而无法所度，此不若百工辩也。”

从手工业工匠亿万次重复的实践经验中概括法则、规律的概念。列举“百工为方以矩，为圆以规，直以绳，正以悬，平以水”五个典型事例，分析归纳“百工从事，皆有法所度”的规律性，推广扩及“虽至士之为将相者”，“天下从事者”，“大者治天下，其次治大国”，无不遵从法则，按照规律办事。遵从法则，按照规律办事，胜过一切主观臆测。这是劳动人民亿万次实践经验证实的永恒法则，颠簸不破的客观真理。

对法则、规律客观性、绝对性的论述，《墨经》大为发展、深化和提升，造就《墨经》科学知识体系，成为《墨经》科学方法论核心，科学精神支柱。篇名。（1次）本篇论述，百工都有法度，治国也必须遵循法度。“法”

的一个含义，是“标准”。《经下》发挥“法即标准”的思想。“法”的一个含义，是“法则、规律”。《经上》说：“法，所若而然也。”“法”的本义为标准，引申为法则、规律。

方法

为方之法。工匠制作方形的方法，引申为一般的方法手段。《天志中》：“今夫轮人操其规，将以量度天下之圆与不圆也，曰：中吾规者谓之圆，不中吾规者谓之不圆。是以圆与不圆，皆可得而知也。此其故何？则圆法明也。匠人亦操其矩，将以量度天下之方与不方也。曰：中吾矩者谓之方，不中吾矩者谓之不方。是以方与不方，皆可得而知之。此其故何？则方法明也。”

“方法”一词由匠人制作方形的方法，引申为达到目的而采取的手段，是由人具体的动作实践，概括提升为抽象的概念范畴，最终形成多层次的概念理论体系，最一般的是哲学方法论，每门科学和人的每种实践活动，都有各种不同的方法体系。

方法论是人认识和改造世界一般方法的理论，哲学一部门。方法论跟世界观有密切联系。世界观是人对世界整体的观点，用世界观的观点认识和改造世界，观察分析问题，就成为方法论。

“同异交得”意同于“对立统一”，是《墨经》概括世界普遍存在矛盾现象的哲学观点，又是观察分析“敢不敢”，“能不能”，“利和害”，“久和不久”等各种实际和哲学问题的一般方法论。“同异交得”，概括天人，囊括万有，是贯穿客观世界和主观世界的普遍规律，既是世界本体存在的规律，又是思维认识的规律，体现世界观和方法论的统一，观点和方法的统一。墨学方法论的论述，丰富多彩，深刻精到。

今日墨学研究的任务，是用现代科学观点和语言，分析整理墨学中方法论的概念、范畴和重要命题，跟现代世界科学方法论接轨联通，促进墨学方法论的创新转型，构成崭新的理论系统，让广大人民群众能够读懂应用，变为手里的得力工具，用来处理当前现实问题，继续发挥墨学方法论认识和改造世界的功效。

法同

“法同则观其同”：法则相同，则观察其相同，法则的共同性，一般性，普遍性，从工匠技艺抽象概括普遍规律。《经上》:“法同则观其同。”《经说上》:“法取同，观巧传。”如果事物的法则（规律）相同，则观察其相同的方面。把握事物相同法则（规律）的事例，在代代相传的手工业技巧中，可以观察到。揭示法则的共同性，一般性，普遍性，从代代相传的工匠技艺抽象概括普遍规律。

《经下》:“一法者之相与也尽类，若方之相合也，说在方。”《经说下》:“方尽类，俱有法而异，或木或石，不害其方之相合也。尽类犹方也，物俱然。”跟共同标准相合，都属一类，就像跟标准方形相合，都属方形，论证事例在分析方形的同异。

所有方形都属一类，都合乎方形法则，又有所不同，或是木质方，或是石质方，都不妨害其方形边角相合。一切同类事物都跟方形道理一样，所有事物都如此。这是以方为典型事例，论证法则规律的共同性、一般性和普遍性，是思维的抽象概括作用。

法异

“法异则观其宜”：法则不同，则观察应用哪种法则合适，法则的差异性，特殊性，具体性，从止式推论的不同有效性，概括具体问题具体分析方法。如果事物的法则不同，则观察应用哪种法则合适。

《经说上》:“取此择彼，问故观宜。以人之有黑者、有不黑者也，止黑人；与以有爱于人、有不爱于人，止爱人：是孰宜？”如果在推论中遇到法则、法式（形式、格式）不同的情况，则应该观察应用哪种法则、法式（形式、格式）适宜。在确定一个推论是否适宜时，是选择这个，还是选择那个，需要检查前提，才能观察其是否适宜。如用“有些人是黑的”和“有些人不是黑的”来反驳“所有人是黑的”，与用“有些人被人爱”和“有些人不被人爱”来反驳“所有人应该爱所有人”，这两个推论哪个是适宜的呢？（言外之意是前一个反驳适宜，后一个反驳不适宜）

“法”：法则，规律，法式（形式、格式）。“宜”：适宜，合适，相当于《小取》说的“中效”，即合乎标准的推论形式和法则，有效、合式。“故”：理由，根据，前提。“问故”：检查前提。“观宜”：观察是否适宜。“黑人”意为“所有的人是黑的”，《墨经》惯用省略式的语句。《墨经》这里的意思是用“有些人是黑的”（有些S是P）和“有些人不是黑的”（有些S不是P）来反驳“所有人是黑的”（所有S是P）。

《墨经》按照《小取》“或也者不尽也”的定义，把“有些人是黑的”（有些S是P）理解为“有人是黑的并且仅仅有些人是黑的”（有些S是P并且仅仅有些S是P）。同理，“有些人不是黑的”（有些S不是P）也应作如是观。《墨经》的意思是用“有些人是黑的”并且“有些人不是黑的”（有些S是P并且有些S不是P）的事实，可以驳倒“所有人是黑的”（所有S是P），认为这个反驳的法则和法式（形式、格式）是适宜、有效的。

“爱人”即墨家的“兼爱”，墨家把“兼爱”看作一个关系命题，并且又相当于道义逻辑中的义务命题，即“所有人应该爱所有人”，也就是在“所有人爱所有人”的关系命题之上，再加以“应该”（义务，理想）的道义概念。《墨经》的意思是，用“有些人被人爱”（有些S是P）和“有些人不被人爱”（有些S不是P）的现实事实（实然命题），不能驳倒“所有人应该爱所有人”的道德理想（道义逻辑中的义务命题，即所有人爱所有人是应该的，是义务，是理想），认为这个反驳的法则和法式（形式、格式）不是适宜、有效的。这是从真值推理（“以人之有黑者、有不黑者也，止黑人”）跟模态推理（“以有爱于人、有不爱于人，止爱人”）的不同有效性，揭示法则的差异性，特殊性，具体性，概括具体问题具体分析的方法。

《小取》：“效者为之法也，所效者所以为之法也，故中效则是也，不中效则非也，此效也。”“效”是提供标准的辩论形式和法则。合乎这些标准辩论形式和法则的是正确的。不合乎这些标准辩论形式和法则的是不正确的。“效法”：公式演绎法。《墨经》给出“譬侔援推止”等推论公式，供门徒在实际谈辩中效法。

宜

适宜，合宜，正确，合标准。如行为适宜，用功适宜，主观能动性发挥适度，推论适宜，价格适宜，欲望满足适宜。（16次）“宜”的概念（合宜，正确，合标准），人的日常行为适宜。《经上》：“合：正、宜、必。”《经说上》：“矢至侯中，志功正也。臧之为，宜也。非彼必不有，必也。圣者用而勿必，必也者可勿疑。”

符合有正合、宜合和必合的不同。如射箭想射中靶心，结果真的射中了，这是动机和效果正好符合（正合）。臧的行为合乎分寸（合乎道义理想的标准：应该，必须），这叫宜合。没有那个P，必然没有这个Q，这是必合（符合必然规律）。圣明的人做事，不轻易用必然命题。如果事物真是有必然性，那么可以不用怀疑。“合”：相合，符合。“正”：正合，指动机与效果正好符合。“宜”：宜合，指行为合乎分寸，恰到好处，合宜，合适。

《经下》：“无欲恶之为益损也，说在宜。”“必”：必合，指思想言行符合事物的必然规律。“侯”：箭靶。以兽皮或布匹制成。《大取》：“志功为辩。”“志功不可以相从也。”“志”：动机。“功”：效果。“臧”：男仆名。《墨经》多用“臧”指代任一人，如说“张三”，“某甲”。

《经上》定义说：“臧，私也，是名也止于是实也。”即“臧”是一个私名（指称谓个体的名，单独概念），只用来指称某一个实体，一个体人。《庄子·骈拇》：“臧与谷二人，相与牧羊，而俱亡其羊。”“臧获”在先秦是约定俗成的男女奴仆名。《韩非子·显学》：“行曲则违于臧获，行直则怒于诸侯。”自己错了，即使对奴仆臧获，也要避让。自己做得对，即使对于诸侯，也敢于抗争。《墨经》多用“获”作为女奴名。

“非彼必不有”：《墨经》用古汉语虚词：副词“非、必不”、代词“彼、有（此）”，概括的元逻辑公式，完全等值、等价于“无之必不然”、“无P则无Q”。“彼”、“有”、“之”、“然”是P、Q、R、S之类的逻辑变项符号，代表客观对象。副词“非、必不”是逻辑常项，表示不同程度的断定。这里“非彼必不有”，是作为解释必然性概念的一例，本身是一必然命题。“用”：有作为，有所事，从事，用事。“勿必”：必然性的否定，等于“不必”、“非必”。《论语·子罕》：“子绝四：毋意，毋必，毋固，毋我。”“毋必”即“勿必”。毋、勿是否定副词，意为“不”。“疑”：怀疑，臆测，猜想，想象，相当于西方哲学认识论中的“意见”，在逻辑上相当于或然命题（可能命题）形式。《墨经》有多条讲到“疑”这一认识论范畴，如《经下》:“疑，说在逢、循、遇、过”，“擢虑不疑，说在有无”等。“勿疑”即“不疑”、无疑。

在模态逻辑的命题对当关系中，否定可能等于必然，即“并非可能P”等值于“必然非P”，“并非可能非P”等值于“必然P”。人力用功适宜，主观能动性发挥适度。《经上》:“且然不可止，而不害用功，说在宜。”《经说上》:“且。宜犹是也。且然必然，且已必已。且用功而后然者，必用功而后然。且用功而后已者，必用功而后已。”

事物将要怎样而不可阻挡，在这种情况下，人力仍然应当有所作为，论证的理由在于这种作为要适度。适度就是合乎标准。事物将要发生而必然发生，事物将要结束而必然结束。这时人力仍然应当有所作为。事物将要运用人力作用而后发生，就必须运用人力作用而使之发生。事物将要运用人力作用而后结束，就必须运用人力作用而使之结束。“且”:将要，《经说上》:“自前曰且。”“宜”:适宜，合适，有分寸。“是”:正确，合乎标准。推论适宜正确，恰当有效。

《经上》:“法异则观其宜。”《经说上》:“法。取此择彼，问故观宜。以‘人之有黑者’、‘有不黑者’也，止‘黑人’；与以‘有爱于人’、‘有不爱于人’，止‘爱人’：是孰宜？”如果在推论中遇到法则、法式（形式、格式）不同的情况，则应该观察应用哪种法则、法式（形式、格式）适宜。在确定一个推论是否适宜时，是选择这个，还是选择那个，需要检查前提，才能观察其是否适宜。

如用“有些人是黑的”和“有些人不是黑的”来反驳“所有人是黑的”，与用“有些人被人爱”和“有些人不被人爱”来反驳“所有人应该爱所有人”，这两个推论哪个是适宜的呢？（言外之意是前一个反驳适宜，后一个反驳不适宜）“法”:法则，规律，法式（形式、格式）。

宜：适宜，合适，相当于《小取》谓“中效”，即合乎标准的推论形式和法则，有效、合式。“故”:理由，根据，前提。问故：检查前提。“观宜”:观察是否适宜。“黑人”意为“所有的人是黑的”，《墨经》惯用省略式的语句。《墨经》这里的意思是用“有些人是黑的”（有些S是

P）和“有些人不是黑的”（有些S不是P）来反驳“所有人是黑的”（所有S是P）。

《墨经》按照《小取》“或也者不尽也”的定义，把“有些人是黑的”（有些S是P）理解为“有人是黑的并且仅仅有些人是黑的”（有些S是P并且仅仅有些S是P）。同理，“有些人不是黑的”（有些S不是P）也应作如是观。《墨经》的意思是用“有些人是黑的”并且“有些人不是黑的”（有些S是P并且有些S不是P）的事实，可以驳倒“所有人是黑的”（所有S是P），认为这个反驳的法则和法式（形式、格式）是适宜、有效的。

“爱人”即墨家的“兼爱”，墨家把“兼爱”看作一个关系命题，并且又相当于道义逻辑中的义务命题，即“所有人应该爱所有人”，也就是在“所有人爱所有人”的关系命题之上，再加以“应该”（义务，理想）的道义概念。《墨经》的意思是，用“有些人被人爱”（有些S是P）和“有些人不被人爱”（有些S不是P）的现实事实（实然命题），不能驳倒“所有人应该爱所有人”的道德理想（道义逻辑中的义务命题，即所有人爱所有人是应该的，是义务，是理想），认为这个反驳的法则和法式（形式、格式）不是适宜、有效的。

价格适宜。《经上》:“同异交得仿有无。”《经说上》:“同异交得。”“价宜，贵贱也。”同一性和差异性是互相渗透的，可以同时把握，如“有”和“无”集于同一人之身。买卖双方商议的适宜价格，对卖方来说是够贵的，他才肯卖，对买方说是够贱的，他才肯买，这是贵贱集于同一价格之身。这里“同异交得”：同一性和差异性互相渗透与同时把握，《墨经》方法论重要观点和原理。“仿”原作“放”，借为“仿”：比方、例如。

《经下》:“价宜则售，说在尽。”《经说下》:“价也宜不宜在欲不欲。”商品价格适宜，则交易会成功，论证的理由在于，买方不想购物的欲望是否全部都被排除。商品价格适宜不适宜，就在于买方想不想购物。欲望满足适宜。《经下》:“无欲恶之为益损也，说在宜。”《经说下》:“欲恶伤生损寿：说以少连。是惟爱也，尝多粟。或者欲有不能伤也，若酒之于人也。且知利人，爱人也，则惟恐弗治也。”

并非“所有的欲恶都是有益的”或者“所有的欲恶都是有损的”，论证的理由在于，欲恶的满足要适宜。“欲恶会伤害身体，减损寿命。”这是少连首倡的学说。这里有一个人，仅仅因为爱吃，就吃了过多的粟米食品，而损伤身体，因而并非“所有的欲恶都是有益的”。

有些欲望的满足，不会伤生损寿，如适量喝酒对人体有益。因而并非“所有的欲恶都是有损的”。并且做对大众有利的事，是爱人的表现，惟恐做不到，这种欲望也是有益的。这里一种论点是：“所有的欲恶都是有益的。”这是纵欲主义的论点。另一种一种论点是：“所有的欲恶都是有损的。”这是禁欲主义的论点。《墨经》对以上两种都反对。《墨经》的论点是：“并非‘所有的欲恶都是有益的’或者‘所有的欲恶都是有损的’。”

“宜”：适宜，有节制，有分寸。“伤生损寿”：伤害身体，减损寿命。“少连”：人名。《论语•微子》称少连为古之“逸民”。孔子称少连“降志辱身”。《礼记•杂记下》载孔子说少连“善居丧”，可能首倡“欲恶伤生损寿”之说。

《庄子•德充符》载庄子说“不以好恶内伤其身”。“尝多粟”：指仅仅因为爱吃，就吃了过多的粟米食品，而导致生病。这是“所有的欲恶都是有益的”这一命题的反例：因欲恶无节制，而伤生损寿。“或者欲有不能伤也，若酒之于人也”，是“所有的欲恶都是有损的”的反例：适量喝酒对人有益。

异类不比

不同类事物不能用同一量度标准比较。科学比较法。（2次）《经下》：“异类不比，说在量。”《经下》：“木与夜孰长？智与粟孰多？爵、亲、行、价四者孰贵？麋与霍孰高？”不同类事物不能用同一量度标准比较，论证理由在于度量标准不一。木长属于空间，夜长属于时间，无共同长度可比。智慧是精神财富，粟米是物质财富，无共同数量可比。爵位、亲属、操行、物价不同类，无共同价值可比。麋鹿走地，仙鹤飞天，无共同高度可比。“异类不比”原则，对现代科学同样适用。

智与意异

知识和假说不同。（1次）《大

取》："智与意异。""智"：知识智慧，是关于事实和必然性的认识。"意"：假说想象，有或然性，不确定。科学需要假说想象，假说想象不等于科学。假说想象证实，变为科学。墨家对假说想象的认识，跟现代科学方法论一致。假说是对自然现象尝试性的说明。科学由假说演变。墨家曾提出大胆假说。

《经下》："发之绝否，说在所均。"《经下》："发均，悬轻重。而发绝，不均也。均，其绝也莫绝。"对公孙龙"发引千均，势至等也"论点的论证。"均"：均匀。"绝"：断绝。"均"是物质的理想均匀状态。"绝"是均匀状态的破坏，发生突变。如果真正"均"，状态不发生突变，就不会"绝"。"发"纤细脆弱，悬物会断绝。墨家说，如果头发结构均匀，可悬挂轻重物体，不断裂。头发断裂，是由于结构不均匀。墨家的设想，在今日得到证明。金属线弹性形变的实验证明，金属线所受张力大到一定程度，不会断绝。较细，有伤损裂痕，含杂质部分，会断绝。

墨家科技哲学，重视科学实验和理性思维，不排除假说想象，把假说想象看作认识的环节、阶段和过程，但在科学认知理论上，区别知识智慧和假说想象。《墨经》把知识看作是对事物的"然"及其"所以然"，即对事实及其必然性的认识。"然"：事实如此，用实然命题表示。"所以然"：事实的原因、本质和规律，用必然命题表示。对事实和必然性的正确认识，能经得起实践检验，即在人的自觉行动中，能确证主观认识跟客观事实相符合。

《经下》："以楹为抟，于'以为'无知也，说在意。"《经说下》："楹之抟也，见之，其于意也不易，先知。意，相也。若楹轻于萩，其于意也洋然。"没有经过确认，就主观地"以为柱子是圆柱形的"，这种"以为"，只是臆测，相当于假说，不算知识。如果"柱子是圆柱形的"被实际观察到，那么这个判断就是确定的知识。如果凭空想象"柱子比萩蒿还轻"，这只是茫然无据的臆测。《说文》："楹，柱也。"抟：圆柱形。"以为"：主观想象，而非必然性的推论。"知"：知识。"意"：臆测，猜测，想象。《大取》："知与意异。""秋"：一种蒿类植物。"洋然"：茫然。

《经下》："意未可知，说在可

用、过仵。”《经说下》:“碫、锤、锥俱事于履，可用也。或绘履过锤，与或锤过绘履同，过仵也。”臆测有不确定性。如碫石（砧子)、锤和锥等工具，都可被工匠用于做鞋子，而做鞋子的工艺流程，操作程序可以有所变通。如果凭空臆测工匠一定“先合帮，后过锤”，或“先过锤，后合帮”，不等于事实果真是如此，因而不算知识。《墨经》列举事实，说明猜测不算知识。

《经下》:“疑，说在逢、循、遇、过。”《经说下》:“逢为务则士，为牛庐者夏寒：逢也。举之则轻，废之则重，若石羽，非有力也；沛从削，非巧也：循也。斗者之弊也，以饮酒，若以日中，是不可知也：遇也。知与？以已为然也与？过也。”逢到某人做这件事，就以为他是这件事的主管；逢到某人建牛棚，就以为他是为了夏日避暑。某人遵循杠杆原理，利用桔槔机提举重物，举起时如羽毛一样轻，放下时如大石一样重，就猜测他是了不起的大力士。某人顺势循理刮削木头，木屑纷然落下，就猜测他有了不起的技巧。偶遇有人在闹市上斗殴，就猜测他们是由于酗酒，或是因为在贸易中发生争执。是确切地知道呢？还是仅仅根据过去如此，就认为现在还是如此？猜测可用或然命题表示，是待证的假说，不算知识。以上“巧传求故”到“智与意异”等13个词目，归入“科技哲学”类名。

世界观

对世界整体的看法。又称宇宙观，本体论，存在论，形上学（形而上学，本体论意义)。“世界观”类名，含“物”到“遍举”等17个词目。

物

物质，实物，事物。概括存在于主体“我”之外的所有实体，最广泛的普遍概念，外延最大的哲学范畴。(72次)《经说上》:“物，达也，有实必待之名也命之。”“物”是“达”名，外延最大的名，外延最广的普遍概念，最高类概念。概括宇宙间万事万物的总名，相当于“物质”。“物”、“实”、“有”,（物质、实体、存在）三范畴，外延相同，内涵一致。从世界观、宇宙观、本体论、存在论和形上学高度，回答哲学基本问题，规定“物”、“实”、“有”（物质、实体、存在）三范畴。

《小取》："摹略万物之然。"人类认识全部目的，是"摹略万物之然"和"所以然"，反映事物本来面目、本质和规律。对人与世界关系哲学基本问题的正确回答。"物"是哲学概括的第一范畴。《小取》："譬也者举他物。""夫物有以同，而不率遂同。""夫物或乃是而然，或是而不然，或不是而然，或一周而一不周，或一是而一非也。"《经说上》："知也者以其知过物。"《经说上》："知也者以其知论物。"

《经下》："推类之难，说在之大小、物尽。"《经说下》："谓四足，兽与？并鸟与？物尽与？"《经下》："物之所以然。"《经下》："区物一体也。"《经说下》："物俱然。"《经下》："物甚不甚。"《亲士》："圣人者，事无辞也，物无违也。""其直如矢，其平如砥，不足以覆万物。"

《尚贤中》："皆以明小物而不明大物也。"《非攻下》："此譬犹盲者之与人，同命白黑之名，而不能分其物也。"《贵义》："同归之物，既已知其要矣。"《公孟》："详于万物。"《鲁问》："世俗之君子，皆知小物而不知大物。"《备城门》："二步置连梃、长斧、长椎各一物。"《旗帜》："备具之官致财物。"

实

实物，实体，实在。(72次)《大取》："名，实名，实不必名。"《小取》："以名举实。"《经上》："举，拟实也。"《经说上》："告以之名举彼实也。"《经说上》："物，达也，有实必待之名也命之。马，类也，若实也者，必以是名也命之。臧，私也，是名也止于是实也。"

《经上》："知：闻、说、亲；名、实、合、为。"《经说上》："所谓，实也。"《经说上》："二名一实，重同也。"《经说上》："论行、行行、学实，是非也。"《经说下》："有之实也，而后谓之。无之实也，则无谓也。"《经下》："或过名也，说在实。"《经说下》："尧之义也，是声也于今，所义之实处于古。"《小取》："察名实之理。"《非儒下》："其亲死，列尸弗敛，登屋窥井，挑鼠穴，探涤器，而求其人矣，以为实在，则赣愚甚矣。"

形

形体。(15次)《经上》："力，形之所以奋也。"《经上》："生，形与知处也。"《大取》："以形貌命者，必知是之某也，焉知某也。不可以形貌命者，虽不知是之某也，知某可也。”“诸以形貌命者，若山丘室庙者皆是也。”“将剑与挺剑异，剑以形貌命者也，其形不一，故异。”《旗帜》：“凡所求索，旗名不在书者，皆以形名为旗。”《所染》：“伤形费神。”《备城门》：“地形之难攻而易守也。”《号令》：“地形之当守边者。”“审知寇形必攻。”《杂守》：“积木，各以长短小大恶美形相从。”

有

存在。跟“无”（非存在）相对。（778次）《经上》：“盈，莫不有也。”物质充盈，无处不在。无穷世界到处充盈无穷的物质。《经上》：“穷，或有前不容尺也。”《经说上》：“或不容尺有穷，莫不容尺无穷也。”“有穷无穷”定义。《经说下》：“南者有穷则可尽，无穷则不可尽。有穷无穷未可知，则可尽不可尽未可知。人之盈之否未可知，而必人之可尽不可尽亦未可知，而必人之可尽爱也，悖。（以上引难者语）人若不盈无穷，则人有穷也，尽有穷无难。”

《经说上》：“物，达也，有实必待之名也命之。”“声出口，俱有名。”《经下》：“无不必待有。”《经说下》：“若无马，则有之而后无。”《经下》：“可无也，有之而不可去。”《经下》：“擢虑不疑，说在有无。”《经说下》：“有之实也，而后谓之。”先有实，后有谓。实体在前后称说。《经说下》：“谓火热也，非以火之热我有。”《经说下》：“方尽类，俱有法而异。”《经说上》：“有以同，类同也。”《经说上》：“不有同，不类也。”《经上》：“同异交得仿有无。”

《经说上》：“同异交得。于富家良知，有无也。”《经下》：“狂举不可以知异，说在有不可。”《经说下》：“牛与马虽异，以‘牛有齿，马有尾’，说‘牛之非马也’不可。是俱有，不偏有，偏无有。曰‘牛与马不类’，用‘牛有角，马无角’，是类不同也。若不举‘牛有角，马无角’，以是为类之不同也，是狂举也，犹‘牛有齿，马有尾’。”

《经说上》：“时或有久。”《经说上》：“有久之不止。”《经说下》：“宇徙而有处。”《经说上》：“小故：有之不必然，无之必不然。体也，若有端。大故：有之必然。”《经说下》：“非彼必不有。”《经说上》：“虑也者以其知有求也。”《经上》：“厚，有所大也。”《经上》：“有间，中也。”《经说上》：“有说，过五诺。”《经说下》："挈有力也。"《经说下》："五有一焉，一有五焉。"《大取》："于所未有而取焉，是利之中取大也；于所既有而弃焉，是害之中取小也。""有为也以富人。""有非之异，有不然之异。有其异也，为其同也；为其同也异。"

《小取》："有诸己不非诸人。""夫物有以同，而不率遂同。辞之侔也，有所至而正。其然也，有所以然也。""其取之也，有所以取之。""世有彼而不自非也，墨者有此而非之。""有一宅于国，而不谓有国。"

《修身》："君子战虽有陈，而勇为本焉，丧虽有礼，而哀为本焉，士虽有学，而行为本焉。"《辞过》："凡回于天地之间，包于四海之内，天壤之情，阴阳之和，莫不有也。"《尚贤上》："有能则举之。"《尚同上》："丝缕之有纪，罔罟之有纲。"《尚同下》："厚者有斗，而薄者有争。""厚者有乱，而薄者有争。""厚者有战，而薄者有争。"《兼爱中》："自古及今未有能行之者也。""万方有罪，维予一人。"《兼爱下》："非人者必有以易之。"《天志上》："天下有义则生，无义则死；有义则富，无义则贫。"《天志中》："有力相营，有道相教，有财相分。"

《明鬼下》："鬼神者，固无有。""天下之所以察知有与无之道者，必以众之耳目之实知有与亡为仪者也，诚惑闻之见之，则必以为有。""何不尝入一乡一里而问之，自古以及今，生民以来者，亦有尝见鬼神之物，闻鬼神之声，则鬼神何谓无乎？若莫闻莫见，则鬼神可谓有乎？"《非命下》："彼用无为有，故谓矫，若有而谓有，夫岂为矫哉？"《非儒下》："无故从有故也，弗知从有知也。"《公孟》："又以命为有。"《公输》："宋何罪之有？荆国有余于地，而不足于民，杀所不足，而争所有余。"

《备城门》："大臣有功劳于上者多。""有深怨於敌而有大功於上。""皆令有力者主敌。""城上皆毋得有室。""城门内不得有室。""壮者有挈，弱者有挈。""旁有沟垒。"《旗帜》："石有积，樵薪有积，菅茅有积，雚苇有积，木有积，炭有积，沙有积，松柏有积，蓬艾有积，麻脂有积，金铁有积，粟米有积；井灶有处，重质有居，五兵各有旗，节各有辨；法令各有贞；轻重分数各有请；主慎道路者有经。"

《杂守》:“有谗人,有利人,有恶人,有善人,有长人,有谋士,有勇士,有巧士,有使士,有内人者,外人者,有善人者,有善斗人者。”“凡不守者有五。”《经下》:“荆之大,其沈浅也,说在有。”《经说下》:“沈,荆之有也。”《非攻中》:“西者齐人兼而有之。”“以攻中行氏而有之。”《非攻下》:“四分天下而有之。”《号令》:“过期不出者王公有之。”

无

非存在,不,没有。跟“有”相对。(485 次)《经说上》:“有之不必然,无之必不然。”“有之必然,无之必不然。”《经下》:“无不必待有。”《经说下》:“若无马,则有之而后无。无天陷,则无之而无。”《经说下》:“无之实也,则无谓也,不若假,举美谓是,则是固美也,谓也,则是非美,无谓,谓则假也。”称谓以实际存在为转移。

《经下》:“擢虑不疑,说在有无。”《经说下》:“疑无谓也。”《经下》:“可无也,有之而不可去,说在尝然。”《经说下》:“可无也。已然则尝然,不可无也。”历史事实,不容抹杀。《经上》:“同异交得仿有无。”《经说上》:“同异交得。于富家良知,有无也。”“有无”(存在、非存在)的“同异交得”(对立统一)。

《经下》:“无说而惧。”《经下》:“谓辩无胜必不当。”《经说下》:“俱无胜。”《经说下》:“无以非也。”《经上》:“卧,知无知也。”《经上》:“平,知无欲恶也。”《经说上》:“不在禁,虽害无罪。”《经说上》:“或不容尺有穷,莫不容尺无穷也。”《经下》:“宇进无近远。”

《经下》:“无穷不害兼。”《经说下》:“南者有穷则可尽,无穷则不可尽。有穷、无穷未可知,则可尽、不可尽未可知。人之盈之否未可知,而必人之可尽、不可尽亦未可知,而必人之可尽爱也,悖。(以上引难者语)人若不盈无穷,则人有穷也,尽有穷无难。盈无穷,则无穷尽也,尽无穷无难。”

《经说下》:“不知其数而知爱之尽之也,无难。”《经说上》:“时或有久,或无久。始当无久。”《经说上》:“无久之不止,当牛非马,若矢过楹。”《经下》:“不坚白(《墨经》作者引辩论对方的论点),说在无久与宇。”“无久”:无穷小的时间量。“无久与宇”:“无久”和“无宇”的合并省略。《经说上》:“于石无所往而不得二。”

《经说上》："虚也者，两木之间，谓其无木者也。"

《经上》："正无非。"《经说上》："无说，用五诺，若自然矣。"《经说下》："鉴者之容，于鉴无所不鉴。"《经说下》："右校交绳，无加焉而翘。"《经说下》："引无力也。"《经下》："无不让也不可。"《经下》："五行无常胜。"《经下》："无欲恶之为益损也。"《经说下》："于以为无知也。"《经说下》："丸无所处而不中悬。"

《经说下》："是俱有，不偏有，偏无有。曰'牛与马不类'，用'牛有角，马无角'，是类不同也。若不举'牛有角，马无角'。"《经说下》："以为不知学之无益也，故告之也，是使知学之无益也，是教也。以学为无益也教，悖。"

《经下》："知知之否之足用也，悖，说在无以也。"《经说下》："论之非知无以也。"《大取》："圣人有爱而无利，儒者之言也，乃客之言也。天下无人，子墨子之言也犹在。""今人非道无所行。"《小取》："有诸己不非诸人，无诸己不求诸人。""无盗，非无人也。""欲无盗，非欲无人也。""杀盗，非杀人也无难矣。"

《亲士》："非贤无急，非士无与虑国。""非无安居也，我无安心也。非无足财也，我无足心也。""圣人者，事无辞也，物无违也。"《修身》："置本不安者，无务丰末。近者不亲，无务来远。亲戚不附，无务外交。事无终始，无务多业。举物而暗，无务博闻。"《法仪》："天下从事者，不可以无法仪，无法仪而其事能成者无有也。"

《七患》："先尽民力无用之功，赏赐无能之人，民力尽于无用。""民无仰则君无养，民无食则不可事。""仓无备粟，不可以待凶饥；库无备兵，虽有义不能征无义；城郭不备全，不可以自守；心无备虑，不可以应卒。是若庆忌无去之心，不能轻出。夫桀无待汤之备，故放；纣无待武王之备，故杀。"《尚贤中》："居处无节，出入无度，男女无别。"

《兼爱下》："非人而无以易之，譬之犹以水救火也，其说将必无可焉。""老而无妻子者，有所侍养以终其寿；幼弱孤童之无父母者，有所放依以长其身。""无言而不雠，无德而不报。"《节葬下》："出则无衣也，入则无食也，""'我有是人也，与无是人也，孰愈？'曰：'我有是人也，与无是人也，无择也。'”

《天志上》：“天下有义则生，无义则死；有义则富，无义则贫；有义则治，无义则乱。”《明鬼下》：“若以死者为无知则止矣。”《非命中》：“无天命，惟予二人，而无造言。”《非命下》：“彼用无为有。”《非儒下》：“若皆仁人也，则无说而相与（敌），仁人以其取舍是非之理相告，无故从有故也，弗知从有知也，无辞必服。”《耕柱》：“子墨子曰：“君子无斗。”子夏之徒曰：“狗豨犹有斗，恶有士而无斗矣？”“天下无道。”“无义而谓之有义。”《贵义》：“翟上无君上之事，下无耕农之难”“耳无闻，目无见。”“程子无辞而出。”

《备城门》：“万民乐之无穷。”“十四者无一。”“葆入守，无行城，无离舍。”“门者皆无得挟斧斤凿锯椎。”《备高临》：“用弩无数，出人六十枚，用小矢无留。”“地不得其任则劳而无功，人亦如此，备不先具者无以安主。”“门者及有守禁者，皆无令无事者得稽留止其旁。”

《号令》：“客射以书，无得举，外示内以善，无得应。”“令下无见上，上见下，下无知上有人无人。”“慎无令民知吾粟米多少。”“外空井，尽窒之，无令可得汲也。”“当遂材木不能尽内，即烧之，无令客得而用之。”“里中巷街皆无得行。”《杂守》：“矢石无休。”“材木不能尽入者，燔之，无令寇得用之。”

动

运动。（21 次）《经说上》：“尽。俱止、动。”在一个论域中，说“所有的个体都停止”，“所有的个体都运动”。《经上》：“动，或徙也。”《经说上》：“动。偏徙者，户枢蛇蚕。”运动是物体至少有一部分迁徙。物体至少有一部分迁徙的例子，如门转轴的自转、蛇与蚕的蠕动。《经下》：“非半弗斫则不动。”到不能再取半时，就不能用刀砍，就会出现不动的端点。《备梯》：“云梯者重器也，其动移甚难。”

化

变化。（5 次）《经上》：“化，征易也。”事物性质的变化，就是其特征改变。特指人改造世界的活动。《经上》：“为：存、亡、易、荡、治、化。”《经说上》：“蛙鹑，化也。”自觉行动的实践有：保存、消除、交易、荡平、治理、变化。蛙鹑养殖是利用生物变化的行为。《非攻下》：“五谷变化。”

久弥异时

时间范畴是不同时段的概括。（1次）《经上》："久，弥异时也。"《经说上》："久。古今旦暮。"时间范畴的内涵外延定义。"久"（宙）即时间，是概括一切不同时段（如古今早晚）的范畴。

久

长久。时间绵延。跟"暂"相对。哲学"时间"概念，"时间"泛称，总称。（56次）《经上》："始，当时也。"《经说上》："时或有久，或无久。始当无久。""开始"相当于肇端的时间点。时间或是"有久"（有绵延时间量），或是"无久"（无绵延无穷小时间量）。"开始"相当于"无久"（无绵延无穷小时间量）。"有久"举例"若人过梁"。"无久"：靠数学抽象思维把握的无穷小时间量，如假想一支飞行很快的箭，穿越一根很细的柱子所需的极短时间量。"无久"举例"若矢过楹"。

《经上》："止，以久也。"《经说上》："无久之不止，当牛非马，若矢过楹。有久之不止，当牛马非马，若人过梁。"静止需要经过一段时间的延续。"无久"（无穷小时间量）不是"止"（静止），相当于"牛"不是"马"（它们是排斥关系）。"无久之不止"（即无穷小时间之行）的例，如飞矢穿过一根柱子。"有久"（经过一段时间延续）不是"止"（静止），相当于"牛马"不是"马"（它们是属种关系）。

"有久之不止"（即经过一段时间延续之行）的例，如人走过一座桥梁。"止"：静止，物理学概念。"久"：时间。"无久"：无穷小时间量。"不止"：行。"当"：相当于。牛非马：牛不是马，指牛与马两概念外延的互相排斥和全异关系，意为"无久"与"止"这两个概念的关系，与"牛"和"马"这两个概念的关系相当，二者都是排斥关系。"矢过楹"：飞矢穿过一根柱子，比喻"无久之不止"即无穷小时间的运行。

"有久"：有一段时间延续的量。"牛马非马"，意为"牛马"的概念，不是"马"的概念。但"牛马非马"的"非"，与"牛非马"的"非"，意思有别。在"牛非马"命题中，"非"表全异关系，"牛"与"马"概念的外延完全排斥。在"牛马非马"命题中，"非"表大类和小类、属和种的兼容、包含关系（"牛马"真包含

“马”），这个“非”的准确含义，是“不等同”。

“有久”与“止”两概念的关系，与“牛马”和“马”两概念的关系相当，二者都是属种关系，“有久”中除包含“止”外，还包含“不止”，即“动”或“行”。“人过梁”：人走过一座桥梁，比喻“有久之不止”，即有久之行。

《经下》：“宇徙，说在长宇、久。”《经说下》：“宇徙而有处，宇南、宇北，在旦又在暮，宇徙久。”物体在空间迁徙运动的时间性，论证的关键在于说明物体的运动，随着空间的转移，也同时经历时间的绵延。物体在空间中迁徙运动，要占有一定的处所（空间），如物体在空间中由南往北迁徙运动，在时间上经历了由早到晚的过程，所以物体在空间中的迁徙运动，也同时经历时间的绵延。《经下》：“不坚白（《墨经》作者引辩论对方的论点），说在无久与宇。”

反驳“不坚白”（即坚白相离、坚白离石）的论点，论证的关键在于，把时间和空间分割为无穷小的单位，即“无久”、“无宇”（无厚）时，也还是相盈而不离于石的。“不坚白”：公孙龙学派由“坚白相离”到“坚白离石”的观点。见《公孙龙子•坚白论》：“不坚石、物而坚。”“不白物而白焉。”“故离也。”“不坚白”是《墨经》作者引辩论对方的论点，《墨经》作者的观点是“盈坚白”和坚白“在石”。

“无久与宇”：即“无久”和“无宇”的合并省略。无久：《墨经》基本概念，指时间被分割为无穷小的单位、量、点。无宇即无厚，指空间被分割为无穷小的单位、量、点，与无久对应。《墨经》作者认为，即使把时间、空间分割为无穷小的单位，一块坚白石中的坚白二性，同样是相互渗透的。

《经下》：“知而不以五路，说在久。”《经说下》：“以目见而目见，以火见而火不见，惟以五路知久，不当以目见，若以火见。”《经下》：“行修以久，说在先后。”《经说下》：“行者必先近而后远。远近修也，先后久也。民行修必以久也。”

《尚贤中》：“圣人之德，章明博大，埴固，以修久也。”《非攻下》：“将不勇，士不分，兵不利，教不习，师不众，率不利和，威不御，害之不久。”“若使中兴师，君子庶人也，必且数千，徒倍十万，然后足以师而动矣，久者数岁。”“天下处攻伐久矣。”《节用上》：“且大人惟毋兴师以攻伐邻国，久者终年，速者数月，男女久不相见。”

《节用中》：“死者既葬，生者毋久丧用哀。”《节葬下》：“计久丧，为久禁从事者也。财以成者，扶而埋之；后得生者，而久禁之，以此求富，此譬犹禁耕而求获也，富之说无可得焉。”“今唯无以厚葬久丧者为政，国家必贫，人民必寡，刑政必乱。”

《公孟》：“譬犹跂以为长，隐以为广，不可久也。”踮起脚尖使身子增长，卧下使面积增大，不能长久。《号令》：“凡守城者以亟伤敌为上，其延日持久以待救之至，不明于守者也，能此，乃能守城。”

有久无久

时间量分为有穷大和无穷小。《经上》：“始，当时也。”“始”的概念，即恰恰是开始的那一点刹那。《经说上》：“时或有久，或无久。始当无久。”时间测量分为有穷大和无穷小。“始”的概念，相当于无穷小的时间量“无久”。

《经说上》：“有久之不止”，“若人过梁”。“无久之不止”，“若矢过楹”。“有久”指有穷大的时间量，如人走过一座桥梁，是“有久”之行。“无久”指无穷小的时间量，如飞箭穿越一根柱子边缘，占有一无穷小的时间量“无久”和一无穷小的空间量“无厚”。

《庄子•齐物论》有否认“始”概念确定性的诡辩：“有始也者，有未始有始也者，有未始有夫未始有始也者。”有开始，有“未曾开始”的开始，有未曾开始“未曾开始”的开始。用归谬法，证明没有确定的“开始”概念。认为要说“开始”，会陷于恶性循环。假如你说“开始”，那我就说还有“开始”的开始，“没有开始”的开始，最后“开始”和“没有开始”会纠缠不清，没有界限，谁也不能说“开始”。这是诡辩。

科学实验，作定时定量的记录分析，都有一个精确的“开始”概念。墨家反对这种诡辩，提出“无久”即无穷小时间的概念。“始”的概念，相当于无穷小的时间量“无久”，尽管是极微小的时间量，毕竟是客观存在的，确定的，可计量的物理量。“开始”是一个很短的时间。时间是“有久”，是“有穷”。“无久”字面上是“没有时间”，实际上不是“没有时间”，是“有时间”，不过是“无穷小”时间，非常短暂，以至于在计算上可以忽略不计。“开始”相当于无穷小的时间量“无久”。

有穷无穷

时间分有穷无穷。（1 次）《经说下》：“久：有穷；无穷。”

宇弥异所

空间范畴是不同处所的概括。（11 次）《经上》：“宇，弥异所也。”《经说上》：“宇。东西南北。”“宇”（空间概念）是一切不同处所的概括，如东方、西方、南方、北方。“所”：处所，空间。哲学范畴空间的内涵外延定义。“宇久”即“宇宙”。“久”通“宙”。“宇久”（宇宙）是空间和时间的合成。

《经下》：“宇进无近远，说在步。”《经说下》：“宇。区不可遍举宇也，进行者先步近，后步远。”因为宇宙是无穷大的，所以在宇宙中的迁徙运动，无所谓绝对的远近，它只有相对的远近，论证的事例在于分析人的走路。一个具体有限的区域不可能“遍举”（穷举）无限大的宇宙。但是就一个走路的人来说，他必须先走近，后走远。哲学范畴空间远近的相对性和空间的无限性。“区”：具体区域。“宇”：整个宇宙。

《经下》：“‘不坚白’（《墨经》作者引辩论对方的论点），说在无久与宇。”反驳“不坚白”（即坚白相离、坚白离石）的论点，论证的关键在于，把时间和空间分割为无穷小的单位，即“无久”、“无宇”（无厚）时，是相盈而不离于石的。“不坚白”：公孙龙学派由“坚白相离”到“坚白离石”的观点。《公孙龙子·坚白论》：“不坚石物而坚。”“不白物而白焉。”“故离也。”“不坚白”是《墨经》作者引辩论对方的论点，《墨经》作者的观点是“盈坚白”和坚白“在石”。

“无久与宇”：“无久”和“无宇”的合并省略。“无久”：《墨经》基本概念，指时间被分割为无穷小的单位、量、点。“无宇”：即“无厚”，指空间被分割为无穷小的单位、量、点，与“无久”对应。《墨经》认为，即使把时间、空间分割为无穷小的单位，一块坚白石中的坚白两种性质，同样相互渗透。用空间的无限分割，反驳名家“离坚白”的诡辩。

行修以久

走路用时间。走一定长度路

程，用到时间的绵延。《经下》：“行修以久，说在先后。”《经说下》：“行者必先近而后远。远近，修也。先后，久也。民行修必以久也。”走一定长度路程（空间），需占有一定长度时间，论证理由在于，人走一定长度路程，有先后区别。走路人必然先走近，后走远。远近是空间长度，先后是时间久暂。人走一定长度路程，必然占有一定长度时间。

物质、运动、时间和空间有必然联系。用走路为例，讨论物质、运动、时间和空间的辩证关系。一切物质运动，都必然占有空间，经历时间，时间和空间互相渗透，都与物质运动有必然联系。

时间和空间是同一物质运动的不同存在方式，这揭示物质、运动、时间和空间不可分割的辩证联系。讨论哲学本体论基本概念“物质、运动、时间、空间”辩证关系方法，从例子讲起，透过浅显日常生活例子，分析概念关系。

物质运动有先后顺序，有开始、中间和结束的先后过程，这就连带时间的延续绵延。“久”是时间，“修”是长（空间）。物质在空间运动，必然连带时间的绵延。人体是物质，是物体。物体运动，要占有空间，占有时间的绵延。

以走路为例，讨论宇宙空间无穷的绝对性和局部空间有穷的相对性。说明方式以个别具体事例，以小见大，以浅喻深，以近喻远，以技巧机智的方法，说明最高哲学智慧，讲清物质、运动、时间、空间、有穷、无穷的抽象辩证哲理。时间和空间是物体存在的形式。物体在空间（宇）的运动（徙），必然关联到时间（久）的连续。从运动（徙）过程中的时间（久）先后，必然关联到空间（宇）的延长。

《墨经》以人走路为例，论证运动、时间和空间的关系，是统一而不可分割的。没有物体的运动变化，就没有时间和空间。空间和时间具有的共通性，是“弥异”，就是连续变化的运动性。对物质、运功、时间、空间、有穷、无穷哲学范畴及其辩证关系的认识，富于哲学的抽象性、思辨性，富于自然科学的具体性、论证性。

世界图景：物质、实体是宇宙的全部存在者。物质运动必然占有空间，经历时间。物质、运动、时间、空间，有“有穷”和

"无穷"的双重性。墨家经过文化轴心时代战国时期二百多年百家争鸣的洗礼，通过对工匠技艺"求故"、"取法"的科学探索和哲学思考，把哲学与自然科学知识相结合，登上当时世界哲学最高峰，至今仍给人以深刻的智慧启迪。

修

长。时间空间量度。(37次)《经下》："不可偏去而二，说在见与不见、俱一与二、广与修。"《经说下》："见、不见离，一、二不相盈，广修、坚白相盈。"《经下》："行修以久，说在先后。"《经说下》："行者必先近而后远。远近，修也。先后，久也。民行修，必以久也。"《非攻中》："涂道之修远。"《明鬼下》："必择木之修茂者。"

宇徙久

物体在空间迁徙，用到时间绵延。空间时间范畴对立统一，相互联系。《经下》："宇徙，说在长宇久。"《经说下》："宇。宇徙而有处，宇南宇北，在旦又在暮，宇徙久。"物体在空间迁徙运动的时间性，论证的关键在于说明物体的运动，随着空间的转移，也同时经历时间的绵延。物体在空间中迁徙运动，要占有一定的处所（空间），如物体在空间中由南往北迁徙运动，在时间上经历由早到晚的过程，物体在空间中的迁徙运动，同时经历时间的绵延。

遍举

普遍列举。区不可遍举宇：有限区域不能穷举无限大宇宙。《经下》："宇进无近远，说在步。"《经说下》："区不可遍举宇也。进行者先步近，后步远。"宇宙无穷大，物质在宇宙迁徙运动，没有绝对的远近，只有相对的远近，论证的理由在于，用人走路为例。一个具体有限的区域，不可能穷举无限大的宇宙。就走路来说，必须先走近，后走远。"区"：具体区域。"宇"：整个宇宙。以上"物"到"遍举"等17个词目，归入"世界观"类名。

历史观

对社会历史的根本观点。哲学部门，广义世界观组成部分，又称社会历史观。墨家历史观，包含历史进化观念，人民主体意识，劳动生产观的合理因素。"历史观"类名，含"人民"到"述作"等11个词目。

人民

民众。历史主体。(20次)《尚贤上》："人民之众。""民无终贱。”《尚同中》：“众其人民。”《节葬下》：“人民寡则从事乎众之。”《明鬼下》：“人民之众兆亿。”《耕柱》：“众人民。”《经上》：“君，臣民通约也。”《经说上》：“以若民者也。”君是臣民共同约定的结果。君应当以民意为归顺。

《经上》：“功，利民也。”功效以符合人民利益为标准。《耕柱》：“所为贵良宝者，可以利民也。”《经说上》：“然也者，民若法也。”行动之所以能取得预想结果的原因，由于遵循规律。《经说上》：“民行修必以久也。”《经说上》：“爱民之尽之也。”

《七患》：“民力尽于无用。”“凡五谷者，民之所仰也。”“今岁凶，民饥道饿。”“时年岁善，则民仁且良；时年岁凶，则民吝且恶。”“先民以时生财。”《辞过》：“天下之民可得而治。”“民富国治。”《尚贤中》：“民生为甚欲。”

《节用中》：“爱民谨忠，利民谨厚。”“凡足以奉给民用，则止，诸加费不加于民利者，圣王弗为。”《非乐上》：“民有三患，饥者不得食，寒者不得衣，劳者不得息，三者民之巨患也。”《非命上》：“发以为刑政，观其中国家百姓人民之利。”《非命下》：“发而为政乎国，察万民而观之。”

民生

“民生为甚欲”：民众生存是最大欲望。（1次）《尚贤中》：“民生为甚欲，死为甚憎。”民众最想生存，最憎恨死亡。《非乐上》：“民有三患：饥者不得食，寒者不得衣，劳者不得息，三者民之巨患也。”《非命下》：“必使饥者得食，寒者得衣，劳者得息。”《兼爱下》：“万民饥即食之，寒即衣之，疾病侍养之，死丧葬埋之，老而无妻子者，有所侍养以终其寿。幼弱孤童之无父母者，有所放依以长其身。”

《尚贤下》：“为贤之道，有力者疾以助人，有财者勉以分人，有道者劝以教人，若此则饥者得食，寒者得衣，乱者得治。此安生生。”“安生生”：人民希望世代安生，生生不息，永续繁衍，反映广大人民迫切愿望和理想。《辞过》：“必厚作敛于百姓，暴夺民衣食之财。”“富贵者奢侈，孤寡者冻馁。”批判统治者奢侈纵欲，维护广大劳动人民温饱生存权，是劳动人民的人权观，劳动人权观，人本思想的基本观点。重视民生的思想，经改造转型，构成孙中山三民主义的内容。

人民之利

“发以为刑政，观其中国家百姓人民之利”：以符合人民利益的程度，作为检验言论是非的标准，有人民史观合理因素。（1次）《非命上》：“何谓三表？子墨子言曰：‘有本之者，有原之者，有用之者。于何本之？上本之于古者圣王之事。于何原之？下原察百姓耳目之实。于何用之？发以为刑政，观其中国家百姓人民之利。此所谓言有三表也。’”言有三表定真理，人民经验可汲取。符合民利为标准，人民史观是归趣（旨趣，宗旨）。

古今

“自古察之今，则尧不能治”：尧善治古，不善治今。（1次）《经下》：“察诸其所然未然者，说在于是推之。”《经说下》：“‘尧善治’，自今察诸古也。自古察之今，则尧不能治也。”审察某事之所以这样和之所以不这样的原因，可以从“尧善治”的命题适用于古而不适用于今的事例，类推而知。说“尧善治”，这是从今天情况出发，考察古代情况（“尧善治”是指善于治理古代）。假如从古代情况出发，考察今天情况，就不能说“尧善治”（“尧善治”不是指善于治理现代）。

“所然”是“所以然”的略语，即之所以然的原因。“所未然”即“所以不然”的略语变形，即之所以不然的原因。“是”：这个，指《经说》分析的“尧善治”命题，适用于古不适用于今的例子。尧：传说中远古帝王，部落联盟领袖，五帝之一，后世奉为圣贤之君，陶唐氏，名放勋，史称唐尧，传设官职，掌管时令，制定历法，咨询四岳，选舜为继承人，经三年考核，命舜摄政，尧死舜继位。《墨经》据历史传说，表达发展变化的历史观。肯定历史的延续性，继承性，又认为古今不同，社会异质，肯定历史进化，述作并举，创造革新，多多益善。

尧之义

“尧之义也，是声也于今，所义之实处于古”：尧德在古不在今。（1次）《经下》：“尧之义也，声于今而处于古，而异时，说在所义二。”《经说下》：“或以名示人，或以实示人。举友富商也，是以名示人也。指是鹤也，是以实示人也。尧之义也，是声也于今，所义之实处于古。”说“尧是仁义的”，这是今天所说的话，而这句话所指的实际，是处于古代，古代和现代是不同的时代，论证的理由在于"尧是仁义的"这个命题，涉及语言和实际两个方面。

了解事物有两种方法。一种是说出名词语句，让人了解。另一种是把实际事物，展示给别人，让人了解。说"我的朋友是富商"，这是说出名词语句，让人了解。指着眼前这个动物说："这是鹤。"这是把实际事物，展示给别人，让人了解。说："尧是仁义的"，这个语句是今天说的，而"尧是仁义的"这句话所指的实际，是处于古代。"声"：语言，言为心声。"所义二"："尧是仁义的"命题，有名与实（语言与实际）两方面。

以"尧是仁义的"和"尧是善于治理的"两个命题为典型，说明古今异时，实际各异，古仁义，不等于今仁义，古善治，不等于今善治，这种历史分析方法，有普遍的适用性，可以此类推。

《经下》："或过名也，说在实。"《经说下》："知是之非此也，又知是之不在此也。然而谓此南北，过而以已为然。始也谓此南方，故今也谓此南方。"名言判断会过时，原因在于实际变了，性质改变，空间改变，不能因过去曾经如此，就说现在还是如此，这种"刻舟求剑"式的主观经验论逻辑是错误的。

昔虑今虑

古今思虑有区别，与时俱进合道理。（1次）《大取》："昔者之虑也，非今日之虑也。"过去思虑不等于现在思虑。思维应与时俱进，随历史发展而变化，这是历史的进化观和历史主义的分析方法。

人非禽兽

人类本质在劳动，人与禽兽有差异。（1次）《非乐上》："今人固与禽兽麋鹿飞鸟贞虫异者也，今之禽兽麋鹿飞鸟贞虫，因其羽毛，以为衣裘，因其蹄爪，以为裤屦，因其水草，以为饮食。故唯使雄不耕稼树艺，雌亦不纺绩织纴，衣食之财，固已具矣。今人与此异者也，赖其力者生，不赖其力者不生。"劳动历史观，唯物史观的萌芽。

赖其力

"赖其力者生，不赖其力者不生"：人靠劳动才得生，不靠劳动不得生。（1次）《非乐上》："今人与此（指动物）异者也：赖其力者生，不赖其力者不生。"人类依赖自身力量劳动，才能生存。不依赖自身力量劳动，不能生存。劳动在从动物到人类转变中的作用。劳动历史观，唯物史观的萌芽。

人情

人性。（1 次）《辞过》：“人情也则曰男女，禽兽也则曰牡牝雄雌也。真天壤之情，虽有先王不能更也。”人情人性分男女，天壤之情真不虚。虽有先王不能更，不以意志为转移。客观规律古已知，如今天下受启迪。

述作

“古之善者则述之，今之善者则作之，欲善之益多”：古代好的就继承，今天好的就创作。继承创作成历史，多多益善不嫌多。（1 次）《耕柱》：“公孟子曰：‘君子不作，述而已。’子墨子曰：‘不然。人之其不君子者，古之善者不述，今也善者不作。其次不君子者，古之善者不述，已有善则作之，欲善之自己出也。今述而不作，是无所异于不好述而作者矣。吾以为古之善者则述之，今之善者则作之，欲善之益多也。’”

《非儒下》：“儒者曰：‘君子必古服古言然后仁。’应之曰：‘所谓古之言服者，皆尝新矣，而古人言之服之，则非君子也，然则必服非君子之服，言非君子之言，而后仁乎？’又曰：‘君子循而不作。’应之曰：‘古者羿作弓，杼作甲，奚仲作车，巧垂作舟，然则今之鲍函车匠，皆君子也。而羿、杼、奚仲、巧垂，皆小人邪？且其所循，人必或作之，然则其所循，皆小人道也？’”

《公孟》：“公孟子曰：‘君子必古言服，然后仁。’子墨子曰：‘昔者商王纣，卿士费仲，为天下之暴人，箕子、微子为天下之圣人，此同言而或仁、不仁也。周公旦为天下之圣人，关叔为天下之暴人，此同服或仁或不仁，然则不在古服与古言矣。’”以上“人民”到“述作”等 11 个词目，归入“历史观”类名。

经济学

社会经济的学说。墨家有价值规律思想萌芽，劳动生产观，节约观的合理思想。“经济学”类名，含“价”到“节葬”等 7 个词目。

价

价值，价格，价钱。等价交换。价值规律思想萌芽。（12 次）“价”原作“贾”（賈），通“价”，后作“價”，简化为“价”。《论语・子罕》“贾”朱熹《四书章句集注》：“贾音嫁。”《墨子》用“贾”12 次意义同“价”。今校为

"价"。《经下》:"买无贵,说在反其价。"《经说下》:"买。刀籴相为价。刀轻则籴不贵,刀重则籴不易。王刀无变,籴有变。岁变籴,则岁变刀。"

商品的价格没有绝对的贵贱,论证的理由在于,商品的价格可以由货币的币值来反观。货币与商品可以互相比价。当货币贬值时,商品表面价格上涨,而实际价值并未上涨。当货币升值时,商品表面价格下跌,而实际价值并未下跌。如果国家规定的货币币值没有变化,商品价格也会因供求关系和人们的购买欲望而有变化。每年商品价格有变化,则每年也会影响到货币币值的变化。

《经下》:"价宜则售,说在尽。"《经说下》:"价。尽也者,尽去其所以不售也。其所以不售去,则售。价也宜不宜在欲不欲。"商品价格适宜,则交易会成功,论证的理由在于,买方不想购物的欲望是否全部都被排除。说"全部",是指全部排除买方所以不想购物的欲望。买方所以不想购物的欲望全都排除,交易则会成功。所以这里说的商品价格适宜不适宜,就在于买方想不想购物。

《经上》:"同异交得。"《经说上》:"贾(价)宜,贵贱也。"同一性和差异性是互相渗透的,可以同时把握,如买卖双方商议的适宜价格,对卖方来说是够贵的,他才肯卖,对买方说是够贱的,他才肯买,这是贵贱集于同一价格之身。

《经说下》:"爵、亲、行、贾(价)四者孰贵?"爵位、亲缘、德行、价格,哪一样更贵?《贵义》:"商人之四方,市价倍蓰,虽有关梁之难,盗贼之危,必为之。"商人到四方去,买卖的价钱相差一倍或数倍,即使有通过关卡那种艰难,碰见盗贼那种危险,也一定去做买卖。

《号令》:"募民欲财物粟米以贸易凡器者,以平贾(价)予。"征募百姓财物和粟米,如百姓想交换各种器具,可按平价予以交换。"收粟米布帛钱金,出纳畜产,皆为平直其贾(价),与主人券书之,事已皆各以其贾(价)倍偿之。"征收粟米布帛,金钱牲畜,都公正估价,给主人开具征收证明,写清征收的数量和价值,战后,一律按原价值双倍偿付。说战时征调物资跟商品价值规律的关系。即使战时征调物资,不是无偿剥夺,而是按照商品价值规律，“以平价予”：平价交换。“事已皆各以其价倍偿”：战后一律按原价值双倍偿付，是考虑战时征调，对防御战作出贡献，相当于商品价格升值。

生

“赖其力者生”：生产观的基础地位。人靠自身能力劳动求生。《非乐上》：“今人固与禽兽麋鹿，飞鸟贞虫异者也。今之禽兽麋鹿，飞鸟贞虫，因其羽毛以为衣裘，因其蹄爪以为裤屦，因其水草以为饮食，故唯使雄不耕稼树艺，雌亦不纺绩织纫，衣食之财固已具矣。今人与此异者也，赖其力者生，不赖其力者不生。”

人跟动物的根本区别在于，人要吃饭穿衣，必须靠劳动。衣裘、裤屦和饮食是物质生活资料。耕稼树艺，纺绩织纫是生产劳动。“力”指用力从事物质生产。“力”是生命个体智力体力总和。人用力劳动求生，即物质生产。人只有“强力从事”，才能生存。人之所以为人，靠用力劳动，解决衣食住行求生。

“力”是抽象概念，《经上》定义：“力，形之所以奋也。”“形”是人身形体。《广雅•释诂》：“奋，动也。”奋力劳动，改变物质运动状态。人吃饱饭鼓起劲，振作劳动搬重物，由静止变为加速运动，就是“力”。

《经说上》：“重之谓。下举重，奋也。”从下往上举重，克服重力阻抗，是奋力劳动。物重是地心对物体引力。人体克服重力（地心对物体引力）举重，形体动作是劳动。形体之所以能动的原因是“力”。

劳动人民用自身的力量，从事物质生产，改造自然，创造生存条件，这种实践就是劳动。墨子肯定人生的本质是劳动，是对人类劳动本质的自觉认识。人文精神，人类文化精神的物质前提和第一要素，是生产劳动。动物仅仅利用外部自然界，单纯地以自己的存在来使自然界改变；而人则通过他所作出的改变来使自然界为自己的目的服务，来支配自然界。这便是人同其他动物的最后的本质的区别，而造成这一区别的是劳动。

节

节约。（32次）《辞过》：“其用财节。”“节于身。”“蓄私不可不节。”“凡此五者，圣人之所俭节也，小人之所淫佚也。俭节则昌，淫佚则亡，此五者不可不节。”“夫妇节而天地和，风雨节而五谷孰，衣服节而肌肤和。”《七患》：“用不可不节。”《尚贤中》：“居处无节。”

《兼爱中》：“楚灵王好士细腰，故灵王之臣，皆以一饭为节。”《非攻下》：“饥饱之不节，百姓之道疾病而死者，不可胜数。”《节葬下》：“然则葬埋之有节矣，故衣食者，人之生利也，然且犹尚有节；葬埋者，人之死利也，夫何独无节于此乎！”“当若节丧之为政。”《鲁问》：“楚之兵节，越之兵不节。”

俭节

“俭节则昌，淫逸则亡”：提倡节俭能昌盛，奢侈放纵会衰亡。（1次）《辞过》：“凡此五者，圣人之所俭节也，小人之所淫逸也，俭节则昌，淫逸则亡，此五者不可不节，夫妇节而天地和，风雨节而五谷熟，衣服节而肌肤和。”

衣食住行和男女（夫妇）五个方面欲望的满足，圣人提倡节俭，小人奢侈放纵，提倡节俭能昌盛，奢侈放纵会衰亡，这五方面不能没有节制，夫妇生活节制，阴阳调和，风雨节制，五谷丰收，衣服节制，身体舒适。“五者”：衣食住行和男女（夫妇）五方面。“俭节”：节俭。节：节制，节约。俭：俭省，约束。“淫逸”，奢侈放纵。淫：过分，纵欲。“逸”，放纵，逸乐。“圣人”：道德水平高尚的人。“小人”：道德品质水平低下的人。

墨子把节俭美德，归之于圣人的主张。把淫逸丑行，归之于小人的作为。昌盛和衰亡，是节俭和淫逸的结局。该命题有重要的理论和应用价值。墨子“俭节则昌，淫逸则亡”的命题，是从无数盛衰兴亡的事实中总结出来的历史规律，对国家民族，群体个人，都有极其重要的警戒启示作用。

从哲学理论说，“俭节则昌，淫逸则亡”的名言，贯彻辩证法适度的观点。度是质和量的关节点。适度，即适中，合适，适宜，有分寸。“俭节则昌，淫逸则亡”命题，出于《辞过》。“辞过”：排除和反对过分。“辞”：推辞，不要。“过”：过分，过失，过错，错误，特指衣食住行和男女（夫妇）五方面的过分，过失。

“辞过”：篇名。（1次）清毕沅《辞过》题解说：“过，谓宫室衣服饮食舟车蓄私五者之过也。”孙诒让说，《辞过》和《七患》

"二篇所论，皆《节用》之余义"。又说："此篇与《节用》篇文意略同。""辞过"意思，是避免和排除"宫室、衣服、饮食、舟车、蓄私"（衣食住行男女）五方面"过分"的错误。"过"：过分，超过合理的界限，违反辩证法适度合度的原则。"辞"：排除，避免。"辞过"：避免和排除过分的错误。

《辞过》篇旨，是倡导夏禹的勤俭节约之道，发扬中华民族的传统美德，要求约束统治者官员的过分享乐，奢侈糜烂。篇末指出：圣人注意节俭，小人淫逸放荡。节俭能昌盛，淫逸必灭亡。夫妻节制阴阳顺，风雨节制五谷丰，穿衣调节身体适。从穿衣说，适度消费的特征是，身体舒适，肌肤暖和，不为好看，不需炫耀。

勤俭节约，符合天理人情，体现传统美德。衣食住行，适度消费，注意分寸，不要过分，这是辩证法合"度"的观念。墨子批判的矛头，直指"当今之主"，对百姓横征暴敛，"暴夺民衣食之财"，导致"国贫民难治"，体现墨学的强烈批判性和浓厚人民性。

明李贽《墨子批选》评论《辞过》："此正生财之要，节用爱人之大道。简而易操，约而易成者，恨未有以告之。"认为勤俭节约，是生财爱人的重要原则，简约明白，易于操作，易见成效，亟待宣扬，促成社会共识，落实到行动。李贽评论《辞过》："此与禹俭奚殊？"墨子的思想，跟夏禹的勤俭节约，没有区别。

《尚书•大禹谟》载，虞舜赞扬大禹治水"克勤于邦，克俭于家"，被传为千古佳话。"克勤克俭"，缩略成语，尽人皆知。勤俭治国，勤俭持家，是中华民族的传统美德。清儒曹耀湘《墨子笺》评论《辞过》篇专讲节用的道理，有关衣食住行和男女五个重要节目，批评矛头，指向国君的奢侈浪费，要求士大夫有家的人，谨慎遵守。

墨子教人勤俭。自己勤劳，不侵占别人利益，还能济人之所急，帮助别人。自己俭省，不损害别人，还能合理使用自然资源。这是传承夏禹的风范，是修养自身，治理人民，与自然和谐相处的根本道理。前贤评论，颇中肯綮，富有启迪。

墨子"俭节则昌，淫逸则亡"的教诲，对当代社会发展，极具现实警戒意义。改进国计民生，推动社会发展，亟需弘扬墨子勤俭节约之道，提倡中华民族传统美德。

节俭，涉及的哲学理论，包括世界观，人生观，价值观，生态伦理，环境伦理，处世伦理，处人伦理等，都关系国家、民族和个人盛衰兴亡。先贤提倡节俭，体现天人合一，促进生态和谐，人与自然和谐相处，节约和保护自然资源，建设节约型社会，推动社会可持续发展。建设节约型社会是一个复杂的系统工程，要倡导跟节约型社会相适应的伦理观，形成全社会的节俭风尚，养成节约型的生活方式，推进节约型社会建设。

《荀子·富国》说："墨术诚行，则天下尚俭。"李商隐《咏史》诗："历览前贤国与家，成由勤俭破由奢。"墨子"俭节则昌，淫逸则亡"的命题，在当前仍具有特别重要的启发借鉴作用，应引起充分重视。

节用

节约用项。墨子十大论题之一。（3 次）《鲁问》："国家贫，则语之节用节葬。"《节用中》："古者圣王制为节用之法曰，凡天下群百工，轮车鞼匏，陶冶梓匠，使各从事其所能，曰凡足以奉给民用则止，诸加费不加于民利者，圣王弗为。"《公孟》："爱人节用，合焉为知矣。"篇名。（3 次）

"节用"是墨子重要论题，墨子经济思想重要侧面。提倡勤俭节约，反对奢侈浪费。墨子重视物质生产，关注消费，把"节用"看作跟物质生产同等重要，开源跟节流一体两面，密不可分。"节用"即适度消费。墨家担心生产不足，消费过度。要求生产跟消费比例适当。适度消费，以人的实际需要为限，超出限度是奢侈。墨子讲"节用"，希望满足百姓基本的生活需要，而王公贵族的奢侈浪费，加剧了劳动者的饥寒困苦。

《节用上》："今天下为政者，其所以寡人之道多，其使民劳，其籍敛厚，民财不足，冻饿死者不可胜数也。"《辞过》阐发"节"概念："风雨节而五谷孰，衣服节而肌肤和。""节"即"适度"，是自然社会协调发展的普遍原则。在不增加生产的前提下，节用使社会财富倍增。奢侈浪费，使财富减半。

《节用上》："圣人为政一国，一国可倍也。大之为政天下，天下可倍也。其倍之，非外取地也，因其国家去其无用之费，足以倍之。圣王为政，其发令兴事，使民用财也，无不加用而为者。是故用财不费，民德不劳，其兴利多矣！”

墨子认为，穿衣服“适身体，和肌肤而足矣”。饮食“足以增气充虚，强体适腹而已矣”。造房“高足以辟润湿，边足以圉风寒，上足以待雪霜雨露，宫墙之高足以别男女之礼。谨此则止”。造舟车只要“完固轻利，任重致远”，通四方之利，就可以。这是对适度和过度消费经验教训的总结。衣食住行等消费，足够供给民用，就适可而止。徒增各种费用，违反人民利益，圣王不做。这种以民用、民利为标准的消费经济观，贯穿以民为本的人文精神。

墨子对禽滑厘打比方说，假设遭遇荒年，给你一颗随侯之珠，一钟（六石四斗）粟，得珠者不得粟，得粟者不得珠，你选择哪一种？禽滑厘说，吾取粟耳，可以救穷！墨子于是总结说，食必常饱，然后求美。衣必常暖，然后求丽。居必常安，然后求乐。为可长，行可久，先质而后文，此圣人之务。人民吃饱，才会进一步讲究美食。身上穿暖，才会进一步讲究华丽衣衫。居住安定，才会进一步讲究居住的逸乐。这样，才能长治久安。首先应该满足人民衣食住行的基本生活需要，然后才能谈到文饰美化，华丽逸乐。

《荀子·富国》：“墨术诚行，则天下尚俭。”司马迁《史记·孟子荀卿列传》说，墨翟“善守御，为节用”。《太史公自序》引其父司马谈《论六家要旨》说，墨者“强本节用，不可废也”，即发展农业生产，厉行节约，不能偏废。评价：“强本节用，则人给家足之道也，此墨子之所长，虽百家弗能废也。”

刘向《说苑·反质》载，墨子赞扬夏禹的节用，卑小宫室，损薄饮食，土阶三等，衣裳细布。对比批判殷纣王的侈靡无道说，纣为鹿台糟丘，酒池肉林，宫墙文画，雕琢刻镂，锦绣被堂，金玉珍玮，妇女优倡，钟鼓管弦，流漫不禁，而天下愈竭，故卒身死国亡，为天下戮。

唐杨倞《荀子·修身》注：“（墨翟）其术多务俭啬”。宋欧阳修：“墨家之言贵俭，此其所行也。”“然其强本节用之说，亦有足取者。”肯定墨子“强本节用”学说的价值。明宋濂《诸子辩》：“墨者，强本节用之术也。予尝爱其圣王作为宫室，便于住，非以为观乐也之言。予尝爱其圣人为衣服，适身体，和肌肤，非荣耳目，而观愚民也之言。又尝爱饮食增气充虚，强体适腹之言。”

清曹耀湘《墨子笺》：“强本以勤，节用则俭，此乃墨氏之大旨。知墨子所谓节用，于有用者节之，于无用者去之。”了解墨子节用的意思，可以类推到全部社会生活。李贽《墨子批选》：“勤俭致富，不敢安命，今观勤俭之家自见。”

李贽用自己的生活体验，证明墨子“勤俭致富，不敢安命”见解正确。墨子节用观，是中华民族勤俭节约传统美德的体现，是中国优秀传统文化的宝贵财富，至今仍有积极现实意义。奢侈浪费，是现实生活一大尖锐话题。墨子倡导节用观，可引为借鉴。

节葬

节约丧葬。墨子十大论题之一。（3次）《鲁问》：“国家贫，则语之节用节葬。”《节用中》：“古者圣王制为节葬之法曰：‘衣三领，足以朽肉，棺三寸，足以朽骸，堀穴深不通于泉，流不发泄则止，死者既葬，生者毋久丧用哀。’”篇名。（3次）

“节葬”是墨子重要论题，是节用学说的引申，折射其政治、经济和文化观。表现墨子强烈的社会批判意识。墨子批判当时王公大人办丧事，棺椁必重，葬埋必厚，衣衾必多，文绣必繁，丘陇必巨，即棺材一定要多层，葬埋一定要深，随葬衣服一定要多，棺材纹饰一定要讲究，坟堆一定要高大。诸侯死，耗尽府库之财，将金玉珠玑缀满死者全身，用丝絮组带装束，将车马入墓随葬。帐幕、钟鼎和鼓、几席、壶鉴、戈矛刀剑、鸟羽牛尾、象牙兽皮一起埋葬，送葬就像大搬家。用厚葬久丧求富，就像禁耕求获。用厚葬久丧求众，就像负剑求寿，荒谬悖理。

墨子批判的厚葬久丧恶习，从商周到清代，一直未断。在墨子活动的战国初期，今湖北随州一带，有个小国曾国。1978年5月发现曾国君主曾侯乙（前475～前433）墓，出土青铜乐器、礼器、兵器、金器、玉器、车马器、漆木竹器15000多件。出土编钟一套65件，重2500余公斤。墨子说，诸侯死者，虚府库，金玉珠玑比乎身。曾侯乙墓是一典型。该墓编钟铭文宴宾之宫，显示主人生时宫殿奢华，有辉煌宴乐厅供游乐。编钟架由铜人身体支撑，折射出统治者的奢华生活，是以劳动者的牺牲为代价。

墨子说，天子杀殉，众者数百，寡者数十。将军大夫杀殉，众者数十，寡者数人。这为曾侯乙墓的发掘证实。该墓有殉葬棺21具，是13到25岁女性遗骨，反映统治者的奢华享乐，以劳动者的人权丧失为代价。该墓女性殉葬棺，与狗棺并放，表明女奴的人权，可被主人任意剥夺，地位如狗一般。墨子学说的形成，跟墨子批判儒家厚葬说有必然联系。

《淮南子·要略》说，墨子最初学习儒家学说，接受孔子思想，觉得儒家礼节繁琐不简易，厚葬逝者，浪费财产，让人民贫困，长久服丧，伤害身体，妨害做事，所以背叛周代厚葬的习俗，改用夏代节丧的风尚。

清儒曹耀湘《墨子笺·节葬下》注说，《节葬》批评厚葬久丧，是墨子的救时之论。明李贽《墨子批选》说，墨子明言节葬，非薄其亲而弃之沟壑，以与狐狸食也。儒者好入人罪，自孟子已是如此。批评孟子对墨子无限上纲的攻击，说墨子“无父”，“是禽兽”，是出于误解和偏见。

中国历史上统治者厚葬的习俗，延续几千年。有多少民脂民膏，劳动者用血汗生命换来的财富，被埋藏地下腐坏。墨子站在广大劳动者的立场，尖锐批判统治者厚葬风俗的危害。墨子的节葬观，符合现代丧仪节俭的社会习俗，有超时代的现实意义。以上“价”到“节葬”等7个词目，归入“经济学”类名。

政治学

社会政治的学说。“政治学”类名，含“治身治政”到“和”等30个词目。

治身治政

治政先治身，以身作则政必行。（1次）《公孟》：“政者，口言之，身必行之。今子口言之，而身不行，是子之身乱也。子不能治子之身，恶能治国政？”“政”即政治，是墨子十分关心的话题。（206次）。《尚贤上》：“刑政之治。”“听狱治政，是以国家治而刑法正。”《尚贤中》：“贪于政者，不能分人以事。”《兼爱中》：“上弗以为政。”《非攻上》：“入人园圃，窃其桃李，众闻则非之，上为政者得则罚之。”

《非攻中》：“国家发政。”《节

用上》："圣人为政一国，一国可倍也；大之为政天下，天下可倍也。"《节葬下》："以厚葬久丧者为政，国家必贫，人民必寡，刑政必乱。""政令"：政治法令。《尚贤中》："政令不断则民不畏也。""政长"：行政长官。《尚同上》："天下之所以乱者，生于无政长。"《尚同中》："上者天鬼有厚乎其为政长也，下者万民有便利乎其为政长也。"

人民之利

"下原察百姓耳目之实，观其中国家百姓人民之利"。墨子提出三表法（立言三标准）说，向下考察百姓耳目感官的经验之实，把言论运用于国家刑政，观察其是否符合人民利益，把满足人民利益需要的程度，作为检验言论真理性的评价标准。把"百姓人民"利益，作为衡量言论是非真理性的标准，是重视人民的价值观。

《非命上》："言必立仪。言而毋仪，譬犹运钧之上，而立朝夕者也，是非利害之辩，不可得而明知也，故言必有三表。何谓三表？子墨子言曰：有本之者，有原之者，有用之者。于何本之？上本之于古者圣王之事。于何原之？下原察百姓耳目之实。于何用之？废以为刑政，观其中国家百姓人民之利。此所谓言有三表也。"

《鲁问》："故所为功，利于人谓之巧，不利于人谓之拙。"科学技术、发明创造的功效价值，看其是否对人民有利。《经上》："功，利民也。"实践功效的价值标准，看其给人民带来的利益，把人民利益价值观，用定义方式理论化。有劳动人民本位的思想萌芽，把劳动者看作国家服务的对象、方向和目的。

《尚贤》载墨子说，"为贤之道"是"有力者疾以助人，有财者勉以分人，有道者劝以教人"，"民无饥而不得食，寒而不得衣，劳而不得息，乱而不得治"，人民得以"安生"。《辞过》、《非乐》载，墨子谴责统治者"厚作敛于百姓，暴夺民衣食之财"，导致"民有三患：饥者不得食，寒者不得衣，劳者不得息"。《非儒下》："贫且乱政之本。"《辞过》："民富国治。"人民贫富，是决定国家治乱的根本原因。

《非乐上》载墨子说人类与禽兽区别的本质特征，是生产劳动："赖其力者生，不赖其力者不生。"用力生产劳动才能生存，不用力生产劳动不能生存。主张任人唯贤、后天习得的智者标准，反对任人唯亲、先天决定的宗法制标准，把人民看作治理国家、选贤举能的人才来源。

墨子十大论题，第一是“尚贤”。贤人标准是“厚乎德行，辩乎言谈，博乎道术”：品德高尚，能说会道，学识渊博。贤人标准，都是“可学而能”：通过学习能达到。主张打破旧有用人标准，“不党父兄，不偏富贵，不嬖颜色，贤者举”，“不辩贫富、贵贱、远迩、亲疏，贤者举”，“农与工肆之人，有能则举”，“民无终贱，有能则举”。“远鄙郊外之臣，门庭庶子，国中之众，四鄙之萌人闻之，皆竞为义。”“虽在农与工肆之人，莫不竞劝而尚德。”

从农工商下层人民中成长的“智慧者”，是“可学而能者”。“王公大人骨肉之亲、无故富贵、面目美好者”，仰仗先天因素，不是依靠“可学而能”的智慧，执掌政权，贻害无穷。墨子质问：“今王公大人骨肉之亲、无故富贵、面目美好者，焉故必智哉？若不智，使其治国家，则其国家之乱，可得而知也。”“夫无故富贵、面目佼好则使之，岂必智且有慧哉？若使之治国家，则此使不智慧者治国家也。国家之乱，既可得而知已。”王公大人骨肉之亲一类人，凭借什么一定有智慧呢？如果让这些“不智慧者”治国家，就像“喑者而使为行人，聋者而使为乐师”，哑巴当外交官，聋子当乐队指挥，国家势必混乱。

《尚书·五子之歌》：“民惟邦本，本固邦宁。”“民惟邦本”和“以人为本”义同，是夏禹训诫词。本是根本、基础、根据。效法夏禹，以“民惟邦本”、“以人为本”思想为依据。墨家的群众智慧观、人力能动观和人民价值观，肯定人类智慧能力的积极能动和评价作用，是人本论、能动论和实践论，跟现代科学发展观、历史观一脉相通。

察万民

“发而为政乎国，察万民而观之”：言论运用到国家政治中，观察是否符合广大人民群众的利益。《非命下》：“凡出言谈，则必可而不先立仪而言。若不先立仪而言，譬之犹运钧之上而立朝夕焉也。我以为虽有朝夕之辩，必将终未可得而从定也。是故言有三法。何谓三法？曰：有考之者，有原之者，有用之者。恶乎考之？考先圣大王之事。恶乎原之？察众之耳目之请？恶乎用之？发而为政乎国，察万民而观之。此谓三法也。”

上变政

“上变政而民易教，安危治乱在上之发政”：上级改变政治，人民改变教养，安危治乱的原因在上级施政。《非命中》：“昔者桀之所乱汤治之，纣之所乱武王治之。此世不渝而民不改，上变政而民易教，其在汤武则治，其在桀纣则乱，安危治乱，在上之发政也，则岂可谓有命哉！”

《非命下》：“昔桀之所乱汤治之，纣之所乱武王治之。当此之时，世不渝而民不易，上变政而民改俗。存乎桀纣而天下乱，存乎汤武而天下治。天下之治也，汤武之力也；天下之乱也，桀纣之罪也。若以此观之，夫安危治乱存乎上之为政也，则夫岂可谓有命哉！”

贫穷乱政

“贫且乱政之本”：贫穷是导致国家政治混乱的根本原因。《非儒下》：“强执有命以说议曰，寿夭贫富，安危治乱，固有天命，不可损益，穷达赏罚，幸否有极，人之知力，不能为焉，群吏信之，则怠于分职，庶人信之，则怠于从事，吏不治则乱，农事缓则贫，贫且乱政之本，而儒者以为道教，是贼天下之人者也！”

儒者顽固坚持有命以辩说道，寿夭贫富，安危治乱，本来就有天命，不能减少增加。穷达赏罚，幸运倒霉，都有定数，人的知识力量，无所作为，官吏相信，懈怠职分，普通人相信，懈怠劳作，官吏不治理，就要混乱，农事耽误，贫困是混乱政治的根本，儒家当作道理教人，是残害天下人！“立命缓贫而高浩居。”儒者建立有命论，安于贫困，居高傲世，贫穷是乱政之本。

用义为政

为政治国用德义。(1 次)《耕柱》：“今用义为政于国家，人民必众，刑政必治，社稷必安。”

有义则治

“义者善政，有义则治”：有德义就能治理。(3 次)《天志中》：“义者善政也。何以知义之为善政也？曰：天下有义则治，无义则乱，是以知义之为善政也。”

义人在上

义人在上天下治。(2 次)《非命上》：“义人在上，天下必治。”

得下情

得下之情则治理。(6 次)《尚

同下》："上之为政，得下之情则治，不得下之情则乱。"

治乱之纪

治乱纲纪须辩清。（1 次）《小取》："夫辩者，将以明是非之分，审治乱之纪。"辩学功效，在于分清是非，审察治乱的纲纪。

人有向背

"吾事治矣，人有向背"：从事治理，注意人心向背。《经上》："治，求得也。"《经说上》："治。吾事治矣，人有向背。"政治治理，是用行动求得。从事治理，应注意人心向背。执政为民，权为民用思想的先声。

法度

有法所度，有法可依，依法办事。百工从事皆有法，治国岂能无法度。（1 次）《法仪》："天下从事者，不可以无法仪，无法仪而其事能成者，无有也，虽至士之为将相者皆有法，虽至百工从事者亦皆有法，百工为方以矩，为圆以规，直以绳，正以县，平以水，无巧工不巧工，皆以此五者为法，巧者能中之，不巧者虽不能中，放依以从事，犹逾已，故百工从事，皆有法所度，今大者治天下，其次治大国，而无法所度，此不若百工辩（明辨事理，聪明）也。"

劳于论人

"劳于论人，逸于治官"：费心选人，轻松管理。（1 次）《所染》："善为君者，劳于论人，而逸于治官。"善做国君，费心选人，轻松管理。

赏

"赏，上报下之功也"：奖赏是上级报答下级功劳。（131 次）《经上》："赏，上报下之功也。"下级有功上报赏，奖赏激励建功业。

劝

劝勉。（33 次）《兼爱下》："劝之以赏誉。"用赏誉劝勉。

赏明可信

"赏明可信，罚严足畏"：奖赏明确可信，惩罚严厉足畏。（1 次）《备城门》："赏明可信，而罚严足畏也。"

罚

"罚，上报下之罪也"：惩罚是上级处置下级罪过。（116 次）《经上》："罚，上报下之罪也。"《兼爱下》："威之以刑罚。"用刑罚威慑。

罪

罪过，犯罪。有罪是违犯国家法律禁令。行为不在国家法律禁令之列，虽有社会危害性，不算犯罪。（82 次）《经上》："罪，犯禁也。"《经说上》:"罪。不在禁，虽害无罪。"区分"罪"和"害"两个不同概念。"罪"和"害"是种属关系，"罪"是种概念，"害"是属概念。有罪必有害，有害不必有罪。

《经上》:"罚，上报下之罪也。"《经说上》:"欲饮其鸩，智不知其害，是智之罪也。"《经说下》:"使人夺人衣，罪或轻或重。"《非攻下》:"罪死无赦！"《号令》:"当举不举，吏有罪。""若非伍而先知他伍之罪，皆倍其构赏。"

《号令》:"行者断，必系问行故，乃行其罪。""凡有司不使士卒、吏民闻誓令，代之服罪。"《号令》:"有司见有罪而不诛，同罚。""诸有罪过可无断者，令杼厕罚之。"《号令》:"诸吏卒民有谋杀伤其将长者，与谋反同罪。""左右知，不捕告，皆与同罪。""若能身捕罪人若告之吏。"《号令》:"若赎出亲戚所知罪人者。""其欲复以佐上者，其构赏爵禄，赎出罪人倍之。"

审赏行罚

审慎实行赏罚。(2次)《备梯》:"审赏行罚。"

罚严足畏

惩罚严厉，足以畏惧。(1次)《备城门》:"罚严足畏也。"

命必足畏

命令足够威严。(1次)《号令》:"命必足畏。"

为世除害

为世除害兴师罚。(1次)《非儒下》:"意暴残之国也，圣将为世除害，兴师诛罚。"

民约顺民

"臣民通约，君以若民":君主为臣民共同约定，君主归顺民意。(1次)《经上》:"君，臣民通约也。"《经说上》:"君，以若民者也。"君是臣民共同约定的结果。君应当以民意为归顺。民本论，人民本位论，人本主义，民本主义先驱，民主性精华。梁启超引《墨子》"选择天下贤良""立以为天子"、国君等语，释本条为"言国家之起源，由于人民相约置君"，"与西方近世民约说颇相类"。梁启超诠释，为社会改良寻求历史根据。

政之本

为政之本是尚贤。(9次)《尚贤上》:"尚贤者，政之本也。"《尚贤中》:"今王公大人之君人民，主社稷，治国家，欲修保而勿失，胡不察尚贤为政之本也？""今王公大人中实将欲治其国家，欲修保而勿失，胡不察尚贤为政之本也？且以尚贤为政之本者，亦岂独子墨子之言哉！此圣王之道。”“今大人欲王天下，正诸侯，将欲使意得乎天下，名成乎后世，故（胡）不察尚贤为政之本也？此圣人之厚行也。”《尚贤下》：“天下之王公大人皆欲其国家之富也，人民之众也，刑法之治也，然而不识以尚贤为政其国家百姓，王公大人本失尚贤为政之本也。”

尚贤

崇尚贤人。任人唯贤。墨子十论之一。提倡超越宗法血缘，等级贵贱，以后天学习所得才能，为唯一用人标准。（33次）《鲁问》：“国家昏乱，则语之尚贤尚同。”《尚贤上》：“古者圣王之为政，列德而尚贤。”《尚贤中》：“古者圣王甚尊尚贤。”

《尚贤下》：“此尚贤者也，与尧舜禹汤文武之道同矣。”“今天下之士君子，居处言语皆尚贤。”为政急务是“众贤”，搜求大量人才，管理各级政务。反对儒家“亲亲有杀（差等），尊贤有等”，主张“不党父兄，不偏富贵，不嬖颜色”，“有能则举之，无能则下”。反对以血缘为基础的宗法等级制，提倡“官无常贵，民无终贱”，“农与工肆之人，有能则举”。反映小生产者要求改变自身政治地位，参与国政的愿望。《尚贤上》说，“贤良之士”，“固国家之珍，而社稷之佐也”。

《亲士》：“归国宝，不若献贤而进士。”主张智者之国。认为智慧的人，用智慧方法治国，国家就治理得好。愚者为政则乱。主张任用“可学而能者”，即通过后天学习，获得才能和德行的人。《尚贤上》：“贤良之士：厚乎德行，辩乎言谈，博乎道术者。”贤人道德高尚，能说会道，知识广博。贤人有多方面才能，有善良德行，德才兼备。

《尚贤下》说：“为贤之道将奈何？曰：有力者疾以助人，有财者勉以分人，有道者劝以教人。若此，则饥者得食，寒者得衣，乱者得治。若饥则得食，寒则得衣，乱则得治，此安生生。”贤人为人民谋福利，让百姓温饱，社会安定。《耕柱》载，墨子把“谈辩”看作“为义”的手段，“上说诸侯，下说列士”，“遍从人而说”。

《尚贤中》：“可使治国者使治国，可使长官者使长官，可使治邑者使治邑。凡所使治国家官府邑里，此皆国之贤者也。”担任各级管理职务的贤人，必须有高尚道德修养，熟悉各种业务，懂得治理方法，各司其职，各胜其任。

“任人唯亲”是宗法制社会的普遍现象。提出打破宗法制“任人唯亲”的原则，不分血缘亲疏，等级贵贱，“任人唯贤”。“尚贤”即“任人唯贤”。“不党父兄，不偏富贵”，是否定血缘宗法制的用人原则，反对贵族垄断政治的特权。

孔子主张“亲亲有杀（等差），尊贤有等”，虽也说“举贤才”，但不像墨子“尚贤”有颠覆性，革命性，主张彻底同世卿世禄制的用人原则决裂。主张从“农与工肆之人”中选贤任能，为农工商人，争取参政权。主张让权力职位，有流动性和竞争性，给农工商人凭自身德能参与政治的平等机会。

《亲士》：“良弓难张，然可以及高入深。良马难乘，然可以任重致远。良才难令，然可以致君见尊。”《亲士》：“比干之殪，其抗也。孟贲之杀，其勇也。”“吴起之裂，其事也。故彼人者，寡不死其所长。故曰：太盛难守也。”贤人常因优长被毁，贤才应爱护。

篇名。（3 次）论述尚贤使能，强调崇尚贤人，使用能人。《尚贤下》“尚贤而使能”短语使用 3 次。提出最具激进革命性的人才学观点，有积极现实意义。

官无常贵

当官不永远高贵。（1 次）《尚贤上》：“官无常贵，而民无终贱。有能则举之，无能则下之。举公义，辟私怨，此若言之谓也。故古者尧举舜于服泽之阳，授之政，天下平。禹举益于阴方之中，授之政，九州成。汤举伊尹于庖厨之中，授之政，其谋得。文王举闳夭、泰颠于罝网之中，授之政，西土服，故当是时，虽在于厚禄尊位之臣，莫不敬惧而惕，虽在农与工肆之人，莫不竞劝而尚德。”“肆”：是手工业作坊，店铺。

“官无常贵，而民无终贱”命题，表达墨子民本意识，体现墨子“劳动者圣人”的社会属性，代表“农与工肆之人”即劳动者发声。习俗认为“官常贵，民终贱”，墨子反其道而行，喊出“官无常贵，民无终贱”的负命题，用两个否定词“无”，否定“官常贵，民终贱”的习俗。

墨子首次提出“官无常贵，而民无终贱”命题，提出“虽在农与工肆之人，有能则举”组织原则，包含合理性和真理性，是革命性的用人主张。超越阶级和等级的举贤论，对后世有重大影响。《荀子·成相篇》："请成相，道圣王，尧舜尚贤身辞让。许由、善卷重义轻利行显明。尧让贤，以为民，泛利兼爱德施均。"把墨子举贤论，改写为韵文流传。

明儒焦竑等《墨子品汇释评》评墨子举贤论说，尚贤则治，不尚贤则乱。此等议论，即吾儒不能易也。清儒曹耀湘《墨子笺》说，墨子生于春秋之末，诸侯大夫皆以世禄而执政。贤人在下位，贫贱而疏远者，没有发挥作用的机会。所以历述帝王举贤于侧，作为后世效法的榜样。

墨家学说，多与儒家不同。而尚贤，则是儒墨之所同。举贤尚贤，为儒墨思想的对立互渗，是儒墨两学派共同推动中国历史发展的积极因素。墨子"官无常贵，民无终贱"命题，是当今执政为民，人民参政方略的启发借鉴。

为政之本

"尚同为政之本，而治之要"：尚同是为政的根本，治理的要领。（7次）《尚同下》："尚同为政之本，而治之要也。"

尚同

崇尚统一。墨子十论之一。提倡国家统一，前提是各级官吏都实行仁义学说。把贤人政治推向全国，让贤人一同天下。（30次）《尚同上》："譬若丝缕之有纪，罔罟之有纲，所连收天下之百姓不尚同其上者也。"《鲁问》："尚同而无下比。""国家昏乱，则语之尚贤尚同。"篇名。（3次）

《尚同下》："千里之外有贤人焉，其乡里之人，皆未之均闻见也，圣王得而赏之。千里之内有暴人焉，其乡里之人，皆未之均闻见也，圣王得而罚之。故唯毋以圣王为聪耳明目与？岂能一视而通见千里之外哉？一听而通闻千里之外哉？圣王不往而视也，不就而听也。然而使天下之为寇乱盗贼者，周流天下无所重足者，何也？其以尚同为政善也。"

《尚同中》："夫唯能使人之耳目，助己视听。使人之吻，助己言谈。使人之心，助己思虑。使人之股肱，助己动作。助之视听者众，则其所闻见者远矣。助之言谈者众，则其德音之所抚循者博矣。助己之思虑者众，则其谋度速得矣。助之动作者众，则其举事速成矣。故古者圣人，之所以济事成功，垂名于后世者，无他故异物焉，曰：唯能以尚同为政者也。”

《尚同下》:“凡使民尚同者，爱民不疾，民无可使。曰：必疾爱而使之，致信而持之。”上同的前提，是贤人在上，爱民利民。要让下级服从上级，上级首先须爱护下级，了解下情，顺从民意。集中统一，以汇聚民意为基础。《尚同下》:“尚同一义为政”(以向上统一道义的原则治政）短语使用4次。“尚同为政善”(以尚同原则活政为善）短语使用1次。

墨子时代，周王朝徒具虚名，天下争于战国，四分五裂，解决中国实际上的统一问题，是时代要求，万民仰望，代表人民根本利益。墨子尚同论，为解决中国统一问题，推展雄图大略。墨子方案，立足和平一统，反对大国用武力兼并。以义统一中华方略，反映处在动荡中的农与工肆之人，小国弱国人民，希望和平一统心愿。尚同论对现今行政科学管理，有积极启发意义。

和

和谐，调和。(32次)《非攻下》:“一天下之和，总四海之内。”《辞过》:“阴阳之和。”《尚贤下》:“天下和。”《天志中》:“万民和。”《兼爱中》:“兄弟相爱则和调。”以上“治身治政”到“和”等30个词目，归入“政治学”类名。

伦理学

社会伦理的学说。“伦理学”类名，含“仁”到“修身”等26个词目。

仁

仁爱，仁义。(116次)《经上》定义：“仁，爱也。”《经说上》:“仁。爱民者非为用民也，不若爱马。”“仁”就是爱人。爱人民不是出于用人民的目的，不像爱马是出于用马的目的。“仁”是中国传统伦理道德基本规范，本义指人与人相互亲爱。只要有二人存在，就有仁爱亲善的感情。人有相互亲爱的感情。这是人道主义，人文主义思想，是人作为人的最基本道德品质，有普世价值。

《墨经》对“仁”字意义的解释，跟儒家传统一样。儒墨仁爱观的不同处，在于仁爱对象范围广狭大小的规定不同。儒家讲爱有差等，随血缘亲疏的远近，有厚薄不同，这种思想适应封建宗法等级制的要求。墨家主张爱无差等，反映手工业行会成员间平等互助的朴素愿望和崇高理想，不适合封建宗法等级制的要求，在现实社会无法实现，墨家认为符合道义，竭力宣传，力图实施。

古“人”“民”通，“爱民”就是“爱人”。爱民是目的，不是手段。墨家以夏禹为思想渊源和效法样本。《夏书·五子之歌》引夏禹训诫：“民惟邦本，本固邦宁。”人民人是国家的根本，只有人民这个根本安定，国家才能安宁。

《经下》：“仁义之为内外也，悖，说在牾颜。”《经说下》：“仁，爱也。义，利也。爱利，此也。所爱所利，彼也。爱利不相为内外，所爱利亦不相为外内。其谓：‘仁，内也。义，外也。’举爱与所利也，是狂举也，若‘左目出，右目入’。”

爱人

爱护人民。(47次)《小取》：“爱人，待周爱人而后为爱人。不爱人，不待周不爱人。失周爱：因为不爱人矣。”《兼爱中》：“爱人者，人必从而爱之。”《兼爱下》：“爱人而利人者，别与？兼与？即必曰兼也。”墨家兼爱基本观点，墨家政治伦理目标和理想。从墨子创始，到战国后期墨家后学，一直都在坚持和论证。强调对人相爱的整体性、普遍性、穷尽性、交互性和平等性。

墨家兼爱理想的内容和实质，相当于模态逻辑、道义逻辑的“必须肯定命题”：“所有人应该爱所有人。”“应该”是道义（道德、义务、理想、规范）概念。《说文》：“兼，持二禾。”墨家申述“兼爱”即尽爱、俱爱、周爱，不分民族、阶级、阶层、等级、亲疏、住地、人己、主仆等差别，包括过去、现在和未来的一切人。墨家的兼爱理想，贯穿普遍深刻的人文精神和人道主义。

墨家爱人兼爱思想有许多论证角度。兼爱的整体性。兼即整体，兼爱是遍爱人类整体。《经下》：“无穷不害兼，说在盈否。”《经说下》：“人若不盈无穷，则人有穷也，尽有穷无难。盈无穷，则无穷尽也，尽无穷无难。”

兼爱的周遍性。《小取》：“爱人，待周爱人而后为爱人。”《经上》：“尽，莫不然也。”不知人数不妨害兼爱。《经下》：“不知其数而知其尽也，说在问者。”《经说下》：“尽问人，则尽爱其所问。若不知其数，而知爱之尽之也，无难。”不知人处何方不妨害兼爱。《经下》：“不知其所处，不害爱之，说在丧子者。”

爱人包含爱己。《大取》："爱人不外己，己在所爱之中。己在所爱，爱加于己。伦列之：己，人也；爱己，爱人也。"人口密度不妨害兼爱。《大取》："爱众世与爱寡世相若，兼爱之又相若。"施爱于过去、现在和未来。《大取》："爱上世与爱后世，一若今之世人也。"爱人的一贯性。《大取》："昔者之爱人也，非今之爱人也。"

兼爱不容割裂。《大取》："兼爱相若，一爱相若，一爱相若，其类在死蛇。"爱人包含爱臧获奴隶。《小取》："获，人也；爱获，爱人也。臧，人也；爱臧，爱人也。此乃是而然者也。"墨家的兼爱理想有重大影响。

《孟子·告子下》："墨子兼爱，摩顶放踵利天下为之。"《庄子·天下》："墨子泛爱兼利。"《尸子·广泽篇》："墨子贵兼。"曹耀湘《墨子笺·兼爱下》："兼爱者，墨氏之学之宗旨也。"孙中山《三民主义》："古时最讲爱字的莫过于墨子。"梁启超《墨子学案》："墨学所标纲领，其实只从一个根本观念出来，就是兼爱。"

兼爱

普遍的爱。（11次）墨家伦理学的重要论题，墨家的道德理想，战国墨徒热忱向往，执着追求。古代人道主义的典范，有重要历史、现实和未来价值。墨子提倡"兼之为道"，"兼王之道"，主张"兼以易别"，用墨家"兼爱"（普遍地爱全人类整体），代替儒家"别爱"、"偏爱"（只爱一部分贵族）。

墨子十大论题之一。战国时期墨子和墨家的政治哲学观点，是墨家的政治道德理想和目标，意思是所有人都普遍平等地相爱互利。由墨子提出并论述，后期墨家坚持并进一步论证。墨子和墨家主张"兼爱"，意在强调爱人的整体性、普遍性、穷尽性、交互性和平等性。

墨家兼爱理想的内容和实质，相当于模态逻辑、道义逻辑的"必须肯定命题"："所有人应该爱所有人。""应该"是道义（道德、义务、理想、规范）概念。墨家申述"兼爱"即尽爱、俱爱、周爱，不分民族、阶级、阶层、等级、亲疏、住地、人己、主仆等差别，包括过去、现在和未来的一切人。

墨家的兼爱理想，贯穿普遍深刻的人文精神和人道主义。墨家多方论证。兼爱整体性。兼即整体，兼爱是遍爱人类整体。《经下》:“无穷不害兼。”兼爱的周遍性。《小取》:“爱人，待周爱人而后为爱人。”不知人数不妨害兼爱。《经下》:“不知其数而知其尽也，说在问者。”《经说下》:“尽问人，则尽爱其所问。若不知其数，而知爱之尽之也，无难。”

不知人处何方不妨害兼爱。《经下》:“不知其所处，不害爱之，说在丧子者。”爱人包含爱己。《大取》:“爱人不外己，己在所爱之中。己在所爱，爱加于己。伦列之：己，人也；爱己，爱人也。”人口密度不妨害兼爱。《大取》:“爱众世与爱寡世相若，兼爱之又相若。”

施爱于过去、现在和未来。《大取》:“爱上世与爱后世，一若今之世人也。”爱人一贯性。《大取》:“昔者之爱人也，非今之爱人也。”兼爱不容割裂。《大取》:“兼爱相若，一爱相若，一爱相若，其类在死蛇。”爱人包含爱臧获奴隶。《小取》:“获，人也；爱获，爱人也。臧，人也；爱臧，爱人也。此乃是而然者也。”

墨家兼爱理想有重大影响。《孟子·告子下》:“墨子兼爱，摩顶放踵利天下为之。”《庄子·天下》:“墨子泛爱兼利。”《尸子·广泽篇》:“墨子贵兼。”曹耀湘《墨子笺·兼爱下》:“兼爱者，墨氏之学之宗旨也。”兼爱：篇名。(3次)

兼爱是墨子人文学的纲领和精髓。兼爱，是全人类，不分血缘关系亲疏，身分等级贵贱，普遍平等地相爱互助。《孟子·滕文公上》解读墨子“兼爱”，意为“爱无差等”。墨子“兼爱”原则：“为别人就像为自己。”墨子引《诗·大雅·抑》说：“无言不售，无德不报。投我以桃，报之以李。”

“兼爱”是墨子仁义学说的主要内容。墨子后学发挥说：“仁，爱也。义，利也。”“仁”的实质是“爱”;“义”的实质是“利”。“仁爱”和“义利”紧密相连，可互相解释和定义。墨子的“兼相爱”和“交相利”密切结合。“爱人”就要“利人”。“兼爱”是墨子心目中“贤人”的高尚品德。做贤人的标准，即有力量就赶快帮助别人，有财富就尽量分给别人，有道理者就积极教诲别人。

墨子的兼爱思想，是手工业行会成员间互助互利原则的理想化，是农工商人朴素平等愿望的理论升华，传承中华民族的传统美德。兼爱是墨子希望实现的道德理想、要求和愿望。墨子认为，现实生活中存在“不相爱”弊端，祸篡怨恨都由不相爱产生：强必执弱，富必侮贫，贵必傲贱，诈必欺愚，造成社会混乱。

针对不合理的现实，主张治天下必知“乱之所自起”，找到社会混乱的原因，就像治病要知病因，才能治好。墨子把“兼爱”理想，看成治理社会混乱的药方，孜孜不倦地劝人兼爱，积极地运用教育游说手段，宣传兼爱，希望当权者王公大人士君子，接受和实现兼爱的理想。

墨子借天下士君子的口说：“您的兼爱学说，好是好，可是有什么用呢？”墨子说：“如果真的没用，那么连我也要反对。再说，世界上哪里有好的，却没有用的东西呢？”墨子像编剧本一样，假设有两个角色，一个叫兼士：赞成兼爱学说的知识分子。一个叫别士：反对兼爱学说的知识分子。

“别士”说：“我怎么能对待朋友，像对待我自己；对待朋友的父母，像对待自己的父母一样呢？”于是他看见朋友肚子饿不给饭吃，身上冷不给衣穿，生病不给治疗调养，死了不办理丧事。

“兼士”说：“我对待朋友，像对待自己。对待朋友的父母，像对待自己的父母。”看见朋友肚子饿就给饭吃，身上冷就给衣穿，生病就帮助治疗调养，死了就帮助办丧事。墨子又假定第三位角色，披着铠甲，戴着头盔，就要出发参加野战，还不知道未来的死活。

假定第四位角色，受命出使巴越齐楚，能否活着回来也不知道。这时要把父母妻子托付给朋友照管，是托付给兼士，还是托付给别士呢？无论是谁，尽管他不赞成兼爱学说，但一定会托付给兼士。这种人在言论上反对兼爱，行动上却选取兼爱，是言行不一。

听了墨子虚拟的这个故事，天下之士君子说：“这是选择士，国君也能够选择吗？”墨子接着又假定一位兼君和一位别君。别君说：“我怎么能对待老百姓，就像对待我自己？这太不合乎人情了。人的一生没有多少年，就像白驹过隙，倏忽而过，我应该把自己先照顾好。”于是置老百姓的饥寒病死于不顾。

兼君说：“我先考虑老百姓，后考虑我自己。”于是处处先替老百姓着想。再假定遇到灾年，有一批在死亡线上挣扎的老百姓，即使他们不赞成兼爱学说，也一定会选择兼君。这也是言行不一的表现。墨子借天下士君子的口说："兼爱算是够仁义了，可是办得到吗？要实现兼爱，就像挈泰山以超江河，是办不到的。"

墨子说："这个譬喻不恰当。挈泰山以超江河，自古到今没有人能办到，可是从古籍上看，古代圣王禹汤文武亲自实行了兼相爱、交相利。"墨子借天下士君子的口说："即使办得到，恐怕也是很难的。"

墨子说："上行下效。只要国君实行，下级就会照办。晋文公喜欢下级穿粗布衣服，于是下级竞相实行。楚灵王喜欢下级腰细，身材苗条，于是下级都拼命节食，屏住气息把腰带束紧，柱着拐棍，才能站起来，扶着墙头，才能走路。越王勾践喜欢战士勇敢，教练了三年还不放心，于是故意焚烧宫船，诈称：越国的宝贝都在这里！越王亲自擂鼓叫战士救火。战士听到鼓声，争先跳水救火死者不可胜数。

穿粗衣节食，舍命救火，都是够难的，但只要国君喜欢，不用几十年老百姓都会跟着干。兼相爱，交相利是好事，并且比这些更容易办到。兼爱之所以难以实行，是由于国君不喜欢的缘故。如果国君喜欢，劝之以赏誉，威之以刑罚，那么人们实行兼相爱，交相利，就会像火焰向上，水流向下一样不可阻挡。"

墨子把实行社会改良方案的希望，寄托于当权的国君和卿大夫士阶层的支持。所以他花很大力量去说服他们采纳自己的学说。但由于墨子的想法和当权者距离太远，他的努力不可能取得预期的效果。

墨者的"兼爱"思想，在当时是不能实现的空想。墨者认为，在现实社会，有很多不能，也不应该爱的人，如"强盗"和"攻国者"。在社会现实面前，墨家不得不在事实上承认兼爱学说行不通。他们承认对有的人，如"强盗"和"攻国者"，应该恨，而不应该爱。

墨家的兼爱平等观，是墨家的理想和奋斗目标，并不是说当时已经做到了。墨家知道，理想不等于现实。现实有强盗，有强大国家攻伐、掠夺弱小国家，那些掠夺者和强盗是不能爱的。墨家的理想是兼相爱，交相利。现实事实和理想不矛盾，是两回事，是两个领域的问题。兼爱是道义的最高理想，恨“强盗”和“攻国者”，是目前的现实事实，这是两个不同的问题，分属两个不同的道义范围。

墨家的兼爱平等观，强调爱的整体性、普遍性、交互性和平等性，是墨家的理想与奋斗目标。墨家的兼爱平等观，是道义逻辑，道德伦理逻辑。其中的高级模态词“必须”、“应该”，是道德、义务和理想。

墨子的兼爱思想，相当于用模态词“必须”构造的“必须肯定命题”：“所有人应该爱所有人。”意即必须这样做，才合乎道德、义务和理想。“必须”、“应该”是道义（道德、义务、理想、规范）的概念。“所有人应该爱所有人。”即在“所有人爱所有人”中关系词“爱”的前面，再加上一个模态词“应该”，与模态词“必须”等值。模态词“应该”、“必须”，表达道义逻辑中的道德、义务和理想等规范。

“所有人应该爱所有人”的命题，不是事实、真值命题，是模态、道义命题，是墨家的道德、义务和理想，墨家的奋斗目标。“兼爱”，即尽爱、俱爱、周爱，不分民族、阶级、阶层、等级、亲疏、住地、人己、主仆等差别，包括过去、现在和未来的一切人，是最为普遍深刻的人文精神与人道主义。

儒家强调爱的差等性。《非儒》批判儒家“亲亲有杀，尊贤有等，亲疏尊卑之异”，批判儒家强调爱有血缘亲疏、宗法等级的差异。《荀子·天论》：“墨子有见于齐，无见于奇。”齐指平等，奇指不平等。说墨子只看到平等的一面，没有看到不平等的一面。儒家坚持不平等的一面，是儒家的立场。墨家强调平等的一面，是墨家的立场。儒家讲爱的差等观，是封建宗法等级制度的上层建筑，意识形态，是中国封建社会延续两千年的指导思想。兼爱平等观，是墨家的理想和奋斗目标。

孙中山《三民主义》说：“古时最讲爱字的莫过于墨子。”梁启超《墨子学案》：“墨学所标纲领，其实只从一个根本观念出来，就是兼爱。”墨子的兼爱学说，包含对现代和未来极其有用的人文精神与人道主义思想，亟需批判地继承弘扬，把先贤的美好理想，化为当前的生动现实。

孙中原撰《中国大百科全书·

哲学》第二版条目释文（中国大百科全书出版社 2009 年版）：战国时期墨家政治哲学观点，墨家道德理想和目标，指所有人普遍、平等地相爱互利。由墨子提出并论述，后期墨家坚持并进一步论证。墨子的论述见《墨子·兼爱》上中下。

墨子主张“兼以易别”，即用不分血缘亲疏、等级贵贱以及人我、彼此的无差等之爱，取代儒家亲亲有别的差等之爱。提倡“为彼犹为己”，“爱人若爱其身”，“爱人者人必从而爱之，利人者人必从而利之”。认为“凡天下祸祸篡怨恨，其所以起者，以不相爱生也”，“故天下兼相爱则治，交相恶则乱”。

后期墨家进一步论证见《墨经》。又称尽爱、周爱。主张把爱推广到人外延的全部。《经下》、《经说下》论证宇宙和人的无穷、不知道人口的数量和不知道人的处所等因素，都不妨害兼爱的实现。《大取》论证爱众世和寡世的人相等，爱上世、今世和后世的人相等，兼爱不可分割，爱人包括爱自己等论点。《小取》论证爱人须周遍、爱臧获奴隶也是爱人等论点。墨家提出并坚持兼爱的理想和目标，在当时是无法实现的，但它具有批判传统宗法制度和思想的进步意义，对后世有重要影响。

孙中原《天下兼相爱则治，交相恶则乱》（《光明日报》2016 年 1 月 20 日第 6 版“评论”，中国新闻奖名专栏“光明论坛·温故”）：

近日国家主席习近平在第二届世界互联网大会开幕式发表主旨演讲，在谈到推进全球互联网治理体系变革时说：“‘天下兼相爱则治，交相恶则乱。’完善全球互联网治理体系，维护网络空间秩序，必须坚持同舟共济、互信互利的理念，摈弃零和博弈、赢者通吃的旧理念。”习主席针对现实问题，引用墨子古语，温故知新，饶有新义。

“天下兼相爱则治，交相恶则乱”出自《墨子·兼爱上》，意思是说天下人相互亲爱，天下就会治理好；天下人都相互憎恶，天下就会混乱。墨子从“兼相爱”中提炼出“兼爱”和“兼”的范畴，用以表达自己的政治理想，具有重要的理论意蕴、历史意义和现代价值。

兼爱学说强调人间相爱的整体性、普遍性、穷尽性、交互性和平等性。墨子兼爱理想的逻辑蕴涵，相当于道义逻辑的“必须肯定命题”，即“所有人应该爱所有人”。墨家申述兼爱即尽爱、俱爱、周爱。爱的对象，在理论概念上不分民族、阶级、等级、亲疏等差别，包括过去、现在和未来一切人。墨子兼爱理想，体现出意蕴深刻的人文精神和人道主义精髓。

在战国墨学发展历程中，兼爱理想一直为墨家所坚持并多方论证。兼爱具有整体性。兼定义为整体，兼爱是爱人类整体。不知人数，不妨害兼爱；不知人处何方，不妨害兼爱。这种爱就像丢失了孩子的父母一样，不论孩子在哪里，都一样爱着孩子。

爱人包含爱自己。《大取》：“爱人不外己，己在所爱之中。己在所爱，爱加于己。伦列之：己，人也；爱己，爱人也。”人口密度不妨害兼爱。《大取》：“爱众世与爱寡世相若，兼爱之又相若。”施爱与过去、现在和未来所有人。《大取》：“爱上世与爱后世，一若今之世人也。”兼爱须有一贯性，仅仅过去爱过不够，过去现在都要爱。墨子认为，就是对待奴隶也要平等兼爱。

墨子兼爱理想，影响巨大。《孟子•告子下》说：“墨子兼爱，摩顶放踵利天下为之。”墨子坚持兼爱理想，即使从头顶到脚跟，都磨成粉末，只要对天下人有利，都坚持到底，尽力而力。《庄子•天下》说：“墨子泛爱兼利。”梁启超《墨子学案》说：“墨学所标纲领，其实只从一个根本观念出来，就是兼爱。”

墨家的兼爱思想，是手工业行会成员间互助互利原则的理想化，是农工商人朴素平等愿望的理论升华，是中华民族传统美德的传承凝练。兼爱是墨子热烈追求的政治理想。现实生活存在“不相爱”弊端，“强必执弱，富必侮贫”，造成社会混乱。针对不合理的现实，墨子把兼爱理想，看成治理社会混乱的药方，竭力劝人兼爱，用游说教育手段，宣传兼爱，渴望世人接受和实现兼爱理想。

墨子认为，在现实社会，有不该被爱的人，如“强盗”和“攻国者”。在现实层面，兼爱平等观，是墨子理想。但理想不等于现实。墨子理想是“兼相爱，交相利”。现实事实和道义理想，不构成逻辑矛盾，是两回事，是两个逻辑领域的问题。社会现实有人（“强盗”和“攻国者”）不被人爱，是真值（事实）逻辑领域的命题。兼爱（所有人应该爱所有人）是道德义务理想，是道义（模态）逻辑领域的命题。二者分属两个不同的逻辑领域。语言领域不同，论断真值有别。

墨子兼爱说，包含对现代和未来有重要意义的人文精神与人道主义启示，亟须批判继承弘扬。在世界一体化和全球化的新时代，墨学研究现代化的目标，是创造性转化和创新性发展，促进墨学的大众化、通俗化和普及化，为振兴中华，实现中华民族伟大复兴的中国梦，提供锐利的思想武器和强大的精神动力。

习近平主席近年讲话，多次引用墨子“兼爱”思想和“强不执弱，富不侮贫”等古语，古为今用，针对现实，给出新解，赋予新义，彰显墨学古老真理的生命活力和现代价值，是继承国学精华，弘扬中华优秀传统文化的范例。

兼

兼有，兼容，兼顾。哲学和逻辑学范畴，指“整体”、“兼名”（集合概念）和全称量词。“兼”政治伦理意义指“兼爱”，“兼爱”略语，特指实行“兼爱”的“兼君”、“兼士”。墨子提倡“兼之为道”，“兼王之道”，主张“兼以易别”，用墨家“兼爱”（遍爱人类整体），代替儒家“别爱”、“偏爱”（爱部分人）。《墨子》全书贯穿兼爱。（136 次）

《经上》：“体，分于兼也。”《经说上》：“若二之一、尺之端也。”《经说上》：“偏也者兼之体也。”《经说上》：“不外于兼，体同也。”《经下》：“‘牛马之非牛’与‘可之’同，说在兼（集合概念）。”《经说下》：“兼（尽）指之以二也。”

《兼爱下》：“譬之日月，兼照天下之无有私也。”《迎敌祠》：“和心比力兼左右。”《经下》：“无穷不害兼。”《尚贤中》：“兼而爱之。”《兼爱上》：“天下兼相爱则治。”《兼爱中》：“兼相爱，交相利。”“此言禹之事，吾今行兼矣。”“此言武王之事，吾今行兼矣。”《兼爱下》：别非而兼是。”“设以为二士，使其一士者执别，使其一士者执兼。”

兼之为道

以兼爱作为治国的道理和指导思想，墨子和墨家的政治理想。

（1次）《天志下》：“兼之为道也，义正；别之为道也，力正。曰义正者何若？曰大不攻小也，强不侮弱也，众不贼寡也，诈不欺愚也，贵不傲贱也，富不骄贫也，壮不夺老也，是以天下之庶国，莫以水火毒药兵刃以相害也。”

兼王之道

兼收博采。（1次）《亲士》：“江河不恶小谷之满已也，故能大。圣人者，事无辞也，物无违也，故能为天下器。是故江河之水，非一源之水也；千镒之裘，非一狐之白也。夫恶有同方不取，而取同己者乎？盖非兼王之道也。是故天地不昭昭，大水不潦潦，大火不燎燎，王德不尧尧者，乃千人之长也。其直如矢，其平如砥，不足以覆万物。是故溪陕者速涸，逝浅者速竭，峣埆者其地不育。”

江河不嫌弃小溪水注满自己，能汇成滔滔巨流。江河水不是来自一个源头。价值千金的裘皮大衣，不是来自一只狐狸腋下。哪有合乎道理的话不听，只听跟自己相同的意见呢？天地不是经常光明，大水不是永远清澈，大火不是长燃不熄。直得像箭杆，平得像磨刀石，不能包容万物。小溪干涸快，浅水枯竭快，坚硬土地不长庄稼。

集中群众智慧的必要性、重要性和优越性，中国传统文化民主性精华。群众智慧，可补充个人智慧不足。《尚同中》：“夫唯能使人之耳目助已视听，使人之吻助已言谈，使人之心助已思虑，使人之股肱助已动作。助已视听者众，则其所闻见者远矣。助之言谈者众，则其德音之所抚循者博矣。助之思虑者众，则其谋度速得矣。助之动作者众，即其举事速成矣。”《尚同下》：“一目之视也，不若二目之视也。一耳之听也，不若二耳之听也。一手之操也，不若二手之强也。”

墨子引《诗》：“我马维骆，六辔沃若，载驰载驱，周爰咨度。”“我马维骐，六辔若丝，载驰载驱，周爰咨谋。”我的马，是黑色鬃毛的白马，六条马缰绳柔美光滑，在路上快跑，到处咨询访查。我的马，是黑色毛片的青马，六条马缰绳丝一般光滑，在路上快跑，到处探问谋划。

兼以易别

用墨家兼爱学说取代儒家“别爱”学说。“兼”：兼爱学说，指普遍平等地爱全人类。“别”：

别爱学说，指有区别地爱一部分人。“易”：取代，代替。（1次）《兼爱下》：“非人者必有以易之，若非人而无以易之，譬之犹以水救水，以火救火也，其说将必无可焉，是故子墨子曰：‘兼以易别。’”《兼爱中》：“既以非之，何以易之？子墨子言曰，以兼相爱，交相利之法易之。”

义

仁义，道义，正义。给人以实际利益。德义就是给人利，义利两分不可取。（294次）《经说下》：“仁，爱也。义，利也。”《经说上》：“志以天下为分，而能能利之。”仁爱、仁义的实质就给人以实际利益。心志以利天下为职分，而才能又能做到利天下。《经下》：“仁义之为内外也，悖，说在牾颜。”《经说下》：“仁，爱也。义，利也。爱利，此也。所爱所利，彼也。爱利不相为内外，所爱利亦不相为外内。其谓：‘仁，内也。义，外也。’举爱与所利也，是狂举也，若‘左目出，右目入’。”

礼

礼貌，礼节，礼仪。（25次）《经上》：“礼，敬也。”《辞过》：“宫墙之高，足以别男女之礼。”《三辩》：“昔者尧舜有茅茨者，且以为礼。”《尚同中》：“无君臣上下长幼之节，父子兄弟之礼。”

忠

忠心，忠诚，尽心竭力。（39次）《经上》：“忠，以为利而强君也。”《经说上》：“忠。不利，弱孩足将入井之容。”对国君忠诚的表现：认为对国家有利的事情，就应该强力地劝说国君去作。遇到对国家不利的事情，其危险的程度犹如幼儿足将入井的状态，这时就要强力地劝说国君避免。《七患》：“所信者不忠，所忠者不信。”

《尚贤下》：“凡我国之忠信之士。”《兼爱中》：“君臣不惠忠。”“君臣不相爱则不惠忠。”“君臣相爱则惠忠。”“为人君者之不惠也，臣者之不忠也。”《兼爱下》：“为人君必惠，为人臣必忠。”《天志下》：“忠惠也，慈孝也。”《节用中》：“爱民谨忠，利民谨厚，忠信相连。”《非命上》：“为君则不义，为臣则不忠。”

《鲁问》：“悦忠行义。”“鲁阳文君谓子墨子曰：‘有语我以忠臣者，令之俯则俯，令之仰则仰，处则静，呼则应，可谓忠臣乎？’子墨子曰：‘令之俯则俯，令之仰则仰，是似景也。处则静，呼则应，是似响也。君将何得于景与响哉？若以翟之所谓忠臣者，上有过则微之以谏，己有善，则访之上，而无敢以告。外匡其邪，而入其善，尚同而无下比，是以美善在上，而怨雠在下，安乐在上，而忧戚在臣。此翟之所谓忠臣者也。'”《备城门》："尉必取有重厚忠信。"《号令》："守之所亲，举吏贞廉忠信。"《号令》："谨择吏之忠信。"《号令》："发候必使乡邑忠信。"

孝

孝顺，孝敬。(51次)《经上》："孝，利亲也。"《经说上》："孝。以利亲为分，而能能利亲，不必得。"孝是做对父母有利的事情。以做对父母有利的事情为自己的职分，而才能又能做到对父母有利的事情，但不一定能得到父母的喜欢。《尚贤中》："入则不慈孝父母。"

《兼爱上》："臣子之不孝君父，所谓乱也。""君臣父子皆能孝慈，若此则天下治。"《兼爱中》："父子不慈孝，兄弟不和调，此则天下之害也。""父子不相爱，则不慈孝。""父子相爱，则慈孝。"《兼爱下》："子者之不孝也，此又天下之害也。""为人子必孝，为人兄必友，为人弟必悌，故君子莫若欲为惠君、忠臣、慈父、孝子。"

《节葬下》："仁者之为天下度也，譬之无以异乎孝子之为亲度也，今孝子之为亲度也，将奈何哉？曰：'亲贫则从事乎富之，人民寡则从事乎众之，众乱则从事乎治之。'当其于此也，亦有力不足，财不赡，智不智，然后已矣。无敢舍余力，隐谋遗利，而不为亲为之者矣，若三务者，孝子之为亲度也，既若此矣。"

《非命上》："古之圣王发宪出令，设以为赏罚以劝贤，是以入则孝慈于亲戚。"《非命中》："古之圣王，举孝子而劝之事亲。"《非命下》："昔者三代圣王禹汤文武方为政乎天下之时，曰必务举孝子而劝之事亲。"《非儒下》："夫仁人事上竭忠，事亲得孝。"

佴

副贰，随后。(2次)《经上》："佴，自作。"《经说上》："佴。与人遇，人众，遁。"副贰随后有愧心，相遇人众易遁退。墨家主张强力而为，充分发挥人的主观能动作用，改变人的命运和地位。《墨子》说话好用"强"字，频次盈百。《尚同中》："强从事。"《非命下》："强必富。"《公输》："争而不得，不可谓强。”《公孟》：“不强说人，人莫之知也。”《尚同下》：“一手之操也，不若二手之强也。”争强好胜是墨家学派的特征。墨学理论实践跟“佴”的意涵相反。

狷

洁身自好，不敢做为，不敢实行。（2次）《经上》：“狷，怍兼。”《经说上》：“狷。为是之害彼也，弗为。”洁身自好，有愧于兼爱。（洁身自好者）对为此而害彼，为己而害人的事，不愿做。

廉

廉洁，廉耻。（7次）《经上》：“廉，怍非。”《经说上》：“廉。己虽为之，知其耻也。”廉洁惭愧做错事，自己做错知其耻。廉洁。《修身》：“君子之道也，贫则见廉。”君子之道，贫穷时表现廉洁。《明鬼下》：“吏治官府，不敢不洁廉。”《杂守》：“吏侍守所者，才足廉信。”《号令》：“守之所亲，举吏贞廉忠信。”

令

善，美好。（7次）《经上》：“令，不为所怍。”《经说上》：“令。所非，身弗行。”善的品德，是不做自己内心惭愧的事情。内心认为是错误的事情，自身就不要去做。《尚同下》：“光誉令问，先人发之。”《非命下》：“遂得光誉令问于天下。”《明鬼下》：“穆穆文王，令问不已。”静穆的文王，美名传扬不止。“令问”：“令闻”，美好的声誉。

利

利益。跟“害”相对。（379次）《经上》：“利，所得而喜也。”《经说上》：“利。得是而喜，则是利也。其害也，非是也。”《经上》：“害，所得而恶也。”《经说上》：“得是而恶，则是害也。其利也，非是也。”《经上》：“义，利也。”《经说上》：“志以天下为分，而能能利之，不必用。”

墨家以人民为价值主体，主张讲道义，就要给人民以实际利益，跟儒家空讲仁义道德，不给人民以实际利益的谬行异趣，是墨家学团宗旨功能的写照。墨家义利对立统一的思想，跟儒家义利分裂而不统一的怪论，是辩证法和形而上学方法论的不同案例。

《经下》：“仁义之为内外也，悖，说在牾颜。”《经说下》：“仁，爱也。义，利也。爱利，此也。所爱所利，彼也。爱利不相为内外，所爱利亦不相为外内。其谓：‘仁，内也。义，外也。’举爱与所利也，是狂举也，若‘左目出，右目入’。”

《经上》：“功，利民也。”《经说上》：“不待时，若衣裘。”《经上》：“忠，以为利而强君也。”《经说上》：“不利，弱孩足将入井之容。”《经上》：“孝，利亲也。”《经说上》：“以利亲为分，而能能利亲，不必得。”

《经说上》：“欲饮其鸩，智不知其害，是智之罪也。若智之慎之也，无遗于其害也，而犹欲饮之，则饮之是犹食脯也。搔之利害，未可知也，欲而搔，是不以所疑止所欲也。墙外之利害，未可知也，趋之而得刀，则弗趋也，是以所疑止所欲也。”

《经上》：“欲正权利，且恶正权害。”《经说上》：“权者两而勿偏。”《经说下》：“若识麋与鱼之数惟所利。”《大取》：“以臧为其亲也而爱之，爱其亲也。以臧为其亲也而利之，非利其亲也。以乐为利其子而为其子欲之，爱其子也。以乐为利其子而为其子求之，非利其子也。”

《大取》：“欲人之利也，且恶人之害也。”《大取》：“义，利。不义，害。”《大取》：“圣人有爱而无利，儒者之言也，乃客之言也。”《大取》：“凡兴利，除害也，其类在漏壅。”《小取》：“夫辩者，将以明是非之分，审治乱之纪，明同异之处，察名实之理，处利害。”《经上》：“言，口之利也。执所言而意得见，心之辩也。”

《辞过》：“凡费财劳力，不加利者，不为也。”“其为舟车也，完固轻利，可以任重致远，其为用财少，而为利多，是以民乐而利之。”《尚贤中》：“贤者之长官也，夜寝夙兴，收敛关市、山林、泽梁之利。”“古者圣王唯能审以尚贤使能为政，无异物杂焉，天下皆得其利。”“则此言三圣人者，谨其言，慎其行，精其思虑，索天下之隐事遗利。”“修用之则万民被其利。”

《尚贤下》：“今天下之王公大人士君子，中实将欲为仁义，求为上士，上欲中圣王之道，下欲中国家百姓之利，故尚贤之为说，而不可不察此者也。”《尚同中》：“远国异土之民，是非利害之辩，不可一二而明知，故画分万国，立诸侯国君。”

《兼爱中》：“仁人之所以为事者，必兴天下之利，除去天下之害。”“既以非之，何以易之？子墨子言曰：以兼相爱交相利之法易之。”“天下之士君子，特不识其利，辩其故也。”“况兼相爱，交相利，与此异矣，夫爱人者，人亦从而爱之，利人者，人亦从而利之。”

《兼爱下》：“仁人之事者，必务求兴天下之利，除天下之害。”“今若夫兼相爱，交相利，此其有利且易为也，不可胜计也，我以为则无有上说之者而已矣，苟有上说之者，劝之以赏誉，威之以刑罚，我以为人之于就兼相爱交相利也，譬之犹火之就上，水之就下也，不可防止于天下。”《节用中》：“诸加费不加于民利者，圣王弗为。”

《非乐上》：“仁之事者，必务求兴天下之利，除天下之害，将以为法乎天下。利人乎，即为；不利人乎，即止。”《非命上》：“言必立仪，言而毋仪，譬犹运钧之上而立朝夕者也，是非利害之辨，不可得而明知也。故言必有三表。”“于何用之？废以为刑政，观其中国家百姓人民之利。此所谓言有三表也。”

《非儒下》：“务兴天下之利，曲直周旋，利则止，此君子之道也。”《耕柱》：“所为贵良宝者，可以利民也，而义可以利人，故曰，义天下之良宝也。”“子之言恶利也？若无所利而不言，是荡口也。”《贵义》：“则士之计利不若商人之察也。”《公孟》：“所攻者不利，而攻者亦不利，是两不利也。”

《鲁问》：“今有刀于此，试之人头，倅然断之，可谓利乎？大王曰：‘利！’子墨子曰：‘多试之人头，猝然断之，可谓利乎？’大王曰：‘利！’子墨子曰：‘刀则利矣，孰将受其不祥？’大王曰：‘刀受其利，试者受其不祥！’”“昔者楚人与越人舟战于江，楚人顺流而进，迎流而退，见利而进，见不利则其退难。越人迎流而进，顺流而退，见利而进，见不利则其退速，越人因此若势（顺势），亟败楚人。”“故所为功，利于人谓之巧，不利于人谓之拙。”

《备城门》：“守备缮利。”“山林草泽之饶足利。”“客冯面而蚁附之，主人则先之知，主人利，客病。”“诸不尽百五十步者，主人利，而客病。”《备穴》：“穴且遇，为颉皋，必以坚材为夫，以利斧施之。”《备蚁附》：“斧，柄长六尺，刃必利。”《号令》：“敌人且至，千丈之城，必郭迎之，主人利。”“命必足畏，赏必足利。”《杂守》：“有谗人，有利人。”

害

害处。跟"利"相对。(93次)《经上》:"害,所得而恶也。"《经说上》:"害。得是而恶,则是害也。其利也,非是也。"《经上》:"利,所得而喜也。"《经说上》:"得是而喜,则是利也。其害也,非是也。"《经上》:"欲正权利,且恶正权害。"《大取》:"凡兴利,除害也。"《经说上》:"以其敢于是也命之,不以其不敢于彼也害之。"《经说上》:"不在禁,虽害无罪。"

《经说上》:"欲饮其鸩,智不知其害,是智之罪也。若智之慎之也,无遗于其害也,而犹欲饮之,则饮之是犹食脯也。搔之利害,未可知也,欲而搔,是不以所疑止所欲也。墙外之利害,未可知也,趋之而得刀,则弗趋也,是以所疑止所欲也。"《经上》:"不能而不害,说在容。"《小取》:"夫辩者,将以明是非之分,审治乱之纪,明同异之处,察名实之理,处利害。"

《兼爱中》:"害人者,人必从而害之。"《兼爱下》:"仁人之事者,必务求兴天下之利,除天下之害。"《非命上》:"言必立仪,言而毋仪,譬犹运钧之上而立朝夕者也,是非利害之辨,不可得而明知也。"《非命中》:"今天下之士君子,将欲辩是非利害之故,当天有命者,不可不疾非也。执有命者,此天下之厚害也。"

《非儒下》:"抑暴残之国也,圣将为世除害,兴师诛罚,胜将因用儒术令士卒曰,毋逐奔,掩函勿射,驰则助之重车,暴乱之人也得活,天下害不除,是为群残父母,而深贱世也,不义莫大焉!"

仁人之事

仁人义士的人生目的和价值:必务求兴天下利,必务铲除天下害。(2次)《兼爱下》:"仁人之事者,必务求兴天下之利,除天下之害。"《非命下》:"今天下之士君子,中实将欲求兴天下之利,除天下之害,当若有命者之言,不可不强非也。"

兴利除害

"凡兴利,除害也":凡兴办对人民有利的事,都包含革除对人民有害的因素。(1次)《大取》:"凡兴利,除害也,其类在漏雍。"凡兴办对人民有利的事,都包含革除对人民有害的因素,如兴修水利,包含革除水害。"雍":筑堤拦洪。"凡兴利除害也"的命题,体现利害互相依赖,互相转化的辩证哲理，是积极有为的实践哲学原理。清儒曹耀湘解释："漏，溃也。""壅：塞也。""治堤防者，所以塞水之溃溢，除水之害，即以兴水之利，推之凡为人兴利者，但除其害，而利自在也。"《周礼》郑注，"壅：谓堤防止水者也。"

为天下"兴利除害"，是墨家学派学术活动的宗旨和目的，出发点和落脚点。《兼爱下》说："仁人之事者，必务求兴天下之利，除天下之害。"这是墨家学派创造性和批判性的根源。《鲁问》载，墨子将周游列国，游说诸侯，宣传学说。学生魏越问墨子："您将要见到四方的君主，您将先说什么呢？"

墨子说："凡入国，必择务而从事焉：国家昏乱，则语之尚贤、尚同。国家贫，则语之节用、节葬。国家喜音沉湎，则语之非乐、非命。国家淫僻无礼，则语之尊天事鬼。国家务夺侵凌，即语之兼爱、非攻。故曰：择务而从事焉。"

从"国家昏乱"到"务夺侵凌"，是墨子面临的战国课题，是当时社会政治伦理和宇宙人生的重要难题。其中都包含"兴利"和"除害"两个对立方面。"尚贤、尚同"是"兴利"；"国家昏乱"是应清除的祸害。"节用、节葬"是"兴利"；"国家贫"是应清除的祸害。墨子选择十大难题，作为研究主题，提出从《尚贤》到《非命》十大论题的论证，其中都贯穿立和破、建设和批判两个对立方面，表现墨学"兴利除害"的创造与批判精神。

如今时代前进，社会变化，为天下"兴利除害"的创造和批判精神，仍可继承，发扬光大。当前，贯彻以人为本，执政为民理念，把人民利益作为一切工作的出发点和归宿点，维护民利，保障民生，完善惠民政策，改善人民生活，做到权为民用，情为民系，利为民谋，问政、问需、问计于民，是墨子为天下"兴利除害"人文精神的现代传承和发展。

利取大

"利之中取大，害之中取小"：两利相权取其大，两害相权取其小。（2 次）《大取》："断指以存腕，利之中取大，害之中取小也，害之中取小也，非取害也，取利也，其所取者，人之所执也，遇盗人，而断指以免身，利也，其遇盗人，害也。""利之中取大，非不得已也，害之中取小，不得已也，于所未有而取焉，是利之中取大也，于所既有而弃焉，是害之中取小也。”

墨家从实践中概括权衡利害，利中取大，害中取小，尽力争取向有利于己的方向转化的实践哲学原则，有原创的理论价值。墨家理论的长处，是从实践中总结正确的思维方法。“利之中取大害之中取小”的实践哲学原则，包含概念对立转化的辩证思维。

处理“两害相权取其小”的实践课题时，“取害”的概念，在整体保存和发展的意义上，就转化为“取利”。所以结论说：“非取害也，取利也。”即不是“取害”，而是“取利”。经商办货，途经深山老林，“遇盗人”劫匪，想杀人越货，谋财害命，这是“害”。被迫“断指以免身”，在生命整体保存和发展的意义上，就转化为“利”。因为只要争得生命整体的保存，就可以东山再起，重新出发，再图发展，还可经商办货，流通赚钱。

《贵义》：“商人之四方，市贾倍蓰，虽有关梁之难，盗贼之危，必为之。”商人到四方，经商办货，流通赚钱，是自己的本分。赚取比市价高出一倍五倍，均属正常。虽有关隘桥梁的困难，盗贼抢劫的危险，也一定要做。超越“断指”的“小害”，得“免身”后的“大利”。被迫“断指”是遇“小害”。有“小害”，不如无害，可总结教训，力图避免。所以说：“其遇盗人，害也。”墨家“利之中取大害之中取小”的实践辩证哲学原则，是今日辩证逻辑应用研究的先驱，有重要的理论启发和实践意义。

害取小

“害之中取小，非取害，取利”：两害相权取其轻，不是取害是取利。全面权衡利害。全面思考事例。《大取》：“利之中取大，害之中取小也。害之中取小也，非取害也，取利也。其所取者，人之所执也。遇盗人，而断指以免身，利也。其遇盗人，害也。”“害之中取小，不得已也。”“于所既有而弃焉，是害之中取小也。”遇盗贼是坏事，在不得已时，与其蛮干身亡，不如选择断指以保全性命的“取小害，免大祸”的灵活策略。这种选择换个角度看，也可以说不是“取害”，而是“取利”。这是有辩证意义的谋略。

誉

赞誉。跟“毁”相对。（70

次）《经上》："誉，明美也。"《经说上》："誉。必其行也，其言之欣，使人督之。"赞誉（表扬）是宣明人的美好言行。赞誉一定是针对人们行为的美好之处，这样赞誉的言论就会使其感到欣喜，从而使其得到督促。

《修身》："名不徒生而誉不自长，功成名遂，名誉不可虚假。""此以名誉扬天下。""誉不可巧而立也。"《尚贤上》："敬之誉之。"《尚贤中》："所誉不当贤。""万民从而誉之。"《尚贤下》："得此不劝誉。"

《尚同上》："上之所赏，而下之所誉也。"《尚同中》："上得则赏之，万民闻则誉之。""古者圣王之为刑政赏誉也，甚明察以审信。""举天下之人，皆欲得上之赏誉。""赏誉不足以劝善。""上之所罚，则众之所誉，曰人众与处，于众得誉。""赏誉不足以劝善。"

《尚同下》："若人唯使得上之罚，而怀百姓之誉，是以为暴者，必未可使沮，见有罚也，故计上之赏誉，不足以劝善。""光誉令闻，先人发之。"《兼爱中》："是以仁者誉之。"《兼爱下》："劝之以赏誉。"

《非攻上》："今至大为攻国，则弗知非，从而誉之。"《非攻中》："欲誉之审。"《非攻下》："有誉义之名。"《天志中》："欲以此求赏誉。""名誉至今不息。"《非命上》："百姓之所誉也。"《非命中》："下得其百姓之誉。"

《非命下》："遂得光誉令问于天下。""下得其万民之誉，遂得光誉令问于天下。"《耕柱》："舍今之人而誉先王。""今誉先王，是誉天下之所以生也，可誉而不誉，非仁也。""为义非避毁就誉。"《公孟》："若先生之言，则是不誉禹。""子能什誉之，而一自誉乎？""子能终身誉其善，而子无一乎？"

诽

批评。（17次）《经上》："诽，明恶也。"《经说上》："诽。必其行也，其言之怍。"批评是揭示人的丑恶。批评一定是针对人行为的丑恶，批评的言论会使人惭愧。对人类社会美丑、善恶、是非、对错、功过、功罪，有不同的处置手段。有法律行政的奖惩手段，有"诽誉"（批评表扬）的道德伦理手段。"诽"是"明恶"：批评丑恶过错。"誉"："明美"：表扬美善功德。法律行政的奖惩手段和"诽誉"（批评表扬）的道德伦理手段，目的在于兴利除害，扬善抑恶，使社会进入正常的良性运转机制。

墨家批评道家“非诽”论（反对一切批评），肯定“诽之可不可以理”。《经说上》：“诽：诽之可否，不以众寡，说在可非。”《经说上》：“诽。论诽之可不可以理。理之可诽，虽多诽，其诽是也。其理不可诽，虽少诽，非也。今也谓多诽者不可，是犹以长论短。”《经下上》：“非诽者悖，说在弗非。”《经说上》说：“非诽：非己之诽也。不非诽，非可非也。（非）不可非也，是不非诽也。”

别

特指儒家对人“别爱”，局部之爱，差别之爱，差等之爱。（22次）《兼爱下》：“分名乎天下恶人而贼人者，兼与？别与？即必曰别也。然即之交别者，果生天下之大害者与？是故别非也。”“兼以易别。然即兼之可以易别之故何也？”“分名乎天下爱人而利人者，别与？兼与？即必曰兼也。然即之交兼者，果生天下之大利者与？是故子墨子曰：兼是也。且向吾本言曰：仁人之事者，必务求兴天下之利，除天下之害。今吾本原兼之所生，天下之大利者也；吾本原别之所生，天下之大害者也。是故子墨子曰：别非而兼是者，出乎若方也。”

《天志中》：“尧舜禹汤文武焉所从事？曰从事兼，不从事别。兼者，处大国不攻小国，处大家不乱小家，强不劫弱，众不暴寡，诈不谋愚，贵不傲贱。”“桀纣幽厉焉所从事？曰从事别，不从事兼。别者，处大国则攻小国，处大家则乱小家，强劫弱，众暴寡，诈谋愚，贵傲贱。”

《天志下》：“兼之为道也，义正；别之为道也，力正。”兼的道理，就是义政（仁义的政治）；别的道理，就是力政（强力暴力的政治）。儒家提倡“别爱”，即局部差等之爱，是错误的。墨家提倡“兼爱”，即普遍平等爱全人类，是正确的。

“别”：儒家“别爱”说的略称。“兼”：墨家“兼爱”说的略称。创造特殊概念命题：“兼以易别”：用墨家“兼爱”说，取代儒家“别爱”说。“别君”：实行儒家“别爱”说的君主。“别士”：实行儒家“别爱”说的士人。“别相恶，交相贼”：实行儒家“别爱”说，即局部差等之爱，导致人与人之间交互恶斗和贼害。“别之为道”：以差别之爱作为指导思想和道理。

修身

修养身心。（1次）《非儒下》：“近以修身。”篇名。（1次）《修身》的语言艺术，接近谚语格言，铿锵有力，错落有致。透过墨家修身养性的名言警句，展示其蕴涵的传统道德和民族精神瑰宝，斟酌运用于今人待人处事，安身立命的生活实践，有利于铸造新时代的伦理道德范型。

本篇题名用词和篇章立意都酷似儒家。题名“修身”，立意在陶冶道德情操，培养优良德行，是儒家传统道德修养论的惯用语。修身的关键，是反躬自问，反省自身，按照完美的道德规范，自我警戒，改过迁善，身体力行，追求道德的美善。《修身》论证道德修养的重要性，把修身看作道德完善的根本，是成就完美人生的途径手段。

《修身》篇强调，不牢固树立修身的根本，就不能安身立命，实现完美的道德追寻。学习道德理论，要见诸行动，学用结合，言行一致，把实行放在重要地位。要明辨是非，讲究诚信，不图虚名，努力不懈，才能建功立业，完善道德品行。完美的修身之道，是贫穷不忘廉洁，富贵不忘仁义，对人表现爱心。这些品行，不能造假。要反之于身，心存真诚。把无穷的爱，藏在内心。把无尽的谦恭，见诸行动。出口说话，无比善良。通达四肢，遍及肌肤，直到老年，头发华白，都坚持追求道德完美的境界。

墨子引导弟子修身，培育优良德行，对生活中出现的正反两面典型，运用表扬和批评的不同方法。对正面典型，给予赞扬和鼓励。据《耕柱》载，墨子叫学生管黔敖，介绍另一学生高石子，到卫国做官。卫国君任命高石子做卿士，给高石子优厚的俸禄。高石子三次朝见卫君，每次都把意见讲透，但就是不被采纳。于是愤而离开卫国到齐国，报告墨子说：“卫君以夫子之故，致禄甚厚，设我于卿。石三朝必尽言，而言无行，是以去之也。卫君无乃以石为狂乎？”高石子担心，怕自己因意见没被采纳而离开，卫君会认为自己狂妄。

墨子回答：“去之苟道，受狂何伤？”一语道出墨子“道义胜于利禄”的价值观，只要离开符合道义，就是背上狂名，有啥妨害呢？墨子开导宽慰高石子说：“古者周公旦非关叔，辞三公东处于商盖，人皆谓之狂，后世称其德，扬其名，至今不息。且翟闻之，为义非避毁就誉，去之苟道，受狂何伤？”

墨子认为，古时周公旦讨伐管叔，辞去三公职位，住到东方商奄，人们都说他“狂”，后代人都称颂其美德，传扬其美名，直到如今。做义事，不是为躲避别人批评，接受别人赞誉。离开只要符合道义，虽受狂名，没啥妨害。

高石子表白心迹说：“石去之，焉敢不道也。昔者夫子有言曰：天下无道，仁士不处厚焉。今卫君无道，而贪其禄，则是我为苟啖（吃）人食也。”现在卫君无道，如果贪图爵禄，就是白吃人家的饭食。由此看来，高石子看重道德修养，不为利禄所动，表现仁人义士的崇高气节。

墨子听了很高兴，召来大弟子墨家副统领禽滑厘说：“姑听之乎！夫倍义而乡禄者，我常闻之矣，倍禄而向义者，于高石子焉见之也。”辞绝利禄，向往道义的人，今天在高石子身上见到了！墨子有意在弟子中，树立高石子的正面典型，对高石子的操行品德，高度评价，热情表扬，积极鼓励。

墨子对反面典型，给予批评教育。墨子推荐胜绰到项子牛手下做官，意图让胜绰制止项子牛的骄横，纠正他的邪僻。但项子牛三次攻鲁，胜绰三次跟从。墨子听到了，派学生高孙子，请项子牛把胜绰辞退，对项子牛说：“我使绰也，将以济骄而正嬖也。今绰也禄厚而谲夫子，夫子三侵鲁而绰三从，是鼓鞭于马靳也。翟闻之，言义而弗行，是犯明也。绰非弗之知也，禄胜义也！”

胜绰接受项子牛的厚禄，做事跟墨子的要求相反，口说仁义，却不实行，明知故犯，阳奉阴违。胜绰不是不懂道理，是在他心中，俸禄的价值，超过了道义。墨子要求弟子，把修身作为终身教育的内容，学以致用，严格遵行，不能明知故犯，阳奉阴违。

《论语•宪问》载孔子首次提出“修己”概念说：“修己以敬。”修养自身，敬业奋发。“修己以安人。”修养自身，使人安乐。“修己以安百姓。”修养自身，使百姓安乐。孔子提出“修己”概念，包含敬业，“安人”“安百姓”的人本民本因素，为墨子提出“修身”概念，提供可资借鉴的思想前提。

《非儒下》首先明确提出“修身”的概念说：“夫一道术学业仁义者，皆大以治人，小以任官，远施周遍，近以修身。”凡道术学业都统一于仁义，都是大则以治理人民，小则以担任官职，普遍地施加恩惠到远方，近处能修养身心。墨子把修身看作培育道德品质的起点。

《孟子·尽心上》传承《墨子》“修身”概念：“夭寿不二，修身以俟之，所以立命也。”无论人的寿命长短，都一心一意，修养自身，等待发挥才能的机遇，这是安身立命的不二法门。《孟子·尽心下》：“君子之守（操守），修其身而天下平。”把“修身”看作“平天下”的手段。

战国末儒学大师荀子的著作，跟《墨子》一样，恰巧把《修身》作为全书排序的第二篇。《荀子·修身》：“以修身自强，则名配尧禹。”把修身自强，看作成就圣贤的必经之路。儒家经典《大学》：“修身为本。”“身修而后家齐，家齐而后国治，国治而后天下平。”把修身看作齐家、治国和平天下的起点。这也是发挥墨子《修身》的思想。

儒者“修齐治平”的省称，变为成语，千古传扬。墨子的修身论，跟儒学大师孔孟荀的学说，实质一样。儒墨思想，相互渗透，逐渐完善，形成中华民族传统伦理道德的主流精神。儒墨学人，提炼修身的名言佳句，经过改造转型，可作为今日以德治国，道德教育和品德修养的启发借鉴。以上“仁”到“修身”等26个词目，归入“伦理学”类名。

教育学

教育的学说。涉及教育功能、意义、内容和方法。教育功能：教人“为义”，培养改造社会有用人才。《公孟》载墨子劝人向学，说学习是“为义”：“今子为义，我亦为义。”师生是教学过程中主客体双方，都从事“为义”同一事业。“为义”即为理想事业奋斗。《鲁问》：“教天下以义者功亦多。”“若得鼓而进于义，则吾义岂不益进哉！”教育者教人“为义”，对社会大有贡献，劳苦功高。教育意义：培养“贤良之士”。

《所染》载，墨子看到染丝工匠染丝操作感叹：“染于苍则苍，染于黄则黄。所入者变，其色亦变。五入毕而已，则为五色矣。故染不可不慎也。”人受社会熏染。教育有意识创设良好环境，使人受熏染，养成良好思想品德。墨子认为，人性“善少恶多”。

《法仪》：“天下之为学者众，而仁者寡。”教育有感化作用，教育改变人性，使人由恶变善。上说下教，到处宣传，扩展教育对象范围。身体力行，以身施教，终身从事教育事业，弟子代代相传，无时乏绝。教育目的：造就理想人格，培养以救世为己任的“兼士”。“兼士”行“兼相爱，交相利”，把朋友之身视为己身，朋友双亲视己亲，“厚乎德行，辩乎言谈，博乎道术”。“厚乎德行”居首，重视道德品质修养。

《修身》：“士虽有学，而行为本焉。是故置本不安者，无务丰末。”德行实践，是为学根本。“兼士”能“有力疾以助人，有财勉以分人，有道劝以教人”。“国有贤良之士众，则国家之治厚。贤良之士寡，则国家之治薄。”“辩乎言谈，博乎道术”：能言善辩，博通技艺。主张“教天下以义”，“有道教人”，把教育和社会发展紧密联系。墨子追踪了解学生终身行为表现。表现好，表扬鼓励；反之批评谴责。对弟子高石子称赞，对弟子胜绰批评，是典型实例。

《公孟》载，墨子从“为义”的道德理想出发，认为“子不学，则人将笑之”，激励人学道，形成良好信念。“兼爱”体现高尚道德。《修身》载，墨子主张强化道德意志，认为“志不强者智不达”。认为“勇而不修者，其后必惰”。以严明纪律要求学生，培养学生为实现理想，吃苦耐劳，勇于献身的精神，在日常生活和突发事件（参与守城战斗）中，锻炼道德意志。墨子主张言行一致，学用结合。认为道德行为评价，应综合考察动机和效果两面，“合其志功而观”，体现动机和效果的辩证统一。

教育内容：重视德性和业务技能的培养。墨子教弟子掌握实际技能。《耕柱》载，学生治徒娱、县子硕问墨子：“为义孰为大务？”实现理想事业，什么是主要任务？墨子说：“能谈辩者谈辩，能说书者说书，能从事者从事，然后义事成也。”“谈辩”即“辩乎言谈”，指学习谈话辩论的方法技巧，属逻辑学。“说书”指讲习文化科学知识，培养学者教师，相当于政治、经济、伦理知识。“从事”指“博乎道术”，研习农工商兵实际技能，培养实用型专才，相当于数学、几何、物理、光学、机械知识技艺。注重知识传授和技能训练，把知识按内容分门别类传授，表现德智并重特点。重视自然科学知识传授，技能训练，开中国科学技术的先河，跟儒家“君子不器”、“耻于学圃”、道艺分裂、脱离生产劳动的弊端，成鲜明对照。

墨家教育思想，更具现代价值。墨家教育内容，涉及辩学、数学、几何、物理、光学。就光学说，对光传播、光源和影像关系、物影形成等，有正确见解。墨家通过小孔成像实验，证明光直线传播原理。教育方法：理论联系实际，重视实践力行。要求探明事物原因，知其然，知其所以然。

强调言行一致。要求“以身载行”，“以行为本”，“口言之，身必行”。重视具体生动的教学方式，抽象知识结合具体实例，使用比喻，通俗易懂，便于背诵记忆。注重自然和技能传授，注重观察实验，培养思维能力。“以往知来，以见知隐”，据已知推论未知，从具象推论抽象，从现象推论本质。因材施教，量力而行。

《公孟》：“夫智者，必量其力所能至而从事焉。”智慧人必须根据自己能力所能达到的极限，制定学习目标。教学过程中，调动师生双方积极性。教师积极主动教诲，学生积极主动求教。

《经说下》：“唱而不和，是不学也。智少而不学，功必寡。和而不唱，是不教也。智多而不教，功适息。”教师积极教，学生不积极学，教育功效寡少。学生积极学，教师不积极教，教育功效无。智少则学，智多则教，天经地义。墨家教育思想，有积极启发意义。“教育学”类名，含“教”和“学”等 3 个词目。

教

教育，教授。（48 次）《经说下》：“和而不唱，是不教也。智多而不教，功适息。”《经说下》：“以为不知学之无益也，故告之也，是使知学之无益也，是教也。以学为无益也教，悖。”《公孟》：“教人学。”《非儒下》：“儒者以为道教。”

《鲁问》：“教人耕者其功多。”《尚贤下》：“有道者劝以教人。”《耕柱》：“以先王之道教。”《尚同中》:“发政施教。”《兼爱下》:“有道肆相教。”《天志中》:“有道相教。”《非命中》:“发宪布令以教诲。”“教其百姓。”《非命下》:“出政施教。”《旗帜》:“勒卒中教。”《兼爱中》:“教驯其臣。”

学

学习。(57次)《经说下》:“唱而不和,是不学也。智少而不学,功必寡。”《经下》:“学之益也。”《大取》:“不为己之可学也。”《尚贤下》:“可学能者也。”《非命中》:“由文学之为道也。”《非命下》:“为文学出言谈。”《非儒下》:“一道术学业。”《修身》:“士虽有学,而行为本焉。”《公孟》:“子不学,则人将笑之。”以上“教”和“学”等3个词目,归入“教育学”类名。

语言文学

语言学和文学。对中国语言学和文学有奠基性、创新性贡献。刘勰《文心雕龙》评价《墨子》“意显而语质”:意义明显,语言质朴。说话写文章,语言准确鲜明。《非攻下》说,墨子反对攻伐掠夺战争,于是当时的“好攻伐之君”,以“汤放桀,武王伐纣”,都被“立为圣王”的事实为论据,为自己发动攻伐掠夺战争辩解。墨子说:“子未察吾言之类,未明其故也。彼非所谓‘攻’,谓‘诛’也。”认为商汤对夏桀,周武王对商纣的战争,是“诛”,即以“正义讨伐非正义”。而“好攻伐之君”的攻伐掠夺战争,是“攻”,即以“非正义进攻正义”。二者本质不同。“好攻伐之君”的辩解,没有对“攻”和“诛”两个不同概念“察类明故”,分析论证,犯混淆概念和虚假理由的错误。

《公孟》载墨子与儒者对话。墨子对程子曰:“儒之道足以丧天下者四政焉。”指出儒学的四大弊端,程子不以为然,说:“甚矣,先生之毁儒也!”认为墨子是诋毁儒家。墨子反驳:“儒固无此四政者,而我言之,则是‘毁’也。今儒固有此四政者,而我言之,则非毁也,‘告’闻也。”以定义式语言,明确“毁”与“告”的不同概念。程子把“告”说成“毁”,混淆不同概念,使用语词不准确。

《公孟》载墨子跟程子辩论。墨子引用孔子的话,表示赞赏。程子:“非儒,何故称于孔子?”墨子:“是亦当而不可易者也。今鸟闻热旱之忧则高,鱼闻热旱之忧则下。当此,虽禹汤为之谋,必不能易矣。鸟鱼可谓愚矣，禹汤犹或因焉。今翟曾无称于孔子乎？”墨子非儒，但认为孔子的话，有“当而不可易者”。“当”即恰当、准确、真实。是普遍真理，谁也不能改变，自然可以引用。墨子这样说，以真理为依归，不存学派偏见。

《公输》载墨子“止楚攻宋”说词，是质朴和生动统一的典型，准确恰当，有说服力，又生动活泼，有感染力，所以能说服公输般和楚王。后代学者称赞是“辩士悬河之口”，“意高词健”，“绝类《战国策》”。

墨子像编剧本，假设“兼士”、“别士”两个人物，让他们进行表演，把“兼爱”和“偏爱”、“别爱”的抽象概念，具体化为生动形象。具体描写“兼士”、“别士”的言行，用对比方法，刻划鲜明的形象。把抽象道理形象化，语言生动，有感染力。通过形象描写，增加语言的生动性。

《墨子》体裁是议论文，讲究语言音韵节奏。《七患》：“以七患居国，必无社稷；以七患守城，敌至国倾。以七患之所当，国必有殃。”句式整齐，两句一韵，有如韵诗。音韵协调，平仄相谐。迭字使用，更显语言的音乐美。

《小取》：“譬也者，举他物以明之也。”对譬喻特点的最早说明。《所染》载，墨子见染丝感叹：“染于苍则苍，染于黄则黄。”用染丝，譬喻环境对人的影响。比喻贴切，流传甚广。“近朱者赤，近墨者黑”成语，广为人知。

《墨子》常用辞格，有排比，比喻，对偶，反复等。技巧娴熟，有所创新。就排比说，有词组、单复句、段落排比等各种形式。《非乐上》：“民有三患：饥者不得食，寒者不得衣，劳者不得息。”由三个主谓词组构成的排比。

《尚贤下》：“有力者疾以助人，有财者勉以分人，有道者劝以教人。”由三个单句构成的排比。《亲士》：“良弓难张，然可以及高入深；良马难乘，然可以任重致远；良才难令，然可以致君见尊。”由三个转折复句构成的排比。

段落排比，是指用结构相同或相似的句子，作每段的开头或结尾。《兼爱上》中间三个自然段，都用“皆起自不相爱”作结语。《墨子》所用排比，有独创性。先设问，提出论题，几个排比句，层层论证，论题醒目，富有气势。《兼爱下》：“然当今之世，天下之害孰大？曰：若大国之攻小国，大家之乱小家，强之劫弱，众之暴寡，诈之谋愚，贵之傲贱，此天下之大害也。”

排比与其他辞格合用，更有论证性和表现力。《公输》：“今有人于此，舍其文轩，邻有敝舆而欲窃之；舍其锦绣，邻有短褐而欲窃之；舍其粱肉，邻有糠糟而欲窃之，此为何若人？”由三个排比句引出“此为何若人”的问题，迫使楚王回答：“必为窃疾矣！”由此引申，展开论证：“荆之地，方五千里；宋之地，方五百里，此犹文轩与敝舆也。荆有云梦，犀兕麋鹿满之，江汉之鱼鳖鼋鼍为天下富；宋所谓无雉兔鲋鱼者也，此犹粱肉之与糠糟也。荆有长松文梓楩楠豫章；宋无长木，此犹锦绣之与短褐也。”三个排比句，跟提问照应，运用类比论证，兼有比喻成分，辅以夸张形容，铺陈渲染，更增说服力和感染力。

《墨子》语言，体现古汉语简练特征。《修身》：“慧者心辩而不繁说。”强调语言简练性。强调语言适用性和效用性。禽滑厘问墨子：“多言有益乎？”墨子：“虾蟆蛙黾，日夜而鸣，舌干辟然，而人不听之。今鹤鸡时夜而鸣，天下振动。多言何益？唯其言之时也。”青蛙日夜鸣叫，令人厌烦；雄鸡及时报晓，受人欢迎。通过比喻，形象说明：反对说无用的空话、大话，但不反对说有用、合宜的话。墨子认为，该说定要说，不说是错误。

《非儒》载：儒家主张“君子若钟，击之则鸣，弗击不鸣。”墨子痛责：“仁人事上竭忠，事亲得孝，务善则美，有过则谏，此为人臣之道也。今击之则鸣，弗击则不鸣，隐知豫力，恬漠待问而后对，虽有君亲之大利，弗问不言。若将有大寇乱，盗贼将作，若机辟将发也，他人不知，己独知之，虽其君亲之大害，不问不言，是夫大乱之贼也。”墨子反驳的积极意义：该说定要说，要“强说”。

《公孟》载，公孟子对墨子说：“譬若美女处而不出，人争求之；行而自炫，人莫之取也。今子遍从人而说之，何其劳也！”墨子宣传主张，积极主动，见人就说，公孟子不以为然。墨子回答：“今夫世乱求美女者众，美女虽不出，人多求之；今求善者寡，不强说人，人莫之知也。”说明

"强说"的必要性。有用的多说强说，无用的少说不说。《修身》："言无务为多，而务为智。"用最经济的语言，表达最丰富的内容，机智精当。

《墨子》是先秦时期的百科全书。狭义《墨经》四篇，包含逻辑、自然、数学、力学、光学、认识、辩术、辩学、政法、经济、数学、伦理等多学科内容。知识内容，如此广博，仅用百余条，五千余字表达。《经》文少则几字，多则几十字，最多百余字。语言精炼，惜字如金。

晋鲁胜《墨辩注序》："孟子非墨子，其辩言正辞则与墨同。""辩言正辞"，指思维和语言形式。孟子辩论，批评别人"不知类"，酷似墨子。孟子说："挟泰山以超北海，语人曰：'我不能'，是诚不能也。为长者折枝，语人曰'我不能'，是不为也，非不能也。"模仿自《兼爱中》墨子语："夫挈泰山而越河济，可谓毕强有力矣，至古及今，未有能行之者也。况乎兼相爱、交相利，则与此异。古者圣王行之。"孟子是墨子反对派，其逻辑和语言表达方式，模仿墨子甚多。《墨子》逻辑语言表达方式，借《孟子》文字魅力，流传后世，影响深远。《墨子》议论文体，包含人物形象描写。

《公输》把墨子描写为雄辩的智者和救世者，栩栩如生，活灵活现。《公输》是先秦优秀散文，有高度文学成就。《非儒》刻划贱儒迂腐形象："是若人乞，鼸鼠藏，而羝羊视，贲彘起。君子笑之，怒曰：'散人焉知良儒！'夫夏乞麦禾，五谷既收，大葬是随。子姓皆从，得厌酒食。毕治数丧，足以至矣。因人之家以为翠，恃人之野以为尊。富人有丧，乃大喜曰：'此衣食之端也！'"这一形象塑造，包含辛辣讽刺，寥寥数笔，入木三分，跟墨子师徒高大形象，形成鲜明对比。

《墨子》作为议论散文，有极强论证性和说服力。《贵义》："吾言足用矣！舍言革思者，是犹舍获而攟粟也。以其言非吾言者，是犹以卵投石也。尽天下之卵，其石犹是也，不可毁也。"语言夸张，自信有据。

《墨子》议论文体，以情动人。《非攻下》描写侵略行为，表现是非爱憎，深刻感人。《耕柱》载墨子与儒家之徒辩论。子夏学生问墨子："君子有斗乎？"墨子回答："君子无斗。"子夏学生说："狗豨犹有斗，恶有士无斗矣！"墨子感慨："伤矣哉，言则称于汤文，行则譬于狗豨，伤矣哉！"

高超辩论艺术，通过幽默语言表现。《墨子》论证，常引文学作品诗词、寓言、故事，作为论据。《诗经》是我国最早的诗歌总集，儒家经典教材，《墨子》常引。《兼爱下》引《周诗》："王道荡荡，不偏不党。王道平平，不党不偏。其直若矢，其易若砥。君子所履，小人所视。"引《大雅》："无言而不雠，无德而不报，投我以桃，报之以李。"引用传统作品，大增《墨子》文学色彩。

陈柱《墨学十论·墨子之文学》，把《墨子》文体分七类："论说体颇华丽，演讲体最平实，经体、传体最奇奥，序体最严正，记传体亦简洁。"《墨子》讲究修辞，锤炼语词，选择句式，运用辞格，富有艺术美感。"语言文学"类名，含"语"到"文学"等5个词目。

语

语言。(40次)《尚贤下》："居处言语皆尚贤。"《天志上》："言语不可尽计。"《贵义》："奉承先王之道以语之。"《公孟》："子亦闻夫鲁语乎？"《鲁问》："鲁阳文君语子墨子曰。""有语我以忠臣者。""既得见四方之君子，则将先语？""国家昏乱，则语之尚贤、尚同；国家贫，则语之节用、节葬；国家说音湛湎，则语之非乐、非命；国家遥僻无礼，则语之尊天、事鬼；国家务夺侵凌，即语之兼爱、非攻。""公输子善其巧，以语子墨子。"《号令》："讼驳言语。""言语之情。""语"特指谚语，俗语，古语，常语，成语。

《尚同下》："古者有语焉曰：'一目之视也，不若二目之视也，一耳之听也，不若二耳之听也，一手之操也，不若二手之强也。'"《非攻中》："古者有语：'谋而不得，则以往知来，以见知隐。'谋若此，可得而知矣。""古者有语：'唇亡则齿寒。'""古者有语曰：'君子不镜于水而镜于人，镜于水，见面之容，镜于人，则知吉与凶。'"《非命中》："考之诸侯之传言流语。"《公孟》："子亦闻夫鲁语。""语言"：成语。

《天志上》："语言有之曰：'焉而晏日，焉而得罪，将恶避逃之？'曰：无所避逃之。""语经"：语言表达基本规律，辩学术语。《大取》："语经，语经也，三物必具，然后足以生，夫辞以故生，以理长，以类行者也，立辞而不明于其所生，妄也，今人非道无所行，虽有强股肱，而不明于道，其困也，可立而待也，夫辞以类行者也，立辞而不明于其类，则必困矣。”

言

言语，言论，言说，言谈。一字一句跟人说。（349 次）《经上》：“言，口之利也。”《经上》：“言，出举也。”《经说上》：“言也者，诸口能之，出名者也，名若画虎也。言，谓也，言由名致也。”《经上》：“执所言而意得见，心之辩也。”《经上》：“信，言合于意也。”《经说上》：“不以其言之当也。使人视城得金。”

《经上》：“且，言然也。”《经说上》：“自前曰且，自后曰已，方然亦且。”《小取》：“论求群言之比。”《大取》：“‘圣人有爱而无利’，儒者之言也，乃客之言也。天下无人，子墨子之言也犹在。”《小取》：“故言多方，殊类，异故，则不可偏观也。”

《亲士》：“臣下重其爵位而不言。”《修身》：“谮慝之言。”“言不信者。”“务言而缓行。”“言无务为多。”《尚贤上》：“辩乎言谈。”《尚贤中》：“圣人听其言。”“则此言三圣人者，谨其言。”《尚贤下》：“居处言语皆尚贤。”“法其言。”

《尚同中》：“先王之言曰：‘非神也，夫唯能使人之耳目助己视听，使人之吻助己言谈，使人之心助己思虑，使人之股肱助己动作。助之视听者众，则其所闻见者远矣；助之言谈者众，则其德音之所抚循者博矣。’”

《尚同下》：“于先王之书也大誓之言然，曰：‘小人见奸巧乃闻，不言也，发罪钧。’此言见淫辟不以告者，其罪亦犹淫辟者也。”《兼爱下》：“言相非而行相反与？当使若二士者，言必信，行必果，使言行之合犹合符节也，无言而不行也。”“此言而非兼，择即取兼，即此言行悖也。”“无言而不雠。”

《非攻下》：“子未察吾言之类。”《天志上》：“言语不可尽计。”《明鬼下》：“言分命之均也。戮于社者何也？言听狱之事也。”《非命上》：“子墨子言曰：‘言必立仪，言而毋仪，譬犹运钧之上而立朝夕者也，是非利害之辨，不可得而明知也，故言必有三表。’何谓三表？子墨子言曰：‘有本之者，有原之者，有用之者，于何本之？上本之于古者圣王之事，于何原之？下原察百姓耳目之实，于何用之？废以为刑政，观其中国家百姓人民之利，此所谓言有三表也。”

《非命中》：“子墨子言曰：‘凡出言谈，由文学之为道也，则不可而不先立仪法，若言而无仪，譬犹立朝夕于员钧之上也，则虽有巧工，必不能得正焉，然今天下之诚伪，未可得而识也，故使言有三法，三法者何也？有本之者，有原之者，有用之者，于其本之也，考之天鬼之志，圣王之事；于其原之也，征以先王之书；用之奈何，发而为刑，此言之三法也。’”“考之诸侯之传言流语。”

《非命下》：“凡出言谈，则必可而不先立仪而言，若不先立仪而言，譬之犹运钧之上而立朝夕焉也，我以为虽有朝夕之辩，必将终未可得而从定也，是故言有三法。”“今天下之君子之为文学出言谈也。”《非儒下》：“言亲疏尊卑之异也。”“所谓古之言服者，皆尝新矣，而古人言之服之，则非君子也，然则必服非君子之服，言非君子之言，而后仁乎？”“言听于君必利人，教行下必于上，是以言明而易知也。”“夫为弟子，后生其师，必修其言。”

《耕柱》：“言则称于汤文。”“言足以复行者常之。”“高石子三朝必尽言，而言无行者。”“石三朝必尽言，而言无行。”“昔者夫子有言曰。”《贵义》：“争一言以相杀。”“凡言凡动，合于三代圣王尧舜禹汤文武者为之；凡言凡动，合于三代暴王桀纣幽厉者舍之。”“言足以迁行者常之。”“言则诲。”“吾言足用矣，舍言革思者，是犹舍获而拾粟也，以其言非吾言者。”

《公孟》：“问焉则言。”“是言有三物焉，子乃今知其一身也，又未知其所谓也。若大人行淫暴于国家，进而谏，则谓之不逊，因左右而献谏，则谓之言议。”“今未有扣，子而言。”“公孟子曰：‘君子必古言服，然后仁。’子墨子曰：‘昔者商王纣，卿士费仲，为天下之暴人，箕子、微子为天下之圣人，此同言而或仁不仁也，周公旦为天下之圣人，关叔为天下之暴人，此同服或仁或不仁，然则不在古服与古言矣。’”“儒固无此若四政者，而我言之，则是毁也，今儒固有此四政者，而我言之。”“言谈甚辩。”“政者，口言之，身必行之，今子口言之。”

《鲁问》：“通圣人之言，而察其辞，上说王公大人，次匹夫徒步之士，王公大人用吾言，国必治；匹夫徒步之士用吾言。”“言义而弗行。”《号令》：“传言者十步一人，稽留言及乏传者，断，诸可以便事者，亟以疏传言守，吏卒民欲言事者，亟为传言请之，吏稽留不言。”

语言

成语。（1次）《天志上》：“语言有之曰：‘焉而晏日，焉而得罪，将恶避逃之？’”成语有这种说法：“在光天化日之下得罪，有什么地方可以逃避？”

文学

语言文学，写文章。（3次）《天志中》：“上将以度天下之王公大人之为刑政也，下将以量天下之万民为文学，出言谈也。”《非命中》：“凡出言谈，由文学之为道也，则不可而不先立仪法。”《非命下》：“今天下之君子之为文学，出言谈也，非将勤劳其惟舌，而利其唇吻也，中实将欲为其国家邑里万民刑政者也。”以上“语”到“文学”等5个词目，归入“语言文学”类名。

音乐艺术美学

音乐、艺术和美学的理论。“音乐艺术美学”类名，含“美”到“三辩”等5个词目。

美

美丽，美好，美善。跟“丑”、“恶”相对。（39次）《经说下》：“举美谓是，则是固美也，谓也。则是非美，无谓，谓则假也。”《经上》：“誉，明美也。”《经下》：“使：殷；美。说在使。”《经说下》：“使，令也。戍使戍，不殷，亦使戍。殿使殿，不美，亦使殿。”“使”：指使，指令，叫人做事。“殷”：殷勤。“美”：美善。《小取》：“其弟，美人也；爱弟，非爱美人也。”

《亲士》：“西施之沉，其美也。”《辞过》：“以为美食刍豢。”《尚贤上》：“美章而恶不生。”《尚贤中》：“若有美善则归之上，是以美善在上。”《尚贤下》：“面目美好者，实知其不能也，不使之也。”“逮至其国家则不然，王公大人骨肉之亲，无故富贵，面目美好者，则举之。”“古之圣王之治天下也，其所富，其所贵，未必王公大人骨肉之亲，无故富贵，面目美好者也。”“昔者尧之举舜也，汤之举伊尹也，武丁之举傅说也，岂以为骨肉之亲，无故富贵，面目美好者哉？”“今王公大人其所富，其所贵，皆王公大人骨肉之亲，无故富贵，面目美好者也。今王公大人骨肉之亲，无故富贵，面目美好者，焉故必知哉！若不知，使治其国家，则其国家之乱可得而知也。今天下之士君子皆欲富贵而恶贫贱。然女何为而得富贵，而辟贫贱哉？曰莫若为王公大人骨肉之亲，无故富贵，面目美好者，王公大人骨肉之亲，无故富贵，面目美好者，此非可学能者也。”

《天志上》：“举天下美名加之。”《天志中》：“聚敛天下之美名而加之焉。”《非乐上》：“仁者之为天下度也，非为其目之所美。”“非以刻镂文章之色，以为不美也。”“虽身知其安也，口知其甘也，目知其美也，耳知其乐也，然上考之不中圣王之事，下度之不中万民之利。”“昔者齐康公兴乐《万》，《万》人不可衣短褐，不可食糠糟，曰食饮不美，面目颜色不足视也；衣服不美，身体从容丑羸，不足观也。”《非儒下》：“仁人事上竭忠，事亲得孝，务善则美。”

《公孟》：“譬若美女，处而不出，人争求之。”“求美女者众，美女虽不出，人多求之。”“夫好美者，岂曰吾族人莫之好，故不好哉？夫欲富贵者，岂曰我族人莫之欲，故不欲哉？好美，欲富贵者，不视人犹强为之。”《鲁问》：“匡其邪，而入其善，尚同而无下比，是以美善在上。”《非乐上》：“仁者之为天下度也，非为其目之所美，耳之所乐，口之所甘，身体之所安，以此亏夺民衣食之财，仁者弗为也。是故子墨子之所以非乐者，非以大钟鸣鼓，琴瑟竽笙之声，以为不乐也，非以刻镂文章之色以为不美也，非以刍豢煎炙之味，以为不甘也。非以高台厚榭邃野之居，以为不安也。虽身知其安也，口知其甘也，目知其美也，耳知其乐也，然上考之不中圣王之事，下度之不中万民之利，是故子墨子曰，为乐非也。”

刘向《说苑·反质》：“墨子曰：‘诚然，则恶在事夫奢也，长无用，好末淫，非圣人之所急也。故食必常饱，然后求美；衣必常暖，然后求丽；居必常安，然后求乐。为可长，行可久，先质而后文，此圣人之务。’禽滑厘曰：‘善。’”唐马总《意林》卷一引《墨子》：“君子服美则益敬，小人服美则益骄。”唐代《墨子》有此语，今本《墨子》此语遗失。

乐

音乐（22次）。快乐（66次）。（共88次）音乐（22次）：《大取》：“以乐为利其子而为其子欲之，爱其子也；以乐为利其子而为其子求之，非利其子也。”《三辩》：“昔诸候倦于听治，息于钟鼓之乐；士大夫倦于听治，息于竽瑟之乐；农夫春耕夏耘，秋敛冬藏，息于聆缶之乐。”快乐（66次）：《七患》：“上不厌其乐。”《非乐上》：“耳之所乐。”《非乐上》：“淫溢康乐。”《备城门》：“万民乐之无穷。”

非乐

反对统治者大办音乐歌舞，不顾人民疾苦。“非乐”字面意思是“反对音乐”，实际意思是墨子为解决当时社会问题，提出论点，矛头针对当时执政者“王公大人士君子”，为了自己享乐，“暴夺民衣食之财”，兴办大型音乐歌舞，劳民伤财。墨子为此走上另一极端，忽视劳动人民需要用音乐歌舞，调节生活。墨子观点的偏向，影响到后学。

《大取》留有墨子“非乐”思想的残余：“以乐为利其子而为其子欲之，爱其子也。以乐为利其子而为其子求之，非利其子也。”以为音乐对儿子有利，而为儿子想一想音乐，是爱儿子的表现。但是，以为音乐对儿子有利，而为儿子千方百计地寻求使其沉溺于音乐的条件，并不是真正有利于儿子。这是《小取》所说“一是一非”型的类推，说明《大取》作者仍坚持墨子“非乐”的论点。（2次）《鲁问》：“国家喜音沉湎，则语之非乐非命。”

《非乐上》：“仁者之为天下度也，非为其目之所美，耳之所乐，口之所甘，身体之所安，以此亏夺民衣食之财，仁者弗为也。是故子墨子之所以非乐者，非以大钟鸣鼓，琴瑟竽笙之声，以为不乐也；非以刻镂文章之色，以为不美也；非以刍豢煎炙之味，以为不甘也；非以高台厚榭邃野之居，以为不安也，虽身知其安也，口知其甘也，目知其美也，耳知其乐也，然上考之不中圣王之事，下度之不中万民之利，是故子墨子曰：为乐非也。”篇名。（3次）“非乐”是墨子论题。

“乐”指音乐等艺术活动。“非乐”：非难统治者大办音乐艺术活动。墨子精乐道，是音乐艺术活动的内行专才。墨子“非乐”，肯定音乐艺术活动的审美价值，体现复杂矛盾的思想心理和人格特征。墨子肯定音乐艺术活动的审美功能。《非乐上》：“子墨子之所以非乐者，非以大钟鸣鼓，琴瑟竽笙之声以为不乐也。”虽“耳知其乐也”，然“下度之不中万民之利，是故子墨子曰：为乐非也”。墨子“非乐”，因统治者大办音乐艺术活动，不合人民利益。《非乐上》：“以为大钟鸣鼓，琴瑟竽笙之声，以求兴天下之利，除天下之害而无补也，是故子墨子曰：‘为乐非也！’”

《非攻上》：“民有三患：饥者不得食，寒者不得衣，劳者不得息。”统治者不顾人民死活，大办音乐艺术活动，满足私欲，奢侈享乐。《非乐上》：“齐康公兴乐《万》，《万》人不可衣短褐，不可食糠糟，曰，食饮不美，面目颜色不足视也；衣服不美，身体从容不足观也，是以食必粱肉，衣必纹绣，此常不从事乎衣食之财，而常食乎人者也，是故子墨子曰，今王公大人惟毋为乐，亏夺民衣食之财，以拊乐如此多也。”齐康公前404至前379年在位。齐国是富庶的大国，有作乐传统，《战国策·齐策》说，齐国都临淄甚富而实，其民无不吹竽鼓瑟，击筑弹琴。

墨子“非乐”矛头，针对恣意淫乐的统治者。《史记·田敬仲完世家》载，大兴万人乐舞的齐康公，淫于酒、妇人，不听政，是昏庸的国君。当时统治者作乐规模之庞大超想象。齐康公创作乐舞《万》，需由万名演员表演，堪与现代大型赛事的开幕式相媲美。“非乐”是墨子“强本节用”思想的引申，是其为民“兴利除害”宗旨的体现。

三辩

篇名，记载儒家信徒程繁和墨子辩论音乐社会功能的反复问答。（1次）墨子对音乐持否定态度，认为音乐对治天下无益。他从历史传说出发，认为音乐越发达，天下治理越差。这不符合基本的历史事实。用意跟他的“节用”思想一致，反映墨子作为小手工业者的代表，对文化娱乐的社会功能认识不足，心存偏见，表现其思想的狭隘性。《三辩》是墨子十论《非乐》的补充。题名“三辩”，应有三次往返论辩。今本只剩两次问答，可能在长期流传过程中，有遗失残缺。《三辩》

突显墨子学术性格的复杂、多样和矛盾，是当时辩论状况的真实写照，从中可引出对今人有益的经验教训。

《三辩》记载儒家信徒程繁和墨子的反复问答。程繁先声夺人地对墨子说，您说："圣王不为乐。"（圣王不奏乐，不听音乐）可是，诸侯处理政事疲倦了，就演奏钟鼓之乐来休息。士大夫处理政事疲倦了，就演奏竽瑟之乐来休息。农民春天耕种，夏天除草，秋天收获，冬天储藏，就敲打瓶盆来休息。现在您说，圣王不听音乐，这就像只让马拉车，却总不让马卸套，只把弓拉紧，却总不松开，这是有血肉之躯的人，无法办到的。程繁的陈词，符合人情事理。

在逻辑上，墨子说"圣王不为乐"（"圣王无乐"），相当于全称否定命题"所有S不是P"。但墨子同时又说：从前尧舜用茅草盖房，实行礼仪，演奏音乐。商汤把夏桀流放于大水，一统天下，自立为王，事业成功，没有后患，继承先王音乐，创作音乐，把乐章叫作《护》，又整理古代音乐《九招》。周武王战胜商朝，杀商纣王，一统天下，自立为王，事业成功，没有后患，继承先王音乐，创作音乐，乐章叫《象》。周成王继承先王音乐，创作音乐，乐章叫《驺虞》。这等于承认"有些圣王为乐"（"有些圣王有乐"），相当于特称肯定命题"有S是P"。这跟前面说"圣王不为乐"（"圣王无乐"）的命题形式"所有S不是P"，是矛盾关系，同时肯定二者，自相矛盾，违反逻辑矛盾律。

程繁紧接着批评墨子说："您说圣王没有音乐，可是这些也是音乐，怎么能说圣王没有音乐呢？"程繁一语中的，击中要害。反复驳辩到最后，墨子无话可说，就诡辩说："圣王的命意是，过多了，就让它减少。饮食对人有利，把'知道饿了就吃'，也算成智慧，但这种智慧少，等于无智慧。圣王有乐而少，也等于无乐。"墨子"少乐无乐"强辩，酷似公孙龙"白马非马"诡辞。强词夺理的谬误论证，在程繁合乎逻辑的论辩面前，苍白无力，无异认输。以上"美"到"三辩"等5个词目，归入"音乐艺术美学"类名。

军事学

兵学，战争学，积极防御战的战略战术。墨家在战国的特殊历史时期，是一个学术兼政治军事集团，带军事性。《公输》载，墨翟弟子“禽滑厘等三百人”，持墨翟“守御之器”，止楚攻宋。

墨家任侠仗义，扶弱抑强。《经上》：“任（侠），士损己而益所为也。”《经说上》：“任（侠）。为身之所恶，以成人之所急。”墨子非攻救守。司马迁评论墨子“善守御”。

军事形势。《备城门》载墨家集团第二代表人禽滑厘问墨子：“甲兵方起于天下，大攻小，强执弱。吾欲守小国。”墨子时代，齐晋楚越四大国对峙，四分天下。《非攻下》：“今天下好战之国齐晋楚越。”《节葬下》：“南有楚越之王，而北有齐晋之君，此皆砥砺其卒伍，以攻伐兼并。”后形成齐、秦、楚、越、韩、赵、魏、燕八国争霸。越亡后，其余七强并立，即战国七雄，夹在其间的鲁卫宋郑等弱小国，不断受强大国攻掠。

战略任务。“守小国”，是墨家从“兼爱”理想出发，根据“大攻小，强执弱”的军事形势，采取的战略抉择。墨者怀抑强扶弱的侠义心肠，采取守小国、扶弱国的立场，其战略任务，是最大限度利用小国、弱国的人力物力，采取政治、经济、军事、外交等手段，最大限度地削弱攻掠一方的有生力量，争取小国弱国防御战的胜利。

墨者规划的小城防御战双方力量对比的规模，是万户守城居民，抵挡大国十万正规军。《杂守》说，墨者守城“率万家而城方三里”，万户居民，城墙周长三里。《备城门》：“客（敌）攻以队，十万之众。”攻方队伍十万人。这跟主要反映大国进攻战规律的《孙子兵法》，说法吻合。《孙子·作战篇》载孙武说，凡用兵之法“带甲十万”，披铠甲步兵十万。又说：“日费千金，然后十万之师举矣。”《用间篇》载孙武说：“凡兴师十万，出征千里。”万守城居民，跟十万攻城大军的力量对比，说明“守小城”的战略抉择，是在严峻的军事形势下被迫作出的，需要巨大的战略勇气和充分的战术准备。

在“大攻小，强执弱”的军事形势下，完成“守小国”的战略任务，必须具备主观条件。墨家主张小国居民，居安思危，积极备战。《杂守》：“安则示以危。”在暂时平安中，要指出遭逢危难的可能。

墨子劝卫君蓄士备武。卫国是比鲁、宋还小的国家，周边与“好战大国”齐晋为邻，不断受齐晋攻掠。卫国上层骄奢淫逸，不思危图强。墨子游说卫国上层，分析强国林立，为求生存，应立志节欲备武，训练军队，不然难免速亡命运。《贵义》载墨子对卫国卿大夫公良桓子说：“卫，小国也。处于齐晋之间，犹贫家之处于富家之间也，贫家而学富家之衣食多用，则速亡必矣。今阅子之家，饰车数百乘，马食菽粟者数百匹，妇人衣文绣者数百人，若取饰车食马之费，与绣衣之财以蓄士（训练军队），必千人有余。若有患难，则使数百人处于前，数百人处于后，与妇人数百人处前后，孰安？吾以为不若蓄士之安也。”卫国一卿大夫家，有穿锦绣衣服的姬妾数百人，豪华轿车数百辆，吃粮食养肥的马数百匹，腐败奢靡，可想而知。墨子从卫国面临的军事形势出发，告诫卫国统治者，应节欲尚俭，整军备武，改革政治，才能在大国挤压下，长治久安，不致“速亡”。墨子警告，没有引起卫国统治者的重视，卫国在周边强国的攻掠下败亡。

《七患》说，国家大患之一是：“自以为安强，而无守备，四邻谋之，不知戒。”“心无备虑，不可以应卒。”看不清军事形势，麻痹大意，一遇突发事件，难于应付，必导致亡国。小国应有危机意识，又不可在战略上丧失信心。在战事突发，大军压境的情况下，不能闻风丧胆，把国家、城池拱手相让。

《杂守》提出“危示以安”的原则，在危难面前，要看到转危为安的因素。《备城门》说，当敌人以“十万之众”，用“临、钩、冲、梯、堙、水、穴、突、空洞、蚁附、轒辒、轩车”等各种战法，其势汹汹来攻城，应清醒分析守城战斗的有利形势，坚守胜围的条件。

墨子说：“我城厚以高，守器具，樵粟足，上下相亲，又得四邻诸侯之救，此所以持也。”城墙厚高，守城器械齐备，柴草粮食储备充足，这是物的因素。内部团结，得道多助，是人的因素。凭借人和物的因素，守城战斗能坚持到最后胜利。正确认识军事形势，对战略大局心中有数，做好充分的物质准备和精神准备，就可对可能发生的变故，应付自如。

非攻。墨子从劳动人民朴素的道德观念，概括“兼相爱、交相利”的“兼爱”说；又从“兼爱”说，引申“非攻”概念。“非攻”是平民道德的引申。墨子说，“天下之人皆相爱”，则“强不执弱，众不劫寡，富不侮贫，贵不傲贱，诈不欺愚”，“祸篡怨恨”不生。“非攻”和“兼爱”，紧密相连，不可分割。

墨子常用私有制社会的普遍道德规范“勿偷盗”，类比论证“非攻”。他说：现在有一个人，闯入人家的果园、菜园、偷窃人家的桃李瓜姜，人听到了都会说他不对，当政者抓到了也会惩罚他。什么原因呢？因为他不劳而获、亏人自利。同样，偷人家犬豕鸡豚牛马；屠杀无辜、抢掠衣裘戈剑；翻墙而入，绑架人之子女；挖洞入室，窃人之金玉布帛等等，都是不仁不义的，应该非难和处罚。楚国封君鲁阳文君，对弱小邻国宋国和郑国，有攻伐兼并的意图。墨子批评鲁阳文君说，假定有一人，家里牛羊猪狗肉“食之不可胜食”，看见人家做面饼，千方百计偷来，说这样可以节省他家里的食物。墨子问鲁阳文君，这是他食物不够呢？还是他有偷窃病呢？鲁阳文君说：这是有偷窃病。墨子说，楚国四境之田，荒芜而不可胜辟，看见宋、郑之间有空地，千方百计占据，这也是有偷窃病。墨子对鲁阳文君说，窃一犬一彘而谓之不仁，窃一国一都，则以为义，这是知小物而不知大物。(《耕柱》、《鲁问》)墨子从当时劳动人民兼爱互利、不偷窃的道德观念出发，保护小生产者的劳动成果与和平生活，谴责大国对小国的攻伐掠夺战争。

矛头所向。《非攻下》：“今天下好战之国齐晋楚越。若使此四国者得意于天下，此皆十倍其国之众，而未能食其地也，是人不足而地有余也。今又以争地之故，而反相贼也，然则是亏不足而重有余也。”《非攻中》载墨子说，南则楚越之王，北则齐晋之君，所有余的是土地，所不足的是人民，然而他们却“尽民之死”，以争虚城，“则是弃所不足，而重所有余也。为政若此，非国之务者也”。《节葬》：“南有楚越之王，而北有齐晋之君，此皆砥砺其卒位，以攻伐兼并。”当时齐晋楚越四大国对峙，“四分天下”。前453年，韩赵魏三家分晋，大诸侯国有齐秦楚越韩赵魏燕八个，小的有宋鲁郑卫，莒邹杞蔡，郯任滕薛曾等。大诸侯国不断进行兼并战争，攻城略地，矛头指向周边小国。在中国走向统一的过程中，这种现象虽属不可避免，但也给小国人民带来深重灾难。

战争罪状。墨子历数“好战大国”攻伐掠夺战争的罪状。耽误农时，使百姓陷于饥饿。墨子说：“今师徒唯毋兴起，春则废民耕稼树艺，秋则废民获敛。今唯毋废一时，则百姓饥寒冻馁而死者，不可胜数。”（《非攻中》）农业生产的特点，是“以时生财”，必须“力时急”，抓紧农时，才能“五谷常收”，“生财密”。（《七患》）兴师动众，攻伐兼并，短者数月，长者数年，必然按贻误农时，破坏农业生产，使人民饥寒冻馁。

抢掠人民辛勤创造的财富。墨子说：“今王公大人，天下之诸侯，将必皆差其爪牙之士，皆列其舟车之卒伍，于此为坚甲利兵，以往攻伐无罪之国，入其国家边境，刈其禾稼，斩其树木”，抢掠牲畜，把人民辛勤创造的财富窃为己有，是“非其所有而取”，“亏人自利”，不劳而获，犹如强盗。《孙子·军事篇》和《九地篇》说：“侵掠如火”，“掠乡分众”，“掠于饶野”，是大国掠夺小国的实情。

残害无辜，掠民为奴。墨子指出，“好战大国”攻伐小国，“民之格者则劲杀之，不格者则系操而归。丈夫以为仆御胥靡，妇人以为舂酋”（《天志下》）。被侵掠国家的老百姓，稍有反抗，予以残害，不反抗者用绳索捆绑，像牵牲畜一样掠回，强迫为奴，生如牛马。第四，国家失卒，百姓易务。墨子指出，“好攻伐之国”动辄兴兵“十万”，连年战争，“农夫不暇稼穑，妇人不暇纺绩织纫，则是国家失卒，而百姓易务也”。（《非攻下》）等于使国家失去劳动力，使百姓不能务本业。被迫征战的大国百姓，在征途中因饥饿、疾病死者“不可胜数”，战斗“丧师多不可胜数，丧师尽不可胜计”，攻下“三里之城”，“杀人多必数万，寡必数千”。攻伐掠夺战争，对交战双方的百姓，都是巨大灾难。墨子的结论是：“当若繁为攻伐，此实天下之巨害也。”（《非攻下》）

救守。墨者由任侠尚义，而学军救守，组成带军事性的学术团体。墨徒平时过着半军事化的生活，衣食住行有严格制度，受严密组织纪律的约束。墨者平时研究学问，从事各种事业，而一旦战争爆发，可随时拉出几百人，指挥、组织和参与小国小城的防御战斗。一次战斗，有上百名墨徒牺牲，这在各学派中独一无二，构成墨家一大特色。墨子教门徒“能谈辩者谈辩，能说书者说书，能从事者从事”，用文武两手，反对大国对小国的攻伐，保护小国人民的劳动果实和生命财产。

典型事例，是《公输》、《吕氏春秋·爱类》、《战国策·宋策》、《淮南子·修务训》等载墨子止楚攻宋的故事。前440年的一天，墨子听到鲁班帮助楚国造云梯，准备攻打宋国，便从鲁国出发，日夜兼程，行十天十夜，到楚国都郢，找到鲁班。鲁班问：“先生有何见教？”墨子说：“北方有人侮辱我，请你杀他。”鲁班不高兴。墨子说：“我送你十两金子。”鲁班说：“我讲仁义，从来不杀人！”墨子起身再拜说：“吾从北方，闻子为梯，将以攻宋。宋何罪之有？荆国有余于地，而不足于民，杀所不足而争所有余，不可谓智。宋无罪而攻之，不可谓仁。知而不争，不可谓忠。争而不得，不可谓强。义不杀少而杀众，不可谓知类。”鲁班被说服，并答应带墨子见楚王。墨子对楚王说：“今有人于此，舍其文轩，邻有敝舆，而欲窃之。舍其锦绣，邻有短褐而欲窃之。舍其粱肉，邻有糠糟而欲窃之。此为何若人？”王曰：“必为有窃疾矣！”子墨子曰：“荆之地方五千里，宋之地方五百里，此犹文轩与敝舆也。荆有云梦，犀兕麋鹿满之，江汉之鱼鳖鼋鼍为天下富，宋所为无雉兔鲋鱼者也，此犹粱肉与糠糟也。荆有长松、文梓、楩楠、豫章，宋无长木，此犹锦绣之与短褐也。臣以三事（三种比喻）之攻宋也，为与此同类。”楚王说：“讲得好！尽管如此，鲁班已为我准备了云梯，我一定要攻打宋国！”于是把鲁班叫来一起辩论。墨子解下腰带当城墙，以木片当守城器械，与鲁班进行攻守模拟战。鲁班九次改变攻城器械和战法，九次被墨子打败。鲁班攻城器械用尽，墨子守城器械尚未用完。鲁班对墨子说：“吾知所以距子矣，吾不言！”墨子说：“吾知子之所以距我者，吾不言！”楚王问其故，墨子说：“公输子之意，不过欲杀臣。杀臣，宋莫能守，可攻也。然臣之弟子禽滑厘等三百人，已持臣守御之器，在宋城上，而待楚寇矣。虽杀臣，不能绝也！”楚王说：“善哉！吾请无攻宋矣！”（《公输》）

墨子制止楚王攻宋，返回鲁国，路过宋国，那里戒备森严，赶上下雨，墨子想到城门洞中避雨，遭到守城者拒绝：这是守城者根据墨子守城的要求行事。从故事看出，墨子“非攻”和“救守”，是一体两面，反对攻伐掠夺战争，当这种战争爆发，要用“救守”（救援守者）的行动，去“非攻”：制止攻伐掠夺战争。

制止不义战争，要有多种条件。要有道义优势。“得道多助，失道寡助。”“有理走遍天下，无理寸步难行。”战争爆发，与之并行的，是外交斗争，“伐兵”和“伐交”交织。“伐兵”靠军事实力，“伐交”靠道义。占道义优势，“义正词严”，“大义凛然”。墨子与鲁班、楚王对话，占道义优势，在气势上压倒对方。

熟知战术、战法。“伐交”谈判，充满军事理论、知识的交锋。攻方用军事优势恐吓，想在谈判桌上，取得在战场上尚未得到的。守方不被吓倒，要对双方军事实力了如指掌。在战术、战法、武器装备方面，要有应付对方的手段，“在战略上藐视敌人，在战术上重视敌人”。墨子不在与鲁班的“沙盘战斗”中取胜，楚王不会放弃攻宋意图。

以物质实力，为制止战争后盾。道义胜利，通过正义战争胜利实现，以正义力量强大为前提。墨子与鲁班模拟攻防战取胜，对方仍想通过杀掉墨子的不义举动，赢得攻宋战争。楚王听说墨子门徒，早已持墨子守城器械，在宋城上严阵以待，才真正认输。

发挥人力。在“大攻小，强执弱”的形势下，采取“守小国”的战略选择，凭借的优势条件，是小国、小城人民人力的充分发挥，各种积极因素的充分调动。墨子非命尚力，反对儒者宣扬的命定论，主张发挥人民奋斗的力量。《非命下》：“夫岂可以为命哉？固以为其力也。”《经下》：“且然不可止，而不害用功（人力），说在宜。”《经说下》：“宜犹是也。且然必然，且已必已。且用功而后然者，必用功而后然。且用功而后已者，必用功而后已。”人在某种无法改变的趋势面前，不能无所作为，应该充分发挥人力的作用，趋利避害，把利益争取到最大，把祸害排除到最小。“宜”是符合原则、标准（“是”即正确、合标准）。敌方大军压境，是将城池拱手相让，乖乖投降？还是组织人民，把力量发挥到极致，坚守城池？墨家主张后者。

战略形势，是敌众我寡，敌强我弱。《杂守》：“率万家而城方三里。”这是守城规模。《非攻中》：“今攻三里之城，七里之郭。”即战国人说的“千丈之城，万家之邑”。（《战国策·赵策三》）万户城，数万人。敌方攻力，“十万之众”。《非攻下》：“今观好攻伐之国，徒十万，然后足以师而动也。”《备城门》述敌我力量对比说：“客（敌）攻以队，十万之众。”反映大国进攻战规律的《孙子兵法》，屡言野战军调动，《作战篇》说，“凡用兵之法”，“带甲十万”，“日费千金，然后十万之师举矣”。《用间篇》：“凡兴师十万，出征千里。”《孙子兵法》所说情况，跟墨子所说一致。攻者为强国大国，拥十万精兵。守者为弱国小国，止万家之民。这种攻守双方力量对比的形势，反映当时进攻和防御战的一般情况，有典型性。在敌强我弱，敌众我寡的战略形势下，应结成最广泛的抗战守城统一战线，把小城人民保家卫国的积极性，充分调动，发挥到极致。

全民皆兵。万户居民小城，抵挡十万敌军进攻，怎样组织守城军队？《备城门》：“客（敌方）攻以队，十万之众，攻无过四队者。上术广五百步，中术三百步，下术一百五十步，诸不足一百五十步者，主人（守方）利，而客（敌方）病。广五百步之队，丈夫千人，丁女二千人，老小千人，凡四千人足以应之，此守术之数也。使老小不事者，守于城上不当术（攻道）者。”这一部署，用守军四千人（含男壮丁千人，女壮丁二千人，老人小孩千人）。这四千人队伍，男壮丁之所以比女壮丁少一千人，是由于另有预备队、突击队、敢死队和各级军事长官卫队，各种技术兵种等，需要男壮丁担任。除这四千守军，还有其它安排，如：“（城下的）守法：五十步，丈夫十人，丁女二十人，老小十人人计之，五十步四十人。城上楼卒率一步一人，二十步二十人。城小大以此率之，乃足以守御。”按这种“守法”计算，“万家之邑，千丈之城”需守军三千多人。还有城内各处守卫、巡逻，各种后勤保障，倒班轮换，不动员全城居民，实行“举全城之民皆兵”，不能胜任。

广泛组织妇女参战，是墨者组织积极防御战的一大特色。《号令》：“女子到大军，男子行左，女子行右。”几千名青壮年妇女，听到集合鼓声，放下手中活计，从各家各户走出，齐拥城上岗位报到。要速度快，有秩序，须要男左女右，分道而行。《号令》：“丁女子，老少，各一矛。”女兵和男兵一样，手持武器，参与战斗。《旗帜》：“守城之法：女子为姊妹之旗。”女兵军团，有特殊军旗标志。又说：“男女皆辨异衣章徽，令男女可知。”男女兵，各着不同制式军服，佩戴不同臂章徽记，使男女兵易分辨，便于管理，严肃风纪。女子作战英勇，同男兵一样受赏赐，如“赐钱”、给予免征租税、徭役的优待。《备穴》：“诸作穴者五十人，男女相半。”连坑道兵组成，都要男女各半。在防御战中，妇女显示“半边天”作用。战国时代，男子服兵役年龄，从十五到六十岁。四千守城军，有“老少千人”，“老”指六十岁以上老人，“少”指十五岁以下儿童。《旗帜》：“五尺童子为童旗。”儿童团，有专用军旗，上描儿童形象。《旗帜》：“凡所求索，旗名不在书者，皆以其形名为旗。”《号令》：“里中父老不与守之事及会计者，分里以为4部，部1长，以苛（盘查）往来。不以时行，行而有他异者，以得其奸。”住在街道上的老人，没有参与守城部队和后勤工作，组织担任巡逻、联防，盘查往来行人，发现可疑，及时报告，以防奸细混入。《杂守》：“睨（审观）小五尺不可卒者，为署吏，令给事官府与舍。”观察十五岁以下儿童，不能参加守城部队，组织在官府长官住处服役。在小城保卫战中，连老人、儿童都彻底发动，在城内不会有一个闲人。

各用所长。在守城战斗中，对各阶层，各行业，各种有一技之长的人，都彻底动员，用其所长，各有分职，全部纳入战时体制，编制为军队的组织形式。《迎敌祠》：“收贤大夫，及有方技者与工，第之（编制使各有统属）。举屠（屠夫）、沽者（酒商），置厨给事（给军队办理炊事）第之。凡守城之法：百官供财（有钱出钱），百工即事（有力出力），士皆有职（士人都有专职）。”要求把各级官吏，各种有一技之长者，手工业工匠，都编为组织，明确上下级关系。让屠夫、卖酒商人，操办军队伙食。各级官吏提供财力，各种工匠提供人力、技术，知识分子分配专职。《备城门》：“敌人为穴而来，我急使穴师选士，迎而穴之，为之具内弩以应之。”“穴师”是专精开挖洞穴、坑道的技师。《备穴》：“令陶者为瓦窦”，“疾鼓橐熏之，必令明习橐事者勿离灶口”。“陶者”，指制陶技工。“明习橐事者”，指熟练的冶金鼓风技工。在战时组织各种手工业技工、技师，利用专业特长，构筑军事工程设施，实行各种特殊战斗方式。

统一战线。《杂守》：“有谗人、有利人、有恶人、有善人、有长人、有谋士、有勇士、有巧士、有死士、有内人者、外人者、有善爱人者、有善斗人者，守（郡守）必察其所以然者，应名以纳之。使人各得其所长，天下事当。均其分职，天下事得。皆其所喜，天下事备。强弱有数，天下事具矣。”在守城战斗的非常时期，当权者应采取开明宽容的用人方针，调动一切积极因素，尽力化消极因素为积极因素，最大限度团结一切可以参加守城战斗的人，结成广泛抗敌统一战线。拥有数万人的郡级城市，各阶层，各行业，各色人等，无所不有。平时乐善好施、乐于助人者，善于出谋划策的人，心灵手巧的人，勇猛无畏的人、侠客义士等，自然各有所用。高个子，“有力者”（力气大的人，见《备城门》等篇），“案目者”（能够目不转睛、盯着看的人，见《备梯》），“聪耳者”（耳朵灵的人，见《备穴》），各有用场。平时爱说别人坏话的人，品行不端的人，爱打架斗殴的人，只要参加守城战斗，改过自新，无不欢迎。外来不久的新住户，与老居民一律对待。凡参加守城战斗，不计较出身、经历、品质、行业、才能等区别，一视同仁，皆予收纳，各分配一定工作，发挥长处，使每一个人，都在守城战斗中，找到适合自己的位置。“使人各得其所长”，“均其分职”，“皆其所喜”，“强弱有数”，“天下事当、得、备、具”，即每个人都为守城战斗贡献，跟守城事业联系，结成广泛抗敌守城统一战线。这是守城事业的人力保证。墨者注意团结内部，争取外援，瓦解敌人，优待间谍，目的是为了扩大守城统一战线。《备城门》："上下相亲"，"吏民和"、"主信以义，万民乐之无穷"。《号令》："诸有怨仇不相解者，召其人为之解之。"这是团结内部。《备城门》："得四邻诸侯之救。"《号令》："豪杰之外多交诸侯。"这是争取外援。"守入城，先以候为始，得辄宫养之，勿令知吾守卫之备。候者为异宫，父母、妻子皆同其宫，赐衣食、酒肉，信吏善待之。"这是优待敌方间谍，意在瓦解敌人，化消极因素为积极因素，使之有利于守城一方。墨者尽人力坚守胜围，把局部小国、小城有限人力发挥到极致，是古代战争史上的奇迹。

积极防御。墨家以"善守御"著称，汉语中留下"墨守"（"墨翟之守"）的术语。"守"，防守，防御，作为战争行动方式，有战略、战役和战术防御之分。就防御在战争、战役乃至战斗中对全局影响而论，有积极和消极的区别。战争目的，是消灭敌人，保存自己，二者相辅相成。作为手段，进攻和防御，是相互联系，相互制约的两个方面。进攻是消灭敌人的主要手段，同时也是为了保存自己，因为不消灭敌人，则自己将被消灭。防御是为了保存自己，但同时也是辅助进攻，或准备转入进攻的一种手段。这两个方面，进攻是主要的，防御是第二位的。只有大量消灭敌人，才能有效保存自己。防御是不是积极的，主要看是否有助于进攻，或有助于转入进攻。在这个意义上，战略、战役和战术防御，都有积极与消极的区别。

墨家论进攻和防御，消灭敌人和保存自己的军事辩证法，是一般辩证法的组成部分。墨者在论证"同异交得"的一般辩证法原则时，列举例证："剑犹甲，死生也"，意谓剑这种致敌死命的进攻性武器，也有如铠甲一样，保存自己生命的防御作用，具有"死生"两种对立的性质。致敌死，是为了保己生；必要进攻，是为了有效防御。这里揭示进攻与防御的军事辩证法。"墨翟之守"，世代留名，无论在战略、战役、战术上，都是积极防御。

入守出诛。墨子"非攻"，不是反对一切战争。墨子不是反对一切战争的"非暴力主义者"、"和平主义者"。这样的误解，在墨子时代已经存在。墨子向当时

“好攻伐之君”，宣传“非攻”学说。好战国君为自己攻伐掠夺的行为辩护，非难墨子说：“子以攻伐为不义，非利物与！昔者禹征有苗、汤伐桀、武王伐纣，此皆立为圣王，是何故也？”把墨子“非攻”解释为“以攻伐为不义”，是错误的。墨子不是把一切“攻伐”（战争），都归结为“不义”，加以反对。

在战略上，墨家在刀兵四起，“大攻小，强执弱”的形势下，选择“守小国”，确定战略防御的方针。这种战略防御，不是消极的，是积极的。“守小国”，不限于守自己家乡，无论什么地方出现大国、强国攻伐掠夺小国、弱国的情况，墨者都全力制止。《非攻下》载墨子说：“大国之攻小国也，则同救之。”墨家救守，是主动行动。《尚贤中》：“入守则固，出诛则强。”坚固设防守御，强力诛讨不义，全面表达墨子积极防御的方针。墨子针对“好攻伐之君”的误解，驳辩说：“子未察吾言之类，未明其故者也：彼非所谓攻，谓诛也。”（《非攻下》）墨子力主战争分为正义和非正义两类：大国、强国攻伐掠夺小国、弱国为不义；而小国、弱国组织自卫，抗击和诛讨敢于入侵的敌寇，是正义的举动。前者为“攻”，后者为“诛”，概念类别不同，物情事理有别，不可混淆。战略防御，在总体上处于守势，不主动攻击别人。积极的战略防御，在总体上处于守势，为了有效防御，根本消除威胁，有时也采取进攻手段，打出去，并且打赢，这就是墨子所说的“诛”。把“诛”纳入战略防御可采取的行动范围，表现墨家战略防御的积极性质。积极的战略防御，要以充分的物质准备为前提。

坚固防守，积极防御，是墨家军事思想的出发点。《七患》说：“城郭沟池不可守”，“敌国至境，四邻莫救”，“自以为安强，而无守备，四邻谋之而不知戒”，是国之患。并说：“库无备兵，虽有义不能征无义。城郭不备全，不可以自守，心无备虑，不可以应猝（敌国突然进犯的事变）。”“备者国之重也。食者国之宝也，兵者国之爪也。城者所以自守也。此三者国之具也。”积极的战略防御，包括在充分物质准备基础上，主动出击的“伐交”。通过主动行动，制止将要发生的不义攻伐，是战略防御积极性质的表现。

著名实例，有墨子止楚攻宋，止鲁阳文君攻郑，止齐国攻鲁等。鲁国是墨子住地，是小国，春秋后期国势衰落，战国前期不断受到北方大国齐国的攻掠。为了存鲁抗齐，墨子多次游齐，劝说齐国将领和贵族，宣传“非攻”学说。墨子为节制齐将领项子牛对鲁国的侵略，指派弟子胜绰做项子牛侍从。胜绰接受项子牛的厚禄，支持、纵容项子牛对鲁国攻掠。墨子把胜绰请退，给予严厉批评（《鲁问》）。一次，墨子听说项子牛要率兵伐鲁，对项子牛说：“伐鲁，齐之大过也。昔者吴王东伐越，栖诸会稽。西伐楚，保昭王于随。北伐齐，取国子（齐将国书）以归于吴。诸侯报其仇，百姓苦其劳，而弗为用。是以国为虚厉（败亡）、身为刑戮也。昔者智伯伐范氏与中行氏，兼三晋之地，诸侯报其仇，百姓苦其劳。而弗为用，是以国为虚厉，身为刑戮也。故大国之攻小国也，是交相贼也，过必反于国。（《鲁问》）墨子援引历史经验，证明齐伐鲁是犯了大错，告诫项子牛说：“君子不镜于水而镜于人。镜于水，见面之容。镜于人，则知吉与凶。今以攻战为利，则何不鉴之于智伯之事乎？此其为不吉而凶，既可得而知矣。”（《非攻中》）墨子用吴国和智伯的教训，分析齐国自恃其大，频繁伐鲁，必然失道寡助，百姓离叛，玩火自焚，搬起石头砸自己的脚。墨子对齐太公田和说：“现在有一把刀，用它来砍人，以检验它锋利不锋利。假如被试者人头猝然落地，这算是锋利吗？”齐太公说：“锋利！”墨子又说：“用它砍许多人，人头都猝然落地，这刀算是锋利吗？”齐太公说：“当然锋利！”墨子问：“刀是锋利，但谁应该承担杀人的责任呢？”齐太公说：“刀被证明是锋利的，但试刀的人应该承担杀人的责任。”墨子问：“并国覆军，贼杀百姓，孰将受其不祥？”齐太公想了一会儿说：“我受其不祥。”在墨子大义凛然，振振有词的驳辩下，齐太公田和，终于自认齐伐鲁的罪责，应该由自己承担。这是墨子一次成功的游说、“伐交”活动。

伤敌为上。战争由战役构成。战役不是进攻，就是防御。对一方是进攻，对另一方是防御。战略上处于防御一方，战役不一定都是防御。战役进攻越多，战略防御越积极。处在战略防御地位，战役主要是防御。战役主要为进攻，战略也就由防御，转为反攻。战役进攻，主要目的是消灭敌人。战役防御，主要目的是保存自己。有效保存自己的进攻，是成功的进攻。战役防御是积极的，或是消极的，主要看能否在有效保存自己的同时，大量消灭敌人有生力量。墨家在战略上采取“守小国”的防御态势，其战役主要为防御。墨家“善守御”，指墨家善于开展积极的战役防御和战术防御。墨家善于开展积极的战役防御，首先在于它在战役的安排上，要求最大限度保存自己。古代防御战，主要是依靠具有坚固城墙、宽阔护城河的“城池”。墨子在防御战中，主张集中力量守城。防御是城池的本质规定。《七患》：“城者，所以自守也。”当时城中积累较多财富，聚居较多居民，有发达的手工业和商业。墨子提出，将不便守御，分散于交通要道和小城镇的人民、财产，转移到大城市中保护。《号令》：“论小城不自守通（交通要道）者，尽保其老弱、粟米、畜产。”“城小人众，保（全）离乡（近边境之邑）老弱国中及他大城。”主张牺牲局部，保护全局，犹如遇到强盗，谋财害命，采取“断指以免身”的策略。（《大取》）敌人大军压境，不得已在所守城池周围，采取坚壁清野方针：“城之外，矢之所逮，坏其墙，无以为客（敌）御。”（《迎敌祠》）“去池（护城河）百步，墙垣、树木大小俱坏伐除去之。”“去郭百步，墙垣、树木大小尽伐除之，外空井尽窒（塞）之，无令得汲也。外空室尽发（拆除）之。诸可以攻城者尽纳城中。当路材木不能尽纳，既烧之，无令客（敌）得而用之。”（《号令》）这些措施，是为了征集守城的物资，避免被敌人利用来攻城。同时，也是为了不给敌人提供隐蔽藏身，接近城墙的条件，便于消灭敌人。在规定守城措施时，已考虑到消灭敌人的因素，表明墨家战役防御的积极性。墨家善于开展积极的战役防御，还在于它在战役的安排上，要求最大限度消灭敌人。

墨者主张，在防御战中，要尽可能采取积极攻势行动，力争最大限度消灭敌人有生力量。《号令》：“凡守城者以急伤敌为上。其延日持久，以待救之至，不明于守者也。能此，乃能守城。”守城一方，应把杀伤来犯之敌，作为当务之急。如果消极等待救兵，旷日持久，对守城者来说，是不明智的。能做到最大限度消灭敌人，就能把城守住。这是墨家积极防御战的经典之言。《号令》：“千丈之城，必郭迎之，主人（守方）利。不尽千丈者勿迎也。视敌之部曲众少而迎之。此守城之大体也。其不在此中者，皆心术与人事参之。”作为守城的大原则，要求有万户居民的城市，要在外城迎击敌人，这样对守方有利。具体战法，应视敌我力量对比等具体因素酌定。“其不在此中者，皆心术与人事参之”，更表明原则性与灵活性的统一，对许多具体条件下的特殊情况而言，要根据具体的主客观条件，决定如何迎敌，大原则是要“以急伤敌为上”。《旗帜》规定，“守柞格（壕池内外的木栅）者”，若“三出却敌”，三次出击打败敌人，要受到太守隆重宴请，给予最高奖赏，赐予封邑，赠与财物，授予大旗。当敌人用云梯攻城被打败，“引兵而去”时，“则令吾死士（敢死队），左右出突门击溃师”。“令贲士（勇士）、主将，皆听城鼓之音而出（击）”。要利用一切条件，设计策“出兵施伏”，隐蔽接近敌人，出其不意打击敌人。

墨家善于开展积极的战役防御，又主张在战役取得胜利后，要追击穷寇，不留情面，为世除害。儒者宣扬“君子胜不逐奔，掩函弗射，驰则助之重车”（君子打胜仗，不追逐逃跑的敌人，按着箭囊不射，帮助逃跑敌人引挽重车），墨者在《非儒》给予批判，指出这不符合两军对垒、你死我活的战争规律。墨子说：“若皆仁人也，则无说（理由）而相敌。仁人以其取舍是非之理相告，无故从有故也，弗治从有知也，无辞必服，见善必迁，何故相敌？若两暴相争，其胜者，欲不逐奔，掩函弗射，驰则助之重车，虽尽能，犹且不得为君子也。意残暴之国也，圣人将为世除害，兴师诛罚，胜将因用儒术令士卒曰：勿逐奔，掩函弗射，驰则助之重车，暴乱之人也得活，天下害不除，是为群残父母，而深贼（害）世也，不义莫大焉。”墨子举出交战双方的几种可能。如果双方都是仁人，通过讲理，辩论，就可解决问题，何必打仗？如果双方都是暴人，即使他们能做到

“胜不逐奔”等，也不会因此就成为君子。如果一方为暴人，一方为仁人，那么仁人就应该奉行为世除害的方针，兴师诛罚。如果这时命令士兵“胜不逐奔”等，使暴人得以逃脱，为天下留下祸根，这是残害天下父母，对世人不利，是最大的不义。墨子有坚定明确的是非、善恶观念，有“宜将胜勇追穷寇”的意境。《孙子兵法》说“归师勿遏”、“穷寇勿迫”相比，墨子的话更符合战争“你死我活”的本质规律。战争目的，是消灭敌人，保存自己。在防御战役取胜后，在可能条件下，将战役性质转为进攻，是典型的积极战役防御。

有备无患。不好战，不可不备战。《七患》：“备者国之重。”“库无备兵，虽有义不能征无义。”墨家的战术防御是积极的，首先是设想，在防御中遇到的各种困难，预做充分准备。《墨子》城守十一篇，七篇以“备”为篇名第一字，多是制定守城防御战法。鲁班设计进攻战战术、战法和武器装备。墨子模拟守城，比鲁班稍胜一筹。墨子充分研究守御战术、战法。在防御战中，有充分战术、战法准备，可掌握战斗的主动权。战役由战斗构成。战斗是武器、人力和勇敢精神的较量，又是战术、战法和智慧的较量。为防御战创造的战术、战法，为防御而制备的武器、工事和器械，属于战术防御范畴。积极的战术防御，是说防御战中所使用的战术、战法、武器、工事、器械等，可有效赢得战斗，最终夺取防御战胜利。《墨子》城守各篇，多有关战术防御。成语“墨守成规”或“墨守陈规”，原意为“阵规”。墨子“成规”，是防御战战术、战法、武器、工事、器械的规范。墨家的战术防御是积极的，还在于创造战术、战法，针对敌方短处，主动出击，克敌制胜。从《备高临》、《备梯》、《备水》、《备突》、《备穴》、《备蚁附》各篇，可窥见守城战法中，如何贯穿最大限度保存自己和消灭敌人的原则。

备高临：破敌筑高台临城法。禽滑厘问，敌人堆土为高坡，比我城高，用柴草和土做掩体，不断向我城靠近，用弩向我射击，该如何？墨子说，敌人筑土台攻城，是笨拙的战法，“足以劳卒，不足以害城”。只要在城上临时搭起高台，用“强弩射之，技机掷之，奇器投之”，敌筑高台临城法可破。

备梯：破敌云梯攻城法。禽滑厘问：“客（敌）众而勇，堙茨吾池（填塞护城河），军卒并进，云梯既施，攻备已具，武士又多，争上吾城，为之奈何？”墨子说，云梯是一种重型装备，“动移甚难”。挑选大力士“持冲”，“执剑”，“以鼓发之，夹而射之，重而射之，技机掷之，城上繁下矢、石、沙、灰以雨之，薪火、水汤（开水）以济之”，“若此则云梯之攻败矣”。

备水：破敌水攻法。一是在城内挖排水沟，二是挑选精兵三百，造快船二十艘，组成决堤突击队，出敌不意到城外决堤放水。为加强冲击力量，每两船并联在一起，叫作一临。每临配备三十名大力士兼材士（有专门才能的兵卒），携带弓弩、长矛、锄头，戴盔披甲，在城上转射机的配合掩护下，“决外堤”，则敌水攻之法可破。

备突：出其不意地突击敌人。“备突”，即准备突然出击。在城墙上，每隔百步，预凿暗门，组织突击队，乘敌不备，出其不意，突击杀敌。

备穴：反坑道战术。禽滑厘问：敌人“穴土而入，缚柱施火，以坏吾城（挖坑道爆破城墙），城坏，或中人（伤人），为之奈何？”墨子答：“审知穴之所在，凿穴迎之。”凿穴与敌相遇，用坑道战，对付坑道战。“窑灶鼓囊”，“用桔槔施利斧冲之”，“短兵相接”等，都是厉害的战法。如此，敌穴攻可破。

备蚁附：破敌密集队形冲城法。禽滑厘问：“敌人强梁，遂以附城，后上先断，以为法程（下命令，让战士像蚂蚁一样爬城，谁爬在后面，先杀谁）”，“前上不止，后射既疾，为之奈何？”墨子说，“蚁附”是敌指挥官因攻城不下，不得已而采取，孤注一掷的办法。守军用“技机掷之”，“烧答（草帘）覆之，沙石雨之”等法，“蚁附”之攻可破。

墨家依靠自己掌握的科学知识、手工业技术和施工技巧，为守城战斗设计、制造许多武器、器械，筑城墙，建城门，精确设计，贯穿最大限度保存自己和消灭敌人的原则，这是墨家战术防御积极性的又一方面。墨者是工匠师、技术家的团体，是当时制造先进防御装备的专家，发明创造甚多：

悬陴。令大力士四人，用机械操纵木仓，仓内藏一人“操二丈四矛，刃其两端”，上下刺杀爬城之敌。二十步设置一台，敌人密集处，六步设置一台，集防守和进攻为一体。

制作当时最有力的进攻武器“连弩车”。《备高临》说明“连弩车”的构造、用途和操作要领。由十人操纵，一次发矢六十枚。这种“连弩车”，是当时领先的“世界之最”。

“转射机”、“技机”、“掷车”、“射机”等，是利用杠杆原理，抛掷石弹的战具，古炮原型。

《备穴》载用于坑道战的战具“窑灶鼓囊”，其作用是用烟雾熏敌。

城市防御工程主体城墙、壕池，城门洞，城门、城闸机关，城上观察、指挥和战斗设施，城外围观察、通讯设施，壕池（护城河）内外明暗障碍物“柞格”，城外设置陷井，城墙内埋设反坑道战的监听设施，城墙上设置收罗敌箭和必要时燃烧覆敌的“渠答”，在街巷通设置“里门岗亭”。墨家的战术防御，是多层次的立体结构。墨家总结系统的防御战战略战术。

《备城门》等11篇，记载墨家参与小国小城防御战的实况，是中国古代积极防御战略战术和军事学说的重镇。史家班固把《墨子》归类于“兵技巧”家。“军事学”类名，含“兵技巧”到“备蚁附”等22个词目。

兵技巧

军事技术，墨家军事学。东汉班固（32～92）《汉书·艺文志》:“右兵技巧十三家，百九十九篇。”班固自注:“省《墨子》，重。”班固把《墨子》中的军事论著归入“兵技巧”类，但因“墨家”类中已列入“《墨子》七十一篇”，为避免重复，故在“兵技巧”类，省列《墨子》。

班固《汉书·艺文志》据刘向《别录》和刘歆《七略》，在“兵家”项中，分“兵技巧”类，定义“兵技巧”说:“技巧者，习手足，便器械，积机关，以立攻守之胜者也。”墨家的“兵技巧”理论，是为了“立攻守之胜”的目的。

“习手足”：训练手足技巧。墨者在当时的特定历史条件下，由贵义任侠而学军救守，组成一个带军事性的学术团体。墨者教弟子“能谈辩者谈辩，能说书者说书，能从事者从事”，“从事”包括由学军到从军。墨子教育，有“学射”等军事科目。《公孟》：“二三子有复于子墨子学射者。”专门提炼哲学、逻辑和科学范畴的《墨经》，以射箭为例：“矢至侯（布制箭靶）中，志功正也。”射箭射中靶心，是动机和效果的正好符合。《备高临》记述需十人操作的大型兵器“连弩车”，更需用熟练的体能和灵敏的智力配合，是墨家“兵技巧”训练的重要项目。

“便器械”：制造方便器械。墨家熟悉木、车、制陶、皮革、冶金、建筑等百工技艺，把这些技艺应用于军事，设计、制造了各种方便作战、有更大杀伤力的军事器械，如连弩车、转射机、窑灶鼓橐等。《备高临》记载，墨家设计制造重兵器连弩车。发射机关“连弩机郭用铜”，“一石三十斤”（150斤，约合今34公斤）。（杨宽：《战国史》，上海人民出版社1980年版，第40页）《汉书·律历志上》：“三十斤为钧，四钧为石。”用以产生弹力的弓弦，“以弦钩弦，至于大弦”。引张弓弦，非单靠手足力量，而是“引弦辘轳收”。用力士十人操作。“矢长十尺”。“如弋射，以辘轳卷收”。用矢无数，“出入六十枚”。杜甫《前出塞九首》：“挽弓当挽强，用箭当用长。苟能制侵凌，岂在多杀伤？”墨者为积极防御当时强大国家侵凌弱小国家的不义战争，利用其技术优势，特意设计、制造有强大杀伤力的重兵器。转射机（简称射机、掷车、技机、奇器等），是利用杠杆原理制造的抛掷机械，是古代防御战的重兵器，为古炮原型，用以抛掷石弹、利剑、炭火筒、蒺藜球等杀伤物。窑灶鼓橐，是利用风力传播烟雾熏敌的守城战具，是采矿、冶金、制陶技术在军事上的运用。

“积机关”：设置机巧关节。机关本指弩箭上的发动设施，引申为一切机巧关节。《备城门》描述“引机发梁”的机关：“去城门五步大堑之，高地丈五尺，下地至泉，三尺而止，施栈其中，上为发梁而技巧之，比傅薪土，使可道行，旁有沟垒，毋可逾越，而出挑且北（败），敌人遂入，引机发梁，敌人可擒，敌人恐惧，而有疑心，因而离。”精心伪装，用机械牵引的活动吊桥，加上“兵不厌诈”的诱敌谋略，可以达到擒敌的目的，这是工匠技艺和兵家谋略的结合。《备穴》篇描述

“罂听”，是利用声传播原理设计、制造的原始测声仪，是工匠技艺和科学知识的结合。

墨家兵书。《汉书·艺文志·诸子略》著录《墨子》七十一篇，包括城守各篇。同书《兵书略》载“兵技巧十三家，一百九十九篇”，班固自注：“省《墨子》，重。”跟“兵技巧家”相“重”的《墨子》，是指讲守城技术的篇章。《墨子·备城门》至《杂守》十一篇，专讲守城技术和积极防御战的战略战术。孙诒让考证，除这十一篇外，还应有《备钩》、《备冲》、《备堙》、《备空洞》、《备轒辒》、《备轩车》等六篇，篇名可考，但篇内文字遗失。另有四篇，篇名不可考。《墨子》城守诸篇，本应有二十一篇，已亡十篇，现存十一篇。

《墨子》城守诸篇，是中国古代的重要兵书，专讲守城技术和积极防御战的战略战术，跟专讲大国进攻战，攻城略地战略战术的《孙子兵法》，恰成两种对立军事方略的双星双璧，都是研究古代军事学和军事哲学的经典，有重要的现实意义和世界意义。《墨子》城守诸篇的特色，是反映小国小城人民积极防御战争的规律。它透过守城战斗的军队编制、武器装备、工程构筑和战斗过程，论述积极防御的战略战术，在中国军事学说史上有重要价值。

《墨子》城守各篇，是中国古代积极防御战的经典，跟主要讨论进攻战规律的《孙子兵法》，相辅相成，互为补充，应受到同等程度的重视。墨家积极防御的军事学说，在当代中国和世界，具有更为特殊的现实意义，应给予更多关注。从本质上说，人民要保卫自己的劳动成果，和平生活，只有实施积极防御的战略战术。

战

战争。（43次）《经说下》：“闻战。”《修身》：“战虽有陈，而勇为本。”《尚同下》：“此皆是其国，而非人之国，是以厚者有战，而薄者有争。”《兼爱中》：“诸侯不相爱则必野战。”“诸侯相爱则不野战。”“攻城野战。”《兼爱下》：“今有平原广野于此，被甲婴胄将往战。”《非攻下》：“今天下好战之国齐晋楚越。”《节用上》：“攻城野战死者，不可胜数。”《节葬下》：“出战不克。”《明鬼下》：“大战于甘。”“与殷人战乎牧之野。”《公孟》：“国士战且扶人，犹不可及也。”《鲁问》：“鲁人有因子墨子而学其子者，其子战而死。”“翟虑被坚执锐救诸侯之患，盛，然后当一夫之战，一夫之战其不御三军。”“鼓而使众进战，与不鼓而使众进战，而独进战者，其功孰多？”“昔者楚人与越人舟战于江。”《备穴》：“且战北（败）。”假装败退。《杂守》：“整旗以战备。”“男子以战备从斥。”

墨子所提消除战争的方案，是实行“兼爱”，各国互相以仁义的原则相待。《兼爱中》：“诸侯相爱则不野战。”《非攻中》：“饰攻战者言曰。”“古者封国于天下，尚者以耳之所闻，近者以目之所见，以攻战亡者，不可胜数。何以知其然也？东方自莒之国者，其为国甚小，间于大国之间，不敬事于大，大国亦弗之从而爱利，是以东者越人夹削其壤地，西者齐人兼而有之，计莒之所以亡于齐越之间者，以是攻战也。虽南者陈蔡，其所以亡于吴越之间者，亦以攻战。虽北者且不一著何，其所以亡于燕代胡貊之间者，亦以攻战也。是故子墨子言曰：‘古者王公大人，诚欲得而恶失，欲安而恶危，故当攻战而不可不非。’”

墨子揭露和批判“饰攻战者”（粉饰攻战者，好战者）为好战论证的言论，从“保护小国”的立场出发，批判大国好战的言论，有一定合理性。从春秋末到战国末大国兼并的状况，是中国实现大一统客观历史趋势的必然表现说，墨子言论的合理性，又有一定限度。这是墨子言论合理性和非合理性的“同异交得”（对立统一），是春秋战国数百年中国社会客观辩证运动规律性导致的悖论。《非攻中》：“饰攻战者之言曰：‘彼不能收用彼众，是故亡。我能收用我众，以此攻战于天下，谁敢不宾服哉？’子墨子言曰：‘子虽能收用子之众，子岂若古者吴阖闾哉？古者吴阖闾教七年，奉甲执兵，奔三百里而舍焉，次注林，出于冥隘之径，战于柏举，中楚国而朝宋与及鲁。至夫差之身，北而攻齐，舍于汶上，战于艾陵，大败齐人而葆之大山，东而攻越，济三江五湖，而葆之会稽，九夷之国莫不宾服，于是退不能赏孤，施舍群萌，自恃其力，伐其功，誉其智，怠于教，遂筑姑苏之台，七年不成，及若此，则吴有离罢之心，越王句践视吴上下不相得，收其众以复其雠，入北郭，徙大内，围王宫而吴国以亡。昔者晋有六将军，而智伯莫为强焉，计其土地之博，人徒之众，欲以抗诸侯，以为英名，攻战之速，故差论其爪牙之士，皆列其舟车之众，以攻中行氏而有之，以其谋为既已足矣，又攻兹范氏而大败之，并三家以为一家，而不止，又围赵襄子于晋阳。’及若此，则韩、魏亦相从而谋曰：‘古者有语，唇亡则齿寒。’赵氏朝亡，我夕从之；赵氏夕亡，我朝从之。《诗诗》曰‘鱼水不务，陆将何及乎！’”“是以三主之君，一心戮力，辟门除道，奉甲兴士，韩、魏自外，赵氏自内，击智伯大败之。”“是故子墨子言曰：‘古者有语曰：君子不镜于水，而镜于人，镜于水，见面之容，镜于人，则知吉与凶。今以攻战为利，则盖尝鉴之于智伯之事乎？此其为不吉而凶，既可得而知矣！’”以上用因攻战而灭亡的历史教训，劝说攻战者放弃攻战政策。

攻

进攻，攻战。跟“守”相对。（144 次）《兼爱上》：“若使天下兼相爱，国与国不相攻。”《非攻上》：“大为非攻国，则不知非，从而誉之，谓之义，此可谓知义与不义之辩乎？”《非攻下》：“今天下之诸侯将犹多皆攻伐并兼。”“今逮夫好攻伐之君，又饰其说以非子墨子曰：‘以攻伐之为不义，非利物与？昔者禹征有苗，汤伐桀，武王伐纣，此皆立为圣王，是何故也？’子墨子曰：‘子未察吾言之类，未明其故者也。彼非所谓攻，谓诛也。’”《节用上》：“大人惟毋兴师以攻伐邻国。”《节葬下》：“南有楚越之王，而北有齐晋之君，此皆砥砺其卒伍，以攻伐并兼为政于天下。”《天志下》：“今天下之诸侯，将犹皆侵凌攻伐兼并。”《耕柱》：“今大国之攻小国也，（被）攻者，农夫不得耕，妇人不得织，以守为事。攻人者，亦农夫不得耕，妇人不得织，以攻为事。”《公孟》：“所（被）攻者不利，而攻者亦不利，是两不利也。”《鲁问》：“国家务夺侵凌，即语之兼爱非攻。”《公输》：“公输盘为楚造云梯之械成，将以攻宋。”“吾从北方，闻子为梯，将以攻宋。”“公输盘九设攻城之机变，子墨子九距之，公输盘之攻械尽。”《备城门》：“诸侯畔殷周之国，甲兵方起于天下，大攻小。”“今之世常所以攻者：临、钩、冲、梯。”《杂守》：“守者重下，攻者轻去。”守城者敬重打下敌人的人，进攻者轻视逃离战斗岗位的人。

非攻

反对攻伐掠夺。“非”：反对。“攻”：特指攻伐掠夺的非正义战争。“非攻”是墨子十论之一。战国初墨子军事哲学观点。《非攻》、《天志》、《耕柱》、《鲁问》、《公输》等篇记墨子非攻言行。《备城门》至《杂守》等11篇记墨家守城技术和非攻的战略战术思想。

墨子墨家从抑强扶弱的任侠精神出发，反对“大攻小、强执弱”（强大国家攻伐掠夺弱小国家），主张“守小国”（防守弱小国家）。批评强大国家攻伐掠夺弱小国家是最大的“不义”。历数“好战之国齐晋楚越”侵凌攻伐弱小国家鲁卫宋郑，耽误农时，抢掠财富，残害人民等罪状。

墨子实施“非攻”主张，积极从事止楚攻宋郑和止齐攻鲁等活动，在言辞游说的同时，还组织弟子禽滑厘等三百人持特制的守御之器，协助保卫宋城。墨子辩称历史上“禹征有苗，汤伐桀，武王伐纣”，不是“攻”（攻伐、侵略），而是“诛”（以有义诛讨和惩罚不义），不在反对之列。

墨子“非攻”的主张，是战国初期特殊历史条件的产物。随着战国中后期兼并战争的发展，后期墨家在《墨经》中已不再直接明确地提出和论证“非攻”的主张。因为当时中国已接近于由秦国用攻战方式统一。入秦墨者，已由秦相吕不韦收编，参与写作《吕氏春秋》，顺应中国由诸侯分治归于全国大一统的趋势。《鲁问》：“国家务夺侵凌，即语之兼爱非攻。”《非攻下》：“今且天下之王公大人士君子，中情将欲求兴天下之利，除天下之害，当若繁为攻伐，此实天下之巨害也，今欲为仁义，求为上士，上欲中圣王之道，下欲中国家百姓之利，故当若非攻之为说，而将不可不察者此也。”篇名。（3次）

墨子“非攻”学说，是劳动人民期待和平生活，保护劳动成果朴素愿望的提升。墨子从劳动人民朴素的道德观念，概括“兼相爱，交相利”的兼爱说，又从“兼爱”说，引申“非攻”的概念。墨子用私有制社会普遍的道德规范“勿偷盗”，类比论证“非攻”的概念。现在设有一人，闯入人家果园，偷窃桃李瓜姜，人听到会说不对，当政者抓到，会惩罚。什么原因？因为不劳而获，亏人自利。偷犬豕鸡豚牛马；屠杀无辜，抢掠衣裘戈剑；翻墙而入，绑架子女；挖洞入室，盗窃金玉布帛，是不仁义，应非难处罚。天下好战之国齐晋楚越，要使这四国得意于天下，即使再有十倍多人口，都开发不完广袤的土地，本来是人不足，土地有余，现在却又要争地以战，互相攻杀，这是“亏不足（人口）而重有余（土地）”的蠢事。南方楚越之王，北方齐晋之君，所有余的是土地，所不足的是人民，他们尽民之死，以争虚城，是弃所不足（人口），而重所有余（土地），这不是国家应该干的事。齐晋楚越等大国，占有广大未开垦的土地，不足的是垦荒种地的人民。攻伐兼并战争，杀所不足，争所有余，荒谬背理。墨子历数好战大国攻伐掠夺战争的罪状。

耽误农时，使百姓陷于饥饿。发动战争，春天耽误人民耕稼树艺，秋天废弃人民获敛劳动成果。哪怕耽误一个农时季节，百姓饥寒冻馁而死，不可胜数。抢掠人民辛勤创造的财富。今王公大人，天下诸侯，策动爪牙之士，排列舟车卒伍，打造坚甲，秣马厉兵，攻伐无罪之国，侵入边境，抢割庄稼，砍伐树木，抢掠牲畜，把人民辛勤创造的财富，窃为己有，是不劳而获，亏人自利，犹如强盗。《孙子·军事篇》和《九地篇》说：“侵掠如火”，“掠乡分众”，“掠于饶野”，正是大国掠夺小国的实际状况的写照。

残害无辜，掠民为奴。好战大国，攻伐小国，人民反抗就被杀害，不反抗就用绳索捆绑，像牵牲畜一样掠回，强迫为奴，生如牛马。国家丧失劳动力，百姓脱离生产。好攻伐之国，动辄兴兵十万，连年战争，农夫无暇务农稼穑，妇女无暇纺织缝纫。被迫征战的大国百姓，征途因饥饿、疾病死者不可胜数，战斗丧师多不可胜数，丧师尽不可胜计，攻下三里之城，杀人多必数万，寡必数千。攻伐掠夺战争，对交战双方百姓，都是巨大灾难。结论是繁为攻伐，是天下巨害。

墨子“非攻”，不是反对一切战争，没有把一切攻伐战争，都归结为不义。他不是反对一切战争的非暴力论者，和平主义者。墨子向当时的好攻伐之君，宣传“非攻”学说，好战国君为自己的攻伐掠夺行为辩护，非难墨子，误认为墨子反对一切战争。墨子在战国大攻小，强执弱的战略形势下，选择守小国，确定战略防御的方针。这种战略防御，不是消极的，是积极的。守小国，不限于守自己家乡，无论什么地方，出现大国强国攻伐掠夺小国弱国，墨子力图制止。墨子说："大国之攻小国也，则同救之。"墨子非攻救守，是主动的侠义正义举动。墨子针对好攻伐之君的误解，自我辩护说："子未察吾言之类，未明其故者也：彼非所谓攻，谓诛也。"墨子主张战争分为正义和非正义两类。大国强国攻伐掠夺小国弱国为不义。而小国弱国组织自卫，抗击诛讨敢于入侵的大国强国敌寇，是正义举动。前者叫"攻"（攻伐掠夺），后者叫"诛"（诛讨不义），概念类别不同，物情事理有别，不可混淆。战略防御，在总体上处于守势，不主动攻击别人。积极的战略防御，在总体上处于守势，为了有效防御，根本消除威胁，有时也采取短暂的进攻行动，打出去，并且打赢，这就是墨子所说的"诛"（诛讨不义）。把"诛"（诛讨不义）纳入战略防御可采取的行动范围，表现墨家战略防御的积极性质。墨子非攻的学说，至今仍有积极的借鉴价值。

孙中原撰《中国大百科全书·哲学》第二版条目释文（中国大百科全书出版社2009年版）：战国初墨子军事哲学观点。《非攻》、《天志》、《耕柱》、《鲁问》、《公输》等篇记墨子非攻言行，《备城门》至《杂守》等十一篇记墨家守城技术和战略战术思想。墨子和墨家从抑强扶弱的任侠精神出发，反对"大攻小、强执弱"（强大国家攻伐掠夺弱小国家），主张"守小国"（防守弱小国家）。批评强大国家攻伐掠夺弱小国家是最大的"不义"。历数"好战之国齐、晋、楚、越"侵凌、攻伐弱小国家鲁、卫、宋、郑，耽误农时，抢掠财富，残害人民等罪状。墨子实施非攻主张，积极从事止楚攻宋郑和止齐攻鲁等活动，在言辞游说的同时，还组织弟子禽滑厘等三百人持守御之器保卫宋城。墨子辩称历史上"禹征有苗，汤伐桀，武王伐纣"，不是"攻"（攻伐、侵略），而是"诛"（以有义诛讨、惩罚不义），不在反对之列。墨子的非攻主张，是战国初特殊历史条件的产物。随着战国中后期兼并战争的发展，后期墨家在《墨经》中已不再直接、明确地提出和论证非攻主张。

《鲁迅全集·故事新编·非攻》，1934年8月作。陆世鸿：《墨子》，中华书局1947年版，中国书店1988年影印。其中有墨子止楚攻宋三幕剧。以上二者，是墨学现代转型典范作品。墨子精神，墨学精华通俗化，变为现代人民大众手里的尖锐武器，改造人，改造世界。

守

防守。（183次）《七患》："城郭不备全，不可以自守。""城者所以自守也。""城郭沟池不可守而治宫室，一患也。""君自以为圣智而不问事，自以为安强而无守备，四邻谋之不知戒，五患也。""以七患守城，敌至国倾。"《尚贤中》："贤人归之，以此谋事则得，举事则成，入守则固，出诛则强。""与谋事不得，举事不成，入守不固，出诛不强。"《尚同中》："谋事得，举事成，入守固，出诛胜者，何故之以也？曰唯以尚同为政者也。"《节葬下》："若苟乱，是出战不克，入守不固。"《非命上》："守城则不崩叛。"《非命下》："入守则不固，出诛则不胜。"

《耕柱》："今大国之攻小国也，攻者农夫不得耕，妇人不得织，以守为事。"《公输》："公输盘九设攻城之机变，子墨子九距之，公输盘之攻械尽，子墨子之守御有余。""公输子之意，不过欲杀臣。杀臣，宋莫能守，可攻也，然臣之弟子禽滑厘等三百人，已持臣守御之器，在宋城上，而待楚寇矣！"

《备城门》："'诸侯畔殷周之国，甲兵方起于天下，大攻小，强执弱，吾欲守小国，为之奈何？'子墨子曰：'何攻之守？'禽滑厘对曰：'今之世常所以攻者：临、钩、冲、梯、堙、水、穴、突、空洞、蚁傅、轒辒轩车，敢问守此十二者奈何？'子墨子曰：'我城池修，守器具，樵粟足，上下相亲，又得四邻诸侯之救，此所以持也，且守者虽善，而君不用之，则犹若不可以守也，若君用之守者，又必能乎守者，不能而君用之，则犹若不可以守也，然则守者必善而君尊用之，然后可以守也。""地形之难攻而易守也。""凡守围城之法，城墙厚以高，壕池深以广，楼撕修，守备缮利。""不然，地形之难攻而易守也。""此十四者具，则民亦不宜上矣，然后城可守，十四者无一，则虽善者不能守矣。""凡守城之法，备城门为县门沈机。""守法：五十步丈夫十人，丁女二十人，老小十人，计之五十步四十人，城下楼卒，率一步一人，二十步二十人，城小大以此率之，乃足以守御。”“广五百步之队，丈夫千人，丁女子二千人，老小千人，凡四千人，而足以应之，此守术之数也，使老小不事者，守于城上不当术者。”“此守城之重禁之，夫奸之所生也，不可不审也。”“守城之法，必数城中之木，十人之所举为十挈，五人之所举为五挈，凡轻重以挈为人数。”

《备高临》：“子问羊黔之守邪？羊黔者将之拙者也，足以劳卒，不足以害城。守为台城。”《备梯》：“敢问守道？”“愿遂问守道。”“问云梯之守邪？”“守为行堞。”《备穴》：“问穴土之守邪？。”“以二橐守之，勿离。”“子问蚁附之守邪？蚁附者，将之忿者也，守为行临射之，校机藉之，擢之，太氾迫之，烧荅覆之，沙石雨之，然则蚁附之攻败矣！”《迎敌祠》：“凡守城之法，县师受事。”“二三子夙夜自厉，以勤寡人，和心比力兼左右，各死而守。”《旗帜》：“巷术周道者，必为之门，门二人守之。”“诸守柞格者，三出却适，守以令召赐食前。”

《号令》：“数使人行劳赐守边城关塞，备蛮夷之劳苦者，举其守率之财用有余不足，地形之当守边者，其器备常多者。”“敌人且至，千丈之城，必郭迎之，主人利，不尽千丈者勿迎也，视敌之居曲，众少而应之，此守城之大体也。”“凡守城者以亟伤敌为上，其延日持久以待救之至，明于守者也，不能此，乃能守城。”“守城之法，敌去邑百里以上，城将如今，尽召五官及百长，以富人重室之亲，舍之官府，谨令信人守卫之。”“及附城，守将营无下三百人，四面四门之将，必选择之有功劳之臣及死事之后重者，从卒各百人，门将并守他门，他门之上必夹为高楼，使善射者居焉，女郭冯垣一人、一人守之。”“诸男女有守于城上者，什、六弩、四兵，丁女子，老少，人一矛。”“女子到大军，令行者男子行左，女子行右，无并行，皆就其守。”“里正与皆守宿里门，吏行其部，至里门，正与开门纳吏，与行父老之守及穷巷幽间无人之处。”“大将使使人行守，长夜五循行，短夜三循行，四面之吏亦皆自行其守。”“官吏豪杰与计坚守者，十人及城上吏比五官者，皆赐公乘，男子有守者，爵人二级，女子赐钱五千，男女老小先分守者，人赐钱千，复之三岁，无有所与，不租税，此所以劝吏民坚守胜围也。”“客卒守主人，及其为守卫，主人亦守客卒，城中戍卒，其邑或以下寇，谨备之，数录其署，同邑者，弗令共所守，与阶门吏为符，符合入，劳；符不合，收，言守。”“为守备程而署之曰某程。”“释守事而治私家事，卒民相盗家室婴儿，皆断无赦。”“论小城不自守通者，尽葆其老弱粟米畜产。”《杂守》：“子问羊黔之守邪？”“守者重下，攻者轻去。”即守城的兵士个个敬重打退敌人的人，攻击敌人的兵士鄙视离开战斗岗位的人。“凡不守者有五：城大人少，一不守也；城小人众，二不守也；人众食寡，三不守也；市去城远，四不守也；蓄积在外，富人在墟，五不守也。”

特指太守（郡守）。一郡的最高行政长官，兼任地方守城的最高军事长官。共使用44次。“城外令任，城内守任。”即县令负责城外守卫，太守担任城内防守。“守之所亲，举吏贞廉、忠信、无害、可任事者。”“守室下高楼，候者望见乘车若骑卒道外来者，及城中非常者，辄言之守，守以须城上候城门及邑吏来告其事者以验之，楼下人受候者言，以报守。”

墨翟之守

成语，坚固防守。战国时有“墨翟之守”的成语流传，指“坚固防守”。《战国策·齐策六》：“今公又以弊聊之民，距全齐之兵，期年不解，是墨翟之守也。”《史记·鲁仲连邹阳列传》：“今公又以敝聊之民，距全齐之兵，是墨翟之守也。”

“墨守”：坚固防守。“墨翟之守”成语的缩略。也叫“善守”：最佳防守。史称墨子“善守”，以“善守”闻名。“墨守”义同“善守”。司马迁《史记·孟子荀卿列传》说墨子“善守御”。

《四库全书》有古籍27卷，出现“墨翟之守”成语28次。396卷出现“墨守”成语500次。872卷出现“善守”成语990次。28卷出现“善守御”成语29次。

东汉经学家何休（129～182）喜好公羊学，著书题《公羊墨守》注说，意为《春秋公羊传》“义理深远，不可驳难，如墨翟之守城也”，就像墨子守城，坚固难犯。

郑玄（127～200）针锋相对，著书《发墨守》，反驳何休，见《后汉书·郑玄传》。明清之际黄宗羲《钱退山诗文序》说“未尝墨守一家”。

“墨守成规”成语中“墨守”二字，借用“墨子善守”和“固守”之意。“墨翟之守”和“墨子善守”，在语言应用变迁中，缩简为“墨守”和“善守”后，使用量呈数十倍增长，表现词语简缩在应用中的优势，显示墨家积极防御的战略战术和军事思想，在中国历史和语言文化中有不可磨灭的影响。

“墨守”和“善守”，是墨家积极防御的战略战术和军事思想，有重要的历史意义和积极的现代应用价值。墨子“心无备虑不可以应猝”的名言，对今日中国的世界的安全战略，仍有积极的启发借鉴意义。

墨守成规

《现代汉语词典》：“战国时墨子善于守城，后来用‘墨守成规’形容因循守旧，不肯改进。”《汉大成语大词典》：“战国时墨翟善于守城，世人谓之‘墨守’。后以‘墨守成规’指固执旧法，一成不变。”《汉典》：“比喻拘泥于成见，而不善于机变。”亦作“墨守成法”。同义词：固步自封，因循守旧，因循沿袭，陈陈相因。反义词：推陈出新，除旧布新，随机应变，标新立异。

张庆军《从“墨守成规”说墨学中断》（《墨子研究论丛》第10辑，齐鲁书社2013年版，第134页）：从“墨守成规”，可见墨子军事成就和墨学中断原因。从“墨守成规”主体看，以墨家弟子为主体的军事集团，为统治者所忌。从“墨守成规”后果看，精英弟子在历次守城之战大量牺牲，传承中断。从“墨守成规”延伸贬义看，墨家弟子因循守旧，无人继往开来，发展墨学。从“墨守成规”目的看，墨家奋斗目标定位不明，弟子变质。继承发扬墨学精华，淘汰抛弃墨学不适应时代部分，优秀传统文化才能成为时代前进的底蕴动力。

张新河等《墨家鲁阳悬疑案》（河南大学出版社2011年版，第251页）：“墨守成规”从“墨守城规”、“墨守阵规”演化而来。“城”“成”同音，故“墨守城规”演化为“墨守成规”。古“阵”本作“陈”，故“墨守阵规”亦作“墨守陈规”。

入守固

“入守固，出诛胜”：入城守御，坚固不催；出境诛讨，攻战得胜。《尚同中》：“其为政若此，是以谋事得，举事成，入守固，出诛胜者。”正面说明墨家积极防御战略战术的两面规定。《节葬下》说，“以厚葬久丧者为政”，则“出战不克，入守不固”。即“厚葬久丧”，导致“出战”（出诛）不胜；“入守”城池，则不能固若金汤，从反面说明墨家积极防御战略战术的两面规定。

《尚贤中》：“入守则固，出诛则强。”入守城池，则坚不可催；出诛不义，则强劲有力。守固诛强，相辅相成，相互为用。“守固”方能“诛强”；“诛强”利于守固。“守固”、“诛强”兼顾，是积极防御战略战术的全面规定。

积极防御，坚固防守，是墨家军事思想的重点。坚持积极防御的军事思想，是墨家学派社会性的必然要求。墨子是劳动者的圣人，墨家是劳动者的学派，墨书反映劳动者的心声。劳动者要生存，世代繁衍，需要保卫自己的劳动成果不被掠夺，保卫自己的和平生活不被干扰，武装自卫不得已，是被迫的，是由攻掠者逼出来的，自卫战是后发制人。

《七患》：“备者国之重也。食者国之宝也，兵者国之爪也。城者所以自守也。此三者国之具也。”“库无备兵，虽有义不能征无义。城郭不备全，不可以自守，心无备虑，不可以应卒（敌国突然进犯的事变）。”“城郭沟池不可守”，“敌国至境，四邻莫救”，“自以为安强，而无守备，四邻谋之而不知戒”，是国家的祸患。墨子止楚攻宋，当游说辩论未完全解决问题时，他严正地指出：“臣之弟子禽滑厘等三百人，已持臣守御之器，在宋城上，而待楚寇矣，虽杀臣，不能绝也。”楚王这才不得已地说：“善哉！吾请无攻宋矣。”军事实力，充足战备，是和平谈判的后盾。

兴师诛罚

出师诛讨不义。《非儒下》：“抑暴残之国也，圣将为世除害，兴师诛罚，胜将因用儒术令士卒曰：‘勿逐奔，掩函勿射，驰则助之重车。’暴乱之人也得活，天下害不除，是为群残父母，而深贼世也，不义莫大焉。”墨家主张为世除害，对残暴的入侵之敌，兴师诛讨，予以歼灭。如果已取得部分胜利的将领，用儒家思想命令士卒说："不追逐逃奔之敌，掩盖箭函不向逃奔之敌射箭，敌方战车驰回则帮助引挽重车。"这使暴乱之人得活，不为天下除害，是对天下父母的残暴，是天下的大害，是最大的不仁义。对残暴入侵者的仁义，就是对天下父母的不仁义。战争是敌我双方你死我活的武装搏斗，目的和本质是消灭敌人，保存自己。在你死我活的殊死博斗中，主张对敌人仁慈，等于对人民残忍。

在古代战争中，宋襄公蠢猪式的仁义道德，害人至深。前638年，弱小的宋国跟强大的楚国在泓水交战。宋军已排列成阵；楚军正在渡河。宋臣说："楚军人多，宋军人少，应乘楚军正渡河，未排列成阵的时机，发动攻击，必然取胜。"宋襄公说："不行。楚军未全部渡河，而攻击，不符合仁义。"楚军已全部渡河，尚未排列成阵，宋臣又要求发起进攻，宋襄公说："不行。君子不进攻未排列成阵的军队，等楚军排列成阵再进攻。"等楚军排列成阵交战，宋军大败，宋襄公受重伤，不久死亡（《左传·僖公二十二年》；《韩非子·外储说左上》）。墨者反驳儒家"君子胜不逐奔，掩函勿射，驰则助之重车"的论点，正是宋襄公这种蠢猪式的仁义道德。《孙子兵法》说"归师勿遏"，"穷寇勿迫"，主张对逃归的敌军不拦截，对穷困的敌寇不追击。墨者"为世除害"，"兴师诛罚"不义的观点，"宜将剩勇追穷寇"、"除恶务尽"的精神，反映战争的目的、本质和规律，是积极防御战略方针的表达。

伤敌为上

"守城者以亟伤敌为上"：守城一方以急速杀伤敌人为最佳选择。《号令》："凡守城者以亟伤敌为上。"尽可能多地歼灭入侵之敌，是积极防御的战略战术要求。墨家主张积极防御（攻势防御，决战防御），在防御中实施进攻，歼灭入侵之敌，反对消极防御（专守防御，单纯防御），即不实施进攻，只阻挡敌人进攻，被动挨打。墨家主张以有义征伐无义的正义战争，歼灭入侵之敌，反对攻伐掠夺的不义战争。《旗帜》说，在防御中"三出却敌"者受奖。《备梯》篇说，敌人进攻受挫，"引兵而去"，"则令吾死士左右出穴门，击溃师，令贲士、主将皆听城鼓之音而出"，这是在战斗中集中优势兵力，歼灭溃逃之敌，并说

“因素出兵施伏”，“破军杀将”。《汉书·艺文志》论兵家：“自春秋至于战国，出奇设伏，变诈之兵并作。”墨家主张屡屡出兵实施埋伏，出其不意地歼灭敌人。

《备城门》记述有伪装成“可道行”的“机巧”“发梁”，“出挑且败”，引诱“敌人遂入”，“引机发梁，敌人可擒”。《备穴》：“穴中与敌人遇，则皆御而毋逐，且战败以须炉火之燃也。”在地道中与敌人相遇，仅防御而不追逐，并且伪装成战败以等待炉火燃烧，鼓烟熏敌。这都是使用“变诈之兵”，以最大限度地杀伤消灭敌人。《墨子》军事各篇，记“强弩射”，“技机掷”，“奇器投”，“夹而射”，“重而射”，“桔槔冲”，“行临射”等，在当时都是强有力的歼敌手段，目的是尽可能多地歼敌，转化力量对比，以赢得积极防御战的胜利。

剑犹甲

“剑犹甲死生也”：剑这种致敌死命的进攻性武器，有如铠甲一样，保存自己生命的防御作用。军事辩证法的典型事例。（1 次）《经上》：“同异交得仿有无。”《经说上》：“同异交得：于富家良知，有无也。比度，多少也。蛇蚓旋圆，去就也。鸟折用桐，坚柔也。剑犹甲，死生也。处室子、子母，长少也。两色交胜，白黑也。中央，旁也。论行、行行、学实，是非也。鸡宿，成未也。兄弟，俱适也。身处志往，存亡也。霍，为姓故也。价宜，贵贱也。”

“同异交得”，即同异相互渗透和同时把握。同异相互渗透，是物质实体存在的规律，本体的规律。同异同时把握，是思维认识的规律，辩证法、辩证逻辑的规律。客观事物的同异相互渗透，要正确认识世界，应同时把握同异两面，这体现了世界观和认识论、方法论、逻辑学的统一，存在规律和思维规律的一致。“同异交得”是辩证法对立统一规律的别名，另一种表述。“同异交得”即事物相异、对立的性质，统一于一物之身；同一物分裂为相异、对立的两面。

语境显示，墨家关于进攻和防御，消灭敌人和保存自己的军事辩证法，是其一般辩证法的组成部分。同一种进攻性武器“剑”，具有“死生”两种对立性质。致敌人死，是为了保自己生；消灭敌人，是为了保存自己；必要的进攻，是为了有效地防御。这是“剑犹甲，死生也”这一“同异交得”典型事例的启示，是消灭敌人与保存自己、进攻与防御军事辩证法的揭示。战争的目的不是别的，就是保存自己，消灭敌人。古代战争，用矛用盾：矛是进攻的，为了消灭敌人；盾是防御的，为了保存自己。进攻，是直接为了消灭敌人的，同时也是为了保存自己，因为如不消灭敌人，则自己将被消灭。只有大量地消灭敌人，才能有效地保存自己。剑跟矛一样，是进攻性武器，用于消灭敌人。铠甲跟盾一样，是防御性装备，用于保存自己。“同异交得”典型事例“剑犹甲，死生也”，揭示消灭敌人与保存自己、进攻与防御的军事辩证法，像一根红线，贯穿墨家全部军事思想，反映战争的矛盾、本质和规律，是其积极防御的战略战术的哲学基础，对现代和未来人民的防御战争、反侵略战争，有重要启迪。

勇

勇敢。（27次）《经上》：“勇，志之所以敢也。”《经说上》：“勇。以其敢于是也命之，不以其不敢于彼也害之。”“志”：意志、思想。“是”：此（这件事），跟“彼”（那件事）相对。《亲士》：“孟贲之杀，其勇也。”孟贲的被杀，因为逞勇。“孟贲”：战国勇士，大力士。《孟子·公孙丑上》正义引《帝王世纪》：“秦武王好多力之士，齐孟贲之徒并归焉，孟贲生拔牛角，是谓之勇士也。”秦武王：前310～前307在位，共4年，墨子不及见，系墨子后学增益。

《修身》：“战虽有陈，而勇为本焉。”《兼爱中》：“昔越王勾践好士之勇。”《兼爱下》：“昔者越王句践好勇。”《非攻下》：“将不勇。”《明鬼下》：“勇力强武。”《耕柱》：“子墨子谓骆滑氂曰：‘吾闻子好勇。’”《备梯》：“客众而勇。”《备蚁附》：“令勇士随而击之，以为勇士前行。”《号令》：“勇敢为前行。”“勇士父母亲戚妻子皆时赐酒肉。”《杂守》：“客众而勇。”“养勇高奋。”“有勇士。”

敢

敢于是不敢于彼：有所敢有所不敢。全面分析敢和不敢。《经上》：“勇，志之所以敢也。”《经说上》：“以其敢于是也命之，不以其不敢于彼也害之。”勇敢是人的思想意志敢于做某事。有所敢，必有所不敢。敢于上山打虎，未必敢于下海救人。不敢于后者，不妨碍敢于前者。这是敢和不敢的“同异交得”。

任

任侠，职任。(28次)《经上》:“任，士损己而益所为也。”《经说上》:“任。为身之所恶，以成人之所急。”“任”:保护。《说文》:“任，保也。”引申为以保护弱者为己任的侠义行为。《孟子·尽心上》:“墨子兼爱，摩顶放踵利天下为之。”《淮南子·泰族训》:“墨子服役者百八十人，皆可使赴火蹈刃，死不旋踵。”墨子及其门徒有任侠的侠义精神，并把任侠的侠义勇敢精神，应用到军事学术，积极防御的战略战术，保护被侵略的小国弱国人民，抵抗大国强国攻伐掠夺。《经下》:“不能而不害，说在容。”《经说下》:“举重不举针，非力之任也。为握者之奇偶，非智之任也。若耳目。”

《亲士》:“不胜其任而处其位，非此位之人也。”“良马难乘，然可以任重致远。”《辞过》:“古之民未知为舟车时，重任不移，远道不至。”“其为舟车也，完固轻利，可以任重致远”。《尚贤上》:“古者圣王之为政，列德而尚贤，虽在农与工肆之人，有能则举之，高予之爵，重予之禄，任之以事。”《尚贤中》:“古者圣王甚尊尚贤而任使能，不党父兄，不偏贵富，不嬖颜色，贤者举而上之，富而贵之，以为官长。”“古圣王高予之爵，重予之禄，任之以事，断予之令，夫岂为其臣赐哉，欲其事之成也。”“贤人唯毋得明君而事之，竭四肢之力以任君之事，终身不倦。”《非儒下》:“夫一道术学业仁义者，皆大以治人，小以任官。”

《备城门》:“亭一尉，尉必取有重厚忠信可任事者。”“壮者有挈，弱者有挈，皆称其任，凡挈轻重所为，吏人各得其任。”《号令》:“安国之道，道任地始，地得其任则功成，地不得其任则劳而无功。”“城外令任，城内守任。”即城外守卫任务，是县令的责任。城外守卫任务，是太守的责任。“守之所亲，举吏贞廉忠信，无害可任事者。”“谨择吏之忠信者，无害可任事者。”“捍士受赏赐者，守必身自致之其亲之其亲之所，见其见守之任。”

备城门

篇名。(1次)叙述在“大攻小、强执弱”的战略形势下，如何积极准备，争取防御战胜利的战术技术，重点是叙述城门城墙的守备技术方法。其中“引机发梁”（用滑车牵引的活动吊桥）、“转射机”、“掷车”（运用杠杆原理的抛射、投掷机械）等，代表墨家手工业工匠集团的技术水平和智慧特色。《墨子》城守篇的特色，是反映小国小城人民积极防御战争的规律。它透过守城战斗的军队编制、武器装备、工程构筑和战斗过程，论述积极防御的战略战术，在中国军事学说史上有重要价值。《墨子》城守篇，是中国古代积极防御战的经典，跟主要讨论进攻战规律的《孙子兵法》，恰成古代军事学说中的双璧，相辅相成，互为补充。墨家积极防御的军事学说，在当代中国和世界，具有更为特殊的现实意义。从本质上说，人民要保卫自己的和平生活，劳动成果，只有实施积极防御的战略战术。

《备城门》论述的战略形势，是敌众我寡，敌强我弱。其论敌我力量对比说：“客（敌）攻以队，十万之众。”说明“守小城”的战略抉择，是在严峻的军事形势下被迫作出的，需要巨大的战略勇气和充分的战术准备。反映大国进攻战规律的《孙子兵法》，屡言野战军调动，《作战篇》说，“凡用兵之法”，“带甲十万”，“日费千金，然后十万之师举矣”。《用间篇》说：“凡兴师十万，出征千里。”《孙子兵法》所说的情况，跟墨子所说防御战的若干细节相符。攻者为强国大国，拥十万精兵，守者为弱国小国，止万家之民，这种攻守双方力量对比的形势，反映当时进攻和防御战的一般情况，有典型性。在敌强我弱，敌众我寡的战略形势下，应结成最广泛的抗战守城统一战线，把小城人民保家卫国的积极性，充分调动，发挥到极致。

《备城门》载禽滑厘，就当时军事形势，询问墨子说：“甲兵方起于天下，大攻小，强执弱。吾欲守小国，为之奈何？”墨子时代，齐晋楚越四大国对峙，四分天下。《非攻下》：“今天下好战之国，齐晋楚越。”《节葬》：“南有楚越之王，而北有齐晋之君，此皆砥砺其卒位，以攻伐兼并。”当时齐、晋、楚、越四大国称霸。前 453 年，韩、赵、魏三家分晋，大诸侯国有齐、秦、楚、越、韩、赵、魏、燕等八个，小国有宋、鲁、郑、卫、莒、邹、杞、蔡、郯、任、滕、薛、曾等十多个。大诸侯国不断进行兼并战争，攻城略地，矛头指向周边小国。在中国走向统一的过程中，这种现象虽属不可避免，但给小国人民带来深重灾难。这是一个问题的两面。战略任务“守小国”，是墨家从“兼爱”理想出发，根据“大攻小，强执弱”的军事形势，采取的战略抉择。墨者胸怀抑强扶弱的侠义心肠，采取守御小国弱国的立场，其战略任务，是最大限度利用小国弱国的人力物力，采取政治、经济、军事、外交等手段，最大限度地削弱攻掠一方的有生力量，争取小国弱国防御战的胜利。在“大攻小，强执弱”的军事形势下，完成“守小国”的战略任务，必须具备主观条件。墨家主张小国居民，居安思危，积极备战。

《备城门》说，当敌人以“十万之众”，用“临、钩、冲、梯、堙、水、穴、突、空洞、蚁附、轒辒、轩车”等各种战法，其势汹汹来攻城，应清醒分析守城战斗的有利形势，坚守胜围的条件。墨子说：“我城厚以高，守器具，樵粟足，上下相亲，又得四邻诸侯之救，此所以持也。”城墙厚高，守城器械齐备，柴草粮食储备充足，这是物的因素。内部团结，得道多助，是人的因素。凭借人和物两种因素，争取守城战斗的最后胜利。正确认识军事形势，对战略大局心中有数，做好充分的物质准备和精神准备，就可对可能发生的变故，应付自如。在“大攻小，强执弱”的形势下，采取“守小国”的战略选择，凭借的优势条件，是小国小城人民人力的充分发挥，各种积极因素的充分调动。

《备城门》：“敌人为穴而来，我急使穴师选士，迎而穴之，为之具内弩以应之。”“穴师”是专精开挖洞穴坑道的技师。在战时组织各种手工业技工、技师，利用专业特长，构筑军事工程设施，实行各种特殊的战斗方式。墨者注意团结内部，争取外援，扩大守城统一战线。《备城门》说：“上下相亲”，“吏民和”、“主信以义，万民乐之无穷”。《备城门》说：“得四邻诸侯之救。”这是争取外援。墨者尽人力坚守胜围，把局部小国、小城有限人力发挥到极致，是古代战争史上的奇迹。墨家发挥人力到极致的战略思想，至今仍有启发意义。墨家依靠自己掌握的科学知识、手工业技术和施工技巧，为守城战斗设计制造许多武器、器械，筑城墙，建城门，精确设计，贯穿最大限度保存自己和消灭敌人的原则。这是墨家积极防御的军事思想。墨者是工匠师技术家团体，是当时制造先进防御装备的专家，发明创造甚多。如“转射机”、“技机”、“掷车”、“射机”等，利用杠杆原理，是抛掷石弹的战具。城市防御工程主体城墙壕池，城门洞，城门城闸机关，城上观察、指挥和战斗设施，城外围观察通讯设施，护城河内外明暗障碍物“柞格”，城外设置陷井，城墙内埋设反地道战的监听设施，城墙上设置收罗敌箭和必要时烧敌的“渠答”，在街巷通设置“里门岗亭”，匠心独具，考虑周密。墨家积极防御的战略战术，是多层次的立体结构。《备城门》诸篇，是积极防御战的经典，是中华民族对军事学术的杰出贡献，对振兴中华，实现中华民族伟大复兴，有积极的现实意义，是今日积极防御战略战术和军事思想的借鉴。

备高临

篇名。（1次）叙述击破敌人用筑高台攻城的方法。禽滑厘问，敌人堆土为高台，比我城高，用柴草和土做掩体，不断向我城靠近，用弩向我射击，该如何？墨子说，敌人筑土台攻城，是笨拙的战法，“足以劳卒，不足以害城”。只要在城上临时搭起高台，用“强弩射之，技机掷之，奇器投之”，敌筑高台攻城之法可破。其中所述“连弩车”体形庞大，结构复杂，使用带轮轴的简单机械牵引弓弦，回收弓矢，一次可出入弓矢六十枚，在当时是一种威力强大的武器。

备梯

篇名。（1次）叙述抵御敌方云梯攻城的方法，修筑高于城墙的临时设施，用抛掷器械投掷，矢石沙灰俱下，以机发剑，投掷火把，以车推引蒺藜投，城外置藩篱等。

备水

篇名。（1次）叙述防备和抵御敌方以水攻城的方法：城内开挖排水沟、用船队决堤放水。

备突

篇名。（1次）叙述防备和抵御敌方袭击突门的方法：堵塞突门，鼓橐熏敌等。

备穴

篇名。（1次）叙述防备和抵御敌方地道战的方法：在城内建高楼瞭望监视敌人，用“罂听”审知敌方筑坑道的方向，凿坑道迎击，鼓橐熏敌，用杠杆利剑冲击，用铁钩拒钩敌，短兵相接。

备蚁附

篇名。（1次）叙述防备和抵御敌方像蚂蚁一样密集爬城的方法：居高临下抛射投掷。用开水浇。用火帘烧。抛洒沙石。战士隐藏在木仓中，用滑车牵引，刺杀爬城敌人。以上“兵技巧”到“备蚁附”等22个词目，归入“军事学”类名。

数学

数量和空间形式的科学。多几何学，数学名词定义，讨论方、圆、直线性质，点、线、面、体关系，相交、相切、相离，跟欧几里德《几何原本》概念理论相符。点、线、面、体是几何图形元素。

点是几何学概念。《经上》：“端，体之无厚而最前者也。”“端”相当于欧几里德几何学中的点。在欧氏几何中，点被定义为“不可分”。没有厚度、长度和宽度。《经下》：“非半弗斫则不动，说在端。”《经说下》：“斫半，进前取也。前则中无为半，犹端也。前后取则端中也。斫必半，无与非半，不可斫也。”“端”即不可分的点。“端”没有长、宽、高三维，无穷小物质微粒。物质结构论相当于古希腊自然哲学家原子论。原子论物质微粒说，是人类认识物质的一个阶段。

《经上》：“体，分于兼也。”《经说上》：“若二之一，尺之端也。”点线关系，是部分整体关系。“体”是部分、元素，“兼”是整体、集合。“尺”相当于几何学的“线”，“端”相当于“点”。“线”是无数“点”的集合、整体，“点”是“线”的部分、元素，相当于欧几里德几何中“全体大于部分”公理。点是线的必要条件，线是点的充分条件。《经上》：“故，所得而后成也。”《经说上》：“小故：有之不必然，无之必不然。体也。若有端。大故：有之必然，无之必不然。若见之成见也。”有点不一定有线，无点一定无线，点为线的必要和非充分条件。线为点的充分条件，有线一定有点，无线不一定没有点，线是点的充分和非必要条件。设p为q的必要和非充分条件，则q为p的充分和非必要条件。

《经上》：“撄，相得也。”《经说上》：“尺与尺俱不尽。端与端俱尽。尺与端或尽或不尽。”“撄”是“相交”、“相遇”、“接触”。“尺与尺俱不尽”：线和线相交，双方都不完全重合，因为线是无数点的集合，线和线相交，只交于一点。“端与端俱尽”：点和点相交，完全重合，完全占有对方，没有空隙，因为点没有长、宽、高。“尺与端或尽或不尽”：点和线相交，从点方面说，是完全重合（尽），从线方面说，是不完全重合（不尽）。《经上》：“比，有以相撄，有不相撄也。”《经说上》：“两有端而后可。”

几何学中图形比较法。同类图形可比较。两条线，两个角，两个圆，两个矩形，可用叠置法比较。《经上》：“次，无间而不相撄也。”《经说上》：“无厚而后可。”“次”：序次、排列、相切。“相切”：两图形共同点只一个。“无间”是两个图形间没空隙。“不相撄”是不相交，相交是有两共同点，“相切”是有一共同点。两图形相离，中间有空隙。《经上》：“有间，中也。”《经说上》：“谓夹之者也。”《经上》：“间，不及旁也。”《经说上》：“谓夹者也，尺前于区而后于端，不夹于端与区内。及，非齐及之及也。”《经上》：“离，间虚也。”《经说上》：“虚也者，两木之间，谓其无木者也。”这是说图形相离。一座建筑两根立柱间的空隙，可计算。“间，不及旁也”，说明“及”不是“齐及”（相等），而是“包含”。“尺前于区”，相当于欧几里德几何学中的定义“面的界限是线”。“后于端”，相当于欧几里德几何学中的定义“线的界限是点”。面夹于周边之间，线夹于点之间，不能说线夹于点和面之间。

有穷、无穷是数学中的重要概念。《经上》：“穷，或有前不容尺也。”《经说上》：“或不容尺有穷，莫不容尺无穷也。”“或”：“有时”。“尺”：线。“前”：一个区域的最前面。一个空间是有穷的，在度量的时候，前面不能容纳一线，这就是“或不容尺有穷”。一个空间是无穷的，在度量的时候，前面永远可以容纳一线，这就是“莫不容尺无穷也”。

《经上》：“方，柱隅四杈也。”《经说上》：“矩写交也。”“方”是四边四角相等。“方”是用矩尺做出的四边相等，四角为直角的平面图形。《经上》：“圆，一中同长也。”《经说上》：“规写交也。”《经上》：“同长，以正相尽也。”《经说上》:“楗与框之同长也。”《经上》:“中，同长也。”《经说上》:“心，自是往相若也。”从圆心到圆周都有同样长度，距离相等。

《法仪》:“直以绳。”《经上》:“直，参也。”《经说上》:“圆无直。”“直”:直线。“参”:第三个东西加入两个东西中间。直线是有一点，恰好介于另外两点之间。在一直线上的三点，有一点恰好介于其余两点之间。希尔伯特《几何基础》整理欧几里德几何公理学公理体系的顺序公理：公理一：设有A、B、C三点，若B介于A和C之间，则A、B、C是一直线上三个不同的点，并且B也介于C和A之间。公理二：对于任何不同的A和B两点，在直线AB上至少有一点C，使得B介于A和C之间。公理三：在一直线上任何不同的三点中，至多有一点，介于其余两点之间。希尔伯特公理和《墨经》直线概念内容相通。

《墨经》在分别定义圆和直线后，确认圆和直线关系的定理“圆无直”，即圆周上无直线；一圆周上任何三点，都不在一直线上；没有一圆，能通过同一直线上的三点。这条定理可通过科学方法证明。《经说上》:“有说，过五诺，若‘圆无直’。”“说”:论证。“五诺”:论证科学知识的五种问答法。

《经上》:“倍，为二也。”《经说上》:“二尺与尺但去一。”“倍”是乘以2。2尺和1尺之差，是1尺；从2尺中减去1尺，剩余1尺；2尺是1尺的2倍。“倍”的定义和还原算法。许多数学概念跟欧几里德《几何原本》符合。“数学”类名，含“数”到“墨经数学”等15个词目。

数

数量。(92次)《经说下》:“数牛数马则牛马二，数牛马则牛马一。若数指，指五而五一。”《经说下》:“影之容无数。”《经说下》:“若识麋与鱼之数。”《经下》:“不知其数而知其尽也。”《经说下》:“不知其数，恶知爱民之尽之也？或者遗乎其问也。尽问人，则尽爱其所问。若不知其数而知爱之尽之也，无难。”

尺与端

线段和点。“尺”:线段。“端”:点。几何学概念。《经上》:“端，体之无厚而最前者也。”《经说上》:“端。是无内也。”“端”(点)是作为线段构成部分最前的“无厚”（没有厚度的空间点）。“端”（点）不考虑其内部的再分。“无厚”：常用基本概念，相当于几何学上的点，物理学上的“原子”。几何学上的“点”，在长、宽、高空间三维上，都没有厚度（无所大）。“体之无厚而最前”，是从几何学上解释“端”（即“点”）的本义。“端”是构成线段，作为线段的“体”（部分）的极多“无厚”中最前的那一“无厚”（就所选取的某一角度而言）。《几何原本》：“线之界是点。”点是作为线段界限尽头最前端的部分，跟《墨经》“端”（点）的定义符合。端（点）指构成线段，并作为线段“体”（部分）的任一“无厚”。《经下》说“非半弗斫则不动，说在端”，认为“端”不可再分，即没有内边，是物质最小的部分，相当于物理学上的“原子”。“无厚”造词法同于“无久”。“无久”意为无穷小的时间点。不考虑“久”即时间的绵延。“无厚”意为无穷小的空间点，物质点。不考虑“厚”即空间各维度上的厚度，物质绵延。无穷小的空间点（“无厚”）叫作“无宇”，《经下》曾说“无久与宇”，是“无久”和“无宇”的合并省略。《经下》说“非半弗斫则不动，说在端”，认为“端”不可再分，即没有内边。《几何原本》：“点者无分。”把“点”定义为“不可分”，跟《经说上》“无内”说意合。

“端”字共使用33次。有八条涉及“端”概念，其中六条属几何学，是指“点”，共使用10次。跟“尺、区、厚”组成“点、线、面、体”的范畴系列。属光学一条，指小孔成像光学现象中的小孔，使用3次。属物理学一条，指不可分割的极限、质点、微粒、原子，使用3次。点、线、面、体是几何图形的元素。点是几何学概念。

“尺”共使用223次。从尺子抽象概括“直线、线段、线”的几何学知识（使用5次），以及有穷无穷等物理学哲学概念范畴，分析中国抽象思想起源的典型实例。《经上》：“体，分于兼也。”《经说上》：“体。若二之一、尺之端也。”“体”（部分）是从“兼”（整体）分出。如集合“二”中的元素“一”，线中的点。点和线的关系，是部分和整体的关系，“体”的关系定义。“兼”：整体，集合。跟“体”相对。“体”：部分，元素。“尺之端”：线中的点。“尺”：线。“端”：点。线是无数点的集合，点是线的元素，相当于欧几里德几何中“全体大于部分”公理。点是线的必要条件，线是点的充分条件。《经说上》：“小故：有之不必然，无之必不然。体也，若（尺）有端。”“小故”（原因的部分要素，必要条件）：有它，不一定有某一结果。没有它，一定没有某一结果。“小故”是形成某一结果的部分原因，如点是形成线的小故（必要条件）。“有之不必然”：有前件不一定有后件。有P不一定有Q。“有之必然”的反命题。并非“有之必然”。$\neg(P \rightarrow Q) = P \wedge \neg Q$。读作：并非如果P则Q，等值于P并且非Q。如：“并非如果有点，则有线”，等值于“有点，并且没有线”。“必要条件”引申义。“无之必不然”：没有前件，一定没有后件。没有P，一定没有Q。$\neg P \rightarrow \neg Q$。读作：非P则非Q。“必要条件”的本义。如没有点，一定没有线。点是线的必要条件。“若有端”：“若尺有端”略文，“尺”省略。“若”：如。“若有端”是“小故”的典型事例。“尺”：线。“端”：点。几何学概念。“故”分“小故”和“大故”。“小故”相当于必要条件，特征是“有之不必然，无之必不然”。有点不一定有线，而无点一定无线，点为线的必要和非充分条件。线为点的充分条件，有线一定有点，无线不一定没有点，线是点的充分和非必要条件。设p为q的必要和非充分条件，则q为p的充分和非必要条件。

《经上》：“撄，相得也。”《经说上》：“撄。尺与尺俱不尽。端与端俱尽。尺与端或尽或不尽。坚白之撄相尽。体撄不相尽。”这一直线跟那一直线交叉，二者都不完全重合。这一点跟那一点叠合，二者完全重合。这一直线跟那一点叠合，从点一方说，是完全被直线占有。从直线一方说，并没有被点所完全占有。在一块坚白石中，坚与白的渗透，完全密合。如果两个元素，只有部分接触，不会完全重合。“撄”的含义，是“相交”、“相遇”、“接触”。“尺与尺俱不尽”：线和线相交，双方都不完全重合，因为线是无数点的集合，线和线相交，只交于一点。“端与端俱尽”：点和点相交，完全重合，完全占有对方，没有空隙，因为点没有长、宽、高。“尺与端或尽或不尽”：点和线相交，从点方面说，是完全重合（尽），从线方面说，是不完全重合（不尽）。

无厚与厚

面积和体积。“无厚”跟“厚”相对。“无厚”，特指几何学上的“面”（面积）。“面”（面积）在长度和宽度上有“厚”，但在高度上没有“厚”（厚度）。“尺”（线段）在长度上有厚，但在宽度和高度上没有“厚”（厚度）。“体”（体积）在长度、宽度和高度三维上都有厚。“厚”，特指几何学上的“体”（体积）。《经上》：“厚，有所大也。”《经说上》：“厚。惟无厚无所大。”“厚”（体，体积，在空间三维长宽高上有厚度）是“有所大”（有一定量）。“无厚”（“点”）在空间三维长宽高上都“无所大”，数量是“零”。《墨经》所说的“厚”，包括空间的长度、宽度和高度，即线、面、体都算有厚（有所大），线在长度一维上有厚，面在长度和宽度二维上有厚，体在长度、宽度和高度三维上有厚。“无厚”：指几何学的点、线、面。字面意思是“无厚度”。点是在长宽高三个维度上都视为“无”，线是在宽高两个维度上视为“无”，面是在高一个维度上视为“无”。《经上》：“端，体之无厚而最前者也。”“端”（点）是作为线段构成部分最前的“无厚”（没有厚度的空间点）。

“无厚”：常用基本概念，相当于几何学中的点，物理学上的“原子”。几何学中的点，在长、宽、高空间三维上，都没有厚度（无所大）。“体之无厚而最前”，从几何学上解释“端”（即点）的本义。“端”是构成线段，作为线段的“体”（部分）的极多“无厚”中最前的那一“无厚”。《几何原本》：“线之界是点。”点是作为线段界限尽头最前端的部分，跟《墨经》定义符合。端（点）又指构成线段，作为线段的“体”（部分）的任一“无厚”。《经下》谓“非半弗斫则不动，说在端”，认为“端”不可再分，没有内边，是物质最小的部分，相当于物理学中的“原子”。“无厚”造词法同“无久”。“无久”意为无穷小时间点，不考虑“久”即时间的绵延。“无厚”意为无穷小的空间点，物质点，不考虑“厚”即空间各维度上的厚度，物质的绵延。把无穷小的空间点即“无厚”，叫“无宇”。《经下》说“无久与宇”，是“无久”和“无宇”的合并省略。《经上》：“厚，有所大也。”《经说上》：“惟无厚无所大。”

“厚”（指空间三维长宽高上的厚度）就是“有所大”（有一定的量）。只有“无厚”（即点）才在空间三维的长、宽、高上都“无所大”，其厚度值为零。《经上》：“盈，莫不有也。”《经说上》：“无盈，无厚。”在一定范围内说“盈”（充满、渗透、涵容），就是某物无处不存在（处处都存在）。说“无盈”（不充满、不渗透、不涵容），那除非是“无厚”（即无穷小的空间点，或质点）。《经上》：“次，无间而不相撄也。”《经说上》：“无厚而后可。”两个物体紧接着摆放，它们中间既无空隙，又不重合。这只在有“无厚”（即存在无穷小的空间点和物质点）的情况下，才有可能。

方

方形，方体。四角是直角的平面四边形。狭义指正方形。广义指矩形，特指方体。（57次）《经上》：“方，柱隅四杈也。”《经说上》：“方。矩写交也。”正方形是四边四角相等的平面图形。“方”作图法，是用矩尺画出四边相等，四角为直角的平面相交封闭图形。“方”：方的平面几何图形。“柱”：方形的边。“隅”：方形的角。“杈”：相等。“矩”：工匠画方的工具矩尺。《法仪》：“为方以矩。”《经上》：“合与一或复否，说在矩。”比较两个几何图形是否相合、相等，可将它们跟一个共同标准相比较，看它们是否能与这个标准相叠合，如用矩尺来比较方形是否相等。“合”：指几何图形的相合、相等。“一”：指用来比较几何图形是否相合、相等的共同标准。“复否”：相合跟不相合。“复”：重合，叠合。

《经下》：“一法者之相与也尽类，若方之相合也，说在方。”《经说下》：“方尽类，俱有法而异，或木或石，不害其方之相合也。尽类犹方也，物俱然。”跟一个共同标准相合的东西，都属于一类，这就像与标准方形相合的东西都属于方形一样，论证的事例在于分析方形的相同和不同。所有方形的东西都是属于一类，它们都合乎方形的法则，而又有所不同，或者是木质的方，或者是石质的方，都不妨害其方形边角的相合。一切同类的事物都与方形的道理一样，所有的事物都是如此。《经说下》：“方不彰，说也。”由已知推测未知是说知。“方”：比方，比类，推测，推论。“方不彰”：由已知测未知。《大取》：“一人指，非一人也。是一人之指，乃是一人也。方之一面，非方也。方木之面，方木也。”

《经下》：“堆之必拄，说在废材。”《经说下》：“并石垒石，循夹寝者法也。方石去地石，关石于其下，悬丝于其上，使适至方石。不下，拄也。胶丝去石，挈也。丝绝，引也。未变而名易，收也。”堆砌一定要有所支撑，论证的理由在于，放置建筑材料应遵循一定的法则。每层并砌和层层垒砌石料，要遵循互相夹持着摆放的法则。取一块方石，让它离地面正好有一块石头的间隔，然后放一块石头在它下面，在它上面悬挂一根丝绳，使丝绳下端正好够着这块方石。这块方石不落下，是由于受到下面石头的支撑。把丝绳胶结在上面那块石头上，去掉下面的石头，这时会发现丝绳对石头的提举作用（克服地球引力）。如果丝绳断了，这时会发现石头向下的牵引作用（地球引力）。还是这种情况，而换一种说法，从地面角度来说，这是地面对石头收取的作用（地球引力）。

《法仪》：“天下从事者，不可以无法仪。无法仪而其事能成者，无有也。虽至士之为将相者，皆有法。虽至百工从事者，亦皆有法。百工为方以矩，为圆以规，直以绳，正以悬，平以水。无巧工不巧工，皆以此五者为法。巧者能中之，不巧者虽不能中，放依以从事，犹逾己。故百工从事，皆有法所度。今大者治天下，其次治大国，而无法所度，此不若百工辩也。”《辞过》：“大国累百器，小国累十器，前方丈。”《非攻中》：“南则荆吴之王，北则齐晋之君，始封于天下之时，其土地之方，未至有数百里也。”《非攻下》：“昔者楚熊丽，始封此睢山之闲，越王繄亏，出自有遽，始邦于越，唐叔与吕尚邦齐晋，此皆地方数百里。”

《天志上》：“轮匠执其规矩，以度天下之方圆。”《天志下》：“今轮人以规，匠人以矩，以此知方圆之别矣。”《非命上》：“古者汤封于亳，绝长继短，方地百里。”《耕柱》：“鼎成三足而方。”《鲁问》“先生苟能使子墨子于越而教寡人，请裂故吴之地，方五百里，以封子墨子。”《公输》：“荆之地，方五千里；宋之地，方五百里，此犹文轩之与敝舆也。”《备高临》：“备高临以连弩之车，材大方一尺。”“左右有钩距，方三寸。”《杂守》：“率万家而城方三里。”

圆

圆形。（26次）《经上》：“圆，一中同长也。”圆就是有一个中心，而且半径等长的平面图形。《经说上》：“圆：规写交也。”圆作图法，用圆规画出封闭图形。《大取》：“小圆之圆与大圆之圆同。”《经说上》：“意、规、员（圆）三也，俱可以为法。”按照圆的定义，使用圆规，或者拿一个标准的圆模仿，都可以作为画圆的法则。

《经说上》：“五诺，皆人于知。有说，过五诺，若‘圆无直’，无说，用五诺，若自然矣。”讨论讲授科学问题时，经过五种问答方式，人人对论题都已经知晓了。假如论题还需要证明，那么可以一一经过五种问答方式，如对“一圆周上任何三点都不在一直线上”定理的证明，就是这样。假如论题不需要证明，那么用五种问答方式中的一部分，特别是后两种（是、可），论题就好像是自明一样。“圆无直”的字面意思，是“圆周上没有直线”，即“一圆周上任何三点都不在一直线上”。相当于平面几何定理“一直线与一圆的公共点不能多于两个”，或推论“无圆能通过同在一直线上的三点”。《经上》：“蛇蚓旋圆，去就也。”蛇和蚯蚓旋转转圈的运动方式，是既去且就。“同异交得”（对立统一）一例。

《法仪》：“为圆以规。”《天志上》：“譬若轮人之有规，匠人之有矩，轮匠执其规矩，以度天下之方圆。”《天志中》：“今夫轮人操其规，将以量度天下之圆与不圆也，曰：中吾规者谓之圆，不中吾规者谓之不圆。是以圆与不圆，皆可得而知也。此其故何？则圆法明也。”《天志下》：“今轮人以规，匠人以矩，以此知方圆之别矣。”《备高临》：“左右有横植，横植左右皆圆枘，内径四寸。”左右有横柱，横柱左右两端都是圆榫头，榫头直径四寸。《杂守》：“筑邮亭者圆之，高三丈以上，令倚杀。”把邮亭修筑成圆形的，高三丈以上，使之成为斜尖形。《旗帜》：“於道之外为屏，三十步而为之圆。”在道路之外筑起屏障，每三十步远筑一圆形的围墙。

直

直线。（2次）《经上》：“直，参也。”直线是三点中有一点恰好介于另两点之间。“参”：参与，加入，介于其间。“直”：直线。直线定义，意谓三点在一直线上，等于说三点中有一点恰好介于其余两点之间。德国数学家希尔伯特公理体系中的顺序公理：公理一：设有A、B、C三点，若B介于A和C之间，则A、B、C是一直线上的三个不同的点，并且B也介于C和A之间。公理二：对于任何不同的A和B两点，在直线AB上至少有一点C，使得B介于A和C之间。公理三：在一直线上任何不同的三点中，至多有一点介于其余两点之间。希尔伯特公理和《墨经》直线概念的内容相通。

《经说上》：“圆无直。”《墨经》在分别定义圆和直线后，确认圆和直线关系的定理“圆无直”，即圆周上无直线；一圆周上任何三点，都不在一直线上；没有一圆，能通过同一直线上的三点。这条定理可以通过科学方法证明。《经说上》：“有说，过五诺，若‘圆无直’。”“说”：论证。“五诺”：论证科学知识的五种问答法。

《法仪》：“直以绳。”《亲士》：“其直如矢。”像箭杆一样直。《兼爱下》：“其直若矢。”直如箭竿。《经说下》：“绳直，权重相若，则止也。”如果滑轮的绳子两边下垂而等长，一端所挂的权和被提升重物的重量相等，那么两边就会静止不动。“斜，或害之也，流梯者不得下直也。”斜面对物体的下落起某种妨害作用，在梯子上滑动的物体，不能够垂直下落。

平

水平，等高，平行，齐等。（2次）《经上》：“平，同高也。”“平”是指不同个体，有同样高度。《法仪》：“平以水。”测定水平用水平仪。《备穴》：“埋两罂，深平城，置板其上，连板以井听。”埋两个坛子，深度使坛口与地面平齐，坛口盖木板，用来测听地下声响。

撄

相交。相遇，接触，重合。（7次）《经上》：“撄，相得也。”《经说上》：“撄。尺与尺俱不尽。端与端俱尽。尺与端或尽或不尽。坚白之撄相尽。体撄不相尽。”“撄”（接触、交叉、重合）是至少互相得到，或占有对方一部分。这一直线与那一直线交叉，二者都不完全重合。这一点与那一点迭合，二者完全重合。这一直线与那一点迭合，从点一方说，是完全被直线所占有了。从直线一方说，并没有被点所完全占有。在一块坚白石中，坚与白的渗透，完全密合。如果两个元素只有部分接触，那当然不会完全重合。“相得”：至少互相得到，或占有对方一部分。“尽”：完全重合。“或”：有的。“体”：部分。《经上》：“次，无间而不相撄也。”两个物体紧接着摆放，它们中间既无空隙，又不重合。“次”：按次序排比，至，及，紧接摆放，几何学的相切。《经上》：“比，有以相撄，有不相撄也。”《经说上》：“比。两有端而后可。”

次

相切。（2 次）《经上》：“次，无间而不相撄也。”《经说上》：“次。无厚而后可。”两个物体紧接，中间既无空隙，又不重合。这只在有“无厚”（即存在无穷小的空间点和物质点）的情况下，才有可能。相切：两个图形的共同点只有一个。“无间”：两个图形之间没有空隙。“不相撄”：不相交。相交是有两个共同点，“相切”是有一个共同点。

离

相离。（31 次）《经上》：“离，间虚也。”《经说上》：“离。虚也者，两木之间，谓其无木者也。”两个图形相离，中间有空隙。两个物体分开有距离，中间形成空虚之处。如两块木头之间的空虚之处，是说两块木头之间没有木头的地方。一座建筑两根立柱间的空隙，可计算。“离”：分离，分开，有距离。《经上》：“有间，中也。”《经说上》：“有间。谓夹之者也。”说两个物体有间隙，是指两个物体中间的空虚部分而言。说两个物体有间隙，是以夹持中空部分的两个物体作为称谓的主体。

“间”：间隙。《经上》：“间，不及旁也。”《经说上》：“间。谓夹者也。尺前于区而后于端，不夹于端与区内。及，非‘齐及’之‘及’也。”说两个物体的间隙，不涉及旁边的两个物体本身，只涉及两个物体之间的空隙部分。说两个物体的间隙，是指谓两个物体所夹持的空虚部分。在平面几何中，线是位于面的前边，夹持面，而作为面的界限的东西。线又是位于点的后边，被点夹持，而以点为界限的东西，即线夹面，而又被点所夹。这样只能说点夹线；线夹于点之间。线夹面；面夹于周边之间。不能说线夹于点与面内，即不能说点与面夹线。说“间，不及旁也”的“及”，是指涉及、包含之意，不是“齐及”（相等）之意。“间”：间隙。“尺”：指线。“区”：指面。“端”：指点。“尺前于区”相当于欧几里德几何中的定义“面的界限是线”，“尺后于端”相当于欧几里德几何中的定义“线的界限是点”。

区

面。（3次）《经上》：“窟，易也。”《经说上》：“区穴常若斯貌。”孔洞是空间虚实变换的结果。取出的实面，与原来容纳它的孔洞（空面），恒常有如此相似的状貌。“区穴”：实面和空面（虚面）。几何学概念。“区穴常若斯貌”：如从一张纸上，剪出一个三角形，剪出的三角形是“区”（实面），纸上遗留的三角形孔洞是“穴”（空面，虚面），这“区”（实面）和“穴”（空面，虚面），恒常有如此相似的状貌。“窟”：土室、洞穴、空洞、孔洞、孔窍，俗谓窟窿、窟笼。“易”：变易，变换。“区”：面，特指一物体上的实面。“穴”：土室、孔洞、窟窿，特指面上的空缺部分，即空面。

“尺前于区而后于端”：点线面的关系。《经说上》：“尺前于区而后于端，不夹于端与区内。”在平面几何中，线是位于面的前边，夹持面，而作为面的界限的东西。线又是位于点的后边，被点夹持，而以点为界限的东西。即线夹面，而又被点所夹。这样，只能说“点夹线”，“线夹面”，而不能说“线夹于点与面内”，即不能说“点与面夹线”。“尺”：线。“区”：面。“端”：点。“尺前于区”：相当于欧几里德几何中的定义“面的界限是线”。“尺后于端”：相当于欧几里德几何中的定义“线的界限是点”。区域，面，面积，实面，与“穴”（虚面、空面）相对。厘清几何学“点线面”（端尺区）三概念的逻辑关系。

倍

加倍。（26次）《经上》：“倍，为二也。”《经说上》：“倍。二尺与尺但去一。”《大取》：“吾持养臧也万倍。”《尚贤中》：“则此官什倍也。”“予官什倍。”《非攻下》：“皆十倍其国之众。”《节用上》：“去其无用之费，足以倍之。”《杂守》：“民心百倍。”

有穷无穷

“或不容尺有穷，莫不容尺无

穷”：有穷无穷定义。《经上》：“穷，或有前不容尺也。”《经说上》：“或不容尺有穷，莫不容尺无穷也。”空间有穷，是指用尺子量，前面有一处，不够一尺。用尺子量空间，到一处，前面不够一尺，是有穷。每到一处，没有不够一尺，是无穷。穷是有边界的区域，用尺沿一定方向去量，必能量尽。意义酷似古希腊阿基米德（前 287 ～前 212）度量公理“有穷线段可度量”。

墨经数学

方孝博《墨经中的数学和物理学》（中国社会科学出版社 1983 年版）。方孝博（1908 ～ 1984），安徽桐城人，1930 年考入中央大学读物理，在中文系选修文字学，1934 年毕业，任教物理系。抗战时随校迁重庆，任教中文系。1945 年随校迁南京，任教光学、先秦哲学和文字学。1951 年后，任教兰州大学、甘肃工业大学、甘肃教育学院、西北师范大学。以上“数”到“墨经数学”等 15 个词目，归入“数学”类名。

物理学

物质运动规律的理论。有分子结构论，物质结构论，世界构成论。“物理学”类名，含“端”到“物理知识”等 7 个词目。

端

物质经验分割的极限，质点，微粒，原子。物质结构论。（3 次）《墨经》有八条涉及“端”概念，其中属物理学一条，指不可分割的极限、质点、微粒、原子。《经下》：“非半弗斫则不动，说在端。”《经说下》：“斫半，进前取也，前则中无为半，犹端也。前后取则端中也。斫必半，无与非半，不可斫也。”对于给定有一定长度的木棍，连续取半，不能再取半，不能用刀砍，出现不动的端点，论证的理由在于对“端”的定义。取半操作，从这一头往那一头，最后那一头无法再取半，就碰到“端”。从两头往中间取半，“端”在中间。规定做取半操作，到不能再取半，就无法再砍。“斫”：砍断。“无与非半”：不能再做取半操作。“端”是没有长、宽、高三维，无穷小的物质微粒。这种物质结构论，相当于古希腊自然哲学家的原子论。原子论，物质微粒说，是人类认识物质的一个阶段。

五行

“无常胜说在多”：金木水火土，没有经常胜克顺序，论证理由在于优者胜。(1 次)《经下》:“五行无常胜,说在多。”《经说下》:“五。金木土水火杂。燃火铄金,火多也。金靡炭,金多也。”金木水火土五种元素,并没有一种固定的、经常的胜克顺序,论证的理由在于,哪种元素占了优势,哪种元素才能胜过其他元素。金木土水火五种元素混杂,构成万物。火的燃烧,能够熔化金属,这是由于火占优势的缘故。金属能够压灭炭火,这是由于金属占优势的缘故。

“五行”说是中国古代的一种宇宙物质构成说。《国语·郑语》载史伯说:“以土与金木水火杂,以成百物。”“五行常胜”是阴阳家邹衍等人所说的构成世界的五种基本元素,金木水火土有一种经常的胜克顺序,即谓“火克金,金克木,木克土,土克水,水克火”。这种观点用简单枚举归纳推理概括部分自然现象和生活经验,《墨经》认为这种观点不够全面,列举反例加以反驳,否定“五行常胜”的观点。《孙子·虚实篇》也说“五行无常胜”。

中国物理

钱临照《古代中国物理学的成就》(《物理通报》1951 年 7 月号),认为《墨经》是两千年前充满科学知识的典籍。把数百条记载自然现象和思想的定义、定律的文字编辑一起,在先秦著作中唯此而已。不是凭空虚文,是由观察实验得来。

墨经物理

洪震寰《墨经中的物理》(《物理通报》1958 年 2 月号)认为“端”是几何学的点,也是原子,微粒。

墨家物理

徐克明:《墨家物理学成就述评》,载《物理》杂志 1976 年第 5 卷第 1、4 期。

物理知识

洪震寰、徐克明:《墨经中的物理知识》,载《中国大百科全书·物理学卷》,中国大百科全书出版社 1987 年版。以上“端”到“物理知识”等 7 个词目,归入“物理学”类名。

力学

物质运动原因的学问。定义力是物体运动变化的原因,阐述堆砌建筑材料的受力,圆球形物体的重力方向。“力学”类名,含“力”到“丸”等 4 个词目。

力

“力,形之所以奋也”:力是物

体运动变化的原因。（76次）《经上》："力，形之所以奋也。"《经说上》："力。重之谓。下举重，奋也。"力是物体运动变化的原因。重量可以叫作力。自下而上举起重物，是力引起物体运动变化的一例。"形"：形体、物体。"奋"：动，运动。物体运动状态的变化。人鼓起劲，振作劳动，搬运举起重物，由静止变为运动和加速度运动，是"力"的表现。"力"是劳动者以自身力量从事物质生产，改造自然，创造生存条件的实践活动。"举重"从下往上，克服重力阻抗，这种形体动作，是劳动，形体之所以能动作的原因，是"力"。

近代意大利物理学家伽利略（1564～1642）和英国物理学家牛顿（1642～1727）研究，力是物体运动状态改变的原因。墨家运用直接观察和抽象理论思维，分析人类劳动现象，朴素接近于伽利略和牛顿力学的规律性认识。恩格斯："关于力的观念，如各方面所承认的（从黑格尔起到赫尔姆霍兹止），是从人的机体在周围环境中的活动中借来的。我们常说肌肉的力、手臂的力"。"自然科学还在黑格尔那时已经处于这种质朴的发展阶段"。（恩格斯：《自然辩证法》，人民出版社1971年版，第63～64页）钱临照《古代中国物理学的成就·论墨经中关于形学、力学和光学的知识》（《物理通报》1951年7月号），认为对力、重、运动的关系，有正确观察研究。

《经说下》："举重不举针，非力之任也。"桔槔机提举重物的机械力。《经说下》："举之则轻，废之则重，若石羽，非有力也。"滑车提举重物的机械力。《经说下》："挈有力也，引无力也。不必所挈之止于斜也，绳制挈之也，若以锥刺之。"

堆之必拄

堆砌材料必然有支撑。（1次）《经下》："堆之必拄，说在废材。"《经说下》："堆。并石、垒石，循夹寝者法也。方石去地石，关石于其下，悬丝于其上，使适至方石。不下，拄也。胶丝去石，挈也。丝绝，引也。未变而名易，收也。"堆砌一定要有所支撑，论证的理由在于，放置建筑材料应遵循一定的法则。每层并砌和层层垒砌石料，要遵循互相夹持着摆放的法则。取一块方石，让它离地面正好有一块石头的间隔，然后放一块石头在它下面，在它上面悬挂一根丝绳，使丝绳下端正好够着这块方石。这块方石不落下，是由于受到下面石头的支撑。把丝绳胶结在上面那块石头上，去掉下面的石头，这时会发现丝绳对石头的提举作用。如果丝绳断了，这时会发现石头向下的牵引作用。还是这种情况，而换一种说法，从地面角度来说，这是地面对石头收取的作用。堆：堆砌，放置。拄：支撑。“废材”：放置建筑材料。钱临照《释墨经中光学力学诸条》解释是“论建筑术中安设础基之法”（方孝博：《墨经中的数学和物理学》，中国社会科学出版社 1983 年版，第 69 ～ 72 页。徐克明：《墨家物理学成就述评》，《物理》杂志 1976 年第 5 卷第 1 期）。

丸

“丸无所处而不中悬”：圆球形物体的重心方向。《经下》：“正而不可倚，说在抟。”《经说下》：“正。丸无所处而不中悬，抟也。”垂直的东西不会偏斜，论证的理由在于分析圆球形的物体。圆球形物体的重心方向，随处都与自上而下悬挂垂线的标准相符合。正：垂直。倚：偏斜。悬：自上而下悬挂的垂线。《法仪》：“正以悬。”垂直的标准是自上而下悬挂的垂线。抟：这里指圆球形物体。以上“力”到“丸”等 4 个词目，归入“力学”类名。

简单机械学

研究用杠杆和斜面原理制成的简单机械（桔槔，辘轳，滑轮，滑车，车梯）。“简单机械学”类名，含“负而不翘”到“倚者不正”等 5 个词目。

负而不翘

桔槔机提取重物，本端负重，标端不翘，因为标端重力距，胜过本端跟重物合力距。《经下》：“负而不翘，说在胜。”《经说下》：“负。衡木加重焉，而（标端）不翘，极胜重也。右校交绳，无加焉而翘，极不胜重也。”使用桔槔机提取重物时，本端负重，而标端不会翘起来，论证的理由在于，标端的重力距，胜过本端与重物的重力合力距。横杆本端加上重物以后，而标端不会翘起来，那是由于标端的重力距，胜过本端与重物的重力合力距的缘故。如果从右边调节立柱与横杆的连结之处，交点过于靠近标端，那么即使本端没有加上重物，标端也会翘起来，那是由于标端的重力距，没有胜过本端的重力距的缘故。“负”：桔槔机本端负重。“胜”：胜过，大于，杠杆标端重力距大于本端与重物的重力合力距。“校”：调节校准。“交绳”：立柱跟横杆相交捆绳。《经下》：“负而不翘，说在胜。”钱临照《释墨经中光学力学诸条》解释是“论材料力学”（载《科学史论集》，中国科学技术大学出版社1987年版）。

相衡

秤杆保持平衡，本端短，标端长。《经下》：“衡而必正，说在得。”《经说下》：“衡。相衡则本短标长。加重于其一旁，必垂。权重相若也，两加焉，重相若，则标必下，标得权也。”秤杆必须保持平衡，论证的理由在于，秤杆标端得到了一个可以在秤杆标端任意调节滑动的秤锤。秤杆保持平衡，则本端短，标端长。如果秤杆已经保持了平衡，再在秤杆的某一端加上重量，那一端一定会下垂。如果秤锤与重物相等，分别加在秤杆的标端与本端，则标端一定会下垂，这是由于本来本端较短，标端较长，而标端又得到了一个与重物相等的秤锤的缘故。“衡”：秤，秤杆。“权”：秤锤。钱临照《释墨经中光学力学诸条》解释是“论杠杆”。认为是“天平之理”（钱临照《古代中国物理学的成就·论墨经中关于形学、力学和光学的知识》，《物理通报》1951年7月号）。

挈与收

用滑轮提升和收取重物。《经下》：“挈与收反，说在权。”《经说下》：“挈。挈有力也，引无力也。不必所挈之止于斜也，绳制挈之也，若以锥刺之。挈：长重者下，短轻者上，上者愈得，下者愈亡。绳直，权重相若，则止矣。收：上者愈丧，下者愈得。上者权重尽，则遂挈。”用滑轮提升与收取重物的方向相反，论证的关键在于，使用一个起牵拉、缓冲或平衡作用的标准重物“权”。由下而上提升重物，要用力气。由上而下收取重物，是利用重力的作用，使重物自动下降，所以不用力气。要想方便或省力地提取重物，不一定只利用斜面这一种方式，用绳索制动滑轮以提取重物，就像用锥子刺物一样方便省力。由下往上提升重物时，系在绳子一端的相对较重的“权”，靠着重力的作用会自动下降，系在绳子另一端的相对较轻的重物，则被自动地往上提。被提举的重物越来越靠近上边，靠重力下降的“权”会越来越接近地面。如果制动定滑轮的绳子两边下垂，分别悬挂的“权”和重物重量相等，那么两边就会静止不动。由上往下收取重物时，系在绳子一端的相对较轻的“权”，离地越来越远，越来越靠近上边，重物凭借重力的作用，越来越靠近地面。待“权”上升到滑轮边沿时，如果还想提升重物，则需用人力把重物稍稍提举，以便使“权”能够再次自动下落，开始新一轮提举重物的过程。“挈”：提升。“收”：收取，下引。“反”：方向相反。“权”：帮助提升或收取重物，起牵拉、缓冲或平衡作用的标准重物，相似于秤锤，故称为“权”。“斜”：斜面。“绳制挈之”：用绳索制动定滑轮以升降重物的装置，滑车。

倚者不正

斜面与垂直不同。《经下》：“倚者不可正，说在梯。”《经说下》：“倚：背、拒、牵、射，倚焉则不正。两轮高，两轮为轮，车梯也。重其前，弦其前，载弦其胡，而悬重于其前。是梯，挈且挈则行。凡重，上弗挈，下弗收，旁弗劫，则下直。斜，或害之也，流梯者不得下直也。今也废石于平地，重，不下，无旁也。若夫绳之引胡也，是犹自舟中引横也。”斜面运物跟垂直运物不同，论证的理由在以车梯为例。背负、抵拒、牵引、投射，都有偏斜而不垂直的现象。车梯的前两轮低，后两轮高。因为车梯的重心偏前，为了在装运过程中保持车梯的平衡，需要在车前系以绳索，使绳索下垂，而悬以重物。这种车梯，提起前端并向前牵引，则能够前行。凡是重物，不往上提举，不往下收取，不从旁边给予强力，而仅受重力作用，则会垂直下落。斜面对物体的下落起某种妨害作用，在梯子上滑动的物体，不能够垂直下落。把一块石头放在平地上，它有重力，但受地面阻力的作用，不会下落，也没有从旁边来的作用力，它就会静止不动。说到用绳索牵引车梯前行的运动方式，这就像用绳索牵引舟前横木使舟作水平运动一样。“倚”：偏斜。“正”：垂直。《经下》：“正而不可倚。”“梯”：指车梯，兼有车子和梯子两种功用。“背”：背负。“拒”：抵拒。“牵”：牵引。“射”：投射。“轮”：小而无辐的车轮。

从当时生产生活实践，总结杠杆、斜面的力学知识。春秋末，运用杠杆原理的桔槔简单机械，已在民间广泛运用。《说苑·反质》："为机重其前，轻其后，命曰桥。"《庄子·天运》："子独不见夫桔槔者乎？引之则俯，舍之则仰。"《备城门》："百步一井，井十瓮，以木为桔槔。""城上之备：桔槔。"《备穴》："穴且遇，以桔槔冲之。""穴且遇，为桔槔。""命有力者三人用桔槔冲之。""桔槔为两夫而旁埋其植。"桔槔应用于生产、生活和军事。论述桔槔机的应用和杠杆原理。中国古代对杠杆原理的应用，除桔槔机外，又有称衡。桔槔是应用动力学原理的机械，称衡是应用静力学原理的机械。墨家有机统一技术和科学，科学是技术的升华，为技术服务。

论述滑轮的工作原理。滑轮工具广泛应用于工程建设，可节省劳力。"挈"是提升，"收"是收取，二者用力方向相反。桔槔和滑轮是形态上不同的两种工具，二者遵循的原理是相同的，即利用杠杆的力学原理。在应用杠杆原理以外，也应用斜面原理。车梯是前后各有两个轮子的梯子，可以斜放做梯子搬运东西，也可以做车子牵引前行。用人力牵引绳子，使车梯往前走，就像在水中拉船往前走一样省力。用肩扛重物，支撑、牵引和投射都是斜面运动的例子。从技术中概括科学原理，用以创造发明得力高效的工具。创造发明服务于劳动人民的生产和生活，有实际应用价值。以上"负而不翘"到"倚者不正"等5个词目，归入"简单机械学"类名。

光学

论光影的学说。《墨经》讲系统几何光学知识，有观察实验记录，探索光影机制原理。"光学"类名，含"光"到"墨经光学"等12个词目。

光

光线，光源，光体，光影。系统几何光学，观察实验记录，探索机制原理。（13次）《经说下》："光至影亡。若在，尽古息。"由于光源和物体相对位置的改变，光线照到了原来影子形成的地方，则影子就消失了。如果光线照到了原来影子形成的地方，影子仍没有消失，则影子就会永久留存在那里，这当然是不可能的。“二光加一光，一光者影也。”两个光源形成两个半影，夹一个本影。“光之人，照若射。下者之人也高，高者之人也下。足蔽下光，故成影于上。首蔽上光，故成影于下。在远近、有端与于光，故影窟内也。”光线达到人身，光线照耀，就像射箭，是直线进行的。人下部的影子，形成于高处。人高处的影子，形成于下处。人的足部遮蔽从下部照来的光线，所以形成的影子在上边。头部遮蔽从上部照来的光线，所以形成的影子在下边。人站在离墙有一定远近的地方，墙上有一个小孔，并且被光线照射，所以倒影形成在室内。

“日之光反烛人，则影在日与人之间。”太阳的光线，被镜子反射到人的身上，则影子形成于太阳和人之间。“光小于木，则影大于木。非独小也，远近。”光源小于木头，则影子大于木头。不仅有“光源小于木头”的情况，还有光源大于木头的情况，这时影子会小于木头。当光源距木头远时，影子小。当光源距木头近时，影子大。“正鉴，影多寡、貌态、白黑、远近、斜正异于光。”面对球面镜，像的大小、状貌形态、明暗、远近、正倒与物体有区别。

影

影像。《经下》、《经说下》讲几何光学实验记录和理论，古代物理学杰出成果。（35 次）“影不徙，说在改为。”“影二，说在重。”“影迎日，说在转。”“影之大小，说在斜正远近。”《经下》：“影倒，在午，有端与影长”。《经说下》：“足蔽下光，故成影于上。首蔽上光，故成影于下。在远近、有端与于光，故影窟内也。”

《经下》：“临鉴而立，影倒。”《经说下》：“影多寡、貌态、白黑、远近、斜正异于光。鉴、影当俱。”“影之容无数。”《经下》：“鉴凹，影一小而易。”《经说下》：“中之内：鉴者近中，则所鉴大，影亦大。远中，则所鉴小，影亦小。”“中之外：鉴者近中，则所鉴大，影亦大。远中，则所鉴小，影亦小。”《经下》：“鉴团影一。”《经说下》：“鉴者近，则所鉴大，影亦大；其远，所鉴小，影亦小。”“影过正故招。”

形成倒影的条件，在于光线交错，有一个小孔，并且影子有一定长度，论证的关键在于存在小孔。光线达到人身，光线照耀，就像射箭，是直线进行的。人下部的影子，形成于高处。人高处的影子，形成于下处。人的足部遮蔽从下部照来的光线，所以形成的影子在上边。头部遮蔽从上部照来的光线，所以形成的影子在下边。人站在离墙有一定远近的地方，墙上有一个小孔，并且被光线照射，所以倒影形成在室内。

人站在球面镜前，会形成倒立的像，或缩小的像，论证的理由在于镜面是一个较小的区域。面对球面镜，像的大小、状貌形态、明暗、远近、正倒与物体有区别。物体在镜前，镜与物体镜像，总是同时存在。物体与镜像接近与离开镜面的运动，也总是同时存在。并且物体与镜像的运动方向，总是相反。被照物体的容貌，在镜中都会有所反映。镜像的容貌多样，而且一定会歪曲原物的形象。所以物体与镜面同在一处，物体在镜面的不同部分，会形成不同的镜像，就像物体被镜面分开了一样。

凹镜成像，一种情况是镜像比物体小，并且是倒立的。另一种情况，是镜像比物体大，并且是正立的，论证的理由在于，物体是处在球心之外，还是焦点之内。物体在焦点之内成镜像的情况：照镜子的人接近焦点，则所照的面积大，成镜像也较大。远离焦点，则所照的面积小，成镜像也较小。但镜像都一定是正立的：这是由于光线从焦点和球心出发，与镜面正交，并向镜后延长相交而成像的结果。物体在球心之外成镜像的情况：照镜子的人接近球心，则所照的面积大，成镜像也较大。远离球心，则所照的面积小，成镜像也较小。但镜像都一定是倒立的：这是由于光线会合于焦点和球心中间，并延长相交而成镜像的结果。

凸镜成像只有一种情况。物体距镜面近，则所照面积大，成镜像也大。距镜面远，则所照面积小，成镜像也小。但镜像一定是正立的。物体距镜面过远，镜像与原物差别过大，所以会招摇不定。《鲁问》：“令之俯则俯，令之仰则仰，是似景也，处则静，呼则应，是似响也，君将何得于景与响哉？”

影窟内

小孔成像。《经下》：“影倒，在午，有端与影长，说在端。”《经说下》：“影。光之人，照若射。下者之人也高，高者之人也下。足蔽下光，故成影于上。首蔽上光，故成影于下。在远近、有端与于光，故影窟内也。”形成倒影的条件，在于光线交错，有一个小孔，影子有一定长度，论证的关键在于存在小孔。光线照到人身，光线照耀就像射箭是直线进行。人下部影子，形成于高处。人高处影子，形成于低处。人足部遮蔽从下部照来的光线，所以形成的影子在上边。头部遮蔽从上部照来的光线，所以形成的影子在下边。人站在离墙有一定远近的地方，墙上有一个小孔，被光线照射，倒影形成在室内。“影倒”：倒影。“午”：交错。“端”：点，小孔。墨家用小孔成像来实验，说明光的直线传播原理。在黑暗小屋朝阳的墙上开一小孔，人对着小孔站在屋外，在阳光照射下，屋里相对的墙上出现一倒立的影子。

墨家说明光线的传播，像箭一样，是直线进行的。下面的光线照进暗室，射到墙上边。上面的光线射到下边。光线射进或远或近的屏上的小孔，就在墙上形成倒影。这是墨家的光学实验，结论正确。《墨经》有8条论述光学的条文，从光的直线传播原理出发，论物影的定义和成因，说明影是光照不及所致。论本影和半影现象及其成因，指出在两个光源之下，物体有两个影。用小孔成像实验，说明光的直线传播原理。论光的反射，经反射后的日光，照到人体，投在地面的人影，必在日与人之间。论物影变化的规律，直立木杆，在光源照射之下，投在地面影子长度大小的变化规律。论平面镜、凹镜、凸镜成像规律，接近科学说明。

影不徙

物影不迁徙。《经下》：“影不徙，说在改为。”《经说下》：“影。光至影亡。若在，尽古息。”物影不迁徙，论证的理由在于，通常看到“影子迁徙”，由于光源和物体相对位置改变的结果。光源和物体相对位置改变，光线照到原来影子形成的地方，影子消失。如果光线照到原来影子形成的地方，影子没有消失，则影子就会永久留存在那里，这是不可能的。说明光和影的关系，分析影子移徙的物理本质。

影重

《经下》：“影二，说在重。”《经说下》：“影。二光加一光，一光者影也。”两光源照射同一物体，形成两影重叠为本影半影，论证理由在两光源重复照射。两光源形成两半影夹一本影。解释重影现象及其原理，涉及本影和半影。在光学上，两个影子相互重叠的地区，叫作本影，而本影周围构成的影子，叫作半影。墨家解释形成重影的原因，是由于“二光”的存在。两个光源所造成的两个半影，夹着一个本影。通过实验观察，探索本影半影现象原理。

影迎日

影在太阳跟人之间。《经下》：“影迎日，说在转。”《经说下》：“影。日之光反烛人，则影在日与人之间。”影迎着太阳（影在太阳跟人之间），论证理由在日光被反射。太阳光线被镜子反射到人身上，影形成于太阳和人之间。“转”：反射。“反烛”：反射。墨家研究光的反射现象。人影投在迎向太阳的一面，是因为太阳光经过某一物体（平面反射镜）的反射，转变方向。太阳光被反射后，照在人身，成影在太阳跟人之间。

影大小

《经下》：“影之大小，说在斜正远近。”《经说下》：“影。木斜，影短大。木正，影长小。光小于木，则影大于木。非独小也，远近。”光源照物体成影大小，论证理由在物体斜正，光源远近。用木头做实验，木头斜放，则影子短大。木头正放，则影子长小。光源小于木头，则影子大于木头。不仅有“光源小于木头”的情况，还有光源大于木头的情况，这时影子会小于木头。当光源距木头远时，影子小；当光源距木头近时，影子大。墨家用一根木头实验，分析在木头摆放的斜正，光源比木头大小，光源离木头远近等不同情况下，物影的变化。光学家用“斜正”试验叫“光度”，即光体发光强弱之度，可由标准物的斜正决定。用“远近”试验叫“照度”，即物体受光浓淡之度，可由标准物的远近决定。

影倒

凹镜形成倒立像。《经下》：“临鉴而立，影倒，多而若少，说在寡区。”《经说下》：“临。正鉴，影多寡、貌态、白黑、远近、斜正异于光。鉴、影当俱，就、去亦当俱，俱用背。鉴者之容，于鉴无所不鉴。影之容无数，而必过正。故同处，其体俱然鉴分。”

人站在球面镜前，成倒立像，缩小像，论证理由在镜面是较小区域。面对球面镜，像的大小、状貌形态、明暗、远近、正倒与物体有区别。物体在镜前，镜跟物体之像总是同时存在，物体跟像接近与离开镜面的运动，总是同时存在，物体跟像的运动方向总是相反。被照物体的容貌，在镜中都会有反映。像的容貌多样，一定会歪曲原物形像。物体跟镜面同在一处，物体在镜面的不同部分，成不同的像，就像物体被镜面分开一样。“临鉴而立”：指人站在镜子前面，照镜子，看自己在镜中的形像。“多而若少”：物体大而成像小，凸镜成缩小像。“寡区”：镜子是较小区域。“正鉴”：正面对着镜子。“影多寡”：像的大小。“貌态”：状貌形态。“白黑”：明暗淡浓。“鉴、影当俱”：物体在镜前，镜跟物体之像总是同时存在。“就、去亦当俱”：物体跟像接近与离开镜面的运动总是同时存在。“俱用背”：物体跟像的运动方向总是相反。“过正”：指像跟原物有不同。“其体俱然鉴分”：磨制不均匀镜面，物体在镜面不同部分，成不同像。

1976 年在河南安阳小屯妇好墓出土的四面铜镜，是商王武丁之妻的梳妆用铜镜，直径有 12 厘米左右。证明中国在殷商武丁时期（前 12 世纪）已经使用铜镜制造技术。出土商周以后的铜镜，大部分是平面镜，也有凸面镜、凹面镜。

墨家通过实验，论证平面镜、凸面镜、凹面镜成像的原理，各种球面镜、凹面镜和凸面镜成像的特点和一般规律。人正立在一个球面镜前面，影像的大小、状貌形态、明暗程度、影像的远近、倒和正都跟物体有所区别。假如在镜中成像，镜与像同时存在，物体和像接近或离开镜面的运动也同时发生，而物体和像的运动方向总是相反。物体的容貌在镜中都会有所反映。镜像的容貌多种多样，并且跟原物总有所区别。就磨制不均匀的镜面而言，在同一地方的物体，镜面不同部分，会形成不同像。

凹镜成像

《经下》：“鉴凹，影一小而易，一大而正，说在中之外内。”《经说下》：“鉴。中之内：鉴者近中，则所鉴大，影亦大；远中，则所鉴小，影亦小；而必正：起于中、缘正而长其值也。中之外：鉴者近中，则所鉴大，影亦大；远中，则所鉴小，影亦小；而必易：合于中而长其值也。”

凹镜成像，一种情况是，像比物体小，并且是倒立的，另一种情况是，像比物体大，并且是正立的，论证理由在物体是处在球心之外，还是焦点之内。物体在焦点之内成像的情况：照镜子的人接近焦点，则所照的面积大，成像也较大。远离焦点，则所照的面积小，成像也较小。像都一定是正立的，这是由于光线从焦点和球心出发，与镜面正交，并向镜后延长相交而成像的结果。物体在球心之外成像的情况：照镜子的人接近球心，则所照面积大，成像较大。远离球心，则所照面积小，成像较小。像都一定是倒立的，这是由于光线会合于焦点和球心中间，并延长相交而成像的结果。

“鉴凹”：凹镜。“易”：倒立。“正”：正立。“中之外内”：凹镜球心之外与焦点之内。墨家分析说明凹镜成像规律。从凹镜的远处走向镜面，自焦点迎面而来，可以观察到自己小而倒立的像。走过焦点，再向镜面走去，在镜后面可以观察到大而正立的像。《经说》说明“中之内”和“中之外”情况。“中之内”是物体在焦点内的情况。接近焦点时，成像比较大。反之远离焦点时，成像比较小。成像都是正立的。“中之外”是物体在焦点外的情况。接近焦点时，成像比较大。远离焦点时，成像比较小。成像都是倒立的。

这正确说明凹面镜成像的情况。平行光线经凹镜反射后聚焦于焦点，它的成像有以下五种。其一，当物体在球心以外，得到倒立的实像，这是在球心和焦点之间比物体小的像。其二，当物体在球心处时，得到与物体一样大的、方向正相反的实像。其三，当物体在球心和焦点之间，得到比物体大的倒立实像。其四，当物体在焦点时，不成像。其五，当物体在焦点以内，得到比物体大的正立的虚像。墨家没有说明物体在球心、焦点以及球心和焦点之间的成像情况。

凸镜成像

《经下》：“鉴团影一。”《经说下》：“鉴。鉴者近，则所鉴大，影亦大；其远，所鉴小，影亦小；而必正。影过正故招。”凸镜成像只有一种情况。物体距镜面近，所照面积大，成像也大。距镜面远，所照面积小，成像也小。像一定是正立的。物体距镜面过远，像跟原物差别过大，会招摇不定。

"鉴团"：凸镜。"招"：摇动，模糊不清。墨家分析说明凸面镜成像的实验。"鉴团"指凸面反射镜。物体在凸镜的前面，无论在什么位置，在镜面距离远近，都在镜后面构成正立的比物体小的虚像，这是凸面镜成像规律。

墨经光学

钱临照《释墨经中光学力学诸条》（载《科学史论集》，中国科学技术大学出版社 1987 年版）。认为《墨经》名学（逻辑学）逾 40 条，形学（物理学）20 条，光学 8 条，力学 9 条。科学西来前，西来科学草蒙期，昔贤难读"此具有与近代科学相悬契之光学力学诸条"。《墨经》是前五世纪后半叶，到前三世纪中叶先秦学人著述，墨家学术思想的典要。为定理、定律之文。经者，义也，律也。定界说是定义，明事理是定律。《经上》是定义（definition），《经下》是定律（proposition）。《经下》："影不徙，说在改为。""影不徙"是定律。"说在改为"是解答之辞，是定律的证明。光学八条，343 字，"条理之有序，秩然而成章"，"论象之事具"，"影与像之论既毕，则几何光学之基础已定，骨干已具，首尾已备"。"《墨经》诚世界最古光学典籍之一。"《经上》："力，形之所以奋也。"是"力"的定义，跟今日牛顿力学的力之定义部分相合，跟牛顿运动第一定律"同其推理"。《经说上》："力。重之谓。下举重，奋也。"物体重量，是力的一种表现，合于物理学对重力的解释。

钱临照《古代中国物理学的成就·论墨经中关于形学、力学和光学的知识》（《物理通报》1951 年 7 月号）认为《墨经》排成合乎科学意义的次序。物理学中光学论影和像部分完备，打下几何光学的基础，首尾具备，是两千多年前世界上的伟大光学著作，俨然是一部完整的几何光学，是老老实实的实验记录，崇尚实际，不事空论，是墨家的基本精神，中华民族的优良传统，在世界自然科学古籍中，有光荣的地位。

钱临照《我国先秦时代的科学著作——墨经》（载《科学大众》1954 年 12 月号）说，春秋战国时期，论述自然科学的书籍，就是《墨经》。《墨经》是我国科学史上的一盒宝石，尘土不能掩蔽宝石的光芒，常在幽暗中发出闪烁的光芒，只要人们加以拂拭，便会光辉四射，灿烂夺目。光学八条，记载光学实验的次序，完全合乎现代几何光学的要求，《墨经》作者是敏锐忠实的实验科学家，对观察结果，系统科学总结。

钱临照（1906～1999），江苏无锡人。物理学家。物理学史研究奠基人之一，中国科学史事业开拓者。研究《墨经》中的物理学内容，指导中国物理学史研究。1929年毕业于上海大同大学。中国科学技术大学教授，中国自然科学技术史学会名誉理事长。在中国科技史研究和推进方面作出了重要贡献，第一次系统发掘和整理《墨经》光学。1934年夏，考取中英庚款第二届公费赴英国留学生，进入伦敦大学大学学院学习。在英国留学三年，发表5篇论文。任固体物理和自然科学史博士生导师。抗日战争时期，钱临照在昆明黑龙潭寄居于史学研究所，翻阅藏书得《墨经》，见内有不少与现代科学知识相通的记载，尤其是关于几何学、物理学诸条。再读梁启超著《墨经校释》一书，得知对这些科学记载尚未给予完善解释。

1943年英国学者李约瑟博士来华，由缅甸入昆明，在黑龙潭与钱临照相见。李约瑟博士有志从事中国科学技术史研究，两人相谈甚欢。当钱临照告以《墨经》中有科学技术资料时，李约瑟博士惊叹不止，两人遂成文字之交。钱临照十分尊重李约瑟博士，1990年底，年过80岁的钱临照还专程赴上海主持《弘扬中华优秀科学文化暨庆贺李约瑟博士九十寿辰》的学术报告会。一生致力于物理学事业的发展。自1943年起的40年里，历任中国物理学会理事、《物理学报》编委、副主编、主编等。1949～1960年任中国科学院物理研究所研究员。1955年当选为中国科学院数理化学部委员。1960年以后任中国科学技术大学教授，1980至1984年任中国科学技术大学副校长。1980年当选为中国科学技术史学会首任理事长。以上“光”到“墨经光学”等12个词目，归入“光学”类名。以上本书第一编“墨学分科”到“墨经光学”等，共收词294个。

第二编 墨学研究史

〔说明〕墨学研究史词目，涵盖古今墨学史的重要人物、典籍、范畴和命题，收词313个。

墨学研究史

墨学在战国时期产生，汉到清中绝，现代复兴，前进历程曲折，体现肯定、否定到再肯定的辩证发展规律。本编墨学研究史词目，涵盖古今墨学史的重要人物、典籍、范畴和命题，收词313个。分专题收词：1.墨家创学，收词35个；2.诸子论墨，收词6个；3.中世论墨，收词86个；4.大陆论墨，收词141个；5.台湾论墨，收词18个；6.韩国论墨，收词6个；7.日本论墨，收词9个；8.西方论墨，收词12个。

墨家创学

先秦墨家创墨学。前5世纪墨子创墨家。墨家在前五到前三世纪的战国时期，盛况仅次于儒家，占诸子百家第二位。到前221年秦始皇统一中国后，墨家渐衰。汉后中国封建统治者尊儒，直到清代，墨学作为儒学敌对意识形态，备受打压。近代西学东渐，科学兴盛，中国有识之士，发现墨学中有跟西学一致的科学人文精神，倍受重视，逐渐复兴。《墨子》“十论”代表墨子思想（前5世纪），是墨子针对战国乱世提出的治国方略，和平统一理想。狭义《墨经》四篇和广义《墨经》六篇，代表后期墨家思想（前三世纪），是突出科学人文思想的治国蓝图，有重要的现代价值和世界意义。这是现代中国墨学研究精英主流的科学结论和共识。“墨家创学”类名，含“墨子”到“胡非子”等词目35个。

墨子

约前480～前420。墨家学派创始人。鲁国人，姓墨名翟。墨子自称“翟”25次。《贵义》：“翟上无君上之事，下无耕农之难。”《鲁问》：“翟以为不若诵先王之道，而求其说，通圣人之言，而察其辞，上说王公大人，次匹夫徒步之士。”《鲁问》载墨子跟鲁国南部边地人吴虑对话，七次自称“翟”。时人尊称“墨子”。

活动于前五世纪。盛年在孔子（前551～前479）、孟子（约前372～前289）间。生卒年不详。司马迁（约前145～前86）以来，成未解的历史难题和历史之谜。今本司马迁《史记》无墨子传记。只在《孟子荀卿列传》末尾附言24字：“盖墨翟，宋之大夫，善守御，为节用，或曰并孔子时，或曰在其后。”

司马迁连用几个模糊、模棱、盖然之词。“盖”：大概、可能、不确定。两说“或曰”：或然，不确定之意。这使后人对墨子生存年代的判定，相差一代人，数十年。司马迁，西汉初年人，对墨子生存于春秋末或战国初，已不能确定。一个可能的解释，是因墨子受孟子猛烈攻击诋毁，儒家在政治上得势，成为封建社会官方意识形态，把墨子定位为政治异端，记载墨子生卒年的资料荡然无存。司马迁猜测墨子“或曰并孔子时”，说孔墨并时，是大谬不经。孔子没提到过墨子，而墨子常提到孔子。《墨子》提到“孔子”9次，“孔丘”（直呼其名）19次，“仲尼”（孔子的字）4次，表明墨子肯定生在孔子之后。墨子没有提到孟子，而孟子屡提及墨子，表明墨子确生在孟子前，孟子生在墨子后。墨子生时，孟子没有出世成名，墨子非孟子的同时代人。墨子不知有孟子，而《孟子·滕文公下》惊呼：“墨翟之言盈天下！”孟子以孔子学说卫道者自居，对墨子学说批判敌视。判定墨子的生存年代，有若干重要的历史坐标。孔孟生卒年确定，可参考划定墨子生存年的大致界限。“孔子不知墨子，墨子知孔子；墨子不知孟子，孟子知墨子”，这是历史事实。由此确认，墨子是生存于孔孟之间的文化伟人。

目前学者对墨子生卒年的考证结论，相差一代人，几十年。任继愈据墨子活动历史事件考证，确定坐标。墨子止楚救宋，连走十天十夜，年龄不能太大，也不能太小，因墨子当时已成立学派，成为大师，有弟子禽滑厘等三百人。于是推定墨子生卒年约前480至前420年（任继愈：《墨子》，上海人民出版社1956年版；修订本《墨子与墨家》，商务印书馆1998年版，第11～12页）。孙诒让《墨子年表》推定，墨子生卒年为前468～前376年区间，跟任继愈推定结论相差数十年。孙诒让是清末著名墨子注释家，制作《墨子年表》，排列《墨子》涉及的重要历史事件，确定墨子生卒年的大致范围，但不是自然科学精密计算的定量方法，容有几十年的误差。

墨子常生活于鲁，自鲁出游。《贵义》："墨子自鲁即齐。"《鲁问》记越王"迎子墨子于鲁"。《吕氏春秋·爱类》、《淮南子·修务训》记墨子止楚攻宋自鲁往，十日十夜，到楚都郢游说鲁班和楚王。

墨子出身匠师，熟悉百工技艺，尤精木工技巧，曾制木鸢、车辖和各种守城器械。《鲁问》："翟之为车辖，须臾斫三寸之木，而任三十石之重。"《韩非子·外储说左上》："墨子为木鸢。"《公输》记弟子禽滑厘等三百人持墨子守御之器守宋城。《贵义》记墨子自称"贱人"，把自己学说比喻为农民生产的粮食和采集的草药。《节用中》："凡天下群百工，轮车鞼匏，陶冶梓匠。"《墨子》记制革、制陶、冶金、缝纫、刺绣、制鞋、造铠甲、土石建筑等各手工业工种的技术，据以生发自然科学理论和人文社会科学。

墨子好学而博，从劳动者上升为士。《贵义》："翟上无君上之事，下无耕农之难。"。墨子学于周王朝史官史角后代，"学儒者之业，受孔子之术"，后不满儒学，创立学派，与儒学对立。墨子为推行学说，上说下教，席不暇暖，突不及黔，日夜不休，以自苦为极。墨子出行载书，游说齐卫宋楚，引证传统经典《诗》、《书》、《春秋》。墨子从事止楚攻宋郑、止齐攻鲁等活动，实施非攻主张。劝卫畜士备御。劝齐项子牛停止伐鲁。献书楚惠王，辞绝封地封君。谢绝越王邀官许封。推荐门徒做官，践履学说。

《尚贤》至《非儒》和《耕柱》至《公输》等，记述墨子人文社会科学学说。墨子提出尚贤、尚同、兼爱、非攻、节用、节葬、非乐等政治哲学观点。主张任人唯贤，"虽在农与工肆之人，有能则举"，强调"官无常贵，而民无终贱"，反对任人唯亲。主张"选择天下贤良"，"使从事乎一同天下之义"。认为兼相爱、交相利，天下就没有强执弱、众劫寡、富侮贫、贵傲贱、诈欺愚和攻伐掠夺。批判厚葬靡财、奢侈佚乐。

墨子提倡经验论的认知理论。强调知识来源于众人耳目之实，以视听感觉为判定是非有无的根据，提出检验认知的三条经验标准（三表）。认为知名与察实、取实结合，才能构成完整的知识。如知仁义之名，不能察取仁义之实，就像盲人知黑白之名，不能察取黑白之物，不是完全的知识。墨子某些观点，有理性论倾向：认知要察类知类，辩故明故；重视“方法”“法则”的探究；要求“以见知隐”，从现象到本质；“以往知来”，从过去推知未来；认为往者和来者都可认知，肯定认知的预见性。

墨子批评儒家命定论，认为“命者暴王所作，穷人所述，非仁者之言”，“足以丧天下”，“贼天下之人”。提倡积极发挥人力改造自然的作用，“赖其力者生，不赖其力者不生”，指出人兽之别在于能否用力生产劳动。墨子在争鸣辩论中，提出名、辩、类、故、法、悖等逻辑概念。要求名实相符，“能谈辩者谈辩”，将辩论技巧作为知识传授。要求辩论“察类明故”，“无故从有故”。常用归谬法和归谬式类比推理揭露论敌的自相矛盾。批评“世俗之君子，贫而谓之富则怒，无义而谓之有义则喜”是“悖”，儒家“教人学而执有命，是犹命人包而去其冠”，“执无鬼而学祭礼，是犹无客而学客礼”，无鱼而为鱼网，公输般“义不杀少而杀众，不可谓知类”，为墨家建立古代逻辑体系奠定基础。墨子根据有人曾“见鬼神之物，闻鬼神之声”的错觉和古书的讹传，提出鬼神存在的主张，是经验论的流弊。把天说成有意志的人格神，相信鬼神能赏善罚暴；说兼相爱、交相利是顺天意，必得赏；别相恶、交相贼是反天意，必得罚；把天志、鬼神作为推行政治主张的工具。狭义《墨经》四篇完全抛弃天志、明鬼学说，是墨学发展的高级阶段。这是中国现代墨学研究精英主流的科学结论和共识。

在中国历史文化中，墨子跟孔子齐名。墨子独创学派，积极参与政治、经济、文化、社会、学术、军事与外交活动，留下丰富文献典籍，思想学说产生巨大社会影响，有重要历史意义和现代价值。“墨子”在《墨子》中出现342次，如《法仪》：“子墨子曰：天下从事者，不可以无法仪。”《七患》：“子墨子曰：国有七患。”

《墨子》是墨家著作汇编，非墨子一人手书。《墨子》编辑成书，在汉代史家。汉成帝、哀帝，命刘向、刘歆父子，整理先秦诸子，搜罗国家图书馆收藏墨家文稿，校勘编辑，抄录成书。《墨子》涉及历史事件，可能在墨子后，由墨子后学记述，不能据此说这时墨子还在世。墨子确凿无疑生于前5世纪，不能把墨子生年延伸到整个战国时期（前475～前221）。更不能像道教神话，说墨子活到汉武帝时。把《墨子》涉及战国时期历史事件和思想，如批评惠施公孙龙哲学思辨，跟荀子就“杀盗非杀人”和“圣人不爱己”命题批驳往还等，全部归之于墨子本人，距离事实太远，方法不科学，缺乏历史主义，历史感，历史分析。

《墨经》六篇，记载墨家跟公孙龙辩论“坚白盈离”，跟荀子辩论“杀盗非杀人”、“爱人不外己”等命题，记述时间是公孙龙、荀子生年战国后期（前3世纪），不能把《墨经》全部或部分的写作时间，提前到战国初期（前5世纪）墨子生时。这是经过百年来中国进步学术共同体严格考证的科学结论，中国现代学术精英主流的共识。思想史发展规律，带有跟社会历史发展规律同样的客观必然性，不以任何人的主观意志为转移。思想史发展规律，只能是先有辩论的充分展开，然后才能有对辩论的系统理论总结。生于战国初（前5世纪）的墨子，绝不可能预见到战国中后期（前4～前3世纪）诸子百家争鸣辩论的具体题目和论证细节，不可能对这种辩论的最新发展，作出系统的理论总结。社会历史发展的物质实体，可以用地下发掘的实物残片实证；思想史发展规律，可以用概念、范畴、命题的依次进展实证，二者有同样的实证价值。思想史发展规律，必然经历从低级到高级，从简单到复杂，从感性具体，到理性抽象，再到理性具体的进程。拉法格论“抽象思想的起源”：“词的意义的相继发展的历史解决了第一个困难；它给我们指出具体的意义往往先于抽象的意义。”（拉法格：《思想起源论》，三联书店1963年版，第57页）

比较墨子“十论”和《墨

经》的全部语料，可验证拉法格所说的思想史规律。比较墨子对“类”、“故”概念的运用和《墨经》对“类”、“故”概念的定义和理论升华，可证拉法格所说的思想史规律。《墨经》的全部概念、范畴和命题，是墨学科学发展的理论结晶和闪光化石，是墨学科学发展的客观事实和事实证明。不能说只有见证于地下出土文物镰刀斧头，才是考辨实证，见证于概念、范畴和命题的理论结晶和闪光化石，不算考辨实证，这样说是幼稚肤浅，狭隘庸俗的经验主义作怪，是主观片面和表面的武断谬说。

《墨经》有整体性，不可分割性，是用一块整钢打造的整块钢板，不能把《墨经》人为割裂，说部分是墨子写，部分是后期墨家写，这是极端形式表面的见解，是不思之甚，不足为训。

轴心时代出巨人。了解墨子所处时代的特殊性，有助于认知墨学的价值。德国文化史学者雅斯贝尔斯（1883～1969）说，以前500年为中心，人类精神基础同时独立地在中国、印度、波斯、巴勒斯坦和希腊开始奠定，直到今天人类仍然依附在这一基础上。这期间所发生的精神过程，建立了一个轴心，我们把这个时期称之为轴心的时代。这一时期发生了不寻常的事件，在中国诞生了孔子和老子，中国哲学各种派别兴起，这是墨子、庄子诸子百家出现的时代。这个时代产生了所有我们今天依然在思考的基本范畴。思想家在盘算人们怎样才能够最好地生活在一起，怎样才能够最好地对他们加以管理。这是一个革新的时代。（雅斯贝尔斯：《人的历史》，《现代西方史学流派文选》，上海人民出版社1982年版，第38～40页）

恩格斯评价西方文艺复兴时代：“这是一次人类从来没有经历过的最伟大的、进步的变革，是一个需要而且产生了巨人——在思维能力、热情和性格方面，在多才多艺和学识渊博方面的巨人的时代。”（《马克思恩格斯选集》第3卷，人民出版社1972年版，第445页）春秋战国时代，是中华民族“从来没有经历过的最伟大的、进步的变革”，是一个需要而且产生了巨人的时代，墨子“在思维能力、热情和性格方面，在多才多艺和学识渊博方面”，是中华传统文化的巨人。这一时期，中华传统文化由“学在官府”，逐渐下移民间。知识分子，学术精英，如雨后春笋，由民间生长。这一伟大时代社会变革中应运而生的思想巨人，可用灿烂群星形容。他们不是一人，是一群人，诸子百家，群体丛生，多如繁星。中华传统文化的伟人流派，一丛一簇，成串成团，搭伙结伴而生。著书立说，元典迭出，花团锦簇，气象万千。中华民族智慧，冲破王朝禁锢，呈现爆炸局面，急剧膨胀，猛烈迸发。梁启超形容战国学术勃兴盛况：“如春雷一声，万绿齐茁于广野。如火山乍裂，热石竞飞于天外。”梁启超：《论中国学术思想变迁之大势》（《饮冰室合集》文集7，中华书局1989年版，第11页）。

由众多学者组成的学术群体，司马谈《论六家要旨》概括为“阴阳、儒、墨、名、法、道德”六家，班固《汉书·艺文志·诸子略》概括为“儒、道、阴阳、法、名、墨、纵横、杂、农、小说”九流十家。孙中原任编委的国家大型出版工程《中华大典·哲学典》单列儒家和佛道诸教，在孙中原任副主编的《诸子百家分典》，采用诸子百家术语的广义，下限延至清代，收“道、墨、名、法、杂、兵、天文、阴阳、农、医、纵横和其他诸家”共十余家。

出身工匠通百工。墨子木工技艺高超，跟名匠公输般（鲁班）匹敌。墨子制木鸢、车辖和守城器械，熟知各种手工业技艺。《鲁问》载，“公输子削竹木以为鹊，成而飞之”，“公输子自以为至巧。子墨子谓公输子曰：‘子之为鹊也，不如翟之为车辖，须臾斫三寸之木，而任五十石之重。故所为功，利于人谓之巧，不利于人谓之拙。’”“车辖”：车轴关键，安在车轴末端，防止车轮脱落的挡木。墨子懂得造大车的技术。《韩非子·外储说左上》说，“墨子为木鸢”，亲自放飞，弟子惊呼：“先生之巧，至能使木鸢飞！”墨子谦虚地说：“不如为车輗者巧也，用咫尺（周制八寸）之木，不费一朝之事，而引三十石（合3600斤）之任，致远力多，久于岁数。”曾任魏国宰相的名家代表人惠施说：“墨子大巧，巧为輗。”“輗”：车辕跟驾辕衡木衔接的销子。《公输》：“臣之弟子禽滑厘等三百人，已持臣守御之器，在宋城上，而待楚寇矣！”

《备城门》等十一篇军事论文，列举种类繁多的守城器械，把当时农业和手工业使用的工具、设备和技术，酌加改造，用于守城。墨子常提到当时各种手工业工匠技巧。《节用中》说：“凡天下群百工，轮车鞼匏，陶冶梓匠。”《墨子》提到制革，制陶，冶金，缝纫，刺绣，制鞋，造铠甲，土石建筑等手工业工种。

墨子后学写《墨经》。《经上》：“巧传则求其故。”对代代相传手工业技巧，探求所以然之故。这是《墨经》科学知识的形成机理。墨子后学把当时手工业技术经验升华为科学理论，反映手工业者、商人和农民劳动者利益，建立系统学说。墨子谈话辩论，常把“农与工肆”的人事，作为打比方，举例子的素材。墨子学说反映“农与工肆之人”利益，喊出其心声。墨子承认出身贫贱，承认学说跟劳动人民的联系。前439年，楚惠王在位五十年，墨子游楚，向楚王献书，楚王借口年老，派大臣穆贺接待墨子。墨子在穆贺面前，承认是“贱人”，学说是“贱人之所为”，把自己的学说，比喻为农民种的粮食，采集的草药。

墨子出身平民，是由劳动者上升的知识分子。《吕氏春秋·爱类》说，公输般（鲁班）为楚国造云梯，准备攻宋国，“墨子闻之，自鲁往，裂裳裹足，日夜不休，十日十夜，而至于郢，见荆（楚）王曰：‘臣，北方之鄙人也。’”“鄙人”：小人，卑贱人，跟当时社会高贵者、贵族、统治者分属不同阶层。《荀子·王霸》：“役夫之道也，墨子之说也。”“圣王之道也，儒之所谨守也。”把墨子学说看作干粗活人的道理，跟儒家谨守“圣王之道”大有径庭。荀子说的“役”：劳役，奴役，仆役，役使，供役使者。“夫”：男子。“役夫”：供人役使，干粗活的人，体力劳动者。“役夫之道”：劳动者的道理。《孟子·滕文公上》：“或劳心，或劳力。劳心者治人，劳力者治于人。治于人者食人，治人者食于人：天下之通义也。”又说：“无君子莫治野人，无野人莫养君子。”东汉赵岐注：“劳心者，君也。劳力者，民也。君施教以治理之，民竭力治公田，以奉养其上，天下通义，所常行者也。”这是中国长期封建社会正统思想的标本。又说：“君子劳心，小人劳力。”“劳心者”：君子，贵族，统治者。“劳力者”：劳动者，人民，被诬称“野人”，“小人”，专供役使，生产财富，供统治者享受的被统治者。封建社会为统治者服务的思想家，少有为“役夫”代言。荀子说“墨子之说”，是“役夫之道”，即劳动者、“野人”、“小人”的道理。“儒之所谨守”的儒家学说，是“圣王”、“君子”、贵族和统治者的道理，透露墨儒两大学派不同的社会基础，价值取向。

劳动圣人人民性。作为长期封建社会主流意识形态的儒学，有非人民性（统治性）一面，代表统治者和贵族利益。孔子看不起劳动者。《论语·子路》载，樊迟向孔子表达想学习种庄稼，种菜，孔子训斥：“小人哉，樊须也！”孔子认为，想种庄稼，种菜，是“小人”。“小人”：劳动者，被统治者。《论语·子张》说：“学而优则仕。”学习好，不是做劳动者，是当官，做君子，行帝王贵族之道。

墨子在世，被学派内外称为“圣人”。《公孟》载，墨子有病，学生跌鼻进而问曰：“今先生圣人也，何故有疾？”名字奇特的墨徒“跌鼻”疑惑：“圣人怎会生病？”唐余知古《渚宫旧事》二记载，楚国封君鲁阳文君对楚王说：“墨子，北方贤圣人，君王不见，又不为礼，毋乃失士？”墨子为“圣人”，当时是约定俗成的称呼。

墨子是劳动者圣人。毛泽东读《二十四史》批注：“墨子是一个劳动者，他不做官，但他是比孔子高明的圣人，孔子不耕地，墨子自己动手做桌椅子。”（《毛泽东评点二十四史》，中国档案出版社1998年版，《目录》第4页序号15标题“墨子列传”下引毛泽东批语）“墨子列传”是编书者误标，应该删除。司马迁《史记》只在《孟子荀卿列传》末附言墨子24字，并无所谓《墨子列传》。《孟子·尽心下》定义：“可欲之谓善，有诸己之谓信，充实之谓美，充实而有光辉之谓大，大而化之之为圣。”“圣人，百世之师也。”即想要的事物叫善良，善良的事物实存自身叫实在，善良的事物充满自身叫美好，善良的事物不仅充满自身，并且光辉表现叫伟大，格局伟大，融会贯通，教化天下叫圣人。东汉赵岐注：“大行其道，使天下化之，是谓圣人。”

学说普遍推行，教育变化天下，叫圣人。孟子说圣人可做百代人老师。从今往后500年，还在孟子说“百代”的范围。过去、现在和未来很长时期，墨子仍是劳动者圣人，劳动人民和进步人士的老师。墨子是平民出身的文化伟人，青壮年时就流誉四方，被称为“圣人”、“贤人”。创立墨家学派，积极参与政治、经济、文化、社会、学术、军事和外交活动，留传丰富文献典籍，思想学说产生巨大的社会影响，有重要的历史意义和现代价值。

荀子说“墨子之说”，是“役夫之道”，即劳动者、“野人”、“小人”的道理，而“儒之所谨守”的儒家学说，是“圣王”、“君子”、贵族和统治者的道理，透露墨儒两大学派不同的社会基础和价值取向。

墨家

学派名。诸子百家重要一家，在先秦跟儒家齐名，同称显学。自称墨者。先秦两汉，儒墨并提，孔墨连言。活动时间涵盖整个战国时期，从前5到前3世纪。著作《墨子》传世。“十论”（尚贤到非命）代表墨子思想，断代前5世纪。《墨经》代表后期墨家思想，断代前4到前3世纪。儒家从周，崇拜周公，以周公为楷模。墨家法夏宗禹，效法夏代，尊崇夏禹。夏禹立公为民，舍身治水，墨家视为典范。《论语·述而》：“子曰：‘甚矣，吾衰也，久矣，吾不复梦见周公！’”孔子睡眠，很久没再梦见周公，就认为自己衰老严重。《公孟》载墨子对儒者公孟子说：“子法周，而未法夏也，子之古，非古也！”儒法周，墨法夏，诸子争强斗胜，竞相标榜学说渊源古老，是百家争鸣趣闻。

《庄子·天下》：“墨子称道曰：‘昔者禹之湮洪水，决江河，而通四夷九州也。名川三百，支川三千，小者无数。禹亲自操橐耜，而九杂天下之川。腓无胈，胫无毛，沐甚雨，栉疾风，置万国。禹，大圣也，而形劳天下也如此！’使后世之墨者，多以裘褐为衣，以跂蹻为服，日夜不休，以自苦为极。曰：‘不能如此，非禹之道也，不足谓墨！’”墨家有自觉纲领，明确组织，严密纪律。其纲领是“为义”，实现墨子理想。其成员叫“墨者”，有“墨者之法”严格约束。《淮南子·泰族训》：“墨子服役者百八十人，皆可使赴火蹈刃，死不旋踵。”战国末秦国墨者人多，有墨家领袖常驻。《吕氏春秋·去私》：“墨者有巨子腹䵍居秦，其子杀人。秦惠王曰：‘先生之年长矣，非有他子也，寡人已令吏弗诛矣，先生之以此听寡人也！’腹䵍对曰：‘墨者之法曰：杀人者死，伤人者刑。此所以禁杀伤人也。夫禁杀伤人者，天下之大义也，王虽为之赐，而令吏弗诛，腹䵍不可不行墨者之法！”不许惠王，而遂杀之。子，人之所私也，忍所私，以行大义，巨子可谓公矣。”腹䵍是墨者巨子，墨家大师级人物，首领，领袖。《庄子·天下》：“以巨子为圣人。”腹䵍儿子犯杀人罪，秦惠王怜悯腹䵍年长，只有一子，令司法官饶他儿子一命，不判死罪，腹䵍拒绝惠王照顾，坚持按“墨者之法”“杀人者死，伤人者刑”规定，处死独生子。吕不韦赞扬说，腹䵍“忍所私“，“行大义”，大义灭亲有公心。

墨子继孔子后，大规模私人办学，弟子极盛满天下，兴盛于整个战国时期。《吕氏春秋·有度》：“孔墨之弟子徒属充满天下。”《当染》载孔墨“从属弥众，弟子弥丰”。“孔墨之后学显荣于天下者众矣，不可胜数。”“禽滑厘学于墨子，许犯学于禽滑厘，田系学于许犯。”墨家门徒，代代相传，无时乏绝，直到战国末，秦统一。墨子止楚攻宋，派弟子三百，帮宋国守城。孙诒让收集墨子后学有姓名者数十人。历次战斗，死难弟子，动辄成百。司马迁《史记·孔子世家》说：“孔子以诗书礼乐教弟子，盖三千焉。”孔子号称弟子三千，墨家在战国时期相传二百多年，门徒总数跟儒家相当。

重塑人生。《所染》载墨子见“染丝”感叹：“染于苍则苍，染于黄则黄，所入者变，其色亦变。”认为教育如染丝，能改变教育对象素质天性，定向塑人。墨子学校像染缸，似熔炉，熏染品性。《吕氏春秋·尊师》载，高何、县子硕，是齐国有名暴徒，蛮横无理，行为暴戾，乡人痛恨，毫无办法。二人到墨子学校学习，奇迹改变。墨子“能谈辩者谈辩，能说书者说书，能从事者从事”的千古名言，就是对县子硕所说。索卢参是东方闻名的巨奸大猾无赖徒，后成墨家集团二把手禽滑厘的学生。吕不韦说这三人，本是“刑戮死辱之人”，在墨子、禽滑厘严师教育下，跟弟子“务进业”，“疾讽诵”，“称师以论道”，“尽力以光明”，奇迹重塑造为新人学者，被“免于刑戮死辱”，成“天下名士显人，以终其寿，王公大人从而礼之”。变化地覆天翻，显示墨学教育的威力奇效。

墨子把教学看作“为义”：实现理想事业。《尚贤下》载墨子“为贤之道”的应有之义，是“有道者劝以教人”，有道理知识，应以言相劝，教导别人。“隐慝良道，而不相教诲”，被视为不仁义。墨子办学，因材施教，因能分工。《耕柱》：“治徒娱、县子硕问于子墨子曰：‘为义孰为大务？’子墨子曰：‘譬若筑墙然，能筑者筑，能实壤者实壤，能睎（测量）者睎，然后墙成也。为义犹是也。能谈辩者谈辩，能说书者说书，能从事者从事，然后义事成也。”广义“为义”，指墨家实现理想事业。狭义“为义”，指墨学分科教育。如筑墙，测量、修筑、打夯都需要。墨者“为义”，需要“谈辩”、“说书”和“从事”。“谈辩”一科，学谈话技巧，辩论方术，培养游说之士。“说书”一科，讲习文化科学知识，培养学者教师。“从事”一科，学农工商兵各种实业，培养实用人才。墨学教育三科，互相兼顾，因材施教，各用所长。《公孟》：“有游于子墨子之门者，身体强良，思虑徇通，欲使随而学。”墨子说：“今子为义，我亦为义，岂独我义也哉？子不学则人将笑子，故劝子于学。”师生共学是“为义”，实现理想一部分。《公孟》：“有游于子墨子之门者，子墨子曰：‘盍学乎？；对曰：‘吾族人无学者。’子墨子曰：‘不然。夫好美者，岂曰吾族人莫之好，故不好哉？夫欲富贵者，岂曰我族人莫之欲，故不欲哉？好美，欲富贵者，不视人犹强为之。夫义，天下之大器也，何以视人？必强为之。’”学习实现仁义，天下头等大事，像好美想富贵，不看别人脸色，自觉强力而为。

《经说下》特意论证“学习有益”论题，肯定教学功用：“唱而不和，是不学也。知少而不学，功必寡。和而不唱，是不教也。知多而不教，功适息。”老师教，学生不跟着学，叫“不学”。知识少而不学，教育功效必寡少。学生想学习，老师不积极教，叫“不教”。知识多而不教，教育功效恰为无。为充分发挥知识功效，墨子不遗余力劝学倡教。

墨子积极求知，热情施教，对后学不倦教诲，亲如父兄，弟子对老师十分敬重，尊称有加。当时“子”已是尊称，弟子每称其师，于“墨子”前再加“子”，呼为“子墨子”，译为现代汉语，相当于说：“我们的老师墨子！”“我们的墨老师！”何等尊敬亲切！墨子对弟子循循善诱，温馨提示，弟子对老师质疑问难，批评存疑，不乏师生切磋学术，促膝谈心事例。墨子教学，是系统讲授、日常对话和实际训练的结合。

《墨子》是墨门教育的教材和墨门历代老师演讲词的记录。《尚贤》到《非命》十论，是墨子社会政治学说的讲演录。《非儒》、《耕柱》、《贵义》、《公孟》和《鲁问》，是墨门师徒的日常对话录。日常对话是墨门的教学方式之一。《墨经》六篇，是墨学分科研究的精华荟萃。墨守十一篇，是墨门参与小国弱国守城积极防御战的实录总结。

《修身》：“士虽有学，而行为本。”墨门教育跟孔门不同，特别注重理论和实际结合，学而有行，学以致用。墨学除传统文化知识的积累，尤其重视生产经验总结和科技研究的创新。《鲁问》载，墨子把学成弟子，推荐到各诸侯国做官，或从事其他事业，或留在墨者团体，从事教育。墨者团体像一个小社会，里面需要各式各样的专才。大弟子禽滑厘是墨子的得力助手，协理全面工作。耕柱子、高石子、胜绰、公尚过等，被派楚卫齐越等国从政从军。弟子从政从军，表现不理想，有违墨子教诲，可能被召回，接受再教育。胜绰做齐将项子牛的侍从，接受厚禄，多次助齐伐鲁，墨子请退，加以训导。弟子学成外派，仍受墨门纪律的严格约束。

弟子外派工作，要把部分收入，提交墨门公用。《耕柱》：“子墨子游荆耕柱子于楚，二三子过之，食之三升，客之不厚，二三子复于子墨子曰：‘耕柱子处楚无益矣！二三子过之，食之三升，客之不厚！’子墨子曰：‘未可智也！’毋几何，而遗十金于子墨子曰：‘后生不敢死，有十金于此，愿夫子之用也！’子墨子曰：‘果未可智也！’”受赏识的弟子耕柱子，被墨子派到楚国做官。几位老同学被墨子外派楚国办事，留宿耕柱子处。他们觉得耕柱子招待不丰，每天只供三升粮，吃不饱。回来报告墨子说，耕柱子在楚国没好处，待我们吝啬，不如把他调回来！墨子没同意。没多久，耕柱子集存二百两金子，恭敬奉送墨子说："学生工作做得不好，现有二百两金子，奉献老师，不成敬意，请笑纳！"墨子当即肯定："小伙子果然干得不错！"《鲁问》载，曹公子从墨子学校毕业，工作三年，返校探望墨子，对墨子回忆："始吾游于子之门，短褐之衣，藜藿之羹，朝得之，则夕弗得。"过去我在您门下学习，穿粗布衣，吃野菜粥，早上喝，晚上不一定喝得着。

侠义军事。墨家成员不仅要有知识，专业技能，还受军训，准备打仗，为实行仁义事业献身。墨家是任侠仗义，带军事性的学术政治集团。《经上》对"任"（任侠）概念定义说："任，士损己而益所为也。"《经说上》解释："任：为身之所恶，以成人之所急。"任侠精神，是士人肯牺牲自己利益，使为自己所保护的人得利。有任侠精神的人，能经受自身本来所不愿意经受的痛苦，以成功救助别人急难。毕沅《墨子注》："任，谓任侠。""任"本意是"保护"。《说文》："任，保也。"引申为以抑强扶弱为己任的侠义精神和行为。有"任侠"一词。《史记·季布栾布列传》："季布者，楚人也，为气任侠，有名于楚。"《辞海》"侠"释文："扶弱抑强、见义勇为的人。"如"游侠"。《韩非子·五蠹》："侠以武犯禁。"任侠、游侠、侠义之士，常带武器（佩剑匕首之类），用武力做"扶弱抑强，见义勇为"的事，有可能跟国家的禁令相抵触。以武力做"抑强扶弱，见义勇为"的事，在社会秩序正常，生活安定的和平时期，有可能被视为违反国家禁令的犯罪行为。《经上》："罪，犯禁也。""罪"的定义（本质属性）是"犯禁"：违犯国家禁令。秦汉统一国家政权建立，墨家作为有组织的学派，兼侠义军事性集团，迅速没落解体，这跟侠与政府矛盾，不适应封建大一统时代的要求，有必然性联系。

墨家集团有任侠、侠义精神。《孟子·尽心上》："墨子兼爱，摩顶放踵利天下为之。"为实现兼爱仁义，从头顶到脚跟，被磨成碎末，都毫无畏惧，在所不惜。"扶弱抑强，见义勇为"，不要命，不怕死，是墨者平日练就的人生观、价值观、生死观。《淮南子·泰族训》："墨子服役者百八十人，皆可使赴火蹈刃，死不旋踵。”任侠之士用武力，扶弱抑强，见义勇为，必使墨门带有军事性。这由当时特殊的社会历史条件和墨家集团的价值取向决定。

墨门是中国最早的民间结社。墨子后学在墨家社团中，薪尽火传，代兴不辍，活动足迹遍神州。到秦始皇用武力统一中国，墨门顿失存在价值，即速从中国政治舞台销声匿迹。墨子和禽滑厘，恰巧都长得皮肤黝黑，形状酷似体力劳动者。《贵义》载墨子“色黑”，从鲁国出发，到齐国游说，算卦先生半路遇见，说您现在不应到齐国，因现在天帝，正在齐国杀黑龙，您颜色黑，不吉利。墨子不听，执拗地继续前行。到齐国首都临淄，淄水暴涨，过不去，只得返回。算卦先生趁机奚落墨子说：“我建议您别去，您偏要去，果然过不去！”《备梯》载禽滑厘“面目黧黑”，因参加体力劳动，风吹日晒暴雨淋，手脚长满老茧。

墨门成员多来自民间，不脱离体力劳动，是劳动者学派。墨子讲学，墨家门徒手持劳动工具，体依耕牛，身临农田，一群典型劳动知识分子的形象。深得墨子器重的一位弟子，叫耕柱子，保留浓厚劳动者的气息。战国时期，周王朝衰微，没有统一强大的中央政府，诸侯林立，各踞一方。墨家集团采用军事手段，自我防御，助人防御。《墨子》有文十一篇，专论守城技术和战略战术军事思想。以墨子为首的手工匠师，是制军械，造武器的专家。墨徒必经军训，掌握军事技能。墨家防御战的战略战术和军事辩证法，现在仍有积极意义。

墨者

墨家。《墨子》书中出现2次，先秦两汉著作中出现48次。《小取》：“墨者有此而非之。”战国初期墨翟创立学派，兴盛到战国末。著《墨子》。战国初墨翟和弟子组成学派称前期墨家，学术观点见《尚贤》至《非命》等篇。战国中后期墨子后学组成学派称后期墨家，学术观点见《墨经》。这是中国现代学术精英主流的科学结论和共识。

墨翟曾学儒，后不满儒学，创建对立学派。墨翟的认识论有经验论倾向。强调知识来源于众人耳目之实，把视听感觉作为判定是非有无的根据。认为知名与察实、取实结合，才是完全的知识。如知仁义之名，不能察、取仁义之实，就像盲人知黑白之名，不能察、取黑白之物，不是完全知识。提出检验认知的三条经验标准（三表）。某些观点有理性论倾向：强调认知要察知类别、辩明原故；重视方法、法则的探索；提倡以见知隐（从现象察知本质）；以往知来（从过去察知未来）；认为过去和未来都可知，肯定认识的预见性。提出尚贤、尚同、兼爱、非攻、节用、节葬、天志、明鬼、非乐、非命等十大论题和观点，主张结合实际情况运用。非命说主张强力人为，批评儒家命定论。根据有人曾“见鬼神之物，闻鬼神之声”的错觉和古书的讹传，得出鬼神存在的结论，是其经验论的弊端。天志、明鬼说，持有神论，信鬼神能赏善罚暴，把鬼神作为推行政治主张的工具。《墨经》学术是墨家学术思想发展的新阶段，主要表现为自然科学、逻辑和哲学思想的进展。

用实证理性的自然观，取代墨翟的有神论。汲取自然科学成果，规定和解释物、实、动、宇、久、有穷、无穷等范畴。认为物质、实体充盈无穷宇宙，为世界本原，知识、精神是人体生命物质的才能。物质、运动与时、空有必然联系，有无穷和有穷的双重性。

用感性理性并重的反映论认识论，取代墨翟的经验论。认为认知的目的和实质是“摹略万物之然”与所以然。说明感性认知的特点是用感官接触事物，反映事物的面貌。理性认识的特点，是用思虑分析事物，得到深切著明的认知。主张感性、经验上升为理性、理论，从相传的手工业技巧中探求原故、概括法则，形成科学知识。把知识按来源、内容和程度分为“闻、说、亲、名、实、合、为”七种。其中第七种“为知”（自觉实践之知）是意志、动机与行动、功效的结合，对知识的形成和检验有重要作用。主张积极发挥认知和改造世界的能动性。

从大量用例中总结“同异交得”（矛盾分析）和“两而无偏”（两面分析）的辩证方法，广泛运用于解释自然、社会现象和百家争鸣中提出的问题（如坚白、利害等）。

由墨翟的谈辩发展为逻辑理论。从百家争鸣论辩中总结“名、辞、说、辩”等思维形式，“譬、侔、援、推、止”等推论方式，“辞以故生、以理长、以类行”等论证原理，“彼止于彼”、“不俱当，必或不当”、“或谓之是，或谓之非，当者胜也”等思维规律规则。

表达与时俱进的思维发展观和进化历史观。提出“古今异时”的历史分析法。以“尧之义”和“尧善治”命题为典型事例，说明古今时代不同，实际各异，古今的仁义与善治也不等同，认为这种基于古今异时、名实不同的历史分析法有普遍适用性，可依此类推（“于是推之”）。指出名言须随实际的改变而改变，“过而以已为然”的经验论逻辑不具有必然的真理性。强调“昔日之虑，非今日之虑”。

墨家在先秦百家争鸣中独树一帜，有重要理论贡献和重大社会影响。战国到汉初，与儒家同为显学。汉武帝尊儒后作为学派衰微不传，著作持续流传，作为非主流的异端思想，继续发挥影响，清末以来受主流思想界重视，有复兴发展趋势。

墨子书

《墨子》：墨家著作总汇集，产生于前5至前3世纪，包含深厚人文和科学精神，有重要历史意义与现代价值。经历漫长的传抄流变过程。先秦墨家著述，写在竹简木片，用绳编连，各独立成篇。东汉班固《汉书•艺文志》说，先秦诸子著作，传到汉武帝（前140～前87）时，“书缺简脱”，有的篇章丢失，有的篇章脱漏。“于是建藏书之策，置写书之官，下及诸子传说皆充秘府”：建立国家藏书的制度，设立抄写书籍的机构，收集诸子百家，充实国家馆藏。到汉成帝（前32～前87）时，“以书颇散亡”，书籍分散丢失得更多。“诏光禄大夫刘向，校经传诸子诗赋”：命令史学家刘向，编辑校勘诸子百家之书。“会向卒，哀帝（前6～前1）复使向子侍中奉车都尉歆卒父业”：刘向死后，汉哀帝派刘向儿子刘歆，继续完成父亲刘向的未竟事业。经刘向、歆编校整理的《墨子》，统一用绢帛书写。

《汉书•艺文志》著录《墨子》七十一篇，是汉代国家图书馆所藏的“竹帛之书”。宋代有活字印刷本刊行。今存《墨子》较早、较好版本，是明正统十年刊行《道藏》所收的五十三篇本。《道藏》本《墨子》比《汉书·艺文志》著录“《墨子》七十一篇”少十八篇。《节用下》,《节葬》上、中,《明鬼》上、中,《非乐》中、下和《非儒上》等八篇,只剩篇名,正文失传。另有十篇,篇名和正文都失传。《道藏》本《墨子》五十三篇,是比较完整可靠的版本,从中可窥见墨学全貌。《四库全书总目提要》卷一一七载纪昀评论《墨子》说:“旧本题宋墨翟撰,考《汉书·艺文志》《墨子》七十一篇,注曰,名翟,宋大夫,在孔子后。《隋书·经籍志》亦曰,宋大夫墨翟撰。然其书中多称子墨子,则门人之言,非所自著也。”这比现在仍有人坚决认为《墨子》全部或部分为墨子手书,更为接近真理。清代学者校注《墨子》,以明刊《道藏》为底本。现存较好的校注本,是清末孙诒让的《墨子间诂》。

《墨子》五十三篇本,按内容性质,可细分为《墨经》和其他两大部分。从《经上》到《小取》六篇,称《墨经》、《墨辩》或《辩经》,记述古代逻辑学和科学知识。《墨经》称呼首见于《庄子·天下》。《庄子·天下》说:“相里勤之弟子,五侯之徒,南方之墨者苦获、已齿、邓陵子之属,俱诵《墨经》。”晋鲁胜注狭义《墨经》四篇,称《墨辩》和《辩经》。鲁胜《墨辩注序》说:“《墨辩》有上下《经》,《经》各有《说》,凡四篇。”“作《辩经》以立名本。”即著《辩经》,建立名学基础。“名”学是中国逻辑学古称。清汪中《述学·墨子序》说:“《经上》至《小取》6篇,当时谓之《墨经》。”广义和狭义《墨经》区别,在内容上的意义是,狭义《墨经》,从自然本身解释自然,扬弃鬼神迷信因素,是彻底的无神论。这是一个重要的文化现象,值得认真思索,研究总结。

《墨经》是千古奇书,内容除涉及政治、伦理外,特别丰富和突出的是逻辑、哲学和自然科学知识。这在清代以前的古籍中,是绝无仅有的珍贵奇书。《经上》讲逻辑、哲学和科学的定义、划分或简单命题,《经说上》解释。《经下》讲逻辑、哲学和科学的命题,揭示论证命题的理由,浓缩为几个字,便于诵读和记忆,《经说下》解释。从专讲逻辑、哲学和科学意义上说,《墨经》比同时代其他任何经典都更有价值。中华传统文化(儒道在内)的短处,是不强调逻辑和科学。而《墨经》专讲逻辑和科学。公众对《墨经》熟悉度，远不及《论》、《孟》、《老》、《庄》等古书。这是因为儒道历来被宣传得多，而墨学《墨经》历来缺乏宣传。《墨经》是微型百科全书，简练浓缩，涵盖古代各门科学，是墨学精华，全人类优秀知识遗产，有重要现代价值。孙诒让《墨子间诂》综合广狭二义《墨经》两种见解说："按《墨经》即《墨辩》，今书《经》、《说》四篇，及《大取》、《小取》二篇，盖即相里子、邓陵子之伦所传诵而论说者也。"隐约表示广狭二义《墨经》是后期墨家作品。

从《墨经》内容看，是墨子后学（后期墨家）著作。有人从形式、表面看问题，先入为主地硬说《墨经》全部或部分，是墨子本人亲手著作。无论《墨经》内容的全部或部分，这都是绝对不可能的。广狭二义《墨经》的全部或部分，是综合战国中后期百家争鸣的思想成果，不可能是战国初墨子手写。把广狭二义《墨经》的全部或部分，割裂出来，说《经上》、《经说上》是墨子亲手著作，而《经下》、《经说下》是后期墨家著作，这也是绝对不可能的。因为狭义《墨经》四篇，完全是一个整体制作，《经上》、《经说上》分工是逻辑、哲学、科学的定义、划分和简单命题及其解释，而《经下》、《经说下》则是逻辑、哲学、科学定理的浓缩证明，绝对不能割裂开来，硬分别说成是不同时期的著作，而是一气呵成的统一制作。这是中国现代学术精英主流科学论证的结论和共识。

墨子死后，墨家学派分居各地，成许多小派别。他们保持共同"墨者"称号，宗奉墨子学说（如兼爱），常就各种学术问题争鸣辩论。《韩非子•显学》说："自墨子之死也，有相里氏之墨，有相夫氏之墨，有邓陵氏之墨。故孔墨之后，儒分为八，墨离为三，取舍相反不同，而皆自谓真孔墨，孔墨不可复生，将谁使定后世之学乎？"韩非子说墨子后学分裂为相里氏之、邓陵氏和相夫氏（一说伯夫氏、柏夫氏、祖夫氏）三个小派别，学说取舍，相反不同，都说自己是"真墨"，别人是"假墨"。墨子不能再生，让谁确定后世学说的真假？韩非子所说，是在《墨子》中看到各种不同论述的历史原因。《庄子•天下》："相里勤之弟子，五侯之徒，南方之墨者，苦获、已齿、邓陵子之属，俱诵《墨经》，而倍谲不同，相谓别墨，以坚白同异之辩相訾，以奇偶不仵之辞相应，以巨子为圣人，皆愿为之尸，冀得为其后世，至今不决。”庄子后学所说，只涉及墨家两派，即只有韩非子说的“相里氏之墨”和“邓陵氏之墨”（“相里勤”是“相里氏之墨”，“邓陵子”是“邓陵氏之墨”），而没有说到“相夫氏之墨”，即不是墨家三派。沈有鼎把韩非子说的“相夫氏（伯夫氏）之墨”，解释为西方之墨者（秦国墨者，简称秦墨）。庄子后学所说“相里勤之弟子，五侯之徒，南方之墨者，苦获、已齿、邓陵子之属”，韩非子所说“有邓陵氏之墨”，连用“之弟子，之徒，之墨者，之属”，“之墨”等五个“之”字，都是复数词，不是指一人，是指各自都带有一批人，一群人。当时著名学者，常聚徒讲学，追随者甚众，动辄“后车数十乘，从者数百人”（《孟子·滕文公下》）。各派墨者，都共同诵读《墨经》，但在许多问题上有争论，都说对方是非正统墨家。这种争论，在学派发展中是正常现象。从本质上说，争论不是真理发展的阻力，而是助力动力。真理可比做燧石，敲打越厉害，越发射出灿烂火光。如今看到《墨经》义理深湛，文字精炼，都是反复争论，切磋琢磨的结果。

沈有鼎主张发挥科学性的想象力，猜测《经》和《经说》四篇，可能是学术文化发展水平较高的北方之墨者的著作，即“相里勤之弟子，五侯之徒所著”，其论据的简括术语用“说在”。《大取》在很多地方，跟狭义《墨经》四篇明显唱对台戏，学说比较原始，涵义丰富，重形式的趋势较弱，可能是南方之墨者的著作，其论据的简括术语用“其类在”，两种公式不同。韩非子说，在以上两派之外，还有相夫氏（伯夫氏）之墨，这一派也许是西方之墨者，不愿意参加以上两派的争论，满足于《小取》完整而简明但较晚出的辩学体系。（《沈有鼎文集》，人民出版社1992年版，第393页）《墨子》五十三篇本，按内容性质，除《墨经》外，其他部分可分四组。

第一组“墨论”。《鲁问》：“凡入国，必择务而从事焉。国家昏乱，则语之尚贤尚同；国家贫，则语之节用节葬。国家喜音沉湎，则语之非乐非命。国家淫僻无礼，则语之尊天事鬼。国家务夺侵凌，则语之兼爱非攻。”墨子的十个论题，是墨子在游说各诸侯国国君卿大夫时，阐发的治国方案，政治伦理思想。这跟《墨子》《尚贤》、《尚同》、《兼爱》、《非攻》、《节用》、《节葬》、《天志》、《明鬼》、《非乐》、《非命》十个篇名，恰相对应。这是墨子就自己学说基本问题，所作系统演讲，由弟子记录整理而成。“墨论”每篇分上中下，故十篇细分为三十篇，其中有些篇遗失，现存23篇，内容大同小异，可能是墨者不同小派别的不同传本，由后人编辑而成。这一组是反映墨子学说的可靠资料。墨子后学分三派，分居南方楚国、东方齐鲁和西方秦国，地域遥远，可能有不同传本。汉代史学家刘向、歆整理《墨子》，统编国家图书馆收藏墨家各派文稿，构成《尚贤》到《非命》十论23篇。这是墨子的论题和思想，归类经济、政治、伦理、军事和哲学，偏重在政治、伦理。第一组“十论”，概述墨子思想，墨家早期思想。《韩非子·显学》说，墨子死后，墨家分相里氏、相夫氏和邓陵氏三派。从《尚贤上》到《非命下》各篇，分上、中、下，内容近似，词句不同，论述墨子政治伦理理想的十个论题，多以“子墨子言曰”开头，一般认为是墨家三派对墨子讲演词的不同传承。

第二组“杂论”，指《墨子》五十三篇本开头部分，从《亲士》第一，到《三辩》第七，共7篇，记载墨子的政治伦理思想。

第三组“墨语”，指从《非儒下》第三十九，《耕柱》第四十六，到《公输》五十，共6篇，体裁类似儒家的《论语》，记载墨子跟后学和时人的对话，是墨子的言行录，传记资料，为研究墨子生平事业思想的重要参考，价值甚高。

第四组“墨守”，指从《备城门》第五十二，到《杂守》第七十一，共11篇，讲守城的工程设施、武器装备、军事组织和战略战术，属军事学，用墨子和禽滑厘的对话体裁写成。刘歆《七略》列入“兵技巧”家，《汉书·艺文志》省列。其中称“子墨子”14次。称“禽滑厘”3次（《备城门》2、《备梯》1）。称“禽子”8次（《备高临》1、《备梯》4、《备穴》1、《备蚁附》1、《杂守》1)。墨子和禽滑厘都被称为“子”，可见其中有墨子再传弟子，禽滑厘弟子加工整理的痕迹。里面可能包含有战国中后期，墨子多传弟子补充的部分。但其基本思想，仍可视为墨子和禽滑厘的共同创造。由于采用禽滑厘提问，墨子回答的形式，也可看做墨子著作。当时著作传统，是由老师讲，弟子记，加工整理而成。如《论语》，是孔子弟子记录孔子言行，虽不为孔子亲手著，代表孔子思想。《老子》由后学整理，其中可能有战国中期后学补充，基本思想可归于春秋末期老子。

《墨子》由历代墨者薪尽火传，一再加工整理，集体创作而成，最后经汉代史学家刘向、歆编辑、校勘和整理。时间跨度，从战国初至战国末，即前5至前3世纪200多年，决非成书于墨子一人之手，非成书于一时，是墨门学者聚集众力，历经两个多世纪积累编纂而成。《墨子》一书能流传至今，感谢东晋道教理论家葛洪（284～364)。葛氏道教著作《神仙传》述古代神仙故事，把墨子附会为道教神仙，说“墨子年八十有二”,“乃入周狄山”学道，修炼为“地仙”，到汉武帝（前156～前87）时尚存，“视其颜色，常如五十许人”。存活几百岁，竟像五十多岁人，是道教迷信的不经之谈。由此，后世兼收《墨子》入道教经典总集《道藏》。魏晋以降，历经战乱，群书散失，《墨子》五十三篇侥幸得存，是不幸中的万幸。墨者文章在，光焰万丈长，由此可一窥墨学的精深博大，异彩纷呈。

墨子自信言足用。《贵义》载墨子说：“吾言足用矣，舍吾言而革思者，是犹舍获而拾粟也，以其言非吾言者，是犹以卵投石也，尽天下之卵，其石犹是，不可毁也！”谓我的言论足够用。若抛开我的言论，遵循别的学说，像抛弃收获拾米粒。你用别的学说，非难我的学说，是以卵投石，把天下鸡蛋全打烂，我这块石头还是原样，因我的学说是真理，坚不可摧！豪言壮语，表现自信。后学崇拜永恒性。《大取》载墨家弟子说：“天下无人，子墨子之言也犹在！”即假如有一天，万一世界上没有人，我们老师墨子的言论学说，还依然响彻在宇宙无尽的苍穹！这是墨子后学的豪言壮语，表现墨子后学对墨学永恒性的崇拜心理。

墨学、儒学和诸子学，激烈辩论，渗透汲取。《墨经》对自然科学和逻辑方法的概括总结，是囊括百科，熔铸百家的结果。墨子及其后学，跟论敌辩论，争强好胜，自吹自擂，把墨学推崇为天下唯一最好的学说，表现战国墨家不可避免的时代和学派局限性，是墨家的小格局。如今汲取全人类迄今为止所创造的一切优秀文化，包括汲取《墨子》精华在内。

现代新文化，应着重汲取《墨子》的逻辑、哲学、科学和其他人文学，如经济学，政治学，伦理学和军事学等思想精华，作为启发借鉴。这是新文化的大格局，跟墨家唯一推崇墨学的小格局，不可同日而语。墨学真理性判断，应遵循辩证法普遍原理，一分为二，科学分析。如墨子“十论”“尚贤、尚同、兼爱、非攻、节用、节葬、非命”是在相对性真理中包含绝对性真理成分，是时代性、历史性和暂时性真理中包含超时代性、未来性和永恒性真理的成分；“天志、明鬼”是论题、论据和论证错误；“非乐”是论题有片面性、绝对化弊端，论据和论证有合理成分，即揭露统治者“暴夺民衣食之财”，奢侈浪费等，不能一概而论。

墨经

《墨经》是战国后期墨家著作，成书于前3世纪战国末。这是中国现代学术精英主流科学论证的结论和共识。今存《墨经》最早较好的版本，是明正统十年刊《道藏》。清中叶以来校释研究渐盛，义理价值倍受重视。《墨经》继续发挥和论证墨子兼爱主张，尚功利，重人为，把墨家逻辑学和科学思维推进到高峰。

自然观。规定和解释物、实、动、宇、久、有穷、无穷等范畴。《经说上》：“物，达也。有实必待之名也命之。”物是外延最大的属概念，世界上一切客观存在着的实际事物，都归属于“物”的范畴。宇即空间的定义，是“弥异所”，是东西南北等不同处所的概括。久（宙）即时间的定义，是“弥异时”，是古今早晚等不同时段的概括。《经说下》：“盈无穷，则无穷尽也。”认为物、实充盈于无穷宇宙，是世界本原，知识、精神是人体生命物质的才能。动即徙和行。《经说下》：“行者必先近而后远。远近修也，先后久也。

民行修必已久也。久：有穷；无穷。”认为物质、运动与时、空有必然联系，时、空有无穷和有穷两重性。用实证理性的自然观，取代墨翟的有神论。

认识论。研究认知的目的、实质、能力、活动、过程和检验标准。指出认知的目的和实质是“摹略万物之然”与所以然。说明感性认知的特点，是用五种感官（五路）与事物相接触、相过从，以反映事物的面貌。理性认知的特点，是用思虑分析事物，以获得深切著明的知识。主张从感性、经验上升为理性、理论，从相传的手工业技巧中探求原因（求故）、概括规律（取法），形成科学知识。把知识按来源、内容和程度分为传授的“闻知”、推论的“说知”、亲身观察的“亲知”、概念的“名知”、实际的“实知”、概念与实际结合的“合知”、意志思想与行动效果结合的“为知”（自觉实践之知）等七种。《经说上》：“志行，为也。”“志功，正也。”重视自觉实践对知识形成和检验的作用。主张积极发挥认知和改造世界的能动性。用感性和理性并重的反映论认知论，取代墨翟的经验论。

辩证法。《经上》：“同异交得仿有无。”《经下》：“权者两而无偏。”由大量用例概括矛盾分析和两面分析的辩证方法，广泛运用于分析自然、社会现象和百家争鸣中提出的问题（如坚白、利害、敢不敢、能不能、久不久的关系等）。

逻辑学。从百家争鸣辩论中总结出名、辞、说、或、假、效、譬、侔、援、推、止等思维形式，“彼止于彼”、“不俱当，必或不当”、“或谓之是，或谓之非，当者胜也”等思维规律规则。《大取》揭示“辞以故生，以理长，以类行”的推论原理。《小取》是墨家逻辑学简明纲要。

历史观。《经下》和《经说下》以“尧之义”与“尧善治”命题为例，说明古今时代不同，实际各异，古今“仁义”、“善治”的名言也不等同。认为这种基于古今异时、名实不同的历史分析法有普遍应用价值，可依此类推（于是推之）。《经下》：“或过名也，说在实。”指出名言须随实际的改变而改变。《经说下》指出“过而以已为然”的经验论逻辑不具有必然的真理性。《大取》：“昔日之虑，非今日之虑。”表达与时俱进的思维发展观和进化历史论。

《墨经》独特义理，是中国传统文化的重要内容，人类知识的优秀遗产。《墨经》记载墨家跟公孙龙辩论“坚白盈离”，跟荀子辩论“杀盗非杀人”、“爱人不外己”等命题，记述时间是公孙龙、荀子生年战国后期（前3世纪）。不能把《墨经》全部或部分写作时间，提前到战国初期（前5世纪）墨子生时。这是百年来学者科学考辨的正确结论。思想史发展规律，带有跟社会历史发展规律同样的客观必然性，不以任何人的主观意志为转移。必先有辩论的充分展开，然后才有对辩论规律的系统理论总结。

生于战国初（前5世纪）的墨子，绝不可能预见到战国中后期（前4～前3世纪）诸子百家争鸣辩论的具体题目和论证细节，不可能对辩论在前3世纪的最新发展，作出系统的理论总结。社会历史发展，可用地下发掘实物残片实证，思想史发展规律，可用概念、范畴、命题的依次进展实证，二者有同样的科学证明价值。

思想史发展规律，必然经历从低级到高级，从简单到复杂，从感性具体，到理性抽象，再到理性具体的进程。拉法格论“抽象思想的起源”：“词的意义的相继发展的历史解决了第一个困难；它给我们指出具体的意义往往先于抽象的意义。”（拉法格：《思想起源论》，三联书店1963年版，第57页）比较墨子“十论”和《墨经》，比较墨子对“类”、“故”概念运用和《墨经》对“类”、“故”概念定义和理论升华，可证拉法格所说思想史规律的客观真理性。《墨经》概念、范畴和命题，是墨学发展的理论结晶和闪光化石，是墨学发展的客观事实和实际证明。

狭义《墨经》四篇是一个不可分割的有机整体，犹如一块整钢打造的钢板。不能把狭义《墨经》四篇人为割裂，说部分是墨子写，部分是后期墨家写，更不能颠倒历史，说理论概括程度较高的《墨经》，是前5世纪墨子亲手所写，而理论概括程度较低的“十论”，反倒是战国末墨子后学的通俗宣传。杨宽《墨经哲学》、杨俊光《墨经研究》认为《墨经》产生在前，“十论”产生在后，此论跟现代学术精英主流科学论证的结论与共识相反，明显缺乏历史分析，忽视墨学由低级到高级，由简单到复杂，由感性具体到理性抽象，再到理性具体的发展规律。

广义《墨经》，指《经》上下、《经说》上下、《大取》和《小取》6篇。狭义“墨经”，指《经》上下和《经说》上下4篇。《墨经》书名见于《庄子·天下》：“相里勤之弟子，五侯之徒，南方之墨者，苦获、已齿、邓陵子之属，俱诵《墨经》。”晋鲁胜注释狭义《墨经》四篇（《经》上下和《经说》上下），叫《墨辩》和《辩经》。《晋书·隐逸传》载鲁胜《墨辩注序》：“《墨辩》有上下《经》，《经》各有《说》，凡四篇。”“作《辩经》以立名本。”

区分狭义和广义《墨经》，对文化史的研究意义非凡。狭义《墨经》，完全从自然本身解释自然，不掺杂任何迷信神秘因素，是干净彻底的无神论，纯粹的科学和人文学著作。这是墨学发展上的一大进步和历史绝唱。《墨经》是千古奇书。内容除涉及政治、伦理外，逻辑、哲学和科学知识，特别丰富和突出。《经上》讲逻辑、哲学和科学等方面的知识，对重要概念范畴做出定义、划分，列举简单命题，《经说上》展开说明。《经下》讲逻辑、哲学和科学重要命题、定理、定律，揭示论证的理由，把论证理由浓缩为几个字，便于记忆诵读，《经说下》展开说明。《墨经》从专讲逻辑、哲学和科学的意义上说，比同时代的其他任何典籍，都更有价值。

《墨经》作为古代微型的百科全书，涵盖中国古代各门科学，是墨学的精华，全人类的优秀遗产，有重要的现代价值。常言说，中华传统文化（包括儒家道家）的短处，是缺乏逻辑和科学。《墨经》确实是专讲逻辑和科学的元典。迄今为止，公众对《墨经》的熟悉程度，远不及《论语》《孟子》《老子》《庄子》等儒道典籍。因为儒道典籍，一向被宣传得多。中国两千多年的封建国家机器，舆论机构，知识精英，无不为此倾注全力，殚精竭虑。《墨经》作为中国古代微型的百科全书，文字极其精练浓缩，是墨者集团内部私用的辩论手册，供私人披阅的手记大纲，非为贡献社会，提供大众遍览的普及读物。《墨经》产生于战国末期，秦汉以后墨家中绝，《墨经》无人问津，成历史绝唱。

《墨经》文辞，体例特殊，埋没已久，素来缺乏研究，学者素称难读。清代著名古文字学家，经学家孙诒让，为校释《墨子》，倾注毕生精力。孙诒让形容《墨经》难读说："盖先秦诸子之伪舛不可读，未有甚于此书者。""而此书最难读者，莫如《经》《经说》四篇。"1897年，孙诒让致信梁启超，自称对"《经》《说》诸篇，闳意妙旨，所未窥者尚多"。说《墨经》学问"赅举中西，邮彻旷绝，几于九译乃通"，故学者"罕能尽逮"。孙诒让鼓励梁启超从事《墨经》研究的"旷代盛业"。

梁启超不负孙氏厚望，积三十多年功力，著《墨子学案》和《墨经校释》两书，是新旧墨学的分界线，里程碑，在墨学研究史上立下丰功伟绩，无人替代。孙诒让《墨子间诂》综合广狭二义《墨经》的两种见解说："按《墨经》即《墨辩》，今书《经》、《说》四篇，及《大取》《小取》二篇，盖即相里子、邓陵子之伦所传诵而论说者也。"隐约表明，广狭二义《墨经》为后期墨家的作品。从《墨经》的内容看，应是墨子后学，后期墨家的作品。《墨经》综合融汇战国中后期百家争鸣的思想成果，不是战国初期墨子所能创作出来的。墨子死后，分散在各地的墨家学派，分裂为许多小的派别团体。他们是相对独立，平等发展的不同学术群体，除保持共同的"墨者"称号，遵奉共同的精神领袖墨翟，宗奉墨子学说（如兼爱）外，常就各种学术问题展开激烈争辩。《韩非子·显学》说："自墨子之死也，有相里氏之墨，有相夫氏（一说伯夫氏）之墨，有邓陵氏之墨。故孔墨之后，儒分为八，墨离为三，取舍相反不同，而皆自谓真孔墨，孔墨不可复生，将谁使定后世之学乎？"

《庄子·天下》说："相里勤之弟子，五侯之徒，南方之墨者，苦获、已齿、邓陵子之属，俱诵《墨经》，而倍谲（违反）不同，相谓别墨，以坚白同异之辩相訾，以奇偶不仵之辞相应，以巨子为圣人，皆愿为之尸，冀得为其后世，至今不决。"庄子后学所说的"相里勤之弟子，五侯之徒，南方之墨者，苦获、已齿、邓陵子之属，有邓陵氏之墨"，其中"之弟子，之徒，之墨者，之属，之墨"等，都用复数词，不是指一个人，是指一批人，一群人，即学术共同体。据《孟子·滕文公下》《论衡·刺孟》，当时著名学者，常聚徒讲学，追随者甚众，动辄"后车数十乘，从者数百人"。各派墨者，都共同诵读《墨经》，但在许多问题上有争论，都说对方是非正统墨家。这种争论，在学派发展中是正常现象。从本质上说，争论是真理发展的动力。真理像燧石，击打越厉害，越能激发火光。如今所见《墨经》义理之深湛，文字之精炼，都是学派内外反复争辩，切磋琢磨的结果。

沈有鼎主张发挥科学性的想象力，猜测《经》和《经说》四篇，可能是学术文化发展水平较高的“北方之墨者”著作，即“相里勤之弟子，五侯之徒所著”，其论据的简括术语用“说在”。《大取》在很多地方，跟四篇明显唱对台戏，学说比较原始，涵义丰富，重形式的趋势较弱，可能是“南方之墨者”著作，其论据的简括术语用“其类在”。两种论证的公式不同。韩非子说，在以上两派之外，还有相夫氏（伯夫氏）之墨，这一派也许是西方之墨者，已被秦相吕不韦收编，参与《吕氏春秋》编写，不愿参加以上两派的争论，而满足于《小取》完整简明，较晚出的辩学体系。（《沈有鼎文集》，人民出版社1992年版，第393页）

狭义墨经

指《墨经》的《经上》《经说上》《经下》和《经说下》四篇。《庄子·天下》称《墨经》，晋鲁胜称《墨辩》、《辩经》。先秦墨家思想、古代百家争鸣和当时各科知识的概括总结。狭义《墨经》四篇最重要的文化意义，是完全不像墨子讲鬼神，而是专讲科学知识，是古代科学精神的典范，墨学发展的新阶段，被誉为天下奇书，古代微型的百科全书。

墨学

墨家学说。墨子原创学说，代表作尚贤到非命“十论”。墨子后学发展，代表作《墨经》。狭义《墨经》专讲逻辑学，哲学，自然科学和人文学，完全不讲鬼神，对中国传统文化贡献巨大，为后世留下珍贵知识遗产，是中华文化取之不尽，用之不竭的活水源头，有历史、现实和未来的独特学术价值。经过科学诠释，改造转型，可成为振兴中华，实现中华民族伟大复兴的强大精神动力。

《庄子·天下》说墨子“好学而博”。墨子靠学习，获取广博知识。墨子创说，建立学派墨子提倡“学而能”，学而知；靠学习，长知识。《尚贤》中下记载，墨子同“王公大人骨肉之亲，无故富贵，面目美好者”划清界限，认为他们不是“学而能”者，是靠出身门第“既富且贵”，靠长相美丽，受宠重用。他们未必是爱学习，有智慧的人，让这一类人治理国家，必将导致国家混乱。墨子好学深思，苦读博览，到各诸侯国游说，还挤出时间攻读。《贵义》载，墨子从鲁国出发，到卫国游说，车中“载书甚多”，门生弦唐子看见，奇怪地问道：“老师，您车上装这么多书干什么？”墨子说：“昔者周公旦朝读书百篇，夕见七十士，故周公旦佐相天子，其修至于今。翟上无君上之事，下无耕农之难，吾安敢废此（指读书）？”过去周公旦早上要读一百篇书，晚上见七十个读书人，跟他们座谈，所以他知道的多，能辅佐天子，成绩卓著，影响一直持续到今天，没有磨灭。我上边没有君主治理国家的事务，下边没有农民耕种土地的急难，我怎能荒废读书？”墨子把读书看作本分，视为职业需要。

墨子最初学古代传统文化，当时有影响的儒学。鲁国是古代传统文化和儒学中心。鲁国开国君主为周公旦之子伯禽，一向重周礼。《左传·昭公二年》：“周礼尽在鲁矣！”《吕氏春秋·当染》载，周王派礼官史角，去鲁国传授周朝礼仪制度，鲁君把史角留在鲁国。史角后代，就在鲁国继续传播周礼的事业，墨子跟史角后代学习。《淮南子·主术训》：“孔墨皆修先圣之术，通六艺之论。”六艺是中国古代传统文化的基本内容。比较初级的六艺，指礼、乐、射（射箭，军事科目）、驭（驾车，军事科目）、书（书法文字）、数（数学计算）。比较高深的六艺，指礼、乐、书（《书经》）、诗（《诗经》）、易（《易经》）、《春秋》（历史书）。墨子平日讲学言谈，常引《诗经》、《书经》和周、燕、宋、齐等国《春秋》。墨子自称曾遍读百国《春秋》。可见墨子对中国传统文化典籍娴熟，反映墨学跟中国传统文化的深厚渊源。

墨子学儒，发现儒家缺点，进而反儒非儒。《淮南子·要略》：“墨子学儒者之业，受孔子之术，以为其礼烦扰而不悦（烦琐不易实行），厚葬靡财而贫民，久服伤生而害事，故背周道而用夏政。”孔子推崇周公，墨子标新立异，效法传说夏禹。《公孟》载，墨子跟儒者公孟子辩论，公孟子称颂古代，墨子对公孟子说："子法周而未法夏也，子之古非古也。"效法榜样，儒家立周公，墨子立夏禹，比周公更古老。争强斗胜，比学术渊源古老，是百家争鸣的趣事。

锐意创新，多多益善。墨子受业于儒，又不满足于儒，在学儒师孔中，锐意创新，提出独特学术观点和系统学说。《鲁问》载，墨子外出游说，学生魏越问："您见到四方君主，将对他们说什么？"墨子说："凡入国，必择务而从事焉。国家昏乱，则语之尚贤尚同；国家贫，则语之节用节葬。国家喜音沉湎，则语之非乐非命。国家淫僻无礼，则语之尊天事鬼。国家务夺侵凌，则语之兼爱非攻。故曰择务而从事焉。"尚贤是主张任用贤能。尚同是要求把贤人政治推广到全国，和平一统。节用是节约开支。节葬是要求丧事从简。非乐是反对统治者举办大型乐舞，搜刮人民。非命是主张强力从事，不相信命定论。尊天事鬼是墨子假借天意鬼神推行学说。兼爱是试图实行人人相爱互助的理想教育。非攻是反对大国攻伐掠夺小国。从尚贤到非攻，共十个论题，反映墨子社会政治学说的基本观点。墨子曾就这些论题，对学生一一系统讲授。现存《墨子》，每一论题都有相应论文，是后学记录老师演讲词。从这些论文看，墨子观点，跟前辈孔子的观点对立，反映墨子独树一帜的创新精神。从墨子对学生答话看，墨子虽认为自己观点自成体系，但在具体运用上，还要结合各国具体情况，分别强调学说的不同重点，以解决当务之急。

墨子没有全盘否定孔子，认为孔子学说，有"当而不可易者"，即有正确而不能改变的成分。《公孟》载，墨子跟儒者程繁辩论。墨子在辩论中引用孔子的话，作为自己论证的根据。程子立即质问："非儒，何故称于孔子也？"即您反对儒家，为什么称引孔子的话？墨子答："是亦当而不可易者也！今鸟闻热旱之忧则高，鱼闻热旱之忧则下。当此，虽禹汤为之谋，必不能易矣！鸟鱼可谓愚矣，禹汤犹云因焉，今翟曾无称于孔子乎？"孔子的话，也有是真理，而不能驳倒的成分。鸟遇热飞向高空，鱼遇旱潜入水底，这种规律，就是大禹、商汤也不能改变。可见墨子超越派别偏见，服从真理的科学态度。墨子创新，没有否定传统的正确成分。《耕柱》载，墨子批评儒家“述而不作”的错误论题说：“吾以为古之善者则述之（继承传统），今之善者则作之（锐意创新），欲善之益多也！”增进知识，探求真理，无论古今新旧，应兼容并蓄，多多益善。《鲁问》：“翟以为不若诵先王之道，而求其说，通圣人之言，而察其辞，上说王公大人，次匹夫徒步之士。王公大人用吾言，国必治；匹夫徒步之士用吾言，行必修。”这是墨子自述所从事的业务。但这样做，恰也是孔子的专长，是一般儒者的业务。这说明孔墨学说有相同的基础和依据，推崇方面和呈现结果不同。儒墨同根同源，枝脉流向不同。儒墨从同一起点出发，分道扬镳，走不同的路。

儒墨在统一的中华传统文化基础上，呈现思想学说的多样性，各自代表不同阶层和社会集团的利益。《易·系辞下》：“天下同归而殊途，一致而百虑。”东汉班固《汉书·艺文志》说，诸子百家“各引一端，崇其所善，以此驰说”，“其言虽殊，譬犹水火，相灭以相生也”，“相反而皆相成也”。儒墨两家，殊途同归，百虑一致，相灭相生，相反皆成，对立统一。《鲁问》载，墨子自称“不耕织”，“功贤于耕织”，不亲自耕田织布，比亲自耕田织布，功劳更多，贡献更大。墨子身分，是劳动知识分子，专职学派领袖，业务特点是宣传鼓动，擂鼓助战，不是亲自耕田织布。墨子从时代和社会需要出发，代表“农与工肆之人”的利益、愿望和理想，提出尚贤、尚同、兼爱、非攻、节用、节葬、非乐、非命等十大论题。

墨子原创独到的学说，由战国中后期墨家传人继承发展，推出被称为天下奇书的《墨经》。狭义《墨经》四篇，抛弃墨子“天志、明鬼”两论题，专研逻辑，哲学，自然科学和人文学各领域问题，对中国传统文化作出不可磨灭的贡献，为后世留下珍贵知识遗产，是中华文化取之不尽，用之不竭的活水源头，有重要历史、现实和未来的学术价值。经科学诠释，改造转型，墨学可成为振兴中华，实现中华民族伟大复兴的强大精神力量。

谈话辩论成科学。《公孟》

载，墨子跟门徒对话："治徒娱、县子硕问于子墨子曰：'为义孰为大务？'子墨子曰：'譬若筑墙然，能筑者筑，能实壤者实壤，能睎（测量）者睎，然后墙成也。为义犹是也，能谈辩者谈辩，能说书者说书，能从事者从事，然后义事成也。'"墨子弟子治徒娱和县子硕问墨子："为实现仁义的事业，要做哪些最重要的事？"墨子答："好比筑墙，能修筑就修筑，能夯土就夯土，能测量就测量，墙才能筑成。为实现仁义的事业，能游说就游说，能教书就教书，能做事就做事，实现仁义的事业就完成了！""谈辩"：谈话辩论，对应墨学分科辩学（中国古代逻辑学）。"说书"：讲习古代书籍，聚徒讲学，传播知识。"从事"：操作工农兵学商实业。这是墨门的专业分工，类似孔门四科，即《论语·先进》所谓"德行"、"言语"、"政事"和"文学"分类。墨子游说辩论，为增强说服力，言词表达效果，严密推论，擅长用譬，为后学在《墨经》系统总结辩学（逻辑学），准备丰富素材。

谈辩是战国流行游说之士的业务专长。《商君书·算地》："谈说之士资在于口。"战国游说之士的资材（专长才能）是用口谈话辩论。《荀子·儒效》："慎墨不得进其谈。"慎到、墨翟不能任意驰骋其谈话辩论。《孟子·滕文公下》："予岂好辩哉？予不得已也！"战国游士善谈辩，时代需要不得已！战国士人，新兴知识分子，担负传承中华文化重任，谈辩是其资质才能，从事社会活动，实现自身价值的手段。《荀子·儒效》说，"辩士""率其群徒，辩其谈说"。率领群徒善谈辩，诸子百家竞相为。《孟子·滕文公下》载，孟子弟子彭更问孟子说："后车数十乘，从者数百人，以传食于诸侯，不以泰（过分奢侈）乎？""后车数十乘，从者数百人，以传食于诸侯"，诸子百家领袖都如此。《滕文公上》载，农家领袖许行，"为神农之言"（研究农家学说），从楚国到小小滕国，"其徒数十人，皆衣褐捆屦，织席以为食。"许行有几十位门徒追随。《战国策·齐策四》说，田骈在齐国，"赀养千钟，徒百人"，田骈有门徒百人。

谈话辩论，是墨子宣传主张，从事社会活动的手段。《天志上》："今天下之士君子之书，不可胜载，言语不可尽计，上说诸侯，下说列士。”“上说诸侯，下说列士”，是墨子日常所为。墨子长期居鲁，从鲁国出发，四处游说。《贵义》：“墨子自鲁即齐。”从鲁出发到齐国。《鲁问》说，越王“迎子墨子于鲁”。越国国王派人到鲁国迎墨子。《吕氏春秋·爱类》、《淮南子·修务训》说：墨子止楚攻宋，自鲁往。墨子多次游说齐楚宋卫等国。《墨子》提到“鲁阳文君”十二次，墨子跟楚国封君鲁阳文君来往密切，常谈话辩论。墨子后人远游越、秦等国，足迹遍天下，活动达九州。

古代流行两个典故。班固《答宾戏》说“墨突不黔”。东汉赵岐《孟子章指》：“墨突不及污。”墨子四出游说，东奔西走，灶上烟囱来不及熏黑，就匆匆奔走。《文子·自然》和《淮南子·修务训》说“墨子无暖席”，墨子忙游说，没工夫坐暖席子，就动身走去。这是成语“席不暇暖”的出典。《公孟》载，儒者公孟子对墨子说：“譬若美女，处而不出，人争求之。行而自衒，人莫之取也。今子遍从人而说之，何其劳也！”美女待在家里不出门，人们争着求婚。如果满街边走，边炫耀美丽，没人敢娶。现在你到处追人游说，何必这么辛苦？墨子答：“今夫世乱，求美女者众，美女虽不出，人多求之；今求善者寡，不强说人，人莫之知也！”现在世道乱，求美女人多，美女不出门，就有很多人求娶，现在求善人少，如不勉力游说，人就不知道自己学说。

《鲁问》载，墨子对住在鲁国南部边境的隐士吴虑说：“翟以为，不若诵先王之道，而求其说，通圣人之言，而察其辞。上说王公大人，次匹夫徒步之士。王公大人用吾言，国必治。匹夫徒步之士用吾言，行必修。故翟以为，虽不耕而食饥，不织而衣寒，功贤于耕而食之，织而衣之者也。故翟以为，虽不耕织乎，而功贤于耕织也！”不如诵读先王之道，研究先王学说，通晓圣人言论，考察圣人说词，向上游说王公大人，其次游说平民百姓。王公大人采用我的学说，国家一定治理。平民百姓采用我的学说，道德一定高尚。我认为虽不耕田，给饥者吃饭，不织布，给寒者穿衣，功劳超过耕田让人吃饭，织布让人穿衣。虽不耕田织布，功劳超过耕田织布！墨子说，在战场上敲鼓，鼓励众人投入战斗，比不敲鼓，鼓励众人投入战斗，只是亲自战斗，功劳更多。用游说鼓励众人行仁义，比只是自己行仁义，功劳更多。一语道出墨子有充分自觉，认为自己作为学派领袖，努力宣传学说，使天下得到教化，是自己特殊的社会价值、功能和作用。

诗咏墨学价值："墨家学说有深意，科学人文排第一。墨家逻辑有系统，光学八条成体系。创转创发新墨学，民族复兴称利器。提倡墨学大众化，社会前进原动力！"

禽滑厘

墨家学派仅次于墨子的第二代表人。追随墨子，对墨学传承，墨家教学事业有重要贡献。"禽滑厘"在《墨子》中出现3次，另"禽子"9次，"子禽子"1次，"禽滑厘子"1次，以上共15次。《公输》："臣之弟子禽滑厘等三百人，已持臣守御之器，在宋城上，而待楚寇矣。"《备城门》："禽滑厘问于子墨子曰。""禽滑厘对曰。"《庄子·天下》："不侈于后世，不靡于于万物，不晖于数度，以绳墨自矫而备世之急，古之道术有在于是者，墨翟、禽滑厘闻其风而说之。"

《吕氏春秋·当染》："禽滑厘学于墨子，许犯学于禽滑厘，田系学于许犯。孔墨之后学，显荣于天下者众矣，不可胜数，皆所染者得当也。"《尊师》："索卢参，东方之巨狡也，学于禽滑黎（厘）。"说索卢参等六人，"刑戮死辱之人也，今非徒免于刑戮死辱也，由此为天下名士显人，以终其寿，王公大人从而礼之，此得之于学也"。禽滑厘子：即禽滑厘。禽滑厘也称为"子"，可见他具有墨学之师的身份和成就。（1次）《备梯》："禽滑厘子事子墨子三年，手足胼胝，面目黧黑，役身给使。"禽子：即禽滑厘。禽滑厘被尊称为"禽子"，可见他具有墨学之师的身份与成就。（9次）《备梯》："灭茅坐之，以樵禽子，禽子再拜。""禽子再拜再拜曰：敢问守道。""禽子再拜顿首，愿遂问守道。"见"子禽子"（1次）。

高何

齐人，学于墨子。《吕氏春秋·尊师》："高何、县子石（硕），齐国之暴者也，指于乡曲，学于子墨子。"

许犯

学于禽滑厘。《吕氏春秋·当染》："禽滑厘学于墨子，许犯学于禽滑厘，田系学于许犯。孔、墨之后学显荣于天下者众矣，不可胜数，皆所染者得当也。”

索卢参

墨子三传弟子。《吕氏春秋·尊师》：“索卢参，东方之钜狡也，学于禽滑厘。”“刑戮死辱之人也，今非徒免于刑戮死辱也，由此为天下名士显人，以终其寿，王公大人从而礼之，此得之于学。”

屈将子

墨子三传弟子。学于胡非子。明陈耀文《四库全书·天中记》卷27：“屈将子好勇，闻墨者非斗，带剑危冠，往见胡非子而问之曰：将闻先生非斗，而将好勇，有说则可，无说则死。胡非子曰：吾闻勇有五等。”“屈将悦，称善，乃解长剑，释危冠，而请为弟子。”

田系

墨子四传弟子，学于许犯。《吕氏春秋·当染》：“禽滑厘学于墨子，许犯学于禽滑厘，田系学于许犯。孔墨之后学显荣于天下者众矣，不可胜数，皆所染者得当。”

相里勤

北方墨者（西方秦国墨者说“东方墨者”）的代表。沈有鼎主张发挥科学性的想象力，猜测《经》和《经说》四篇，可能是学术文化发展水平较高的北方之墨者的著作，即“相里勤之弟子，五侯之徒所著”，其论据的简括术语用“说在”。相里勤即《韩非子·显学》说“相里氏”。《韩非子·显学》：“自墨子之死也，有相里氏之墨，有相夫氏之墨，有邓陵氏之墨。”“墨离为三，取舍相反不同。”

相夫氏

后期墨家三派之一。沈有鼎说，在相里氏、邓陵氏两派墨者之外，还有相夫氏（伯夫氏）之墨，这一派也许是西方之墨者（秦国之墨者，秦墨），不愿意参加以上两派的争论，满足于《小取》完整而简明但较晚出的辩学体系。

五侯

墨子数传弟子，北方（东方）墨者，五侯是“相里勤之弟子”，率领徒属弟子，共同著作狭义《墨经》四篇。“五”是姓（五同伍，古有伍子胥，伍多作五）。“侯”是名。《庄子·天下》：“相里勤之弟子，五侯之徒。”“相里勤”不知是墨子第几代传人，这里又说“相里勤之弟子，五侯之徒”，“五侯之徒”是“相里勤之弟子”，又说“五侯之徒”，即“五侯”的徒属弟子，字面上虽直接说到从“相里勤”到“五侯之徒”祖孙三代，其中含义是笼统说到祖孙数代。这是墨家在战国中后期代代相传的真实记录。若从战国初前5世纪墨子算起，传到“五侯之徒”，已是战国末期（前3世纪）。“五侯”是人名，“五侯之徒”是概指以“五侯”为代表的一个学术群体（共同体），战国末学界统称“五侯之徒”。“相里勤之弟子，五侯之徒”，是狭义《墨经》四篇的作者。沈有鼎说：“我猜想《经》和《经说》四篇可能是学术文化发展水平较高的北方之墨者的著作，可能就是‘相里勤之弟子’即‘五侯之徒’所著。”论据的简括用“说在”。

苦获

南方墨者，楚人，墨者的老师，带有一群徒属弟子，与南方之墨者，“已齿、邓陵子之属”，共同著作《大取》。《庄子·天下》：“南方之墨者，苦获、已齿、邓陵子之属，俱诵《墨经》。”沈有鼎说，《大取》在很多地方，跟狭义《墨经》四篇明显唱对台戏，学说比较原始，涵义丰富，重形式的趋势较弱，可能是南方之墨者的著作，其论据的简括术语用“其类在”，两种公式不同。（《沈有鼎文集》，人民出版社1992年版，第393页）

已齿

南方墨者，楚人，墨者的老师，带有一群徒属弟子，与“南方之墨者，苦获”，“邓陵子之属”，共同著作《大取》。

邓陵子

南方墨者，楚人，墨者的老师，带一群徒属弟子，跟“南方之墨者，苦获、已齿”等，共同著作《大取》。《庄子·天下》：“南方之墨者，苦获、已齿、邓陵子之属，俱诵《墨经》。”《韩非子·显学》：“自墨子之死也，有相里氏之墨，有相夫氏之墨，有邓陵氏之墨。”“墨离为三，取舍相反不同。”邓陵子，即邓陵氏，楚国公子，食邑邓陵，因以为姓氏。沈有鼎说，《大取》在很多地方，跟狭义《墨经》四篇明显唱对台戏，学说比较原始，涵义丰富，重形式的趋势较弱，可能是南方之墨者的著作，其论据的简括术语用“其类在”。（《沈有鼎文集》，人民出版社1992年版，第393页）

孟胜

墨者巨子（领袖，大师），误用墨家侠义精神，率大批墨者精英，为犯罪逃亡的阳城君守城拼死，跟阳城君一样违反法律，属犯罪。墨子之后，墨者领袖称巨子。《庄子·天下》说墨家："以巨子为圣人，皆愿为之尸，冀得为其后世。"墨者把领袖当圣人，都愿拥戴他做首领，希望能够代代继承墨家传统。

《吕氏春秋·上德》：墨者钜子孟胜，善荆之阳城君。阳城君令守于国，毁璜以为符，约曰："符合听之"。荆王（即楚悼王，前401～前381在位）薨，群臣攻吴起，兵于丧所，阳城君与焉，荆罪之。阳城君走，荆收其国。孟胜曰："受人之国，与之有符。今不见符，而力不能禁，不能死，不可。"其弟子徐弱谏孟胜曰："死而有益阳城君，死之可矣。无益也，而绝墨者于世，不可。"孟胜曰："不然。吾于阳城君也，非师则友也，非友则臣也。不死，自今以来，求严师必不于墨者矣，求贤友必不于墨者矣，求良臣必不于墨者矣。死之所以行墨者之义而继其业者也。我将属（嘱托）钜子于宋之田襄子。田襄子贤者也，何患墨者之绝世也？"徐弱曰："若夫子之言，弱请先死以除路。"还殁（旋刎）头于前。孟胜因使二人传钜子于田襄子。孟胜死，弟子死之者百八十。二人已致令于田襄子，欲反死孟胜于荆，田襄子止之曰："孟子已传钜子于我矣，当听。"遂反死之。

墨家领袖孟胜，跟楚国封君阳城君关系好。阳城君叫孟胜率弟子为自己守城，把随身佩带的玉璧分为两半，一半交孟胜，一半留自己，作为符节凭证，跟孟胜订立盟约："只有两片玉符合，才能听信命令。"前381年，楚悼王逝世，群臣在国王丧所乱箭射杀曾辅佐悼王变法的吴起。吴起大叫："我叫你们看我要还击了！"随即拔箭伏王尸说："你们这是反叛国王！"射杀吴起的人，也射中王尸。楚国法律规定："凡加兵器于王尸者，判重罪，灭三族。"因射杀吴起，而误中王尸者，被灭族七十余家。阳城君参与射杀吴起，射中王尸，楚国依法判罪，阳城君逃亡。楚国派兵收回阳城君封国。

孟胜为阳城君守城，对弟子说："我受阳城君委托，替他守城，跟他订有盟约，现在没有见到符节凭证，又寡不敌众，不拼死守城不行。"弟子徐弱谏劝孟胜："死有益于阳城君，死也值得。现在死对阳城君无益，反而使墨家事业中绝，不可行。”孟胜说：“不对。我对于阳城君，不算老师，也算朋友。不算朋友，也算臣属。不拼死守城，今后求严师、贤友、良臣，一定不会再找墨者。拼死守城，是为了实行墨学，继承墨家事业。我将把墨者领袖的地位，传给宋国田襄子。田襄子是贤者，何需担忧墨家事业中绝？”徐弱说：“如果真像您所说那样，我请求先死，给弟兄们开路。”于是徐弱死在孟胜之前。孟胜派遣两名弟子，把墨者领袖的地位，传给田襄子。孟胜战死，弟子同时战死。负责向田襄子传令的两名弟子，完成任务，返回阳城君封国，跟孟胜一起拼死，田襄子劝止说：“孟胜已将领袖地位传给我，应该听从我。”二人不听，硬返回阳城君封国拼死。墨家认为，不听领袖的命令，是不知墨家仁义的原则。阳城君参与围攻吴起，射中王尸的叛乱，是由于吴起辅佐悼王变法，触犯包括阳城君在内的楚国部分旧贵族的利益。

吴起是卫国人，曾任鲁国将领，后任魏国将领，善用兵，屡建功，能跟普通士卒穿一样衣服，吃一样饭食，睡觉不铺席，走路不骑马乘车，身背军粮，与士卒同甘共苦，亲自为士卒排脓治病，深得人心，魏文侯任命为西河郡守，治理军政事务成绩卓著。前390年左右，吴起入楚，被楚悼王任命为宛（今河南南阳）守，一年后升令尹（掌军政大权最高官职，相当宰相），协助悼王变法图新。吴起对悼王说，楚国存在问题，是大臣权力重，世袭封君多，大臣封君逼迫君主，虐待万民，是导致国穷兵弱的原因。吴起建议，对子孙满三代封君收回爵禄，取消或降低官吏的俸禄、品级，罢免、废除无能、无用官吏，裁减可有可无的次要官职，节省开支供养经选拔、训练的战士。楚国地广人稀，有余的是土地，不足的是民众，贵族把民众集中到地少人多地区，是用不足来补有余的愚蠢作法，吴起采取损有余以补不足作法，下令贵族带下属充实开发广大荒凉地区。吴起主张杜绝私门请托，整顿楚国社会风气，提出不能用个人的私妨害国家的公，不能让坏人的谗言掩盖良臣的忠诚，说话不要随声附和，行动不要看人脸色，实行仁义不要顾及别人的批评赞誉。吴起变法促进楚国强盛，使其能南平百越，扩大地盘，西伐秦国，北并陈、蔡，战胜魏国，一直攻到黄河岸边，在大河中饮马。吴起变法触犯贵族利益，遭到贵族反对。吴起改变楚国首都用两块夹板筑墙的旧习俗，招致憎恨。

孟胜率领180多位墨者，为反对吴起变法，违反楚国法律的阳城君殉死，非明智之举，陷入智慧误区。孟胜殉死阳城君，说是为了行墨者之义，实际跟墨子所说仁义已有不同。墨子仁义，是为天下兴利除害。《兼爱下》："仁人之事者，必务求兴天下之利，除天下之害。"《非命》把国家百姓人民之利作为衡量是非的标准。《非乐上》说饥者不得食，寒者不得衣，劳者不得息，是民众巨患。墨子关注国家整体需要，民众实际利益，是墨子的整体论和全面观。

孟胜为阳城君殉死的义，是考虑小集团与受雇主人的利益。跟墨子带人民性、批判性的仁义观相比，大有径庭，表现保守性和落后性。跟墨子整体论和全面观相比，孟胜陷入小集团的狭隘性和片面性。《墨经》"任"（任侠）定义："任，士损己而益所为也。""为身之所恶，以成人之所急。"司马迁《史记·游侠列传》："今游侠，其行虽不轨于正义，然其言必信，其行必果，已诺必诚，不爱其躯，赴士之厄困。"

孟胜为阳城君殉死，带有侠客义士的特点。孟胜表现勇于殉死，不看清为之殉死的对象，不是墨子提倡的明义、明理和明智的勇敢。从危害性说，孟胜的勇敢，比骆滑厘、屈将子盲目蛮干式的勇敢，更误人子弟。《韩非子·显学》："侠以武犯禁。"孟胜以武力为违反楚国法律的阳城君拼死，属犯罪。《墨经》定义："罪，犯禁也。"犯罪是违犯国家禁令，孟胜率门徒为犯禁逃亡的阳城君拼死，跟阳城君一样犯罪。墨家中绝有内因，孟胜之流有责任。与时俱进有生命，固执自闭必遭困。

田襄子

宋国墨者"贤人"，孟胜为阳城君拼死守城，事先把巨子地位传给田襄子。《吕氏春秋·上德》载孟胜说："死之所以行墨者之义而继其业者也，我将属（嘱托）钜子于宋之田襄子。田襄子贤者也，何患墨者之绝世也？"

徐弱

孟胜弟子，跟孟胜一起，拼

死为阳城君守城。《吕氏春秋·上德》：弟子徐弱谏孟胜曰："死而有益阳城君，死之可矣。无益也，而绝墨者于世，不可。"孟胜曰："不然。吾于阳城君也，非师则友也，非友则臣也。不死，自今以来，求严师必不于墨者矣，求贤友必不于墨者矣，求良臣必不于墨者矣。死之所以行墨者之义而继其业者也。我将属（嘱托）钜子于宋之田襄子。田襄子贤者也，何患墨者之绝世也？"徐弱曰："若夫子之言，弱请先死以除路。"还殁（旋刎）头于前。

腹䵍

墨者巨子（领袖，大师），在秦国常驻，是西方秦国墨者（简称秦墨）。在秦国墨者活动中心，腹䵍率领墨者团队。后秦墨被吕不韦征召，参与《吕氏春秋》编写。腹䵍把小集团"墨者之法"，看得比国家之法重要，表明墨者代表人物有"墨守成规"，不思变通的弊端。随国家统一事业发展，墨者从小集团利益出发制定特殊法律的倾向，暴露跟现实矛盾的不合理性，蕴涵墨者事业中断，墨学中绝的契机。

《庄子·天下》："以巨子为圣人。"《吕氏春秋·去私》：墨者有巨子腹䵍居秦，其子杀人。秦惠王（前337～前311在位）曰："先生之年长矣，非有他子也，寡人已令吏弗诛矣，先生之以此听寡人也。"腹䵍对曰："墨者之法曰：'杀人者死，伤人者刑。'此所以禁杀伤人也，夫禁杀伤人者，天下之大义也，王虽为之赐，而令吏弗诛，腹䵍不可不行墨者之法。"不许惠王，而遂杀之。子，人之所私也，忍所私，以行大义，巨子可谓公矣。腹䵍儿子犯杀人罪，秦惠王怜悯腹䵍年长，只有一个儿子，命令司法官饶他儿子一命，不判死刑，腹䵍拒绝惠王照顾，坚持按墨者之法"杀人者死，伤人者刑"的规定，处死儿子。吕氏赞扬说，腹䵍"忍所私，以行大义"，是大义灭亲，出于公心。

唐姑果

西方秦国墨者（简称秦墨）。心胸狭隘，嫉贤妒能。《吕氏春秋·去宥》：东方之墨者谢子，将西见秦惠王。惠王问秦之墨者唐姑果。唐姑果恐王之亲谢子贤于己也，对曰："谢子，东方之辩士也，其为人甚险，将奋于说以取少主也。"王因藏怒以待之。谢子至，说王，王弗听。谢子不说（悦），遂辞而行。凡听言，以求善也。所言苟善，虽奋于取少主，何损？所言不善，虽不奋于取少主，何益？不以善为之彀（目的），而徒以取少主为之悖。东方（北方）墨者谢子，将要西行，游说秦惠王，惠王于是向秦国墨者唐姑果打听谢子的情况。唐姑果怀嫉妒心，怕惠王对谢子的亲近超过自己，在惠王面前乘机诬蔑说："谢子是东方诡辩家，为人居心叵测，会奋力游说，以求太子欢心。"

惠王听信唐姑果谗言，心存愤怒，等待谢子到来。谢子来，游说惠王，惠王不听。谢子不高兴，于是辞别惠王，离开秦国。吕不韦评论说，听人说话，是为了探求真理。所说是真理，虽奋力游说，以求太子欢心，有何损害？所说不是真理，虽不奋力游说，以求太子欢心，有何益处？不以探求真理为目的，而仅把取得求太子欢心为出发点，是悖谬混乱。秦墨唐姑果以私心蒙蔽聪明，陷入智慧误区。吕不韦以《去宥》为篇名，是告人克服唐姑果的私心局限，方能博采真理，增广智慧。吕不韦评论表示对东方墨者谢子的同情，对秦墨唐姑果的批判，说明人不能一手遮天，谗言不能改变事实和真理。

谢子

东方墨者。试图游说秦惠王。秦墨唐姑果嫉贤妒能，对惠王进谗言，攻击谢子是"东方辩士"（诡辩家）"为人甚险，将奋于说以取少主"，王因藏怒以待，不听谢子，谢子不悦，辞别离开。秦墨唐姑果嫉贤妒能，攻击东方墨者谢子，蕴涵墨家事业衰败，墨学中绝的强势内因。

夷之

墨家学者，跟孟子同时。《孟子·滕文公上》说，墨家学者夷之，通过徐辟求见孟子。孟子说："我本来愿意接见，现在我还有病，等病好，我将去见他，夷子不必来。"过些日子，夷之又来求见孟子。孟子说："我现在可以接见他。说话不直截了当，道理显现不出，我直截了当说。我听说夷子是墨家学者。墨家办丧事，以薄葬为原则。夷子想用它改变天下习俗，岂不是认为不薄葬，就不值得称道吗？然而夷子却厚葬自己父母，是用他自己所贱视的方式，对待双亲。"徐辟把孟子的话，告诉夷子。夷子说："按儒家说法，古代圣人（爱护百姓），就像爱护初生婴儿，这话是什么意思呢？我认为是说，对人爱不分差别等级，只是施行起来，从自己父母开始。”徐辟把话转告孟子。孟子说：“夷子真认为爱自己的侄子，就像爱邻居的婴儿一样吗？他只抓住一点：婴儿在地上爬，就要掉进井里，这不是婴儿过错，（所以人人去救，他以为这就是爱不分差别等级）再说天生万物，使它们只有一个本源，（人只有父母一个本源）然而夷子（主张爱不分差别等级）是他认为有两个本源的缘故。大概上古曾有不安葬父母的人，父母死，就抬走，抛弃山沟。后来一天，路过那里，看见狐狸在啃他父母的尸体，苍蝇、蚊虫叮吮着尸体。那人额头上不禁冒出汗来，斜着眼不敢正视。那汗，不是流给人看的，是内心的悔恨，表露在脸上，大概他就回家，拿来筐和锹，把尸体掩埋。掩埋尸体，确实对，那么孝子仁人，掩埋他们亡故的父母，也就必然有讲究方式的道理。”徐子把这话，转告夷子。夷子怅惘了一会说：“我受到教诲了。”

缠子

唐马总《意林》著录缠子著书一卷。

尹佚

墨家渊源尹逸，史佚，尹国创建者，西周初年（前11世纪初）太史，辅佐周武王、成王、康王。《汉书·艺文志》著录“墨家”有“《尹佚》二篇”，班固自注：“周臣，在成康时也。”尹佚是墨家思想的来源，托名《尹佚》的墨家著作二篇已佚。

史角

墨家渊源史佚后裔。周平王时出使鲁国，留居于鲁。《吕氏春秋·当染》：“鲁惠公使宰让请郊庙之礼于天子，平王使史角往，惠公止之。其后在于鲁，墨子学焉。”据《竹书纪年》，“鲁惠公使宰让请郊庙之礼于天子”，在周平王四十二年（前729），平王派史角往，鲁惠公把他留下，他的后代住在鲁国，墨子跟他学习周礼。

田俅子

即田鸠。墨者田鸠（田俅子），来自齐国，研修墨学有专著。班固《汉书·艺文志》“墨家”著录“《田俅子》三篇”。班固自注：“先韩子（先于韩非）。”田鸠专程西行，到秦国谋求发展。《韩非子·问田》载，田鸠游说辩论，喜欢说墨子的口头语：“此无他故异物。”田鸠主张圣人明主，应重视功效实绩，不要“驱于声词，眩于辩说”，受人巧言辩说诱惑而盲从。《外储说左上》载楚王问田鸠：“墨子者，显学也，其身体则可，其言多不辩，何也？”田鸠答：“昔秦伯嫁其女于晋公子，令晋为之饰装。从文衣之媵七十人。至晋，晋人爱其妾，而贱公女。此可谓善嫁妾，而未可谓善嫁女也。楚人有卖其珠于郑者，为木兰之柜，熏桂椒之椟，缀以珠玉，饰以玫瑰，辑以羽翠。郑人买其椟而还其珠。此可谓善卖椟矣，未可谓善鬻珠也。今世之谈也，皆道辩说文辞之言，人主览其文而忘其用。墨子之说，传先王之道，论圣人之言，以宣告人。若辩其辞，则恐人怀其文，忘其用，直以文害用也。此与楚人鬻珠、秦伯嫁女同类，故其言多不辩。”《鲁问》载，墨子对鲁国南方隐士吴虑说：“翟以为不若诵先王之道，而求其说，通圣人之言，而察其辞，上说王公大人，次匹夫徒步之士。王公大人用吾言，国必治；匹夫徒步之士用吾言，行必修。”田鸠说：“墨子之说，传先王之道，论圣人之言，以宣告人。”田鸠用词语气，跟墨子相似。

田鸠是墨学重要传人和有力宣传者。《吕氏春秋·首时》：“墨者有田鸠，欲见秦惠王，留秦三年，而弗得见。客有言之于楚王者，往见楚王，楚王说之，与将军之节以如秦，至因见惠王。告人曰：‘之秦之道，乃之楚乎！’固有近之而远，远之而近者，时亦然。有汤武之贤，而无桀纣之时不成。有桀纣之时，而无汤武之贤亦不成。圣人之见时，若步之与影，不可离。”田鸠游说秦惠王，在秦国等了三年，秦惠王没接见。通过别人引荐，先游说楚王，获得信任，楚王派他带着将军符节，出使秦国，秦惠王才接见。田鸠对人说：“我游说秦王，是绕道楚国！”（跟秦惠王同时的楚王，有楚威王，前 339 ～前 329 在位；楚怀王，前 328 ～前 298 在位）。吕氏发挥说，事情本来有接近，反而疏远，疏远，反而接近的辩证法。把握时机也这样。有汤武的贤能，没桀纣的时机不行。有桀纣的时机，没汤武的贤能，也不行。圣人把握时机，就像走路跟影子，不可分离。高诱注：“留秦三年，不得见惠王，近之而远也。从楚来至，而得见，远之而近也。”

我子

有墨学著作一篇。《汉书·艺文志》:"《我子》一篇。"颜师古引刘向《别录》:"(我子)为墨子之学。"

随巢子

墨子弟子,著书六篇,已佚。《汉书·艺文志》:"《随巢子》六篇。"班固自注:"墨翟弟子。"《史记·自序》正义引韦昭:"墨翟之术也尚俭,后有随巢子传其术也。"

胡非子

墨子弟子,著书三篇。《汉书·艺文志》:"《胡非子》三篇。"班固自注:"墨翟弟子。"据宋李昉等撰《太平御览》卷四九六、明陈耀文《天中记》卷二七、清陈厚耀《春秋战国异辞》卷三十说,屈将子申请做墨者。胡非子研修墨学有成就,做了墨者集团有名的教师。有一位青年叫屈将子,以好勇著称。他听到传闻说墨者非斗。实际上墨子说君子无斗,意思是在君子之间,应该讲道理,服从真理,没有理由的,服从有理由的,没有知识的,服从有知识的,在辩论中无词应对,就服从对方,看见好样的,一定向他学习,而没有理由相互敌对,作无谓的窝里斗。但是仁人与暴人,正义一方同非正义的一方所进行的斗争,不能取消,否则等于帮助坏人害好人,是非正义、不道德的行为。屈将子误认为墨者反对一切斗争,甚至反对一般的英勇果敢,因此便按捺不住了,佩上长剑,戴上武士帽,去找胡非子讲理。他威逼胡非子说:"我听说先生非斗,而我喜欢勇敢,你对我说说为什么要非斗,如果有道理就作罢,如果没有道理就杀死你!"胡非子很耐心地对屈将子解释说:"我听说勇敢有五种。身带长剑,走进森林草丛,斩杀虎豹,跟熊罴拼搏,这是打猎人的勇敢。身带长剑,潜入深渊,斩杀蛟龙,跟鼋鼍拼搏,这是打鱼人的勇敢。登梯爬高,直立四望,面不改色心不跳,这是陶工的勇敢。攻击必用尖刀刺,看不顺眼就杀人,这是犯法刑徒的勇敢。过去齐桓公把鲁国当做齐国南部的边境,鲁君忧虑,三天吃不下饭。曹刿勇赴国难,抵御齐军,见齐桓公说,我听说国君受辱,臣下不怕死,您退师则可,不退师,我就用剑砍脖子,把血溅到您身上!桓公害怕了,不知怎么办才好,管仲于是劝说桓公跟鲁国订立盟约,把齐国侵占鲁国的土地归还给鲁国。像曹刿这样一个普通百姓，不怒则已，一怒能阻拦万乘之师，保存千乘之国，这叫作君子的勇敢，是勇敢中最贵重的。晏婴老臣，一怒而阻止崔杼之乱，这也是君子的勇敢。五种勇敢大不相同，公子（指屈将子）您将选择哪一种呢？”屈将子听了胡非子这番解释，十分满意，连连点头称是，并解下长剑，脱掉武士帽，请求作胡非子的弟子，于是墨者集团又增添了一位肯接受墨者老师教导的勇士。以上“墨子”到“胡非子”等词目35个，归入“墨家创学”类名。

诸子论墨

重要的有孟子、庄子、荀子、韩非和吕不韦。活动年代前4至前3世纪，跟中晚期墨家（墨子后学，墨子数传弟子）同时代。《孟子•滕文公上》载孟子跟“墨者夷之”的对话。《庄子•天下》载墨家“俱诵《墨经》，而倍谲（背异，背反，违反，矛盾）不同”的情景。《荀子•正名》载荀子跟墨者辩论“爱人不外己”、“杀盗非杀人”等命题。《韩非子•外储说左上》载楚王跟墨者田鸠的对话。《吕氏春秋》载秦相吕不韦招集入秦墨者，参编杂家名篇。从孟子到吕不韦论墨，是战国诸子百家争鸣辩论的同期实录和现况直击，突显墨家独特的科学精神和人文品格。“诸子论墨”类名，含“孟子”到“吕不韦”等词目6个。

孟子

前372～前289。墨子被骂是“禽兽”，无限上纲是孟子。名轲，邹（山东邹城）人，战国中期儒家著名代表人，儒学别名“孔孟之道”的二号领袖。孟子以孔学卫道者自居，倡仁政王道，攻击墨子兼爱是“无父”，是“禽兽”，创思想界对论敌无限上纲，乱扣政治伦理大帽子的恶劣先例。《四库全书》收儒家著作24卷25处，长篇大论发挥孟子对墨子的尖刻攻击言论。

孟子攻击墨子的谬论，统领后世中国舆论界主流2400多年，打压墨学，作用恶劣。孟子从儒家一派观点出发，在墨子身后第一位指名论墨共12次（其中直接提到“墨子”1次，“墨翟”1次，“墨者”2次）。《孟子•尽心上》：“墨子兼爱，摩顶放踵利天下为之。”墨子为利天下，从头顶到脚跟磨成粉末，都肯干。跟杨朱为我，拔一毛而利天下不为，形成鲜明对比。孟子这话的客观效果，等于彰明墨子人格高尚，常被论者援引。

孟子批评墨者夷之“以所贱事亲”自相矛盾，批评“墨者夷之”宣扬“墨之治丧也，以薄为其道”（薄葬论），但却“葬其亲厚，则是以所贱事亲”。《孟子·滕文公上》：“吾闻夷子墨者，墨之治丧也，以薄为其道也，夷子思以易天下，岂以为非是而不贵也？然而夷子葬其亲厚，则是以所贱事亲也。”

孟子惊呼当时“墨翟之言盈天下”，说明战国中期墨学对中国舆论界影响至巨。孟子攻击墨子“兼爱”，“是无父”，“是禽兽”，墨子之道“是邪说”、“淫辞”。孟子自称“距杨墨”，“正人心，息邪说，距诐行，放淫辞”，卫“先圣之道”、“孔子之道”，开后世官方儒学打击墨学的先河。

《孟子·滕文公下》：“圣王不作，诸侯放恣，处士横议，杨朱墨翟之言盈天下。天下之言，不归杨，则归墨。杨氏为我，是无君也；墨氏兼爱，是无父也。无父无君，是禽兽也。公明仪曰：‘庖有肥肉，厩有肥马，民有饥色，野有饿莩，此率兽而食人也。’杨墨之道不息，孔子之道不著，是邪说诬民，充塞仁义也。仁义充塞，则率兽食人，人将相食。吾为此惧，闲（捍卫，保卫）先圣之道，距杨墨，放淫辞，邪说者不得作。作于其心，害于其事；作于其事，害于其政。圣人复起，不易吾言矣。昔者禹抑洪水而天下平，周公兼夷狄驱猛兽而百姓宁，孔子成《春秋》而乱臣贼子惧。《诗》云：‘戎狄是膺，荆舒是惩，则莫我敢承。’无父、无君，是周公所膺也。我亦欲正人心，息邪说，距诐行，放淫辞，以承三圣者；岂好辩哉？予不得已也。能言距杨墨者，圣人之徒也。”

《孟子·尽心下》：孟子曰：“逃墨必归于杨，逃杨必归于儒。归，斯受之而已矣。今之与杨墨辩者，如追放豚，既入其苙，又从而招之。”孟子站在儒学立场论墨，道出儒墨对立的本质和巨大影响。

庄子

前 369 ～ 前 286。名周，战国中期宋国蒙人，跟梁惠王、齐宣王、孟子、惠施同时代，道家著名代表，道家学说第二代表人，以老子学说继承发展者名扬天下。儒家双星有孔孟，道家有老庄。《庄子》从道家观点出发，指名论墨共32次（其中提到“墨子”6次，“墨翟”4次，“墨者”5次，“墨经”1次，“别墨”1次，“儒墨”9次，“杨墨”4次）。《庄子》留有论墨珍贵资料，《墨经》书名出《庄子》，庄子论墨扬道学。

《庄子·天下》经典论墨：“相里勤之弟子，五侯之徒，南方之墨者苦获、已齿、邓陵子之属，俱诵《墨经》，而倍谲（背异，背反，违反，矛盾）不同，相谓别墨。以坚白同异之辩相訾，以觭偶不仵（奇偶不同，驳辩错杂）之辞相应，以巨子为圣人。皆愿为之尸，冀得为其后世，至今不决。墨翟、禽滑厘之意则是，其行则非也。将使后世之墨者，必自苦以腓无胈，胫无毛，相进而已矣。乱之上也，治之下也。虽然，墨子真天下之好也，将求之不得也，虽枯槁不舍也。才士也夫！”“不侈于后世，不靡于万物，不晖于数度，以绳墨自矫而备世之急，古之道术有在于是者，墨翟、禽滑厘闻其风而说之。为之大过，已之大循。作为《非乐》，命之曰《节用》。生不歌，死无服。墨子泛爱兼利而非斗，其道不怒。又好学而博，不异，不与先王同，毁古之礼乐。黄帝有《咸池》，尧有《大章》，舜有《大韶》，禹有《大夏》，汤有《大濩》，文王有《辟雍》之乐，武王、周公作《武》。古之丧礼，贵贱有仪，上下有等，天子棺椁七重，诸侯五重，大夫三重，士再重。今墨子独生不歌，死不服，桐棺三寸而无椁，以为法式。以此教人，恐不爱人。以此自行，固不爱己。未败墨子道，虽然，歌而非歌，哭而非哭，乐而非乐，是果类乎？其生也勤，其死也薄，其道大觳。使人忧，使人悲，其行难为也，恐其不可以为圣人之道，反天下之心，天下不堪。墨子虽能独任，奈天下何！离于天下，其去王也远矣。墨子称道曰：‘昔者禹之湮洪水，决江河，而通四夷九州岛也，名川三百，支川三千，小者无数。禹亲自操橐耜而九杂天下之川，腓无胈，胫无毛，沐甚雨，栉疾风，置万国。禹大圣也，而形劳天下也如此。’使后世之墨者，多以裘褐为衣，以跂蹻为服，日夜不休，以自苦为极。曰：“不能如此，非禹之道也，不足谓墨。”

《庄子·齐物论》：“故有儒墨之是非，以是其所非，而非其所是，欲是其所非而非其所是，则莫若以明。”《庄子·骈拇》：“骈于辩者，累瓦结绳窜句，游心于坚白同异之间，而敝跬誉无用之言非乎？而杨墨是已。”《庄子·胠箧》：“钳杨墨之口，攘弃仁义，而天下之德始玄同（混同）矣。彼人含其明，则天下不铄矣；人含其聪，则天下不累矣；人含其知，则天下不惑矣；人含其德，则天下不僻矣。彼曾、史、杨、墨、师旷、工倕、离朱，皆外立（炫耀）其德，而以爚 yuè 乱（迷乱）天下者也，法之所无用也。”

《庄子·在宥》：“下有桀、跖，上有曾、史，而儒、墨毕起。于是乎喜怒相疑，愚知相欺，善否相非，诞信相讥，而天下衰矣；大德不同，而性命烂漫矣；天下好知，而百姓求竭矣。于是乎斤锯制焉，绳墨杀焉，椎凿决焉。天下脊脊大乱，罪在撄人心。故贤者伏处大山嵁岩之下，而万乘之君忧栗乎庙堂之上。今世殊死者相枕也，桁杨者相推也，刑戮者相望也，而儒、墨乃始离跂攘臂（奋力举臂）乎桎梏之间。”

《庄子·盗跖》：“昔者桀纣贵为天子，富有天下，今谓臧聚曰‘汝行如桀纣’，则有怍色，有不服之心者，小人所贱也。仲尼、墨翟，穷为匹夫，今谓宰相曰‘子行如仲尼、墨翟’，则变容易色称不足者，士诚贵也。故势为天子，未必贵也；穷为匹夫，未必贱也。贵贱之分，在行之美恶。”“郑人缓也，呻吟裘氏之地，祗三年，而缓为儒，河润九里，泽及三族，使其弟墨。儒墨相与辩，其父助翟，十年而缓自杀。其父梦之曰：‘使而子为墨者予也。阖胡尝视其良，既为秋柏之实矣？’夫造物者之报人也，不报其人而报其人之天。彼故使彼。夫人以己为有以异于人以贱其亲，齐人之井饮者相捽也。故曰今之世皆缓也。”庄子站在道学立场论墨，道出道墨对立的本质和巨大影响。

荀子

前313～前238。名况，字卿。战国末赵国人。三次做齐国稷下学宫祭酒（学长）。后为楚国兰陵令。儒家著名代表，孔孟之后儒学的第三位大师，自觉为新兴后王建立大一统帝国熔铸意识形态模本。《荀子》从儒家观点，共指名论墨27次（其中提到“墨子”20次，“墨翟”1次，“墨者”1次，“墨术”2次，跟墨家有关的“墨”3次）。批评墨子崇尚功利，提倡节约，冲击等级制度，而“持之有故，言之成理”。批评墨子向往“兼爱”的社会平等，冲击宗法社会的等级制度，不利于封建社会“政令”的实施，反映儒墨政治伦理观的不同社会作用。

《荀子·非十二子》：“不知壹天下，建国家之权称，上功用，大俭约而僈差等，曾不足以容辨异，县君臣，然而其持之有故，其言之成理，足以欺惑愚众，是墨翟、宋钘也。”批评俗人俗儒的言议谈说，类似墨子。《荀子·儒效》：“若夫谲德而定次，量能而授官，使贤不肖皆得其位，能不能皆得其官，万物得其宜，事变得其应，慎墨不得进其谈，惠施、邓析不敢窜其察，言必当理，事必当务，是然后君子之所长也。”“故有俗人者，有俗儒者，有雅儒者，有大儒者。不学问，无正义，以富利为隆，是俗人者也。逢衣浅带，解果其冠，略法先王，而足乱世术，缪学杂举，不知法后王，而一制度，不知隆礼义，而杀诗书，其衣冠行伪已同于世俗矣，然而不知恶，其言议谈说已无所以异于墨子矣，然而明不能别；呼先王以欺愚者而求衣食焉；得委积足以揜其口，则扬扬如也；随其长子，事其便辟，举其上客，亿然若终身之虏而不敢有他志：是俗儒者也。”

批评墨子的“节用”观。《荀子·富国》：“墨子之言昭昭然为天下忧不足，夫不足非天下之公患也，特墨子之私忧过计也。”“夫有余不足，非天下之公患也，特墨子之私忧过计也。”“我以墨子之非乐也，则使天天下乱，墨子之节用也，则使天天下贫，非将堕之也，说不免焉。墨子大有天下，小有一国，将蹙然衣麤食恶，忧戚而非乐。若是则瘠，瘠则不足欲，不足欲则赏不行。墨子大有天下，小有一国，将少人徒，省官职，上功劳苦，与百姓均事业，齐功劳。若是则不威，不威则赏罚不行。赏不行则贤者不可得而进也，罚不行则不肖者不可得而退也。贤者不可得而进也，不肖者不可得而退也，则能不能不可得而官也。若是则万物失宜，事变失应，上失天时，下失地利，中失人和，天下敖然，若烧若焦，墨子虽为之衣褐带索，啜菽饮水，恶能足之乎？既以伐其本，竭其原，而焦天下矣！”“故墨术诚行，则天下尚俭而弥贫，非斗而日争，劳苦顿萃，而愈无功，愀然忧戚非乐，而日不和。”

《荀子·王霸》：“今以一人兼听天下，日有余而治不足者，使人为之也。大有天下，小有一国，必自为之然后可，则劳苦耗悴莫甚焉。如是，则虽臧获不肯与天子易势业。以是县天下，一四海，何故必自为之？为之者，役夫之道也，墨子之说也。论德使能而官施之者，圣王之道也，儒之所谨守也。”认为墨学是“役夫之道”，跟儒者“谨守”的“圣王之道”对立，道出儒墨学说的不同社会基础和价值取向。《荀子·天论》：“万物为道一偏，一物为万物一偏，愚者为一物一偏，而自以为知道，无知也。”“墨子有见于齐（整齐，平等），无见于畸（不整齐，不平等）。”“有齐而无畸，则政令不施。”《荀子·礼论》：“故人一之于礼义，则两得之矣；一之于情性，则两丧之矣，故儒者将使人两得之者也，墨者将使人两丧之者也，是儒墨之分也。”

批评墨子的“非乐”观。《荀子·乐论》：“足以感动人之善心，使夫邪污之气无由得接焉，是先王立乐之方也，而墨子非之奈何？”“故乐者审一以定和者也，比物以饰节者也，合奏以成文者也；足以率一道，足以治万变。是先王立乐之术也，而墨子非之奈何？”“故乐者、天下之大齐也，中和之纪也，人情之所必不免也。是先王立乐之术也，而墨子非之奈何？”“先王之道，礼乐正其盛者也，而墨子非之。故曰：墨子之于道也，犹瞽之于白黑也，犹聋之于清浊也，犹欲之楚而北求之也。”“墨子曰：‘乐者，圣王之所非也，而儒者为之，过也。’君子以为不然。”“故乐也者，治人之盛者也，而墨子非之。”“穷本极变，乐之情也；著诚去伪，礼之经也。墨子非之，几遇刑也。”认为墨子非乐非礼，几乎犯罪遇刑。

批评墨子崇尚功用，抹杀文饰的片面性弊端。《荀子·解蔽》：“墨子蔽于用而不知文。”“由用谓之，道尽利矣。”“此数具者，皆道之一隅也，夫道者，体常而尽变，一隅不足以举之，曲知之人，观于道之一隅而未之能识也，故以为足而饰之，内以自乱，外以惑人，上以蔽下，下以蔽上，此蔽塞之祸也。”

把墨学编成民间通俗演唱韵文，像大鼓书，快板书。认为墨学流行，导致“礼乐息灭，圣人隐伏”。《荀子·成相》:“凡成相，辨法方。至治之极，复（复归）后王。慎、墨、季、惠，百家之说诚不详。治复一（礼法），修之吉。君子执（掌握）之，心如结（心意坚定）。众人贰之，谗夫弃之，形是诘（按刑法治罪）。水至平，端不倾，心术如此象圣人。人而有埶，直而用抴（船桨，喻善于引进贤人）必参天。世无王，穷贤良，暴人刍豢，仁人糟糠。礼乐息灭，圣人隐伏，墨术（学）行。”

解释：总括成相歌所唱，是要辨明治国方。国家大治有准则，在于效法后代王。慎到、墨翟、季真、惠施百家学说诚然不吉祥。治国之道要专一，遵行此道就大吉。君子遵守正道，坚定不移易。众人三心又二意，谗人背义，要靠刑法来治理。世上最平是水面，端端正正不偏移。思想水样平，就是大圣贤。如果有权不忘本，严以律己宽待人。如用舟船接客乘，劳苦功高跟天齐。因为世上没王道，贤能之士真悲凉。残暴之人美味佳肴鲜肉尝，仁德之人吃糟糠。礼崩乐坏都灭亡，圣人隐居又躲藏。墨家学说受崇尚。“相”，击节乐器名。“成相”：演奏乐器。荀卿站在新兴儒学的立场论墨，彰显墨学思想优劣利弊的两面。

韩非子

前 281 ～前 233。战国时期法家最著名的代表，法家的集大成者，为新兴统一帝王熔铸意识形态法家模本。被其崇拜者秦始皇逼迫入秦，被他老同学李斯设计下狱毒死。法家的英雄悲剧性人物。《韩非子》从法家观点，指名论墨共 30 次（其中提到“墨子”10 次，“墨翟”3 次，“墨者”1 次）。

《韩非子·显学》:“世之显学，儒墨也。儒之所至，孔丘也。墨之所至，墨翟也。”“自墨子之死也，有相里氏之墨，有相夫氏之墨，有邓陵氏之墨。故孔墨之后，儒分为八，墨离为三，取舍相反不同，而皆自谓真孔墨。孔墨不可复生，将谁使定后世之学乎？孔子、墨子俱道尧舜，而取舍不同，皆自谓真尧舜。尧舜不复生，将谁使定儒墨之诚乎？殷周七百余岁，虞夏二千余岁，而不能定儒墨之真，今乃欲审尧舜之道于三千岁之前，意者其不可必乎？无参验而必之者愚也，弗能必而据之者诬也。故明据先王，必定尧舜者，非愚则诬也。愚诬之学，杂反之行，明主弗受也。墨者之葬也，冬日冬服，夏日夏服，桐棺三寸，服丧三月，世主以为俭而礼之。儒者破家而葬，服丧三年，大毁扶杖，世主以为孝而礼之。夫是墨子之俭，将非孔子之侈也。是孔子之孝，将非墨子之戾也。今孝戾侈俭俱在儒墨，而上兼礼之。”墨子为木鸢车輗。

《韩非子·外储说左上》：“墨子为木鸢，三年而成，飞一日而败，弟子曰：‘先生之巧，至能使木鸢飞！’墨子曰：‘不如为车輗者巧也，用咫尺之木，不费一朝之事，而引三十石之任，致远力多，久于岁数。今我为鸢，三年成，飞一日而败。’惠子闻之曰：‘墨子大巧，巧为輗，拙为鸢。’”墨子言多而不辩。

《韩非子·外储说左上》：“楚王谓田鸠曰：‘墨子者，显学也，其身体则可，其言多不辩何也？’曰：‘昔秦伯嫁其女于晋公子，令晋为之饰装，从文衣之媵七十人，至晋，晋人爱其妾而贱公女。此可谓善嫁妾，而未可谓善嫁女也。楚人有卖其珠于郑者，为木兰之柜，熏以桂椒，缀以珠玉，饰以玫瑰，辑以羽翠，郑人买其椟而还其珠，此可谓善卖椟矣，未可谓善鬻珠也。今世之谈也，皆道辩说文辞之言，人主览其文而忘有用。墨子之说，传先王之道，论圣人之言，以宣告人。若辩其辞，则恐人怀其文，忘其用，直以文害用也。此与楚人鬻珠，秦伯嫁女同类，故其言多不辩。“故李、惠、宋、墨皆画策也。”“言而拂难坚确非功也，故务、卞、鲍、介、墨翟皆坚瓠也。”兼爱天下称先王。《八说》：“杨朱、墨翟，天下之所察也，千世乱而卒不决，虽察而不可以为官职之令。”“博习辩智如孔墨，孔墨不耕耨，则国何得焉？”《五蠹》：“今儒墨皆称先王，兼爱天下，则视民如父母。”韩非站在法家集大成者的立场论墨，从法墨两家的比较中彰显墨学思想的优劣利弊。

吕不韦

前290～前235。战国末杂家著名代表。主编《吕氏春秋》，载墨者活动资料。秦国是墨者在西部的活动中心。入秦墨者响应吕不韦征召参编《吕氏春秋》，秦墨团队成员是吕不韦主编《吕氏春秋》适用的人力资源。

《吕氏春秋·离谓》、《淫辞》和《别类》等篇，发展《墨经》逻辑学。清汪中《述学补遗》：“《当染》篇全取《墨子》。”《吕氏春秋》“墨者”出现频次：《去私》

3次，《去尤》1次，《首时》1次，《去宥》2次，《应言》4次，《上德》8次。共计19次。

沈有鼎根据史料提出假说：韩非子说的“相夫氏之墨”是西方墨者，不愿意参加北（东）南两派争论，满足于《小取》完整简明而较晚出的辩学体系。

诗咏：“墨者入秦创新业，世传吕览有墨学。势所必然篇相似，弘扬墨辩逻辑学。推类之难成篇章，发展墨家语义学。秦墨成就得彰显，兼收博采传辩学。”“吕氏曾为大商贾，奇货可居下赌注。为秦相国文信侯，封邑洛阳十万户。当年结交赵家女，后为秦王叫仲父。招致秦墨编吕览，一字千金留墨术。”

班固《汉书·艺文志》著录“杂家”《吕氏春秋》，自注：“秦相吕不韦辑智略士作。”孙中原撰《中华大典·哲学典·诸子百家分典》典籍总部列《吕氏春秋》分部，人物总部列吕不韦分部。

《汉书·艺文志》说“杂家者流”“兼儒墨”。《隋书·经籍志》：“杂者兼儒墨之道。”唐魏征（580～643）《隋书·经籍志》：“杂者，兼儒墨之道，通众家之意。”宋王尧臣（1003～1058）《崇文总目·杂家类》：“杂家者流，取儒墨名法，合而兼之。”

墨家由于游说辩论的需要，在中华大地逐渐形成三个墨者活动中心：东方鲁国（今山东曲阜）、南方鲁阳（今河南鲁山）、西方秦国（今陕西咸阳）。秦国发出“求贤令”，墨者入秦者众，“秦墨”为秦国富强做出贡献。墨家由以上三个活动中心出发，辐射华夏各诸侯国，墨者足迹遍华夏，墨学影响盈天下。秦始皇统一六国前的秦国，是墨家学者活动的中心。《吕氏春秋》载墨者活动重要资料。墨家自称墨者，是墨家学者的省称。《墨子·小取》：“此与彼同类，世有彼而不自非也，墨者有此而非之，无他故焉。”《庄子·天下》：“相里勤之弟子，五侯之徒，南方之墨者，苦获、已齿、邓陵子之属。”“苦获、已齿、邓陵子之属”，即《韩非子·显学》所说“邓陵氏之墨”，南方墨者。“相里勤之弟子，五侯之徒”，即《韩非子·显学》所说“相里氏之墨”，东方墨者（相对于南方墨者，是北方墨者）。

沈有鼎推定《经》和《经说》四篇，是学术文化发展水平较高的北（东）方墨者著作，即“相里勤之弟子，五侯之徒”的著作，其论证论据的简括术语用“说在”。“南方之墨者”的著作《大取》，论证论据的简括术语用“其类在”，两种论证公式不同。《大取》在很多地方，跟《经》和《经说》四篇，明显唱对台戏，学说比较原始，涵义丰富，重形式的趋势较弱。韩非子说的“相夫氏之墨”，是西方墨者，不愿意参加以上两派争论，满足于《小取》完整简明晚出的辩学体系（沈有鼎：《谈公孙龙》，《沈有鼎文集》，人民出版社 1992 年版，第 393 页）。

“东方之墨者”，见《吕氏春秋·去宥》：“东方之墨者谢子，将西见秦惠王，惠王问秦之墨者唐姑果。唐姑果恐王之亲谢子贤于己也，对曰：‘谢子，东方之辩士也，其为人甚险，将奋于说以取少主也。’王因藏怒以待之。谢子至，说王，王弗听。谢子不悦，遂辞而行。”“东方之墨者谢子”，从鲁国墨者活动中心出发，远行西方秦国，游说秦惠王。

秦国本有土生土长的墨者，专有名词称“秦之墨者”，《去尤》简称为“秦墨者”。相对于东方墨者，“秦墨者”是西方墨者。“秦墨者”亲近秦惠王，秦惠王曾就是否接见“东方之墨者谢子”，征询“秦墨者”唐姑果的意见。

有的“秦墨者”，来自东方各诸侯国。墨者田鸠（田俅）来自齐国，研修墨学有专著。《汉书·艺文志》“墨家”著录“《田俅子》三篇”。田鸠专程西行，到秦国谋求发展。《韩非子·问田》载，田鸠游说辩论，喜欢重复墨子言谈的口头语：“此无他故异物。”田鸠主张圣人明主，应重视功效实绩，不要“驱于声词，眩于辩说”，受人巧言辩说诱惑而盲从。《外储说左上》载楚王问田鸠：“墨子者，显学也，其身体则可，其言多不辩，何也？”田鸠答：“昔秦伯嫁其女于晋公子，令晋为之饰装。从文衣之媵七十人。至晋，晋人爱其妾，而贱公女。此可谓善嫁妾，而未可谓善嫁女也。楚人有卖其珠于郑者，为木兰之柜，熏桂椒之椟，缀以珠玉，饰以玫瑰，辑以羽翠。郑人买其椟而还其珠。此可谓善卖椟矣，未可谓善鬻珠也。今世之谈也，皆道辩说文辞之言，人主览其文而忘其用。墨子之说，传先王之道，论圣人之言，以宣告人 。若辩其辞，则恐人怀其文，忘其用，直以文害用也。此与楚人鬻珠、秦伯嫁女同类，故其言多不辩。”《鲁问》载，墨子对鲁国南方隐士吴虑说：“翟以为不若诵先王之道，而求其说，通圣人之言，而察其辞，上说王公大人，次匹夫徒步之士。王公大人用吾言，国必治；匹夫徒步之士用吾言，行必修。”田鸠说：“墨子之说，传先王之道，论圣人之言，以宣告人 。”田鸠用词语气，酷似墨子。田鸠是墨学重要传人和有力宣传者。

《吕氏春秋·首时》：“墨者有田鸠，欲见秦惠王，留秦三年，而弗得见。客有言之于楚王者，往见楚王，楚王说之，与将军之节以如秦，至因见惠王。告人曰：‘之秦之道，乃之楚乎！’固有近之而远，远之而近者，时亦然。有汤武之贤，而无桀纣之时不成。有桀纣之时，而无汤武之贤亦不成。圣人之见时，若步之与影，不可离。”田鸠游说秦惠王，在秦国等三年，秦惠王没见。借别人引荐，先游说楚王，获得信任，楚王派他带着将军符节，出使秦国，秦惠王才见。田鸠对人说：“我游说秦王，是绕道楚国！”吕氏发挥说，事情本来有“接近，反而疏远；疏远，反而接近”的辩证法。把握时机也这样。有汤武的贤能，没桀纣的时机不行；有桀纣的时机，没汤武的贤能，也不行。圣人把握时机，就像走路跟身影，不可分离。高诱注：“留秦三年，不得见惠王，近之而远也。从楚来至，而得见，远之而近也。”

秦国墨者人多，有墨家领袖常驻。《吕氏春秋·去私》：“墨者有巨子腹䵍居秦，其子杀人。秦惠王曰：‘先生之年长矣，非有他子也，寡人已令吏弗诛矣，先生之以此听寡人也。’腹䵍对曰：‘墨者之法曰，杀人者死，伤人者刑，此所以禁杀伤人也。夫禁杀伤人者，天下之大义也。王虽为之赐，而令吏弗诛，腹䵍不可不行墨者之法！’不许惠王，而遂杀之。子，人之所私也，忍所私，以行大义，巨子可谓公矣。”“腹”是姓，“䵍”是名。腹䵍：墨者巨子，墨家大师级人物，首领，领袖。《庄子·天下》：“以巨子为圣人。”秦国墨者活动中心，有墨家大师级人物，首领，领袖常驻，不是孤身一人，而是率领一群人，有墨者团队。腹䵍儿子犯杀人罪，秦惠王怜悯腹䵍年长，只有独子，命令司法官，饶他独子性命，不判死罪，腹䵍拒绝惠王照顾，坚持按墨者之法“杀人者死，伤人者刑”规定，处死独子。吕氏赞扬说，腹䵍“忍所私，以行大义”，出于公心，大义灭亲。

吕不韦：战国末卫国濮阳（今河南濮阳）人，原为阳翟（今河南禹州）大商人，往来贱买贵卖，家累千金。吕氏在赵都邯郸经商，遇在赵作人质的秦公子异人（后改名子楚），认为“奇货可居”，出五百金给子楚，作为子楚结交宾客的资金。自己再用五百金，入秦游说华阳夫人，劝华阳夫人立子楚为太子。前249年子楚继位，即庄襄王，吕不韦被任丞相，封文信侯，食邑河南洛阳十万户。前247年庄襄王卒，秦始皇十三岁继位，吕不韦被尊为相国，号称“仲父”，再食邑蓝田（今陕西蓝田）十二县，取燕所献河间（今河北献县）十城作封邑。

《史记·吕不韦列传》：“吕不韦取邯郸诸姬绝好善舞者与居，知有身。子楚从不韦饮，见而悦之，因起为寿，请之，吕不韦怒，念业已破家为子楚，欲以钓奇，乃遂献其姬，姬自匿有身，至大期时，生子政。”这等于说吕不韦是秦王政生父，而秦庄襄王（子楚）是秦王政名义上的父亲。秦王十年（前237年，秦王政二十三岁），“免相国吕不韦”，十一年到河南，十二年命吕氏“与家属徒”迁蜀。命令吕不韦全家随从，都远迁蜀地四川。吕氏“恐诛，乃饮鸩而死”。《史记·吕不韦列传》：“当是时，魏有信陵君，楚有春申君，赵有平原君，齐有孟尝君，皆下士喜宾客以相倾。吕不韦以秦之强，羞不如，亦招致士，厚遇之，至食客三千人。是时诸侯多辩士，如荀卿之徒，著书布天下。吕不韦乃使其客人人著所闻，集论以为八览，六论，十二纪，二十余万言，以为备天地万物古今之事，号曰《吕氏春秋》。布咸阳市门，悬千金其上，延诸侯游士宾客，有能增损一字者，予千金。”“一字千金”成语出典。

吕不韦集秦墨之力，融墨学于杂家一炉。清卢文弨《抱经堂文集·书吕氏春秋后》：“《吕氏春秋》一书，大约宗墨氏之学，而缘饰以儒术，其重已、贵生、节丧、安死、尊师、下贤皆墨道也。然君子犹有取焉。秦之君臣，曷尝能行哉？独墨子非乐，而此书不然。要由成之者非一人，其近墨者多也。《汉志》谓：‘墨家者流，盖出于清庙之守。'‘清庙’：明堂也。此书十二月《纪》，非所谓‘顺四时而行’者欤？则《汉志》之言信也。孟子尊孔子，斥杨墨。书中无一言及之。所称引者庄、惠、公孙龙、子华子诸人耳。”评论中肯。

吕氏收入《墨子》文，补充发挥新资料。清汪中《述学补遗》说：“《当染》篇全取《墨子》。”只在末尾补充发挥新资料。墨者大师留辩辞，传承墨家驳辩术。《吕氏春秋·应言》：“司马喜难墨者师于中山王前以非攻，曰：‘先生之所术非攻夫？’墨者师曰：‘然。’曰：‘今王兴兵而攻燕，先生将非王乎？’墨者师对曰：‘然则相国是攻之乎？’司马喜曰：‘然。’墨者师曰：‘今赵兴兵而攻中山，相国将是之乎？’司马喜无以应。”司马喜，前5世纪人，比墨子略晚，任中山武公（前414继位）的相国。《战国策·中山策》：“司马喜三相中山。”《韩非子·内储说下》：“司马喜，中山君之臣也。”《史记·鲁仲连邹阳列传》：“司马喜膑脚于宋，卒相中山。”《吕氏春秋·应言》保存墨家人物活动的重要实证资料。司马喜与墨者师的对话，表明墨者师始终坚持墨子“非攻”的观点，在逻辑上前后一致。司马喜作为中山武公的相国，一方面支持中山武公“兴兵而攻燕”，一方面从内心反对“赵兴兵而攻中山”，在逻辑上前后矛盾，陷于困境，所以在墨者师的一再驳辩追问下，“司马喜无以应”。墨者师的驳辩方法，是墨子墨家惯用的归谬法，即《小取》总结“推”的论辩方式，其要点是“以其所不取者，同于其所取者，予之也”。逻辑学是全人类共同的正确思维形式。墨者师在对话辩论中占据上风，迫使司马喜甘拜下风。“墨者师”：墨家老师，有较深墨学造诣。从语气看，“墨者师”比司马喜年长。清汪中《述学补遗》说：“《应言》篇司马喜事，则深重墨氏之学。”这是吕氏对墨家逻辑学意涵的传承。

《别类》发挥类概念，“推类之难”有新解。《经下》：“推类之难，说在之大小、物尽、同名、二与斗、爱、食与招、白与视、丽与暴、夫与屦。”《经说下》：“谓四足，兽与？并鸟与？物尽与？大小也。此然是必然，则俱为麋：同名。俱斗不俱二：二与斗也。包肝肺子：爱也。掘茅：食与招也。白马多白，视马不多视：白与视也。为丽不必丽，为暴必暴：丽与暴也。为非以人，是不为非，若为夫勇，不为夫。为屦以买衣，为屦：夫与屦也。”“推类”：归纳、演绎和类比未分化的综合类推。“推类之难”：以类相推，结论或然难确定，非必然性推理。以下列举诸多例证。此意吕氏多有发挥。

《吕氏春秋·别类》：“知不知上矣。过者之患，不知而自以为知。物多类然而不然，故亡国戮民无已。夫草有莘有藟，独食之则杀人，合而食之则益寿。万堇不杀。漆淖水淖，合两淖则为蹇，湿之则为干。金柔锡柔，合两柔则为刚，燔之则为淖。或湿而干，或燔而淖，类固不必，可推知也。小方，大方之类也。小马，大马之类也。小智，非大智之类也。鲁人有公孙绰者，告人曰：‘我能起死人。’人问其故。对曰：‘我固能治偏枯。今吾倍所以为偏枯之药，则可以起死人矣。’物固有可以为小，不可以为大。可以为半，不可以为全者也。相剑者曰：‘白所以为坚也，黄所以为韧也。黄白杂，则坚且韧，良剑也。’难者曰：‘白所以为不韧也，黄所以为不坚也。黄白杂，则不坚且不韧也。又柔则卷，坚则折。剑折且卷，焉得为利剑？’剑之情未革，而或以为良，或以为恶，说使之也。故有以聪明听说，则妄说者止。无以聪明听说，则尧桀无别矣。此忠臣之所患也，贤者之所以废也。义，小为之，则小有福，大为之，则大有福。于祸则不然，小有之，不若其亡也。射招者，欲其中小也，射兽者，欲其中大也。物固不必，安可推也。高阳应将为室家，匠对曰：‘未可也。木尚生，加涂其上，必将挠。以生为室，今虽善，后将必败。’高阳应曰：‘缘子之言，则室不败也。木益枯则劲，涂益干则轻，以益劲任益轻，则不败。’匠人无辞而对，受令而为之，室之始成也善，其后果败。高阳应好小察，而不通乎大理也。骥骜绿耳，背日而西走，至乎夕，则日在其前矣。目固有不见也，智固有不知也，数固有不及也。不知其说所以然而然。圣人因而兴制，不事心焉。”

鲁国人公孙绰，向人吹牛：“我能起死回生！”别人问他怎么回事。他推论说：“因为我本来能治半身不遂，现在我把治半身不遂的药加倍，就能起死回生！”这是诡辩。因为事物的小大半全，不仅有量的不同，还有质的区别。会治小病，未必能治大病。得半身不遂的病人，毕竟还是活人，与死人有本质区别。所以能治半身不遂，把治半身不遂的药加倍，能起死回生，是谬误推论。

类有可推和不可推两面。以类的同一性为根据，同类事物，有同样性质，是类的可推，可发挥类推的功能和作用。遇到类的差异性，不同类事物，有不同性质，是类的不可推，牵强类推，导致谬误。讨论类的不可推，指出要知人所不知，才是高级认识。不知而自以为知，是错误认识。事物在很多情况下是那样，而实际不是那样。莘和藟两种草，单吃能毒死人，合吃能延年益寿。被毒虫咬伤，涂另一种毒药能解毒。漆和水是液体，合起来能凝结，这是把它变湿，反而变干的事例。铜和锡柔软，合炼则先变液体（熔液），冷却变硬，这是火烧变液体的事例。或变湿却干，或火烧却变液体。事物的类别性质，不是永远不变，可依此类推。

小方和大方是方类，小马和大马是马类，小智（小聪明）和大智（大智慧）却不是一类（爱耍小聪明的人办大事，显得愚蠢）。在鉴定剑的质量时，认为是好剑的人说：白锡使剑坚硬，黄铜使剑柔韧。白锡、黄铜兼有，所以剑既坚硬又柔韧，是好剑。认为不是好剑的人说：白锡使剑不柔韧，黄铜使剑不坚硬。白锡、黄铜兼有，剑既不柔韧，又不坚硬，不是好剑。并且按照对方所说，黄铜使剑柔韧，但柔韧则卷刃；白锡使剑坚硬，但坚硬则折断。白锡、黄铜兼有，使剑既卷刃，又折断，不是好剑。双方推论，运用同样的假言联言推论形式，并且都以白锡、黄铜的性质为根据，却推出截然相反的结论。在剑的制作过程中，白锡、黄铜混合比例的大小，是否合乎制作好剑的需要，应对具体问题作具体分析，不是用一两个简单推理，能解决问题。

好事小做小有益，大做大有益。坏事做一点，不如没有。射箭靶希望射中小的，射野兽希望射中大的。事情本来不是必然一样，可以此类推。高阳应想盖房，木匠对他说：现在还不行。木料还没干透，往上糊泥土，一定弯曲。拿没有干透的木料盖房，眼前虽好，日后一定倒塌。高阳应说：根据你的说法，则房不会倒塌。因为木头愈干愈有劲，泥土愈干则愈轻，用愈有劲的承担愈轻的，不会倒塌。听他讲这番道理，木匠无话可说，于是按吩咐盖房。房刚盖成很好，后来果然倒塌。高阳应好玩弄小聪明，不懂大道理。实际上，没有等湿木干透，湿泥土早已把它压弯。高阳应只知其一不知其二，知小不知大，知局部不知整体。单靠一两个简单推理，不能从整体上解决复杂的具体问题。千里马背着太阳向西跑，到傍晚太阳反而在它们前面。这是由于太阳比千里马跑得快。眼睛本来就有看不到的，智慧、能力本来就有达不到的。圣人因而定下规矩：不单凭心智臆断。

主旨“别类”，即区分事物类别。在肯定推知价值功能的基础上，说明推理的局限和容易产生的谬误。《吕氏春秋·达郁》：“得其细，失其大，不知类耳。”对复杂的具体问题，知其一不知其二，知小不知大，知局部不知整体，是不知事物的类别、性质。

《吕氏春秋·听言》：“今人曰：‘某氏多货，其室培湿，守狗死，其势可穴也。’则必非之矣。曰：‘某国饥，其城郭卑，其守具寡，可袭而篡之。’则不非之：乃不知类矣。”现在有人说，某人家里有钱，后墙下雨淋湿，看门狗死，可在他家后墙挖洞偷盗，定遭非议。有人说，一个国正闹饥荒，城墙矮，守城工具缺，晚上派军队去攻城略地，却没有人指责。“不知类”形容自相矛盾，是墨家逻辑学术语，这是对墨家逻辑学的传承。

语言逻辑有进展，发挥墨家语义学。墨家有语义学萌芽。语义学是研究语言意义，语言和对象关系的科学。墨家倡导“言合于意”，“以辞抒意”，“循所闻而得其意”，“执所言而意得见”。吕氏发挥墨家“言尽意”论。语言表达语义。语言表达式脱离语境，可被理解为不同语义，这是语言的歧义性。语境即语言上下文，制约语言表达式的意义，使其有确定性，唯一性和一义性。断章取义，即脱离语境误用语言，会带来语言交流交际的困难，产生诡辩和谬误。《吕氏春秋·淫辞》：“荆柱国庄伯令其父：‘视日。’曰：‘在天。’‘视其奚如？’曰：‘正圆。’‘视其时。’曰：‘当今。’令谒者：‘驾。’曰：‘无马。’令涓人：'取冠。''进上。'问：'马齿。'圉人曰：'齿十二与牙三十。'"

庄伯叫父亲"看看太阳"，是叫他看太阳位置，确定时间早晚。父亲故意转移话题说："太阳在天上！"庄伯怕父亲没理解自己意思，解释说："看看太阳怎么样了？"是叫他看太阳位置，父亲再次故意转移话题说："太阳正圆着！"庄伯第三次解释："去看看什么时候。"父亲第三次转移话题说："恰恰是现在这个时候。"庄伯叫传令官通知车夫"预备马车"。传令官故意转移话题说："我没有马。"庄伯叫侍臣，把帽子从头顶上"取"下来，侍臣却又"取"来一顶帽子说："请戴上！"庄伯坐上车子，问养马人："这马的牙口多少？"是问马年龄，养马人故意转移话题，回答马牙齿数目："十二颗齿（指门牙），共三十颗牙。""荆"：楚国别名。庄伯：楚国"柱国"，保卫国都的官，后为最高武官，地位次于令尹。高诱注："柱国，官名，若秦之有相国。"庄伯府相当于相国府。

在楚国相国府庄伯官邸，父亲、谒者（传达）、涓人（近侍）与圉人（马夫）之间的诡辩，成家常便饭，随手拈来。楚国相国府群体，似染诡辩顽症，对巧辞诡辩，极有兴趣，把诡辩看成斗智斗嘴，智力和语言的游戏、娱乐、"逗着玩"。在游戏、娱乐、"逗着玩"中，每人都是出色的语言艺术表演家。战国辩论成风，诡辩是必然伴生品，习以为常的时尚。庄伯父亲，到传令官、侍臣和养马人各色人等，一而再，再而三利用语言歧义性、灵活性，耍贫嘴，用诡辩取乐，跟相声演员在舞台上表演语言艺术，同古希腊智者在贵族宴会上玩弄语言游戏，如出一辙。

黑格尔说，"在柏拉图那里，我们也发现有这样的一些开玩笑的、双关的话，用来嘲弄智者们"，"他们成了宫廷里的弄臣"，"曾被用在公共场所，也被用在国王们的宴席上作为游戏"，"在国王们的宴席上，有哲学家们的聪明的谈话和聚会，他们在互相嘲弄和寻开心。希腊人异常喜爱找出语言中和日常观念中所发生的矛盾"。（黑格尔：《哲学史讲演录》第2卷，三联书店1957年版，第119页）

斗嘴斗智的轻松诡辩，是王

公贵族政治生活的润滑剂、开胃酒和调味料。诡辩滋生，从反面刺激系统逻辑学的诞生。亚里士多德清理古希腊诡辩，创建远扬全球的逻辑学。跟古希腊相似，中国古代逻辑学是名家（辩者）诡辩的对立物。战国末墨、儒、杂等家，都苦心思索怎样战胜诡辩。《墨经》逻辑学是墨家反诡辩的产物，《荀子·正名》是儒家反诡辩的产物，《吕氏春秋·淫辞》和《离谓》等，是杂家反诡辩的产物。《吕氏春秋·淫辞》和《离谓》作者，思考诡辩怎样产生，如何克服，论述语言的指谓性和交际性，是语言逻辑学的理论元素。《吕氏春秋》把庄伯身边的诡辩故事，放到《淫辞》篇，把其中每一问答方式（答非所问、转移话题），看成诡辩。庄伯身边的诡辩故事，是当时王公贵族，宫廷府邸诡辩盛行的缩影，是由“言意相离”导致诡辩的典型事例。

《吕氏春秋·离谓》：“齐有事人者，所事有难而弗死也。遇故人于途，故人曰：‘固不死乎？’对曰：‘然。凡事人，以为利也，死不利，故不死。’故人曰：‘子尚可以见人乎？’对曰：‘子以死为反可以见人乎？’”齐国人某甲，受雇作别人保镖，规定主人有危难，保镖应以死相救。后主人有难，某甲没以死相救，临阵脱逃。逃跑途中，遇到老友。老友说：“主人有难，你怎么不以死相救？”某甲理直气壮地说：“是的！凡受雇于人，是为了自己利益。以死相救，对自己不利。所以，我要逃跑！”老友根据一般规定和通常道德标准问他：“你这样做，还有脸见人？”某甲答：“你以为人死，反而可以看见人？”前一“见人”，是道德含义（指没脸见人），后一“见人”，是生理含义（指人死闭眼，不能用眼看人）。这是偷换概念的诡辩。

《吕氏春秋·淫辞》：“非辞无以相期，从辞则乱。乱辞之中又有辞焉。言者，心之谓也。言不欺心，则近之矣。凡言者，以谕心也。言心相离，而上无以参之，则下多所言非所行也，所行非所言也。言行相诡，不祥莫大焉。”没有言辞语句，无法交际交流。仅听信言辞，会发生混乱。混乱言辞，生新混乱，成恶性循环。语言是思维的表达。语言不违背思维，接近理想目标。语言表达思维。语言跟思维背离，上面无法参考检验，下面言行脱节，行为跟语言脱节。语言跟行为互相违反，不希望出现。这是说明语言指谓事物，交际交流和引导行为的功能。

篇名“淫辞”，指诡辩。“淫”：邪僻、惑乱。《孟子·公孙丑上》：“淫辞知其所陷。”语言之所以能作为交际工具，跟其指谓对象，表达思想的功能分不开。语言的指谓性，是其交际性的基础。语言离开其所指谓的对象和确定的思想内容，引起交际中的语义混乱，产生偷换概念、转移论题的诡辩。

《吕氏春秋》把语言离开其所指谓的对象和所表达的思想，叫“离谓”，即“言意相离”。《精谕》：“言者，谓之属也”，“唯知言之谓者为可。”语言从属于其所指谓的对象和所表达的思想。“离谓”，“言意相离”，则徒有其表，任由诡辩者任意曲解。指谓对象，表达思想，密切相连。思想是对象的反映，言辞离开其所指谓的对象，就离开其所表达的思想。《经说上》：“言，谓也。”语言功能，是指谓对象，表达思想。《广雅·释言》：“谓，指也。”“指”同“旨”。《说文》：“旨，意也。”“离谓”即“离意”。《列子·说符》：“唯知言之谓者。”张湛注：“谓者所以发言之旨趣。”《吕氏春秋》讨论对象、思想和语言的关系，用意在于揭露使语言和思维、对象脱离的诡辩手法。

《吕氏春秋》倡“言尽意论”。《吕氏春秋·离谓》：“言者以谕意也。言意相离，凶也。”“辞者，意之表也。鉴其表，而弃其意，悖”；“听言者，以言观意也。听言而意不可知，其与桥言无择（与架空的言论、胡言乱语无异）”。高诱注：“桥，戾也。择犹异。”“戾”乖戾、违反。“桥言”即“言意相离”（语言和意义背离），是用语句字面意思，架空、偷换具体语境下确定语义的诡辩。解决“言意相离”，即使语言和思维、对象脱节，对语言作任意解释的问题，必须从两方面着手。一是说话人应把意思说明白，让人听其言而知其意，不容歪曲篡改。二是听话人应理解说话人话语所指谓的对象和原意，避免“望文生义”和“断章取义”。

《察传》：“宋之丁氏，家无井而出溉汲，常一人居外。及其家穿井，告人曰：‘吾穿井得一人！’有闻而传之者曰：‘丁氏穿井得一人！’国人道之，闻之于宋君，宋君令人问之于丁氏。丁氏对曰：‘得一人之使，非得一人于井中也！’”宋国丁先生，家中没有水井，经常需要一个劳动力到外边取水。后来丁先生家打了一口井，于是告诉别人：“我家打井得到一个人！”在具体语境下，其确定语义是：“我家里打井得到一个劳动力的使用（节省一个劳动力）。”但听话、传话者脱离具体语境，从字面上理解为：“丁先生打井从中捞出一个活人！”这使国人和宋君迷惑不解，直到查清真实语义，才解开疑团。这是“望文生义”、“断章取义”的典型事例。在对话、辩论中，离开语境而篡改语义的现象很常见，这是诡辩产生的语言认识论根源。为了克服这种脱离语境，篡改语义的诡辩现象，对于语言的传播，要仔细审察。语言数次传播，会导致信息失真，黑白颠倒。以下连锁推论，越推离事实越远：“狗像玃。玃像母猴。母猴像人。所以，狗像人。”“像”、“似”的语义，角度标准不一，经语言数次传播，差别越来越大，离事实和真理越远。这是人犯错误的原因。听话善于审察，是好事。听话不善于审察，还不如没有听。语言在很多情况下，看起来是不对的，实际是对的；看起来是对的，实际是不对的。这是本质和现象的区别。是非界限要分清，联系事理辨语境。能够结合物情、人情、事理，广义语境，有助于了解语言的确定涵义，有助于揭露辩论对话中篡改语义的诡辩。

《吕氏春秋》论点是“言尽意论”的发挥。《吕氏春秋·淫辞》，辑录公孙龙等人诡辩故事。《吕氏春秋·离谓》高诱注：“诡辩，反白为黑。”诡辩家用诡辩手法，能反白为黑，弄假成真。《吕氏春秋·离谓》把邓析“巧辩”故事，归于“言意相离”的悖惑（矛盾、混乱）之词，批评其“巧辩”中的诡辩。《吕氏春秋·淫辞》和《离谓》举例，带有游戏、谐谑、开玩笑的意义。其理论分析，涉及语言、语义、语境和使用者的关系，属于语用学领域。这些问题的提出和思考，是中国古代语言逻辑学的萌芽。

保存史料赞墨道。《吕氏春秋·爱类》：“公输般为高云梯，欲以攻宋。墨子闻之，自鲁往，裂裳裹足，日夜不休，十日十夜，而至于郢，见荆王曰：‘臣北方之鄙人也，闻大王将攻宋，信有之乎？’

王曰：'然。'墨子曰：'必得宋乃攻之乎？亡其不得宋且不义犹攻之乎？'王曰：'必不得宋，且有不义，则曷为攻之？'墨子曰：'甚善。臣以宋必不可得。'王曰：'公输般，天下之巧工也，已为攻宋之械矣。'墨子曰：'请令公输般试攻之，臣请试守之。'于是公输般设攻宋之械，墨子设守宋之备。公输般九攻之，墨子九却之，不能入，故荆辍不攻宋。墨子能以术御荆，免宋之难者，此之谓也。"《慎大》："孔子之劲，举国门之关，而不肯以力闻。墨子为守攻，公输般服，而不肯以兵加。善持胜者，以术强弱。"高诱《慎大览》注："公输般在楚，楚王使设云梯，为攻宋之具。墨子闻而往说之。楚王曰：'公输般，天下之巧工也。寡人使攻宋之城，何为不得？'墨子曰：'使公输般攻宋之城，臣请为宋守之备。'公输般九攻之，墨子九却之。又令公输般守备，墨子九下之。不肯以善用兵见知于天下也。墨子，名翟，鲁人也，著书七十篇，以墨道闻也。"

《不二》："墨翟贵兼。"《顺说》"惠盎见宋康王。""惠盎对曰：'孔墨是也，孔丘墨翟，无地为君，无官为长，天下丈夫女子莫不延颈举踵而愿安利之。今大王，万乘之主也，诚有其志，则四境之内皆得其利矣，其贤于孔墨也远矣！'"《博志》："孔、墨、宁越，皆布衣之士也，虑于天下，以为无若先王之术者，故日夜学之。有便于学者，无不为也。有不便于学者，无肯为也。盖闻孔丘、墨翟，昼日讽诵习业，夜亲见文王、周公旦而问焉。用志如此其精也，何事而不达？何为而不成？故曰精而熟之，鬼将告之。非鬼告之也，精而熟之也。"

《当染》："禽滑厘学于墨子，许犯学于禽滑厘，田系学于许犯。孔、墨之后学，显荣于天下者众矣，不可胜数，皆所染者得当也。"《尊师》："子张，鲁之鄙家也；颜涿聚，梁父之大盗也；学于孔子。段干木，晋国之大驵也，学于子夏。高何、县子石，齐国之暴者也，指于乡曲，学于子墨子。索卢参，东方之巨狡也，学于禽滑黎。此六人者，刑戮死辱之人也，今非徒免于刑戮死辱也，由此为天下名士显人，以终其寿，王公大人从而礼之，此得之于学也。"

《高义》："子墨子游公上过于越。公上过语墨子之义，越王说之，谓公上过曰：'子之师苟肯至越，请以故吴之地，阴江之浦，书社三百，以封夫子。'公尚过往复于子墨子。子墨子曰：'子之观越王也，能听吾言、用吾道乎？'公上过曰：'殆未能也。'墨子曰：'不唯越王不知翟之意，虽子亦不知翟之意。若越王听吾言、用吾道，翟度身而衣，量腹而食，比于宾萌，未敢求仕。越王不听吾言、不用吾道，虽全越以与我，吾无所用之。越王不听吾言、不用吾道，而受其国，是以义翟也。义翟何必越，虽于中国亦可。'"

《贵因》："墨子见荆王，锦衣吹笙，因也。"《疑似》："使人大迷惑者，必物之相似也。玉人之所患，患石之似玉者。相剑者之所患，患剑之似吴干者。贤主之所患，患人之博闻辨言而似通者。亡国之主似智。亡国之臣似忠。相似之物，此愚者之所大惑，而圣人之所加虑也。故墨子见歧道而哭之。"

《上德》："墨者巨子孟胜，善荆之阳城君，阳城君令守于国，毁璜以为符。约曰：'符合，听之。'荆王薨，群臣攻吴起，兵于丧所，阳城君与焉。荆罪之，阳城君走，荆收其国。孟胜曰：'受人之国，与之有符，今不见符，而力不能禁，不能死，不可。'其弟子徐弱谏孟胜曰：'死而有益阳城君，死之可矣。无益也，而绝墨者于世，不可。'孟胜曰：'不然，吾于阳城君也，非师则友也，非友则臣也。不死，自今以来，求严师必不于墨者矣，求贤友必不于墨者矣，求良臣必不于墨者矣。死之，所以行墨者之义，而继其业者也。我将属巨子于宋之田襄子。田襄子，贤者也，何患墨者之绝世也？'徐弱曰：'若夫子之言，弱请先死以除路。'还殁头前于孟胜。因使二人传巨子于田襄子。孟胜死，弟子死之者百八十三人。二人已致令于田襄子，欲反死孟胜于荆。田襄子止之曰：'孟子已传巨子于我矣。'不听。遂反死之。"从战国末杂家著作《吕氏春秋》，可见墨学此时在中国的重大发展和影响。以上"孟子"到"吕不韦"等词目6个，归入"诸子论墨"类名。

中世论墨

漫长中世纪的2100多年，儒学利用封建国家机器力量打击墨学，使墨学被迫中绝。儒学是中国传统意识形态的主流，巨流，洪流，明流，显流，跟封建专制的国家机器结合，压制墨学。中世纪百位学人递相论墨，主流承袭孟轲攻击墨子“是禽兽”的谬论，诋毁墨学，使墨学被挤压为支流，细流，微流，暗流，隐流，曲折隐蔽，潜藏于民间故事，文艺作品，农民起义，隐士异端等社会底层和人间角落，不成大气候，难有大进展。

晋鲁胜《墨辩注序》，明末傅山释《大取》，是漫漫中世两千年罕见的两个亮点，犹如暗夜星光，空谷足音。另一亮点是从清中叶毕沅开始，到清末孙诒让终结的《墨子》校勘、训诂和考据的文献整理成果，为现代新墨学的元理论研究，奠定史料学、文献学基础，为现代墨学的复兴、质变和转型，累积量变，储备能量，蓄势待发。“中世论墨”类名，含“七十一篇本”到“墨子间诂”等词目86个。

七十一篇本

今本《墨子》源出。《汉书·艺文志》“墨家”类著录：“《墨子》七十一篇。”班固自注：“名翟，为宋大夫，在孔子后。”这时《墨子》还没有卷数，只有篇数。《墨子》经刘向、歆整理校订的最早最全文本。汉宫廷图书馆收藏先秦旧书，字体是跟汉代隶书字体不同的古文。《汉书·艺文志》说，先秦诸子著作，传到汉武帝（前140～前87在位），“书缺简脱”，“建藏书之策，置写书之官，下及诸子传说皆充秘府”，建立宫廷藏书制，设置抄书机构，收集诸子百家，充实收藏。汉成帝（前32～前7在位）河平三年（前26），“以书颇散亡”，命刘向（前77～前6）编校群书，包括经传诸子。刘向卒，汉哀帝（前6～前1在位）命刘向子刘歆承父业。经刘向、歆整理编校的《墨子》，用汉代隶书字体转录为帛书，分15卷。《汉书·艺文志》著录《墨子》七十一篇，是汉代宫廷图书馆收藏的“竹帛之书”。孙诒让《墨子间诂·附录》：“《墨子》书七十一篇，即汉刘向校定本，著于《别录》，而刘歆《七略》、班固《艺文志》因之。”宋代后，有活字印刷本。《隋书·经籍志》，《旧唐书·经籍志》，《新唐书·艺文志》，《宋史·艺文志》，马总《意林》，郑樵《通志》，马端临《文献通考·经籍考》，焦竑《经籍志》等官私史志，都著录《墨子》15卷。

诘墨

严灵峰《墨子集成》列为《墨子》元典之后的首篇，内容是逐条反驳《墨子·非儒》对孔子的攻击，反证《墨子·非儒》为真，其时犹存。《孔丛子·诘墨》，旧题汉孔鲋（前264～前208）作，是后人伪托，记述战国初到东汉孔子后代言语行事，时间跨度600年。著录始见于《隋书·经籍志》，题“陈胜博士孔鲋撰”，相当于“孔家杂记”。序录称“《孔丛》为孔氏所传仲尼之旨”。司马光《资治通鉴》多采《孔丛子》内容。新旧《唐书》著录《孔丛子》，同《隋书》归《论语》类。

《宋史》著录《孔丛子》归“儒家子类”，引朱熹说《孔丛子》是伪书。朱骏声说是魏晋人所为。陈振孙《直斋书录解题》说《孔丛子》是“孔氏子孙杂记其先世系言行之书”。胡应麟认为《孔丛子》乃孔氏子孙杂记先世言行，有魏晋手笔，宋人润饰。《四库提要》引陈振孙《书录解题》谓，孔子八世孙鲋，魏相顺之子，为陈涉博士，死陈下，则固不得为汉人，而其书记鲋之没，则又安得以为鲋撰？其说当矣。《孔丛子》作伪者，最大怀疑对象，是魏晋人王肃。顾实《重考古今伪书考》说《孔丛子》“出王肃依托”。李学勤认为《孔丛子》为“孔氏家学的学案”。

陆贾

前240～前170。西汉初思想家。陆贾《新语》：“仁者在位而仁人来，义士在朝而义士至，是以墨子之门多勇士，仲尼之门多道德，文武（周文王、武王）之朝多贤良，秦王（秦始皇）之庭多不祥。”继承先秦儒墨并提的传统。

邹阳

前206～前129。邹阳，西汉文学家。文帝时为吴王刘濞门客，以文辩著名于世。吴王阴谋叛乱，邹阳上书谏止，吴王不听，与枚乘、严忌等离吴去梁，为景帝少弟梁孝王门客。邹阳“为人有智略，慷慨不苟合”，被诬陷入狱，险处死，狱中上书梁孝王表白，梁孝王见书大悦，命释放，尊为上客。《邹阳狱中上梁孝王书》，有战国策士说辞的意味，《汉书·艺文志》列纵横家。司马迁《史记·邹阳传》引《邹阳狱中上梁孝王书》：“偏听生奸，独任成乱。昔者鲁听季孙之说而逐孔子，宋信子罕之计而囚墨翟。夫以孔墨之辩，不能自免于谗谀，而二国以危。何则？众口铄金，积毁销骨也。”“盛饰入朝者不以利污义，砥砺名号者不以欲伤行，故县名胜母，而曾子不入；邑号朝歌，而墨子回车。”又见《汉书•邹阳传》、刘向《新序•杂事三》。

贾谊

前200～前168。西汉初洛阳人。著名政论家。博览群书，遍读诸子百家。21岁由河南郡守吴公推荐，汉文帝召为博士，升太中大夫。23岁遭忌，贬长沙王太傅，27岁召回长安，任梁怀王太傅。31岁梁怀王入朝坠马死，贾谊歉疚，忧伤死，年32。贾谊《新书》论墨2次。《新书•审微》："墨子见衢路而哭之，悲一跬而谬千里也。"《新书•过秦论》："始皇既没，余威振于殊俗，然而陈涉，瓮牖绳枢之子，氓隶之人，而迁徙之徒也，材能不及中人，非有仲尼、墨翟之贤，陶朱、猗顿之富，蹑足行伍之闲，俛起（俯仰，崛起）阡陌之中，率疲弊之卒，将数百之众，转而攻秦，斩木为兵，揭竿为旗，天下云合响应，赢粮而影从（如影随形，喻紧追随，盛趋从），山东豪杰并起，而亡秦族矣。"

韩婴

前200～前130。西汉初涿郡人（今河北任丘）。汉文帝时博士。景帝时常山王刘舜太傅。著《韩诗外传》论墨2次。因袭荀子，攻击墨子。《韩诗外传》卷四："夫当世之愚，饰邪说，文奸言，以乱天下，欺惑众愚，使混然不知是非、治乱之所存者，则是范睢、魏牟、田文、庄周、慎到、田骈、墨翟、宋钘、邓析、惠施之徒也。此十子者，皆顺非而泽，闻见杂博，然而不师上古，不法先王，按往旧造说，务自为工，道无所遇，而人相从，故曰，十子者之工说，说皆不足合大道，美风俗，治纲纪，然其持之各有故，言之皆有理，足以欺惑众愚，交乱朴鄙，则是十子之罪也。"模仿《荀子•非十二子》和《儒效》议论攻击墨子。《韩诗外传》卷五："逢衣博带，略法先王，而足乱世，术谬学杂，其衣冠言行，为已同于世俗，而不知其恶也，言谈议说，已无异于老墨，而不知分，是俗儒者也。"视墨学为谬杂乱世的敌论。

刘安

前179～前122。汉高祖刘邦孙子，淮南王刘长长子，汉武帝刘彻（前156～前87）叔父。汉武帝在位共54年（前140～前87）。刘安在前164年16岁时，被封为淮南（今安徽淮河以南）王，到前122年58岁时，自杀身亡，在淮南王位43年。

刘安是江淮学术群体的领袖，主编《淮南子》，继《吕氏春秋》后，打造杂家另一巨著。《淮南子》仿《吕氏春秋》，综合各家，设计治国方案，呈献国家最高当局。杂家综合百家，兼容异说。《汉书·武帝纪》说，汉武帝建元元年（前140），汉武帝刘彻17岁时，采纳丞相卫绾奏议，下令“罢黜百家，独尊儒术”。高诱《淮南子·序目》：“天下方术之士，多往归焉。”

《汉书·淮南王传》：“（淮南王安）招致宾客方术之士数千人，作为内书二十一篇，外书甚众，又有中篇八卷，言神仙黄白之术，亦二十余万言。时武帝方好艺文，以安属为诸父，辩博善为文辞，甚尊重之。每为报书及赐，常召司马相如等视草乃遣。初，安入朝，献所作内篇，新出，上爱秘之（武帝建元二年即前139年，41岁的刘安入朝，向18岁的侄子汉武帝，奉献以道家思想为主的治国方案《淮南子》，汉武帝爱而秘藏，不欲其流传）。使为《离骚传》，旦受诏，日食时上。又献《颂德》及《长安都国颂》。每宴见，谈说得失，及方技赋颂，昏暮然后罢。”汉杨修《临淄侯笺》：“《吕氏》《淮南》字值千金。”

刘安主编《淮南子》，论墨共38次，提“墨子”15次，“墨翟”2次，“墨者”2次，跟墨家有关的“墨”字19次。《淮南子·要略》：“墨子学儒者之业，受孔子之术，以为其礼烦扰而不说，厚葬靡财而贫民，久服伤生而害事，故背周道而用夏政。”是常被引用的墨学总体评价。

《泛论训》：“今儒墨者称三代文武而弗行，是言其所不行也；非今时之世而弗改，是行其所非也。称其所是，行其所非，是以尽日极虑而无益于治，劳形竭智而无补于主也。”“夫弦歌鼓舞以为乐，盘旋揖让以修礼，厚葬久丧以送死，孔子之所立也，而墨子非之。兼爱、尚贤、右鬼、非命，墨子之所立也，而杨子非之。”“逮至高皇帝，存亡继绝，举天下之大义。”“当此之时，丰衣博带，而道儒墨者，以为不肖。逮至暴乱已胜，海内大定，继文之业，立武之功，履天子之图籍，造刘氏之貌冠，总邹鲁之儒墨，通先圣之遗教。”“当此之时，有立武者见疑，一世之间，而文武代为雌雄，有时而用也。”

《主术训》：“孔墨博通，而不能与山居者入榛薄险阻也。由此观之，则人知之于物也浅矣，而欲以遍照海内，存万方，不因道之数，而专己之能，则其穷不达矣，故智不足以治天下也。”“孔丘墨翟修先圣之术，通六艺之论，口道其言，身行其志，慕义从风，而为之服役者不过数十人。使居天子之位，则天下遍为儒墨矣。”“吴起、张仪，智不若孔墨，而争万乘之君，此其所以车裂支解也。”

《道应训》：“墨子为守攻，公输般服，而不肯以兵知。善持胜者，以强为弱。”“孔丘墨翟，无地而为君，无官而为长，天下丈夫女子，莫不延颈举踵，而愿安利之者。今大王，万乘之主也，诚有其志，则四境之内，皆得其利矣，此贤于孔墨也远矣。”“墨者有田鸠者，欲见秦惠王。约车申辕，留于秦，三年不得见。客有言之楚王者，往见楚王。楚王甚悦之，予以节，使于秦。至，因见，予之将军之节。惠王见而说之。出舍，喟然而叹。告从者曰：‘吾留秦三年不得见，不识道之可以从楚也。’物故有近之而远，远之而近者。”

《修务训》：“孔子无黔突，墨子无暖席，是以圣人不高山，不广河，蒙耻辱以干世主，非以贪禄慕位，欲事起天下利，而除万民之害。”“孔子无黔突，墨子无暖席，是以圣人不高山，不广河，蒙耻辱以干世主，非以贪禄慕位，欲事起天下利，而除万民之害。”“圣人之从事也，殊体而合于理，其所由异路而同归，其存危定倾若一志，不忘于欲利人也。何以明之？昔者楚欲攻宋，墨子闻而悼之。自鲁趍而十日十夜，足重茧而不休息。裂衣裳裹足，至于郢。见楚王曰：‘臣闻大王举兵将攻宋，计必得宋而后攻之乎？亡其苦众劳民，顿兵挫锐，负天下以不义之名，而不得咫尺之地，犹且攻之乎？’王曰：‘必不得宋，又且为不义，曷为攻之？’墨子曰：‘臣见大王之必伤义而不得宋。’王曰：‘公输，天下之巧士，作云梯之械，设以攻宋，曷为弗取？’墨子曰：‘令公输设攻，臣请守之。’于是公输般设攻宋之械，墨子设守宋之备，九攻而墨子九却之，弗能入。于是乃偃兵，辍不攻宋。”“夫墨子跌蹏而趍千里以存楚宋。”“夫行与止也，其势相反，而皆可以存国。此所谓异路而同归者也。”“书传之微者，惟圣人能论之。今取新圣人书，名之孔墨，则弟子句指而受者必众矣。故美人者，非必西施之种。通士者，不必孔墨之类。晓然意有所通于物，故作书以喻意，以为知者也。”

《齐俗训》：“夫儒墨不原人情之终始，而务以行相反之制。”“故制礼义，行至德，而不拘于儒墨。”“鲁般墨子，以木为鸢而非之，三日不集，而不可使为工也。”《泰族训》：“孔子弟子七十，养徒三千人，皆入孝出悌，言为文章，行为仪表，教之所成也。墨子服役者，百八十人，皆可使赴火蹈刃，死不还踵，化之所致也。”常被引用。《说林训》：“墨子见练丝而泣之，为其可以黄，可以黑。趋舍之相合，犹金石之一调，相去千岁，合一音也。”

《说山训》：“为墨而朝吹竽，欲灭迹而走雪中，拯溺者而欲无濡，是非所行而行所非。”“墨子非乐，不入朝歌之邑。”《俶真训》：“百家异说，各有所出。若夫墨、杨、申、商之于治道，犹盖之无一橑，而轮之无一辐。有之可以备数，无之未有害于用也；己自以为独擅之，不通之于天地之情也。”“周室衰而王道废，儒墨乃始列道而议，分徒而讼。”“孔墨之弟子，皆以仁义之术教导于世。”《人间训》：“夫徐偃王为义而灭，燕子哙行仁而亡，哀公好儒而削，代君为墨而残。灭亡削残，暴乱之所致也，而四君独以仁义儒墨而亡者，遭时之务异也。非仁义儒墨不行，非其世而用之，则为之禽矣。”从杂家视角，对儒墨等各家有公正评价。

司马迁

前145～前90。作第一部纪传体通史《史记》，是史书的典范，记身前三千多年史，是二十五史之首，鲁迅誉为“史家之绝唱，无韵之离骚”。前123年，23岁为郎中（皇帝侍卫官），前122～前99年20多年，常侍从武帝巡视。前111年（元鼎六年）35岁为郎中将，受命以皇帝特使身份，奉使西征巴蜀以南，到达邛（今四川西昌）、筰（今四川汉源）、昆明（今云南曲靖），抚西南少数民族，设置五郡。前108年（元封三年）司马迁38岁，任太史令。前104年（太初元年）42岁，著《史记》。前97年（天汉四年）49岁任中书令。前91年（征和二年）55岁《史记》成。《史记》52万多字，论墨18次，其中论“墨子”2次，“墨翟”5次，“墨者”3次。

司马迁发挥司马谈《论六家之要指》结论，概括诸子思想，总结各家得失。《史记·太史公自序》：“《易大传》：‘天下一致而百虑，同归而殊途。’夫阴阳、儒、墨、名、法、道德，此务为治者也，直所从言之异路，有省不省耳。”“墨者俭而难遵，是以其事不可遍循；然其强本节用，不可废也。”“道家使人精神专一，动合无形，赡足万物，其为术也，因阴阳之大顺，采儒墨之善，撮名法之要，与时迁移，应物变化，立俗施事，无所不宜，指约而易操，事少而功多。”“墨者亦尚尧舜道，言其德行曰：‘堂高三尺，土阶三等，茅茨不翦，采椽不刮。食土簋，啜土刑，粝粱之食，藜藿之羹。夏日葛衣，冬日鹿裘。’其送死，桐棺三寸，举音不尽其哀。教丧礼，必以此为万民之率。使天下法若此，则尊卑无别也。夫世异时移，事业不必同，故曰‘俭而难遵’。要曰强本节用，则人给家足之道也。此墨子之所长，虽百家弗能废也。”“猎儒墨之遗文，明礼义之统纪，绝惠王利端，列往世兴衰。作《孟子荀卿列传》第十四。”

《史记·孟子荀卿列传》：“荀卿嫉浊世之政，亡国乱君相属，不遂大道，而营于巫祝，信禨祥，鄙儒小拘，如庄周等，又猾稽乱俗，于是推儒、墨、道德之行事兴坏，序列著数万言而卒。”“盖墨翟，宋之大夫，善守御，为节用。或曰并孔子时，或曰在其后。”《史记·鲁仲连邹阳列传》：“今公又以敝聊之民距全齐之兵，是墨翟之守也。”“偏听生奸，独任成乱。昔者鲁听季孙之说而逐孔子，宋信子罕之计而囚墨翟。夫以孔、墨之辩，不能自免于谗谀，而二国以危。何则？众口铄金，积毁销骨也。”“盛饰入朝者不以利污义，砥厉名号者不以欲伤行，故县名胜母而曾子不入，邑号朝歌而墨子回车。”

《史记·礼书》：“故人苟生之为见，若者必死；苟利之为见，若者必害；苟怠惰偷懦之为安，若者必危；苟情说之为乐，若者必灭。故人一之于礼义，则两得之矣；一之于情性，则两丧之矣。故儒者将使人两得之者也，墨者将使人两丧之者也，是儒墨之分也。”《史记·秦始皇本纪》、《史记·陈涉世家》两次引贾谊《新书》：“始皇既没，余威振于殊俗，然而陈涉，瓮牖绳枢之子，氓隶之人，而迁徙之徒也，材能不及中人，非有仲尼墨翟之贤。”《史记·老子韩非列传》：“（庄子）用剽剥（攻击批驳）儒墨，虽当世宿学（博学）不能自解免也。”《史记·平津侯主父列传》：“陈涉无千乘之尊，尺土之地，身非王公大人名族之后，无乡曲之誉，非有孔、墨、曾子之贤。”司马谈、司马迁对墨学有经典性评论。

桓宽

约前110～前50。西汉汝南郡（今河南上蔡）人，字次公，宣帝时举为郎，任庐江太守丞。知识广博善为文。汉昭帝始元六年（前81）开盐铁会议，御史大夫桑弘羊跟从全国各地召来的贤良文学六十多人辩论，桓宽记录，成《盐铁论》六十篇。《盐铁论》论墨11次。《盐铁论·晁错》：“日者淮南衡山修文学，招四方游士，山东儒墨咸聚于江淮之间，讲议集论，著书数十篇。”

刘向

前77～前6。西汉彭城（今江苏徐州）人，原名更生，字子政。文史学家。有校勘古书的序录，叙事简约，理论畅达。楚元王刘交四世孙，宣帝、元帝、成帝时任散骑谏大夫，散骑宗正，光禄大夫。宣帝时为谏大夫，元帝时任宗正。因上书弹劾宦官外戚专权，下狱，免为庶人。成帝即位，任光禄大夫，改名“向”，官至中垒校尉，称刘中垒。成帝河平三年（前26），由于宫廷藏书多有散亡，命令陈农求遗书于天下，刘向领导校勘整理宫廷藏书，负责校经传、诸子、诗赋，校书19年。校完一书，写简明内容提要，汇编为《别录》，是国家藏书总目录，目录学之祖，第一部有书名和解题的综合性分类目录，创造世界最早图书目录的先例。刘向编校诸子含《墨子》。《别录》著录图书603家，13219卷，分为六大部类，38种，每类前有类序，每部后有部序。广罗遗本，校之异同，除去重复，条别篇章，定著目次，写定正本，撰写叙录。记录上古到西汉典籍、古代文化精华，对后世的目录学、分类学有深远影响。叙录内容：书目篇名，校勘经过，著者生平，书名含义，著书原委，书的性质，评论思想，史实，是非，辨别真伪，剖析学术源流和书的价值。部序之前，类目之后，都有统计，全书最后有总计。

其子刘歆（前 50 ～ 23），据刘向序录，删繁就简，编为《七略》。《别录》已佚，从刘歆《七略》可见一斑，《汉书·艺文志》存其梗概。刘向、刘歆提倡诸子学说。在儒学一统天下后，刘向、刘歆重新整理诸子百家，强调吸取各家营养。刘歆承父业，《七略》把儒家和诸子各家并列为十家，认为各家可互相补充，其言虽殊，譬犹水火，相灭亦相生。仁与义，敬与和，相反相成。刘歆强调兼采诸子各家之长。《易·系辞》："天下同归而殊途，一致而百虑。"异家各推所长，穷加究虑，以明其旨，各有弊端，合其要归，亦六经之支与流裔。舍短取长，通万方之略。刘向、刘歆在经学独尊时，倡研诸子，对削弱儒学思想统治，解放思想，有积极意义。

刘向《说苑·反质》："禽滑厘问于墨子曰：'锦绣絺纻，将安用之？'墨子曰：'恶，是非吾用务也。古有无文者得之矣，夏禹是也。卑小宫室，损薄饮食，土阶三等，衣裳细布；当此之时，黼黻无所用，而务在于完坚。殷之盘庚，大其先王之室，而改迁于殷，茅茨不剪，采椽不斫，以变天下之视；当此之时，文采之帛，将安所施？夫品庶非有心也，以人主为心，苟上不为，下恶用之？二王者以化身先于天下，故化隆于其时，成名于今世也。且夫锦绣絺纻，乱君之所造也，其本皆兴于齐，景公喜奢而忘俭，幸有晏子以俭镌之，然犹几不能胜。夫奢安可穷哉？纣为鹿台糟丘，酒池肉林，宫墙文画，雕琢刻镂，锦绣被堂，金玉珍玮，妇女优倡，钟鼓管弦，流漫不禁，而天下愈竭，故卒身死国亡，为天下戮，非惟锦绣絺纻之用耶？今当凶年，有欲予子随侯之珠者，不得卖也，珍宝而以为饰；又欲予子一钟粟者，得珠者不得粟，得粟者不得珠，子将何择？'禽滑厘曰：'吾取粟耳，可以救穷。'墨子曰：'诚然，则恶在事夫奢也？长无用，好末淫，非圣人所急也。故食必常饱，然后求美；衣必常暖，然后求丽；居必常安，然后求乐。为可长，行可久，先质而后文，此圣人之务。'禽滑厘曰：'善。'"

扬雄

前 53 ～ 18。西汉学者。字子

云，蜀郡成都人。博览群书，好学深思。年四十余，游京师，以文见召，成帝时任给事黄门郎。著名辞赋家。扬雄《法言·五子》："古者杨墨塞路，孟子辞而辟之，廓如也，后之塞路者有矣，窃自比于孟子。""廓如"：澄清貌。自觉继承孟子，澄清杨墨"塞路"。《法言·五百》："墨（翟）晏（婴）俭而废礼（提倡节俭，废斥礼乐）。"

冯衍

25～56。字敬通，京兆杜陵（今陕西西安）人。东汉辞赋家。《显志赋》："杨朱号乎衢路兮，墨子泣乎白丝。知渐染之易性兮，怨造作之弗思！"

班固

32～92。东汉史学家，博览百家九流。汉明帝召到校书部，任兰台令史（国家图书档案管理员），任典校秘书，校定图书。班固《汉书》论墨18次，其中论"墨子"4次，"墨家"3次。《汉书·艺文志》："《墨子》七十一篇。""墨六家，八十六篇。""墨家者流，盖出于清庙之守，茅屋采椽，是以贵俭，养三老五更，是以兼爱。选士大射，是以上贤。宗祀严父，是以右鬼，顺四时而行，是以非命，以孝视天下，是以上同，此其所长也，及蔽者为之，见俭之利，因以非礼，推兼爱之义，而不知别亲疏。""杂家者流，盖出于议官，兼儒、墨，合名、法，知国体之有此，见王治之无不贯，此其所长也，及荡者为之，则漫羡而无所归心。"《汉书·贾邹枚路传》："邑号朝歌，墨子回车。"《汉书·序传》："墨突不黔。"

王充

27～97。东汉会稽上虞（浙江）人，字仲任，出身"细族孤门"。《后汉书·王充传》："（王充）家贫无书，常游洛阳市肆，阅所卖书，一见辄能诵忆，遂博通众流百家之言。""著《论衡》八十五篇，二十余万言。"自《隋书·经籍志》以下，历代目录列王充《论衡》为"杂家"。论墨79次，其中论"墨子"8次，"墨翟"3次，"墨家"13次。刘师培说王充是"南方墨者之支派"。

《论衡·薄葬》："圣贤之业，皆以薄葬省用为务，然而世尚厚葬，有奢泰之失者，儒家论不明，墨家议之非故也。墨家之议右鬼，以为人死，辄为神鬼，而有知能，形而害人，故引杜伯之类以为效验。""若墨家之以杜伯为据，则死无知之实可明，薄葬省财之教可立也。今墨家非儒，儒家非墨，各有所持，故乖不合，业难齐同，故二家争论。”“墨议不以心而原物，苟信闻见，则虽效验章明，犹为失实。失实之议难以教，虽得愚民之欲，不合知者之心。丧物索用，无益于世，此盖墨术所以不传也。”“墨家之议，自违其术，其薄葬而又右鬼。右鬼引效，以杜伯为验。杜伯死人，如谓杜伯为鬼，则夫死者审有知，如有知而薄葬之，是怒死人也。情欲厚而恶薄，以薄受死者之责，虽右鬼，其何益哉？如以鬼非死人，则其信杜伯非也；如以鬼是死人，则其薄葬非也。术用乖错，首尾相违，故以为非，非与是不明，皆不可行。”

《案书》：“墨家之祖墨翟也。且案儒道传而墨法废者，儒之道义可为，而墨之法议难从也。何以验之？墨家薄葬右鬼，道乖相反，违其实，宜以难从也。乖违如何？使鬼非死人之精也，右之未可知。今墨家谓鬼审人之精也，厚其精而薄其尸，此于其神厚而于其体薄也，薄厚不相胜，华实不相副，则怒而降祸，虽有其鬼，终以死恨。人情欲厚恶薄，神心犹然，用墨子之法事鬼求福，福罕至而祸常来也。以一况百，而墨家为法，皆若此类也。废而不传，盖有以也。”“马效千里，不必骥騄；人期贤知，不必孔、墨。”《命义》：“墨家之论，以为人死无命；儒家之议，以为人死有命。言有命者，见子夏言‘死生有命，富贵在天’。言无命者，闻历阳之都，一宿沉而为湖；秦将白起坑赵降卒于长平之下，四十万众同时皆死；春秋之时，败绩之军，死者蔽草，尸且万数；饥馑之岁，饿者满道；温气疫疠，千户灭门，如必有命，何其秦、齐同也？”

《率性》：“墨子哭练丝也，盖伤离本，不可复变也。人之性，善可变为恶，恶可变为善，犹此类也。蓬生麻间，不扶自直；白纱入缁，不练自黑。彼蓬之性不直，纱之质不黑，麻扶缁染，使之直黑。夫人之性犹蓬纱也，在所渐染而善恶变矣。”《福虚》：“儒家之徒董无心，墨家之役缠子，相见讲道。缠子称墨家佑鬼神，是引秦穆公有明德，上帝赐之九十年。缠子难以尧、舜不赐年，桀、纣不夭死。”

《儒增》：“儒书称：‘鲁般、墨

子之巧，刻木为鸢，飞之三日而不集。’”《艺增》：“世俗所患，患言事增其实，著文垂辞，辞出溢其真，称美过其善，进恶没其罪。何则？俗人好奇，不奇，言不用也。故誉人不增其美，则闻者不快其意；毁人不益其恶，则听者不惬于心，闻一增以为十，见百益以为千，使夫纯朴之事，十剖百判；审然之语，千反万畔。墨子哭于练丝，杨子哭于歧道，盖伤失本，悲离其实也。”《定贤》：“恬憺无欲，志不在于仕，苟欲全身养性为贤乎？是则老聃之徒也。道人与贤殊科者，忧世济民于难，是以孔子栖栖，墨子遑遑。不进与孔、墨合务，而还与黄、老同操，非贤也。”

《对作》：“孟子伤杨、墨之议大夺儒家之论，引平直之说，褒是抑非，世人以为好辩。孟子曰：‘予岂好辩哉？予不得已！’今吾不得已也。虚妄显于真，实诚乱于伪，世人不悟，是非不定，紫朱杂厕，瓦玉集糅，以情言之，岂吾心所能忍哉！”《自纪》：“孔墨祖愚，丘翟圣贤。”

赵岐

108～201。东汉经学家，著《孟子题辞》：“周衰之末，战国纵横，用兵争强，以相侵夺，当世取士，务先权谋，以为上贤，先王大道，凌迟隳废，异端并起，若杨朱墨翟放荡之言，以干时惑众者非一。”《孟子注》卷六下：“孔子之后，圣王之道不兴，战国纵横，布衣处士，游说以干诸侯，若杨墨之徒，无尊异君父之义，而以横议于世也。”《孟子注》卷十三下：“墨子，墨翟也。兼爱他人，摩突其顶，下至于踵，以利天下，己乐为之也。”《孟子注》卷十四下：“墨翟之道兼爱，无亲疏之别，最为违礼。杨朱之道为己爱身，虽违礼，尚得不敢毁伤之义。逃者，去也。去邪归正，故曰归。去墨归杨，去杨归儒，则当受而安之也。”

阮籍

210～263。三国魏人。诗人。《汉魏六朝百三家集》卷34《咏怀》：“杨朱泣歧路，墨子悲染丝。”

鲁胜

265～320。西晋代郡（今河北蔚县）人。字叔时，任佐著作郎。晋惠帝元康初年，任建康令，后退隐不仕。首次注《墨经》，定名《墨辩》、《辩经》，突出《墨经》的逻辑学。《墨辩注》已逸，《墨辩注序》存于《晋书·隐逸传》。《墨辩注序》："名者所以别同异，明是非，道义之门，政化之准绳也。孔子曰：'必也正名，名不正则事不成。'墨子著书，作《辩经》以立名本。惠施、公孙龙祖述其学，以正形名显于世。孟子非墨子，其辩言正辞则与墨同。荀卿、庄周等皆非毁名家，而不能易其论也。名必有形，察形莫如别色，故有坚白之辩。名必有分明，分明莫如有无，故有无厚之辩。是有不是，可有不可，是名两可。同而有异，异而有同，是之谓辩同异。至同无不同，至异无不异，是谓辩同辩异。同异生是非，是非生吉凶。取辩于一物，而原极天下之污隆，名之至也。自邓析至秦时，名家者世有篇籍，率颇难知。后学莫复传习，于今五百余岁，遂亡绝。《墨辩》有上下《经》，《经》各有《说》，凡四篇。与其书众篇连第，故独存。今引《说》就《经》，各附其章，疑者阙之。又采诸众杂，集为《形名》二篇，略解指归，以俟君子。其或兴微继绝者，亦有乐乎此也。"

《晋书·隐逸传》："鲁胜，字叔时，代郡人也。少有才操，为佐著作郎。元康初，迁建康令，称疾去官。中书令张华遣子劝其更仕，再征博士，举中书郎，皆不就。其著述为世所称，遭乱遗失，惟注《墨辩》，存其序曰：'名者，所以别同异，明是非，道义之门，政化之准绳也。'"

《墨辩注序》是从汉到清墨学研究的重要收获。鲁胜隐居地代郡，战国赵武灵王设置。秦和西汉治所在代县（河北蔚县），东汉治所在高柳（河北阳高），西晋末废。地在山西北面，长城内外，东面河北，北面内蒙。北临匈奴、乌桓。古代此地，远离中原文化中心，偏远荒凉。鲁胜隐居于此，撰《墨辩注》，兴微继绝，珍贵难得。鲁胜少年时代，表现杰出才能。成年在京都洛阳任佐著作郎，辅佐著作郎，修撰史籍。西晋初，著作郎下设八位辅佐，称"佐著作郎"，鲁胜是其一。晋惠帝时，鲁胜任建邺（南京）令。《晋书·隐逸传·鲁胜》说，鲁胜"元康初，迁建康令"。元康元年是公元291年，"元康初"即291～295年前后，这时叫建邺，不叫建康。西晋建兴元年（313），因避晋愍帝司马邺讳，改建邺为建康。鲁胜"迁建康令"，应在公元313～316年间。建康：古都，本名建业，东汉建安十七年（212），孙权始置县，治所在今南京，吴黄龙元年（229）迁都于此，西晋太康三年（282），分淮水（今秦淮河）以北为建业，改“业”为“邺”，东晋和南朝建都于此。

鲁胜精通天文历法。在任建邺（建康）令期间，撰写天文历算著作《正天论》，上书皇帝，请求依据自己推算，修订历法。鲁胜自信地说：“若臣言合理，当得改先代之失，而正天地之纪。如无据验，甘即刑戮，以彰虚妄之罪。”重合理，重证据，是鲁胜所注《墨经》的科学精神，表现鲁胜坚信真理的无畏气概。因朝廷没答复鲁胜请求，称病离职，隐居著述。西晋大臣张华，深知其才学，派儿子劝说鲁胜复出为官，朝廷征辟鲁胜为博士，中书郎，鲁胜谢绝。

《晋书·隐逸传》说：“其著述为世所称，遭乱遗失，惟注《墨辩》，存其序。”鲁胜除天文历算著作《正天论》外，有关于中国逻辑的著作，有《墨辩注》和《形名》两种。著述为世称道，惜遭动乱遗失。鲁胜在魏晋“辩名析理”思潮中，提倡先秦名辩的“兴微继绝”，包含有墨辩转型的意义。传习先秦名辩篇籍。在魏晋“辩名析理”思潮中，振兴复活墨辩逻辑精华。秦汉到清，漫漫长夜，鲁胜《墨辩注序》，犹如暗夜星光，空谷足音。

中国逻辑定义。鲁胜对中国逻辑给出功用定义，把“名”作为中国逻辑的总称，是受荀子《正名》（名学）逻辑传统的影响，犹如后期墨家把“辩”作为中国逻辑的总称，是辩学逻辑的传统。鲁胜继承先秦自孔子到荀子，以至于两汉、魏晋的儒家传统，把有关逻辑的论述，统归于“名”总称下，体现出以“名”统“辩”的趋势。同时反映他对名家（辩者、诡辩家）逻辑贡献的肯定。清代学者如严复等，把西方逻辑译为“名学”，上承鲁胜。所谓“名”，采用广义，不仅包括概念论，也包括判断论、推理论。对“名”的广义用法，先秦已发端。《墨子·经说下》：“夫名，以所明正所不知，不以所不知疑所明。”讲推理作用，也叫“名”。推理以概念认识为基础。荀子把概念论、判断论和推理论内容，归“正名”总题。鲁胜所谓“名”，包括“辩言正辞”更广意义。鲁胜说的“名”，学科名，同逻辑学同义。鲁胜所谓“别同异，明是非”，讲逻辑的认识作用。概念、判断和推理的认识功能，是辨别同异，判明是非。《墨子·小取》论“辩”的功用，有“明同异之处”和“明是非之分”两项。鲁胜所谓“道义之门，政化之准绳”，讲逻辑在政治伦理方面的应用。逻辑能够为辨明政治伦理的是非利害，开拓门径，提供标准。现代有“道义逻辑”、“法律逻辑”等应用逻辑科目，有规范政治伦理的应用价值。《墨子·小取》论“辩”的功用，有“审治乱之纪”和“处利害”两项。鲁胜对名学所下功用定义，反映中国逻辑的内容、特点和中国逻辑家的目光所向。中国逻辑家关心思维形式的认识作用，逻辑在政治伦理实践方面的意义，决定中国逻辑偏重思维实质内容的分析，纯形式探讨没充分展开。

中国逻辑谱系。《墨辩注序》开列中国逻辑家名单，制定中国逻辑家谱系，描绘中国逻辑发展概貌。西汉以来，史学家著录名家名，只列邓析、尹文、惠施、公孙龙等，鲁胜把名家范围推广到孔子、墨子等，把墨家作为名家的中心，叙述名家研究成果和广泛影响：“自邓析至秦时，名家者世有篇籍。”“孟子非墨子，其辩言正辞则与墨同；荀子、庄周等，皆非毁名家，而不能易其论也。”鲁胜把孔子“正名”作为中国逻辑源头，肯定孔子对中国逻辑发端的作用。对墨家著作《墨经》，鲁胜以逻辑眼光看待，叫《辩经》，即辩论的经典。他认为《辩经》奠定名学（即中国逻辑）基础。切中肯綮。鲁胜认为，活动于战国中后期的惠施、公孙龙，继承孔墨逻辑，以纠正名实关系的专长（语义学工作）著称。在社会学、政治学和伦理学观点上，孟子跟墨子对立，在逻辑思维方法上，跟墨子相同，很有见地。荀子、庄子等，都从不同角度批评名家，但对名家发现的思维形式和规律，却不能推翻。如荀子反对名家的诡辩，不得不承认名家立论“持之有故，言之成理”。庄子跟惠施是辩论对手，又是知心朋友。鲁胜透过先秦各派代表人物的对立争辩，看出其中贯穿共同的思维形式方法，是独到之见。没有精深研究，不能提出这种见解。鲁胜所描绘中国逻辑发展脉络大体正确，局部不准确。从严格时间顺序，排列先秦逻辑代表人物谱系是："孔子→墨子→孟子→惠施→庄子→公孙龙子→荀子。"鲁胜没严格按时间先后次序叙述。鲁胜只说中国逻辑发展大致脉络，没必要按照严格编年史顺序。鲁胜按传统说法，称墨子著《墨经》不正确。科学考证判明，《墨经》不是一人一时之作，不应看做墨子自著，是经长期酝酿，由后期墨家完成。著作时间在前4世纪下半叶至前3世纪上半叶。中国古代有个习惯：把一个学派作品，归之于学派首领。鲁胜说墨子著《墨经》，有历史原因。

中国逻辑范畴。鲁胜论中国逻辑范畴内在联系："名必有形，察形莫如别色，故有坚白之辩"，即名称符号一定有其相应的对象形体，考察对象形体，定会接触颜色性质，产生坚白盈离争辩。辩论中，公孙龙子坚持坚白相互分离，认为坚白由分离而自藏，创生事物，由诡辩走向神话。后期墨家认为，坚白互相渗透，认识可由分析到综合，全面把握，由经验走向辩证法跟辩证逻辑。"名必有分明，分明莫如有无，故有无厚之辩"：名称概念定要界限分明，区别有无（存在、非存在），产生有厚和无厚争辩。辩论中，惠施从抽象理论思维观点看，认为几何学上讲的面积，只有长度和宽度，没有高度，即"无厚"，从概念严格区分有和无（有厚和无厚）的界限。后期墨家从经验观点看（如一块薄木板），认为面积"无厚"，不是一点厚没有，实际上有一点厚（厚度小）。《墨经》认为积点（端）成线（尺），积线成面（区），积面成体（物体，如一块方木）。惠施跟后期墨家的辩论，是抽象理论思维和具体经验思维的争辩。惠施在争辩中，抽象出精确的数学概念，更接近于现代科学理论。后期墨家看法，流于常识和经验的模糊性，从概念上混淆有和无（有厚和无厚）的界限。"是有不是，可有不可，是名两可"：事物性质，有肯定和否定两面。对事物判断，有成立和不成立两面。这叫"两可之说"。从概念内涵说，白马是马（白马有马性质）。从概念外延说，白马不是马（白马外延，不是马外延）。从可能性说，"卵有毛"成立。从现实性说，"卵有毛"不成立。邓析持"两可之说"。这种学说一头，通向辩证思维（概念灵活性）。另一头，通向诡辩论（相对主义，折中主义）。邓析更多用两可之说诡辩，惠施更多用两可之说表达辩证思维。鲁胜对两可之说的定义，更接近于先哲原意。“同而有异，异而有同，是之谓辩同异。至同无不同，至异无不异，是谓辩同辩异”：同一属概念下，有不同种概念。如马有白马、黄马等，这叫“同而有异”。不同种概念，归于同一属概念。如牛、马等同为兽，这叫“异而有同”。世界一切个体，都归于最高属概念，如“物”，这叫“至同无不同”。世界上任意两个体，都有差异，如找不到两片完全相同的树叶，双胞胎有不同，这叫“至异无不异”。

鲁胜明确阐述同异相对性、多面性和多层次性，概括先秦同异之辩的理论收获。“同异生是非，是非生吉凶”：同和异，即同一性和差异性，是事物之间最普遍的联系。人对事物同异关系的判断，有是非之分。认识上的是非之分，在行动上带来利害、祸福之别。把事物的同异，思维表达的是非，行动的吉凶，三者贯通，揭示本体论（存在论）、逻辑学和实践效果间的联系。中国逻辑家一向关心实、意、言、行（实在、思维、语言、行为）间的一致性，注意逻辑学的认识作用和实践价值。鲁胜有高度的理论概括。“同异生是非，是非生吉凶”的公式，深刻反映中国逻辑的方法论功能和实践特色。“取辩于一物，而原极天下之污隆（兴衰），名之至也”：中国逻辑家议论喜欢举例。“坚白之辩”，是用一块石头打比方，通过讨论一块石头中坚白的关系，表达方法论的见解。“无厚之辩”，是拿一具体平面打比方，讨论长、宽、高的有无关系。“两可之说”和“同异之辩”，可举许多实例。辩论拿一件东西打比方，终极目的是探讨方法论，揭示国家盛衰兴亡，这是逻辑学的在政治治理方面的作用。鲁胜所谓“取辩于一物，而原极天下之污隆，名之至也”，恰当反映中国逻辑注重实践应用价值的特点。鲁胜在修改历法的建议，未被采纳，而隐居研究逻辑时，不讳言中国逻辑这一特色，反映中国逻辑家历尽磨难，矢志不移，不计进退，关心国家兴亡的崇高品德，终极关怀。鲁胜“身在林泉，心怀墨辩”，终极目的是“心怀魏阙”：国家兴亡，匹夫有责（逻辑家有责）。

中国逻辑门径。鲁胜启示研究中国逻辑门径。《墨辩注》和《形名》两书，是关于中国逻辑研究的最早带指示方向意义的著作，表明研究中国逻辑，应以《墨经》和散见于其他著作中的逻辑思想为主要素材。《墨经》是研究中国逻辑的重要材料，散见于其他著作的逻辑思想，不容忽视。近现代中国逻辑研究，受鲁胜著作选材方向的深刻影响。《墨子》的《经》上下、《经说》上下，原来分别成文，互相独立，先秦称《墨经》。鲁胜为研究理解方便，把每条《经说》引来，跟相关的《经》文配列，简明扼要解释阐发，为后人指明研究《墨经》的门径。鲁胜首次把《墨经》叫“墨辩”，突出其中逻辑学内容。现代人说“墨辩”，可指《墨经》，可指“墨家逻辑学”（简称墨家逻辑）。鲁胜《墨辩注》，开现代墨家逻辑研究风气之先，是中国逻辑现代研究的前驱。鲁胜在《墨辩注序》，表达继承发展中国逻辑的愿望。撰写《墨辩注》和《形名》两书，是为“兴微继绝”：振兴中国逻辑在秦汉以后的衰微，继续中国逻辑专著在秦汉以后的中绝。鲁胜谱写两部中国逻辑新著，反映魏晋中国逻辑复兴的趋势。继先秦之后，中国逻辑在魏晋进入二次高潮，鲁胜逻辑新篇是重要标志。《晋书》称其“著述为世所称”，可见当时学界，不乏鲁胜的志同道合者。

葛洪

284～363。晋代道教学人。号抱朴子，著《抱朴子》、《神仙传》。论墨共46次。其中《抱朴子》论“墨”25次，包括论“墨子”8次，“墨翟”3次。《神仙传》论“墨子”21次。

葛洪《抱朴子·勖学》：“夫周公上圣，而日读百篇。仲尼天纵，而韦编三绝。墨翟大贤，载文盈车。仲舒命世，不窥园门。倪宽带经以芸锄，路生截蒲以写书，黄霸抱桎梏以受业，宁子勤夙夜以倍功，故能究览道奥，穷测微言，观万古如同日，知八荒若庐庭，考七耀之盈虚，步三五之变化，审盛衰之方来，验善否于既往，料玄黄于掌握，甄未兆以如成。故能盛德大业，冠于当世，清芒令问，播于罔极也。”

《明本》："或问儒道之先后。抱朴子答曰：道者，儒之本也；儒者，道之末也。先以为阴阳之术，众于忌讳，使人拘畏；而儒者博而寡要，劳而少功；墨者俭而难遵，不可遍循；法者严而少恩，伤破仁义。唯道家之教，使人精神专一，动合无形，包儒墨之善，总名法之要，与时迁移，应物变化，指约而易明，事少而功多，务在全大宗之朴，守真正之源者也。而班固以史迁先黄老而后六经，谓迁为谬。夫迁之洽闻，旁综幽隐，沙汰事物之臧否，核实古人之邪正。其评论也，实原本于自然，其褒贬也，皆准的乎至理。不虚美，不隐恶，不雷同以偶俗。刘向命世通人，谓为实录；而班固之所论，未可据也。固诚纯儒，不究道意，玩其所习，难以折中。""凡言道者，上自二仪，下逮万物，莫不由之。但黄老执其本，儒墨治其末耳。""疾疫起而巫医贵矣，道德丧而儒墨重矣。由此观之，儒道之先后，可得定矣。""末世庸民，不得其门，修儒墨而毁道家，何异子孙而骂詈祖考哉？是不识其所自来，亦已甚矣。"

《博喻》："出处有冰炭之殊，躁静有飞沉之异，是以墨翟以重茧怡颜。"《省烦》："至于墨子之论，不能非也，但其张刑网，开途径，浃（融洽）人事，备王道，不能曲述耳，至于讥葬厚，刺礼烦，未可弃也。""自建安之后，魏之武文，送终之制，务在俭薄，此则墨子之道，有可行矣。"《吴失》："孔墨之道，昔曾不行，孟轲扬雄，亦居困否，有德无时，有自来耳。"

《喻蔽》："抱朴子曰：余雅谓王仲任（王充）作《论衡》八十余篇，为冠伦大才。有同门鲁生难余曰：'夫琼瑶以寡为奇，碛砾以多为贱，故庖牺卦不盈十而弥纶二仪，老氏言不满万而道德备举。王充著书，兼箱累帙，而乍出乍入，或儒或墨，属词比义，又不尽美，所谓陂原之蒿莠，未若步武之黍稷也。'""子又讥云：'乍入乍出，或儒或墨。'夫发口为言，著纸为书。书者所以代言，言者所以书事。若用笔不宜杂载，是论议当常守一物。昔诸侯访政，弟子问仁，仲尼答之，人人异辞。盖因事托规，随时所急，譬犹治病之方千百，而针炙之处无常，却寒以温，除热以冷，期于救死存身而已。岂可诣者逐一道如齐楚，而不改路乎？陶朱白圭之财不一物者，丰也；云梦孟诸所生万殊者，旷也。故《淮南鸿烈》，始于《原道》《俶真》，而亦有《兵略》《主术》，庄周之书，以死生为一，亦有畏牺慕龟请粟救饥。若以所言不纯而弃其文，是治珠翳而剜眼，疗湿痹而刖足，患荑莠而刈谷，憎枯枝而伐树也。”

《论仙》："俗人尚不信天下之有神鬼，况乎仙人居高处远，清浊异流，登遐遂往，不返于世，非得道者，安能见闻？而儒墨之家知此不可以训，故终不言其有焉，俗人之不信，不亦宜乎？”《金丹》："世人饱食终日，复未必能勤儒墨之业，治进德之务，但共逍遥遨游，以尽年月。”

《遐览》神话："其变化之术，大者唯有《墨子五行记》，本有五卷。昔刘君安未仙去时，抄取其要，以为一卷。其法用药用符，乃能令人飞行上下，隐沦无方。含笑即为妇人，蹙面即为老翁，踞地即为小儿。执杖即成林木，种物即生瓜果可食。画地为河，撮壤成山。坐致行厨，兴云起火，无所不作也。其次有《玉女隐微》一卷，亦化形为飞禽走兽，及金木玉石。兴云致雨方百里，雪亦如之。渡大水不用舟梁。分形为千人，因风高飞，出入无间。能吐气七色，坐见八极，及地下之物，放光万丈，冥室自明，亦大术也。然当步诸星数十，曲折难识，少能谱之。其淮南鸿宝万毕，皆无及此书者也。又有《白虎七变法》，取三月三日所杀白虎头皮，生扆血、虎血，紫绶，履组，流萍，以三月三日合种之。初生草，似胡麻，有实，即取此实种之，一生辄一异。凡七种之，则用其实合之，亦可以移形易貌，飞沛在意，与《墨子》及《玉女隐微》略同，过此不足论也。遐览者欲令好道者知异书之名目也。郑君不徒明五经，知仙道而已，兼综九宫三奇，推步天文河洛谶记，莫不精研。大安元年，知季世之乱，江南将鼎沸，乃负笈持仙药之樸，将入室弟子东投霍山，莫知所在焉。”

《神仙传·墨子》故事：墨子者，名翟，宋人也。仕宋为大夫，外治经典，内修道术，著书十篇，号为《墨子》，世所学之者，与儒家分途。务尚俭约，颇毁孔子，尤善战守之功。公输班为楚将，作云梯之械，将以攻宋，墨子闻之，徒行诣楚，足乃坏，裂裳以裹之，七日七夜到楚，见公输班。说之曰："子为云梯，将以攻宋，宋何罪之有耶？楚余于地而不足于民，杀所不足而争所有余，不可谓智；宋无罪而攻之，不可谓仁；知而不争，不可谓忠；争而不得，不可谓强。"公输班曰："吾不可，以言于王矣！"墨子曰："子令见我于王。"公输班曰："诺。"墨子见王曰："今有人舍其文轩，邻有弊举，而欲窃之，舍其锦绣，邻有短褐，而欲窃之，舍其梁肉，邻有糟糠，而欲窃之，此谓何若人也？"楚王曰："若然者，必有狂疾。"翟曰："楚有云梦，麋鹿满之，江汉鱼鳖，为天下富。宋无雉兔井鲋，此犹梁肉之与糟糠也；楚有楠梓松橡，宋无数尺之木，此犹锦绣之与短褐也。臣闻大王吏议攻宋，与此同也。"王曰："善哉。然公输班已为云梯，谓必取宋。"于是见公输班攻宋。墨子解带为城，以幞为械，公输班乃设攻城之机，九变。而墨子九拒之。公输班之攻城械尽，而墨子之守有余。公输班屈曰："吾知所以攻子矣，吾不言。"墨子曰："吾知子所以攻我，吾不言矣。"楚王问其故，墨子曰："公输班之意，不过欲杀臣，谓宋莫能守耳！然臣弟子禽滑厘等三百人，早已操臣守御之器，在宋城之上，而待楚寇至矣！虽杀臣不能绝也。"楚乃止，不复攻宋焉。

墨子神话："墨子年八十有二，乃叹曰：'世事已可矣，荣位非可长保，将委流俗以从赤松游矣。'乃谢遣门人，入山精思至道。想像神仙。于是，夜常闻左右山间有诵书声者。墨子卧后。又有人来，以衣覆之，墨子乃伺之。忽有一人，乃起问之曰：'君岂山岳之灵气乎？将度世之神仙乎？愿且少留。诲以道教。'神人曰：'子有至德好道。故来相候，子欲何求？'墨子曰：'愿得长生，与天地同毕耳。'于是神人授以素书朱英丸方，道灵教戒五行变化，凡二十五卷，告墨子曰：'子既有仙分，缘又聪明，得此便成，不必须师也。'墨子拜受。合作，遂得其效，乃撰集其要，以为《五行记》五卷，乃得地仙，隐居以避战国。至汉武帝时，遂遣使者杨辽，束帛加璧，以聘墨子，墨子不出。视其颜色，常如五六十岁人，周游五岳，不止一处也。"

《神仙传·刘政》神话："刘政者，沛国人也。高才博物，学无不览，深维居世荣贵须臾不如学道，可得长生，乃绝进取之路，求养性之术，勤寻异闻，不远千里。苟有胜己，虽奴客，必师事之。后治《墨子五行记》，兼服朱英丸，年百八十余岁也，如童子。好为变化隐形，又能以一人作百人，百人作千人，千人作万人。又能隐三军之众，使人化成一丛林木，亦能使成鸟兽。试取他人器物，以置其众处，人不觉之。又能种五果之木，便华实可食，生致行厨，供数百人。又能吹气为风，飞沙扬石，以手指屋宇山林壶器，便欲倾坏，更指之，则还如故。又能化作美女之形，及作木人。能一日之中，行数千里。嘘水兴云，奋手起雾，聚壤成山，刺地成渊。能忽老忽少，乍大乍小，入水不湿，步行水上，召江海中鱼鳖蛟龙龟鼍，即皆登岸。又口吐五色之气，方广十里，气上连天。又能腾跃上下，去地数百丈。后不知所在。"

《神仙传·孙博》神话："孙博者，河东人也。有清才，能属文，著书百许篇，诵经数十万言。晚乃学道，治墨子之术，能使草木金石皆为火，光照耀数十里。亦能使身中成炎，口中吐火，指大树生草即焦枯，若更指之，则复如故。亦能三军之众，各成一丛火；又有藏人亡奴在军中者，自捕之不得，因就请，博语奴主曰：'吾为卿烧其营舍，奴必走出，卿但谛伺捉取之。'于是，博以一赤丸掷于军中，须臾火起涨天，奴果走出而得之，博乃更以一青丸掷之火中，火势即灭，屋舍百物，向已焦燃者，皆悉如故不损。博每作火，有所烧，他人虽以水灌之，终不可灭，须博自止之，乃止耳。行火水中，不但己身不沾，乃能兼使从者数百人皆不沾。又能将人于水上，敷席而坐，饮食作乐，使众人舞于其上，不没不濡，终日尽欢。其疾病者，就博自治，亦无所云，为博直指之，言愈即愈。又山间石壁及地上盘石，博便入其中，初尚见背及两耳出石间，良久都没。又能吞刀剑数十枚，乃从壁中出入，如有孔穴也。又能引镜为刀，屈刀为镜，可积时不改，须博指之，刀复如故。后入林虑山中，合神丹而仙矣。"

刘勰

465～520。南朝梁代文学理论家，字彦和，著《文心雕龙》。《文心雕龙·诸子》："墨翟执俭确

（节俭刻苦）之教。”“墨翟、随巢，意显而语质。”《文心雕龙·奏启》：“墨翟非儒，目以豕彘。孟轲讥墨，比诸禽兽。”

郦道元

470～527。北朝北魏地理学家。撰《水经注》：“朝歌者，歌不时也。故墨子闻之，恶而回车，不径其邑。”

魏征

580～643。贞观二年（628），出任秘书监，主管国家藏书。上书奏引学者校定四部图书，太宗令他领校四部群书，置校雠二十人，抄书手百人，校写秘阁图籍。改职后，令虞世南、颜师古等硕学名儒续任秘书监。领撰《隋书》，《隋书·经籍志》是现存最古第二部史志目录，研究古代书目史重要文献。著《隋书经籍志·总序》，总结古代藏书兴亡更替，丰富藏书史研究内容。

《隋书·经籍志》：“墨者，强本节用之术也。上述尧、舜、夏禹之行，茅茨不翦，粝粱之食，桐棺三寸，贵俭兼爱，严父上德，以孝示天下，右鬼神而非命。《汉书》以为本出清庙之守，然则《周官》宗伯‘掌建邦之天神地祇人鬼’，肆师‘常立国祀及兆中庙中之禁令’，是其职也。愚者为之，则守于节俭，不达时变，推心兼爱，而混于亲疏也。”准确指出墨学强本节用、贵俭兼爱、上德非命等要点，以及兼爱和血缘亲疏的对立。主编《群书治要》50卷。其中第34卷《墨子治要》，抄录《墨子》部分原文。

墨子治要

魏征。原为《群书治要》第34卷。内容选录《墨子·所染》、《法仪》、《七患》、《尚贤》、《非命》和《贵义》六篇部分原文，遇唐太宗讳“民”缺笔，为《墨子》语录。魏征奉唐太宗命编抄，作为施政治国的借鉴。原文作者署名“墨翟”。唐魏征于贞观五年（631）完成。唐宋史志著录，后遗失。9世纪传入日本，日本历代传抄刊印。最古是日本宫内省图书寮（现称《内阁文库》）藏唐魏征：《群书治要》第34卷抄本。文应元年（1260）直讲清原校，时值南宋理宗景定元年。日本天明七年（1787）尾张国校刊本，上海商务印书馆《四部丛刊》1929年影印，21页。日本昭和十六年（1941）据古抄本排印，16页。严灵峰《墨子集成》第一册，影印日本天明七年（1787）尾张国校刊本，日本昭和十六年（1941）排印本。《墨子集成》，台湾成文出版社 1977 年版。

赵蕤

659～742。唐隐士。著《长短经》，卷三："墨翟无黔突，孔子无暖席，非以贪禄位，将欲起天下之利，除万人之害。"

王起

760～847。撰《墨子回车朝歌赋》："墨子虑厥居，慎所如，转华毂，游殷墟，疾朝歌为名，知非良邑。惟时迈有度，用回德车。将以择乐国，垂盛则，举足为龟镜，立身乎绳墨。每自西而自东，咸作范而作式。始其命驾徘徊，发轸员来，岂半途而有废，将由径而无猜。杂彼行人，初儦儦而同造；问于及境，终轞轞而独回。乃曰：歌乐者，人必有度；朝夕者，天之所赋。苟名而不臧，曷邑之足顾。由是反征轮，遵大路。比危邦之不入，同覆辙之足惧。载脂载辖（车辖，车轴关键），却新径而不疑；如轻如轩，乃旧蹊而是遡。谅无阻于寸进，实自惩于跬步。借如不戒乎谣，不恒乎朝；自然哀乐失节，威仪莫昭。何足以枉君子之车，瞻夫翼翼；来长者之辙，美以翘翘。是用处身于克正，示众以不佻。虽大道甚夷，崒如九州之险；大都孔迩，邈成千里之遥。足以戒居人，警行子，革诔歌之俗，作道途之纪，改辕不爽于归欤，反路自忘于劳止。方将趋乐土，走仁里。彼邑之士，莫得式其轩；彼邑之尘，莫得及其轨。宜乎非礼勿动，惟贞是履，与孔门而齐教，将宋国而专美，莫不始于回轮，而彰乎励己。嗟乎，车之攸避也，尚戒乎歌；身之攸指也，矧至于颇。则惧柏人之不宿，耻胜母而不过，比回车之旨也，未足居多。"

马总

763～823。摘录诸子要语，为《意林》。《意林》论"墨"28次，其中论"墨子"12次，"墨翟"2次。《意林·墨子》十六卷："甘瓜苦蒂，天下物无全美。"《意林序》："墨翟大贤，其旨精俭，教垂后世，名亚孔圣，至矣。"《意林·文子》："孔子无黔突，墨子无暖席，非其贪禄慕位，欲为天下除害耳。"

《意林·傅子》："墨子兼爱，是废亲也；短丧，是忘忧也。"《意林·风俗通》："孙子云：'金城汤池而无粟者，太公、墨翟不能守之。'"《意林·论衡》："墨家云：'人死无命。’儒家云：‘人死有命。’历阳之郡，一宿化成湖；白起坑赵卒四十万众，此并有命耶？言命者曰：‘命当溺死，故相聚于历阳；命当压死，故相聚于长平。犹沛公初起，相攻入丰、沛之市，云多封侯人也。’人命系于国，物命系于人。”

墨子节录

马总《墨子节录》，清乾隆三十九年（1774）武英殿聚珍本。《墨子集成》第1册影印，台湾成文出版社1977年版。抄录《墨子》语录。

韩愈

768～824。唐文学家，字退之。河内河阳（今河南孟州）人，自谓郡望昌黎，世称韩昌黎。曾任吏部侍郎，称韩吏部。谥文，称韩文公。唐宪宗时任国子博士，史馆修撰，中书舍人。819年谏宪宗迎佛骨，贬潮州刺史。穆宗时任国子祭酒，兵部侍郎，吏部侍郎，京兆尹，兼御史大夫。诗文七百余篇，散文近四百篇，著《韩昌黎文集》。宋苏轼称“文起八代之衰”，明人推为“唐宋八大家”之首，跟柳宗元并称“韩柳”，名“文章巨公”和“百代文宗”。

《韩昌黎文集·读墨子》：“儒讥墨以上同、兼爱、上贤、明鬼，而孔子畏大人，居是邦不非其大夫，《春秋》讥专臣，不‘上同’哉？孔子泛爱亲仁，以博施济众为圣，不‘兼爱’哉？孔子贤贤，以四科进褒弟子，疾没世而名不称，不‘上贤’哉？孔子祭如在，讥祭如不祭者，曰‘我祭则受福’，不‘明鬼’哉？儒墨同是尧舜，同非桀纣，同修身正心，以治天下国家，奚不相悦如是哉？余以为辩生于末学，各务售其师之说，非二师之道本然也。孔子必用墨子，墨子必用孔子，不相用，不足为孔墨。”

韩愈不足二百字“读墨子”感言，基本论点是：孔墨“二师之道本然”，即儒墨学说的本来面目，是“儒墨相互为用”：“孔子必用墨子，墨子必用孔子，不相用，不足为孔墨。”支撑这一基本论点的主要论据是：尚贤、尚同和兼爱等相同。“儒墨同是尧舜，同非桀纣，同修身正心，以治天下国家。”

韩愈“儒墨相互为用”的论点和论据，偏离儒家从孟子以来，痛骂墨子“兼爱为禽兽”谬说的常规，纠正儒家正统的偏执狂妄。韩愈这种“儒墨相互为用”，遭遇儒家极端反墨派一致的质疑惶恐。

说明从战国中期孟子，到19世纪，共2300年的漫长岁月，作为中国官方意识形态主流的儒学群体，在对待儒学对立面墨学的观点方法上，偏执狂妄，不能自拔。在中世纪两千多年的墨学衰微期，官方儒学家，一边倒重复发挥孟子恶意创造的“墨子兼爱为禽兽”说。

总体“宗孟氏之学”的韩愈，在《韩昌黎文集·与孟尚书书》重复和发挥孟子恶意创造的“孟子兼爱为禽兽”说，扬儒抑墨：“孟子云：‘今天下不之杨，则之墨。’杨墨交乱，而圣贤之道不明，则三纲沦而九法斁（败坏），礼乐崩而夷狄横，几何其不为禽兽也！故曰：‘能言拒杨墨者，皆圣人之徒也。’扬子云云：‘古者杨墨塞路，孟子辞而辟之，廓如也。夫杨墨行，正道废，且将数百年，以至于秦，卒灭先王之法，烧除其经，坑杀学士，天下遂大乱。及秦灭，汉兴且百年，尚未知修明先王之道。其后始除挟书之律，稍求亡书，招学士，经虽少得，尚皆残缺，十亡二三。故学士多老死，新者不见全经，不能尽知先王之事，各以所见为守，分离乖隔，不合不公，二帝三王群圣人之道于是大坏。后之学者无所寻逐，以至于今泯泯也。其祸出于杨墨肆行，而莫之禁故也。孟子虽贤圣，不得位，空言无施，虽切何补？然赖其言，而今学者尚知宗孔氏，崇仁义，贵王贱霸而已。其大经大法皆亡灭而不救，坏烂而不收，所谓存十一于千百，安在其能廓如也？然向无孟氏，则皆服左衽而言侏离矣。故愈尝推尊孟氏，以为功不在禹下者，为此也。’”

即孟子说，今天下不之杨，则之墨（现在天下所有人的主张，不属于杨朱派，就属于墨翟派）。杨墨两派交相惑乱，使孔孟之道不能发扬光大，三纲沉沦，九法败坏，礼乐毁弃，佛老横行，人性堕落，几像禽兽。孟子说：“能言拒杨墨者，皆圣人之徒也（能反对杨墨学说，都是圣人门徒）。”扬雄说：“古者杨墨塞路，孟子辞而辟之，廓如也（从前杨墨学说堵塞言路，孟子著书立说，予以批驳，终于澄清思想混乱）。”杨墨学说盛行，孔孟之道废弃几百年，秦朝尽灭先王之法，焚书坑儒，天下大乱。秦朝灭亡，汉朝兴起，将近百年，不知怎样发扬光大先王之道，过很长时间，剔除“挟书灭族”（秦朝藏经书，杀全族）的法律，遍求圣贤经书，诚招儒学士。虽得献书，书缺简脱，圣贤经典十有二三失传。饱学之士，老的老，死的死，年青儒生，没见圣贤经典全貌，不能详细了解先王事迹，各自都把自己接触到的部分经典，奉为圣道，抱残守缺，固守一隅，尧舜夏殷周时期，先圣创立的王道，从此毁坏。后来文人儒士，找不到目标，今天先王之道，泯灭无据。这种祸患形成，是因杨墨之道肆行，没有及时制止。孟子虽是贤达圣人，但因不在其位，政治抱负没法施展，虽能切中时弊，又能怎样？多亏有他著述，使现在学者，知道师法孔子，崇尚仁义，拥护仁德治国，反对独裁垄断。先王道义精华，佚亡不能补救，坏烂不能回收，浩如烟海经籍，百不存一，谈何“澄清”先王之道？如没孟子，中原臣民，只能像蛮夷，穿衣前襟左开，说话奇特怪异。正因如此，我推崇孟子，认为孟子的功劳，不在夏禹之下。这反映整个中世纪墨学衰微期，儒家正统学者的观点。《韩昌黎文集·与孟尚书书》，写于元和十五年（820）冬，韩愈时任袁州刺史。“孟尚书”，名简，字几道，嗜佛，译佛经。

《韩昌黎文集·送浮屠文畅师序》：“人固有儒名而墨行者，问其名则是，校其行则非，可以与之游乎？如有墨名而儒行者，问之名则非，校其行而是，可以与之游乎？扬子云称：‘在门墙则挥之，在夷狄则进之。’吾取以为法焉。”《韩昌黎文集·送王秀才序》：“学者必慎其所道，道于杨、墨、老、庄、佛之学，而欲之圣人之道，犹航断港绝潢，以望至于海也。”《韩昌黎文集·进士策问》：“夫子既没，圣人之道不明，盖有杨墨者，始侵而乱之，其时天下咸化而从焉，孟子辞而辟之，则既廓如也。今其书尚有存者，其道可推而知不可乎？其所守者何事？其不合于道者几何？孟子之所以辞而辟之者何说？今之学者有学于彼者乎？有近于彼者乎？其已无传乎？其无乃化而不自知乎？其无传也，则善矣。如其尚在，将何以救之乎？诸生学圣人之道，必有能言是者，其无所为让。”

张籍

767～830。唐诗人，821年韩愈荐为国子博士，任水部员外郎，828年任国子司业，世称张水部、张司业。《张司业集·与韩愈书》："宣尼（孔子）没后，杨朱、墨翟，恢诡异说，干惑人听，孟子作书而正之，圣人之道，复存於世。""嗣孟子、扬雄之作，辨杨、墨、老、释之说，使圣人之道，复见於唐，岂不尚哉！"

柳宗元

773～819。字子厚，唐河东（今山西运城）人，称柳河东，终于柳州刺史任，称柳柳州，儒学家，600多篇文章，辑为《柳河东集》，跟韩愈并称"韩柳"。《唐柳先生集·辩晏子春秋》："司马迁读《晏子春秋》，高之，而莫知其所以为书。或曰，晏子为之，而人接焉。或曰，晏子之后为之。皆非也。吾疑其墨子之徒，有齐人者为之。墨好俭，晏子以俭名于世。故墨子之徒，尊著其事，以增高为已术者。且其旨多尚同、兼爱、非乐、节用、非厚葬久丧者，是皆出墨子。又非孔子，好言鬼事。非儒、明鬼，又出墨子。其言问枣及古冶子等，尤怪诞。又往往言，墨子闻其道而称之，此甚显白者。自刘向、刘歆，班彪、班固父子，皆录之儒家中。甚矣，数子之不详也。盖非齐人，不能具其事。非墨子之徒，则其言不若是。后之录诸子书者，宜列之墨家。非晏子为墨也，为是书者墨之道也。"《唐柳先生集·辩晏子春秋》："吾疑其墨子之徒，有齐人者为之。"

杨倞

775～835。任刑部尚书，注《荀子》。《荀子·修身》注："墨翟，宋人，号墨子，墨子著书三十五篇，其术多务俭啬。"

胡曾

839～899。晚唐诗人。作《咏史诗·朝歌》："长嗟墨翟少风流，急管繁弦似寇雠。若解闻韶知肉味，朝歌欲到肯回头。"《史记》云："墨翟不好音乐，常怀悲怨，为少孤也。行至朝歌县，翟问左右曰：'此是何处也？'左右曰：'前至朝歌城也。'翟乃回车，以其地名朝歌，而不好乐也。"

徐铉

916～991。五代末北宋初文学家。《徐公文集·册秀才文》："墨翟则崇尚节俭，此其尤著者也。盖百家之说，虽其道不同，奉而行之，皆足以致理。"

欧阳修

1007～1072。北宋文学家。《欧阳文忠公集·崇文总目序释·墨家类》："墨家者流，其言贵俭、兼爱、尊贤、右鬼、非命、上同，此墨家之所行也。孟子之时，墨与杨其道塞路，轲以墨子之术，俭而难遵，兼爱而不知亲疏，故辞而辟之，然其强本啬用之说，有足取焉。”

契嵩

1007～1072。《镡津文集》卷十九：“韩子（韩愈）《读墨》谓：‘孔子必用墨子，墨子必用孔子。不相用，不足为孔墨。’及《与孟简书》乃曰：‘二帝三王群圣之道大坏，后之学者无所寻，遂以至于今泯泯也，其祸出于杨墨肆行，而莫之禁故也。’韩子何其言之反复如此，惑人而无准也。”卷七《九流》：“儒家者流，其道尚备（完备）。老氏者流，其道尚简（简约）。阴阳家者流，其道尚时（时节）。墨家者流，其道尚节（节制）。法家者流，其道尚严（严酷）。名家者流，其道尚察（苛察）。纵横家者流，其道尚变（变通）。杂家者流，其道尚通（兼通）。农家者流，其道尚足（丰足）。然皆有所短长也，苟拂短而会长，亦足以资治道。”

曾巩

1019～1083。元丰四年（1081），任史官修撰。著《战国策校注序》：“君子之禁邪说也，固将明其说于天下，使当世之人皆知其说之不可从，然后以禁则齐。使后世之人皆知其说之不可为，然后以戒则明，岂必灭其籍哉？放而绝之，莫善于是。故孟子之书，有为神农之言者，有为墨子之言者，皆著而非之。”

蔡襄

1012～1067。《端明集》卷三三《策问》：“问：孟子拒杨墨，荀子亦非墨子，扬子又曰杨墨塞路。以三子之言墨子，果有悖于圣人之道，而不可用也。韩退之云，孔子必用墨子，墨子必用孔子，不相用不足为孔墨。观其说，墨子又若无悖于圣人之道，而果可用也。墨子之书颇见于时，是尧舜，而非桀纣，圣人作焉，决不可废。尚同、兼爱、右鬼、尚贤，推极其言，亦有异于孔子之道乎？其无有乎？孔墨同，三子唱言而深拒之何哉？其道诚异，退之又何取之，而不畏后人也？四子者，皆圣人之徒，然其所尚之异如是，得无说哉？深于道者，为余言之。”用二难推理，质疑孟、荀、扬（雄）、韩（愈）“非墨”、“用墨”悖论，涉及儒墨学说异同和对立统一的辩证法。

王安石

1021～1086。《临川文集·杨墨》发挥孟子“距杨墨”论：“杨墨之道，得圣人之一，而废其百者是也。圣人之道，兼杨墨，而无可、无不可者是也。墨子之道，摩顶放踵以利天下，而杨子之道，利天下拔一毛而不为也。夫禹之于天下，九年之间，三过其门，闻呱呱之泣，而不一省其子，此亦可谓为人矣。颜回之于身，箪食瓢饮，以独乐于陋巷之间，视天下之乱，若无见者，此亦可谓为己矣。杨墨之道，独以为人、为己得罪于圣人者，何哉？此盖所谓得圣人之一，而废其百者也。是故由杨子之道则不义，由墨子之道则不仁。于仁义之道，无所遗而用之，不失其所者，其唯圣人之徒欤。二子之失于仁义，而不见天地之全，则同矣。及其所以得罪，则又有可论者也。杨子之所执者为己。为己，学者之本也。墨子之所学者为人。为人，学者之末也。是以学者之事，必先为己。其为己有余，而天下之势，可以为人矣，则不可以不为人。故学者之学也，始不在于为人，而卒所以能为人也。今夫始学之时，其道未足以为己，而其志已在于为人也，则亦可谓谬用其心矣。谬用其心者，虽有志于为人，其能乎哉？由是言之，杨子之道，虽不足以为人，固知为己矣。墨子之志，虽在于为人，吾知其不能也。呜呼，杨子知为己之为务，而不能达于大禹之道也，则亦可谓惑矣。墨子者，废人物亲疏之别，而方以天下为己任，是以所欲以利人者，适所以为天下害患也，岂不过甚哉？故杨子近于儒，而墨子远于道，其异于圣人则同，而其得罪，则宜有间也。”

《临川文集·子贡》：“盖生于禹之时，而由回之行，则是杨朱也。生于回之时，而由禹之行，则是墨翟也。”《临川文集·无营》：“无营固无尤，多与亦多悔。物随扰扰集，道与翛然会。墨翟真自苦，庄周吾所爱。万物莫足归，此言犹有在。”卷四《读墨》：“谁为尧舜徒，孔子而已矣。人皆是尧舜，未必知孔子。伯夷不辱身，柳下援而止。孔子尚有言，我则异于是。兼爱为无父，排斥固其理。孔墨必相用，自古宁有此。退之嘲鲁连，顾未知之耳。如何蔽于斯，独有见于彼。凡人工自私，翟也信奇伟。惜乎不见正，遂与中庸诡。退之醇孟轲，而驳荀杨氏。至其趣舍间，亦又蔽于己。化而不自知，此语孰云俚。咏言以自警，吾诗非好诋。”《王荆公诗注·古诗·寓言》：“好乐世所共，欲禁安能舍。孰能开其淫，要在习以雅。欧人必如己，墨子见何寡。惜哉后世音，至美不如野。”

程颢

1032～1085。字伯淳，世称明道先生，与弟程颐（1033～1107）并称“二程”。宋明理学奠基者。建立以“理”为最高范畴的儒学体系。朱熹发挥为程朱理学，后世封建王朝官方哲学。有《二程集》，含《遗书》、《外书》、《文集》、《易传》、《经说》和《粹言》。程颐，世称伊川先生。

《二程遗书》卷一五：“墨子之书，未至大有兼爱之意，及孟子之时，其流浸远，乃至若是之差。杨子为我亦是义，墨子兼爱则是仁。惟差之毫厘，谬以千里，直至无父无君如此之甚。”“杨子似出于子张，墨子似出于子夏，其中更有过不及。”卷一七：“杨子拔一毛不为，墨子又摩项放踵为之，此皆是不得中。”卷一八：“问退之《读墨篇》如何？曰，此篇意亦甚好，但言不谨严，便有不是处。且孟子言，墨子爱其兄之子犹邻之子，《墨子》书中何尝有如此等言。但孟子拔本塞源，知其流必至于此。大凡儒者学道，差之毫厘，谬以千里。杨朱本是学义，墨子本是学仁，但所学者稍偏，故其流遂至于无父无君。孟子欲正其本，故推至此。退之乐取人善之心，可谓忠恕。然持教不知谨严，故失之。至若言孔子尚同、兼爱，与墨子同，则甚不可也。后之学者，又不及杨墨。杨墨本学仁义，后人乃不学仁义，但杨墨之过被孟子指出，后人无人指出，故不见其过也。”卷二五：“墨子之德至矣，而君子弗学也，以其舍正道而之他也。”

《二程集》卷六：“杨墨皆学仁义而流者也。墨子似子张，杨子似子夏。”卷一三：“杨墨之害，甚于申韩。佛老之害，甚于杨墨。杨氏为我，疑于仁。墨氏兼爱，疑于义。申韩则浅陋易见。故孟子只辟杨墨，为其惑世之甚也。佛老其言近理，又非杨墨之比，此所以害尤甚。杨墨之害，亦经孟子辟之，所以廓如也。”

苏轼

1037～1101。北宋文学家。号东坡居士，世称苏东坡，苏洵的次子，苏辙的兄。《经进东坡文集事略·韩愈论》批评韩愈“孔墨互用”论：“韩愈之于圣人之道，盖亦知好其名矣，而未能乐其实。何者？其为论甚高，其待孔子、孟轲甚尊，其拒杨墨、佛老甚严（愈上宰相书自谓杨墨释老之学无所入于其心），此其用力亦不可谓不至也，然其论至于理而不精，支离荡佚，往往自叛其说而不知。”“夫圣人之所为，异乎墨者以其有别焉耳，今愈之言曰，一视而同仁，则是以待人之道待夷狄，待夷狄之道待禽兽也，而可乎？”“儒墨之相戾，不啻若胡越，而于疑似之间，相去不能以发，宜乎愈之以为一也。孔子曰，泛爱众而亲仁，仁者之为亲，则是孔子不兼爱也。祭如在，祭神如神在，神无不在，而祭者，之心以为如其存焉，则是孔子不明鬼也。”

苏辙

1039～1112。北宋文学家。父苏洵，兄苏轼。人称“三苏”：洵为老，轼为大，辙为小。《栾城应诏集》：“六国之际，处士横议，以荧惑天下，杨氏为我，而墨氏兼爱。凡天下之有以君臣、父子之亲而不相顾者，举皆归于杨子。而道路之人，皆可以为父兄、子弟者，举皆归于墨子也。”“杨氏之为我，墨氏之兼爱，此其为道莫不有所执也。故为我者，为兼爱之所诋。而兼爱者，为为我之所毁。是二者其地皆不可居也，然而得其间而固守之，则可以杜天下之异端，而绝其口。”

秦观

1049～1100。官至太学博士，国史馆编修。世称淮海先生。《淮海集·浩气传》：“不平谓之陂；有过谓淫；叛于正谓之邪；逃其本谓之遁。蔽于一隅者，其言不平，故诐辞知其所蔽；陷于一曲者，其言有过，故淫辞知其所陷；离道者其言畔正，故邪辞知其所离；术穷者其言逃本，故遁辞知其所穷。此四者浅深固殊，然以一邪说之家，则足以具之矣，杨墨之类是也。夫为我者，智也。兼爱者，仁也。虽孟子之道，亦未始离乎此。而二氏之所以失者，知其一，不知其二；有见于此，无见于彼而已矣。若此者，谓之蔽。其弊也，为己者至于不拔一毛；兼爱者至于摩顶放踵，往而不知反焉。若此者谓之陷。其甚也，则为杨者反以仁，为失己；为墨者反以智，为失物。始于毫末之差，终以千里之谬，亦其理之然也。若此者谓之离。又其甚也，则为己者至于无君；兼爱者至于无父，无父无君是禽兽也。”

唐庚

1071～1121。四川眉州人。《眉山唐先生文集》卷三〇《策题·为己》：“问为己之甚，而至于绝物者，此杨朱之制行也，孟子以为不义。兼爱之甚，而至于丧我者，此墨翟之制行也，孟子以为不仁。外不至于绝物，内不至于丧我，处乎二者之间，确然守之而不移者，此子莫之制行也，孟子以为害道。夫士之择术，盖亦可谓难矣。兼爱者谓之不仁，为己者谓之不义，处乎二者之间自以为得之矣，而又谓之害道。然则如之何而可乎？必外此三者，而后可以为道乎？抑所以谓之道者，亦不离于此乎？”

吕本中

1084～1145。《吕氏春秋集解》卷二五：“墨翟兼爱，岂其无父？杨子为我，岂其无君？孟轲氏辞而辟之以为禽兽，逼人人将相食，后世推明其功不在禹下，未有讥其过者。”《东莱先生诗集·贾谊》：“孔丘墨翟并称贤，始信先生学未专。何事退之传此谬，亦将余论点遗编。”

朱熹

1130～1200。理学集大成者，著名儒学家。《朱子语类》卷四：“墨子之心本是恻隐，孟子推其弊到得无父处，这个便是恶。”卷五五：“问墨氏兼爱，何遽至于无父？曰：人也只孝得一个父母，那有七手八脚爱得许多？能养其父无阙，则已难矣，想得他之所以养父母者，粗衣粝食，必不能堪。盖他既欲兼爱，则其爱父母也必疏，其孝也不周，至非无父而何？”

刘克庄

1187～1269。南宋诗人。《后村先生大全集·墨翟》：“墨子城无恙，公输械有穷。要须能壁立，未可恃梯攻。”卷三七：“融会儒家与墨家。”卷二七：“晚欲逃儒入墨家。”

吴澄

1249～1333。宋元学者。《吴文正集·韵语》：“墨翟名宗禹，杨朱实师老。本主虽不同，一是叛吾道。”

张雨

1283～1350。元诗文家。《句曲外史集》：“墨子叹染丝，所叹一何长。染于苍则苍，染于黄则黄。奚独染丝然，染国在所当。有染如伊皋，禹汤称圣王。殷纣染恶来，既染国亦亡。染士如孔聃，死久道弥光。”

道藏本

今本《墨子》的源出。《墨子》明正统十年（1445）刊《道藏》本。《汉书·艺文志》著录《墨子》71篇本，传到明正统十年刊《道藏》本《墨子》，已丢失18篇，只剩53篇。明正统十年刊《道藏》的《墨子》53篇本，是今日所见《墨子》最完整、最可信的文本，是以后各种抄本、刻本的来源，从中可窥见墨学全貌。明正统十年刊《道藏·墨子》53篇本，严灵峰编《墨子集成》第1册，台湾成文出版社1977年版。任继愈、李广星主编《墨子大全》第1册，北京图书馆出版社2004年版。清纪昀等《四库全书》抄本，收入文渊阁《四库全书》电子版，中国国家图书馆，上海人民出版社、迪志文化出版公司1999年版。《四部丛刊》电子版，北京书同文数字化技术有限公司2001年版。

清纪昀等《四库全书提要》卷一一七《墨子》：“旧本题宋墨翟撰，考《汉书·艺文志》《墨子》71篇，注曰，名翟，宋大夫，在孔子后。《隋书·经籍志》亦曰，宋大夫墨翟撰。然其书中多称子墨子，则门人之言，非所自著也。”纪昀说《墨子》为墨子“门人之言，非所自著也”，结论石破天惊，有超时代的现代科学眼光。

严灵峰《墨子集成自序》说：“其《经》上下，《经说》上下，《大取》《小取》诸篇，具有科技、光学、力学、几何、逻辑之原理与界说，实乃中国古代早期科学思想之菁华，自余涉及政教之说，守御之方无不备，成一家之言。”严灵峰《墨子知见书目》：“正统《道藏》系张宇初等奉命校刊。”“张宇初：江西贵溪人，字信甫，又字子璿，号无为子，张道陵四十三世孙，掌道教，世号天师，永乐八年（1410）卒。”

墨子节抄

元陶宗仪《墨子节抄》：明弘治九年（1496）抄本。上海商务印书馆据张宗祥重校《说郛》排印本1927年版。台湾新兴书局影印商务本1963年版。《墨子集成》第1册影印，台湾成文出版社1977年版。抄录《墨子·亲士》至《尚同》13篇语录18条，共4页。陶宗仪：元黄岩人，字九成，号南村，举进士，明初被聘为教官。

杨慎

1488～1559。明文学家。著《升庵集》:"大禹入裸邦，累然解衣行。墨子见荆王，锦衣吹玉笙。岂不易性素，所重在全生。""墨子回车地，朝歌佳丽丛。""钓鱼城下江水清，荒烟古垒气犹生。睢阳百战有健将，墨翟九守无降兵。"

墨子类纂

明沈津《墨子类纂》:明隆庆元年（1567）含山县儒学刊《百家类纂》本。朝鲜李朝肃宗十八年闵昌道刊本。《墨子集成》第5册影印，台湾成文出版社1977年版。《墨子大全》第5册影印，北京图书馆出版社2004年版。原为《百家类纂》第25卷题"墨家类·墨子"。抄录《墨子》文字。沈津1543年前后官含山县儒学教谕。

陆稳

浙江人。明嘉靖三十二年（1553）《新刊墨子序》:"余读贾生《过秦论》，至'孔墨并称'，窃疑焉。以为墨非圣人类也，贾生特言之过耳。及观韩昌黎《读墨》篇，谓其道与圣人'相为用'，又疑焉。昌黎宗孟氏之学者，孟氏辟墨甚严，而昌黎乃称取至此，何其言之殊耶？抑果墨之道可尚，而无所背于圣耶？余既不敢以墨为是，而亦不敢以昌黎为非。惜乎不见墨氏之书，以决胸臆之疑，而徒悬两可之见。前年居京师，幸于友人家觅内府本（按:即《道藏》本）读之，乃知墨之道果异于自私自利之徒，而其言足以鼓动天下之人，天下尊而信之，不在于孔氏下，其与孔并称宜也。孟氏出其后，独取天下之所尊信者，辟而绝之，得无防其流欤？呜呼！子夏之后为子方，子方之后为庄周，谓周之学出于孔可乎？学者资禀趋向，自人人殊，而其师学术或有未端，果能导其流乎否也？别驾唐公以博学闻于世，视郡暇访余于山堂，得墨原本（按:即《道藏》本），将归而梓之，故余效昌黎之说表章之云。嘉靖癸丑（1553）岁春二月，吴兴陆隐序。"

在中世纪墨学衰微期，官方儒学家一边倒重复发挥孟子臆造的"墨子兼爱为禽兽"说。韩愈"宗孟氏之学",《韩昌黎文集·与孟尚书书》重复发挥孟子臆造的"墨子兼爱为禽兽"说。韩愈说，墨学"行",致"正道废","圣贤之道不明","几何其不为禽兽也"？韩愈自称:"愈尝推尊孟氏，以为功不在禹下。”但韩愈在《韩昌黎文集·读墨子》，却论证儒墨学说的相同点，倡“儒墨相互为用”说：“孔子必用墨子，墨子必用孔子，不相用，不足为孔墨。”韩愈此说，在中世纪墨学衰微期首次创发，为官方儒学阵营整体不容，质疑恐惶。尊儒抑墨，是中世纪官方儒学阵营整体立场，不能动摇。批评韩愈，既然强烈尊孟，定性墨学为“禽兽之说”，为何又倡“儒墨相互为用”，“矛盾两可”？

陆稳说：“及观韩昌黎《读墨》篇，谓其道与圣人（孔子）‘相为用’，又疑焉。昌黎宗孟氏之学者，孟氏辟墨甚严，而昌黎乃称取至此，何其言之殊耶？抑果墨之道可尚，而无所背于圣（孔子）耶？余既不敢以墨为是，而亦不敢以昌黎为非。”这是9世纪韩愈，到16世纪陆稳，800年间，在儒学整体笼罩下，中国知识分子的一般心态。陆稳本意，是不亲读《墨子》书，不能判决儒墨异同的胸中之“疑”，无法贯通解释墨学为“禽兽之说”，却又有可取之处的“两可之见”。陆稳说，他亲自觅得内府本《墨子》读之，方知墨子真正不同于“自私自利之徒，而其言足以鼓动天下之人，天下尊而信之，不在于孔氏下，其与孔并称宜也”。待他“得墨原本，将归而梓之”，才痛下决心，敢于摆脱儒学牢笼紧箍咒，效法韩愈“儒墨相互为用”说，“表章”读《墨子》原本的真义，认为墨学宜于“与孔并称”。写序倡读墨原本，是陆稳在明嘉靖三十二年（1553）《新刊墨子序》能够写出的绝妙广告词。其中所含的深刻语义蕴涵，预示墨学在陆稳“新刊《墨子》”300年后的20世纪，势将迎来墨学重光的新机。

李贽

1527～1602。明末李贽最早明确反驳孟子对墨子的攻击诬蔑之词，表现大无畏的批判精神。当时说墨子好话是犯罪，得罪当权者，遭封建国家机器暴力镇压，万历三十年（1602）被政府逮捕关押中自刎卒。反对以孔子是非观为是非标准，批判理学。保守势力视为“异端邪说”，群起围攻。宣称著作“离经叛道”，“可杀不可去，头可断而身不可辱”。万历三十年（1602），李贽七十六岁，礼部给事中张问达，秉承首辅沈一贯旨意，上疏神宗，攻击李贽“敢倡乱道，惑世诬民”，神宗下诏，以“敢倡乱道，惑世诬民”罪，逮捕李贽，著作通令烧毁。审讯官大金吾问：“若何以妄著书？”李贽答：“罪人著书甚多，具在，于圣教有益无损！”大金吾笑其倔强。李贽听说朝廷要押解他回福建原籍，感慨：“我年七十有六，死以归为？衰病老朽，死得甚奇，真得死所矣，如何不死？”写绝命诗：“志士不忘在沟壑，勇士不忘丧其元。我今不死更何待？愿早一命归黄泉。”自杀。东厂锦衣卫报告皇帝，谎称李贽“不食而死”。

以孔孟儒学“异端”自居，痛批封建男尊女卑，假道学，社会腐败，贪官污吏，主张“革故鼎新”，反思想禁锢，鞭挞孔孟儒学，戏谑嘲讽孔子，认为孔子非圣人。《焚书·答周柳塘》：“虽孔夫子亦庸众人类也。”《焚书·答耿司寇》：“何必专门学孔子而后为正脉也。”《焚书·何心隐论》说，言行举动学孔子，是“丑妇之贱态”。否认儒家正统，认为孔孟学说不是“道冠古今”的“万世至论”，不能把儒学当教条。《焚书·童心说》称：“(《六经》、《论语》、《孟子》)乃道学之口实，假人之渊薮。”斥当权官吏是“冠裳而吃人”的虎狼。《焚书·封使君》：“昔日虎伏草，今日虎坐衙。大则吞人畜，小不遗鱼虾。”《焚书·答邓石阳》：“穿衣吃饭，即人伦物理。”《续焚书·与陶石篑》：“善与恶对，犹阴与阳对，刚与柔对，男与女对，盖有两则有对。”主张“天之立君，本以为民”，表现对专制皇权不满，是明末清初启蒙思想家民本思想的先导。终生为争取个性解放和思想自由而斗争。蔑视传统，批判权威。《焚书·续焚书·答周二鲁》：“士贵为己，务自适。如不自适而适人之道，虽伯夷、叔齐同为淫僻。不知为己，惟务为人，虽尧舜同为尘垢粃糠。”《李氏丛书·老子解下篇》：“致一之理，庶人非下，侯王非高。在庶人可言贵，在侯王可言贱。”

纪昀《四库全书总目提要》：“(李)贽非圣无法，敢为异论。虽以妖言逮治，惧而自刎，而焦竑等盛相推重，颇荣众听，遂使乡塾陋儒，翕然尊信，至今为人心风俗之害。故其人可诛，其书可毁，而仍存其目，以明正其名教之罪人，诬民之邪说。”纪昀《四库全书总目·别史类存目》：

“（李）贽书皆狂悖乖谬，非圣无法，惟此书抨击孔子，另立褒贬，凡千古相传之善恶，无不颠倒易位，尤以罪不容诛者。其书可毁，其名亦不足以污简牍，特以贽大言欺世，至今乡曲陋儒，震其虚名，如置之不论恐贻害人心，故特存其目，以深曝其罪。”

著《墨子批选》二卷。《墨子批选·非命上》：“李邺侯云：‘君相所以造命。若君相言命，则礼乐刑政皆无用矣。’千载下卓乎有识，有才学，可以与人国家事者，邺侯是矣。”“李邺侯”：李泌（722～789），字长源，唐德宗时任宰相，封邺县侯。李泌反对宿命论。《资治通鉴》卷二二六载，在建中元年（780），就有术士桑道茂上书德宗说：“陛下不出数年，暂有离宫之厄。臣望奉天有天子气，宜高大其城，以备非常。”建中四年（783），德宗真的因兵变，而逃往奉天。事后德宗谈起此事，认为是命中注定，非人力可改变。李泌跟德宗有对话说：“夫命者，已然之言。主相造命，不当言命。言命，则不复赏善罚恶矣。纣曰：‘我生不有命在天？’武王数纣曰‘谓已有天命。’君而言命，则桀纣矣。”帝曰：“朕请不复言。”（《新唐书，李泌传》）李泌是头脑清醒的政治家，在天命思想浓厚的统治圈内，李泌看法，如李贽所说，是“千载下卓乎有识，有才学”，跟《墨子》思想一致。

李贽《墨子批选》：“我有鬼神说，与此合。果信鬼神，其谁敢不力于为善乎！”李贽《墨子批选·尚同中》：“今天下车同轨，书同文，行同伦，不同，则涣而无统，将居下讪上，生今反古，大乱之道也。故以《尚同》名篇，其谁不同，其谁敢不同，其有不同者，道学之人耳。”李贽《墨子批选》：“兼爱者，相爱之谓也。使人相爱，何说害仁？若谓使人相爱者，乃是害仁，则必使人相贼者，乃不害仁乎？我爱人父，然后人皆爱我之父，何说无父？若谓使人皆爱我父者，乃是无父，则必使人贼我父者，乃是有父乎？是何异禽兽夷狄人也？岂其有私憾，而故托公言以售其说耶？然孟氏非若人矣。赵文肃所谓不深考其所自，而轻于立言是也。”李贽《墨子批选·非命上》：“勤俭致富，不敢安命，今观勤俭之家自见。”李贽《墨子批选》：“明言节葬，非薄其亲而弃之沟壑，以与狐狸食也。何诬人，强入人罪，为儒者好入人罪，自孟氏已然矣。”《墨子批选·辞过》：“此与禹俭奚殊？”“此正生财之要，节用爱人之大道，简而易操，约而易成者，恨未有以告之。”李贽《墨子批选》：“唐太宗与封德彝魏征论乐曰：‘均此乐也，乐者闻之则喜，忧者闻之则悲。悲喜在人心，非由乐也。’此谓聪明圣神之主，惜征辈腐儒不达，其识见反出圣主下，而欲以佐神圣之主，兴不世之业难矣。观《墨子》，令人有太古之思乎！”

李贽《墨子批选序》：“古之圣人，言必可用，用必其言。虽所言不同，然未尝有一言而不可用。虽所用不同，然未尝有欲用而不如其言者。”“但非无用之言，即为有德之言，即为圣人之言，不可以苏、张目之明矣，而况申、商、吴起数子乎？而况不为申、商、吴起者乎？《墨子》是已。予读《墨子》，谬为批选，而意其言之可用者如此。虽然，予又何敢言之？言之，则其罪大矣。”在当时，实事求是，说墨子的好话，算犯罪，正如李贽说：“言之，则其罪大矣。”反潮流、反传统的异端李贽，因思想观点跟当权者不同，横遭封建国家机器暴力镇压，得罪而死，不能善终。

李贽《墨子批选》：明万历三年（1575）刊《李氏丛书》本。明继志斋刊《李卓吾12种》本。《墨子集成》第5册影印，台湾成文出版社1977年版。《墨子大全》第6册影印，北京图书馆出版社2004年版。

胡应麟

1551～1602。明代学者。浙江人。号少室山人，著《少室山房笔丛·九流绪论》：“余尝读其（指《墨子》）《非儒》《明鬼》《公孟》诸篇，所为嘱授其徒，簧鼓其众者，一以指摘仲尼为事。”“翟者固是尧舜，非桀纣，摩顶放踵以为天下，而独甘心置喙于吾圣人，何哉？盖其意欲与吾儒角立并驱，以上接二帝三皇之统，故肆言以震撼一世，而冀其从。又苦行以先之，聚徒以倡之，驯致儒墨之称，杂然并立于衰周之世，正仲尼所谓‘行伪而坚，言奸而辩’，圣王有作，其无逃于横议之刑必矣。”“唐儒如韩愈者，亦从而尊信之。彼未深考其言耳，第窥其一二，则诛之绝之，岂在佛老后哉！”“宋太史濂《诸子辩》，时论甚精。《读墨》亦孔子所不弃，皆溺于昌黎，弗深考也。”

胡应麟评论，反映中世纪一般知识分子，站在儒家传统立场，认为墨子“指摘仲尼”，“置喙于吾圣人（批评孔子）”，“意欲与吾儒角立并驱”（想跟儒家并驾齐驱），就是“行伪而坚，言奸而辩”。胡应麟期待“圣王（像秦始皇那样）有作”，给墨子施加“横议之刑”（利用国家机器镇压）。胡应麟坚持儒家保守派立场，说韩愈的“孔墨相互为用”说，未加“深考”，失足沉溺。胡应麟极言，即使窥察墨学之“一二”（根据墨学的一两个论点），就够“诛绝之”（诛杀墨子，根绝墨学）。墨学在中世纪，遭官方儒学利用国家机器暴力镇压，儒学家合力夹击，立足社会谋发展，难上加难，几无可能

曹于汴

1558～1634。明代山西人。1592年进士。著《仰节堂集·答卢生守恭》：“夫惟其为桃，故不能李。吾不为桃，为李，何花不开？孔子者，非桃，非李者也。杨子为我，故不兼爱。墨子兼爱，故不为我。岂知能爱者，方为为我。能为我，方为真爱。彼其有所举，有所废耳。”诗咏：废举立破各有所，诸子百家如百花。惟其为桃不能李，不为桃李开百花。对立统一是规律，诸子百家辩证法。

墨子删定

明潜庵子《墨子删定》：万历五年（1577）刊《子汇》本。《墨子集成》第5册影印，台湾成文出版社1977年版。《墨子大全》第7册影印，北京图书馆出版社2004年版。原题《墨子》，辑录篇章，共142页。《墨子》书名下按语：“按《汉志》，《墨子》七十一篇，今其书具在，传本甚古，时有古文奇字，盖非赝书也。考其说，多称先王，蒿目（忧虑不安）以忧世，忘身以徇时，诚与自私自利者异撰矣。”“余辑诸子，裁择其言词近似，及文采可观者，以备一家。诸非圣拂经，复重猥杂者，悉置弗录，览者详焉。丁丑（万历五年，1577年）夏日，潜庵子志。”潜庵子，明人，严灵峰《墨子集成》“作者略历表”：“或云周子义别字，或云余有丁。”

墨子品节

陈深，明长兴人，1561年进士。陈深《墨子品节》：明万历十九年（1591）刊《诸子品节》本。《墨子集成》第5册影印，台湾成文出版

社 1977 年版。共 30 页。《墨子大全》第 7 册，北京图书馆出版社 2004 年版。原本题《墨子》，节录《墨子·尚贤》、《兼爱上》、《兼爱下》、《贵义》、《鲁问》、《公输》文字，批语着眼文章写法。

《墨子·尚贤》批语："词多反复，意贵迂回，气尚宽舒，教特恳切，别是一调，不宜以诸休类观之。"《兼爱上》批语："缔观立意，亦自有条理，非若后世儒者之相驳也。""观此则儒墨未尝不相悦。韩退之云：辩生于末学，各务售其师说，以自崇，非二师之道本然也。""从家说到国与天下，一层高一层。"《兼爱下》批语："直在源头上起，如江之岷山，汉之嶓冢，皆从此发下来。""'兼'字'别'字立柱。""伸兼者之说，破别者之非。""设为二士之言，发明本意。""推明到此，痛快恳切。""又高一层，设为二君之言。""将前语再番一层，愈见恳切，不觉重复。""又进一层，援古说今。""又进一层，以至难形容至易。""总结。"《公输》批语："妙品诸家皆载，至今传其事相诩。""输墨之相戏久久，辩亦欲相胜，攻宋之械，亦求胜也。"

墨子品汇

明焦竑、翁正春、朱之蕃《墨子品汇释评》：明万历四十四年（1616）人瑞堂刊《二十九子品汇释评》本，首题："新锲翰林三状元二十九子品汇释评。"《墨子集成》第 6 册影印，台湾成文出版社 1977 年版，23 页。《墨子·尚贤》批语："陈后山曰，通篇议论，国之所以不治，在于不用贤。尚贤则治，不尚贤则乱。此等议论，即吾儒不能易也。"《兼爱下》批语："人生一别心，则利害所在，尔我形骸，必至于恶人贼人。能兼以易别，则视人由己，乱贼不生。岂非复古初之一大机会耶？"

《公输》批语："'义不杀人'一句，是子墨子逆透他出来，下方把宋事好开口，此是将他言语制他，辩士悬河之口也。""论甚痛切，自是实理实事，而词调亦佳。""战国策士之雄，口吻俱是类此。""当时诸国，弱肉强食，互相吞并，墨子经十日十夜之力，陈说于楚廷，而攻宋之谋遂寝，舌锋足以折冲（制敌取胜）万里故也。"焦竑（1541 ～ 1610），明山东日照人，翰林院修撰。翁正春：明福州人，翰林院修撰，礼部尚书。朱之蕃：官南京吏部右侍郎，卒赠礼部尚书，曾出使朝鲜。

墨子评点

明归有光、文震孟《墨子评点》：明天启五年（1625）刊本，在《诸子汇函》内。日本明治间排印《诸子汇函》本。《墨子集成》第6册影印，台湾成文出版社1977年版。原文题《墨子》，节录《亲士》、《修身》、《兼爱上》、《小取》、《贵义》文字，共25页。归有光（1506～1571），明昆山人，嘉靖乙丑（1565）进士。文震孟（1574～1636），明长洲人，官礼部左侍郎，东阁大学士。《亲士》批注："通篇议论国之所以存，在于亲士，国之所以亡，在于不亲士，此等议论，即吾儒不能易也。"《修身》批注："此篇以'本'字为骨，余则俱反约一贯功夫，以开合起伏言之，可谓得修身要诀。"

《兼爱上》批注："兼爱是墨子一生本领，自君臣父子兄弟，以及于民，即孟子亲亲而仁民，仁民而爱物也。谛观立意，自有条理，非若后世之相驳者比也。"《小取》批注："词多反复，意极迂回，别是一调。"看到墨家说到"白马"、"牛马"等名家也说的语言材料，说墨家"以兼名家著书"，批语说跟"公孙龙《白马篇》相为上下"，"是（公孙龙）《白马篇》，又是《坚白论》，幻绝"，"幻调"，"全是隐语（谜语）"，"一句一义，都隐语"，"幻论"，显示批注者完全读不懂墨家逻辑学文辞。

墨子奇赏

明陈仁锡《墨子奇赏》：明天启六年（1626）蒋氏三径斋刊本，在《诸子奇赏》内。《墨子集成》第6册影印，台湾成文出版社1977年版。《墨子大全》第8册影印，北京图书馆出版社2004年版。陈仁锡（1581～1636），明长洲人，南京国子监祭酒。本书作为《诸子奇赏》部分，书名题《墨子》，注明"节录"。题解："（墨子）名翟，以尚同、兼爱为宗，其文滔滔莽莽，一泻千里，可称辨才，及读攻守诸篇，叙事错综变幻，诘屈聱牙，又何奇也。禽滑厘之徒，闻其风而悦之。相里勤之弟子，五侯之徒，南方之墨者，苦获、已齿、邓陵子之属，俱诵《墨经》，而倍谲不同，相谓别墨。"

墨子与墨者

清马骕《墨子与墨者》：清康熙九年（1670）《绎史》本。上海商务印书馆《万有文库》排印

1937年版。《墨子集成》第6册影印，台湾成文出版社1977年版。《墨子大全》第9册影印，北京图书馆出版社2004年版。马骕（1621～1673），清山东邹平人，顺治己亥（1659）进士。《大取》《小取》批注："《大取》《小取》其文甚奇，但残缺讹脱，不可尽通。"显示批注者完全读不懂墨家逻辑学文辞。

墨子大取篇释

清傅山《墨子大取篇释》：见《霜红龛集》卷三五《读子》，清宣统三年（1911）山阳丁宝铨太原节署刊本。《墨子集成》第6册影印，台湾成文出版社1977年版。傅山（1607～1684），山西阳曲（今山西太原）人。明亡，衣朱衣，居土穴。康熙十七年（1678），清官员推荐傅山应"博学鸿词"试，傅山称病推辞，阳曲知县奉命强行将傅山抬往北京。到北京后，傅山仍以死拒不应试，康熙帝特授内阁中书，不谢恩。自居异端，否定正统，视儒与诸子并列。

傅山《墨子大取篇释》开清代《墨子》注先河。傅山说《大取》"奥义奇文，后世以其不可解而置之"，"文本尽难通，逐字逐句为之，积累而疏之，以求其通"。傅山解释《大取》概念分类论述，提出区分"实指之词"和"想象之词"。解释《大取》"以居运命者"："'居运'犹出移在此在彼也，凡'以居运命者'，皆实实有人于其中者，如居齐曰'齐人'，而去之荆，则不得谓'齐人'矣之类也。即如'山'之非'丘'，'室'之非'庙'，实在，斯名在，不得曰'丘'即'山'，'庙'即'室'也。"

解释《大取》"迁"与"强"两种逻辑谬误："'迁'，则就人之意多，犹因其然然之，因其不然不然之；又既然之，而时复不然之；既不然，而又时复然之：无定见之。'强'，则执己之意多，犹本然之，而强不然之；本不然，而强然之。"解释《大取》"有其异也，为其同也，为其同也异"："因有异也，而欲同之。其为同之也，又不能浑同，而各有其私同者又异。《楞严》（佛经）'因彼所异，因异立同'之语，可互明此旨。"引佛经释墨。

图书集成

清陈梦雷、蒋廷锡《古今图书集成·墨子部》：清雍正四年（1726）铜活字排印本。清光绪间上海图书集成局聚珍排印本。上海中华书局影印1934年版。《墨子集成》第6册影印，台湾成文出版社1977年版。题名《墨子汇考》，共17页。《古今图书集成·墨子部》在《古今图书集成·理学汇编经籍典》440卷，分汇考、总论、艺文、纪事、杂录、外编等细目。陈梦雷：福建闽县人，康熙进士，授编修。蒋廷锡（1669～1732）：江苏常熟人，康熙赐进士，授编修。

朱彝尊

1629～1709。清学者。浙江嘉兴人。康熙十八年（1679）授翰林院检讨，入直南书房，参修《明史》。康熙四十七年（1708）八十岁，著《曝书亭集》八十卷成。《曝书亭集·大悲院记》："孔子没，百氏之学兴。其最盛者，杨朱、墨翟。治墨氏之学者，至分为三。其师说之不传，岂非孟氏辟之也与？浮屠之言，近乎墨者也。墨之教，摩顶放踵利天下为之。而独于治丧也，以薄为其道。"朱彝尊《曝书亭集·杂诗二十首》："衡必锱铢争，钱必子母权。佳李钻及核，曲防遏其泉。不屑一毛拔，而况千金捐。举世皆杨朱，方思墨翟贤。"

卢文弨

1717～1796。清中期校勘考据家。浙江杭州人。号抱经，称抱经先生。1752年进士，翰林院编修。主讲江浙书院，致力学问。著《抱经堂文集》。《抱经堂文集·书吕氏春秋后》："《吕氏春秋》一书，大约宗墨氏之学，而缘饰以儒术，其重已、贵生、节丧、安死、尊师、下贤皆墨道也，然君子犹有取焉，秦之君臣，曷尝能行哉？独墨子非乐，而此书不然。要由成之者非一人，其近墨者多也。《汉志》谓'墨家者流，盖出于清庙之守。''清庙'：明堂也。此书十二月《纪》，非所谓'顺四时而行'者欤？则《汉志》之言信也。孟子尊孔子，斥杨墨，书中无一言及之。所称引者庄、惠、公孙龙、子华子诸人耳。"

纪昀

1724～1805。清献县（今河北献县）人。字晓岚。《四库全书》总纂官。《四库全书》1773年始编，1793年完成。乾隆帝组织历史上规模最大丛书，79337卷，装三万六千余册，十亿字，文献丰富。代表当时最高学术水平。文渊阁《四库全书》电子版出版说明："《四库全书》是清代乾隆年间官修的规模最大的百科丛书。它汇集了先秦到清代前期的历代主要典籍，共收书3460余种。它是中华民族的珍贵文化遗产，也是全人类共同拥有的精神财富。《四库全书》原抄七部，分藏北京故宫文渊阁，圆明园文源阁，沈阳清故宫文溯阁，承德避暑山庄文津阁，扬州文汇阁，镇江文宗阁，杭州文澜阁。后经战乱，今存世者仅文渊、文溯、文津三部及文澜本残书。文渊阁是七部书中最早完成的一部，至今保存完好。”上海人民出版社和迪志文化出版有限公司用先进数码技术将文源阁《四库全书》电子化，为学术界提供检索快速的电子版。孙中原从2001年始，用数年时间，借助电子检索，撰《中华大典·哲学典·诸子百家分典》（昆明：云南教育出版社2007年版）墨、名、法、杂、兵和管子各部类稿。

纪昀1781年编成《四库全书总目提要》二百卷，每书概括要点，列举得失，评析精审。1782年编成《四库全书简明目录》二十卷，评论抉奥阐幽，词明理正，是文史研究重要工具书。纪昀自作挽联：“浮沉宦海同鸥鸟，生死书丛似蠹鱼。”嘉庆御赐碑文，说纪昀“敏而好学可为文，授之以政无不达”。谥文达，称文达公。纪昀在乾嘉时代，尊汉抑宋反理学。《清史稿》列传一〇七：“（纪）昀学问渊通。撰《四库全书提要》，进退百家，钩深摘隐，各得其要指，始终条理，蔚为巨观。”“（纪昀）于南宋以后诸儒，深文诋諆（毁谤污蔑）。”余嘉锡说纪昀：“自名汉学，深恶性理，遂峻词丑诋，攻击宋儒。”（《四库提要辨证》，香港中华书局1974年版，第54页）余英时说纪昀是“乾嘉时代反程朱的第一员猛将”。（《论戴震与章学诚》，台北华世出版社1980年版，第106页）纪昀《阅微草堂笔记》：“汉儒之学，非读书稽古，不能下一语；宋儒之学，则人人皆可以空谈。”清江藩《国朝汉学师承记》卷六：“（纪昀）胸怀坦率，性好滑稽。”“然骤闻其语，近乎诙谐，过而思之，乃名言也。”清洪亮吉《续怀人诗十二首·纪尚书昀》：“子云笔札君卿舌，当代无人可共论。”清牛应之《雨窗消意录》：“纪文达公昀，喜诙谐，朝士多遭侮弄。”清钱泳《履园丛话》：“献县纪相国善谐谑，人人共知。”昭梿《啸亭杂录》卷十载：“晓岚宗伯无书不读，博览一时。所著《四库全书总要》总汇三千年间典籍，持论简而明，修辞淡而雅，人争服之。”

纪昀1782年编成《四库全书简明目录》卷十三：“《墨子》十五卷，旧本题‘宋墨翟撰’。然书中多称‘子墨子’，则其门人所记也。原本七十一篇，今佚八篇。其说为孟子所辟，不行于世，然其书则历代著录，列为九流之一。观其近理乱真之处，然后知儒墨异同之所以然，则亦不必废观也。”

纪昀1778年写《四库全书总目》子部：“《墨子》十五卷（两江总督采进本）。旧本题‘宋墨翟撰’。考《汉书·艺文志》《墨子》七十一篇注曰：‘名翟，宋大夫。’《隋书·经籍志》亦曰：‘宋大夫墨翟撰。’然其书中多称子墨子，则门人之言，非所自著。”以《墨子》“书中多称‘子墨子’”为据，断言《墨子》是“其门人所记也。”“门人之言，非所自著。”

纪昀18世纪提出这一论证，方法科学，结论正确，有超时代学术意涵，比现代还有人形式表面看问题，认为《墨子》全部（或部分）为《墨子》“自著”的谬见，判若天壤。

纪昀《四库全书总目》子部：“墨家者流，史罕著录，盖以孟子所辟，无人肯居其名。然佛氏之教，其清净取诸老，其慈悲则取诸墨。韩愈《送浮屠文畅序》称，儒名墨行，墨名儒行，以佛为墨，盖得其真，而《读墨子》一篇，乃称墨必用孔，孔必用墨，开后人三教归一之说，未为笃论。特在彼法之中，能自啬其身，而时时利济于物，亦有足以自立者。故其教得列于九流，而其书亦至今不泯耳。第五十二篇以下，皆兵家言，其文古奥，或不可句读，与全书为不类，疑因五十一篇，言公输般九攻，墨子九拒之事，其徒因采摭其术，附记于末，观其称弟子禽滑厘等三百人，已持守固之器，在宋城上，是能传其术之证矣。”

纪昀1781年写《四库全书总目·吕氏春秋提要》：“是书（指《吕氏春秋》）较诸子之言独为醇正，大抵以儒为主，而参以道家、墨家，故多引六籍之文，与孔子、曾子之言，其他如论音，则引《乐记》，论铸剑，则引《考工记》，虽不著篇名，而其文可按，所引庄、列之言，皆不取其放诞恣肆者。墨翟之言，不取其非儒、明鬼者。而纵横之术，刑名之说，一无及焉。其持论颇为不苟，论者鄙其为人，因不慎重其书，非公论也。”

纪昀 1780 年写《四库全书总目·晏子春秋提要》：“旧本题齐晏婴撰。”“刘向、班固俱列之儒家中，惟柳宗元以为墨子之徒有齐人者为之，其旨多尚兼爱、非厚葬久丧者，又往往言墨子闻其道而称之。薛季宣《浪语集》又以为《孔丛子·诘墨》诸条今皆见《晏子》书中，则婴之学实出于墨。盖婴虽略在墨翟前，而史角止鲁，实在惠公之时，见《吕氏春秋·仲春记·当染篇》，故婴能先宗其说也。”

毕沅

1730～1797。江苏镇洋（今江苏太仓）人。号秋帆。陕西巡抚。室名称“经训堂”，诗文集名《经训堂集》。清官员兼学者，《墨子》注释家。治学经史，广揽学者，著书不倦。礼贤下士。门下洪亮吉说毕礼贤下士：“毕沅爱才尤笃，人有一技之长，必驰币聘请，唯恐其不来，来则厚资给之。”名学者章学诚、孙星衍、汪中、段玉裁、卢文昭、翁方纲等入幕门，毕沅综合写作群体成果，成《墨子注》。《墨子注》书前有毕沅撰《墨子序》，认为《墨子》“不可忽”。《鲁问》说的尚贤等十个论题，是“通达经权，不可訾议”。《备城门》等篇是“古兵家言”，有“实用”价值。《墨子注》书后附孙星衍撰《墨子后序》称：“时则有仁和卢学士抱经（卢文昭）、大兴翁洗马覃溪（翁方纲）及星衍三人者，不谋同时共为其学，皆折衷于先生（指毕沅），或此书当显，幸其成帙，以惠来学。”1783 年“十二月撰于关中节署”（毕沅幕府）。

毕沅《墨子注》，清中叶写作群体校勘注释《墨子》代表作。毕《序》说，非墨始于孟子：“至孟子始云：‘能言距杨墨者，圣人之徒。’又云：‘杨墨之道不息，孔子之道不著。’盖必当时为墨学者，流为横议，或类《非儒》篇所说，孟子始嫉之。”孙星衍（1753～1818），字渊如，江苏阳湖人，深究经史文字音训，诸子百家，毕沅招入幕府。《墨子注序》实出孙星衍手定。王朝梧给孙星衍信：“毕制军节署所刊《墨子》诸书知出鸿笔订定。”汪中校《墨子》记：“得孙季仇（星衍）校本录上。”毕沅《墨子注》，清乾隆四十八年（1783）刊《经训堂丛书》本。清乾隆四十九年（1784）毕氏灵严山馆刻本。清光绪元年（1875）湖北崇文书局刊《子书百家》本。上海扫叶山房石印《百子全书》本1919年版。日本天保六年（1835）松本氏重刊经训堂本。严灵峰编《墨子集成》第7、8册影印本。任继愈编《墨子大全》第11册影印本2004年版。广为流传。

从清中叶毕沅，到清末孙诒让，对《墨子》的校勘训诂考据，文献整理，是20世纪“现代论墨”的资料准备、文献学基础，是实事求是、渐进积累式的科学研究过程。先后十多位著名古文字学家、汉学家陆续参与，是《墨子》文献整理、校勘训诂考据的学术共同体，最后由孙诒让集大成，把现代墨学新研究的接力棒，亲交现代墨学研究开拓者梁启超，由梁启超举旗领军，在20世纪开始墨学研究新征程。

章学诚

1738～1801。史学家。会稽（今浙江绍兴）人。1778年进士。1788年入湖广总督毕沅幕府。章学诚《校雠通义》：“名墨诸家，后世不复有其支别。”“墨家者流，自汉无传，得尚俭、兼爱之意，则老氏贵啬、释氏普度之类，二氏中有墨家矣。讨论作述宗旨，不可不知其流别也。

汪中

1745～1794。清思想家。江都（今江苏扬州）人。字容甫。出身孤苦，七岁丧父，家贫，无力求学，寡母邹氏启蒙。十四岁入书店学徒，博览经史、诸子百家。民间说“无书不读是汪中”。性伉直，不喜宋儒。1777年为拔贡（从秀才中选文学拔萃者为贡生），后绝意仕进。

撰《墨子序》，推崇墨学，说墨子是救世仁人，《墨子》是济世之作，墨学是救世之学，批评孟子辟墨过枉，驳孟子用“无父”罪名诬陷墨子。反宋儒“道统”说，不称“孔孟”，称“孔荀”。为墨子翻案。被儒学家诬为“名教之罪人”。

《述学·墨子序》：“墨之节葬、非乐，所以救衰世之敝，其意相反而相成也。若夫兼爱，特墨之一端，然其所谓兼者，欲国家慎其封守，而无虐其邻之人民畜产也。虽昔先王制为聘问吊恤之礼，以睦诸侯之邦交者，岂有异哉！彼且以兼爱教天下之为人子者，使以孝其亲，而谓之无父，斯已枉矣。后之君子日习《孟子》之说，而未睹《墨子》之本书，其以耳食，无足怪也。世莫不以其诬孔子为墨子罪。虽然，自今日言之，孔子之尊，固生民以来所未有矣。自当日言之，则孔子鲁之大夫也，而墨子宋之大夫也，其位相埒，其年又相近，其操术不同，而立言务以求胜，虽欲平情核实，其可得乎？是故墨子之诬孔子，犹孟子之诬墨子也，归于不相为谋而已矣。吾读其书，惟以三年之丧，为败男女之交，有悖于道。至其述尧舜，陈仁义，禁攻暴，止淫用，感王者之不作，而哀生人之长勤，百世之下如见其心焉，《诗》所谓‘凡民有丧，匍匐救之’之仁人也！其在九流之中，惟儒足与之相抗，自余诸子皆非其比。历观周、汉之书，凡百余条，并孔墨、儒墨对举。杨朱之书惟贵放逸，当时亦莫之宗，跻之于墨，诚非其伦。自墨子没，其学离而为三，徒属充满天下，吕不韦再称巨子（《去私》篇、《尚德》篇），韩非谓之显学，至楚汉之际而微（《淮南子·泛论训》），孝武之世犹有传者，见于司马谈所述，于后遂无闻焉。惜夫！以彼勤生薄死，而务急国家之事，后之从政者，固宜假正议以恶之哉！”

翁方纲《复初堂文集·书墨子》攻击汪中：“有生员汪中者，则公然为《墨子》撰序，自言能治《墨子》，且敢言孟子‘兼爱无父’为诬墨子，此则名教之罪人，又无疑也。昔翰林蒋士铨掌教于扬州，汪中以‘女子之嫁往送之门是何门’为问。蒋不能答，因衔之，言于学使者，欲置汪中劣等。吾尝笑蒋之不学也。今见汪中治墨子之言，则当时褫革其生员衣领，固法所宜矣。汪中者，昔尝语予论金石，颇该洽，犹是嗜学士也。其所撰他条亦尚无甚大舛戾。今或姑以此准折焉，不名之曰生员，以当褫革，第称曰‘墨者汪中’，庶得其平也乎？然而夷之怃然以后，则已身向正学矣。所以孟门弟子尚许之，尚惜之，书曰‘墨者夷之’，岂能当此称哉？”

前5世纪，墨子所创带平民色彩的兼爱平等学说，早已深入人心，诸子百家竞相评说。孟子紧接墨子鼎盛年，活动于战国中期文坛，是墨子学说最早、最激烈的反对者。《孟子·滕文公下》惊呼:“墨翟之言盈天下。”可见墨学在当时的巨大影响。墨子提倡兼爱平等，跟儒家“亲亲别爱”(差等之爱)封建宗法思想背道而驰，受到儒学卫道者孟子的敌视仇恨。《孟子·滕文公下》:“墨氏兼爱，是无父也。无父无君，是禽兽也。”孟子诬称墨子之道，是淫辞邪说，“是邪说诬民，充塞仁义也。仁义充塞，则率兽食人，人将相食”。孟子宣称捍卫先圣孔子之道，就要拒绝排斥墨子之道。孟子被后世儒家尊奉为亚圣，儒学被简称为孔孟之道。孟子这种政治地位，使孟子对墨子的攻击言论，被封建社会官方看作是对墨学的政治结论，不能翻案。历代儒学大师，继续发挥孟子对墨子的攻击。

《四库全书》所收儒家著作，有24卷25处，长篇大论发挥孟子对墨子的诬蔑言论。封建社会的上层建筑、意识形态、舆论机构，把墨学看作异端邪说、洪水猛兽，给予无情打击。如有人胆敢跳出来，为墨子说句公道话，不怕跟传统儒家的言论相抵触，就会被一起株连为异端邪说，加以围剿。汪中因搜集古书对墨子论述，作《墨子序》，推崇墨学，说墨子是救世“仁人”，批评孟子攻击墨子“无父”是诬枉，与传统儒家言论相反，被清朝官员儒者翁方纲(1733～1818)扣上“名教之罪人”的帽子，痛加挞伐。

翁方纲是乾隆进士，翰林院庶吉士，编修，内阁学士兼礼部侍郎，鸿胪寺卿，文渊阁校理，司经局洗马，广东、江西、山东学政。《四库全书》中有八次提到翁方纲。翁方纲《复初斋文集》卷一五威胁说，应“褫革”(剥夺)汪中“生员”名号，扣上“墨者汪中”的帽子。“墨者”本普通称呼，犹如儒家称“儒者”。由于孟子对墨子的攻击，在长期封建社会，成为官方对墨子的政治结论，天经地义，不可改变，翁方纲诬蔑汪中为“名教之罪人”，要在“汪中”名字前，扣上“墨者”的帽子，等于给汪中定性为政治上的异端仇敌，是“重则足以砍头杀身”的罪名。由这一实例可知，封建社会主流意识形态儒学对墨学的攻击，封建社会官方舆论机构对墨学的打压，是墨学在汉至清中绝的强大外力和重要外因。

孙星衍

1753～1818。清经学家。阳湖（今江苏常州）人。字渊如。乾隆五十二年（1787）进士，翰林院编修，刑部主事。著《孙渊如诗文集》卷三录《墨子后序》，跟毕沅《墨子注》后附《墨子后序》大同小异。

孙星衍《墨子后序》："墨子与孔异者，其学出于夏礼。司马迁称其'善守御，为节用'。班固称其'贵俭、兼爱、上贤、明鬼、非命、上同，此其所长'，而皆不知墨学之所出。淮南王知之，其作《要略训》云：'墨子学儒者之业，受孔子之术，以为其礼烦扰而不说，厚葬靡财而贫民，久服伤生而害事，故背周道而用夏政。'其识过于迁、固。古人不虚作，诸子之教或本夏，或本殷，故韩非著书，亦载弃灰之法。墨子有《节用》。节用，禹之教也。孔子曰：'禹菲飲食，恶衣服，卑宫室，吾无间然。'又曰：'礼，与其奢，宁俭。'又曰：'道千乘之国，节用。'是孔子未尝非之。又有《明鬼》，是致孝鬼神之义。兼爱，是尽力沟洫之义。孟子称：'墨子摩顶放踵，利天下为之。'而庄子称：'禹亲自操橐耜，而杂天下之川，腓无胈，胫无毛，沐甚风，栉甚雨。'列子称禹'身体偏枯，手足胼胝'。吕不韦称禹'忧其黔首，颜色黎墨，窍藏不通，步不相过'。皆与《书》、《传》所云'予弗子，惟荒度土功'，'三过其门而不入，思天下有溺者犹己溺之'同。其《节葬》，亦禹法也。尸子称禹之丧法，'死于陵者葬于陵，死于泽者葬于泽。桐棺三寸，制丧三月'。见《后汉书注》。《淮南子·要略》称：'禹之时，天下大水，死陵者葬陵，死泽者葬泽，故节财、薄葬、闲服生焉。'又《齐俗》称三月之服，是绝哀而迫切之性也。高诱注云：'三月之服，是夏后氏之礼。'《韩非子·显学》称：'墨者之葬也，冬日冬服，夏日夏服，桐棺三寸，服丧三月。'而此书《公孟》篇墨子谓公孟曰：'子法周而未法夏也，子之古非古也。'又公孟谓子墨子曰'子以三年之丧为非，子之三月之丧亦非也'云云。然则三月之丧，夏有是制，墨始法之矣。孔子则曰：'吾说夏礼，杞不足征。吾学周礼，今用之，吾从周。'又曰：'周监于二代，郁郁乎文哉，吾从周。'周之礼尚文，又贵贱有法，其事具

《周官》、《仪礼》、《春秋传》，则与《墨》书节用、兼爱、节葬之旨甚异。孔子生于周，故尊周礼，而不用夏制。孟子亦周人而宗孔，故于墨非之，势则然焉。若览其文，亦辨士也。《亲士》、《修身》、《经上》、《经下》及《说》，凡六篇，皆翟自着。《经》上、下略似《尔雅·释诂》文，而不解其意指。又怪汉唐以来，通人硕儒，博贯诸子，独此数篇，莫能引其字句，以至于今，传写讹错，益难句读。《晋书·鲁胜传》云：'胜注《墨辩》，存其《叙》曰：墨子著书，作《辩经》以立名本，惠施、公孙龙祖其学，以正刑名显于世。孟子非墨子，其辩言正词则与墨同。荀卿、庄周等皆非毁名家，而不能易其论也。'又曰：'《墨辩》有上、下《经》，《经》各有《说》，凡四篇，与其书众篇连第，故独存。今引《说》就《经》，各附其章，疑者阙之。又采诸众杂集为《刑名》二篇，略解指归，以俟君子。'如所云，则胜曾引《说》就《经》，各附其篇，恨其注不传，无可征也。《备城门》诸篇，具古兵家言，惜其脱误难读。而弇山先生（毕沅）于此书，悉能引据传注类书，匡正其失。又其古字古言，通以声音训故之原，豁然解释，是当与高诱注《吕氏春秋》，司马彪注《庄子》，许君注《淮南子》，张湛注《列子》并传于世，其视杨倞卢辩空疏浅略，则倜然过之。时则有仁和卢学士抱经（卢文昭）、大兴翁洗马覃溪（翁方纲）及星衍三人者，不谋同时共为其学，皆折衷于先生，或此书当显，幸其成帙，以惠来学，因以《荀子》、《孔丛》、《说苑》诸书及唐、宋人所引墨子佚文属先生附于书后，至《开元占经》多引墨子占验灾异之词，疑不在此书，故不具录，太岁在癸卯（1783）十二月，撰于关中节署（毕沅幕府）。"

毕沅《墨子注》后附孙星衍《墨子后序》开头多出以下文字："乾隆四十八年癸卯（1783）十二月，弇山先生既刊所注《墨子》成，以星衍涉于诸子之学，命作《后序》，星衍以固陋辞，不获命，序曰。"末尾"以惠来学"后多出以下文字："不觉僭（超越本分，过分）而识（记载）其末也。"

恽敬

1757～1817。《大云山房文稿初集·读晏子》："《晏子春秋》、《七略》录之儒家，柳子厚以为墨子之徒为之，宜录之墨家。”《大云山房文稿二集目录》：“昔者班孟坚因刘子政父子《七略》为《艺文志》，序六艺为九种，圣人之经永世尊尚焉。其诸子则别为十家，论可观者九家，以为虽有蔽短，合其要归，亦六经之支与流裔，至哉此言，论古之圭臬也。敬尝通会其说，儒家体备于《礼》及《论语》、《孝经》，墨家变而离其宗。”

张惠言

1761～1802。字皋文。嘉庆四年（1799）进士。翰林院编修。著《墨子经说解》，乾隆五十七年（1792）十二月一日手稿本，张惠言生前未刊。清光绪三十三年（1907）上海国粹学报馆石印本。清宣统元年（1909）国学保存会影印本。清宣统元年邓实辑《风雨楼秘笈留真》影印本。清孙诒让校抄本。《墨子集成》第9册影印，台湾成文出版社1977年版，共98页。《墨子大全》第13册影印，北京图书馆出版社2004年版，共61页。《墨子大全》第13册影印北京图书馆藏张惠言著《墨子经说解》，书后署“光绪庚子（1900）一月校毕籀庼”，盖“籀庼”章，“籀庼”是孙诒让的号。此本距张惠言著《墨子经说解》乾隆五十七年（1792）108年。孙诒让《墨子间诂总目》说：“此书（指《墨子》）最难读者，莫如《经》、《经说》四篇，余前以未见皋文先生（指张惠言）为憾”，后得张惠言著《墨子经说解》抄本，“惊喜累日，余前补定《经下》篇句读，颇自矜为创获，不意张先生已先我得之，其解善谈名理，虽校雠未审，不无望文生义之失，然固有精论，足补正余书之阙误者。”据此，《墨子大全》第十三册影印北京图书馆藏张惠言著《墨子经说解》，就应是孙诒让所使用的抄本。严灵峰《墨子集成》第九册影印清宣统元年乙酉（1909）国学保存会印行本，上海国粹学报馆发行。

张惠言《书墨子经说解后》：“右《墨子•经》上下及《说》，凡四篇。《晋书•鲁胜传》云：‘胜注《墨辩》，引《说》就《经》，各附其章。’即此也。《墨子》书多奥言错字，而此四篇为甚。胜注既不传世，莫得其读。今正其句投，通其旨要，合为二篇，略可指说，疑者阙之。”“今观墨子之书，《经》《说》大小《取》，尽同异、坚白之术。”论曰：古者杨墨塞路，孟子辞而辟之。自孟子之后，至今千七百余年，而杨氏遂亡，墨氏书虽存，读者盖鲜。大哉，圣贤之功若此盛矣。墨氏之言《修身》《亲士》，多善言，其义托之尧禹。自韩愈氏以为与圣贤同指，孔墨必相为用。向无孟子，则后之儒者习其说而好之者，岂少哉。老氏之言，其始也微，不得孟子之辩。而佛氏之出，又绝在孟子后，是以蔓蔓延延，日炽月息，而杨墨泯焉遂微。吾以悲老佛之不遭孟子也。当孟子时，百家之说众矣，而孟子独距杨墨。今观墨子之书，《经》《说》大小《取》，尽同异坚白之术，盖纵横名法家惠施、公孙龙、申、韩之属皆出焉。然则当时诸子之说，杨墨为统宗，孟子以为杨墨息，而百家之学将销歇，而不足售也。独有告子者，与墨为难，而自谓胜为仁，故《孟子》之书亦辩斥之。呜呼，岂知其后复有烈于是者哉。墨之言，悖于理而逆于人心者，莫如《非命》《非乐》《节葬》。此三言者，偶识之士，可以立折。而孟子不及者，非墨之本也。墨之本在《兼爱》。而《兼爱》者，墨之所以自固而不可破。《兼爱》之言曰：'爱人者，人亦爱之。利人者，人亦利之。仁君使天下聪耳明目，相为视听。股肱毕强，相为动宰。'此其与圣人所以治天下者，复何以异。故凡墨氏之所以自托于尧禹者，兼爱也。尊天、《明鬼》《尚同》《节用》者，其支流也。《非命》《非乐》、薄葬，激而不得不然者也。天下之人，惟惑其兼爱之说，故虽悖于理，不安于心，而从而和之，不以为疑。孟子不攻其流，而攻其本，不诛其说，而诛其心，断然被之以'无父'之罪，而其说始无以自立。嗟夫！藉使《墨子》之书尽亡，至于今何以见孟子之辩严而审，简而有要如是哉。孟子曰：'我知言。'呜呼，此其验矣。后之读此书者，览其义，则于孟子之道，犹引弦以知矩乎。乾隆五十七年（1792）十二月一日，张惠言书。"

华世芳《书张惠言墨子经说解后》："皋文先生所著书，多已刊布海内，此《墨子经说解》二卷，为先生三十一岁时手稿，藏书家偶有传抄，未见镂版。近日墨学大张，《尚贤》《尚同》之旨，习闻于士夫之耳，而《经》《说》，尤格致家所导源，倘付诸手民，俾海内多一未见之书，亦艺林快事也。己亥七夕郡后学华世芳获观敬识。""己亥"：光绪二十五年

(1899)。此跋文距张惠言著《墨子经说解》乾隆五十七年(1792)已108年。

华世芳(1854～1905)清末数学家，跟兄华蘅芳都以数学成名，字若溪，号蔓斋，江苏金匮(今江苏无锡)人。家藏大量数学书。25岁校核华蘅芳与傅兰雅合译《代数难题解》。光绪十年(1884)撰《近代畴人著述记》，翌年出版《恒河沙馆算草》。光绪二十年(1894)任湖北武昌自强学堂数学教习。光绪二十二年(1896)主讲常州龙城书院，江阴南菁书院。光绪三十一年(1905)任上海南洋公学总教习，北京商部高等实业学堂教员。积劳成疾，病逝学舍，终年51岁。有数学著作多种。学者评论谓“能闻中西之秘”。

邓实跋文:“此《墨子经说解》二卷，为皋文先生三十一岁时，手录楷书至精，共四十四页，每页十行，复时加丹铅，皆先生手笔也。先生素以篆书名，其楷书学《灵飞经》，亦端秀可爱。先生所著书及文稿，均手写录丹铅十数过，始成定本，其专精如此。此卷盖草创已成，楷录定本，以待剞劂者，真至完美之宝。近儒瑞安孙氏著《墨子间诂》成后，觅得先生是稿，谓颇自矜为创获，不意张先生已先我得之，因删简补录入册，重勒为定本，则先生是书，其精审可知。至其《后序》所论墨氏之学，尚未敢显违孟氏，盖雍、乾间墨学尚未昌，先生于举世废弃斥绝之时，为之正其句读，通其意旨，开孙、汪二家之先河，其用心亦良苦矣。惜其早没，无有为之镂版以行者，故《尚贤》、《尚同》之谊，临鉴立景(影)之理，迟至今，外人用之，物理明，上下通，以强其国，乃始显也，不已暮乎?先生之玄孙稚亭出此稿，以遗余影印，并赠余以先生手写文稿十余篇，取以证此本，知其为真迹无疑也。因以付印，其圈识悉照原本，读者于此，可以考见先儒著述时之用意，及其精神之所寄，一一如夙亲，岂不善欤?己酉二月晦顺德邓实谨记。”宣统元年(1909)。

邓实称张惠言“之玄孙稚亭出此稿，以遗余影印”，“玄孙”:四代孙。此影引本距张惠言著《墨子经说解》乾隆五十七年(1792)已117年。邓实说“雍、乾间墨学尚未昌”，是“举世废弃斥绝之时”。墨学被“举世废弃斥绝”的评价，适用于形容从汉到清（前2到19世纪）2100年整个封建社会的情况。邓实（1877～1951），字秋枚，别号署枚子，野残，鸡鸣，风雨楼主。生于上海。历史家，擅政论，发表《国学真论》，《古学复兴论》，国粹理论主要构造者，以国粹派的组织者和理论家闻名。青年起崇拜顾炎武，“喜为经世通今之学”。1902年于上海创办《政艺通报》，宣传民主科学。1905年跟黄节、章太炎、马叙伦、刘师培等创立国学保存会、神州国光社，出版《风雨楼丛书》和《古学会刊》，主编刊行《国粹学报》，宣传革命，在知识界有较大影响。代表作《国粹学》（1902）主张：“国必有学而始立，学必以粹为有用。国不学则不国，学非粹则非学。非学不国，其将何以自存矣！”《国学讲习记》（1905）主张：“国学者何？一国所自有之学也。有地而人生其上，因以成国焉。有其国者有其学，学也者，学其一国之学以为国用，而自治其一国者也。国学者，与有国以俱来，本乎地理，根之民性，而不可须臾离也。君子生是国，则通是学，知爱其国，无不知爱其学。”《古学复兴论》（1905年）主张，“十五世纪为欧洲古学复兴之世，而二十世纪为亚洲古学复兴之世。夫周秦诸子，则犹之希腊七贤也。土耳其毁灭罗马图籍，犹之嬴秦氏之焚书也。旧宗教之束缚，贵族封建之压制，犹之汉武之罢黜百家也。呜呼！西学入华，宿儒瞠目，而考其实际，多与诸子相符。于是而周秦学派遂兴，吹秦灰之已死，扬祖国之耿光。亚洲古学复兴，非其时邪？”光绪三十一年（1905），跟章太炎等人在上海创办“国学保存会藏书楼”，致力珍本古籍秘籍收藏。藏书处有“风雨楼”，编有《风雨楼书目》。藏书楼有书6万余卷，以邓实、黄节、刘师培捐书为基藏，1906年10月开放。参与藏书楼管理，对书籍逐一检阅、编号、分类，装订和修补破损图书，编制目录，撰写《国学保存会藏书志》。藏书楼1932年关闭，藏书捐复旦大学图书馆。刊刻《风雨楼丛书》50册，《风雨楼秘籍留真》10册，影印名家手写稿本，含张惠言著《墨子经说解》乾隆五十七年（1792）手写稿本。

龚自珍

1792～1841。清思想家。浙江杭州人。号定盦。著《定盦文集续集·古史钩沈》："五经者，周史之大宗也。孔子没，七十子不见用，衰世著书之徒蜂出泉流，汉氏校录，撮为诸子。诸子也者，周史之小宗也。故夫道家者流，言称辛甲老聃。墨家者流，言称尹佚、辛甲。尹佚官皆史。""祖抱大禹之训，矫周文之偏，守而不战，俭而不夺人，名曰任本之史，宜为墨家。"《论私》："墨翟，天下之至公无私也，兼爱无差等，孟子以为无父。"

陈澧

1810～1882。清学者。广东番禺人。字兰甫，号东塾，称东塾先生。著《东塾读书记·诸子书》："诸子之学，皆欲以治天下。而杨朱之计最疏，墨翟之计最密。""墨翟兼爱非攻，人来攻则我坚守。何以为守？蓄其人民，积其货财，精其器械，而又志在必死，则可以守矣。此墨翟之所长也。"

俞樾

1821～1907。清名学者，经学家，古文字学家，浙江德清人。道光三十年（1850）进士。居苏州，潜心学术四十余载，以教育著书为生，终生不仕。主讲苏州紫阳书院、杭州诂经精舍、德清清溪书院、菱湖龙湖书院、上海求志书院。勤奋治学，学识渊博，著作极丰，有500卷学术巨著《春在堂全书》。以经学为主，旁及诸子、史学、训诂。尊为朴学大师。《诸子平议》、《古书疑义举例》等，为乾嘉派后期代表作。当时传说："李鸿章拼命做官，俞樾拼命著书。"

俞樾《墨子间诂序》："孟子以杨墨并言，辞而辟之，然杨非墨匹也。杨子之书不传，略见于《列子》之书，自适其适而已。墨子则达于天人之理，熟于事物之情，又深察春秋、战国百余年间时势之变，欲补弊扶偏，以复之于古。郑重其意，反复其言，以冀世主之一听。虽若有稍诡于正者，而实千古之有心人也。尸佼谓孔子贵公，墨子贵兼，其实则一。韩非以儒墨并为世之显学，至汉世犹以孔墨并称，尼山而外，其莫尚于此老乎！墨子死而墨分为三，有相里氏之墨，有相夫氏之墨，有邓陵氏之墨。今观《尚贤》、《尚同》、《兼爱》、《非攻》、《节用》、《节葬》、《天志》、《明鬼》、《非乐》、《非命》，皆分上、中、下三篇，字句小异，而大旨无殊。意者此乃相里、相夫、邓陵三家相传之本不同，后人合以成书，故一篇而有三乎？墨氏弟子网罗放失，参考异同，具有条理，较之儒分为八，至今遂无可考者，转似过之。乃唐以来，韩昌黎外无一人能知墨子者，传诵既少，注释亦稀。乐台旧本，久绝流传，阙文错简，无可校正，古言古字更不可晓，而墨学尘霾终古矣。国朝镇洋毕氏始为之注，嗣是以来，诸儒益加雠校。涂径既辟，奥窔粗窥，《墨子》之书稍稍可读。于是瑞安孙诒让仲容乃集诸说之大成，著《墨子间诂》。凡诸家之说，是者从之，非者正之，阙略者补之。至《经说》及《备城门》以下诸篇尤不易读，整纷剔蠹，衇摘无遗，旁行之文，尽还旧观，讹夺之处，咸秩无紊，盖自有《墨子》以来未有此书也。以余亦尝从事于此，问序于余，余何足序此书哉。窃尝推而论之，墨子惟兼爱是以尚同，惟尚同是以非攻，惟非攻是以讲求备御之法。近世西学中光学、重学，或言皆出于《墨子》，然则其备梯、备突、备穴诸法，或即泰西机器之权舆乎？嗟乎！今天下一大战国也，以孟子反本一言为主，而以《墨子》之书辅之，傥足以安内而攘外乎。勿谓仲容之为此书，穷年兀兀，徒敝精神于无用也。光绪二十一年（1895）夏，德清俞樾。”

王闿运

1833～1916。清末经学家。辛亥革命后任清史馆馆长，兼参议院参政。撰《墨子》，光绪甲辰（1904）江西官书局刊。前有1903年序。《墨子集成》第16册影印，台湾成文出版社1977年版。《墨子大全》第19册影印，北京图书馆出版社2004年版。

黎庶昌

1837～1896。清外交官。贵州遵义人。曾任驻英、德、法、西班牙使馆参赞。1881至1884、1887至1889年两任中国驻日本大臣6年。走出封闭，睁眼看世界。游比利时、瑞士、葡萄牙、奥地利等十国，考察各国政治经济，军事文化，地理民情，著《西洋杂志》。黎庶昌《拙尊园丛稿·读墨子》：“今泰西各国，耶苏天主教盛行，尊天、明鬼、兼爱、尚同，其术确然本诸墨子，而立国百数千年不败，以此见天地之道之大，非执儒之一所能尽。昌黎韩愈谓孔墨相为用，孔必用墨，墨必用孔，岂虚言哉！”

王树枬

1851～1936。清末民初学者。河北高碑店人。1914年任清史馆总纂。王树枬1887年《墨子斠注补正序》："《墨子》七十一篇，今存五十三篇。汉唐以来，治是书者盖寡，故注释独阙，文义晦蚀，至不可通。""自孟子拒杨墨，其教不得行于中国，迤而远之，以至于海西诸邦，其教遂大昌。其为我也近乎杨，其尚同也近乎墨，其造器械、尚机巧，尤出于墨子，特变通之以尽其利而已。孟子谓'无父无君为禽兽'，今其徒甚有以无父无君治其国者，吾故谓其流固未尝绝也。呜呼！天下之变多矣，吾不敢必杨、墨之道之终并圣人而立，抑或久而变，变而复至于圣，亦未可知也。"

曹耀湘

清末学者。湖南长沙人。字镜初。著《墨子笺》十五卷，《墨子尚书古义》一卷，湖南官书报局，清光绪三十二年（1906）。《墨子注》十四卷，稿本藏中国国家图书馆。

谭嗣同

1865～1898。维新志士，清末百日维新名人。湖南浏阳人。字复生，号壮飞，父为湖北巡抚谭继洵。1896年2月入京，结交梁启超。1898年主办《湘报》，宣传变法，维新运动激进派，4月被征入京，擢四品卿衔军机章京，参与新政。变法失败，1898年9月28日，在北京宣武门外菜市口刑场就义，临刑高呼："有心杀贼，无力回天。死得其所，快哉快哉！"

著《谭嗣同全集》。猛烈抨击秦汉以来专制制度，认为君主专制是一切罪恶的渊薮，儒学名教是维护专制主义的精神支柱，号召冲决专制网罗。善文章，长剑术，好任侠，仰慕扶弱抑强的任侠之士，跟北京义侠大刀王五结交，成生死不渝挚友。梁启超说谭嗣同是"晚清思想界的彗星"。

谭嗣同《仁学·自序》："能调燮联融于孔与耶之间，则曰墨。周秦学者必曰孔墨，孔墨诚仁之一宗也。惟其尚俭、非乐，似未足进于大同。然既标兼爱之旨，则其病亦自足相消，盖兼爱则人我如一，初非如世之专以尚俭、非乐苦人也。故墨之尚俭、非乐，自足于与其兼爱相消，犹天元代数之以正负相消，无所于爱焉。墨有两派：一曰'任侠'，吾所谓仁也，在汉有党锢，在宋有永嘉，略得其一体；一曰‘格致’，吾所谓学也，在秦有《吕览》，在汉有《淮南》，各识其偏端。仁而学，学而仁，今之士其勿为高远哉！盖即墨之两派，以近合孔、耶，远探佛法，亦云汰矣。吾自少至壮，遍遭纲伦之厄，涵泳其苦，殆非生人所能任受，濒死累矣，而卒不死。由是益轻其生命，以为块然躯壳，除利人之外，复何足惜。深念高望，私怀墨子摩顶放踵之志矣。”

章炳麟

1869～1936。清末民初思想家。浙江余杭人。原名学乘，字枚叔，后易名炳麟，号太炎，章炳麟《致国粹学报社书》:“《原名》一篇，已嘱友人誊来，即寄上。前见皋文、仲容所说《墨经》，俱有未了。邹特夫曾以形学、力学比附，诚多精义。然《墨经》本为名家（逻辑学家）之说，意不在明算也。向时无知因明者，亦无有求法相者，欧洲论理学复未流入，其专以形学、力学说《墨经》，宜也。今则旧籍已多刊印，新译亦时时间出，而学者不能以是校理《墨经》，观其同异。盖信新译者不览周秦诸子，读因明者亦以文义艰深置之，而《墨经》艰深，又与因明相若，因无有参会者。仆于此事，差有一长，不以深言比附，惟取真相契当之文为之证解，其异者亦明著之，如宗、因、喻之次第，彼此互异。”“又《荀子·正名篇》，亦与《墨经》互有短长，言名相则荀优，立辩论则墨当，故以二家参会，成《原名》一篇，当不让鲁胜也。”

刘师培

1884～1919。清末民初学者。江苏仪征人。字申叔。1902年中举。次年在上海结识章太炎，改名光汉，参入反清宣传。1904年春，刘师培参加开封会试，落第回扬州。同年秋，刘师培到上海跟章太炎、蔡元培、谢无量一起，参加反清革命。1907年春节，应章太炎等邀请，东渡日本，结识孙中山等革命党人，参加同盟会东京本部工作。1908年11月回国。1917年应北京大学校长蔡元培聘，任北京大学文科教授。1919年36岁时在北京逝世。1905年刘师培参与编辑《警钟日报》，为撰稿，刊发《周末学术史序》，为近代学科意义上学术史研究先驱。

《刘申叔先生遗书·周末学术史序·论理学史序》:“名家而外

若墨家。《墨子•经》上下篇多论理学（逻辑学）。《庄子》言：‘南方学者，以坚白同异之辩相訾。’即指《经上、下篇》言也。又按《晋书•鲁胜传》云：‘胜注《墨辩》，存其《序》曰：墨子著书，作《辩经》以立名本。惠施、公孙龙祖述其学，以正形名显于世。孟子非墨，其辩言正辞，则与墨同。荀卿、庄周等，皆非毁名家，而不能易其论也。’皆墨家辨名之证。法家如《尹文子》，是故其言曰‘名正则法顺’，盛言名理，殆亦名家之流欤？”

皮嘉佑

清末湖南人。清末维新思想家。父皮锡瑞（1850～1908），晚清湖南维新运动重要宣传家和实干家。皮嘉佑《平等说》(《湘报》第58号,1898年4月28日)：“夫平等之说，导源于墨子，阐义于佛氏，立法于泰西。墨子之兼爱、尚同也，佛法之平等也，泰西之人人有自主权利，爱汝邻如己，而倡为君民一体也，名不同而旨则一也。佛法之平等，即出于墨子之兼爱、尚同，泰西之人人有自主权，爱汝邻如己，亦出于墨子之兼爱、尚同。墨子一视同仁，摩顶放踵，利天下为之，自谓爱无差等。孟子推其流弊，以为‘无父’，等之已失，何平之有？不知正由爱无差等，乃可渐生平等。夫天下之心尚合也，要不外乎一平也。盖尚同为仁之起点，平等为仁之交线，起点既正，交线斯明，故佛法之开教宗，泰西之治有国，皆本乎此。”戊戌变法时，皮嘉佑著《醒世歌》说：“若把地球来参详，中国并不在中央，地球本是浑圆物，谁是中央谁四旁？”《经说上》：“中央，旁也。”既是中央，又是旁，同异交得辩证法。

孙诒让

1848～1908。清末《墨子》注释集大成者，古文字学家。浙江瑞安人。字仲容，号“籀庼”（书斋堂号。“籀”：古字体大篆。“庼”：小厅堂）。孙诒让研究古文字学，著《古籀拾遗》、《古籀余论》，论文集名《籀庼述林》。

墨学在汉至清的2200多年，横遭封建社会主流意识形态儒学和官方舆论机构否定与排挤的劫难，到十九世纪末缓慢迎来再兴的机遇。孙诒让是“中世论墨”的殿军，“现代论墨”的呼唤者，鼓动者，是古今墨学的转捩点，过渡性和关键性人物，在墨学研究史上有无可替代的重要地位。

父名孙衣言（1814～1894），晚清儒者，治永嘉学，1850年进士，官至太仆寺卿。孙衣言为官从政，多把孙诒让带在身边，教他治学、交友和求师。孙诒让成长经历，跟孙衣言的培育不可分。孙衣言是孙诒让的启蒙老师，引路人和栽培者，鼓励孙诒让治学经世致用。1853年孙诒让6岁，孙衣言任武英殿协修。1855年孙诒让8岁，孙衣言入直上书房，授惠亲王诸子读书，孙衣言、孙诒让父子二人住澄怀园逾三年。1858年孙诒让11岁，孙衣言任安徽安庆府知府。1860年孙诒让13岁，接触校勘学。1863年孙诒让16岁，曾国藩召孙衣言携眷赴安庆任职。1865年孙诒让18岁，孙衣言应浙江巡抚马新贻聘，主讲杭州紫阳书院，兼浙江官书局总办，孙诒让随侍。1867年，孙诒让20岁，中举人，侍父于杭州紫阳书院。1868年孙诒让21岁，春三月随父至京师，预试礼部不第。1869年孙诒让22岁，孙衣言任江宁布政使。1871年孙诒让24岁，春北上，应礼部试。1872年孙诒让25岁，孙衣言任安徽按察使，晋京陛见同治皇帝。此年孙诒让始号“籀廎”。1884年，孙诒让37岁，中法宣战，沿海戒严，与里人筹办团防。1886年孙诒让39岁，赴京应礼部试，开始接触中译西方政治科技书刊。1887年孙诒让40岁，订阅国内各种时务报刊及书籍。1890年孙诒让43岁，三月赴京师应礼部试。

1894年孙诒让47岁，京师应试。中日甲午之战，海陆军大败，孙诒让负责瑞安筹防局，痛心地说：“时局多艰，此后恐无复仰屋著书之日。”1895年孙诒让48岁，马关条约签订，康有为、梁启超会同十八省公车上书，陈请拒和，迁都变法，成立强学会，强学书局，雪洗耻辱。孙诒让闻而感愤，给梁启超写信说：“每与同人论及时局，忧闷填胸，辄妄有缀述，聊作豪语，以强自慰藉。”“及读鸿议，乃知富强之原，在于兴学。”孙诒让与黄绍箕等人发起创办瑞安算学书院。1896年孙诒让49岁，梁启超撰《变法通议》，孙诒让给梁启超写信，赞扬梁氏“于中国贫弱窳败之故，洞究原本”。1897年孙诒让50岁，致书上海时务报馆汪康年，谓朝廷若非幡然改弦，万无挽救之术，建议于明春礼部试时，海内公车云集，宜订集数千人上书力陈危局，吁请早定变法之议，万一得达，斯亦中华强弱之转机。1898年孙诒让51岁，1月20日再致书汪康年，吁请公车上书时附列名字，称决计不应试，倘未到京，人不妨列名，则无论如何抗直，弟均愿附骥，虽获严诘，所不计。夏四月，清廷下诏，决定变法维新，秋八月变法失败，康有为逃香港，梁启超逃日本，谭嗣同等被杀，孙诒让驰书鄂督张之洞，请求设法营救未果。

1900年孙诒让53岁，八国联军侵北京，瑞安办团防，孙诒让总其事。浏阳唐才常起事于两湖，事败就义，孙诒让闻而哀叹，作《浏阳二子谭嗣同、唐才常歌》诗。1905年孙诒让58岁，被京师大学堂聘为总教习未赴。1906年孙诒让59岁，清廷下诏预备立宪，孙诒让任学部二等谘议官（相当于教育界国会议员）。春二月，瑞安开办公立县中学堂，孙诒让任总理。瑞安成立商会，孙诒让为总理。1907年孙诒让60岁，5月秋瑾被捕，孙诒让请张之洞设法营救未果。浙江教育总会成立，孙诒让任副会长。礼部设礼学馆，奏派孙诒让为总撰未赴。湖广总督张之洞聘孙诒让为武昌存古学堂总教习不就。1908年孙诒让61岁，编论文集《籀庼述林》，收文127篇。6月20日病世。

《墨子间诂》。孙氏曾在21、24、39、43和47岁时，5次赴京应试不第，后绝意仕进，专心治学，著述40余年，著作数十种，涉及文字、校勘、考据、经学、诸子、历史等领域。《清史稿》卷四百八十二立传。《墨子间诂》是孙氏用毕生精力，费时数十年撰就的成名代表作，确立孙氏在墨学研究史上无可替代的重要地位。1877年孙诒让30岁，至杭州，观嘉惠堂八千卷楼秘藏，得影印吴文定《墨子》手抄本，校正讹字甚多。这一年，孙氏正式从事《墨子间诂》的奠基工作。1892年孙诒让45岁，草创《墨子间诂》。1893年（光绪十九年癸巳）10月，孙诒让46岁，《墨子间诂》脱稿，共19卷。其中包括《间诂》15卷，《目录》1卷。这符合传统的说法。《隋书•经籍志》著录："《墨子》十五卷，目一卷。"孙诒让在《墨子间诂》之后，加上《附录》1卷，《后语》2卷。《附录》1卷包括篇目考、佚文和旧序。《后语》2卷分上下。上卷包括墨子传略、墨子年表和墨学传授考。下卷包括墨子绪闻、墨学通论和墨家诸子钩沉。

《墨子间诂》和所附资料，为后世墨学研究者提供营养，为近代墨学复兴铺路奠基。自署“光绪十有九年，岁在癸巳十月。瑞安孙诒让《序》”说：“墨子之生，盖稍后于七十子，不得见孔子，然亦甚老寿，故前得与鲁阳文子、公输般相问答，而晚及见田齐太公和，又逮闻齐康公兴乐及楚吴起之乱。身丁战国之初，感悕于犷暴淫侈之政，故其言谆复深切，务陈古以剀（讽喻，比喻，类推）今。亦喜称道《诗》、《书》及孔子所不修《百国春秋》。惟于礼则右夏左周，欲变文而反之质，乐则竟屏绝之，此其与儒家四术六艺必不合者耳。至其接世，务为和同，而自处绝艰苦，持之太过，或流于偏激，而非儒尤为乖戾（悖谬反常）。然周季道术分裂，诸子舛驰。荀卿为齐、鲁大师，而其书《非十二子》篇于游、夏、孟子诸大贤，皆深相排笮。洙泗龂龂，儒家已然，墨儒异方，跬武千里，其相非宁足异乎？综览厥书，释其纰驳，甄其纯实，可取者盖十六七。其用心笃厚，勇于振世救敝，殆非韩吕诸子之伦比也。庄周《天下》篇之论墨氏曰，不侈于后世，不靡于万物，不晖于数度，以绳墨自矫，而备世之急。又曰，墨子真天下之好也，将求之不得也，虽枯槁不舍也，才士也夫！墨子既不合于儒术，孟、荀、董无心、孔子鱼之伦，咸排诘之。汉晋以降，其学几绝，而书仅存，然治之者殊鲜，故脱误尤不可校，而古字古言，转多沿袭未改，非精究形声通假之原，无由通其读也。”

《墨子间诂·墨子传略》：“劳身苦志，以振世之急，权略足以持危应变，而脱屣利禄，不以累其心。所学尤该综道艺，洞究象数之微。其于战国诸子，有吴起、商君之才，而济以仁厚，节操似鲁连，而质实亦过之，彼韩、吕、苏、张辈复安足算哉！谨甄讨群书，次第其先后，略考始末，以裨史迁之阙。俾学者知墨家持论虽间涉偏驳，而墨子立身应世具有本末，自非孟荀大儒，不宜轻相排笮。彼窃耳食之论以为诟病者，其亦可以少息乎！”

这些论述，对墨子、墨家和墨学，给予高度评价，正确总结汉晋以后，墨学几乎断绝，无人通读的悲剧历史。孙氏认为，《墨子》虽侥幸传世，但解释研究者很少，致使原典在辗转传抄中，脱误甚多，古字古言，难以通读。孙诒让说："余昔事雠览，旁摭众家，择善而从""用相勘校"，"参综考读"，"研核有年，用思略尽，谨依经谊字例，为之诠释"，"用遗来学"。他借鉴东汉许慎注《淮南子》的方法，效法其《鸿烈间诂》的题名，自题《墨子间诂》，解释说："间者发其疑牾，诂者正其训释。"即对《墨子》原文，间隔地从其疑问矛盾处，给出正确的校勘和训诂。1894年孙诒让47岁，嘱吴门毛翼庭以聚珍版初印《墨子间诂》三百部，后寄赠梁启超一部。1895年孙诒让48岁，重勘《墨子间诂》。1904年孙诒让57岁，重校并跋《墨子间诂》。1907年孙诒让60岁，逝世前一年，校理《墨子间诂》，写成最后定本。孙诒让《墨子间诂》19卷，包括《间诂》十五卷，《目录》一卷。这符合传统的说法。《隋书•经籍志》著录："《墨子》十五卷，目一卷。"孙诒让在《间诂》之后，加上《附录》1卷，《后语》2卷。《附录》1卷包括篇目考、佚文和旧序。《后语》2卷分上下。上卷包括墨子传略、墨子年表和墨学传授考。下卷包括墨子绪闻、墨学通论和墨家诸子钩沉。为后世墨学研究者，提供基本资料，开辟门径，为近代墨学复兴，铺路奠基。

俞樾《序》说："自有《墨子》以来未有此书。"梁氏1923年写《中国近三百年学术史》说："此书（指《墨子间诂》）初用活字版印成，承仲容（孙诒让的字）先生寄我一部，我才二十三岁耳（梁氏1873年生，二十三岁，即1895年）。我生平治墨学及读周秦子书之兴味，皆由此书导之。"梁启超说："自此书出，然后《墨子》人人可读，现代墨学复活，全由此书导之。"梁氏认为，以墨子为领头的"先秦诸子学之复活，实为思想解放一大关键"。

孙诒让积30年功力，完成《墨子间诂》，是清末《墨子》校勘训诂的集大成之作。1907年，孙氏在《墨子间诂总目》后写道："此书写定于壬辰癸巳（1892～1893）间，甲午（1894）夏，属吴门梓人毛翼庭，以聚珍版，印成三百部，质之通学。"方授楚《墨学源流》说孙氏"用力于是书，前后盖三十年矣"。30多年，占据孙氏学术生涯的大半，可见孙氏于《墨子间诂》，所用功力之厚重。孙梁交棒。1908年孙氏61岁（光绪三十四年戊申），春患寒咳，继而中风，后病转剧，6月20日逝世。本年孙氏于病中，编辑《籀庼述林》。本书是他的学术论文集，收论文127篇，可从中窥知他一生治学全貌。其中收1897年（光绪二十三年丁酉）孙氏50岁时，写给梁启超的信，题为《与梁卓如论墨子书》。此信作于1898年戊戌变法前，"卓如"是梁启超的字。孙诒让的学术专长，是对《墨子》的校勘训诂，文献整理，他不擅长于对墨学义理的阐发。阐发墨学义理，是梁启超的专长。孙诒让推崇梁启超，说他年轻热情，有专业知识，对他寄予厚望，希望他接班接棒，继承发扬墨学研究事业，而他自已则谦逊地承认力不从心，不能继续深入研究。这一封言之谆谆，盼望殷切，嘱托交棒，带有遗言性质的信函，收录在他临终前编改的文集《籀庼述林》。首次出版于1916年（丙辰民国五年）。这时孙诒让已逝世八年，是家印，没标出版社名。

在墨学研究史上，孙诒让这封信极其重要，有承前启后的里程碑意义。孙诒让在信中高度评价墨家和墨学说："曩读《墨子》书，深爱其撢精道术，操行艰苦。""综西士通艺之学，九流汇海，斯为巨派。""拙著印成后，间用近译西书，复事审校，似有足相证明者。""此学晐举中西，邮彻旷绝，几于九译乃通，宜学者之罕能津逮也。"孙诒让称赞墨家操行艰苦，荟萃百家九流，是巨大的学派团体，认为墨学义理深远，跟西方科学技术有相通处，可互相发明。墨学概括中西，囊括万有，需反复解释，多次翻译，才能理解，过去学者很难做到。孙诒让断言："《墨经》揭举精理，引而不发，为周名家言之宗。窃疑其必有微言大例，如欧士雅里大得勒（亚里士多德）之演绎法，培根之归纳法，及佛氏之因明论者。惜今书讹阙，不能尽得其条理。"认为《墨经》揭示的精要道理，是春秋战国时期逻辑学说的中心，是可持续发展的良好开端。这里"名家"指逻辑学家，不是指先秦以邓析、惠施、公孙龙为代表的名家学派。"名家"一词有歧义。清末学者翻译西方逻辑著作叫"名学"，逻辑学家叫"名家"。这在当时，是一个最新翻译过来，非常时髦时尚，刚开始在学术界流行的词，被孙诒让敏感地使用。中国古代诸子百家，有一派叫名家，以邓析、惠施、公孙龙为代表。孙诒让说的“名家”，据上下文意思，是指逻辑学家。“宗”是中心，宗主，出发点和基础。“窃”是指他自己。他说，我怀疑其中一定有微言大例。孙诒让认为《墨经》有“微言大例”，现在多被引成“微言大义”，因为有“微言大义”这个成语。1916年印刷的线装书原文，确是“微言大例”。“微言”，即微妙的道理。“大例”，即基本规律。严复把公理或基本定理，翻译成“例”。如曲全公理（整体和部分的公理），他说是“公例”。“例”即范例。“大例”即基本规律。欧洲论理家，指逻辑学家。“论理”是日本人对“逻辑”的翻译。孙诒让说《墨经》有跟亚里士多德演绎法和培根归纳法相似的内容，这在当时是一个最新的研究方向，孙诒让不可能给出具体的解释。孙诒让认为可惜的是，因为《墨经》文字错漏，不能充分把握其意义。

孙诒让在《墨子间诂序》说：“盖先秦诸子之讹舛（错乱）不可读，未有甚于此书者。”1907年（光绪三十三年丁未）4月，孙诒让在《墨子间诂总目》篇后补写题记说：“此书最难读者，莫如《经》、《经说》四篇。”孙诒让认为《墨子》在先秦诸子中最难读，而《墨经》又在《墨子》中最难读，所以可说《墨经》在先秦诸子中最难读。孙诒让给梁启超信说：“《经》、《经说》上下及大小《取》六篇，文义既苦奥衍，章句又复褫贸，昔贤率以不可读置之。”孙氏承认自己对“《经》、《说》诸篇，闳义妙旨，所未窥者尚多”，即对《墨经》的宏大义理，微妙旨趣，没有窥察出来的，还有很多。因此孙诒让认为有必要把接续研究墨学的“旷代盛业”，交班交棒给他足以信赖的梁启超。

孙氏《籀庼述林·与梁卓如论墨子书》，在墨学研究史上，有重要里程碑意义，标志墨学研究在现代，将由清代的校勘训诂，发展到现代义理研究的新阶段。在现代，高举墨学义理研究大旗的第一人，正是孙诒让殷切嘱托期盼的梁启超。孙诒让此信的主旨，是期盼梁启超接续墨学研究的“旷代盛业”。他鼓励梁启超说：“以执事研综中西，当代魁士，又夙服膺墨学”，“宜究其（指《墨经》）说，以饷学子，斯亦旷代盛业”。孙氏认为梁启超一贯推崇墨学，研究综合中西，是当代学术精英，希望梁氏接续研究、宣传和弘扬《墨经》学说，以造福新人，让青年学子受益，使《墨经》学说代代相传。孙氏称此为“旷代盛业”，即空前宏伟的事业，寓意梁启超对墨学研究的作用，当代无人能比，寓意这一事业的长期性、持久性，是可持续发展的研究课题。

孙诒让《墨子间诂·经上》注：“毕云，此翟自著，故号曰《经》，中亦无子墨子曰云云。按宋潜溪云：‘上卷七篇号曰《经》，中卷、下卷六篇号曰《论》。’上卷七篇则自《亲士》至《三辩》也。此《经》似反不在其数。然本书固称《经》，词亦最古，岂后人移其篇第与？唐、宋传注亦无引此，故讹错独多，不可句读也。’案：以下四篇皆名家言，又有算术及光学、重学之说，精妙简奥，未易宣究。其坚白异同之辩，则与公孙龙书及《庄子·天下》篇所述惠施之言相出入。《庄子》又云：‘相里勤之弟子，五侯之徒，南方之墨者苦获、已齿、邓陵子之属，俱诵《墨经》，而倍谲不同，相谓别墨。以坚白同异之辩相訾，以觭偶不仵之辞相应。’《庄子》言即指此《经》。《晋书·鲁胜传·注墨辩序》云：‘《墨辩》有上、下《经》,《经》各有《说》，凡四篇，与其书众篇连第，故独存。’亦即此四篇也。《庄子·骈拇》篇又云：‘骈于辩者，累瓦结绳窜句，游心于坚白同异之间，而敝跬誉无用之言，非乎？而杨、墨是已。’据《庄子》所言，则似战国之时墨家别传之学，不尽墨子之本旨。毕谓翟所自著，考之未审。凡《经》与《说》旧并旁行，两截分读，今本误合并写之，遂混淆讹脱，益不可通。今别考定，附著于后，而篇中则仍其旧。”

孙诒让《籀庼述林·与梁卓如论墨子书》：“曩读《墨子》书，深爱其撢精道术，操行艰苦，以佛氏等慈之旨，综西士通艺之学，九流汇海，斯为巨派，徒以《非儒》之论，蒙世大诟，心窃悕之，研校二十年，略识旨要，遂就毕本，补缀成注，然《经》、《说》诸篇，闳义妙旨，所未窥者尚多。尝谓《墨经》揭举精理，引而不发，为周名家（按指逻辑学家）言之宗。窃疑其必有微言大例（按原话如此），如欧士雅里大得勒（亚里士多德）之演绎法，培根之归纳法，及佛氏之因明论者。惜今书讹阙，不能尽得其条理。而惠施、公孙龙窃其绪余，乃流于儇诡口给，遂别成流派，非墨子之本意也。拙著印成后，间用近译西书，复事审校，似有足相证明者。如《经上》篇云：'仳，有以相撄，有不相撄也。'此疑即《几何原本》所云：'两直线于同面，行至无穷，不相离，亦不相远，而不得相遇，为并行线。''有以相撄'，即'不相离、不相远'之意。'有不相撄'，即'不得相遇'之意。此殆以形学之精理矣。又如《经说上》云'无久之不止，有久之不止'二语，似即力学永静、永动之理，而与奈端（牛顿）'静者不自动，动者不自止'之例，亦复冥契。又如《经下》云'火不热'，似亦热学之滥觞。盖热无尽畔，以西人寒暑表测之，光、热相生，大抵不逾二百度，以足成焰，而近日化、电诸象所能成之热，亦有增至三、四千度者，新法日孳，热度所至亦复无竟，则一星之然不翅冰畔矣。而《说》乃以目见，火不见热为释，则义殊浅隘也。若以此诸义蓄之匈臆者，匪一，因于西书所见甚少，其算理精緐者复苦不能尽解。""以执事研综中西，当代魁士，又夙服膺墨学，辄刺一二奉质，觊博一弦耳。总之，《经》、《经说》上下及大小《取》六篇，文义既苦奥衍，章句又复褫贸，昔贤率以不可读置之。爻山（苏时学）刊误，致力甚勤，而于此六篇，竟不著一字。专门之学，尚复如是，何论其他？唯贵乡先达兰浦、特夫两先生，始用天、算、光、重诸学，发挥其旨；惜所论不多，又两君未遘精校之本，故不无望文生训之失。盖此学晐举中西，邮彻旷绝，几于九译乃通，宜学者之罕能津逮也。近欲博访通人，更为《墨诂补谊》；倘得执事赓续陈、邹两先生之绪论，宣究其说，以饷学子，斯亦旷代盛业，非第不佞所为望尘拥篲，翘盼无已者也。"

墨子间诂

孙诒让《墨子间诂》：《新编诸子集成》，中华书局2001年版。前有孙启治1998年前言，清光绪二十一年（1895）俞樾序，孙诒让光绪十九年（1893）自序，正文15卷，后有附录《墨子篇目考》、《墨子佚文》、《墨子旧序》，

《墨子后语·墨子传略》、《墨子年表》、《墨学传授考》、《墨子绪闻》、《墨学通论》、《墨家诸子钩沉》、《黄绍箕跋》。《墨子大全》第18册影印，北京图书馆出版社2004年版。孙诒让：《墨子间诂》初本，清光绪二十一年（1895）苏州毛上珍聚珍本木活字本：《墨子大全》第15册影印，北京图书馆出版社2004年版。清光绪三十三年（1907）定本，宣统二年（1910）刻本：《墨子大全》第16册影印，北京图书馆出版社2004年版。1940年上海扫叶山房石印，《墨子大全》第17册影印，北京图书馆出版社2004年版。1935年世界书局刊《诸子集成》本，中华书局1954年版《诸子集成》本，1959年重印，《诸子集成》第4册。

孙诒让积30年功力，搜集前人注本10余家，是清代集大成式、里程碑式、总结性的注本，可作今日读本。孙诒让是两千多年墨学史中占重要地位的关键性人物，新旧墨学的分水岭，是传统治墨方法的集大成者，又是新墨学的催生者。墨学在前5至前3世纪战国时代盛行，在汉至清两千多年中，遭受封建社会主流意识形态儒学和官方舆论机构的否定和排挤，从20世纪初文化新星梁启超的墨学研究开始，迎来再次复兴的机遇。在这段历史中，有一位过渡性和关键性的人物，即孙诒让。《墨子间诂》是孙氏用毕生精力，费时数十年撰就的一部成名代表作，确立孙氏在墨学史上的无可替代的崇高地位和杰出贡献。

1877年孙氏30岁至杭州，阅嘉惠堂八千卷楼秘藏，得影印吴文定《墨子》手抄本，校正讹字，正式从事《墨子间诂》的奠基工作。经十余年认真研究，1892年45岁草创《墨子间诂》。1893年（光绪十九年癸巳）10月孙氏46岁，《墨子间诂》脱稿。孙氏《墨子间诂·序》：“（墨子）身丁战国之初，感悕于狂暴淫侈之政，故其言谆复深切，务陈古以剀（讽喻，比喻，类推）今，亦喜称道《诗》《书》，及孔子所不修百国《春秋》，惟于礼，则右夏左周（崇尚夏朝，违背周朝），欲变文而反之质。乐则竟屏绝之。此其与儒家四术六艺，必不合者耳。至其接世，务为合同，而自处绝艰苦。”“墨儒异方，跬步千里，其相非宁足异乎？综览其书，释其纰驳，甄其纯实，可取者，盖十六七。其用心笃厚，勇于振世救敝，殆非韩吕诸子之伦比也。庄周《天下》篇之论墨氏曰，不侈于后世，不靡于万物，不晖于数度，以绳墨自矫，而备世之急。又曰，墨子真天下之好也，将求之不得也，虽枯槁不舍也，才士也夫！墨子既不合于儒术，孟、荀、董无心、孔子鱼之伦，咸排诘之。汉晋以降，其学几绝，而书仅存，然治之者殊鲜，故脱误尤不可校，而古字古言，转多沿袭未改，非精究形声通假之原，无由通其读也。”“余昔事雠览，旁摭众家，择善而从”，“用相勘校”，“参综考读”，“研核有年，用思略尽，谨依经谊字例，为之诠释”，“用遗来学”。借鉴东汉许慎注《淮南子》方法，效法其《鸿烈间诂》题名，题《墨子间诂》，解释：“间者发其疑牾，诂者正其训释。”对《墨子》原文，间隔地从其疑问处，给出校勘训诂。1894年孙氏47岁，嘱吴门毛翼庭以聚珍版初印《墨子间诂》300部，后寄赠梁启超一部。1895年48岁，重勘《墨子间诂》。1904年57岁，重校并跋《墨子间诂》。1907年60岁，逝世前1年校理《墨子间诂》，写成最后定本。

俞樾《墨子间诂序》评价说：“自有《墨子》以来未有此书。”梁氏1923年《中国近三百年学术史》：“此书（指《墨子间诂》）初用活字版印成，承仲容（孙氏的字）先生寄我一部，我才23岁耳（梁氏1873年生，23岁，即1895年）。我生平治墨学及读周秦子书之兴味，皆由此书导之。”梁启超评价：“自此书出，然后《墨子》人人可读，现代墨学复活，全由此书导之。”梁氏认为以墨子为领头的“先秦诸子学之复活，实为思想解放一大关键”。孙氏积数十年功力完成《墨子间诂》，是清末《墨子》校勘训诂的集大成之作。1907年，孙氏《墨子间诂总目》后写：“此书写定于壬辰癸巳（1892－1893）间，甲午（1894）夏，属吴门梓人毛翼庭，以聚珍版，印成三百部，质之通学。”方授楚《墨学源流》说孙氏“用力于是书，前后盖三十年矣”。30多年占据孙氏学术生涯的大半，可见孙氏于《墨子间诂》所用功力之厚重。

1908年孙氏于逝世前编辑《籀庼述林》，收录1897年（光绪二十三年丁酉）孙氏50岁时写给梁启超的信，题《与梁卓如论墨子书》。此信作于1898年戊戌变法前，“卓如”是梁启超的字。孙氏学术专长，是对《墨子》的校勘训诂，文献整理，不擅长于对墨学义理的研究。研究墨学义理，是梁启超专长。孙氏推崇梁启超，说他年轻热情（梁氏比孙氏小25岁，晚死21年），有专业知识，对他寄予厚望，嘱他继承墨学研究事业。孙氏这封信具有承前启后的里程碑意义。

孙氏信高度评价墨家和墨学：“曩读《墨子》书，深爱其撣精道术，操行艰苦。”“综西士通艺之学，九流汇海，斯为巨派。”“拙著印成后，间用近译西书，复事审校，似有足相证明者。”“盖此学晐举中西，邮彻旷绝，几于九译乃通，宜学者之罕能津逮也。”孙氏称赞墨家操行艰苦，荟萃百家九流，墨学义理深远，与西方科学技术有相通处，可互相发明。墨学囊括万有，需经解释，才能理解。孙氏断言：“《墨经》揭举精理，引而不发，为周名家言之宗。窃疑其必有微言大例，如欧士雅里大得勒之演绎法，培根之归纳法，及佛氏之因明论者。惜今书讹阙，不能尽得其条理。”“微言大例”，即微妙道理，基本规律。

孙氏《墨子间诂序》：“盖先秦诸子之讹舛（错乱）不可读，未有甚于此书者。”1907年（光绪三十三年丁未）4月，孙氏在《墨子间诂总目》篇后补写题记说：“此书最难读者，莫如《经》、《经说》4篇。”即《墨子》在先秦诸子中最难读，《墨经》在《墨子》中最难读。孙氏给梁启超信：“《经》、《经说》上下及大小《取》六篇，文义既苦奥衍，章句又复褫贸，昔贤率以不可读置之。”孙氏承认自己对“《经》、《说》诸篇，闳义妙旨，所未窥者尚多”，认为有必要把接续研究墨学的“旷代盛业”，交棒给他十分信赖的梁启超。

孙氏《籀庼述林·与梁卓如论墨子书》，在墨学研究史上，有重要里程碑意义，它标志墨学研究在近现代，将由清代的校勘训诂，发展到义理研究的新阶段。在近现代，高举墨学义理研究大旗的第一人，正是孙诒让殷切嘱托和期盼的梁启超。鼓动梁启超：“以执事研综中西，当代魁士，又夙服膺墨学”，“宜究其（指《墨经》）说，以饷学子，斯亦旷代盛业”。1920年梁氏《墨经校释自序》：“《墨子》全书，本称难读，而兹四篇（指《墨经》）者特甚。”梁氏说孙诒让《墨子间诂》，“全书疑滞，剖抉略尽。独兹四篇（指《墨经》），用力虽勤，而所阐仍寡；即以校勘论，其犁然而有当者，亦未始得半。作始之难，理固然也。”梁氏1923年《中国近三百年学术史》：“孙氏《间诂》，于他篇诠释殆已十得八九，独此四篇（指《墨经》）者，所释虽较孙（星衍）、张（惠言）稍进步，然遗义及误解仍极多。”梁氏对孙氏《间诂》的评价，恰如其分。梁氏在20世纪初写《墨子之论理学》，1921年写《墨子学案》，20年中一直在从事校注《墨经》的工作。

《墨经校释・自序》：“启超幼而好墨，二十年来，于兹《经》有所校释，随札记于卷端，得若干条。”“遂检旧稿，比而次之，得数万言，命曰《墨经校释》。其于毕、张、孙诸君子之说持异同者盖过半。”孙诒让在19世纪末，是新旧墨学的分水岭。20世纪初的梁启超，是新墨学的开山祖。为墨学研究事业共同奋斗的孙梁二氏，构成中国墨学史漫长过程的转捩点。这是由2000多年墨学研究的点滴积累和量变过程，在新旧世纪之交的时空条件下，发生的质变飞跃。俞樾《墨子间诂序》说，该书“乃集诸说之大成”，“盖自有《墨子》以来，未有此书也”。以上“七十一篇本”到“墨子间诂”等词目86个，归入“中世论墨”类名。

大陆论墨

现代中国大陆论墨，质与量大超清代前。从1904年梁启超在日本办《新民丛报》，发表《子墨子学说》（附《墨子之论理学》）开始，到当前墨学研究盛况为止，中经100多年。涵盖这一时期墨学研究的重要人物、典籍、范畴和命题，反映现代墨学研究空前发展。“大陆论墨”类名，含“孙中山”到“墨学大辞典”等词目141个。

孙中山

1866～1925。名文，号逸仙，化名中山。广东香山县（今广东中山）人。近代民主革命先行者，中华民国和中国国民党创始人，倡导三民主义，首举彻底反封建大旗，倡共和，终帝制，1911年被推举为中华民国临时大总统，1912年1月1日在南京宣誓就职，组成中华民国临时政府，1912年2月12日清宣统帝溥仪退位，结束两千多年君主专制。1912年2月

13 日辞临时大总统，1912 年 8 月同盟会改组成国民党，被推举为理事长。

孙中山《三民主义》：仁爱也是中国的好道德。古时最讲爱字的莫过于墨子。墨子所讲的“兼爱”，与耶稣讲的“博爱”是一样的。古时在政治一方面所讲爱有道理，有所谓“爱民如子”，有所谓“仁民爱物”，无论对于什么事，都是用爱字去包括。所以古人对于仁爱究竟是怎么样实行，便可以知道。中外交通之后，一般人便以为中国人所讲的仁爱不及外国人，因为外国人在中国设立学校，开办医院，来教育中国人、救济中国人，都是为实行仁爱的，照这样实行一方面讲起来，仁爱的好道德，中国现在似乎远不如外国。中国所以不如的原故，不过是中国人对于仁爱没有外国人那样实行，但是仁爱还是中国的旧道德。人们要学外国，只要学他们那样实行，把仁爱恢复起来，再去发扬光大，便是中国固有的精神。（《民族主义第六讲》1924 年 3 月 2 日，《孙中山全集》第9卷，中国社科院近代史所等编，中华书局 2011 年版，第 244 页）

墨子贵义

张澜（1872～1955）：四川南充人。字表方。民主革命家。25 岁中秀才。1917 年任四川省长。1925 年创办成都大学任校长。1941 年参加发起中国民主政团同盟（1944 年改称中国民主同盟），任中国民主同盟主席。1949 年 9 月出席中国人民政治协商会议，当选为中央人民政府副主席，1954 年当选为全国人大常委会副委员长、全国政协副主席。张澜《墨子贵义》，见张澜纪念馆官网（张澜网站）。

梁启超

1873～1929。广东新会人。字卓如，号任公、饮冰室主人、中国之新民。方授楚说：“（梁启超）自号任公，乃取墨义。”（《墨学源流》，中华书局 1989 年版，第 220 页）。1884 年 11 岁中秀才，1889 年 16 岁中举人。1890 年赴京会试不中，结识康有为，投其门下。1891 年就读万木草堂，接受康有为思想，倡导变法维新，人称“康梁”。1895 年 23 岁，赴京会试，协助康有为，发动在京应试举人，联名请愿，助康创建强学会。1896 在上海主编《时务报》，发表《变法通议》等政论，影响甚大。1897年，任长沙时务学堂总教习，宣传变法。

1898年26岁，参与百日维新，7月受光绪帝召见，奉命进呈《变法通议》，光绪帝赏六品衔，奉旨办理京师大学堂译书局事务。9月政变失败，逃往日本。12月在日创办《清议报》。1902年元旦，在日创办《新民丛报》，至1907年，共出96期，1903年发行至9千份，后达1.4万多份，畅销之旺，出乎意料。梁氏大量撰稿，介绍西方社会政治学说，反映梁氏在而立之年，学术思想渐趋成熟，对中国思想文化事业卓有建树，代表中国传统文化在20世纪初年新生的方向。

梁启超1912年回国，1913年出任司法总长，1916年出任财政总长，兼盐务总署督办。1918至1920年旅欧，回国后专心从事教育和学术活动，主张光大传统文化，在文、史、哲、佛学各领域，卓有建树。1922年起，在清华学校兼课，先后到济南、苏州、上海等地讲学。1925年在清华研究院讲学，应聘清华国学研究院导师，任京师图书馆馆长。梁氏以饱带情感之笔，写流利畅达之文，自述“其文条理明晰，笔锋常带情感，对于读者，别有一种魔力”。

19世纪末至20世纪初，梁氏在中国思想界影响甚大，文章教育一代人，是青年学子的智慧之源。梁氏努力介绍西方文化学术思想，补中国文化的不足，以新思想，重新认识中国传统文化，弘扬合理内核，论述其在新时代的适用性、可取性，促进民族文化再生，以继承发扬中国传统学术为己任。他说：“生此国，为此民，享此学术思想之恩泽，则歌之舞之，发挥之光大之，继长而增高之，吾辈之责也。”“凡一国之立于天地，必有其所以立之特质。欲自善其国者，不可不于此特质焉，淬厉之而增长之。”（《论中国学术思想变迁之大势》，《饮冰室合集》文集7，第2~3页）

梁氏倡导中西文化的比较融合，反对全盘西化与复古。他说：“凡天下事，必比较然后见其真。无比较则非惟不能知己之所短，并不能知己之所长。”“凡教人必当因其性所近而利导之，就其已知者而比较之，则事半功倍焉。”（同上）

梁氏推崇墨学，自称“幼而好墨”。1904年发表《子墨子学说》

（附《墨子之论理学》），1921发表《墨经校释》和《墨子学案》，影响深远。梁启超《墨经校释·自序》说："《墨经》，则秦汉以降，漫漫长夜。兹学既绝，则学者徒以空疏玄渺，肤廓模棱，破碎之说相高，而知识界之榛塞穷饿，乃极于今日。吁！可悲已。"

梁氏概括，反映历史真实，对墨学中绝，感慨惋惜。在秦汉至清2200余年的封建社会，墨学影响，依然存在。墨学倡导兼爱平等，是彻底的人道人文主义，跟封建宗法等级的经济政治制度不能适应，倡导"亲亲差等之爱"的儒学能适应。在汉武帝采纳董仲舒"罢黜百家，独尊儒术"的文化对策后，中国思想界逐渐出现儒兴墨衰趋势。在2200余年封建统治下，随社会环境，历史条件改变，墨家作为一个独立学派逐渐消亡。墨学作为一种思想体系，依然存在于文化载籍，对中国社会文化的影响未消失。

墨学在秦汉至清，被作为封建社会主流意识形态的儒学和封建国家机构的否定、排挤和打击，饱受劫难，在清末民初的社会剧烈变动中，迎来劫后再兴的局面。儒学作为封建社会主流的意识形态，不像《墨经》重视逻辑和科学。在"儒兴墨衰"的大势中，《墨经》被《道藏》（道家经典汇集）收录，整体形势仍是无人钻研，无人能懂，无人做系统解释，更遑论发挥和发展。前5世纪，墨子所创带平民色彩的兼爱平等学说，深入人心，诸子百家竞相评说。孟子紧接墨子鼎盛年，活动于战国中期，是墨子学说最早，最激烈的反对者。《孟子·滕文公下》惊呼："墨翟之言盈天下。"可见墨学的巨大影响。墨子提倡兼爱平等，跟儒家"亲亲别爱"（差等之爱）的封建宗法思想背道而驰，受到儒学卫道者孟子的极端敌视仇恨。《孟子·滕文公下》说："墨氏兼爱，是无父也。无父无君，是禽兽也。"孟子诬称墨子之道是淫辞邪说："是邪说诬民，充塞仁义也。仁义充塞，则率兽食人，人将相食。"孟子宣称捍卫先圣孔子之道，就要拒绝排斥墨子之道。孟子被后世儒家尊奉为亚圣，儒学被简称为"孔孟之道"。孟子的政治地位，使孟子对墨子的攻击言论，被封建社会官方看作是对墨学的政治结论，不能翻案。历代儒学大师，继续发挥孟子对墨子的攻击。

《四库全书》所收儒家著作，有24卷25处，长篇大论发挥孟子诬蔑墨子为“禽兽”的谬论。封建社会的上层建筑、意识形态，舆论机构、国家机器，统统把墨学看作异端邪说，洪水猛兽，给予无情打击。如果有人胆敢跳出来，为墨子说一句公道话，不怕跟传统儒家的言论相抵触，就会被一起株连为异端邪说，挞伐围剿。清汪中因搜集古书对墨子论述，作《墨子序》，推崇墨学，说墨子是救世“仁人”，批评孟子攻击墨子“无父”是诬枉，与传统儒家言论相反，被清朝官员儒者翁方纲扣上“名教之罪人”帽子，痛加挞伐，是一例。封建社会主流意识形态儒学对墨学的攻击，封建社会官方舆论机构对墨学的打压，是墨学在汉至清中绝的强大外力和重要外因。

梁启超《西学书目表后序》（《饮冰室合集》文集一）：“请言读子。一当知周秦诸子有二派，曰孔教，曰非孔教。二当知非孔教之诸子，皆欲改制创教。三当知非孔教之诸子，其学派实皆本于六经。四当知老子、墨子为两大宗。五当知今之西学，周秦诸子多能道之。六当知诸子弟子，各传其教，与孔教同。七当知孔教之独行，由于汉武帝之表章六艺，罢黜百家。八当知汉以后，无子书。九当知汉后百家虽黜，而老、杨之学，深入人心，二千年实阴受其毒。十当知墨子之学当复兴。”

梁启超《读孟子界说》（《饮冰室合集》文集三）：“界说五。‘仁义’二字，为孟子一切学问总宗旨。董子曰，仁者人也，义者我也。知有人不知有我，则为墨氏之学。知有我不知有人，则为老氏之学。故墨氏徒仁，老氏徒义。仁至义尽，时曰中庸。”“界说七。孟子言无义战，为大同之起点。此义本于《春秋》，为孔子特立大义，后之儒家，惟孟子能发明之，外教则墨翟、宋牼，皆深明此义。”“界说十二。距杨、墨为孟子传教宗旨。杨朱为老子弟子，见于《列子》。距杨朱即以距老子也。周秦诸子虽多，其宗旨不出老、墨两派（别详《读诸子界说》）。当时最负盛名，几与孔子敌者，亦惟老、墨两派，故距老墨，即所以距诸子也。”

《论中国学术思想变迁之大势·全盛时代·论周末学术思想勃兴之原因》（《饮冰室合集》文集

七）："一由于思想言论之自由也。凡思想之分合，常与政治之分合成比例。国土隶于一王，则教学亦定于一尊，势使然也。周室为中央一统之祖，当其盛也，威权无外，《礼记·王制》所载，作左道以惑众杀，作奇器异服、奇技淫巧以疑众杀，行伪而坚、言伪而辨、学非而博、顺非而泽以疑众杀。盖思想言论之束缚甚矣。周既不纲，权利四散，游士学者，各称道其所自得以横行于天下，不容于一国，则去而之他而已，故仲尼干七十二君，墨翟来往大江南北。荀卿所谓'无置锥之地，而王公不能与之争名，在一大夫之位，则一君不能独畜，一国不能独容'。言论之自由，至是而极。加以历古以来，无宗教臭味，先进学说，未深入人心，学者尽其力之所及，拓殖新土，无罣无碍，岂所谓海阔从鱼跃，天空任鸟飞者耶。庄子曰：天下大乱，圣贤不明，道德不一，学者多得一察焉以自好。(《天下篇》）孟子曰：圣王不作，诸侯放恣，处士横议。盖政权之聚散，影响于学术思想者如是其甚也。"

"一由于讲学之风盛也。前此学术既在世官，则非其族者不敢希望，及学风兴于下，则不徒其发生也骤，而其传播也亦速。凡创一学说者，辄广求徒侣，传与其人，而千里负笈者，亦不绝于道。孔子之弟子三千，墨子之巨子遍于宋郑齐之间。""盖百家莫不皆然矣。此实定（公）、哀（公）以前之所无也。故一主义于此，一人倡之，百人从而和之，一人启其端，而百人扬其华，安得而不昌明也。"

《论诸家之派别》："先秦之学，既称极盛，则其派别自千条万绪，非易论定。今请先述古籍分类异同之说，而别以鄙见损益之。古籍中记载最详者，为《汉书·艺文志》，其所本者刘歆《七略》也。篇中《诸子略》，实为学派论之中心点，而《兵书略》《术数略》《方技略》，亦学术界一部之现象也。今举《诸子略》之目如下，凡为十家，亦称九流（小说家不在九流之内）。一、儒家。二、道家。三、阴阳家。四、法家。五、名家。六、墨家。七、纵横家。八、杂家。九、农家。十、小说家。又《史记·太史公自序》，述其父司马谈《论六家要指》，凡六家：一、阴阳家。二、儒家。三、墨家。四、名家。五、法家。六、道德家。诸子书中论学派者，以《荀子》之《非十二子》篇，《庄子》之《天下》篇为最详。《荀子》所论，凡六说十二家：一、它嚣、魏牟。二、陈仲、史鳅。三、墨翟、宋钘。四、慎到、田骈。五、惠施、邓析。六、子思、孟轲。《庄子》所论凡五家，并己而六：一、墨翟、禽滑厘。二、宋钘、尹文。三、彭蒙、田骈、慎到。四、关尹、老聃。五、庄周。六、惠施。以上四篇，皆专论学派者也。其他各书，论及者亦不少。《孟子》则以杨、墨并举，又以儒、墨、杨并举。《韩非子·显学》篇，则以儒、墨并举，又以儒、墨、杨、秉并举。《史记》则以老子、韩非合传，而《孟子荀卿传》中，附论驺忌、驺衍、淳于髡、慎到、环渊、接子、田骈、驺奭、公孙龙、剧子、李悝、尸子、长卢、吁子以及墨翟焉。四篇之论，《荀子》最为杂乱。荀子，北派之巨子也。故所列十二家皆北人，而南人无一焉。以老子、杨朱之学如此其盛，乃缺而不举，遗憾多矣（西方之学亦未一及）。且所论者，除墨翟、惠施之外，皆非其本派中之祖师也。”

“《庄子》所论，推重儒、墨、老三家，颇能挈当时学派之大纲。（《天下》篇前一段所谓“内圣外王”之学，指儒家也。宋钘、尹文，墨派也。彭蒙、田骈、慎到，老派也。《庄子》本身，老派也。惠施，名家言，亦与墨子《大取》、《小取》等篇相近，近于墨派也。篇中一唱三叹者，惟孔、墨、老三家，实能知学界之大势也）然犹有漏略者。太史公（司马谈）之论，则所列六家，五雀六燕，轻重适当，皆分雄于当时学界中，旗鼓相当者也。分类之精，以此为最。虽然，欲以观各家所自起，及其精神之所存，则（司马）谈之言犹未足焉耳。”“北方多忧世勤劳之士，孔席不暖，墨突不黔，栖栖者终其身焉。南方则多弃世高蹈之徒，接舆、丈人、沮、溺，皆汲老、庄之流者也，盖民族之异性使然也。孔、老分雄南、北，而起于其间者，有墨子焉。墨亦北派也，顾北而稍近于南。墨子生于宋。宋，南北要冲也。故其学于南、北各有所采，而自成一家言。其务实际、贵力行也，实原本于北派之真精神，而其刻苦也过之。但其多言天鬼，颇及他界，肇创论法，渐阐哲理，力主兼爱，首倡平等，盖亦被南学之影响焉。故全盛时代之第二期，以孔、老、墨三分天下。孔、老、墨之盛，非徒在第二期而已，直至此时代之终。其余波及于汉初，犹有鼎足争雄之姿。”

“墨学：兼爱一派（此墨学正宗也。禽滑厘等为巨子。宋钘、尹文以禁攻寝兵为务，皆此学之感化也。战国之末祖述之者极盛）。游侠一派（凡兼爱者，必恶公敌，除害马，乃所以爱马也，故墨学衍为游侠之风，楚之攻宋，墨子之徒赴其难而死者，七十二人，皆非有所为而为也，殉其主义而已，自战国以至汉初，此派极盛，朱家、郭解之流，实皆墨徒也）。名理一派（《墨子·经》、《说》上、下，《大取》、《小取》等篇，多名家言。《庄子·天下》篇言，南方之墨者，以坚白同异之论相訾，以觭偶不仵之言相应）。”

“宋、郑，东西南北之中枢也，其国不大，而常为列强所争，故交通最频繁焉。于是墨家、名家，起于此间。墨家之性质，前既言之矣，而墨翟亦名学一宗师也。名家言起于郑之邓析，而宋之惠施及赵之公孙龙大昌之。名家言者，其繁重博杂似北学，其推理俶诡似南学，其必起于中枢之地，而不起于齐、鲁、秦、晋、荆楚者，地势然也。其气象颇小，无大主义可以真自立，其不起于大国，而必起于小国者，亦地势然也。要之，此齐、秦晋、宋郑之三派者，观其大体，自划然活现北学之精神，而必非南学之所得而混也。地理与文明之关系，其密切而不可易，有如此者，岂不奇哉。”“故北学之有墨，南学之有杨，皆走于两极端之极点，而立于正反对之地位。”“又按许行一派，亦兼有墨家主义，殆南而稍染北风也。但墨主干涉，而许主放任，其精神自异。”

“诸派之初起，皆各树一帜，不相杂厕。及其末流，则互相辩论，互相熏染，往往与其初祖之学说相出入，而旁采他派之所长以修补之。故战国之末，实为全盛时代第四期，亦名之混合时代，殆全盛中之全盛也。其时学界大势，有四现象，一曰内分，二曰外布，三曰出入，四曰旁罗。四者皆进步之证验也。所谓内分者，《韩非子·显学》篇云：自孔子之死也，有子张之儒，有子思之儒，有颜氏之儒，有孟氏之儒，有漆雕氏之儒，有仲梁氏之儒，有孙氏之儒（即荀卿），有乐正氏之儒。自墨子之死也，有相里氏之墨，有相夫氏之墨，有邓陵氏之墨。故孔、墨之后，儒分为八，墨离为三。而《荀子·非十二子》篇亦云：子游氏之贱儒，子夏氏之贱儒，子张氏之贱儒。《庄子·天下》篇云：相里勤（即《韩非子》所谓相里氏也）之弟子，五侯之徒，南方之墨者，苦获、已齿（郭注云：二人姓氏也）、邓陵子之属，俱诵《墨经》，而倍谲不同，相谓别墨，以坚白、同异之辩相訾，以觭偶不仵之辞相应。观此可见当时各派分裂之大概矣。"

"所谓外布者，各派皆起于本土，内力既充，乃务拓殖民地于四方。于斯之时，地理界限渐破，有南、北混流之观。""《庄子》云：南方之墨者，苦获、已齿、邓陵子之属，俱诵《墨经》，是墨行于南之证也。故其时学术渐进，不能以地为限，知识交换之途愈开，而南北两文明，与接为构，故蒸蒸而日向上也。所谓出入者，当时诸派之后学，常从其所好，任意去就。《孟子》曰：逃墨必归于杨，逃杨必归于儒。盖出彼入此，恬然不以为怪也。故禽滑厘，子夏弟子也，而为墨家巨子。""秦相吕不韦，至集诸侯游客，作八览、六论、十二纪，兼儒墨，合名法，综道德，齐兵农，实千古类书之先河，亦一代思想之渊海也。故全盛时代第四期，列国之国势，楚、齐、秦三分而终并于秦。思想界之大势，亦楚、齐、秦鼎立而汇合于秦。"

《先秦学派之所短》："不知己之所长，则无以增长光大之。不知己之所短，则无以采择补正之。语其长，则爱国之言也。语其短，则救时之言也。今请举中国之缺点。一曰论理 Logic 思想之缺乏也。凡在学界，有学必有问，有思必有辩。论理者，讲学家之剑胄也。故印度有因明之教（因明学者，印度五明之一也，其法为因、宗、喻三段，一如希腊之三句法），而希腊自芝诺芬尼、梭格拉底，屡用辩证法。至亚里士多德，而论理学蔚为一科矣。以此之故，其持论常圆满周到，首位相赴，而真理愈析而愈明。中国虽有邓析、惠施、公孙龙等名家之言，然不过播弄诡辩，非能持之有故，言之成理，而其后亦无继者（当时坚白马等名学之词句，诸子所通称道也，如《墨子·

大取》《小取》等篇最著矣，即《孟》《荀》《庄》《韩》书中以往往援为论柄，但其学终不成一科耳)。以故当时学者，着想非不邃奥，论事非不宏廓，但其周到精微，则远不逮希、印二土。试举一二为例。孟子云：杨氏为我，是无君也。墨氏兼爱，是无父也。夫为我何故与无君同物，兼爱何故与无父同物，一以论理法反诘之必立穷矣。"

"《墨子·天志》篇云：'然则天亦何欲何恶，天欲义而恶不义。'""然则何以知欲义而恶不义，曰，天下有义则生，无义则死。""然则天欲其生，而恶其死。""'此我所以知天欲义，而恶不义也'云云，语中迭用数'然则'字，望之极似循环论法，然究其极际，则天何以欲其生，而恶其死之理据，墨子不能言也，是其前论之基础，胥不立矣。中国古书之说理类此者什九，不能遍举也。大抵西人之著述，必先就其主题，立一界说，下一定义，然后循定义以纵说横说。中国则不然，如孔子之言仁、言孝，其义亦廖廓而不定，他无论矣。坐此之故，譬之虽有良将、健卒，而无戈矛、甲胄以为之藉，故以攻不克，以守不牢，道之不能大光，实由于是。推其所以缺乏之由，殆缘当时学者，务以实际应用为鹄，而理论之是非，不暇措意，一也。又中国语言文字分离，向无文典、语典 Language Grammar 之教，因此措辞设句之法不能分明，二也。又中国学者，常以教人为任，有传授而无驳诘，非如泰西之公其说以待人之赞成与否，故不必定求持论之圆到，三也。此事虽似细故，然实关于学术盛衰之大原。试观泰西古代思想，集成于亚里士多德。近世文明，滥觞于倍根。彼二人皆以论理学鸣者也，后有作者，可以知所务矣。"

梁启超《中国之武士道·墨子、孟胜、徐弱》(《饮冰室合集》七专集二四)："墨子圣人也。其教泽远矣。救世之患，急人之难，无所为而为之。孟子称：墨子摩顶至踵，以利天下，诚哉其然哉！墨学非攻而尚武。鲁人有学其子于墨子者，学而成，战而死，其父怼焉。墨子譬之以是犹欲粜，籴售则愠(见《墨子·鲁问篇》)。可见墨子以战死为光荣。而谓求学之目的，即在于是矣。故门弟子百数，皆可赴汤蹈火。其所以为教者使然也。故欲备军国民资格者，不可不学墨。观于孟胜、徐弱，重然诺，重义务，轻死生。呜呼！圣人之徒哉！圣人之徒哉！”

梁启超《中国之武士道蒋序》（《饮冰室合集》七专集二四）：“墨家者流，欲以任侠敢死，变厉国风，而以此为救天下之一道也。观于墨子，重茧救宋，其急国家之难若此，大抵其道在重于赴公义，而关系于一身一家私恩私怨之报复者盖尠焉，此真侠之至大，纯而无私，公而不偏，而可为千古任侠者之模范焉。”

《墨经》逻辑研究。梁启超在清代注释家孙诒让等人初步文献整理的基础上，进一步用现代科学方法，对《墨经》逻辑进行系统义理研究。梁氏是这一研究的开拓者和创始人。1904 年梁氏在《新民丛报》连载长文《子墨子学说》，附录《墨子之论理学》，揭开在中国近代研究《墨经》逻辑的序幕。梁氏分析墨家逻辑产生的时代背景和历史条件说：“墨子于九流之中较为晚出。其时儒道法三家，既已有中分天下之势，而百家言纷起并出，亦皆成一壁垒，据一方面，而墨子以后进崛起其间，非有坚固之理论，博捷之辩才，不足以排他说而申己义，故论理学（按即逻辑学）、格致学（按即自然科学）之应用最要焉，此《经上》《经下》《经说》《大取》《小取》诸篇所由立也。”梁氏说：“（先秦）诸子中持论理学最坚而用之最密者，莫如墨子。”《墨子》一书，“有论理学为之城壁”，“故今欲论墨子全体之学说，不可不先识其所根据之论理学”，指明逻辑学在墨学中的重要地位。梁氏说：“《墨经》最重要之部分，自然是在名学（逻辑学）。《经》中论名学原理者约居四分之一，其他亦皆用‘名学的’之演绎归纳而立义者也。”《墨经》除自觉论述逻辑学的内容外，其余的确是逻辑学的自觉和典范的运用。逻辑学是全部《墨经》的灵魂、精神和自觉的架构。鲁胜把《墨经》称之为《墨辩》，从一个侧面正确反映逻辑学在《墨经》中的重要地位。梁氏说墨子是“全世界论理学一大祖师，而二千年来，莫或知之，莫或述之。若鲁胜者，其亦空谷足音也已。惜其所注，今亦已亡，无以助我张目。吾草此篇，恨不能起其人于九原而共语之也”。梁氏自觉上承鲁胜，接续久已中断的研究和弘扬墨家逻辑的事业。梁氏指出，墨家逻辑的内容和价值，可与古希腊的亚里士多德，英国的培根、穆勒和印度的陈那学说相比。他感慨地说："只可惜我们做子孙的没出息，把祖宗遗下的无价之宝，埋在地窖子里二千年。今日我们在世界文化民族中，算是最缺乏论理精神、缺乏科学精神的民族，我们还有面目见祖宗吗？如何才能够一雪此耻？诸君努力啊！"

在中国历史进入20世纪的时候，梁启超这样具有世界意识的中国有觉悟的知识分子，已不能够容忍墨家逻辑这一中国文化的瑰宝，仍然处于埋没断绝，无人研究和弘扬的悲剧境地。在整个20世纪，尽管存在着种种阻力与误解，总是不乏少数的有识之士，苦费心力，继续墨家逻辑的研究与弘扬，这是极有价值的工作，与梁氏的深情鼓动密不可分。梁氏亲到西方实地考察，在日本流亡，学到西方和近代科学知识，对中国传统文化有深厚功底。他说，"在我国古籍中，欲求与今世所谓科学精神相悬契者，《墨经》而已矣"，指出《墨经》"含义奥衍"，"与儒家理解殊致"。《墨经》的知识观念，"颖异而刻入"，"与二千年来俗儒之理解迥殊别，而与今世西方学者所发明，往往相印"。梁氏说《墨经》是"世界最古名学书之一"。然而与欧洲自亚里士多德创逻辑以来，"代有增损改作，日益光大，至今治百学者咸利赖之"的盛况相比，墨家逻辑则从"秦汉以降，漫漫长夜，兹学既绝"，犹如"以明珠委尘，幽兰弃莽"，悠悠千载，无人顾视，"学者徒以空疏、玄妙、肤廓、模棱、破碎之说相高，而知识界之榛塞穷饿，乃及于今日"，是亟需改变的"可悲"局面。梁氏重视墨家逻辑研究，适应中华民族在20世纪力图迎头赶上世界进步的潮流，适合汲纳西方近代先进思维方法，改变占统治地位的儒家陈旧思维方式的需要。

梁氏肯定墨家逻辑的科学性，墨家把逻辑作为探求真理的工具。他说："墨子之论理学，非以骋辩才也，将据之以研究真理，而树一坚确不拔之学说也。"狭义《墨经》四篇，对于认识"若何而得真，若何而堕谬，皆析之极精，而出之极显，于是持之以辩名实御事理"。它与诡辩派的徒骋辩才，以求词胜，而不顾事理的诡辩，不可同日而语。梁氏从批判儒家传统思维方式重演绎的弊端，学习西方近代归纳科学思维方式的需要出发，褒扬墨家逻辑重归纳的精神。称近代英国哲学家培根的归纳逻辑思想，“实论理学界一大革命”，导致了“数百年来全世界种种学术之进步”，被“近世欧美学者所群推为不朽之业”，培根也因此被誉为“近世文明初祖”。慨叹“中国人所以不能发明新理，而往往为疑似谬悖之俗说所蒙蔽”，是由于没有继承发扬墨子在两千年前倡导的“归纳论理学”。梁氏发掘墨家的归纳逻辑思想，方向正确，墨家逻辑学确有重归纳的特点。研究工作的第一步，是掌握全面可靠的资料。到梁启超，想要对《墨经》的逻辑学进行理论上的研究时，前人没有为他准备好一个理想的，基本正确的《墨经》校释本。梁氏需要把《墨经》的校释和研究工作，同时进行。

1920 年梁氏《墨经校释自序》说：“《墨子》全书，本称难读，而兹四篇（指《墨经》）者特甚。”梁氏说孙诒让《墨子间诂》，“全书疑滞，剖抉略尽。独兹 4 篇（指《墨经》），用力虽勤，而所阐仍寡；即以校勘论，其犁然而有当者，亦未始得半。作始之难，理固然也。”梁氏 1923 年写《中国近三百年学术史》说：“孙氏《间诂》，于他篇诠释殆已十得八九，独此四篇（指《墨经》）者，所释虽较孙（星衍）、张（惠言）稍进步，然遗义及误解仍极多。”梁氏对孙氏《间诂》的评价，实事求是，恰如其分。孙诒让是清代著名的经学家，古文字学家，对《墨子》中除《墨经》以外的部分，作出较好的校释，对《墨经》这一个特殊的逻辑与科学原典，即使孙氏使出最大气力，还是不能对其义理作出准确具体的阐发。孙氏对《墨经》的校勘，似乎应该是孙氏专业范围内能够驾轻就熟，游刃有余的事情，但是正如梁氏所言，孙氏对《墨经》的校勘清楚而恰当的部分，连一半也不到。对《墨经》的义理研究，需要另外的专门知识。对《墨经》的正确校勘，不单纯是校勘学，古文字学的问题，部分依赖于对其进行正确的义理研究。如果对《墨经》的专门逻辑术语和逻辑原理不了解，不可能对文字作正确的校勘训诂。

梁氏在 20 世纪初写《墨子之论理学》，1921 年写《墨子学案》，20 年中一直在从事校注《墨经》

的工作。他在《墨经校释·自序》中说："启超幼而好墨，二十年来，于兹《经》有所校释，随札记于卷端，得若干条。""遂检旧稿，比而次之，得数万言，命曰《墨经校释》。其于毕、张、孙诸君子之说持异同者盖过半。"梁氏所说的与毕沅、张惠言、孙诒让等人有很多不同的部分，就是梁氏的开拓性和创造性的贡献。梁氏的这些校释成果，从那时到现在的近百年中，不断为学人引用，足证梁氏对《墨经》的进一步校释成果，有不可磨灭的真理成分。

梁氏对《墨经》的校释成果，为他对《墨经》的开创性义理研究，提供充分的资料依据。墨家逻辑这个特殊对象，到梁启超为止，已中断研究2300多年。清代乾嘉以来，18到19世纪，有毕沅、孙诒让等人为《墨子》作注，但对墨家逻辑进行真正的义理研究，基本上还没有开始。清代对《墨子》的文献整理，校勘训诂考证，由孙诒让集大成。对《墨经》的校勘、训诂、考证和义理研究，存在特殊困难，包括孙诒让在内，清末即19世纪以前，不仅对墨家逻辑的真正义理研究，未全面展开，对墨家逻辑的主要文献《墨经》的校勘、训诂、考证工作，也没有完成。综合清代成果，长期致力于《墨子》校注的孙诒让说："盖先秦诸子之伪舛不可读，未有甚于此书者。""而此书最难读者，莫如《经》、《经说》4篇。"孙氏"研核有年，用思略尽"而"写定"其主要著作《墨子间诂》后，曾寄梁氏一部。

梁氏在1923年写《中国近三百年学术史》时追述说："此书（指《墨子间诂》）初用活字版印成，承仲容（指孙诒让）先生寄我一部，我才二十三岁耳。我生平治墨学及读周秦子书之兴味，皆由此书导之。"1897年孙氏曾致信给梁氏，自述他对《墨子》"研校十年，略识旨要"，"然《经》、《说》诸篇，闳义妙旨，所未窥者尚多。"他以严肃学者应有的实事求是谦虚态度，承认自己对《墨经》中宏大高远、精微奥妙的义理，没有认识到的部分还很多。他说，《墨经》揭举精理，"为周名家言之宗"，即认为《墨经》是先秦逻辑学派学说的根据。孙氏又认为《墨经》中"必有微言大例，如欧士论理家亚里大得勒（即亚里士多德）之演绎法，培根之归纳法，及佛氏之因明论者，惜今书伪缺，不能尽得其条理。”“拙著印成后，间用近译西书，复事审校，似有足相证明者。”孙氏从宏观上估计到《墨经》中有与西方逻辑、印度因明相似的学问，不过他承认自己还不能对其给予具体中肯的说明。孙氏认为，《墨经》中的学问“赅举中西，邮彻旷绝，几于九译乃通”（经过辗转翻译才能使人通晓），是一般学者所“罕能尽逮”的。梁氏是当代“研综中西”的首选人才，“又夙服膺墨学”，孙氏极力鼓励梁氏，从事对墨家逻辑进行比较研究的“旷代盛业”。

孙氏给梁氏的这封信，具有非常重要的象征性意义。它就像是一根学术研究赛事中的“接力棒”，由孙氏亲手交给了梁氏。它标志着自清中叶以来的一个半世纪中，由中国传统知识分子，用中国传统注经方法，未能完成注解《墨经》，研究墨家逻辑学术的历史任务。在20世纪初，注定要由一批既有中国国学根底，又有西方和现代科学知识素养的新型知识分子，用现代科学方法“接班”完成。这不是由于前代学者不够努力，是由于他们的学力和方法在客观上达不到。历史赋予20世纪中国学者的一个义不容辞的学术使命，是把注解《墨经》和对墨家逻辑进行义理研究的工作结合起来进行。而梁启超在20世纪初，的确没有辜负孙诒让的殷切期望，他以一个在当时中国学术界“执牛耳者”的地位，率先开拓性，创造性地进行对墨家逻辑的比较研究，对《墨经》的进一步的注释。梁氏进行的这一富有历史意义的学术垦荒事业，应给予实事求是，恰如其分评价。墨家逻辑是中国古代土生土长的一种特殊的逻辑学说，在秦汉以后至清代长达两千余年的封建社会中，被埋没无闻，但是当中国历史跨入到20世纪初年的时候，情况却发生了根本的变化。这时的世界，已经被连结成为一个不可分割的有机整体，货物人员交流，信息互通，不同文化体系的相互接触、对话、交流与融合成为不可避免的趋势。在这种时代和历史条件下，中外逻辑的比较研究，也顺乎天、应乎人，而成为历史的必然。当中国的知识分子，有条件接触到外国，特别是发展比较完善的西方逻辑学以后，必然会以之为工具，来反观和思索中国历史上相似或相近的学问。

在整个20世纪，围绕墨家逻辑所进行的中外比较研究，一直是中国逻辑史研究中的焦点和热点。鉴往知来，总结这一比较研究过程中的成败得失和经验教训，可以对新世纪更正确、更科学的比较研究，提供方法论借鉴。

1904年梁氏发表的《墨子之论理学》，开宗明义提出中西逻辑比较研究的课题。他说，不能自欺欺人地认为，举凡西人今日所有之学，都是为我国古人所曾有，但如果确实为我国古人所见及者，“从而发明之淬厉之，此又后起国民之责任也”，“其学诚为吾古人所引端而未竟者，今表而出之”。梁氏说：“《墨子》全书，殆无一处不用论理学之法则，至专言其法则之所以成立者，则惟《经说上》、《经说下》、《大取》、《小取》、《非命》诸篇为特详。今引而释之，与泰西治此学者相印证焉。”征引解释《墨经》，而与西方类似的学问相印证，这就是比较研究的方法。

梁氏1927年写《墨经通解·序》，谈《墨经》研究说：“或引申触类，借材于域外之学以相发，亦可有意外创获。”这当是梁氏对墨家逻辑比较研究的经验之谈。对墨家逻辑术语的解释。梁氏在1904年发表的《墨子之论理学》一文的“释名”部分，列举辩、名、辞、说、实、意、故、类、或、假、效、譬、侔、援、推等墨家逻辑中的基本范畴，试图用西方逻辑的相应术语来加以对比解释。这是中国人借用外国逻辑工具来研究墨家逻辑的开拓性工作，给人以耳目一新之感。即使其中包含着许多错误，也有可以原谅的一面。

梁氏在1921年出版的《墨子学案》中也有“论理学的界说及其用语”一部分，研究比以前有所进展，解释也更为精要，对他以前解释中的某些错误也有所纠正。关于辩，梁氏在《墨子之论理学》中根据《小取》篇对“辩”这门学问的目的、内容和原则的规定解释说：“墨子所谓辩者，即论理学也。此释论理学之定义及其功用，今泰西斯学名家所下界说，不是过也。”梁氏在《墨子学案》中又说：“西语的逻辑，墨家叫作‘辩’。”“‘墨辩’两字，用现在的通行语翻出来，就是‘墨家论理学’。”这些解释为后来中国学术界的多数人所认同，现在一说“墨辩”，大家都知道是指墨家的逻辑学。

梁氏在《墨子学案》中把《小取》的“以名举实，以辞抒意，以说出故”，分别解释为西方逻辑中的概念 Concept、判断 Judgment、推论 Inference 三种思维形式。他说，“名”是主观上的概念，“实”是客观上的对境（对象）。“名”在逻辑学上又叫名词 Term（现一般称词项），“辞”在逻辑学上又叫命题 Proposition。“意”含忖度判断的意思。“以辞抒意”是用命题的形式表示所判断。“说”是证明所以然之故。“故”即原因 Cause。梁氏把《小取》的“或”解释为是特称命题 Particular Proposition，“假”解释为假言命题 Hypothetical Proposition，“譬”解释为譬喻、引喻；“侔”解释为“用那个判断说明这个判断”；“援”解释为援例，是“援子以例我”。这些解释基本正确，或包含正确成分，以后学者多少接受梁氏的解释。作为中国近代墨家逻辑比较研究的开创者或先驱者，梁氏能取得这些成就值得称道。梁氏有一些解释不准确，如《小取》的“推”，本是指一种归谬式的类比推理，而梁氏并没有弄清楚其本义，他在《墨子之论理学》中说：“墨子之定义颇奥古，不敢强解。”他又说：“论理学本推论 Inference 之学，故推为本学中第一要件。”似乎墨家这里的“推”，就是逻辑学的“推论”，后人也确有这样误解的。实际上墨家这里的“推”，并不是指一般的推论，而是指墨家和其他各家都极常用的一种归谬式类比推理。梁氏在《墨子学案》中又跟着胡适，把“推”解释为归纳法，都与墨家本义不甚恰合。

对《墨经》推论式的比较研究。梁氏在《墨经校释》前附《读〈墨经〉余记》中说：“《墨经》最重要之部分，自然是在名学。《经》中论名学原理者约居四之一，其他亦皆用‘名学的’之演绎归纳而立义者也。其名学之布式，则与印度之‘因明’有绝相类处”。他在《墨子学案》“论理的方式”一节开宗明义又说：“《墨经》论理学的特长，在于发明原理及法则，若论到方式，自不能如西洋和印度的精密。但相同之处亦甚多。”这是梁氏在对《墨经》进行约 20 年研究后所作出的结论，他对《墨经》推论式的这一基本估计是正确的。问题是需要根据《墨经》推论式的具体情况，作出中肯的说明。《墨经》的论证，确实如梁氏所言，普遍使用逻辑的演绎归纳，其逻辑形式也确实如梁氏所言，与因明很相似，这些正是对《墨经》推论式进行比较研究的坚实基础。梁氏极为推崇《墨经》的归纳思想，《墨经》的论证的确是更为重视归纳的，这是《墨经》和整个墨家思想的一大特色，也是《墨经》和墨家科学精神的表现。《经下》和《经说下》两篇的结构，基本上是一种推论形式的构造，即《经下》的条文一般是先提出一个论题，然后用“说在某某”的形式举出个别事例或一般理由的论据。个别事例的论据和论题构成归纳推论的形式，一般理由的论据和论题构成演绎推论的形式。如“知而不以五路，说在久”，其中“知而不以五路”（凡通过抽象思维而得到的知识不能仅通过五种感官来得到）是论题，“久”（时间概念）是一个典型事例，其推论形式是从一个典型事例抽出一个一般结论的归纳推理。《大取》归纳为“其类在”的形式，如说：“凡兴利，除害也。其类在漏壅。”即“凡兴办有利的事情，都包含着除害的因素。例如兴办水利，要堵堤防溃漏之害”。这里所说的“说在”或“其类在”的形式，都是先列举一个一般命题，然后列举一个对它进行证明的典型的同类个别事例。用西方逻辑方式将其符号化、公式化，即“凡S是P，说在（或其类在）S_1”。这在形式上等同于印度因明中的喻体和喻依的关系。因明中喻体和喻依的关系是一般命题与其个别事例的关系。就同喻体和同喻依的关系而言，如说：“凡有烟的地方是有火的地方，如厨房。”就异喻体和异喻依的关系而言，如说：“凡无火的地方是无烟的地方，如江河。”《经下》在“说在”字样下，还有列举两个以上的事例，以证明一个一般命题的，也同样属于归纳论证。一般来说，《墨经》的推论式多运用归纳，说《墨经》逻辑重归纳，的确是事实。

梁氏在《墨子学案》“论理的方式”一节中说，“全部《墨经》”，“和因明的三支极相类。内中最要紧的是‘因’；‘因’即‘以说出故’之‘故’”。这种说法在一定意义上是对的。《墨经》的演绎论证式，多为因明三支式或亚氏三段论的省略式，很难找到宗、因、喻三支和大前提、小前提、结论三段俱全的完整形式。《墨经》的演绎论证式，多是先列举一个一般命题（这相当于因明三支式的“宗”或亚氏三段论的“结论”），然后再举出一个用概念（词项）压缩了的一般理由（这相当于因明三支式的“因”或亚氏三段论的“中项”）。因为《墨经》的表达，采用简明的“经”体，文字尚简，简而又简，以至于不可再简。演绎论证式，多是先列举一个一般命题以作为论题，再列举一个用概念（词项）压缩了的中项以作为论据。今天我们要对《墨经》的推论式进行比较研究，可以将其所列举的论题与中项加以整理，补充完全，可见其论证式在实质上与因明三支式、亚氏三段论是一致的。梁氏特别指出《墨经》推论式与印度因明相似。因为《墨经》对某一论题论证的论据，经常是一般理由和典型事例并举，这一点类似因明的论证方式。在印度陈那的新因明中，尽管其推论式主体部分的演绎性质，已经与亚氏三段论基本一致，但仍保留着论证喻体（即大前提）的典型事例。《墨经》的论证式与因明三支式、亚氏三段论在整体和实质上是贯通一致的，而就其时刻注意列举事实论据来说，则更接近于因明。在对《墨经》推论式的比较研究问题上，梁氏的某些说法有所启发。梁氏在《墨子之论理学》一文中，说《小取》的“效”包含“法式”之义，它兼有西语的Form（形式）和Law（法则、规律）两种意思。这种理解正确。因为《小取》对“效”的定义是“为之法”，认为“中效则是，不中效则非”，所以“效”就是提供可以被效法、遵循的标准辩论方式或原则。《墨经》所总结的譬、侔、援、推、止等论证方式，墨家对其作用、主要形式结构和规则，都给出了简单的规定，作为区分其运用中的是非正误的标准。例如《经上》说：“止，因以别道。”即止是用来区别和限制一个一般命题的，这是止的功用定义。《经说上》和《经说下》说：“彼举然者，以为此其然也，则举不然者而问之。”“彼以此其然也，说是其然也；我以此其不然也，疑是其然也。”即对方列举若干正面事例，仓促归纳推论出一个并不正确的一般命题，我则列举反面事例来加以反驳。对方若再从其并不正确的一般命题出发，演绎推论出一个个别结论，我则以对其大前提的否定，来怀疑其演绎出的个别结论的可靠性。这是止的步骤。《经下》说："止，类以行之，说在同。"即止要依据类的关系来进行，因为我所要反驳的与对方所要证明的本是同一论题。这是止的规则。就墨家的止式论证而言，不能说没有一点形式。墨家用古汉语所特有的代词、虚词作变项符号，对其常用的论证式作出初步的符号化、形式化或公式化的处理，已经上升到思维形式及其规律的逻辑学理论的高度，达到了指导墨家将其运用于当时的百家争鸣和科学思维的目的。当时中国没有像西方那样的拼音文字符号，自然不能要求墨家，作出像西方逻辑那样，用拼音文字所进行的符号化、形式化或公式化的处理。这是中西逻辑的不同之处。

研究评价。梁氏对墨家逻辑的研究，取得重要的不可磨灭的成就。其成就主要表现在运用西方的和现代的逻辑与科学知识，对墨家逻辑的部分内容作出正确的校勘和解释，明确指出墨家逻辑的科学性质、现代价值和世界意义，对久被埋没的这一中国古典逻辑典范在近代的复苏、继承和弘扬，具有启蒙、倡导与指路的作用。其成就的取得，除应用中国传统的整理古典文献的方法之外，具有开拓、创新意义的是运用三种逻辑的比较研究方法。梁氏在中国逻辑史的研究中，占有非常重要的一席之地，应给予充分肯定。梁启超有中国传统文化的深厚功底，在日本流亡中学习西方和近代科学知识，曾亲到西方考察，率先使用西方逻辑工具，对墨家逻辑进行系统理论研究，发表有深远影响的见解。其世界眼光、比较研究和科学态度，都值得肯定。梁氏在近代率先用世界逻辑和现代科学研究墨家逻辑，揭示墨家逻辑的现代价值和世界意义，对中国逻辑的复苏弘扬，有启蒙导向作用。

梁氏在1920年所写的《墨经校释·自序》中说，"学问之业，非一人一时代所能就"，自己对《墨经》的校释，"倘能什得四五"，就算不错了。他在1921年所写的《墨子学案·自序》中说："学问之道，进化靡有止诣。欲以一人一时之精力智慧完成一种学问，万无是处。然则无论若何矜慎刻苦，其所得者亦必仅一部分而止；而疏漏误谬，仍终不得免。”梁氏在1927年所写的《墨经通解序》中又说，校释《墨经》的前贤与时彦“用力虽劬，而得失功罪，正尔均半”。他自己对《墨经》的校释，“每一复阅，觉武断凿解”而宜自责者，也为数不少。这说明，梁氏对自己包括墨家逻辑在内的研究，具有十分清醒的自我意识和估价。这些分析、认识和估计，表明一位严肃学者应有的实事求是的科学态度。

墨子学说

梁启超《子墨子学说》和附录《墨子之论理学》，发表于梁启超在日本横滨创办《新民丛报》1904年5～11月第1、2、4、9、10各期内。上海商务印书馆1916、1922年版，称《墨学微》。上海中华书局1936、1941年版。收入《饮冰室专集》，见《饮冰室合集》第8册，北京中华书局1989年版。台湾中华书局影印本1956年版。《墨子集成》第18册影印，台湾成文出版社1977年版。《墨子大全》第16册影印，北京图书馆出版社2004年版。梁启超《子墨子学说》开头：“今欲救之（中国），厥惟墨学。惟无学别墨，而学真墨，作《子墨子学说》。”后附《墨子之论理（逻辑）学》结论：“呜呼！以全世界论理（逻辑）学一大祖师，而二千年来，莫或知之，莫或述之，若鲁胜者，其亦空谷足音也已。惜其所注，今亦已亡，无以助我张目，吾草此篇，恨不能起其人于九原而共语之也。”

梁启超的墨学论著，是新墨学的开端。严灵峰《墨子集成自序》说：“清末新会梁启超，所著《墨学微》一书（即汇刻梁启超《子墨子学说》和附录《墨子之论理学》），泛论墨子学说，蹊径独辟，别开生面，为墨学研究创历史之新页。从兹各方探究之成绩乃渐可观，梁氏倡导之力也。后之学者，倘能继往开来，吸取西方科学方法，融会贯通，使百尺竿头更进一步，发挥而光大之，则墨学之昌明与中华民族文化之复兴岂有既乎！企予望之！祝而祷之！”严灵峰《墨子简编》说：“（梁启超）在墨学研究中，创新天地，开新境界，梁氏真是昭代异人！”正确说明梁启超墨学研究的历史地位和作用。

墨子学案

梁启超《墨子学案》，商务印书馆1921、1922、1923、1926、1929

年版。上海中华书局1936年排印本。台湾中华书局影印1957年版。收入《饮冰室专集》,《饮冰室合集》第8册，中华书局1989年版。《墨子集成》第18册影印，台湾成文出版社1977年版。《墨子大全》第16册影印，北京图书馆出版社2004年版，第175页。1921年4月5日梁启超《墨子学案·第二自序》说，墨学在战国二百余年间,“其言盈天下”，虽说“秦汉后墨学中绝”，但“墨学精神，深入人心，至今不坠，因已形成吾民族特性之一”。墨家侠义精神的统绪,“存于匹夫匹妇”。“损己而益所为”,“为身之所恶，以成人之所急”,“摩顶至踵利天下”,“损己以利他”,“积久而成为国民性之一要素焉。我族能继继绳绳与天地长久，未始不赖是也。”“墨子之怯于攻，而勇于守，其教入人深也。而斯义者，则正今后全世界国际关系改造之枢机，而我族所当发挥其特性以易天下者也。”意谓墨学“影响于国民性者至巨”，治墨学“当周于世用”。梁启超《墨子学案》第7章讲“墨家之论理学（即逻辑学）”后感慨说:“只可惜我们做子孙的没出息，把祖宗遗下的无价之宝，埋在地窖子里二千年。今日我们在世界文化民族中，算是最缺乏论理（逻辑）精神的民族，我们还有面目见祖宗吗？如何才能一雪此耻？诸君努力啊！”

墨经校释

梁启超《墨经校释》：商务印书馆1922、1926、1933年版。台湾中华书局影印1957年版。收入《饮冰室专集》,《饮冰室合集》第8册，中华书局1989年版。《墨子集成》第19册影印，台湾成文出版社1977年版。《墨子大全》第16册影印，北京图书馆出版社2004年版。1921年4月5日梁启超《墨经校释·自序》:“在吾国古籍中，欲求与今日科学精神相悬契者,《墨经》而已矣。”“与二千年来俗儒之理解迥殊别，而与今世西方学者所发明，往往相印。”“《墨经》殆世界最古名学书之一也。”“《墨经》，则秦汉以降，漫漫长夜，兹学既绝，则学者徒以空疏玄渺肤廓模棱破碎之说相高，而知识界之榛塞穷饿，乃极于今日。吁！可悲已。”

1921年2月26日胡适《墨经校释·后序》:“梁先生差不多二十年前就提倡墨家学说了。他在《新民丛报》里曾有许多关于墨学的文章，在当时引起了许多人对于墨学的新兴趣。我自己便是那许多人中的一个人。现在梁先生这部新书，一定可以引起更多更广的新兴趣，一定可以受更多读《墨子》的人的欢迎，是无可疑的。”

鲁迅

1881～1936。周树人，以笔名“鲁迅”闻名。浙江绍兴人。中国现代文学开山巨匠。1898年17岁入金陵新式学堂江南水师学堂，改名周树人。1918年37岁首用“鲁迅”笔名，在《新青年》发表白话文小说《狂人日记》。1921年12月发表中篇小说《阿Q正传》。有《鲁迅全集》千余万字传世。鲁迅《汉文学史纲要》：“儒墨二家起老氏之后，而各欲尽人力以救世乱。”“儒者崇实，墨家尚质，故《论语》、《墨子》，其文辞皆略无华饰，取足达意而已。”“邹鲁派，皆诵法先王，标榜仁义，以备世之急，儒有孔孟，墨有墨翟。”鲁迅1926年9月应林语堂邀请，到厦门大学任国学研究院研究教授，同时在国文系（亦称国学系）任教。为此撰写《中国文学史略》。鲁迅后任职广州中山大学，留下未完稿《汉文学史纲要》。十六卷本《鲁迅全集》（人民文学出版社1981年版）第九卷和十八卷本《鲁迅全集》（人民文学出版社2005年版）第九卷，均收《汉文学史纲要》。

墨辩发微

谭戒甫（1887～1974）《墨辩发微》，科学出版社1958年版。中华书局1964年版。台北宏业书局影印1971年版。台北红叶书店影印1972年版。台湾世界书局1974年版。台北世界书局1979年版，作者署名谭作民。台湾严灵峰收入《墨子集成》第35册，台湾成文出版社1977年版。谭戒甫《墨辩发微》在其《墨经易解》基础上扩充。谭戒甫《墨经易解》，商务印书馆1935年版。《墨子集成》第34册影印，台湾成文出版社1977年版。《墨子大全》第38册影印，北京图书馆出版社2004年版。谭戒甫《墨经分类译注》：1957年完成。中华书局1980年版。《墨子大全》第82册影印，北京图书馆出版社2004年版。

谭戒甫：湖南人。原名作民，字介夫，介甫。武汉大学教授。台湾师范大学教授史墨卿《墨学探微前言》评谭戒甫《墨辩发微》：“其内容虽颇多发明，然亦不乏傅会之处。”谭戒甫把“逻辑三支式”的“大前提、小前提、结论”跟墨辩推理式”的“推、侔、援”荒谬等同，恰恰是他反对的“以西方的逻辑架子，把我们东方的文句拼凑上去”。谭戒甫指责别人‘利用西方逻辑三段论法的形式，把来一模一样地支配，因说东方也有逻辑了。及仔细查考，只是摆着西方逻辑的架子，再把我们东方的文句拼凑上去做一个面子。”

谭戒甫指责别人的，正是他自己在做的。《小取》“推、侔、援”定义：“侔也者，比辞而俱行也。援也者，曰：‘子然，我奚独不可以然也？’推也者，以其所不取之，同于其所取者，予之也。”“侔”：比词类推。“援”：援引类推。“推”：归谬类推。“推、侔、援”跟西方“逻辑三支式”“大前提、小前提、结论”不相干。谭戒甫荒谬等同，是典型比附（拿不能相比的东西来勉强相比），牵强附会，抹杀墨辩的“独立性”和“我国本有独立性的辩学”，歪曲“先秦辩学的本来面目”（谭戒甫指责别人用语）。谭戒甫杜撰的所谓“墨辩六物式”不能成立。

栾调甫

1889～1972。山东蓬莱人。字调甫。钻研墨学。著《墨子研究论文集》，人民出版社1957年版。《墨学研究》，收遗稿33篇，《墨子大全》第51册，北京图书馆出版社2004年版。

栾调甫《墨子研究论文集》（人民出版社1957年版。《墨子集成》第33册影印，台湾成文出版社1977年版。《墨子大全》第51册，北京图书馆出版社2004年版）。选集1922至1932年所发表论文12篇，1957年修改补充。《墨子要略》说明《墨子》研究方法。论“传本源流”，依次为先秦竹书、西汉卷书、魏晋分章、隋唐本、宋刊本、明正统十年《道藏》本、明嘉靖本（来自《道藏》）、清毕沅校注本（来自《道藏》）、清孙诒让《间诂》本，前五本，由史志记载和书内文字推想，后四本存书。论“篇什次第”，分《墨子》为“杂论”、“十论”、“墨辩”、“墨语”、“备守”等六组。论“研究方法”，分八项：考版本，正文字，明训诂，离章句，辨真伪，定篇什，辑遗佚，辩异同。

胡适

1891～1962。现代著名学者，

倡文学革命，新文化运动领袖之一。在文史哲多领域，卓有成就。安徽绩溪人。字适之。求学上海，接触西方思想文化，受梁启超思想影响。1910年考中庚子赔款留学生，赴美先入康乃尔大学农学院，后转文学院学哲学，1915年入哥伦比亚大学研究院，师从哲学家杜威。1917年7月回国，任北京大学教授，1946年任北京大学校长。胡适是美国哥伦比亚大学哲学博士。1917年从美国哥伦比亚大学哲学系毕业，提交用英文写作的论文《先秦名学史》。当时由七人组成的答辩委员会中，只有一位德国教授精通汉语，论文被搁置，胡适当时急着回国，未进行论文答辩，未正式授予博士学位。1927年3月，胡适访问美国，向哥伦比亚大学递交《先秦名学史》中文修改本《中国哲学史大纲》（上册）副本，正式领取哲学博士学位。胡适从1935至1959年获35个荣誉博士学位。

胡适20世纪初在上海求学，阅读盛赞梁启超墨学研究。说："梁先生在差不多二十年前就提倡墨家的学说了。他在《新民丛报》里曾有许多关于墨家的文章，在当时曾引起了许多人对于墨学的新兴趣。我自己便是那许多人中的一个人。"（胡适：《墨经校释后序》，1921年写，附梁启超《墨经校释》书后）胡适从1915至1917年在美国哥伦比亚大学哲学系攻读博士学位，用英文撰论文《先秦名学史》，用三分之一以上篇幅论墨家逻辑学，1918年增改为《中国哲学史大纲》卷上，用四分之一以上篇幅论墨家逻辑学。胡适和梁启超同为墨家逻辑现代研究的开拓者。胡适撰《先秦名学史》博士论文期间，正值25～27岁青年时期，风华正茂，思想敏锐，富创造朝气，青春活力，对现代年轻人，多有启发。中国人胡适，用中国资料写中国逻辑史的英文著作，为方便西方学者阅读，势必用比较研究法。

胡适1917年6月9日，坐在日本皇后号轮船上写《先秦名学史·前言》说："我从欧洲哲学史的研究中得到了许多有益的启示。只有那些在比较研究中（例如在比较语言学中）有类似经验的人，才能真正领会西方哲学在帮助我解释中国古代思想体系时的价值。"比较研究法是《先秦名学史》"所用的论述方法及其与中国传统学问不同的主要之点"，"可能对于这方面的未来研究者有帮助”。胡适融会《墨经》原典，指出“说”即推理，“效”是演绎法，“譬”事物比较，“侔”命题比较，“援”是个别推个别，“擢”是个别推一般。胡适说，《墨经》作者是“科学的和逻辑的墨家”，“是以同异原则为基础的一种高度发达的和科学的方法的创始人”，“对演绎和归纳具有相当时髦的概念”；他们“是伟大的科学家、逻辑学家和哲学家”，“作为科学研究和逻辑探讨的学派”，“是发展归纳和演绎方法的科学逻辑的唯一的中国思想学派”，“在整个中国思想史上，为中国贡献了逻辑方法的最系统的发达学说”；“《墨辩》乃是中国古代名学最重要的书。”

胡适说：“墨家的名学在世界的名学史上，应该占一个重要的位置。”墨家逻辑的第一个优点是“有学理的基本”，“能把推论的一切根本观念，如‘故’的观念，‘法’的观念，‘类’的观念，‘辩’的方法，都说得很明白透彻”。第二个优点是“能把归纳演绎一样看重”，“深知归纳法的用处”，“故能成一科学的学派”。胡适认为，最有效地吸取西方现代文化的精华，应该与中国自己的文化精华联结起来。在中国古代的非儒家学派中，可望找到移植西方哲学和科学最佳成果的合适土壤。西方现代哲学的最重要贡献，都可在古代非儒家学派中找到遥远而高度发展的先驱。因此通过对现代西方哲学和中国古代哲学的互相解释，可以使中国人看到，我们对西方方法并不完全陌生，在重新获得这些方法时，可以利用和借助中国哲学中许多久已失去的财富。墨家逻辑能够充当中西哲学与文化交会融合的联结点或桥梁。

毛泽东

1893～1976。年轻时崇拜梁启超，视梁为政治偶像。1910年秋，离韶山冲，去湘乡东山高等小学读书，自起笔名“子任、毛学任、杨子任”，“任”取自梁启超号“任公”，源于墨家“任侠”精神。《经上》：“任，士损己而益所为也。”《经说上》：“任，为身之所恶，以成人之所急。”方授楚：“（梁启超）自号任公，乃取墨义。”（《墨学源流》，中华书局1989年版，第220页）

毛泽东读《二十四史》批注：“墨子是一个劳动者，他不做官，但他是比孔子高明的圣人，孔子不耕地，墨子自己动手做桌椅子。”（《毛泽东评点二十四史》，中国档案出版社 1998 年版）。《目录》第 4 页序号 15 标题“墨子列传”下引毛泽东批语。“墨子列传”是编书者误标。司马迁《史记》无《墨子列传》，只在《孟子荀卿列传》末附言墨子 24 字：“盖墨翟，宋之大夫，善守御，为节用，或曰并孔子时，或曰在其后。”

冯友兰

1895 ～ 1990。1915 年入北京大学法科，后改入文科中国哲学门，1918 年毕业。1919 年考取公费留学资格，冬赴美国留学。1920 年入纽约哥伦比亚大学研究院哲学系，师从杜威。1923 年夏论文答辩通过，次年博士论文出版，获哥伦比亚大学哲学博士学位。1923 年论文答辩后归国，任中州大学（河南大学）哲学系教授兼文科主任、哲学系主任。1925 年秋任广州中山大学教授兼哲学系主任。1926 年任燕京大学教授。1928 年秋任清华大学教授兼哲学系主任，翌年任文学院院长。1937 年随清华大学迁长沙、昆明，任西南联大哲学系教授兼文学院院长。1946 年应美国宾夕法尼亚大学邀请，任客座教授一年，集结讲稿出版《中国哲学简史》，译为十多种语言，销售数百万册，西方各国大学中国哲学史课程必用教科书，西方了解中国哲学的入门。1948 年任清华大学教授，哲学系主任和文学院院长，当选中央研究院院士。1952 年调北京大学哲学系。《中国哲学史》上下册分别完成于 1931、1934 年，第一套以西方哲学概念表述中国哲学史的奠基作，许多概念成为定论，后世学者普遍接受。《中国哲学史新编》七册完成于 1990 年。著作收录《三松堂全集》十五册（河南人民出版社 2000、2001、2012 年版）。1912 年冬入上海中国公学大学预科，课程用英文原著教材。有教师将耶芳斯《逻辑学纲要》作英文读本，引发对逻辑学和哲学的兴趣。1915 年在北京大学受系统哲学训练，临毕业最后一年，逢胡适和梁漱溟到北大任教，各据讲坛，展开东西方文化大辩论，启迪冯友兰以后研究中西哲学，思考中西文化关系。冯友兰《三松堂学术文集自序》：“我从一九一五年到武昌中华学校当学生以后，一直到现在，六十多年间，写了几部书和不少的文章，所讨论的问题，笼统一点说，就是以哲学史为中心的东西文化问题。我生在一个文化的矛盾和斗争的时期，怎样理解这个矛盾，怎样处理这个斗争，以及我在这个斗争中何以自处，这一类的问题，是我所正面解决和回答的问题。”一生研究哲学史。哲学思想演变，围绕中西文化问题中心展开。1919年赴美考察，用柏格森哲学观点写成《中国为什么没有科学》，指出中国之所以没有近代科学，并非是中国人愚笨，“非不能也，是不为也”。中国传统注重人是什么，人的品性和修养，不注重人有什么，知识和权力。中国哲学向内追求，以达人性完满为目的。西方哲学向外探寻，以认识自然、征服外在世界为最终目的。中西哲学的不同理想追求，造成中西文化差异，导致中国无近代科学。1923年在杜威等指导下，完成博士论文《人生理想之比较研究》(商务印书馆1924年版)，将世界哲学分三类：第一类是损道；第二类是益道；第三类是中道。这三派哲学的分歧导源于对“天然”与“人为”的不同看法。认为人类所经验之事物无非两类：一是“天然”，一是“人为”。“自生自灭，无待于人，是天然的事物。人为的事物，其存在必倚于人，与天然的恰相反对。”有哲学家有见于天然之美好，而力反人为境界，是为损道派，如中国古代主张“绝圣弃智”、“绝仁弃义”、“绝巧弃利”之老庄是典型。有哲学家有见于人为境界之美好，提倡改造天然境界，是为益道派，如主张改造、征服自然的西方哲学和“人力胜天行”之中国墨家学派属此类。有哲学家持调和折中态度，主张兼收天然和人为益处，是中道派，此派当以主张“天人合一”的儒家哲家为代表。对此三派，主张取宽容态度，让其各行其道，并行不悖。偏爱儒家思想，偏向中道派儒家哲学。用发展观系统研究中国哲学史的开拓者和奠基人。分析墨家思想发展过程，提出墨家分前后期。“十论”代表前期墨家思想，《墨经》是后期墨家著作。贯穿历史观点，历史主义，有历史感，是现代墨学研究的科学成果，为学者普遍接受，成为共识。

金岳霖

金岳霖（1895～1984）主编《形式逻辑》,《逻辑史资料》论墨。《逻辑史资料》吴允曾撰稿。中国逻辑界学者集体研讨智慧结晶。中国逻辑史研究指导线索。标志中国逻辑界接受以沈有鼎为代表的名辩研究成果。普及中国逻辑学知识，影响重大。论点："中国古代在与古希腊差不多同时产生了逻辑学。""（荀况等）对于逻辑问题作过比较系统的研究。特别是后期墨家提出更加完整的理论。""中国在春秋战国时期，逻辑学思想曾有很大的发展，即所谓名辩思想。""后期墨家的著作中则对于概念，判断，推理与证明，都进行了研究，有着不少重要成果。""后期墨家曾对逻辑学作出重要贡献，不仅在中国而且在世界逻辑史中也是占有重要地位的。"（金岳霖主编：《形式逻辑》，人民出版社1979年版，第310、311、345、352页）金岳霖主编《形式逻辑》集体编写，汪奠基"经常参加初稿的讨论"。1965年周礼全初稿总修改，1979年再修改出版。1999年第19次印刷，累计印数480500册。

金岳霖，著名逻辑学家，最早引进现代逻辑。1914年毕业于清华学校，留学美英，游学欧洲。1920年获美国哥伦比亚大学政治学博士学位。执教清华大学、北京大学。1954年被选为中国科学院哲学社会科学部学部委员，1955年任哲学研究所副所长兼逻辑研究组组长。著《逻辑》，清华大学出版社1935年版、商务印书馆1936年版、1937年版、生活•读书•新知三联书店1961年版。

《逻辑史资料》撰稿人，中国现代著名数理逻辑与计算机科学专家吴允曾（1918～1987）。浙江杭州人。1940年秋就读北京燕京大学哲学系，1941年末因战争辍学，抗战胜利后复学毕业。1951～1952年在燕京大学哲学系助教，1952～1979年北京大学哲学系、数学系和计算机专业任助教、讲师，1979年北京大学计算机科学技术系教授。祖父清末民初著名学者吴昌绶（字印臣，一字伯宛），清末举人，学识渊博，任詹天佑总文案。吴允曾的中国古典学术素养，深受祖父熏陶。在燕京大学，受翁独健影响。吴允曾知识渊博，成就主要在数理逻辑跟计算机科学结合领域。北京信息产业协会网页信息人士栏《跨越哲学数理逻辑和计算机的畸人吴允曾》："在多个专业中跨越的可称之为畸人（奇人）。"吴允曾从哲学而数学，从数理逻辑而计算机，多领域结合。1989年2月，世界计算机大会前主席，丹麦人比约纳教授为吴允曾教授去世纪念词："吴教授认识到哲学和数理逻辑是形成计算机科学的基础，他具有卓识而且有力地提倡语言学作为信息学中内在成分的重要性，即计算机科学与语言学、思维科学和组织科学间的良好结合。"

钱穆

1895～1990。江苏无锡人。字宾四，笔名与忘，晚号素书老人，斋号素书堂，素书楼。钱穆故居素书楼，在台北东吴大学外双溪校区。1949年居香港，新亚书院院长。1966年居台北。任职中国文化书院（今中国文化大学）。学界尊为宗师。著《墨子》，商务印书馆1930年版，《万有文库》排印本；《墨子大全》第31册。《墨子大全》第47册影印商务印书馆1947年版，《百科小丛书》本，北京图书馆出版社2004年版。通俗小书，数万字，共84页。1929年序称有创见，解决墨学纠纷问题。

吴毓江

1898～1977。重庆人。号墨生，别号墨村。1925年北京大学毕业。1928～1931年四川大学教授。1935～1937年日本东京帝国大学文哲研究室研究生。1937年任北京中法大学教授。1948～1950年任四川教育学院教授。1950年8月任西南师范学院教授。1956年7月任历史系教授。

《墨子校注》，吴毓江著，重庆独立出版社1943年版。《墨子集成》第44册影印，台湾成文出版社1977年版。新编《诸子集成》收入，孙启治点校，中华书局1993年版。《墨子大全》第45～46册收入以上二版本，北京图书馆出版社2004年版。继孙诒让《墨子间诂》后集大成式重要注本，利用详细版本资料。附录《墨子旧本经眼录》："搜集二十年，漫游万里，《墨子》刊本略备于斯。"《自序》称"致力途径"的"三端"：搜集异本，征引善本，寻求例证。《例言》说，总计删衍补脱，正讹移错，订正毕沅、孙诒让《墨子》注本千余字。孙启治1988年《点校说明》说，毕沅注本是清儒治墨先导，孙诒让《间诂》本促进近代学者进一步研究，吴毓江《墨子校注》，可跟毕沅、孙诒让注本媲美，依注本重要性的程度，排列毕孙吴的次序。吴毓江《墨子校注》附录四《墨学之真谛》，引述综合孙中山“古时最讲爱字的，莫过于墨子”，蔡元培“先秦子墨子颇治科学”，归纳“墨学纲领”为“爱智双修”，“爱”是“以感情亲爱人类”，“智”是“以理智分析物象”。“爱智双修”分五细目：兼爱精神（爱）。牺牲精神（为爱而勇敢、任侠、牺牲）。科学精神（智）。创造精神（智）。力行精神（爱智推动力）。科学精神细分：科学方法之树立，《大取》等六篇（指广义《墨经》）讨论名学（逻辑学）甚详，与西洋逻辑，印度因明，同为世界学术史上有价值之科学方法。数学、物理学等之研究，见《经上》等篇。先秦诸子研究此种自然科学者，唯墨家。工艺制造，墨子大巧，为车辖，为木鸢，为守御器械。遗憾吴毓江《墨子校注》，重校勘文字，不重义理研究。1943年版，全书60多万字，无一标点符号，不利阅读。美籍华裔学者李绍昆评论：“自清季孙氏《间诂》之后，此书（吴毓江《墨子校注》）实为不可多得之巨著。惟因时局关系，印刷粗劣，又无标点，则是美中不足。”

高亨

1900～1986。又名晋生。训诂学和先秦学术研究家。吉林人。1923年考入北京师范大学，1924年考入北京大学。1925年改名高亨，考入清华研究院，师从梁启超、王国维，1926年毕业。1953年任山东大学教授，1957年兼任中国科学院哲学研究所研究员。1967年调北京从事古代学术研究。治诸子，循乾嘉考据方法，胜解精义，发前人所未发，后出转精。

高亨《墨经校诠》：科学出版社1958年版；中华书局1962年版；《墨子大全》第52册；台北世界书局1958年版；台北乐天出版社1972年版；台湾广文书局1972年版；严灵峰收入《墨子集成》第41册，1977年版。收入《高亨著作集林》第7卷，清华大学出版社2005年版。

沈有鼎评价：“1958年出版的高亨《〈墨经〉校诠》，有些注释和沈相同。据高自己说，他在解放前已完稿了。沈意高书解释错的地方还是太多，几乎比比皆是；这是因为高校释了《墨经》全书，而要作全书的完美精确的校释，目前条件尚未具备。以高亨的文字学水平，尚且未能胜任，看来这样的事业不是一个人能完成的。”见孙中原：《墨家逻辑研究的长期性——纪念沈有鼎诞辰百年》，《中州学刊》2009年第1期。《中国社会科学文摘》2009年第5期，以《沈有鼎先生的学术生涯》为题，摘录其中附录“沈有鼎传记资料”。

高亨校释对的地方举例之一，《经上》第89条高亨释：“此条言同异交得之法，亦即言事物之矛盾对立现象也。‘放’当读为比方之方”。意思是，“同一事物”，“存有相异之点，即存有矛盾对立之现象，加以观察，可以俱得。如《说》中‘有无’等例皆是。故曰：‘同异交得，放有无。’‘放有无’犹言比方有无，例如有无矣。”高亨解释，开辟此条义理解释唯一正确的方向。

高亨校释对的地方举例之二，《经下》末条高亨校：“是是与不是同，说在不州。”释：是是者，今日之是，来日仍为是也。不是者，今日之是，来日变为不是也。今日之是，来日仍为是，今日之是如故也。今日之是，来日变为不是，今日之是亦如故也。故今日之是，来日或仍为是，或变为不是，对于今日之是之阶段，不发生影响。然则来日仍为是之今日之是，来日变为不是之今日之是，固相同而不殊也。故曰：“是是与不是同，说在不州。”《广雅·释言》：“州，殊也。”“不州”犹言“不殊”，谓“不异”也。《经说下》末条高亨校：“是。是不是，则是且是焉。今是久于是，而不于是，故是不久。是不久，则是而亦久焉。今是不久于是，而久于是，故是久与是不久同说也。”《经说下》末条原文高亨释：今日之是，来日变为不是。则今日之是，就今日之阶段言，固仍且为是也。故曰：“是不是，则是且是焉。”今日之是，所以变为不是者，因时间之久也。今日之是，因其久于是，而变为不是。故曰：“今是久于是，而不于是。”“不于是”，谓变为不是也。今日之是，既变为不是，则今日之是，又不久也。故曰：“故是不久。”今日之是，就其既变之阶段言之，其是为不久，而就其今日之阶段言之，则在此阶段之是，永远为是，其是又为久也。故曰：“是不久，则是而亦久焉。”今日之是，就其既变之阶段言之，为不久于是；就其今日之阶段言之，为久于是。然则今日之是为久，与今日之是为不久，固相同也。故曰："今是不久于是，而久于是，故是久与是不久同说也。"由此观之，今日之是来日仍为是，而今日之是仍为是也。今日之是，来日变为不是，而今日之是亦仍为是也。故《经》云："是是与不是同也。"《庄子·寓言》篇："庄子谓惠子曰，孔子行年六十，而六十化，始时所是，卒而非之，未知今之所谓是之非五十九年非也？"庄子认为是非随时而变，今日之是，来日或变为非，因而主张不谴是非。墨子主张明辨是非，认为今日之是来日仍为是，今日之是固为是也，今日之是，来日变为非，而就其今日之阶段言之，今日之是亦为是也。时间变矣，环境与条件亦随之变矣。一件事实或一种理论，在今日之环境条件下则为是，在来日之环境条件下则为非，不可因其在来日之为非，而否定其在今日之为是也。此墨家之意也。墨家此条似反驳庄子之说焉。

高亨对以上《墨经》末条的确解，如茫茫黑夜，航道上光芒四射的灯塔，照亮《墨经》解释学的航向。后学者的使命和任务，是遵循高亨确解的方向，把《墨经》确解，全面推向崭新阶段，用比较研究，古今中外融会贯通的科学方法，把《墨经》用古汉语表述的科学逻辑，全新改造转型，变为今日广大人民群众锐利的精神武器，为振兴中华，实现中华民族的伟大复兴建立功业。

高亨对狭义《墨经》末条的校释，是从前三世纪墨家编制《墨经》以来，首次给出的唯一确解。其语义跟《经上》"同异交得"意涵一样，是墨家对中国古代辩证法和辩证逻辑的科学概括。"是久与是不久同说"：任一事物，任一理论，都既"是久"，又"是不久"。既有"久长，确定，稳定"的一面，又有"灵活，短暂，运动，变化，发展"的一面。这是"同异交得"的典型案例。本条是墨家用古汉语，对辩证逻辑"概念确定性和灵活性"对立统一规律公式化，符号化和形式化的处理。

列宁评价赫尔岑，说"他领会了黑格尔的辩证法。他懂得辩证法是'革命的代数学'。"(《纪念赫尔岑》，《列宁全集》中文版第18卷，人民出版社1959年版，第9～16页；《列宁全集》中文第2版第21卷，1990年版。译自俄文第5版第21卷，第255～262

页。《社会民主党人报》第26号1912年4月25日；5月8日）《墨经》命题“是久与是不久同说”，是践履中国革命建设事业的“代数学”，其中包含“施诸四海而皆准，行诸百世而不悖”的普遍真理和普世价值。

墨家逻辑

詹剑峰（1902～1982）《墨家的形式逻辑》，湖北人民出版社1956年版，1979年第2版。《墨子集成》第46册影印，台湾成文出版社1977年版。《墨子大全》第56册影印，北京图书馆出版社2004年版。詹剑峰，江西人，1926～1932年赴法国勤工俭学，在巴黎大学专攻哲学史，1952年任华中师范学院教授。

沈有鼎《评墨家的形式逻辑》（《沈有鼎文集》，人民出版社1992年版，第221～226页，原载《人民日报》1957年2月23日）：春秋战国是一个社会剧烈变动，百家争鸣，祖先发扬极大创造性，古代科学以大踏步姿态向前迈进。真理愈辩愈明，由于辩论的需要，具体科学突飞猛进，于是产生了正言断辞的逻辑学，特别是墨家的辩学和荀子的名学。整理这些宝贵的文化遗产是一项艰巨的工作，需要许多人共同努力来作。现在恐怕还有主张中国一向无逻辑学的人，其实这和主张中国一向无科学是同样的荒谬。以学术的标准来衡量，这书有严重的缺陷。首先对于古籍的文字方面，作者似乎没有下过很多功夫，因而这书往往只承袭着从梁启超以来以讹传讹的旧说。《墨经》是文字极精密的书，其精密程度有时使人惊讶。但读者由这书所得的印象。则是《墨经》也不过是一部在文字方面“马马虎虎”的书，这就恰和事实相反了。文字的解释虽然是小事，但是如果一书的许多重要部分的解释都不可靠，那末建筑于其上的整个系统就缺少稳固的基础，好像架屋在沙上一样了。这书还有一个缺陷，就是逻辑不够严密的地方很多。最后还有一个问题顺便谈一谈。作者说：“我们不把《墨辩》六篇当作‘名墨訾应录’，……惠施、公孙龙也是继承墨子的‘立名’，然后再开辟他们的途径和建立新的理论的。”这一断语是否正确，自然和墨子是否作《辩经》的问题多少有点关系。据我个人的意见，建立“三表”的论证方法的墨子，确足以当辩学的创始者而无愧。但墨子作《辩经》的传说，和孔子作《易传》一样，是难以置信的。并且恰恰从《名墨訾应》的一些问题来看，恐怕《辩经》的作者不能早于惠施及其同时的辩者（参看章士钊《墨学谈》。公孙龙在后不必论。当然《辩经》的作者决不是无所承继，里面有些材料如“两轮高”等可能是墨子的发明）。在文献缺乏的情况之下，我们就思想发展的过程来看，宁可提出惠施及其同时的辩者的学说在墨经的学说之前这样一个假设。（作者说相里勤诵《墨经》，但《庄子·天下篇》明说相里勤之弟子诵《墨经》，“诵”也许是凭记忆“诵出”的意思。）关于惠施，我们也宁可相信《庄子》，不必相信鲁胜的惠施祖述墨家言的论断。因为这样一个错误的论断是很容易解释的。你看，自命为方法精密的胡博士不是也因为看见两方面部用些“坚白同异”的名词就断为一脉相承么？当然我不是说因为胡博士这样说，所以这样说总是错的。只是我觉得若把“名墨訾应”的事实重点提出，倒可以使我们把《墨经》的辩学如何形成的问题搞得更清楚些。

沈有鼎从先秦诸子百家“思想发展的过程来看”，“把《墨辩》六篇”的作者断定为后期墨家。“把《墨经》的辩学如何形成”，看做是先秦诸子百家争鸣辩论的总结，时代在战国末期。这是沈有鼎跟詹剑峰的重大原则区别。沈公意见，跟冯友兰、侯外庐等众多现代学术大家的科学研究结论完全一致，形成当代墨学科学共同体的研究共识。詹剑峰要求前五世纪的墨子，一下子写出总结整个战国时期诸子百家争鸣辩论概念、范畴、命题、规律的《墨经》，这是墨子绝对不可能办到的。《墨经》是墨学发展的高级阶段，是先秦诸子百家争鸣辩论思维方式的总结升华，只能形成于战国末期，跟荀子、公孙龙同时代。这是现代中国社会科学家群体，用科学观和历史发展观研究墨学的重要结论。

詹剑峰《墨子的哲学与科学》（人民出版社1981年版，第9页；《墨子大全》第56册影印，北京图书馆出版社2004年版，第622～623页）：“《经上》、《经下》两篇是墨子自著。”“墨子著《经》，铁证如山。”认为冯友兰说后期墨家著《墨经》，“是颠倒历史，现在必须把颠倒的历史颠倒过来”。此议跟百年来现代墨学科学研究的结论和共识相反。

墨子新论

陈伯达（1904～1989）《墨子新论》，延安作者出版社 1943 年版。《墨子大全》第 49 册，北京图书馆出版社 2004 年版。书名《墨子新论》标题下括注："一个伟大的原始唯物论者和原始辩证家"。括注下作为题词，在醒目位置框列如下词句："《墨经》：'任，士损己而益所为也。'《经说》：'任：为身之所恶，以成人之所急。'"说明作者针对 1943 年延安的现实，有意识突出墨家的侠义精神，这是借用《墨经》对侠义的定义，将其改造为对当时有用的为革命而牺牲的精神。陈伯达 1942 年 12 月 14 日写《付印前记》："对于（墨子）这位伟大的古代思想家和所谓'贱人'的战士，我的景仰是无限的。如果把他的思想和近代科学共产主义混同起来，这当然是荒谬可笑的；但我总这样想：他的思想是我们的古代先驱。"

陈伯达《墨子新论》（《墨子大全》第 49 册，北京图书馆出版社 2004 年版）第 129 页："就《墨经》看来，墨子是当时物理学、几何学、政治学、经济学、心理学等科学最大的创见者，是当时真正富有百科全书头脑的代表人，是代表当时中国精神文明的精华。""墨子首先在中国明确地提出关于'论理学'（逻辑学）的概念，即'辩'。大家知道，在西方，辩证法的语源，是'对话'或'互辩'（dialego）。我国墨家的'辩'，也即是'互辩'。"第 166 页："自秦而后，墨者的团体就中绝了。但是这不能说是墨者精神在历史上业已完全澌灭。可以说，这些墨者——我国古代最伟大的圣哲之精神，数千年来即已渗透于我人民的灵魂中。这个民族的人民，曾最善于艰苦奋斗，善于死里求生，善于主持正义而厌恶强暴，善于对不平反抗，善于'虽经挫挠而必光复旧物'，这些都是和墨家的精神不可分开的，而在今日民族多难，祖国存亡垂于呼吸的时候，发挥墨家的伟大精神宝藏，尤具特殊的意义。凡是知道近代中国的历史运动的，就能知道我国古代这些伟大的圣哲，已在近代获得了一种真正能够继承其言行最优美的传统的后代——中国共产主义者，他们在近代中国无产阶级的基础上，把墨家伟大的精神，从自己伟大的有组织的行动中再现出来。他们在颠扑不破的世界科学共产主义学说的基础上，发挥墨家各方面优美的学说，克服墨家的弱点，他们所表现的，已不是被压迫者的叹息，而是已充满着自信力的活跃，坚实地踏上了、展开了墨子的‘迁行’的道路。他们从事保国卫民的事业，他们科学地追求‘兼爱’的大同前途，他们继承我民族先人的事业，在从事于伟大的历史之解决。”

陈伯达，福建惠安人。1927～1930年莫斯科中山大学学习。在北平中国大学开过先秦诸子课。1937年赴延安。陈伯达与毛泽东探讨中国古代哲学。毛泽东提议，陈伯达在延安举办中国古代哲学讲座。每一次讲座，毛泽东差不多都去听。毛泽东一去，许多人跟着去。陈伯达话难懂，听久而习惯。陈伯达很快驰名延安理论界。陈伯达为毛泽东秘书（1939～1970年）、《红旗》杂志总编辑（1958年）。1939年1月陈伯达撰《墨子哲学思想》，发表于延安《解放》杂志第82、102和104期（1939～1940年）。陈伯达曾请毛泽东指正，毛泽东1939年2月1日亲笔复信："伯达同志：《墨子哲学思想》看了。这是你的一大功劳，在中国找出赫拉克利特来了。有几点个别的意见，写在另纸，用供参考，不过是望文生义的的感想，没有研究的根据的。敬礼！毛泽东（1939）二月一日夜。”毛泽东对陈伯达《墨子哲学思想》有极大兴趣，觉得复信意犹未尽，又写几页纸意见附在信后。陈伯达擅长的中国古代哲学研究，是毛泽东当时思索的热点。陈伯达见毛泽东看重他的文章，又向毛泽东呈送他所写的《孔子的哲学思想》和《老子的哲学思想》。毛泽东读后兴致很浓，1939年2月20日写长信致张闻天转告陈伯达，详细写七条意见，谈对陈伯达文章的看法。陈伯达收信后，遵照毛泽东意见修改，再呈毛泽东。1939年2月22日毛泽东又写信致张闻天转告陈伯达："伯达同志的文章看了，改处都好。但尚有下列意见，请转伯达同志考虑。”“是否有当，请兄及陈同志斟酌。”毛泽东信补充三点意见。借助中国古代哲学探讨，陈伯达呈送文章，向毛泽东请教，与毛泽东关系日益密切。因有共同话题兴趣，陈伯达势必为毛泽东看中。1939年张闻天找陈伯达，商谈调动工作。张闻天告诉陈伯达，毛泽东提名调他到毛泽东办公室工作。陈伯达调任职务是“中央军委主席办公室副秘书长”，而当时毛泽东为中央军委主席，陈伯达实际是毛泽东办公室副秘书长。毛泽东给陈伯达定四个研究课题：《抗战中的军事》、《抗战中的政治》、《抗战中的教育》、《抗战中的经济》。在毛泽东直接指导下，陈伯达搜集大量资料。他说，毛泽东帮助他把研究工作注意力，从古代哲学转向现实生活。从此陈伯达一直在毛泽东身边工作。中央研究院成立，成为中共中央秘书处秘书不久的陈伯达，任秘书长兼中国问题研究室主任。中央政治研究室成立，陈伯达任主任。职务不断变动，陈伯达一直没有脱离毛泽东政治秘书职责。在毛泽东众多秘书中，陈伯达是担任秘书时间最长的一个，前后共31年，成毛泽东手下“一支笔”。1949年3月中共七届二中全会上陈伯达被递补为中共中央委员。1956年中共中央政治局任命陈伯达为中共中央主席首席秘书。陈伯达为政治秘书。不久召开中共八届一中全会，陈伯达当选中共中央政治局候补委员。毛泽东跟中央其他领导往往用“老夫子”戏称他，由此可见陈伯达当时在中央的声望。1966年8月中共八届十一中全会陈伯达当选为中共中央政治局常委，成中共第五号人物。几个月后，陈伯达成为仅次于周恩来的中共第四号人物。

沈有鼎

1908～1989，《墨经》逻辑学现代研究家，上海人。著《墨经的逻辑学》，精研墨家逻辑空前力作。首次全面解读《墨经》逻辑学体系，使长期中绝沉睡的墨家逻辑学喜获新生，在中国逻辑学史上有里程碑意义。前有梁启超、胡适力图全面解释《墨经》逻辑学，条件限制，未能全面通解《墨经》逻辑学的专业知识，这一使命落在沈有鼎双肩。作为中国现代著名逻辑学家，具备精研《墨经》逻辑学，使研究实现突破的充分必要条件。1929年毕业于清华大学哲学系，公费留学美国哈佛大学，师从谢弗（Sheffer）、怀特海（Whitehead），1931年获硕士学位。1931～1934年留学德国海德堡大学和弗莱堡大学，师从雅斯贝斯（Jaspers）和海德格尔（Heidegger），结识胡塞尔

(Husserl)和策梅罗(Zermelo)。1934年26岁任清华大学哲学系教授。1937～1945年任西南联合大学哲学系教授，开始精研《墨经》逻辑学和中国古代诡辩论。1945～1948年赴英国牛津大学访学。1948年任清华大学教授，1952年任北京大学教授，1955年任中国科学院和中国社会科学院哲学研究所研究员。好学深思，博学多才，学贯中西，博古通今，精研数理逻辑、中国逻辑学，对《墨经》逻辑学有精深独到，独树一帜的创造性见解。

首次独立系统深刻揭示《墨经》逻辑学体系，把《墨经》逻辑学研究提高到崭新水平。历史学家杨向奎说："治《墨经》应当具备两个条件：(1)训诂校勘，(2)现代科学知识。沈有鼎先生具有这种资格，他告诉我，在西南联大教书时，他还听唐兰先生的古文字学课。现代科学知识，他更出色当行。"(杨向奎：《论沈有鼎》，《文史哲》1989年第6期)有中国古文字学和校勘、训诂学专门训练，先后到美德英诸国留学研究多年，精通英、德文，懂希腊文、拉丁文和梵文，熟悉西方逻辑学，有雄厚扎实的研究《墨经》逻辑学的素养功底，对《墨经》逻辑学有终生不移的钻研兴趣。《墨经》逻辑学始终是他潜心钻研的学术兴奋点。为探寻《墨经》确解，全神贯注，冥思苦索，想得津津有味，如醉如痴，废寝忘食。

确解《墨经》条目，数量远超前人，解释精妙绝伦，令人叹为观止。沈公指出高亨"解释错的地方还是太多，几乎比比皆是"。倾毕生精力于解《墨经》事业的谭戒甫，完全没有看出《墨经》有"止"的反驳方式，把"止，因以别道"一条与别条相混，把其中的关键词"止"误属上读，并把"止"解作与"行"相对的"常住"、静止，将"止"的反驳方式完全化有为无。

沈公一本求实精神，考辨精当，议论有据，纠错止谬，发前人所未发，堪称独到。墨家总结讲授科学的问答法，举例说"若圆无直"，注家多不解其意。沈公用希尔伯特《几何学基础》的知识解释说，这是"一圆周上任何三点都不在一直线上"的几何定理。引用《经上》的定义"直，参也"作证，说"直，参也"：三点在一直线上，等于说三点中有一点恰好介于其余两点之间。“参”是“介于其间”的意思。确解精当，无与伦比。无沈公对《墨经》逻辑学全面系统的确解，学者至今仍在黑暗中摸索，不知《墨经》逻辑学为何物。《墨经》逻辑学深埋地窖泥里千年无人知，沈公一旦确解豁然开朗添新知。

融会贯通古今中西，指出“思维规律和形式”是“人类共同具有的”，认为“主张中国一向无逻辑学”和“主张中国一向无科学是同样的荒谬”，批评“企图证明中国没有逻辑学，或者说中国人的思维遵循着一种从人类学术康庄大道游离出来的特殊逻辑”的谬见，指出逻辑学在中国语言中有其“表现方式的特质”，“在表达方面具有一定的民族形式”。

沈有鼎说：“彼、是等代词《墨经》是拿来当作变项用的。”“谓‘彼是，是也’不可”，就是“谓‘AB，B也’不可”。“彼止于彼”、“此止于此”、“彼此止于彼此”，对应于西方逻辑 A=A，B=B，AB=AB 的同一律公式。“无之必不然”、“非彼必不有”和拉丁文的 conditio sine qua non 意思完全一样，对应于西方逻辑公式 $\neg p \rightarrow \neg q$（如果非p则非q）。用印度因明和希腊逻辑推论式解释《墨经》表述。《经说下》引评辩者论调“唱无过，无所用，若稗”，沈公谓其“程序和印度的佛教因明完全相同”。

肯定《墨经》有“完整”的“辩学体系”，“有系统的逻辑学”，认为“和古代希腊、印度一样，古代中国的逻辑学是首先作为辩论术而发展起来的”。《墨经》把“辩”作为专门学问，强调“辩”的意义，详尽说明“辩”的功用和原理，明确表示矛盾律和排中律。《墨经》的“名”、“辞”、“说”三论，明白清楚地依次标举出逻辑学的概念、判断和推论三步骤，详论“辩”、“说”的原则和个别方式。再现《墨经》逻辑学体系，积极评价《墨经》逻辑学的成就和科学价值，指出它“代表了中国古代逻辑学的光辉成就”，认为“中国古代逻辑学思想的发展，到了《墨经》，就同登上高峰一样。《墨经》不仅在古代，就在现时，也还是逻辑学的宝库”，《墨经》总结中国古代科学，“把这科学所使用的一些方法提高到自觉的水平，并回过来推动科学的发展”，《墨经》逻辑学是认识科学真理的工具，“成就不在古代希腊、印度逻辑学之下”。“给了《墨经》的逻辑学部分一个明白确切的诂解，清除了一些模糊影响之谈”；“正确估价这一宝贵的遗产，让它在更广泛的基础上再度发挥为人民服务的效能，真是‘拨云雾而见青天’”。使久已中绝两千年的墨家逻辑学重获新生，为所有重要的逻辑史、哲学史专著教材依据遵循，在教学研究中发挥独特的积极作用。指出“作为逻辑学的宝库，《墨经》到今天还有许多东西没有被清理出来”（估计被清理出来的不足十分之一）。批评有人说《墨经》“可说者大抵说尽，所遗则往往不可说”的话，认为《墨经》校释是接近真实的无穷过程，事业非一人所能完成。

美国科学哲学家库恩认为，科学革命是范式转换的进程，范式转换导致理论和方法的变革。借鉴库恩科学范式转换论的观点方法，分析中国逻辑学研究的历程，可知墨家逻辑学跟沈有鼎的墨家逻辑研究，是两种不同范式的理论，在主体、对象、元语言工具、成果、层次、方法、作用、后果、评价等方面，有不同性质。战国墨家逻辑研究主体是墨家。沈有鼎墨家逻辑研究主体是现代学者。有古文字学和校勘训诂学专门训练，先后到美、德、英等国家进行研究，精通英、德文，懂希腊、拉丁和梵文，西方逻辑素养深厚。杨向奎说：“（沈有鼎）虽然博学，但还追求不已，他曾经要我带他去见高亨教授，当时高先生已卧床不起。”（杨向奎：《论沈有鼎》，《文史哲》1989年第6期）高亨是继孙诒让后，校注《墨经》的高手，对错参半。沈有鼎有时说，高的注解跟自己相同，有时说，高“解释错的地方还是太多，几乎比比皆是”。

沈有鼎墨家逻辑学研究的创新转型，是全球化时代条件、西学东渐文化背景、民族振兴潮流推动、个人刻苦钻研多种因素综合作用的结果。《墨经》向称奇书。胡适：“到了今日，(《墨经》)这几篇二千年没人过问的书，竟成了中国古代的第一部奇书了！”（胡适《中国哲学史大纲》卷上，商务印书馆1987年版，第31页）墨家逻辑研究对象，是战国百家争鸣应用逻辑。墨子反驳论敌，用比喻形容论敌荒谬。这是当时百家争鸣的应用逻辑。墨子总结“明小不明大”的惯用语，概括元语言逻辑概念“悖”，用质问语“岂不悖哉”反驳论敌。《小取》总结论辩方式“推”，定义为：“以其所不取之，同于其所取者，予之也。”概括推论规则：“以类取，以类予”；“有诸己不非诸人，无诸己不求诸人”。由辩论的应用逻辑升华为思维交际的理论逻辑。沈有鼎墨家逻辑研究对象，是战国墨家逻辑学。在墨家逻辑学和世界逻辑学间，铺路搭桥，引轨相接。沈有鼎说，《小取》总结的“推”，是归谬式类比推理。“以其所不取之，同于其所取者，予之也”，是揭示论敌矛盾。“以类取，以类予”，“有诸己不非诸人，无诸己不求诸人”，是同一律，矛盾律。战国墨家逻辑元语言工具是古汉语。《墨经》文字浓缩，惯用省略。语句命题，常浓缩为语词词组。推理论证，常浓缩为“论题＋说在＋例证理由”的提示语。术语是辩、名、辞、说等，表达是“辞以故生，以理长，以类行”等。不经现代学者创造性诠释和转型，今日读者难知所云。沈有鼎墨家逻辑学研究元语言工具是现代语，今日读者易懂。战国墨家逻辑学成果是《墨经》，不经创造性诠释和转型，不易为今人理解。

沈有鼎墨家逻辑学研究成果，是墨家逻辑学的创造性诠释和转型，是新型中华文化构成部分。战国墨家逻辑学，是以百家争鸣应用逻辑为对象的第一层次元研究。沈有鼎墨家逻辑学研究，是以墨家逻辑学为对象的第二层次元研究。后者研究层级高于前者。战国墨家逻辑方法，是古代素朴式，开端绪而待引申，初迸发而待梳理，亟须创造性诠释和转型。沈有鼎墨家逻辑学研究方法，是积淀至今的世界逻辑学，涵盖古今中外。战国墨家逻辑学作用，是为古人提供思维工具。如《小取》总结“推”式归谬类比，为墨家和诸子百家喜用常用。沈有鼎墨家逻辑学研究作用，是为今人提供思维工具。战国墨家逻辑学后果，是深埋泥中无人知。沈有鼎墨家逻辑学研究后果，是贡献创新与转型的成功范例，为后学继续研发铺路奠基。墨辩以辩、名、辞、说为范畴，构成体系，有相当于西方逻辑学概念论、命题论、推理论、论证学说、思维规律论和谬误论的内容。

逻辑学是全人类带工具性的同一学科。在世界逻辑学史中，古希腊、印度和中国同时产生各具特点的逻辑学，是人类同一逻辑学科不同深广度和角度的揭示。战国墨家逻辑学，不经诠释转型，不便认知应用。沈有鼎墨家逻辑学研究，经诠释转型，便于认知应用，其价值不亚于墨家逻辑学的原创。沈有鼎是墨家逻辑学最重要的现代研究者。沈公的成果，在这一领域引起革命性的激变，是墨家逻辑学研究创新和转型的成功范例，值得学人世代传承，推陈出新。

墨经逻辑学

沈有鼎著。连载于《光明日报》1954年5月19日，6月2日、16日、30日，7月14日、28日，1955年3月9日。原题《墨辩的逻辑学》。中国社会科学出版社1980年版。收入《沈有鼎文集》，人民出版社1992年版。20世纪30年代开始研究。精研墨家逻辑的空前力作。首次全面解读《墨经》逻辑学体系，使墨家逻辑学获得新生，在中国逻辑学史上有里程碑意义。沈有鼎："《墨经》的逻辑学是中国学术史中光辉灿烂的一页。两千年长期停滞的封建社会抛弃了这一宝物，让它埋在泥里。"

沈有鼎说，《经》和《经说》上重点是定义和分类，《经》和《经说》下重点是论证。不能说《经》和《经说》上"早"出，是墨子所写，"专讲定义和分类"，《经》和《经说》下"晚"出，是后期墨家所写，"专讲论证"。沈有鼎批评："很多人因为《经上》文字较简，《经下》文字较繁，粗粗一看，觉得时代似乎也有先后之别，这实在是'不思'之甚。郭老（郭沫若）不理解《墨经》的结构，所以也有此错误。"（《沈有鼎文集》，人民出版社1992年版，第393页）对狭义《墨经》四篇校勘、考证和训诂，研究先秦诸子百家思想史，研究《墨经》四篇跟先秦诸子百家思想的关系，断言《墨经》四篇，不是前5世纪墨子所作，是前3世纪后期墨家所作。这是现代中国学界精英主流科学论证的结论和共识。

莫绍揆

1917～2011。广西桂平人。南京大学教授。1939年毕业于中央大学数学系。著《数理逻辑初步》（上海人民出版社1980年版）第五章"数理逻辑的应用"，讨论"《小取篇》逻辑的体系"，言简意赅，极富创见，确解墨辩原典，为墨家逻辑新生增添活力，是现代数理逻辑学家成功研究中国逻辑的典范。论点:“《小取篇》中含有很多的逻辑内容。”“利用数理逻辑的观点,重新对《小取篇》作一个完整的剖析,阐明其体系,突出其特有贡献。”(第151页)“特别注重运用数理逻辑的观点来分析并整理它的基本概念及其逻辑体系。”“(《小取》)讨论辩(即逻辑学)的性质,其对象及其内容,可以说是总论(或绪论)。”(第162页)“辩学的内容,共有四大部分:以名举实,用名词表示对象,即概念论;以辞抒意,用命题(辞)表达思想,即判断论;以说出故,用论述表达根据、理由,即推理论;以类取,以类予,典型分析论。这里所谓‘类’指的是‘典型’,在一大堆事物中显示出所属的类,即今天所谓典型,根据典型来取例,来考察,再根据典型来判断作结论(予),这正是典型分析法。”(第164页)“效”是“建立公式以便今后代入之用”的方法。(第166页)“‘效’法和亚里士多德的演绎逻辑实质上是同一内容的两种处理方式。”(第167页)“辟、侔、援、推这四者实质上是类比推理。”(第168页)莫绍揆把《小取》以古汉语为元语言表达的逻辑规律,创造性地诠释为等值的,以现代汉语和数理逻辑符号语言为元语言的逻辑规律,从更高层次揭示墨家逻辑的科学内容,促进墨辩逻辑的现代转型。莫绍揆在《百科知识》1982年第7期撰文《逻辑学的兴起》,认为先秦形式逻辑“开始形成”,《小取》是“我国逻辑学已经充分成长的明证”,是“一篇古典逻辑纲要”。莫绍揆对《小取》论推理正常现象和不正常现象的元逻辑分析,有科学价值。

周礼全

1921～2008。湖南湘西人,中国社会科学院哲学研究所研究员。协助主编金岳霖写作修改《形式逻辑》(人民出版社1979年版)。渗透现代逻辑精神,有重要影响。著《逻辑——正确思维和成功交际的理论》,创造性论述,清晰严谨。1983年编《中国大百科全书·哲学卷》逻辑学部分。撰《中国大百科全书·哲学》“逻辑”条释文,首提《墨经》有应用元语言表述的逻辑规律:“在逻辑发展的历史过程中,就产生许多不同的逻辑体系并形成了三个不同的逻辑传统,即中国逻辑传统、印度逻辑传统和希腊逻辑传统。”“《墨经》的逻辑，是以辩为主题的，但其中大部分内容，都是关于名、辞和说的逻辑理论。因此它不是纯粹的辩论逻辑。《墨经》中没有应用对象语言来表示的命题形式和推理形式，而只有应用典型的具体推理来体现的推理方式。但《墨经》中却有不少应用元语言来表述的逻辑规律，虽然这些是不够精确的，但表明《墨经》中的逻辑已开始进入形式逻辑的阶段。”（《中国大百科全书·哲学》，中国大百科全书出版社 1987 年版）

陆世鸿

陆世鸿《墨子》：上海中华书局 1947 年版，北京中国书店 1988 年版，台北中华书局 1962 年版。《墨子集成》第 45 册，台湾成文出版社 1977 年版。《墨子大全》第 47 册，北京图书馆出版社 2004 年版。墨子止楚攻宋，编为 3 幕剧。《自序》：“我今说明我写此书的目的，只是希望读者若能受墨子天下为公的精神所感召，偶尔私意萌时，借来克制一下，倘得人人不耻为墨子之徒，则民族复兴，敢信必更有加速实现的把握。民国三十三年大暑思红陆世鸿自序于重庆。”严灵峰《墨子集成》第 45 册，收入陆世鸿著《墨子》，《作者略历表·陆世鸿》信息，仅“字思红”三字。陆世鸿著《墨子》，1944 年（抗日战争胜利前一年）写于重庆。立意积极，语言通俗，行文流畅，理趣兼备。新墨学，墨学现代化，大众化，普及化，通俗化样本。比陆著篇幅大十几倍的吴毓江著《墨子校注》（中华书局 1993 年版，孙启治点校本），1943 年重庆独立出版社排印线装出版，无标点符号，不利阅读，两相比较，彰显陆著价值。

任继愈

1916 ～ 2009。山东平原人，国家图书馆馆长（1987 ～ 2005）。领导大规模传统文化资料整理。主编《中华大典》和《中华大典·哲学典》。《诸子百家分典》孙中原撰墨子、墨家、《墨子》和墨学范畴数十万字，任继愈亲自审核。任继愈撰《墨子与墨家》（商务印书馆 1998 年版）入《中国文化史知识丛书》。认为《墨经》六篇“可以断定是后期墨家的作品”，包含“相当完整的逻辑学”。（第 23 页）“集各家逻辑思想之大成，提出了中国哲学史上第一个相当完整的逻辑学系统。”（第

91页）任继愈主编《中国哲学发展史》（先秦），论证《墨经》六篇："是后期墨家的作品，是墨者依靠集体智慧写成的，成书于战国后期。"（第517页）"后期墨家的逻辑学"，"建立起逻辑学体系，是名辩思潮中最优秀的成果。"（第544页）"堪与亚里士多德逻辑学和印度因明学相媲美。"《小取》"是墨经逻辑学的总论"。（第545页）"后期墨家的逻辑理论相当完整严谨。""成为先秦时代最高水平的逻辑学理论，在整个中国逻辑史上都占有光辉的地位，直到今天仍给人以可贵的教益。"（第567页）这是中国现代学界精英主流科学论证的结论和共识。

任继愈《墨子》（上海人民出版社1956年版）认为《墨子·尚贤》等"十论"，"是根据墨子的弟子们的笔记整理而成"，这24篇是研究墨子和早期墨家思想的主要材料。认为"墨辩"六篇是后期墨家的作品。任继愈《墨子与墨家》（商务印书馆1998年版。《墨子大全》第85册影印，北京图书馆出版社2004年版）第22~23页："今天我们研究墨子和早期墨家的思想，以《尚贤》、《兼爱》等24篇为主要材料。"《墨经》六篇"是后期墨家的思想"。"因为这六篇的内容有些是针对公孙龙和惠施的错误学说所提出的批判，所以我们今天可以断定这是后期墨家的作品。这六篇中像注重实践的效果、保护私有财产的权利等等，是继承了前期墨家的思想。同时，这六篇中也抛弃了前期墨家'尊天'、'明鬼'的宗教迷信的成分。这六篇虽然篇幅很少，可是它的学术价值极高。"这是中国现代学术精英科学论证的结论和共识。

墨子大全

任继愈、李广星主编，北京图书馆出版社2004年版。收战国到2002年墨学著作，精装百册。含清代前著作35种，1911～1949年著作79种，1950～2002年著作96种。

李广星

1953年生，山东滕州人。曾任滕州市史志办公室主任，市政府办公室副主任，市政府教育督导室主任督学，市政府党组成员，墨子研究中心主任。编墨学书刊136本，专著6本，撰文60篇。结合史志编修研究墨学。1984年主编《滕县志》（中华书局1990年版）。主编《滕州大事记》。著

《滕州史话》（中华书局1992年版）。著《可爱的滕州》（中国矿业大学出版社1994年版）、《方志实践与探索》（中州古籍出版社1994年版）、《滕国春秋》（齐鲁书社2009年版）。参编《枣庄史话》、《爱我中华，爱我滕州》。1988年在新编《滕县志》为墨子立传。1989年为墨学研究组建机构。1990年成立墨子研究中心。1991年成立滕州市墨子研究中心办公室，局级事业单位，隶属市政府办公室。2003年枣庄市决定墨子研究中心办公室升格为副县级。2004年滕州决定墨子研究中心办公室人员编制总额二十人。地方党政高校联合，共谋墨学研究新路。1993年建造墨子国际研究中心，1994年竣工。筹建社团组织墨子学会和基金会。中国墨子学会1992年成立。教育部主管，民政部批准。办公地墨子研究中心。墨子基金会1995年成立，资助墨学研究。主办墨学会议。1990～2007年，举办大型墨学会议9次（其中6届国际墨学研讨会）。海内外数百学人参会。讨论墨子里籍，墨学现代价值，墨子军事思想与当代世界和平发展，墨子科技，墨子和谐社会思想，取得突破性进展。编撰墨学论著。编辑出版《墨子研究论丛》1~5辑，李广星副主编。6~7辑，王裕安、李广星主编。李广星主编《墨学研究》1～10期，1997年12月创刊。撰《墨子与滕州》、《墨子研究与滕州》、《工匠祖师鲁班》、《墨学与当代教育》（中国书店1997年版）、《墨子读本》（枣庄学院教材）、《墨子十讲》（上海人民出版社2007年版）。编译《墨子名言》、《墨子兵书》、《王玉玺八体书古今名人评墨子》。跟任继愈共同主编《墨子大全》100册（北京图书馆出版社2004年版）。收战国至今《墨子》文本研究论著，提供迄今最全墨学研究资料。发表文章10余万字，宣传墨学。

墨子学会

墨学研究民间学术团体。全国科研单位和高等学校墨学研究者，自愿组成学术性、非营利性社会组织。民政部批准，教育部主管，教育部、民政部业务指导，监督管理。办公地滕州墨子研究中心。1992年10月6日成立。提倡以科学理论和科学发展观为指导，用理论联系实际，从实际出发，实事求是科学态度研究墨学，古为今用，洋为中用，鼓励不同学术观点平等讨论，提高研究水平，继承传统文化优秀遗产，为振兴中华，民族复兴，祖国和平统一和世界和平发展服务。搜集整理墨学研究图书资料，国内外研究动态成果。组织墨学研究学术活动，促进国内外交流。编辑出版墨学研究成果，提供学术咨询。筹集墨学研究基金，争取捐资赞助。编辑刊物，宣传墨学精华，为物质和精神文明建设服务。会长由山东大学党委书记兼任。自成立至今，先后为陈之安、曾繁仁、朱正昌、邵桂芳、李守信。第一副会长由滕州市委书记兼任。自成立以来，先后为林兆义、彭湃、高惠民、牛启忠、王忠林、董沂峰。秘书长先后由张知寒、王裕安、李广星、任守景、邵长婕兼任。为弘扬墨学有效工作。筹办墨学国际研讨会，1992年10月至2014年5月，在滕州、济南、北京等地，共办10届国际墨学研讨会。各国家地区数百学者参会。探讨墨家科学人文思想，墨学历史现代价值和世界意义课题，取得突破性进展。筹措资金，编辑出版巨型墨学研究丛书《墨子大全》百册，填补墨学研究空白，为进一步开展墨学研究，提供丰富可靠文献。

墨子研究中心

成立于1990年12月12日。墨学研究领导办事机构。墨学研究顶层设计决策，完成具体任务。墨学史上大事。地方高校结合，发挥优势。事业单位。配备专职。1991年10月15日墨子研究中心办公室成立，局级事业单位。隶属市政府办公室。李广星、任守景和邵长婕先后任主任。2003年7月10日枣庄市决定墨子研究中心办公室升格为副县级单位。2004年6月30日滕州市决定墨子研究中心办公室编制总额20人。1992年10月筹备成立中国墨子学会。历史上首个民间全国性墨学研究团体。创建墨子国际研究中心和墨子纪念馆。占地15亩，建筑面积5000平方米，集墨学研究、展览和参观于一体。承办10届墨学国际研讨会，5届墨子文化节。协助市建委塑造大型墨子铜像。主持塑造墨子讲学石雕像。创史上第一部石刻《墨子》。创史上首部大型连环壁画墨子图志。出版《墨子研究论丛》、《墨学研究》、《墨子大全》、《墨子里籍考论》等墨学研究论著。建鲁班纪念馆，办鲁班学术研讨会，论证鲁班故里在滕州。接待国内外参观者百万人次，宣传墨学。

墨子基金会

1995 年 8 月 29 日墨子基金会成立。各界捐资。民间资助学术研究团体。弘扬墨学精华，促进物质精神文明建设和世界和平发展。筹集资金，团结国内外墨学研究者，开展学术交流，举办活动，奖助杰出墨学研究者，促进墨学研究发展。立足山东省，面向海内外。

墨子网

中国墨子网。墨子研究中心官方网站。中国墨子学会主办。栏目：首页，论文选登，墨家讲坛，研究名家，墨研专著，典籍记载，学会信息，班墨故里。中国鲁班网。栏目：首页，论文选登，研究名家，图片集锦，遗迹探访，学会信息，鲁班百科。中国国际墨学网。枣庄学院科技处主办，墨子研究院承办。栏目：学术动态，墨家文化，名人名家，图文声像，诸子百家。专题：时代背景，巨子传奇，墨子成就，墨者天下，墨子相关，诸子百家，墨学兴盛，名著《墨子》，墨子文论，圣人大禹，工匠鲁班。

墨子学会成立

钱临照指导博士生黄世瑞论中国墨子学会成立：李约瑟巨著《中国科学技术史》开篇第一章序言志谢部分说："在科学家当中，钱临照博士对《墨经》（公元前四世纪）中的物理学原理所作的阐释使我惊叹不已。"李约瑟把钱临照放在科学家之首。使其"惊叹不已"的，是钱先生 1940 年用文言写的《释墨经中光学力学诸条》，发表于《纪念李石曾先生六十寿辰文集》。43 年后，我报考钱临照先生的博士生，在钱老指导下研习墨学。"江城子：匆匆岭外忽还乡，越三湘，跨长江，仆仆风尘，犹自气昂昂。若问此行何所事？科技大，考研忙。中年重做读书郎，鬓微霜，又何妨！霁月光风，惭愧列门墙。永忆莫春沂水浴，归以咏，慨而慷。"

中国墨子学会的成立，我们有了家。学会成立前，是墨学研究的散兵游勇，中国墨子学会成立，有幸加入其中，成堂堂正正墨学研究正规军正规战士。第一次在滕州拜见久已仰慕的张知寒，他朗声笑语，冲天豪气，深深折服震撼。后多次用毛笔写信鼓励指导。犹记张师信中说，墨学研究要靠你们年轻一代（惭愧当时不年轻，现在垂垂老）。其实，筚路蓝缕仰前贤，我辈追随愧望尘。杨向奎所说“而今墨学重奋起，赖有教授张知寒”。张师积劳成疾归道山，后学万分悲。痛失良师有七律，谨表后学念万一：

“才士也夫”墨子风，“摩顶放踵”世尊崇。聆师一席雷霆语，胜我十年萤雪功。蹈火赴汤弘墨学，舍生忘死泣苍穹。文章道德垂青史，浩气氤氲浴日红。我想我们要继承知寒先生的遗志，弘扬墨学研究，壮大墨学研究的队伍，像他那样深入研究墨学，同时提携后学研究墨学，如他信中屡屡强调的要依靠青年人，使墨学研究可持续发展，后继有人。故薪火传，培养墨学研究新人，扩大建设中国墨子学会队伍，对我们来说，责无旁贷，义不容辞。

四言短歌：墨子学会，屹立山东。光芒万丈，辐射寰空。弱冠年华，誉望日隆。帅旗飘飘，会聚群雄。研墨大军，滕州朝宗。同心同德，协力和衷。旌麾所向，烈焰熊熊。弘扬墨学，中西贯通。百家争鸣，创见无穷。百花齐放，和而不同。墨学复兴，知寒丰功。百折不挠，陷阵冲锋。里籍考证，群贤乐从。滕州识荆，永记心中。身材魁梧，发白心红。精神矍铄，声若洪钟。肝胆照人，霁月光风。垂垂老矣，愧我平庸。我辈职责，唤起潜龙。薪传墨学，功比华嵩。伟哉学会，万古青松。

墨学研讨会

墨子研究中心于1990年成立，办1届中国、10届国际墨学研讨会。首届墨学研讨会由墨子研究中心承办，于1991年6月4日至6日在滕州机关招待所召开。120多位学者参会。论文80余篇。研讨墨子里籍和时代，墨学体系、历史地位和现代意义。标志墨学被冷落历史终结，进入复兴新阶段。1992年10月6日至10日第一届墨学国际研讨会在滕州机关招待所召开。200余人参会。研讨墨学当代价值，墨学与东方伦理道德，《墨经》范畴，墨学研究方法。成立中国墨子学会。收专著7部，论文70余篇。1994年8月18日至21日，第二届墨学国际研讨会在山东大学邵逸夫科技馆召开，120位学者参会。收专著6部，论文96篇。姜春云题词：“弘扬墨学，振兴中华。”研讨《墨经》自然科学和逻辑学，墨学与当今人类和平发展，墨学与当代经济发展。拓宽墨学研究领域，用新方法研究墨学，关注墨学当代和未来价值。1997年8月20日至23日，第三届墨学国际研讨会在济南趵突泉宾馆召开，130位学者参会。收论文64篇，专著8本。研讨墨家哲学，墨子政治、经济、军事、科技、教育思想，墨学研究现实意义。1999年8月18日至20日第四届墨学国际研讨会在滕州新苑大酒店召开。60余位学者参会。收著作9部，论文47篇。研讨墨家哲学，墨学当代价值，墨家逻辑、伦理和军事思想。2001年7月16日至18日第五届墨学国际研讨会在北京人民大会堂、北京大观园酒店召开。200余人参会。收《墨子兵书》等著作20部，论文60余篇。研讨墨子军事思想的历史和现实意义。2004年12月26日至29日，第六届墨学国际研讨会在北京国际饭店召开。300余人参会。研讨墨子科技思想与现代经济建设。收专著9部，论文96篇。《墨子大全》首发式在北京人民大会堂举行。2008年5月16日至18日，第七届国际墨子鲁班研讨会在滕州宾馆召开。150余学者参加。收专著26部，论文88篇。研讨墨子兼爱非攻，和谐社会思想，鲁班创新精神。2010年5月9日至11日第八届国际墨子鲁班学术研讨会在滕州宾馆召开。90余人参会。收论文80篇。研讨墨子时代，鲁班文化，墨学当代价值和世界意义。2012年5月6日至8日第九届国际墨子鲁班学术研讨会暨中国墨子学会成立20周年纪念会在北京人民大会堂召开。130余学者参会。收论文76篇。研讨墨学与社会进步，墨学与文化建设，鲁班创新精神的当代意义。2014年5月10日，第十届国际墨学研讨会在山东大学举行，海内外50多位学者参会。

墨学研讨台湾

台湾举办墨学现代化国际学术研讨会，东吴大学、云林科技大学、台湾哲学会联合举办，2005年8月21日至25日，在台北市和云林县两处召开。中国大陆、台湾和美、日、韩、比利时百余位学人参会。主题墨学现代化。孙中原主题发言，认为墨学现代化是使墨学发生现代性变化，使墨学具有现代性，是墨学研究范式的现代转型。墨学研究的现代范式是新墨学。墨学现代化是新墨学创立的手段、原因、途径、行为和实践，新墨学创立是墨学现代化的目的、结果、宗旨、动机和理想。墨学现代化趋势的实质，是墨学在新时代快步奔向现代化的目标，表现为由开端到高潮，由倡导到普及，由个人到群体，由海内到海外，呈加速变化之势。任继愈等编《墨子大全》100册，北京图书馆出版社2004年版，收战国至今《墨子》文本研究论著，提供迄今最全墨学研究资料。现代学者适应现代需要，转换墨学研究范式，是理所固然，势之必至，不可阻挡。墨学在现代必然发生现代性变革的理论渊源，是墨学自身内在的生命力；历史渊源是新时代的客观需要。新学者，在新时代，遇新难题，从墨学中借鉴哲学资源，汲取思想智慧，进行创造性转换，墨学现代化的趋势应运而生。旧墨学将质变、转型为适应时代需要的新墨学。墨学元研究是墨学的超越、总体研究，结局是创立元墨学，揭示墨学的元性质。元墨学是新墨学的中枢、灵魂，主导、统帅因素。古墨学研究主体是先秦墨家，主题是战国课题的墨学应对，成果是战国课题的墨学答案，形态是古墨学元典，语言是古汉语，层阶是第一次墨学元研究，方法是古代哲学方法。今墨学研究主体是现代学者，主题是现代课题的墨学借镜，成果是现代课题的墨学镜鉴，形态是现代墨学论著，语言是现代语，层阶是第二次墨学元研究，方法是现代哲学方法。认识古今墨学研究主体、主题、成果、形态、语言、层次、方法等元性质差异，有助于揭示墨学现代化的机理，推动墨学现代化发展。认识古今墨学研究的元性质，转化为创建新墨学、元墨学的行动，有助于墨学现代化目标的实现。

台湾东海大学陈荣波认为，墨学兼爱的淑世精神、明理的辩论精神、勤劳俭朴的绩效管理、实事求是的科学精神和科学方法、崇尚和平的大勇精神、兴天下大利的经济思想等，合乎现今时代潮流，应付诸实践。中国人民大学杨武金认为，墨家逻辑的元逻辑是以批判性思维（非形式逻辑、论证逻辑）为对象逻辑的元研究，使用“是、非、之、然、彼、此”等语法、语义元语言变项，表达类似西方逻辑矛盾律、排中律、充足理由律的元逻辑规律，应科学地认识其现代价值。中南财经政法大学张斌峰认为，墨家“法”

的规则性、规范性、有效性、强制性、实践性、正义性、平等性，有强烈的现代性和时代价值，值得现代法学借鉴。台湾云林科技大学吴进安探讨墨子“法”观念与当代群体伦理的关系，提出建构“现代化意义墨学”。湖北大学哲学系江畅论述以墨子兼爱理想为旗帜，构建动态的世界和谐的必要性、紧迫性、可能性和现实性，认为实现兼爱理想应强化社会价值导向，营造社会氛围，建立激励机制。河南省社会科学院赵保佑认为兼爱是构建和谐社会的道德基础，是市场经济活动中利益主体取得双赢、多赢应遵循的道德原则，是现代社会走向和谐的道德需求。湖北大学陈道德认为，墨家兼爱是建构现代社会普遍伦理的文化资源，兼相爱、交相利能满足现代社会人类交往的需求，选择这一伦理原则世界将会变得更美好。武汉科技大学孙君恒认为，墨家兼相爱、交相利经济伦理思想，表现在功利和互利、平等和法制、改革和进取精神，与当代经济伦理学观念符合，应发扬光大。华南理工大学晁罡认为，墨子以节用、兼爱为核心的生态伦理观，对现代建立和谐与可持续发展社会有重要借鉴意义。中南财经政法大学李永铭认为，墨子环境观有现实意义，为现代社会发展找到可行出路。

台湾东吴大学李贤中论述墨学的理想与实现，提出实现墨学普遍、平等的兼爱理想，要有“全天下”视域和“全人类”一体感，以及坚定决心、多元方法和有效作为。台湾师范大学王赞源从墨子哲学和心理经济学的关系，论述墨学的现代化意义。认为墨子兼爱哲学适应全球化、多元化的企业经营，适合作企业管理目标，可创造性诠释为企业管理原则，切入心理经济学管理心灵的核心。韩国东义大学朴文铉应用墨学的兼爱、贵义、平等、节用意识，来反省韩国社会问题。大会编辑论文集，解释会议宗旨和目标说，墨学是先秦时代的显学，其基本目标是兴天下之利，除天下之害，其核心思想是超越时空、普遍平等的兼爱。在21世纪世界地球村逐渐形成的今日，兼爱精神值得发扬。今日人类面临的问题在墨学中都有其化解的智慧。墨学智慧有赖今人重新诠释和转化，以符合现今社会发展的需要。会议交流研究成果，将推动墨学发展，省思墨学对现代社会的价值。

美国中美精神心理研究所李绍昆认为，20多年来，两岸和国际墨学研究呈现交流和合流趋势，预示墨学现代化的远景。墨学在大陆腾飞是在20世纪90年代，发起全国性墨学运动，将墨学研究全面推向高潮。大陆新兴墨学晚辈如雨后春笋，后继有人。两岸墨学研究交流盛况空前，有划时代的突破和进展，两岸墨学合流已经开始。任继愈主编，北京图书馆2004年版《墨子大全》100册，收入两岸墨学研究成果数百种。

山东墨学研究中心李广星说，1992年成立中国墨子学会，主办五届国际墨学研讨会，一届全国墨学研究会，河南和贵州省分别举办墨学研讨会。大陆当代墨学研究呈现有组织、有机构、有领导、成果多、影响大和国际化等特点。十几年中推出墨学专著100多部，论文1000多篇。台湾当代墨学研究，如长流水不断线，研究方法多样，领域宽广，50多年推出墨学专著70多部，论文500多篇。台湾学者严灵峰编《墨子集成》46册，收入古今墨学论著91种，是有史以来第一套大型墨学丛书，有重大现实意义和历史价值。

孙中原认为，本届研讨会兼收博采两岸和国际墨学研究成果，是墨学现代化发展的契机和机遇，是创建新墨学的道路和手段。墨学现代化是现代学者的共同使命，需通力合作。“墨学现代化”研讨主题，概括现代墨学研究趋势的实质，总结展示已有成果，将把墨学现代化潮流推向新高。

墨学研讨包头

2011年8月2日至4日，《职大学报》编辑部主办，在包头召开。主题墨学的当代价值。到会国际学者60余人。比利时鲁汶大学戴卡琳论墨子兼爱，日本琦玉工业大学冈本光生论“欲求与秩序：寻求在墨家思想根底的人性论”，韩国东义大学朴文铉论“墨学与公共哲学”，韩国东义大学金镇凤论“爱与和平的象征：墨子和咸锡宪”，韩国西江大学郑在铉论《墨经》，巴西中巴学术交流中心主任西蒙娜·德拉图尔和执行主任凯文·德拉图尔论“兼爱：宇宙的唾手可得的公正”。台湾大学李贤中论“墨学与现代伦理思想比较”，台湾辅仁大学邱建硕论“墨家思想中的权”，台湾元智大学孙长祥论“当前墨学议题研究”，台湾云林科技大学李哲贤“论墨家名学的本质”，台湾云林科技大学吴进安论“儒墨相非”，台湾中山医学大学萧宏恩论“墨学对当代医学的价值”，台湾联合大学刘焕云论“全球化时代墨子思想与中华民族的和谐发展”，香港济川文化研究会潘树仁论“道器相合的兼爱众生”。中国人民大学孙中原论“古今转型，中西合璧——墨学的持续发展和比较研究”，武汉大学朱传棨论“墨学对中华文明建设的现代意义”，山东大学姜宝昌论“墨子为东鲁人”，四川师范大学秦彦士论“战国时变与墨家学派演变”，贵阳师范学院齐瑞端论“企业文化的核心兼相爱交相利”，山东墨子研究中心李广星论“墨家与农家”。河南省社会科学院赵保佑论“墨子的节用思想与现代适度消费观”，中国人民大学杨武金论“摩顶放踵著墨学——追忆王赞源”，中南财经政法大学张斌峰论“现代新墨家的开创者王赞源”，曲阜师范大学陈克守论“墨学与和谐社会构建”，南开大学张晓芒论“和谐社会建设中的墨学资源”，安徽省社会科学院沈跃春论“墨子和谐思想的当代价值”，山东滕州墨子研究中心张西峰论“儒墨人才思想比较”。贵州毕节学院张仁明论“《墨经》疑难字研究”，燕山大学刘邦凡论“墨家的类逻辑”，山东青岛大学王凯论“《墨子》天鬼神”，湖南大学钱永生论“《墨子》的文本结构”，扬州大学黄俶成论“墨家价格学说”，徐州师范大学梅良勇论“墨家宗教观研究”，河南理工大学刘刚论“墨子报观念的现代价值”，河南科技学院陈转青论“墨子幸福观的当代价值”，河南新乡学院学报张振台论“墨子非乐”，河南新乡学院学报袁宝菊论“墨子教育思想”。四川师范大学唐旭东论“兼相爱，交相利——全球化时代的普世价值观”，上海师范大学硕士生杨潇论“墨子教育思想”，东南大学硕士生黄大昭论“墨子设计思想”，福建省永定富家文化传播有限公司邓荣周论“永定土楼建筑中的墨家思想”。河南鲁山墨子研究中心张新河论“墨子思想在鲁阳”，河南平顶山学院路学军论“天志说与墨子经济伦理”，浙江大学林家骊“王驾吾墨子研究”，河南平顶山学院陈富志论“墨子忧患意识”，福建师范大学郭丹论“墨子的历史定位”。

任守景

1955年生，山东滕州人。曾就读于曲阜师范大学中文系。高级编辑。曾任滕州日报社社长，总编辑。2007年任墨子研究中心办公室主任。启动鲁班研究，为墨学研究注入新动力。编撰墨子鲁班书刊150余万字。创办墨子文化节，建鲁班纪念馆。利用宣传平台，传播墨学文化。长篇通讯《鲁班故里在滕州》。在滕州日报发起“学习鲁班，自主创新”征文活动，刊发鲁班研究论文。倡导墨子兼爱和鲁班创新精神结合。确立工作思路：规划协调先行，研究开发并重，管理服务同步，宣传普及提升。2007～2008年连续两届在滕州举行“墨子小孔成像国际摄影学术研讨会”，宣传滕州是世界小孔成像最早发源地，墨子是世界科技之父，滕州是和谐文化发源地，打造墨子鲁班文化品牌。2007～2010年主办两次大型墨子鲁班学术研讨会，加入鲁班研究元素。主编《墨子研究论丛》8～9辑，《墨学研究》杂志11～26辑。协调出版发行《班墨传奇》图书光盘。2009年策划系列节目《班墨传奇》在央视10套《百家讲坛》播出，出版发行图书光盘。策划《千年墨学中断之谜》、《传说中的鲁班》电视专题片在央视国际频道“走遍中国”播出，全方位诠释班墨精神内涵和现实意义。2009年开工建设鲁班纪念馆。

墨学与滕州

“墨学滕州今结缘，文化张力树典范。登高一呼群响应，墨学复兴有根源。”墨学文化与滕州发展的课题和实践，是墨学文化发展推动社会经济全面发展的典型。1980～1990年代初，山东大学教授张知寒，发表5篇论文，考证墨子为鲁国所属小郳国（山东滕州）人，学界认同。1990年滕州市与山东大学合作，成立山东大学滕州市墨子研究中心。1991年成立墨子研究中心办公室。1992年10月6日民政部批准，成立中国墨子学会，组织机构不断健全完善，使墨子文化研究进入有组织阶段。

滕州实施墨子文化名牌带动战略，把开发利用历史文化资源，打造特色文化品牌，纳入社会发展总体规划。推进墨学文化纵深研究，长远发展，制定中国墨子学会1994～2016年工作规划。确立指导思想，工作内容，确保墨学文化研究可持续发展。密切与国内外墨学研究者的联系，开展学术交流，协助出版著作，推动墨学研究取得新成果。

2013年起，滕州每年拨50万专项经费，以中国墨子学会名义设立评选表彰机制，2014年5月举办第一届表彰会，表彰墨学研究杰出贡献奖1人，墨学研究突出贡献奖5人，墨学研究优秀成果奖12项，墨学研究学术新人奖3人。激发研究热情，储备后续力量。

加大墨学文化研究成果整理宣传力度，编辑出版《墨子大全》、《墨子研究论丛》、《墨学研究》杂志等300余部，6000万字学术著作。任继愈等编《墨子大全》（100册），汇辑古今墨学研究成果。

2014年滕州面向社会广泛征集文化研究课题，20余个课题立项，120余名学者参与课题研究，推动墨子文化研究开展。2015年6月发布征集年度文化研究课题通知。加强软科学课题项目研究，申报各类软科学课题项目6项。2013年申报《儒墨人才观研究及对当今人才工作建设的影响》课题，获山东省优秀成果奖。

传承和普及并重，弘扬墨学文化。1991～2014年召开1届国内，10届国际墨学研讨会，与20多个国家地区墨学研究者建立联系，成为国内外学者交流墨学研究的平台。提高墨子认知度，增强群众参与度。举办两届国际墨子文化节，被评为“中国十大潜力节庆”。2009年5月和2010年5月，举办两届大典，确定“缅怀科技之父，推动科学发展”和“传承班墨文化，共享和谐创新”主题，引起社会各界关注，扩大墨子在海内外的影响。2007年和2008年，举办两届“墨子小孔成像国际摄影学术研讨会”，挖掘墨子文化内涵，让墨子文化走向世界，让世界了解墨子。

2015年以来，举办墨学优秀传统文化进校园，进村居，进军营活动，赠送墨子书籍46万余册。2009年组织系列节目《班墨传奇》，在中央电视台10套《百家讲坛》栏目播出，出版图书光盘。2010年9月邀请中央电视台《走遍中国》栏目组，拍摄播出《千年墨学中断之谜》电视专题片。

大型新编历史剧柳琴戏《墨子》分别于2005年和2010年在北京长安大戏院和中央党校演出。大型古装柳琴戏《墨子救宋》、《墨子与鲁班》，在北京、济南、徐州上演。编演墨子宣传节目，在全市巡回展演，有助市民理解传统文化。

开通中国墨子网。建设墨子文化图书资料电子数据库，免费查阅。编印《科圣墨子》、《古今名人评墨子》、《墨子兵书》、《墨子名言》、《墨学与当今世界丛书》等通俗读物，图文并茂，宣传墨子文化，让墨子文化走向大众。

1993年5月兴建墨子研究中心和墨子纪念馆。2007年墨子纪念馆升级改造。建设墨子文化广场，墨子湿地公园，墨子湖等，加大历史遗迹保护力度，为滕州增添人文景区，成为全国乃至世界研究传播墨子文化的窗口和基地。

建设近400平方米墨子文化图书资料库，对135000余部墨子研究专著以及各类墨子文化普及读物，编号上架，免费开放。2011年11月墨子纪念馆等被山东省科学技术协会认定为山东省科普教育基地。2012年10月经中国科协组织评选，墨子纪念馆等入选全国科普教育基地。2013年配置科普数字电视，与省科协联网，播放科普电视节目。墨子纪念馆获“山东省三星级科普教育基地”荣誉称号。

变历史文化资源优势为社会发展优势，发扬墨子文化，与经济建设融合发展。以墨子兼爱思想为积淀，提出“兼爱包容、诚实守信、开放创新、敢为人先”的新时期滕州精神，获得群众认同，成为群众的行为规范，精神激励，引领社会经济全面发展的精神力量。弘扬墨子民本思想，树立“发展为了人民，发展依靠人民，发展成果由人民共享”的理念，办好顺民意，解民忧，惠民生的实事，发展民生社会事业，改善民生。

依托境内丰厚文化资产，发挥文化旅游功能，变资源优势为竞争优势，推动文化事业和旅游产业融合发展。坚持文化外宣，文化交流的营销方式，推出墨子文化节等节庆品牌，旅游歌曲，形象专题片等，打造“墨子鲁班故里、湿地红河之都”文化旅游品牌，提升滕州旅游知名度、美誉度。运用墨子等历史文化名人品牌，提高旅游宣传影响力，升华滕州内在历史底蕴，外在人文特征，形成滕州独特城市名片。

邵长婕

1963年生，山东滕州人。中国墨子学会副会长兼秘书长，滕州市政府党组成员，墨子研究中心办公室主任。主编《墨子研究论丛》10~11辑，《墨学研究》杂志27~45期，《滕州历史文化丛书——班墨卷》。编撰墨学书刊80余本，发表墨学研究论文20余篇。主持完成山东省软科学研究计划项目《科圣墨子思想中的人文关怀对当今科技发展的指导研究》。认为当今科技迅猛发展，解决发展中可能出现的问题，须以人文精神主导。墨子思想道技合一，道是其政治伦理思想，技是其科技发明创造。墨子道技合一，是思想理论与科学技术统一。道是目的灵魂，技是手段表现。道的高度，决定技的方向。项目获好评。主持完成软科学计划项目《对儒墨尚贤主张的几点研究》，获山东省软科学计划项目优秀成果奖。

论文《明〈墨子〉典籍校刊与墨学发展》(《中国文化报》2012年11月9日第7版)，梳理明代《墨子》版本，通过点评，揭示《墨子》在明代发展脉络，各版本特点精要。论文《墨子科技思想中的人文关怀》(《中国文化报》2012年12月4日第3版)，被求是理论网、凤凰网等多家媒体转发。《墨子思想对建设中国特色社会主义文化的重要价值》(《墨子研究论丛》第10辑，齐鲁书社2013)，将墨子理念纳入中国特色文化：墨子和谐社会主张；墨子兼爱非攻思想；廉洁从政思想；哲学理念；科技创新思想；墨子素质教育理念；无私奉献精神。

牵头策划社会活动，打造墨子文化品牌。筹备第9届国际墨子鲁班学术研讨会和中国墨子学会成立20周年纪念，2012年在北京人民大会堂和京伦饭店举行，海内外130余位学者参会。筹备第10届国际墨子鲁班学术研讨会。2014年，在山东大学邵逸夫科技馆举行。主持《墨学重光》专题片撰稿制作，设计中国墨子学会成立20周年纪念邮册。致力夯实基础建设，谋划墨学长远发展。主持中国墨子学会申报2011年度全国首次社团评估，获国家三A级社团荣誉称号。组织创办“鲁班学堂”，结合理论宣传教育普及与墨子鲁班文化研究。2012年墨研中心被评为“山东省理论大众化示范点”。

启动墨子图书馆建设，藏书2万余册，免费开放。适应时代发展需要，建设网上墨学研究图书资料电子数据库，免费查阅，为广大群众和墨学爱好者搭建阅读学习平台。主持制定中国墨子学会2012～2016年规划，结合学术研究，宣传普及，书刊出版，人才培养，文库建设和产业发展。主持墨子纪念馆、鲁班纪念馆成功申报“全国科普教育基地”。协助建设墨子文化为主题的墨子文化广场和墨子文化公园。加强墨子研究人才梯队建设，促进墨学事业长远发展。

2013年牵头设立中国墨子学会评选表彰机制，每年拨出专项经费50万元，奖励墨学研究有成的学者、学术新人和毕业论文优秀的研究生，激励墨学研究者锐意创新，调动墨学研究者的积极性和创造性，保障墨子文化人才梯队建设，推动墨子文化研究发展。构建结构合理，门类齐全，科技含量高，富有创意，竞争力强的现代文化产业体系，形成文化、旅游、娱乐、信息、服务一体化机制。通过市场运作，制作发行影视项目《小小鲁班》，推动文化产业与旅游、体育、信息、物流、建筑产业协调发展，延伸文化产业链，提高文化附加值。

张庆军

1968年生，山东滕州人。墨子研究中心办公室副主任。《墨子研究论丛》副主编（第6~11辑），《墨学研究》杂志副主编（第6~45期）。参与筹备第6~10届国际墨子鲁班学术研讨会，第5届国际墨子文化节，两届国际墨子小孔成像学术研讨会。协助完成山东省软科学研究计划项目《科圣墨子思想中的人文关怀对当今科技发展的指导研究》。参与策划《一滕双圣，班墨同辉》系列节目在山东电视台《新杏坛》栏目播出。参与策划《班墨传奇》、《千年墨学中断之谜》系列节目在中央电视台《百家讲坛》及《走遍中国》栏目播出。发表墨子文化研究论文数十篇。致力于墨学文化普及教育，举办墨子文化讲座，以通俗语言宣传墨子文化，架设墨子文化专业研究和大众文化学习联系桥梁，把墨子文化研究成果，转化为大众通俗易懂的精神产品，认知墨子文化的精髓。

颜玉明

1967年生，山东滕州人。墨子研究中心办公室副主任。《墨子研究论丛》副主编（8~11辑），《墨学研究》杂志副主编（18～45期）。发表墨学研究论文10余篇。把墨学研究与滕州地方文化研究相结合，论证墨子文化是滕州地方文化品牌的龙头。《让班墨文化成为滕州经济社会发展的助推器——滕州市打造班墨文化品牌的实践与思考》，（任守景合作，《墨子研究论丛》第9辑，齐鲁书社2010年版，第49~64页；中国墨子网；滕州数字文化网）。《墨团组织纪律与墨家思想流传》（《墨子研究论丛》第10辑，齐鲁书社2013年版）。协助完成山东省软科学研究计划项目《科圣墨子思想中的人文关怀对当今科技发展的指导研究》。参与筹备第8~10届国际墨子鲁班学术研讨会，5届国际墨子文化节，一届国际墨子小孔成像学术研讨会。参与策划《班墨传奇》系列节目，在中央电视台《百家讲坛》播出。

鲁开国

1965年生，山东滕州人。墨子研究中心办公室副主任。《墨子研究论丛》副主编（10~11辑）。《墨学研究》杂志副主编（27~45期）。发表墨学研究论文数十篇。协助主持《科圣墨子思想中的人文关怀对当今科技发展的指导研究》等课题立项和研究，取得重要成果。参与策划组织第九届国际墨子鲁班学术研讨会开幕式暨中国墨子学会成立20周年纪念大会、第10届国际墨子鲁班学术研讨会。主笔《中国墨子学会20年工作报告》和《中国墨子学会2012～2016年工作计划》等重要文献，概述中国墨子学会成长壮大的四个特色和今后发展的六项规划。参与编写《滕州历史文化丛书：班墨卷》，主抓科普教育基地建设，墨子、鲁班纪念馆获国家、省、枣庄市科普教育基地称号和枣庄市爱国主义教育基地称号，墨子研究中心办公室获省社会科学普及教育示范基地称号和省理论大众化示范点称号，协助组织墨子鲁班优秀传统文化进村居活动，搭建墨子鲁班优秀传统文化走向社会、走向基层、走向大众宣传教育的平台。

张西锋

1980年生，山东滕州人。《墨学研究》杂志执行编辑，参与筹备第 7~10 届国际墨子鲁班学术研讨会、多届国际墨子文化节、两届国际墨子小孔成像学术研讨会。参与筹备《一滕双圣，班墨同辉》系列节目在山东电视台《新杏坛》栏目播出。参与筹备《班墨传奇》、《千年墨学中断之谜》系列节目在中央电视台《百家讲坛》及《走遍中国》栏目播出。参与完成软科学研究计划《对儒墨尚贤主张的几点研究》，研究儒墨人才思想，探索人才发展规律和有中国特色的人才论。参与完成山东省软科学研究计划资助项目《科圣墨子思想中的人文关怀对当今科技发展的指导研究》，提倡高新技术企业在发展科技过程中，注重科技人文诉求，融入人文精神。撰《儒家与墨家的尚贤思想》(《国际人才》2010 年第 10 期)，分析儒墨“尊贤”思想的特点和区别。出版《墨论选读》(中国人事出版社 2015 年版)，结合历史文化，在墨子时代的历史语境下解读《墨子》经典。

李守信

1954 年生，河北河间人。东北师范大学毕业。英国伦敦大学硕士。中国人民大学博士。山东大学党委书记。中国墨子学会会长。2012 年 5 月 6 日在第 9 届国际墨子鲁班学术研讨会开幕式和中国墨子学会成立 20 周年纪念大会上讲话：中国墨子学会推动墨学研究成功，是推动传统文化研究的典范，为墨学研究提供强大驱动，活动声势浩大，影响广泛，极大提高墨学研究在全国学术界的地位和号召力。发挥人才和学科资源优势，把墨学研究推向新高度，把中国墨子学会打造成为世界级墨学研究平台。挖掘墨子深邃思想内涵，弘扬墨子开创文化传统，具有不可估量的意义。发挥墨学的现代价值，使之成为新时代鼓舞人民前进的精神力量。

2014 年 5 月 10 日在第 10 届国际墨子鲁班学术研讨会上发言：墨学是中国优秀传统文化重要组成部分，墨子“非攻平等，兼相爱交相利”思想将为中国历史进步、社会发展和谐做出贡献。未来墨学研究要坚持中国传统文化古为今用，推陈出新理念，挖掘墨学现代价值。墨子研究中心发展壮大，成为国内墨学研究领头雁。全世界全国墨学研究者，合作壮大墨学研究队伍，提高墨学研究水平，推动墨学研究事业纵深发展。发扬墨学优良传统，深入挖掘阐发墨学的现代价值，让古老的墨学在现代社会焕发强大生机活力。

陈炎

1957～2016，北京人。中国墨子学会副会长。2014年发表视频教程《论儒墨道法系统》，认为儒墨道法先秦4大学派各领风骚，深远影响中国文化历史铸造，是传统国学研究对象和今人哲学、思想、文化史研究内容。用系统科学方法把儒墨道法4大先秦学派，以及老子、孔子、孙子、墨子、孟子、荀子、庄子、韩非子8位思想家纳入共时框架，分析其相互补充的结构功能，影响和塑造中华民族的思维与行为方式。

冯宜明

1944年生，山东滕州人。青岛黄海学院党委书记。中国墨子学会副会长。参编《墨子大全》。论文《关于墨学中"气"的阐述》（合撰，《墨子研究论丛》第5辑，齐鲁书社2001年版），认为墨家气论有4重内涵结构：细微物质；生命基元；道德精神；望占神意。初步用来解释宇宙生成运动变化原因，是缺乏明确自觉，不够系统的本原概念。

王学典

1956年生，山东滕州人。山东大学儒学高等研究院常务副院长、中国墨子学会副会长。专长史学理论与历史研究，致力传统文化复兴。出席历届墨学研讨会，近年墨学复兴运动见证人，山东大学滕州市墨学研究推动者，参与谋划山东大学滕州市墨子研究中心举办学术活动。兼山东大学墨子研究所所长，汇聚墨学研究力量，推动墨学研究交流合作。山东大学墨子研究所为国内墨学研究重镇，处研究领域前沿，研究取得重要成果。

墨子研究院

枣庄学院墨子研究院成立于2006年，前身为枣庄师范专科学校墨子研究所。墨学研究的机构和基地，传播交流墨学文化的窗口和平台。倡导墨学文化，弘扬墨家优秀思想。研究人员20余人。举办国际墨子鲁班学术研讨会。创办"中国国际墨学网"。出版《墨子大词典》、《墨子研究》和《墨学文化研究丛书》等著作10余部。发表论文100余篇。校长兼院长，主抓墨学研究。学院重视墨子研究院建设，确保墨学文化研究优先发展。

王玉玺

1939年生，山东滕州人，中国墨子学会名誉会长。把书法艺术跟墨学研究结合，用书法艺术弘扬墨学，使艺术为墨学增辉。出版《墨子名言》（山东文艺出版社1999年版）、《墨子兵书》（国防大学出版社2000年版）、《王玉玺八体书古今名人评墨子》（齐鲁书社2002年版）、《王玉玺书墨经》（西泠印社2004年版）、《王玉玺书法选——砚墨集》（齐鲁书社2006年版）。《王玉玺八体书古今名人评墨子》书法作品，创意策划启功题名“墨子砚”，捐赠山东大学滕州市墨子研究中心。

协助组织墨学研究与弘扬，帮助中国墨子学会和墨子研究中心工作，争取社会各界支持墨学研究。协助出版《墨子大全》和举办国际墨子鲁班学术研讨会。宋健《艺术为墨学增辉——为王玉玺八体书古今名人评墨子序》：“当代中国著名书法家王玉玺同志，与墨子同梓滕州，多年研究墨子著作，建树卓越。”任继愈《王玉玺八体书论语名言序》说：“（王玉玺）把书法艺术创作与墨学研究结合。”“用书法艺术弘扬墨学，在书法界和墨学界都是一大创新。”

朱传棨

1928年生，山东滕州人，中国墨子学会顾问。山东大学历史系本科毕业。北京大学研究生毕业。武汉大学哲学学院教授。热心墨学研究。著《墨子与墨家思想研究论稿》。1991年来撰墨学论文30余篇，多见《墨子研究论丛》1~10辑。1996～1998年在《华中工学院学报》发表《墨子思想与当代中国社会经济政治发展》、《墨子哲学基本特征与当代中国哲学发展》和《墨子唯物主义思想刍议》。在《光明日报》2000年8月29日B3版“学术”栏发表《墨家社会政治思想的现代意义》，提出在“中国传统文化与社会主义现代化”问题研讨中，对中国传统文化不能仅限于儒家文化，还应重视与儒家并称显学的墨家文化研究。认为借鉴墨学要比借鉴儒学，更贴近当代中国社会经济政治发展需求。

2005年为第6届国际墨子鲁班学术研讨会提供《墨家科技思想的现代价值》，概述墨家科技思想特征。《中国青年报》2005年1月24日B4版“思想者”栏摘发，评介为研究“新思路”。2008年为在澳门举行“首届儒释道文明对话研讨会”撰《儒墨对话三则——简论墨学对中华文明建设的现代意义》，提出对中华文明建设，不能局限于儒释道，要重视墨学对中华文明发展和当代文明建设的意义，收入《首届儒释道文明对话论文集》，中华文化交流协会2009年出版。2009年撰《仁爱与兼爱：两种不同的和谐文化传统》，载《武汉大学学报》2009年第2期，《中国德育》2009年第10期“观点集萃”栏作“成果动态”介绍。1998年指导日本秋田大学吉永慎二郎墨学研修和论文写作。

谭家健

1936年生，湖南衡阳人。中国墨子学会副会长。北京大学中文系毕业。中国社会科学院文学研究所研究员。曾任新加坡国立大学中文系、新加坡东方文化学院、马来西亚新纪元学院中文系全职客座教授，先后讲学8年。1991~1993年在新加坡国立大学中文系硕士班讲“墨子研究”专修课两学期。1998、2003年在新加坡东方文化学院讲授“墨子研究”两学期。2001、2002、2006年在马来西亚新纪元学院讲授“墨子研究”选修课三学期。2008年在中国国际广播电台讲授“墨学的现代价值”，光盘在世界发行。1999年在台湾政治大学，2002年在马来西亚博托拉大学，2009年在印尼华文作家协会，2011年在马来亚大学，作墨学专题讲演。

著《墨子研究》（贵州教育出版社1995年初版，北京图书馆出版社2004年增订再版，社会科学文献出版社2016年增订三版）、《墨子选译》（合著，上海古籍出版社1990年版）和《墨子今注今译》（合著，商务印书馆2009年版）。

发表墨学论文10余篇。《历代墨学通览》，收入《国学通览》（群众出版社1996年版）。该文近3万字，分期评论2000多年墨学研究。认为先秦，是儒墨相争，墨子批儒，孟子、荀子批墨，《庄子·天下》篇比较客观。秦汉时《孔丛子》有《诘墨》，反驳墨子批孔。王充《论衡》批评墨子明鬼。东汉道家利用墨家天道观，鬼神观，神化墨子。魏晋玄学发展墨家名辩学，西晋鲁胜第一次为《墨经》作注。唐代韩愈提出“孔墨相用”，认为儒墨相争是不肖后学所为。此论一出，争辩持续1000多年。基本肯定者有宋欧阳修，元黄震，明宋濂、李贽，清汪中。继续批墨者有宋王安石、朱熹、高似孙，元马端临，明胡应麟。明中叶以后文学评点风盛，《墨子》与其他先秦诸子同时受到许多评点家青睐，评点辞章，不评论义理。清代注墨者越来越多，重要人物有毕沅、孙星衍、王念孙、俞樾、苏时学等，集大成者是孙诒让，评价日趋公允。清末民初，学者以西方自然科学和社会科学研究墨子，提出新论点，认为《墨经》是杰出自然科学和逻辑学著作，兼爱与佛家慈悲、基督教博爱相比，墨子与孔子、耶稣并列，尚同有“民主思想”，非攻是“和平主义”等。20世纪二三十年代墨学研究出现高潮，50～70年代是低潮，80年代后出现新高潮。

论文《墨子在先秦散文史上的地位》（《中州学刊》1983年第3期）认为《墨子》文体是从问对体向专论体的过渡型态，从简单独白的对话发展到情节完整的故事，自觉用逻辑写哲理散文。《墨家语录研究》（《齐鲁学刊》1998年1期）对墨家四篇语录，按内容分类组合，分析研究。《近二十年（1978～1998）中国大陆之墨学研究》，收入《跨世纪的中国哲学》（台湾中央政治大学编，台湾五南出版社2001年版）。《中国古代杰出的科学家墨翟》，收入《国际汉学研讨会论文集》，马来西亚博托拉大学出版社2005年版。《平民哲学家墨子》（印尼雅加达《千岛日报》2009年3月4日）《九十年来（1904～1994）墨学论文分类索引》，收录1600余篇，《墨学研究论丛》第3辑，山东大学出版社2005年版。《近十二年（1994～2006）墨学论文分类索引》，含海峡两岸，《墨子研究论丛》第7辑，北京图书馆出版社2007年版。《近三年（2006～2008）墨学研究专著》述评，《墨子研究论丛》第8辑，齐鲁书社2009年版。《身体力行墨学的张知寒教授》，《墨学研究》2009年2期。《香港墨学钜子谢湘其人其书》，马来西亚新纪元学院学报2009年第3期。

墨子研究

谭家健著，贵州教育出版社1995年版，北京图书馆出版社2004年《墨子大全》第80册影印增订二版，社会科学文献出版社2016年增订三版。

该书全面系统介绍墨家学说。全书17章，分述生平、著作、学派及兼爱、非攻等十大主张和墨家逻辑，认识论，自然科学，文学价值，军事防御技术，墨家语录研究，历代墨学述略。林徐典序言："此书所描述的墨家，相当接近其本来面貌。"用历史立体比较法，对墨家地位作历史考察。陈金生书评："本书研究墨子的各项思想主张，都同时引述先秦各派思想家，乃至秦汉以后的思想家在同一问题上的不同或相近的看法，并分别评论彼此的是非得失，作者的态度实事求是。""既帮助读者准确地了解墨子的地位，也符合历史主义的要求。"林徐典序言："这种研究方法，在目前海内外墨学研究中实属少见。"

对墨家观点的价值，作出公正辩证判断，肯定墨子贡献，指出其局限。广泛引述近百年来中国大陆不同意见。郑杰文评价："利用新加坡所藏海外墨学研究资料甚丰这一条件，对中国台湾、香港以及新加坡、日本、韩国、美国等墨学同行的研究成果大加征引，为其他墨学研究论著所不及。"郑君华书评："以《墨子》书为根本，以古今研究为经，以中外研究为纬，纵横结合，中外交织，表现了《墨子研究》的客观性与深广度。"详备汇集墨学研究资料。林徐典序言："第十六章无异于一篇墨学研究小史，自晋鲁胜到当代重要墨学著作都提到了。其中宋元明清墨学资料，有不少还是鲜为时人所知的。""是目前为数最多的墨家论文目录"。郑君华书评："在征引的广博，资料的贮备上，尚少有企及者。"

姜宝昌

1940年生，辽宁大连人。山东师范大学物理系毕业。山东大学中文系语言文学专业研究生。山东大学教授。从事古代汉语教学研究。著《墨经训释》（齐鲁书社1993年版）、《墨子〈大取〉、〈小取〉训释》（增入《墨经训释》，齐鲁书社2009年版）、《墨守训释》（齐鲁书社2014年版）、《墨学与现代科技》（中国书店1997年版）、《墨经正读》（第一副主编，上海科技文献出版社2011年版）。《墨经训释》、《墨守训释》和《墨论训释》训诂《墨子》原典，含校勘、注释和今译。墨学论文10余篇。

齐瑞端

1942年生，湖南湘潭人。贵州大学中文系毕业。中国墨子学会副会长。曾任贵阳职工大学校长，贵州教育学院职教分院院长。合著《墨子全译》（贵州人民出版社1995

年版、台湾古籍出版社2000年版、湖南人民出版社中英文对照版2006年版）。2000年参加台湾师范大学王赞源牵头《墨经》研究团队，参编《墨经正读》（上海科学技术文献出版社2011年版）。

致力于墨学的研究和实践。认为墨学的价值在于应用。用墨学指导实践，取得成效，才体现真正意义。1988～1995年潜心研究墨学，完成《墨子全译》。2001年在《职大学报》开辟和主持墨学专栏，刊登海内外墨学研究者成果100余篇。2002年实践墨学，效法墨子"摩顶放踵，利天下为之"精神，在中老年健康服务营销公司任董事长，移植墨子管理思想于企业管理，以墨学"兼相爱，交相利"为企业文化核心，弘扬墨学，促进现代企业营销持续发展，坚持实践，使企业成为全国知名中老年健康企业。

在《职大学报》发表多篇实践心得文章《墨子思想与现代经营管理》、《企业文化的核心兼相爱交相利》和《弘扬墨子精神，促进现代营销持续发展》等。滕州日报2014年5月12日报道第10届国际墨子鲁班学术研讨会《各家争鸣论墨学，博采众长促提高》：齐瑞端将墨学运用于企管中。认为墨子思想贴近劳动，贴近生活，体现不劳动者不得食的理论，这种理论促进每个公司稳步提高。墨子主张有力者疾以助人，有财者勉以分人，有道者劝以教人。这是墨子思想的合理内核，以其自身特有的价值耦合时代需要。中国传统文化对当今社会管理有重要指导作用，继承发展墨子思想合理成分，在现代企业管理中大有用武之地。国内外现代管理思想，有许多成分与墨子思想精髓不谋而合。将墨子思想在企业管理中运用多年，感觉墨子思想像一座宝库取之不尽。

秦彦士

1950年生，四川资阳人。中国墨子学会副会长。山东大学文学硕士，硕士论文《墨子的语言艺术与人物描写》。四川大学历史学博士，博士论文《墨子备城门综合研究》。四川师范大学文学院教授。专著《墨子新论》（电子科技大学出版社1994年版）、《墨学的当代价值》（中国书店1997年版）、《墨子考论》（巴蜀书社2002年版）、《墨子与墨家学派》（山东文艺出版社2004年版）、《墨子备城门综合研究》（人民出版社2008

年版）、《墨学对中国社会发展的影响》（第一、二、四等各章节，山东人民出版社 2011 年版）。

发表墨学论文 20 余篇：《墨学的历史命运》，（《天府新论》1994 年第 5 期）《出土文献提供的墨子〈备城门〉诸篇新证》（《齐鲁学刊》2004 年第 6 期）《墨家 12 种攻守方式》（《职大学报》2005 年第 3 期）《中国科技史〈墨经〉释读评议》（《湖南科技学院学报》2005 年第 9 期）《庄子〈天下〉论墨考辨》（台湾《东吴哲学学报》2004 年第 9 期）《孙诒让〈墨子间诂〉校补示例》（《求索》2006 年第 4 期）等。

对墨子思想情感天然亲近，读研选择墨学为主攻方向。墨学研究首重还原时代。对《墨子〈备城门〉时代和著述》考证，墨子城防军事学探讨，墨家科技和逻辑的文化史意义，有独特思考。通过中国学术史和中西文化比较研究，提出墨学独特文化价值的思考。见解引起学界关注，有一定影响。香港学界探讨大陆墨学研究动态时谈及。2014 年受比利时鲁汶大学邀请参加研讨会。

王崇杰

1957 年生，天津人。山东建筑大学教授。中国墨子学会副会长。推进墨子文化进校园，传承墨子创新精神和文化内涵，打造特色文化品牌。

王凯

1957 年生，吉林延吉人。武汉大学哲学系硕士、武汉大学哲学系博士，青岛大学文学院中文系教授，中国墨子学会副会长。撰墨子研究书稿。发表论文《墨子鬼神观研究》（《墨子研究论丛》第 8 辑，齐鲁书社 2009 年版）。《墨子“法仪”说浅析》（《墨子研究论丛》第 10 辑，齐鲁书社 2013 年版）。培养墨学研究后备力量，指导研究生学位论文主题：墨子鬼神观、非乐观、义利观、节葬观、兼爱观、尚贤观和墨辩等。

解启扬

1967 年生，安徽合肥人。中国政法大学伦理研究所任教。中国人民大学哲学博士，学位论文《近代墨学研究》（导师孙中原），著《墨学的近代转化》（中国政法大学出版社 2016 年版）。论文《孙诒让的墨学研究》、《梁启超的墨学研究》、《胡适的墨学研究》、《章太炎的墨学研究》、《郭沫若的墨学研究》、《侯外庐的墨学研究》、《近代墨学复兴初探》、

《墨子的生死观刍议》、《墨子的理想国》等10余篇。2014年赴比利时鲁汶大学，出席现代《墨子》诠释国际学术研讨会，宣读论文《再论胡适的墨学研究》。

宋赛花

1976年生，湖南醴陵人。中华女子学院副教授。2014年5月获中国墨子学会墨子鲁班研究学术新人奖。中国人民大学哲学博士（导师孙中原），发表墨学论文多篇：《先秦逻辑史上类概念的发展》（《南通大学学报》2006年第1期）、《梁启超的比较逻辑研究》（《社科研究》香港2006年第6期）、《墨子的和谐社会理想》（《职大学报》2009年第3期）、《墨子的义利观与现代商业伦理的构建》（《职大学报》2012年第5期）、《墨家的论证逻辑》（《墨子研究论丛》第7辑，北京图书馆出版社2006年版）。用现代论证理论，揭示《墨经》论证逻辑精髓，涉及论证目的，规律，论式，悖论和论证评估等。翻译孙中原墨学研究成果 *Meta-research in Chinese Logic*（《中国逻辑元研究》），发表在 *Frontiers of Philosophy in China*（《中国高等教育学术文摘：哲学前沿》），国外发行。翻译孙中原《中国逻辑史五问》（中译英），将中国墨学研究成果推介国外。

杨文

1971年生，河南信阳人，北京外国语大学讲师，中国人民大学哲学博士，学位论文《中国名辩的现代研究》（导师孙中原）。参编《墨学与现代文化》（中国广播电视出版社2007年版）。在《光明日报》、《湖南科技大学学报》、《职大学报》发表墨学论文多篇，论墨家思维规律、墨子思维语言艺术和从符号学角度看《墨经》名学。参编《墨学大辞典》。

墨子城守注

岑仲勉《墨子城守各篇简注》1948年完成，中华书局《新编诸子集成》1958年版、台湾世界书局1971年版。《墨子集成》第45册影印，台湾成文出版社1977年版。《墨子大全》第47册，北京图书馆出版社2004年版。岑仲勉（1885～1961），广东顺德人。中央历史语言研究所研究员（1937～1948），中山大学历史系教授（1948～1961）。

墨学源流

方授楚（1898～1956），湖南平江人。任教广西大学、湖南大学、湖南师范学院。综论墨学，资料丰富，论述详备，载誉学界。1936 年 4 月 24 日写《自序》。上海中华书局 1937 年版。中华书局、上海书店影印 1989 年版。台湾中华书局影印 1957 年版。《墨子集成》第 39 册影印，台湾成文出版社 1977 年版。《墨子大全》第 43 册，北京图书馆出版社 2004 年版。

墨经哲学

杨宽（1914 ～ 2005），曾任上海博物馆馆长、上海社会科学院历史所副所长、复旦大学历史系教授、重庆正中书局 1942、1946、1947 年版。台北正中书局 1959、1974 年版。《墨子集成》第 42 册影印，台湾成文出版社 1977 年版。《墨子大全》第 44 册影印，北京图书馆出版社 2004 年版。认为《墨经》产生在前，“十论”产生在后。第 327 页：“《墨经》为墨子自著”。“《尚贤》十论，皆后学所作”。第 333 页：“《墨经》之论，全以理据，无浅陋迷信之言，惟学理既深，难以语俗，乃不得不借助于社会迷信，以图发展其说，又不得不以理论改至通畅，以应世俗，此或《尚贤》《尚同》十论之所以作也。”此议跟中国现代墨学研究的科学结论和共识相反，忽视墨学由低级到高级，由简单到复杂，由感性具体到理性抽象，再到理性具体的发展变化规律。缺乏历史主义历史感和正确的理论分析。

墨经研究

杨俊光（1932 ～）《墨经研究》（南京大学出版社 2002 年版）。发挥杨宽论点，认为“‘十论’是由《墨经》推衍而成”，即《墨经》产生在前，“十论”产生在后。杨俊光批评别人认为“《墨经》是后期墨家的著作”，“是‘十论’更高的概括和更洗炼的结晶”，是“与事实不合”。杨俊光：“《墨经》与‘十论’的关系，杨宽书认为：《墨经》所述为墨家的要旨，又其论‘全以理据，无浅陋迷信之言，惟学理既深，难以语俗，乃不得不借助于社会迷信，以图发展其说，又不得不以理论改至通畅，以应世俗，此或《尚贤》《尚同》十论之所以作也。’就是说，‘十论’是由《墨经》推衍而成的，亦言之成理。王维庭以‘《墨经》是后期墨家的著作’，而谓‘就是“十论”更高的概括和更洗炼的结晶’，恐与事实不合。”杨俊光说的“杨宽书”，指杨宽著《墨经哲学》（《墨子大全》44 册）。杨宽认为“《经上》

《经说上》墨子自著”，杨俊光极其赞赏杨宽的论点说：“对于这个争论（指《墨经》作者之争），杨宽书一语中的。”“问题得到了圆满的解决。”（杨俊光《墨经研究·总论》，南京大学出版社 2002 年版，第 45~46 页）杨俊光转述发挥杨宽论点，认为“《墨经》产生在前，‘十论’产生在后”。此议跟中国现代墨学研究的科学结论和共识相反，忽视墨学由低级到高级，由简单到复杂，由感性具体到理性抽象，再到理性具体的发展变化规律。缺乏历史主义历史感和正确的理论分析。杨俊光著《墨子新论》（江苏教育出版社 1992 年版）。

墨子引得

聂筱珊等《墨子引得》：燕京大学引得编纂处《引得》特刊 21 号 1948 年排印本。上海古籍出版社 1986 年影印。台北成文出版社 1966 年影印。《墨子大全》第 48 册影印，北京图书馆出版社 2004 年版。《墨子》文本每字每次出现，列为词条，方便检索统计。

墨辩逻辑学

陈孟麟（1923 ～ 1999），湖南长沙人，贵州大学中文系毕业（1947），山东经济学院教授。《墨辩逻辑学》（山东人民出版社 1979 年版，齐鲁书社修订 1983 年版）。台湾五南出版社 1996 年版，书名《墨辩逻辑学新探》。

张知寒

1928 ～ 1998，山东滕州人，山东大学历史系教授，墨学研究杰出推动组织者。曾任中国墨子学会常务副会长，秘书长，法人代表，山东墨子基金会常务副会长。主张墨学研究为现实服务，为国家建设世界和平发展服务。推进墨学研究，只争朝夕行动。奔走东西南北，无论春夏秋冬。激情上说下教，宣传呼号鼓动。成效显著空前，引人至深感动。知寒登高一呼，博得众人响应。滕州山东领头，全国蔚然行动。墨学新局开创，众推墨学复兴。考定墨子里籍是古小邾国滥邑（历属宋、鲁、齐，今属滕州），学界认同。以墨子故里考证为契机，乘振兴中华民族复兴大势，推动成立墨子研究中心，中国墨子学会，墨子基金会，主办墨学研讨会。动议雕塑墨子铜像，建立墨子纪念馆，树碑立传，不朽作品，补历史空白。主编《墨子志》（山东人民出版社 2004 年版）、《墨学与当今世界丛书》十册（中国书店 1997 年版）、《墨子研究论丛》1~4 辑（山东大学出版社 1991、1993 年版、山东人民出版社 1995 年版、齐鲁书社 1998 年版，收入《墨子大全》68~71 册）。发表论著数十种，集《读墨余论》（山东友谊出版社 1999 年版，《墨子大全》第 72 册影印，北京图书馆出版社 2004 年版）和《墨子里籍考论》（山东人民出版社 1996 年版）。论文《墨子应为古代小邾国人》（《枣庄日报》1988 年 2 月 13 日）、《关于墨子的几个问题》（《东岳论丛》1988 年第 1 期）、《墨子里籍应在今之滕州》（《滕州文史资料》1988 年第 4 期）、《墨子里籍新探》（《山东社会科学》1988 年第 6 期）。《古代科技史上的光辉巨星——墨子》（《今日山东丛书·山东科技》，山东友谊出版社 1989 年版）、《孔墨异同略论》（《山东社会科学》1990 年第 2 期）、《略论我国学术界对墨子研究的概况》（《哲学社会科学研究动态》1990 年第 9 期）、《谈兼爱节约以兴民利的墨子》（《联合周报》1991 年第 3 期）、《再谈墨子里籍应在今之滕州》（《文史哲》1991 年 2 期）、《略论郳娄文化与儒墨》（《墨子研究论丛》第 2 辑，山东大学出版社 1993 年版）、《略述我所考定的墨子里籍》（《东岳论丛》1998 年第 1 期）、《略论墨家学说对后世的影响》（《大众日报》1998 年 10 月 3 日）、《略论墨子学说对后世的影响》（《墨子研究论丛》第 4 辑，齐鲁书社 1998 年版）。杨向奎诗：“先秦墨子显学传，两汉以后儒为先。而今墨学重奋起，赖有教授张知寒。”

张知寒多篇论文，确认墨子里籍在鲁国附庸古小邾国滥邑（滕州境），启动滕州和中国墨学研究局面大变，验证墨学文化对现代社会的巨大精神作用和价值。任继愈《墨子与墨家》第 15 页：“墨子出生地的考证，明确了千百年来争论不休的疑问：墨子为鲁人（大范围的鲁国管辖区）。他诞生及早年从师的地点，即今天的滕州市木石镇。这不能不说是千百年来关于墨子出生地研究的一项新成果。近代探索墨子出生地的方法：逐一排除宋人、鲁阳人等说法，立足于已有的证据，即墨子为鲁人的大范围内，再逐步缩小范围，一步一步落实到滕州境内的目夷（木石镇）。这种方法是较为科学的。”

墨子导读

水渭松：《墨子导读》，巴蜀书社 1991 年版；《国学大讲堂：墨子导读》，中国国际广播出版社 2008 年版。

墨子直解

水渭松：《墨子直解》，浙江文艺出版社 2000 年版。

王裕安

1939～2007，山东滕州人。合著《墨子大词典》（山东大学出版社 2006 年版，第一主编），列字头 2556 个，释词 4608 个。含注音、释义和例句，音序笔画索引，方便读者检索。

墨子评传

邢兆良：《墨子评传》，南京大学出版社 1993 年版，《墨子大全》第 77 册影印，北京图书馆出版社 2004 年版。

墨经校注

周云之：《墨经校注今译研究：墨经逻辑学》，甘肃人民出版社 1993 年版。

墨经训释

姜宝昌：《墨经训释》，齐鲁书社 1993、2009 年版。

墨经数理

杨向奎：《墨经数理研究》，山东大学出版社 1993 年版。

墨子全译

周才珠、齐瑞端：《墨子全译》，贵州人民出版社 1995 年版。《墨子大全》第 81 册影印，北京图书馆出版社 2004 年版。周才珠、齐瑞端今译，汪榕培、王宏英英译，湖南人民出版社 2006 年版。

苦行救世

张永义：《墨：苦行与救世》，广东人民出版 1996 年版。

墨子与中国文化

张永义：《墨子与中国文化》，贵州人民出版社 2001 年版。

墨子智慧

舒大刚：《苦行救世——墨子的智慧》，四川教育出版社 1996 年版。

墨子白话

梅季、林金保校译：《白话墨子》，岳麓书社 1991 年版。

墨子兼爱

陈伟：《墨子：兼爱人生》，长江文艺出版社 1997 年版。陈伟（署名达流）：《墨子智慧心解》，中国城市出版社 2008 年版。

墨子外传

史向前、陆建华：《墨子外传墨子百问》，安徽人民出版社 1997 年版。

墨子谋略

杨一民：《兼爱非攻——墨子谋略纵横》，蓝天出版社1997年版。

墨子答客问

陈雪良：《墨子答客问》，上海人民出版社1997年版。

墨家人生智慧

丁为祥、雷社平：《自苦与追求——墨家的人生智慧》，武汉出版社1998年版。

陈克守

1950年生，山东滕州人。中国人民大学哲学硕士，学位论文《墨辩、因明与亚里士多德推理形式比较研究》（指导教师孙中原）。曲阜师范大学教授。著《平民显学——墨学与中国文化研究》，（吉林人民出版社2002年版；《墨子大全》第91册影印，北京图书馆出版社2004年版）。《科技之父——墨子》（山东教育出版社2001年版；《墨子大全》第91册影印，北京图书馆出版社2004年版）。陈克守、娄立志《平民圣人——墨子的故事》（华文出版社1997年版）。陈克守、桑哲《墨学与当代社会》（中国社会科学出版社2007年版）。

张晓芒

1955年生，山西太原人。中国人民大学哲学硕士，学位论文《墨辩与亚里士多德思维规律比较研究》（指导教师孙中原）。南开大学哲学院教授。南开大学哲学博士，论文《先秦辩学法则研究》（中国人民大学出版社1996年版，导师温公颐）。著《中国古代论辩艺术》（山西人民出版社2001年版）；《先秦诸子论辩思想与方法》（人民出版社2011年版）；《墨子的平民学说》（与韩国学者黄晟圭合著，山西出版集团书海出版社2007年版）。发表墨学论文数十篇。论文《新墨学如何可能》（合撰，《哲学动态》1997年第12期），认为中国文化发展依赖于继承超越传统，从传统墨学发展新墨学。论文《墨家治世方法和手段》（《中国社会科学报》2010年9月7日）；《理念与方法——和谐社会建设中的墨学资源》（《职大学报》2012年第2期），重视墨学在当代的影响力。

墨学研究百年

曾繁仁：《千年绝学的伟大复兴——墨学研究百年回顾与前瞻》（《文史哲》1999年第6期）。回顾百年墨学复兴历程，总结墨学研究成就，肯定墨学现代价值，提出墨学研究目标。近年墨学研究重要成果。曾繁仁：安徽人。山东大学教授。时任山东大学校长，中国墨子学会会长。认为近十年成果，多在专题研究基础上形成，既具通识，又不乏专精。认为孙中原著《墨学通论》（1993），以对墨子论述系统性和对墨家逻辑分析深刻性为人称道。对墨家军事理论清理付出辛苦。认为从事传统现代转换，孙中原编《墨学与现代文化》（1998）堪称典范。认为墨学作为中国传统文化最有价值的成分之一，同其他思想文化一起，在互补中共同构成绵延不绝的中国传统文化长河，滋润海内外炎黄子孙，建设世界文明大厦。回顾过去百年，墨学由衰到盛。展望未来百年，墨学将沐浴着时代风雨，吸取丰富营养，在同中国传统文化中其他思想和与西方文化互补中，创新辉煌，取得更丰硕成果。

墨子全译

孙以楷、甄长松：《墨子全译》，巴蜀书社2000年版。《墨子大全》第90册影印，北京图书馆出版社2004年版。

墨学研究

徐希燕：《墨学研究——墨子学说的现代诠释》，商务印书馆2001年版。《墨子大全》第91册影印，北京图书馆出版社2004年版。

墨学史

郑杰文：《中国墨学通史》，人民出版社2006年版。

墨学史20世纪

《20世纪墨学研究史》，清华大学出版社2002年版。

墨子墨家

张希宇、张幼林：《墨子墨家与墨学研究》，2001年初印本，《墨子大全》第91册影印，北京图书馆出版社2004年版。

墨家辩学

何洋：《墨家辩学——关于雄辩的科学》，南海出版社2002年版。

墨子语义

关兴丽：《墨子语义学和语用学思想研究》，社会科学文献出版社2004年版。

墨经校解

雷一东：《墨经校解》，齐鲁书社2006年版。

墨子十讲

戚文、李广星：《墨子十讲》，上海人民出版社2007年版。

墨家思想

薛柏成：《墨家思想新探》，黑龙江人民出版社2007年版。《墨子讲读》（国学名著讲读系列），华东师范大学出版社 2011 年版。

鲁迅墨学观

薛柏成：《鲁迅的墨学观》，中国墨子网。

墨子思想

胡子宗、李权兴、李今山、齐一、吴炯：《墨子思想研究》，人民出版社 2007 年版。

墨子辞典

张仁明：《墨子辞典》，贵州人民出版社 2003 年版。解释《墨子》部分篇章用字 2000 多个，词组 1200 多个，分析统计语词意义（不含《墨经》六篇和《备城门》以下 11 篇）。《墨子大全》第 97 册影印，北京图书馆出版社 2004 年版。

墨经汇释

王兆春、卢凤鹏、张仁明、张丽萍、樊国萍、黄朵编：《墨经汇释》，吉林大学出版社 2016 年版。用训诂学、现代语言学方法，分析语句语法和语义结构，选择注释新解，说明理由。

墨经辞典

张仁明、王兆春、黄朵：《墨经辞典》，贵州人民出版社 2010 年版。解释《墨经》字词，单字 769 个，复音词、固定词组和凝固结构。量化分析，分列频率。孙中原序《兴微继绝，综合创新——〈墨经辞典〉的价值》，见《毕节学院学报》2009 年第 6 期。

墨守辞典

张仁明、卢凤鹏：《墨守辞典》，贵州人民出版社 2010 年版。解释《墨子》城守篇字词，单字 1328 个，复音词、固定词组和凝固结构 730 多个。孙中原序《承上启下，推陈出新——〈墨守辞典〉的意义》，见《毕节学院学报》2009 年第 7 期。

墨子词汇

孙卓彩、刘书玉：《墨子词汇研究》，中国社会科学出版社 2008 年版。

墨子语

施炎平：《墨子一日一语》，浙江人民出版社 2000 年版；《墨子大全》第 83 册影印，北京图书馆出版社 2004 年版。

墨家思想新探

黄世瑞：《墨家思想新探》，台北水牛出版社 1993 年版。

杨武金

1964 年生，贵州天柱人，侗族，中国人民大学哲学院教授。中国人民大学哲学院在职博士，导师孙中原。研究《墨经》逻辑学。博士学位论文《墨经逻辑研究》，中国社会科学出版社2004年版，2009年获中国逻辑学会第二届优秀成果科研奖，2010年获第五届金岳霖学术奖。考察《墨经》逻辑学的现代价值和世界意义，《墨经》逻辑学比较研究，原典考察，梁启超、胡适和沈有鼎研究。研究墨家逻辑学的理论层次、合法性、合理性、比较研究和原典诠释，兼爱和墨学当代价值。

参编《墨经正读》（上海科学技术文献出版社2011年版）、《墨学与现代文化》（中国广播电视出版社1998年版，2007年修订版）。《职大学报》“墨学研究”专栏主持人。2008～2013年共主持15期，发表墨学论文百篇，其中海外学者论文20篇，促进墨学研究国际化。2011年8月主持墨学现代价值国际学术研讨会（包头），汇聚海内外学者60多名，其中海外学者20多名，是高水平国际学术会议。

主编台湾《哲学与文化》2010年8月第8期“中西逻辑比较研究专题”，跟台湾学者邱建硕合作，邀海内外墨学家逻辑学家孙中原、李贤中、王克喜等撰稿，是高质量专题研究成果，撰“导言：中西逻辑比较专题”，对墨学和墨家逻辑学研究有重要推动作用。2010年11月赴荷兰阿姆斯特丹参加由莱登大学主办，阿姆斯特丹大学承办中国逻辑史论坛。论文《从现代逻辑观点看墨家的有效推理》。2013年5月在南开大学参加中国逻辑史国际学术研讨会，主持《中国逻辑思想史手册》墨家逻辑思想研究讨论，负责本部分主编和编写。发表墨学论文50多篇。

论文《从现代逻辑的语言层次观点看墨经逻辑的本质》（《广西师院学报》2002年第2期）、《论从三个层次研究墨家逻辑》（《安徽大学学报》2006年第4期）《论墨家逻辑及其合法性问题》（《哲学动态》2006年11月增刊）、《论墨家逻辑的对象逻辑和元逻辑》（《哲学家》，人民出版社2006年版）、《再论墨家逻辑的合法性问题》（《职大学报》2008年第1期）、《论墨家兼爱的逻辑维度》（《职大学报》2008年第3期）、《从士林哲学观点看墨家兼爱理想》（《墨学与和谐世界》，河南人民出版社2009年版）、《墨家兼爱思想及其可行性的逻辑分析》（《职大学报》2012年第5期）。

《墨经》逻辑学在对象理论层面，体现为非形式逻辑，批判性思维。在元理论层面，表现为逻辑思维的方法和理论表述。全面探讨比较研究对墨学研究的重要作用，论述比较研究原则、方法和内容，比较研究现代范式。墨家逻辑学重视名称概念辨析，重视证明反驳。墨家逻辑学是逻辑思维能力和论证能力的理论升华。墨家兼爱比儒家仁爱，更重视爱的广泛性和平等性。墨学围绕三个根本问题展开：处理人与人关系（兼爱、非攻、尚贤、尚同、亲士），处理人与物关系（节用、节葬、非乐、辞过）、处理人与自身关系（修身、非命）。墨学有助于恰当处理当今人类面临的重大问题。

墨经逻辑

杨武金：《墨经逻辑研究》，中国社会科学出版社2004年版。孙中原序。考察墨经逻辑学产生的历史文化背景及意义，肯定墨经逻辑学产生以来原典整理和义理诠释成果，回应百年来个别人否定墨经逻辑学的观点，认为墨经逻辑学在对象语言层次体现为论证逻辑非形式逻辑，在元理论层次表现为形式逻辑规律。

墨辩复兴

张斌峰：《近代墨辩复兴之路》，山西教育出版社1999年版。《墨子大全》第87册影印，北京图书馆出版社2004年版。

墨家逻辑

崔清田：《墨家逻辑与亚里士多德逻辑比较研究》，人民出版社2004年版。《显学重光：近现代的先秦墨家研究》，辽宁教育出版社1997年版。《墨子大全》第85册影印，北京图书馆出版社2004年版。

墨子城守

史党社：《墨子城守诸篇研究》，中华书局2011年版。

墨学研究河南

1997年河南省墨子学会成立。整合研究力量，召开国际墨学研讨会多次，广开学术交流，形成团队规模。出版著作十余部，发表论文二百余篇。陈金展：《墨子在鲁山的史料与传说》（中州古籍出版社1993年版），杨晓宇、潘民中：《墨子里籍考辨》（中州古籍出版社1997年版），郭成智：《墨子鲁阳人考论》（黄山书社出版1999年版），萧鲁阳：《中原墨学研究》（中州古籍出版社2001年版），萧鲁阳：《墨子元典校理与方言研究》（西安地图出版社2003年版），萧鲁阳：《鲁阳墨论》（中国新闻联合出版社2004年版），萧鲁阳：《行侠仗义说墨家》（湖北人民出版社 2011 年版），赵保佑、高秀昌、贺国营主编：《墨学与现代社会》（大象出版社 2005 年版），赵保佑、高秀昌、荆建刚主编：《墨子与和谐世界》（河南人民出版社 2009 年版），张新河、张九顺：《墨家鲁阳悬疑案：墨子里籍与事迹考实》（河南大学出版社 2011 年版）。

1997 年 10 月 10 日至 12 日河南省墨子学会成立大会和全国墨子研讨会在鲁山召开。120 多位学者参会。举葛纪谦为会长，萧鲁阳、潘民中为副会长，萧鲁阳兼秘书长。讨论墨子里籍、墨学与中国文化。论文萧鲁阳《关于墨子里籍的几个问题》、杨晓宇《墨子尊天明鬼思想源于楚风影响——兼谈墨子里籍问题》、潘民中《鲁山为夏人居地考——兼论墨子里籍在鲁阳的主证、旁证和理证》、郭成智《论墨子是河南鲁山人——兼谈墨子里籍研究之历史概况》、郑建沛《〈墨子〉中的善与鲁山的劝善居》。

2003 年 12 月 21 日河南省墨子学会换届，河南省社会科学院墨学研究中心揭牌，40 多位学者参会。举赵保佑为会长，萧鲁阳、潘民中为副会长，高秀昌为秘书长。2004 年 8 月 31 日至 9 月 2 日墨学与现代社会国际学术研讨会在鲁山举行。70 多位学者参会。论文 50 余篇。研究墨家科学逻辑、文化政治和墨子里籍。

孙中原在研讨会开幕式上发言：盛会是中原墨学、中国墨学和国际墨学的切磋交流。有四句话："诸子百家盛如林，墨家显学更超群。国际墨学会鲁阳，切磋琢磨更绝伦。"墨家在哲学、社会科学和自然科学各领域，贡献卓著，光彩照人。《墨经》有酷似古希腊的科学精神和逻辑意识，亟须以现代眼光，发扬光大，推陈出新，彰显墨学在全球化新时代的重要价值。墨学中包含"施诸四海而皆准，行诸百世而不悖"的普遍真理，需要认真研究，弘扬精华，发挥其对社会文化的积极作用。墨子两次提到"郑"（属郑州），十二次提到"鲁阳"（属鲁山），对郑、鲁阳、中国、天下、人民，有深厚兼爱人文精神。墨家代表当时先进生产力发展要求，先进文化正确方向，当时广大人民切身利益，关注弱势群体生存发展权，是古代亲民模范。河南、鲁山墨学家，在元典校理、思想方言、生平业迹诸方面，大量研究，取得重要成果，有独到发现贡献。海内外墨学同道，精诚团结，奋力向前，为墨学研究共同事业，再创辉煌。

2004年9月1日孙中原在研讨会闭幕式总结发言：日本琦玉工业大学冈本光生教授说，墨子尚贤论，创造贤者，以所有个人为对象，破坏旧秩序，创造新秩序，把个人作为能动性存在的前提，与近代社会进步有共同点。台湾东吴大学教授李贤中，诠释墨学“用”范畴，指出《墨子》“用”出现176次，分“用”的意义、目的、种类和现代意义，深入阐发。中国社会科学院刘培育研究员论墨家科学精神，指出墨家是伟大科学家和工程师群体，结合感性理性，理论实践。河南和鲁山墨学研究者，取得重要研究成果。萧鲁阳《中原墨学研究》、《墨子元典校理与方言研究》、《鲁阳墨论》，郭成智《墨子鲁阳人考论》，有重要发现。

2004年8月30日美国爱丁堡大学李绍昆教授诗：“人杰地灵称鲁阳，墨子英雄披戎装。止楚攻宋传千古，兼爱尊天超老庄。山东山西交相利，河南河北架桥梁。非儒何妨尊孔子，百家争鸣谱新章。”孙中原和诗：“风景秀丽称鲁阳，遍地英雄披新装。墨学精华传千古，科学人文超老庄。提倡兼爱交相利，古今中外架桥梁。青年学子多才俊，国际墨学谱新章。”学者热议乐融融。（赵保佑等：《墨学与现代社会》，大象出版社2005年版，第443～445页）

孙中原《弘扬墨经的科学精神》，认为墨家是诸子百家中最富科学精神的学派。墨家科学精神，集中表现于《墨经》，科学精神贯穿始终，是建构科学知识的准绳，是科学知识的灵魂，是科学知识客观性、科学方法有效性和科学思想合理性的支柱。《墨经》科学精神，与中国传统文化重政治伦理实践，轻自然科学技术理论的主流意识倾向，大相径庭，酷似古希腊哲学家重视探索自然奥秘的科学精神。墨家科学精神要点：“摹略万物之然”的实证原则，“所若而然”的方法思想和“巧传则求其故”的理论意识。弘扬墨家科学精神，有助于实施科教兴国战略，提高中华民族的科学素质，发展先进文化。（赵保佑、高秀昌、贺国营主编：《墨学与现代社会》，大象出版社2005年

版，第30～42页）

墨学与和谐世界国际学术研讨会于2008年11月21日至23日在鲁山召开。60多位学者参会。收论文专著50多种。研讨墨学与和谐世界主题。河南省社会科学院院长，省中原文化研究中心主任张锐开幕式致辞：本次会议，是墨学研究领域重要的学术交流活动。墨子是中原文化孕育的对中国乃至世界产生重要影响的世界级伟大思想家。在中华文化形成和创建过程中，墨子思想与其他先秦诸子思想互相分立，互相补充，共同奠定中国传统文化根基，成为中华文化哲学渊源和主流传统之一，培育中华民族共同心理和精神特质，造就中华民族精神，对中华民族生存发展产生重大深远影响。随着墨学在海外传播，墨学对世界影响越来越广泛深入。时代呼唤墨学，需要墨学。研讨会定会将墨学研究推向新阶段，将墨学进一步发扬光大。赵保佑认为兼爱是构建和谐世界的道德基础，是商品经济社会生产和消费活动的伦理原则。孙中原《墨家的和谐世界论》："和"与"兼"是墨家和谐世界论的基本范畴，"和"是对立和谐，"兼"是整体兼容，二者是墨家和谐世界论的主要观点，当今世界主题"和平与发展"，与墨家和谐世界论的主要观点一脉相承。（赵保佑等：《墨学与和谐世界》，河南人民出版社2009年版，第1～11页）

鲁山县第四届国际墨子学术研讨会于2012年4月21日至23日在鲁山召开。会议主题墨学当代价值：墨学与华夏历史文明传承创新区建设。50多位学者参会。收论文40多篇。人民网专电报道孙中原诗："四方学者聚鲁山，精研墨学有鸿篇。时代呼唤新墨学，墨学新研为今天。楚国鲁阳墨圣居，墨学传承两千年。传承创新紧相连，述作传创多益善。滴水朵浪拥大潮，振兴中华有墨言。古今中外求贯通，新墨转型换新天。中原国际架桥梁，普世价值创新篇。鲁山政府做后盾，墨学强音万古传。"

河南墨学研究，始于20世纪80年代初。王培文《河南墨学研究》（内蒙古社科联主办《前沿》2010第8期），认为在20世纪80年代末以前，河南墨学研究默默无闻。激起河南学者开始关注和研究墨学，是90年代学术界发生墨子里籍论战。论战针对墨子里籍是山东滕州，还是河南鲁山，展开辩论。论辩一方以张知寒为代表，主张墨子里籍应为山东滕州，另一方以郭成智为代表，认为墨子里籍应为河南鲁山。墨子里籍到底为滕州，还是鲁山，两派学者仍各持已说，各抒己见。这次论战，未达成一致见解，引发墨学研究热潮。20世纪90年代以来，由于墨子里籍争论，河南墨子学会成立，河南省学者学术研究，出版发表学术论著，壮大队伍，扩大影响，开展学术交流，数次召开墨学国际研讨会，河南墨学研究迎来黄金时代，在全国学术界占一席之地，中原墨学研究崛起。赵保佑等主编《墨子与和谐世界》（河南人民出版社2009年版）"后记"："在本书面世之际，首先要感谢与会的专家学者，特别是要感谢中国人民大学哲学学院博士生导师孙中原先生，他积极帮助筹划会议的有关事宜，还热情而耐心地推荐、联系国内外研究墨学的专家学者，为会议的成功举办作出了重要贡献。"

赵保佑

1955年生，河南荥阳人。河南省社会科学院副院长、河南省墨子学会会长、墨学研究中心主任。发表墨学论文多篇。2005年8月21日在台湾东吴大学、云林科技大学和台湾哲学会举办的墨学现代化国际学术研讨会上提交论文《墨子"兼爱"：构建现代和谐社会的伦理基础》。论述兼爱是构建和谐社会的道德基础，是市场经济活动中利益主体取得双赢多赢应遵循的道德原则，是现代社会走向和谐的道德需求。2011年9月在《职大学报》主办的墨学国际研讨会上合写论文《墨子的节用思想与现代适度消费观简论》，论述墨子节用思想蕴含消费理念，从实践生命，政治需求，适用功利角度阐述，需提升到理论文化，经济支撑，综合压力层面考量，创建人和自然社会约束机制，坚持道德正义的行为原则。主编《墨学与现代社会》（大象出版社2005年版）、《墨学与和谐世界》（河南人民出版社2009年版）。

高秀昌

1962年生，河南邓州人。河南省社会科学院研究员。发表墨学论著多种。著《〈墨子〉注译》（中州古籍出版社2008年版）。主编《墨学与现代社会》（大象出版社2005年版）；《墨学与和谐世界》

（河南人民出版社2009年版）。论文《论墨子关于政治与宗教关系之思想》（《中州学刊》2006年第2期），认为政治思想是墨学中心。墨子提出政治学说尚同、尚贤和非攻论，建立在独具特色的宗教思想基础上，墨子论说政治与宗教关系，为今人思考开启独特向度。论文《论墨子的“兼爱”精神》（《武汉科技大学学报》社会科学版2009年第3期），认为“兼爱”在墨学中最根本，深化拓展为其他思想。墨子“兼爱”，关怀每个人。不分亲疏贵贱，爱人如己，一视同仁，普遍关爱。墨子希望通过构建爱的秩序，达到家庭和社会和谐。高秀昌注译：《墨子》，中州古籍出版社2008年版。

潘民中

1949年生，河南鲁山人。河南省墨子学会副会长。发表墨学研究论著十余种。论文《墨子里籍争未休》（《平顶山日报》1991年11月），《墨子里籍“滕州说”质疑》（平顶山社科联主办综合性社科理论刊物《求索》1992年第3期），《墨子里籍考辨》，倡墨子故里鲁阳说。（《求索》1993年第3、4期合刊；萧鲁阳主编《中原墨学研究》，中州古籍出版社2001年版，第44～50页）。编《平顶山历史名人传》（中州古籍出版社1995年版），立传墨家学派创始人墨翟。

墨学与现代社会

赵保佑、高秀昌、贺国营编：《墨学与现代社会》，大象出版社2005年版。

墨学与和谐世界

赵保佑、高秀昌、荆建刚编：《墨学与和谐世界》，河南人民出版社2009年版。

萧鲁阳

1942年生，河南鲁山人。河南省社会科学院研究馆员、河南省社会科学院图书馆馆长、河南省社会科学院考古研究所所长。发表墨学论著多种。主编《中原墨学研究》（中州古籍出版社2001年版）。编著《墨子元典校理与方言研究》（西安地图出版社2003年版），对墨子鲁阳方言探索较深。著《鲁阳墨论》（中国新闻联合出版社2004年版），由多篇论文组成，其中《宋公子目夷论》涉猎甚深。著《行侠仗义说墨家》（湖北人民出版社2011年版），古为今用，多有好评。主墨子里籍鲁阳说。任河南省墨子学会副会长兼秘书长、河南省墨子学会副会长、墨学研究中心副主任。

郭成智

1935年生，河南鲁山人。《鲁山县志》副主编。1987年春调鲁山县志办公室，考证墨子里籍。论文辑为《墨子鲁阳人考论》（黄山书社1999年版）。墨子故里鲁山说代表人。论文《墨翟故里考辩》（《中州学刊》1990年第5期）、《墨子里籍滕州说质疑》（《中州学刊》1992年第5期）、《〈墨子〉中的鲁山地区方言》（《求索》1993年第1期）、《墨子姓氏、先祖考略》（《河南社会科学》1994年第4期）。

孙中原

1938年生，河南郑州人。1960年中国人民大学哲学系本科毕业，1961～1964年师从中国科学院哲学研究所汪奠基、沈有鼎，专攻中国逻辑史和中国古代文献。研究生学历。中国人民大学哲学院教授，博士生导师，被评为逻辑学科学术带头人。中国墨子学会副会长。曾任中国逻辑学会副会长、台湾东吴大学客座教授。认为在世界一体化，全球化的新时代，墨学研究现代化的目标，是创造性转化和创新性发展，促进墨学的质变与转型，建立新墨学和元墨学，致力墨学的大众化、通俗化和普及化，为振兴中华，实现中华民族伟大复兴的中国梦，提供锐利的思想武器和强大的精神动力。

墨学著作：1.《中华大典•哲学典•诸子百家分典•墨家总部》，云南教育出版社2007年版，第334～1515页。2.《墨学通论》，辽宁教育出版社1993年版，收入《墨子大全》第75册，北京图书馆出版社2004年版。3.《墨者的智慧》，三联书店1995年版，收入海峡两岸合作出版项目《中华文库》，2003年第2次印刷更名为《墨子说粹》。4.《墨子及其后学》，新华出版社1991年版，1993年修订版，收入季羡林主编“神州文化集成”丛书，收入《墨子大全》第75册，北京图书馆出版社2004年版。新版收入“中国读本”丛书，中国国际广播出版社2011年版。5.《墨子鉴赏辞典》，上海辞书出版社2011年版。6.《墨子解读》，中国人民大学出版社2013年版。7.《墨学七讲》，中国人民大学出版社2014年版。8.《墨子与墨学》，收入《中国文化经纬》系列丛书，中国书籍出版社2015年版。9.《墨经分类译注》，收入西泠印社2004年版《王玉玺书〈墨经〉》。10. 主编《墨学与现代文化》，收入“诸子百家与现代文化”丛书，中国广播电视出版社1998年版，收入《墨子大全》第76册，北京图书馆出版社2004年版，修订版中国广播电视出版社2007年版。11. 合著《墨子今注今译》，撰《墨经》和《备城门》等军事篇注译，商务印书馆2009年版；2011年修订重印。12. 合著《墨翟与〈墨子〉》，撰第一篇“墨学精华”。台北五南出版社2011年版。13. 副主编《墨经正读》，上海科学技术文献出版社2011年版。14.《墨子大辞典》，商务印书馆2016年版。15.《墨学大辞典》，2015年国家社科基金项目，商务印书馆2012年签约出版。

墨家逻辑学著作：1.《中国逻辑史》（先秦），中国人民大学出版社1987年版。2.《中国逻辑学》，台北水牛出版社1993年版。3.《诡辩与逻辑名篇赏析》，台北水牛出版社1993年版。4.《中国逻辑研究》，商务印书馆2006年版。5.《诸子百家的逻辑智慧》，机械工业出版社2004年版。6.《中华先哲的思维艺术》，北京大学出版社2006年版。7.《逻辑哲学讲演录》，收入“大学名师讲课实录”丛书，广西师范大学出版社2009年版。8.《中国逻辑学十讲》，收入“人文大讲堂”丛书，中国人民大学出版社2014年版。墨学研究论文200余篇。

墨学现代化

孙中原撰：《墨学现代化、新墨学和元墨学》，《哲学研究》2006年第1期。台湾东吴大学、云林科技大学、台湾哲学会联合举办《墨学现代化》国际学术研讨会主题报告，2005年8月21～25日，台湾台北东吴大学和云林科技大学。

认为墨学现代化、新墨学（Neo-Mohism）和元墨学（Meta-Mohism）三范畴意义相关。现代墨学研究重点、难点、焦点，亮点和学术增长点。墨学现代化：墨学现代性变化。墨学研究范式的现代转型。研究成果：新墨学，元墨学。“范式”（paradigms）概念，中国大陆译，台湾译“典范”。美国科学哲学家托马斯·库恩（1922～1996）提出新颖科学观：科学是共同体按共有范式进行的专业活动。

“paradigms”概念来自希腊文，指语言学的词源，词根，引申为范式、规范、模式、模型、范例。相似《小取》的“效法”和

《法仪》的“有法所度”。库恩科学发展模式论，认为科学革命实质是范式变革。范式变革引起科学理论体系和认识论方法论的变革。

现代学者适应时代需要，变古墨学为新墨学，是势之必至，理所固然。墨学现代化，是新墨学创立的手段、原因、途径、行为和实践。新墨学创立，是墨学现代化的目的、结果、宗旨、动机和理想。墨学现代化趋势的实质，是快步奔向现代化目标，是不可阻挡的历史潮流、命运和必然。墨学现代化趋势的规模：由倡导到普及，由开端到高潮，由个人到群体，由海内到海外，高潮迭起，蔚为大观。

任继愈、李广星主编2004年北京图书馆出版社版《墨子大全》百册，汇集古今墨学论著。以梁启超为界，古墨学论著占25册（48种），今墨学论著占75册（161种）。古今墨学论著之比是一比三，今超古三倍，呈加速变化之势。台湾严灵峰编成文出版社1975年版《墨子集成》46册，古墨学论著占17册35种，今墨学论著占29册56种。

墨学现代化趋势的必然性，是墨学的现代性改变，一直贯穿于墨学现代化的全过程。墨学现代化趋势的理论渊源（内因、根据和直接因素），是墨学自身的生命力。墨学是中国传统学术最富科学和人文精神的优秀文化遗产，蕴涵着“施诸四海而皆准，行诸百世而不悖”的普遍真理成分，有重要的现代价值和世界意义。墨学以自身的生命力，遇到合适的土壤气候，必然发芽生长，开花结果。墨学现代化趋势的历史渊源（外因、条件和间接因素），是全球化时代世界地球村意识的冲击，中华民族弘扬传统文化的精神驱动。墨学现代化的趋势，是墨学内在生命张力和时代外在需要的因缘和合。现代学者在新时代，面对新难题，从墨学中借鉴丰富的哲学资源，汲取深湛的思想智慧，墨学现代化趋势应运而生。

墨学元研究是墨学的超越、总体研究。德国数学家希尔伯特的元数学纲领，提出理论研究的分层论：所研究的理论叫对象理论，研究对象理论用的工具性理论叫元理论。美籍波兰学者塔尔斯基提出语言的分层论：所讨论的语言叫对象语言，讨论对象语言用的工具性语言叫元语言。旅美华裔学者傅伟勋提出创造性诠释学的五境界说。第一"实谓"：原典实际上怎么说，原典校勘考证。第二"意谓"：原思想家想要表达什么，是"实谓"的意义，是原典训诂和语义分析。第三"蕴谓"：原典蕴藏的深层义理。第四"当谓"：原思想家应当说出的，创造的诠释学者应当如何重新表达，发掘原思想体系的深层结构，为原思想家说出应当说出的话。第五"创谓"：为解决原思想家未完成的课题，现在必须创新地说什么，从批判继承者，转化为创造发展者，救活原有思想，消解其难题和矛盾，为原思想家完成创新思维课题，促进世界思想传统的交流，培养创新力量。"实谓"、"意谓"、"蕴谓"：对象研究。"当谓"、"创谓"：元研究。

墨学元研究的目的、结果是创立元墨学。元墨学的理论层次高于古墨学，揭示古墨学的元性质，是新墨学的中枢和灵魂，主导与统帅因素。孙中原撰《中华大典·哲学典·诸子百家分典·墨家总部》，分类整理墨学范畴，按认识论、逻辑、历史哲学、政治哲学、美学等类名划分，含元墨学和新墨学因素。孙中原主编《墨学与现代文化》，论墨学与现代逻辑、科学、哲学、语言文学、政治、经济、伦理、教育和军事，墨学与现代世界文化交流，跟海内外学者通力合作。日韩和台湾地区墨学研究，由日学者山边进、韩学者黄晟圭和台湾学者李贤中撰稿，是用现代科学方法，探寻墨学现代转换和价值的力作，属元墨学和新墨学范畴。孙中原著《墨学通论》，论述墨家经济学、政治学、伦理学、教育学、哲学、逻辑、自然科学和军事学。孙中原著《中国逻辑学》，论述《墨经》知识、概念、判断、思维规律、推论、谬误和范畴理论，是以现代科学方法，创建新墨学和元墨学的尝试。孙中原著《墨者的智慧》，弘扬墨学精华，阐发墨学价值，含元墨学和新墨学点滴。

为揭示墨学现代化和墨学元研究的机理，创建新墨学和元墨学，推动墨学现代化和墨学元研究进展，亟须从超越、总体角度，剖析古今墨学研究主体、主题、成果、形态、语言、层次、方法等元性质。古墨学研究主体是先秦墨家。古墨学是先秦墨家一家之言，适应战国时代需要，代表从手工业者上升士人知识分子利益，有派别和时代局限，亟待今日学人批判继承、发挥发展和总体超越。今墨学研究主体是现代学者。梁启超代表当时中国传统文化前进方向，以弘扬中华学术为己任，倡导民族文化再兴。他倡言“今欲救”中国，“厥惟墨学”，“学真墨”，列举“假言命题”的例句：“假使今日中国有墨子，则中国可救。”（《子墨子之论理学》）梁氏顺应中华民族发扬传统文化、适应世界进步潮流的全局需要，揭开墨学现代研究序幕。

严灵峰《墨子集成·序》说：“清末新会梁启超，所著《墨学微》一书，泛论墨子学说，蹊径独辟，别开生面，为墨学研究创历史之新页。从兹各方探究之成绩乃渐可观，梁氏倡导之力也。”胡适受梁氏影响，激发墨学现代研究兴趣。他用英文撰博士论文，主张“依靠新中国知识界领导人物的远见和历史连续性的意识，依靠他们的机智和技巧，能够成功地把现代文化的精华与中国自己的文化精华联结起来”。“中国哲学的未来”，“大有赖于”和“绝对需要”复兴伟大的非儒学派，从中“可望找到移植西方哲学和科学最佳成果的合适土壤”。“新中国的责任是借鉴和借助于现代西方哲学去研究这些久已被忽略了的本国的学派”，“用现代哲学去重新解释中国古代哲学，又用中国固有的哲学去解释现代哲学”，渴望“利用和借助于中国哲学中许多已经失去的财富”，“重新获得”“西方的方法”，“希望这种比较的研究可以使中国的哲学研究者能够按照更现代的和更完全的发展成果批判那些前导的理论和方法，并了解古代的中国人为什么没有因而获得现代人所获得的伟大成果”。所谓复兴伟大的非儒学派，首指墨家。称赞墨翟“是在中国出现过的最伟大人物”，“真正有价值的唯一著作是名为《墨子》的五十三篇论文集”，墨者“是伟大的科学家、逻辑学家和哲学家”。墨家是“一种高度发展的和科学的方法的创始人”，“对演绎和归纳具有相当时髦的概念”，“是发展归纳和演绎方法的科学逻辑的唯一的中国思想学派”，“在整个中国思想史上，为中国贡献了逻辑方法的最系统的发达学说”。胡适借用西方逻辑概念创造性诠释墨家的“故理类”范畴和“譬侔援推”等论辩方法，与梁启超同为墨学现代研究的开拓者。

沈有鼎继承梁、胡成果，以精深的国学和西学素养，确解墨辩精华，是墨辩现代研究的质变和新水平，由此墨家逻辑成为学人常识，影响遍及所有重要逻辑和哲学史论著，使长期埋没沉沦的墨辩喜获新生，受到学术界的普遍赞誉。沈氏墨辩现代研究成果的价值，不亚于墨辩原创。若无沈氏确解墨辩的成果，学人可能至今仍不知墨家逻辑为何物。现代学者开辟墨学现代研究的事业，需要世代相继的学人辛勤耕耘，贡献聪明才智。孙中原师从汪奠基、沈有鼎数年，专攻墨学数十年，认知古今墨学研究主体不同，决定主题、成果、形态、语言、层次、方法等元性质差异。古墨学研究主题是战国课题墨学应对，成果是战国课题墨学答案。墨子面临战国课题，提出从《尚贤》到《非攻》十大论题的论证，表现墨学产生的深刻历史根源、文化传承和强烈人文精神。墨家各派面临战国时代哲学、社会科学和自然科学难题，通过“俱诵”、“訾应”、论说、传承的复杂机制，推出奇书《墨经》。《经》、《经说》对当时哲学、社会科学和自然科学难题，给出简明答案和简要解释、论证。《大取》是渗透伦理、逻辑精义的墨学札记。《小取》是首尾相贯、概括浓缩的逻辑专论。《墨经》是先秦诸子百家争鸣辩论和朴素科学认识成果的总荟萃、大检阅，是墨家丰厚科学精神的体现。《墨经》留有未来学人说明、发挥的广袤空间，是一个有开端、无终点，有预想、待完善的中华科学化、逻辑化的理想蓝图。

以《墨经》为对象，以现代科学为工具性元理论的现代诠释、发挥和发展，是更有价值，更具吸引力、启发性的墨学现代化要务，是创立新墨学、元墨学的重要使命和神圣目标。今墨学研究主题是现代课题墨学借镜，研究成果是现代课题墨学镜鉴。今墨学研究机理，是以墨学为研究对象，以现代科学理论为工具性元理论，将墨学和现代需要结合，达成新墨学创立的目的、结果、宗旨、动机和理想。古今墨学研究形态。古墨学研究形态是古墨学论著，用古汉语表达，是今墨学研究的对象资料，犹如冶金矿料。今墨学研究形态是今墨学论著，用现代语表达，是今墨学研究的成品、结果，犹如冶金铸器。

古今墨学研究元语言工具。古墨学研究元语言工具是古汉语。古汉语文字简略，惯用缺省，《墨经》更为凝练浓缩。《墨经》命题缺乏系词，肯定联结词和全称量词常省略。语句、命题常简化、浓缩为语词、词组；说明、论证常简化、浓缩为"论题+说在+例证理由"的提示语。经审慎研究，结合语境准确理解其浓缩、缺省文字，适当添加词素，才能实现创造性诠释、转换，表达为通顺流畅、通俗易懂的现代语。墨家各派俱诵的《墨经》式先秦古汉语，不适合现代广大读者阅读、理解和应用。孙诒让说，《墨子》在先秦诸子中最难读，《墨经》在《墨子》中最难读，"几于九译乃通"，"学者之罕能尽逮也"。(《墨子间诂·序》、《总目》；《籀庼述林·与梁卓如论墨子书》)

《墨经》第98条《说》"黑人"二字，是"所有人都是黑的"句意的浓缩。其上下文义是说："以'人之有黑者'、'有不黑者也'止'黑人'。"（我用"有人是黑的"、"有人不是黑的"命题制止、反驳对方说"所有人都是黑的"）"爱人"二字是"所有人应该爱所有人"句意的浓缩。"所有人应该爱所有人"是广义模态逻辑（道义逻辑）的"必须肯定命题"。此句意的一义性，由《经》第98条"法异则观其宜"和《经说》"取此择彼，问故观宜，以'人之有黑者'、'有不黑者也'，止'黑人'；与以'有爱于人'、'有不爱于人'，止'爱人'，是孰宜"的上下文义和全部墨学及广义模态逻辑（道义逻辑）的语境决定。语境有决定语义、修补、完善局部语义不确定性和不完整性的功能。

今墨学研究元语言工具是现代语，渗透现今全人类的共同知识。现代学人的使命，是在审慎研究，理解原文的基础上，把墨学所用古汉语，创造性转化为渗透现今全人类共同知识的现代语，让现代广大读者能读懂应用。古墨学研究层次是第一层次元研究。墨学是墨家从战国时代课题升华、概括的元理论成果。针对当时社会普遍不相爱导致的乱象，概括"兼爱"的道德、义务、理想的模态概念、命题。"兼爱"是墨家依靠集体智慧，费时200多年提纯、升华、概括的第一层次元墨学概念、命题，至今仍有重要认识、理论和实践价值。

今墨学研究层次是第二层次元研究。以广义模态逻辑为工具性元理论，对墨学“兼爱”说进行超越、总体研究。从概念说，“兼爱”指普遍、平等、无差别地施爱于一切人；施及过去、现在、未来人；不分民族、阶级、阶层、等级、关系亲疏、居住地；包括别人和自己；奴隶、仆人也在内：只要是人，都普遍施爱。墨家“兼爱”等同“尽爱”、“周爱”，贯穿普遍人文精神。《说文》：“兼，持二禾。”“兼”本意是一手持二禾，有兼顾、兼及意。墨家将“兼”语义提纯、升华为表示整体、集合的哲学、逻辑概念、范畴。从命题说，“兼爱”是“所有人应该爱所有人”句义的浓缩。其中“应该”是道义（道德、义务、理想、规范）概念，加进“所有人爱所有人”的真值命题，构成广义模态逻辑（道义逻辑）的“必须肯定命题”。这种阐释是依据全部墨学和广义模态逻辑语境的理解，进行创造性诠释的结果，与墨学“兼爱”说全部话语的语义协调一致，更切中墨学肯綮，有助于墨学的现代发展和创造性转化。

今墨学是以古墨学为研究对象，以现代科学为工具性元理论的第二层次元研究，是对古墨学的超越和总体发展。层次高于古墨学的新墨学和元墨学，是中华民族先进文化的重要和必要组成部分，为当今社会和谐和世界人民福祉服务。古墨学研究方法是古代哲学方法。方法是方向、途径、手段、工具和程序统称。广义研究方法包括研究方向（主题、目的、宗旨，研究什么，解决什么问题）。狭义研究方法指理论建构的途径、手段、工具和程序（怎样研究）。

今墨学研究方法是现代哲学方法。以现代科学为工具性元理论，进行超越、总体研究。现代科学是全球化过程中从域外引进的客观普遍真理，对全人类的实践和认识普遍有效，是墨学研究的犀利工具。《诗·小雅·鹤鸣》：“他山之石，可以攻玉。”在全球化的世界地球村，从域外引进更为犀利的现代科学工具，只要选择适当，运用恰合，不必再刻意计较其原产地。贺麟说：“我们不但可以以中释西，以西释中，互相比较而增了解，而且于使西方哲学中国化以收融会贯通之效，亦不无小补。”“以”：用。“释”：诠释，解说。“以西释中”（据西释中），用西方方法诠释中国资料，是中西哲学比较研究法的别名。“以西释中”（据西释中），需对西方方法和中国资料，经过比较、鉴别和消化，真切了解，熟能生巧，得心应手，才能用西方方法对中国资料进行创造性诠释、研究，推出符合现代需要的新成果。这跟“比附”没有实质共同点。“比附”是“拿不能相比的东西来勉强相比”。所“以”（据）西方方法适宜，“释中”恰当，是正确的中西哲学比较研究，不能将其混同于“比附”。在全球化的世界地球村，中西文化比较研究、融汇贯通是不可阻挡的历史趋势。梁启超说：“凡天下事，必比较然后见其真。无比较则非惟不能知己之所短，并不能知己之所长。”“凡教人必当因其性所近而利导之，就其已知者而比较之，则事半功倍焉。”

墨学现代化，从方法论说，是古今中西哲学互为工具、互相解释的比较研究过程。杜甫《望岳》诗：“会当凌绝顶，一览众山小。”屹立现代科学“绝顶”，才能一览“墨学全山真面目”。苏轼《题西林壁》诗：“横看成岭侧成峰，远近高低各不同。不识庐山真面目，只缘身在此山中。”现代研究者以各自专业特长和横侧、远近、高低“各不同”的观察视角，有可能把同一“墨学全山”看成岭、峰“远近高低各不同”的假象。这种“不识墨学全山真面目”的方法论根源，是“只缘身在墨山中”，钻牛角尖出不来，误把局部当整体，只知其一不知二。以现代科学眼光从超越、总体视角进行研究，把局部、分析的认识，组织为整体、综合的认识，才能认识“墨学全山真面目”。

以现代科学为工具性元理论，对墨学进行超越、总体研究，是墨学现代化和墨学元研究的最佳方法论选择。古今墨学研究主体、主题、成果、形态、语言、层次、方法等元性质，是墨学研究范式转换的标志和质变关节点。把古今墨学元性质的认识，转化为促进墨学现代化和墨学元研究，创建新墨学和元墨学的实际行动，将极大推动墨学现代化和墨学元研究的进展，促进墨学现代化目标的实现。

梁生（Sheng Liang）著《培养人文：新墨学》（*Cultivating Humanity:*

Neo-Mohism)，主张将墨学运用到社会，形成新墨学，培养人文精神，发挥人的积极性和创造性，加强共同体的合作与团结，寻求人类和平。张斌峰、张晓芒：《新墨学如何可能》，《哲学动态》1997年12期。论点："目前新儒学的研究正全面展开，新道家的研究亦初见端绪，惟独墨学思想的创发尚少有人问津。"刘邦凡、张晓光：《略论新墨学的形成》，《燕山大学学报（哲学社会科学版）》2005年1期。论点："近10多年墨学研究在中国大陆成为显学，不仅学术研讨活动频繁，而且研究成果累出，新墨学正在形成。""现在墨学研究的状况如何呢？可以高兴地回答：墨家思想或墨学之研究正日见兴盛，墨家或墨子思想的创新与发展正成为我国传统文化研究的一个新的亮点，'新墨学'正在形成。"

墨家总部中华典

孙中原撰《中华大典·哲学典·诸子百家分典·墨家总部》，云南教育出版社2007年版。《中华大典》，建国以来国家最大出版工程，用现代科学方法编纂新型类书。总量八亿字，收先秦至清末海量资料，纳入现代科学分类系统，用现代科学分类方法和现代科学命名。类编墨家文献50万字。分典籍、人物、流派和范畴总部，范畴总部下设世界观、认识论、逻辑名辩论、心性论、历史哲学、政治哲学、道德修养论分部。逻辑名辩论部含范畴：辩，名，辞，谓，言，言意，说，故，然，法，理，类，或，假，效，譬，侔，援，推，止，必，已，当，悖，谬，狂举，假。《中华大典》总主编兼《哲学典》主编任继愈，逐字审读墨家总部稿。

大典统一规范编纂体例，体现元研究层次方法。各类标目内容，用全世界全人类共同知识体系范畴，归类中国传统文化资料。《中华大典》编写体例，是按照世界现代科学知识体系分门别类。"类"（类书的类）是《墨经》的"达名"，相当于全世界全人类共同知识体系普遍概念，外延最大类概念，最高属概念，亚里士多德称范畴。《中华大典》以国家名义组织编纂。大典是华夏泱泱国学大观，将对文化传承发展创新，发挥巨大作用，深远影响，有利推动现代科学研究，有利海内外学者研究中国文化，促进国际文化交流和中华文化走向世界，有利推进国内外学者文化交往，学术合作，促进中华民族大团结，祖国统一大业进展。

墨学通论

孙中原著，辽宁教育出版社1993年版；《墨子大全》第75册，北京图书馆出版社2004年版。横向论述墨家经济学、政治学、伦理学、教育学、哲学、逻辑、自然科学和军事学。详细论述墨家逻辑，篇幅占全书四分之一。首次专章论述墨家军事学。

纵向论述墨学的创立、发展、中绝和重振。对墨家哲学、逻辑学和军事学的论述，多有创新。军事学以60多页篇幅，第一次用现代军事科学术语，从军事思想、军队编制、武器装备、工程设施和战略战术等项，把墨家积极防御战的军事学说，整理成系统。全书以总结性、全面性、创新性和深刻性为宗旨，受学界推崇。

张岱年1992年1月《墨学通论·序》说："孙中原同志研治墨学，历有年所，对于墨家学说的各个方面都探索较深，近著《墨学通论》一书，对于墨家学说进行了系统的论述，于墨学精蕴颇多阐发，特别是对于前人未注意的墨家军事学说评述尤详，这是值得称赞的。"曾繁仁评价本书以对墨子论述的系统性和对墨家逻辑分析的深刻性为人称道，对墨家军事理论的清理付出辛苦（《千年绝学的伟大复兴——墨学研究百年回顾与前瞻》，《文史哲》1999年第6期）。

墨者智慧

孙中原著《墨者的智慧》，生活•读书•新知三联书店1995年版。2003年更名为《墨子说粹》。收入《墨子大全》第76册，北京图书馆出版社2004年版。弘扬墨学精华，以现代观点诠释墨学资料，阐发墨学价值，跟现代人的思想生活密切相扣，使当代人从墨学精粹中受启发。智慧学、哲学、辩术、治国论、道德论、军事学等墨学资料选取，以适应现代需要，对今人有积极启发意义为依归，以现代观点加工为适合现代人的精神食粮。

分智者一族、巧手慧心、哲理新探、舌战方术、智者理国、道德妙语和军事谋略等篇章。高校列为中国哲学史精品课程参考文献。史向前等《墨子外传墨子百问》（安徽人民出版社1997年版，第290页）："该书的最大特点是：包罗了墨家哲学、逻辑学、自然科学、政治思想和军事思想的所有内容；文笔清新、朴素、流畅，一如《墨子》文风，没有时下学术著作常有的文字艰涩的毛病。该书最为精彩的部分是‘舌战方术’，这与作者受过严格、系统的逻辑学训练不无关系。”

墨子及其后学

孙中原著，收入“神州文化集成”丛书，丛书定位：浓缩当今中国文化最新研究成果，代表中国文化最高学术成就。用文学笔调，准确表达墨学精粹。中国文化书院院长汤一介选题约稿，导师石峻审定，由新华出版社于1991年出版。1993年修订版。收入《墨子大全》第75册，北京图书馆出版社2004年版。新版收入“中国读本”丛书（中国国际广播出版社2011年版）。

墨学与现代文化

孙中原编，收入“诸子百家与现代文化”丛书，北京中国广播电视出版社1998年版；《墨子大全》第76册，北京图书馆出版社2004年版。逐句改写修订版，中国广播电视出版社2007年版。用现代科学观点探讨墨学，论墨学跟现代经济、政治、道德、教育、哲学、语言文学、军事、逻辑和科学的联系，墨学与现代世界文化交流。日本、韩国和台湾地区墨学研究，日本学者山边进、韩国学者黄晟圭和台湾地区学者李贤中撰稿。西方墨学研究，孙君恒撰稿。墨家侠义精神，台湾学者韦政通撰稿。海内外学者通力合作的成果。用现代观点研讨新墨学，论述新墨学现代意义。

墨子鉴赏辞典

孙中原著，上海辞书出版社2011年版。鉴赏辞典品牌再续，新推古代经典系列，墨家《墨子》千古绝唱，传统文本现代赏析。设立文本篇和名言篇。收鉴赏文字四十七篇，赏析墨学精髓。附录《墨子事迹撮要》、《墨子年谱简编》、《墨子文献索引》、《墨子要籍选介》、《墨子的艺术特色》和《墨子的传播与影响》，兼墨学百科功能。

墨经分类译注

孙中原撰，收入西泠印社2004年版《王玉玺书〈墨经〉》，石印线装工艺品。中国墨子学会，滕州市墨子研究中心礼品书，广为赠送，反应良好。

在中国人民大学哲学院硕士和博士班授课教材，按现代知识系统，分类编排原《墨经》内容，《大取》、《小取》按篇照录。简要注释和现代语译。《墨经》原作为简练《经》体，以极其浓缩、精炼的文字，论古代科学和逻辑学，价值极高，人类的宝贵知识遗产，中国传统文化的精品。《墨子·经》和《经说》各分为上、下篇，《经说》上、下分别解释《经》上、下。为便阅读，本书把《经说》上、下与其相应解释的《经》上、下，依条相配，一并译注。此即鲁胜所谓“引《说》就《经》，各附其章”之法。为便称引，本书对《经》文各条标注统一的顺序号。这是高亨早已用过的方法。只是在文字校勘、注释、翻译与条目的分合上，本书与高亨等人存有差异，这反映了现代《墨经》研究的进步。

《经》上用极精炼的文字，规定古代逻辑学和科学的概念，列举简单的古代科学命题。《经说》上是对《经》上的简略解释。《经》下用极精炼的文字，列举古代逻辑学和科学的命题，并用“说在”的字样，标举少量的关键词，点出解释、论证该命题的理由或例证。《经说》下是对《经》下的简略解释和论证，是对《经》下“说在”的字样下所列举的关键词的展开。依条目的先后顺序，按现代的知识分类系统，先列《经》文，次列《说》文，合并注释，分别翻译，仍各标以《经》和《经说》字样，以保持原作的篇目结构。

把《墨经》的知识内容，先分为“哲学和社会科学”与“自然科学”两大类。把“哲学和社会科学”分为“世界观”、“认识论”、“逻辑学”、“方法论”、“历史观”、“经济学”、“政治学”和“伦理学”等小类。把“自然科学”分为“数学”、“力学、物理学和简单机械学”、“光学”和“心理学”等小类。各类之间的关系是相对的，只是就某种主要意义而言，不可过分拘泥和绝对而论，况且《墨经》作为古代朴素的科学知识，并没有如近代这样清晰的分门别类。分类只是为了便利读者在理解时，更容易同现代和西方的知识系统接轨。这就是古为今用，洋为中用，是古今中外融会贯通的科学研究方法，是当今世界一体化、全球化时代唯一合理有效的正确方法。

《墨经》原文以明正统《道藏》本为底本，参考孙诒让《墨子间诂》(《诸子集成》本)、高亨《墨经校诠》(科学出版社1958年版)、沈有鼎《墨经的逻辑学》(中国社会科学出版社1980年版)等校释本，融汇作者数十年研究成果。

墨子解读

孙中原著，中国人民大学出版社2013年版。人大社2013年11月《新书快递》第13号《墨子解读》:“本书是对《墨子》的系统解读，作者以墨子专家身份，对墨子深入浅出讲解。编辑荐语：研读经典的入门书，著名学者的悉心诠释，与先秦大家的精神沟通。”“本书由前言，《墨子》各篇题解、原文、注释、译文、解读，附表和参考书目构成，用现代科学方法，全面系统解读《墨子》元典，深入阐发墨学理念，突显墨家科学人文精神，揭示墨家思想的重要学术价值，解析墨学对当今社会的启示借鉴意义，是《墨子》文献学、文化学和科学哲学研究的力作。《墨子》原文，用规范通俗的现代汉语翻译；注释、译文和解读，彰显墨家的合理思想、逻辑思维方式、语言表达技巧和文字艺术美感。本书注重行文的通顺流畅、精练雅致和生动有趣，适合人民大众的阅读口味。”

墨学（墨家学说）两重意义：一是《墨子》元典内的思想观点，这是墨学第一层次的对象研究，它是业已终结、相对封闭的学术思想体系，不再自行增殖变化。二是《墨子》元典之外、之后、之上的非墨家人士，特别是今人对《墨子》元典内思想观点的研究，这是第二层次的元研究，是充满生命活力张力，可以永续阐发的开放性进程。相对于现代墨学研究，《墨子》元典内的墨学，是古旧墨学、对象墨学。现代墨学研究的目的，是推陈出新，推出现代墨学、新墨学、元墨学。学术发展层次，后者超越和高于前者，是对前者加工制作，现代转型。

正确解读《墨子》所借助的现代科学研究方法，相对于《墨子》元典来说，具有在外、在后和在上的性质。现代科学研究方法，从范围说，位于《墨子》外面；从时代说，位于《墨子》后面；从层次说，位于《墨子》上面。现代人用现代科学研究方法看《墨子》，立足的视角是在《墨子》外面、后面和上面。这种在外、在后和在上性质的研究，用专门的科学方法论术语称呼，叫元研究。“元”对应英文meta，意为在对象之外、之后、之上，具有超越、总体的性质。港台学者译为“后设”，即在对象之外、之后、之上的设定。“元”，指高一层次，含本原、根本、支配、主导、统率、灵魂之意。

写作结构：《墨子》原文部分属于墨学的对象研究，前言、题解、注释、译文和解读部分属于元研究。“解读”：阅读解释，分析研究，理解体会，包含全部科学研究方法和科学研究运作。对无标点分段的《墨子》文本离章辨句，添加现代标点，分段，就是科学研究的开端。加上前言、题解、注释、译文和解读，是对《墨子》的对象研究添加元研究的操作。这种元研究的操作，运用分析综合、抽象概括、演绎归纳等理性思维的方法，对古旧墨学的原材料去粗取精、去伪存真、由此及彼、由表及里，形成新墨学、元墨学的理论系统。科学的理论抽象，看似远离对象，实际是深入对象，排除假象，把握真相，更深刻地反映对象本质的科学研究进程。在《墨子》中可以找到现代哲学、逻辑学、科学和人文学的萌芽。揭示由《墨子》的萌芽，到现代观点方法的联结，展现墨学由古到今，中外融通的思想脉络。现代科学方法，是分析《墨子》精华的钥匙。墨学中表露的现代观点征兆，只有在现代科学方法被把握后才能理解。杜甫《望岳》诗说：“会当凌绝顶，一览众山小。”王之涣《登鹳雀楼》诗说：“欲穷千里目，更上一层楼。”苏轼《题西林壁》诗说：“横看成岭侧成峰，远近高低各不同。不识庐山真面目，只缘身在此山中。”都可拿来比喻用现代科学方法研究《墨子》的境界。

《墨经》有数百个各门科学的范畴命题，是影响到今日的重要元典。“元典”：始典、首典、原典、美典和宝典，历久弥新，经久不衰之典。元典之树常青，《墨经》之树常绿。“经”：经典、典范、规范、常道和路径。《释名·释书契》说：“经，径也，如径路无所不通，可常用也。”《墨经》包含常用的普遍真理，有“施诸四海而皆准，行诸百世而不悖”（胡适语）的思想观念。元典是轴心时代的原创，蕴藏后代创造性诠释和转型的全息性基元。这是《墨子》精华可多次诠释和转型的奥妙所在。战国时期的辉煌，不逊于西方的文艺复兴，是需要而且产生巨人的时代，包含墨家在内。巨人智慧之光，辉耀当世，影响现代和未来。墨学有恒久不衰的价值，蕴藏适用过去、现代与未来世界合理思想的基元，拥有永续阐发的潜质。近现代西学东渐、全球化、世界一体化趋势锐不可当。墨学中有符合新时代需要的科学内容，是建设新文化的宝贵资源和启示借鉴。

墨学，特别是《墨经》的哲学、逻辑学、科学和人文学知识，原来所用先秦古汉语和“经”、“经说”奇异表达方式，佶屈聱牙，艰涩难懂，不经专门解释，令人难以索解。今日研究者，在现代学术素养和专门知识基础上，创造性诠释《墨子》精华，把古墨学的朴素原始状态，改造转型为今人易懂能用的学术新品，是时不我待的神圣使命。在全球化、世界一体化的新时代解读《墨子》，应从广大人民群众迫切的现实需要出发。秉持现代科学的研究方法，用读者喜闻乐见，易于理解的语言解释说明，把墨家用先秦古汉语和“经”、“经说”奇异表达方式呈现的古旧墨学，改造转型为今人易理解运用的新墨学、元墨学。新墨学、元墨学，是现代新文化的必要成分，是全球化、世界一体化新时代社会前进的巨大精神力量。

墨学七讲

孙中原著。中国人民大学出版社2014年版。用现代科学观点，面向广大读者，通俗讲解墨学研究史和墨学精华，包含墨家逻辑学、哲学、科学和人文学，作者近年在中国人民大学、清华大学、中国政法大学、南京大学、武汉大学、燕山大学、中央国家机关、北京市逻辑学会，台湾东吴大学、辅仁大学、元智大学、云林科技大学，上海教育电视台和成都等处，演讲墨学的录音整理稿。

内容第一部分“墨学研究史”，分三讲。第一讲先秦墨学。第二讲秦后墨学，杂家吕不韦对墨学的兼收，晋代鲁胜的《墨辩注序》，清末孙诒让的《墨子》文献整理。第三讲现代墨学，介绍梁启超、胡适和沈有鼎，用现代方法对墨学的新研究。内容第二部分“墨学精华”，分四讲。第四讲墨家逻辑，墨家的推理论、概念论、命题论和规律论。第五讲墨家哲学，墨家的世界观、认识论和方法论。第六讲墨家科学，科学形成机制，科学评价标准。第七讲墨家人文学，墨家的经济学、政治学和伦理学。

墨家逻辑研究

孙中原撰《中国逻辑学》，台北水牛出版社1993年版。多次印刷，高校用为教材。展示中国逻辑学开端、奠基、争鸣和总结的历史过程，分析《墨经》知识、概念、判断、思维规律、推论、谬误和范畴论，以现代科学为工具性元理论，以现代语言为工具性元语言，加工改制古墨学，中国古代逻辑改造和转型的力作。

孙中原撰《中国逻辑研究》，商务印书馆2006年版。2015年列入国家社科基金中华学术外译项目，译为外文，在国外出版。以墨家逻辑学为核心，探讨中国逻辑的历史贡献、现代价值和世界意义。总论中国逻辑对象、方法和内容，中外相关研究历史和现状，中外逻辑比较。分论古今中国逻辑相关研究成果。以中国逻辑为对象，进行超越、总体研究和宏观、综合概括，通过对古今中国逻辑研究主体、对象、语言、成果、层次、方法、作用、后果和评价等元性质的考察，说明古今中国逻辑研究范式的转型。成果精选，突出创新性、系统性和可读性。对中国逻辑元典的概念范畴、思维规律、论证方式、辩证逻辑和中国逻辑研究方法的元理论分析，有独特新见。首末章分别论述中国和世界逻辑元研究，标志全书方法论的特色，是以中国逻辑为对象，进行超越总体研究，宏观综合概括，考察古今中国逻辑研究主体、对象、语言、成果、层次、方法、作用、后果和评价等元性质，说明古今中国逻辑研究范式的转型。

孙中原撰《诡辩与逻辑名篇赏析》，台北水牛出版社1993年版。诠解中国古代名墨儒法杂诸家从先秦至魏晋的逻辑元典。张岱年1992年1月《诡辩与逻辑名篇赏析·序》说："孙中原先生钻研中国逻辑史，著有关于中国逻辑史的专著，对于中国古代的名辩之学有较深的研究。近又将先秦至魏晋的关于名辩的著名篇章辑为一编，加以诠释剖析，题为《诡辩与逻辑名篇赏析》，这对于人们了解中国古代逻辑思想的发展将大有裨益。"

台湾东吴大学李贤中教授，在台湾《哲学与文化》月刊1993

年第10期发表《评介〈诡辩与逻辑名篇赏析〉》说："在作者多年钻研中国逻辑史的学养下，融会贯通，悉心解析而转化为浅显易懂的文字"，"由于作者在确定的主题观点下选录，解析亦有一致的判准，故其挑选的各篇在思路上仍有秩序性，整体的结构也有一定的系统脉络，这是十分难能可贵的。"

台湾大学教授林正弘《逻辑哲学讲演录序》说："孙教授是中国逻辑史的专威学者。其大作《中国逻辑学》及《诡辩与逻辑名篇赏析》，早在十五年前，即已在台湾出版发行。台湾同道，早已仰慕其学识，熟悉其研究成果。"

孙中原撰《逻辑哲学讲演录》，广西师范大学出版社2009年版。附在台湾东吴大学讲课录音光盘144课时，可读可听。以墨家逻辑哲学为核心，系统讲授思维艺术、墨家智慧和中国逻辑元研究。赴台讲授"思维艺术"、"墨家智慧"和"逻辑元研究"三门课，合并为"中西哲学与逻辑比较研究"项目，在台湾科学委员会延揽优秀客座科技人才研究工作计划立项。台湾东吴大学校长刘兆玄2008年1月签发"东吴大学聘书东人教字第961397号"："兹敦聘孙中原先生为本大学客座教授。"东吴大学哲学系主任彭孟尧教授2007年12月26日发函，邀2008年在东吴大学哲学系大学部和研究所硕士班开三门课，每周8课时，共18周，计144课时。《逻辑哲学讲演录》第229～432页专论"逻辑元研究"。

赴台讲学项目申请和主持人李贤中教授撰《序》："'中国逻辑元研究'，讲中国逻辑的现代研究，展现古今中外逻辑融合的可能，用比较同异的方式，讲中国逻辑学的整体面貌。使艰涩的逻辑理论，思维方法和辩论技巧，转化为有很高可读性的文字著作，是一件很不容易的事。其中包含着他这四五十年来研究成果的累积，以及为学术发展所付出的心血。此书的完成，实乃学术界之幸，亦为两岸学子之幸。"

唐山《读点真国学》(《北京晨报·大家悦读》2010年4月3日)："本周推荐五本书，都是真正的国学著作，它们写得都很简易，从中不难得到进入国学的门径。"其中之一是："孙中原的《逻辑哲学讲演录》。""《逻辑哲学讲演录》是深入诸子经典，从中发掘出逻辑脉络的演讲，平易之间，充满智慧的光芒，本书附有光盘，可听可读，并不难进入。”

孙中原撰《诸子百家的逻辑智慧》，机械工业出版社 2004 年版。讲诸子百家的逻辑智慧，以墨家逻辑智慧为重点。

孙中原撰《中华先哲的思维艺术》，北京大学出版社 2006 年版。次年重印。讲中华先哲的思维艺术，以墨家的思维艺术为重点。

孙中原撰《中国逻辑学十讲》，列入中国人民大学出版社“人文大讲堂”丛书 2014 年版。用现代科学观点，面向广大读者，通俗讲解中国逻辑学知识。包含论概念：概念明确的艺术。论命题：判断恰当的艺术。论推理：论证说服的艺术。论规律：正确思维的法则。论方法：正确思维的规范。论存在：逻辑有无的争议。论层次：研究方法的争议。论名辩：名家辩者的逻辑与智辩。论正名：儒家智者的逻辑。论辩经：中国逻辑的典型。分析中国传统思维表达方式，对今人的正确思维和有效交际，有积极的启发和借鉴意义。文字通俗生动，可读性强，是作者近年在海峡两岸高校和机关演讲中国逻辑学录音的整理稿。

墨家辩证理论思维

孙中原撰《甘瓜苦蒂，天下物无全美：墨家辩证理论思维》，《武汉大学学报》人文科学版 2013 年第 5 期。理论思维是用命题和原理形式把握事物规律性的思维。理论思维本质和核心是辩证法和辩证逻辑，以概念辩证本性的研究为前提。

墨学滕州

孙中原用诗歌散文，讴歌学会，引领墨学研究功绩事迹，总结墨学研究新成果，期待新人新开拓，推动社会进步，促进文化建设。时代新墨与滕州：时代催生新墨学，滕州新墨动人寰。墨子学会 20 年，墨学史册谱新篇。团结新墨共同体，引导墨研铸新范。墨子学会推新墨，新墨荟萃有大全（梁启超后新墨学文献占《墨子大全》75 册）。先进人物与事迹：摩顶放踵著墨学，当代墨者张知寒。再掀墨研新高潮，文章道德树典范。人才辈出滕州市，人杰地灵挑重担。强力从事多贡献，劳苦功高立样板。新墨开端与雏形：文化新星梁启超，开拓墨学新阶段。新民丛报挥雄文，学案校释洒鸿篇。举旗鼓吹群响应，唤起学人百千万。古今转型通中外，新墨雏形好开端。新墨整体元性质：会通中外向世界，整体超越称为元（英 meta，港台译为“后设”）。新墨主体新学人，全球时代主题鲜（社会进步，文化建设）。方法语言现代性，成果形态好借鉴。研究层次升高阶，功能价值为今天。新墨运动结硕果：新墨运动势如虹，百年持续战犹酣。滴水朵浪拥大潮，汹涌澎湃巨浪翻。新墨大厦共奠基，铺路搭桥添瓦砖。新墨鸿篇数盈百，百年硕果超千年。

墨经辞典价值

孙中原为张仁明、王兆春和黄朵著《墨经辞典》撰序，原题《兴微继绝，综合创新——墨经辞典的价值》见《墨经辞典·序一》（贵州人民出版社 2010 年版，第 1～19 页），又见《毕节学院学报》2009 年第 6 期。

墨守辞典意义

孙中原为张仁明、卢凤鹏著《墨守辞典》撰序，原题：《承上启下，推陈出新——墨守辞典意义》见《墨守辞典序》（贵州人民出版社 2010 年版，第 1～19 页）；《毕节学院学报》2009 年第 7 期。

墨学复兴里程碑

孙中原撰《墨子大全》是近现代墨学复兴的里程碑，有崇高学术价值。诗咏：“墨家学术无价宝，子书林立数姣姣。大家荟萃竞放彩，全书飞架古今桥！墨学繁兴里程碑，学术价值比山高。前贤铺就康庄路，进步后学创新高。”全诗句首八字“墨子大全墨学前进”，寓意《墨子大全》是墨学复兴，前进发展的里程碑。墨家学术，富含独特的逻辑科学传统，深刻的和平发展观，普遍的人文情怀，弱势关切，爱民亲民思想，权为民用，情为民系，利为民谋的古代三民主义萌芽，是繁盛如林的诸子百家的佼佼者，传统文化的无价宝，人类知识恒久弥新的珍贵遗产，世界科技史上永放光辉的精品。《墨子大全》荟萃古今中外优秀墨学论著数百种，使墨学大家，鸿篇巨制，荟萃一堂，竞放光彩。为古今中外学术鸿流，飞架畅通桥，是海内外墨学研究史上的首创，近现代墨学研究繁荣兴盛的里程碑、指路标和象征，墨学研究进一步繁兴的时代呼唤、预期和契机。其学术价值、意义、作用、功能之崇高深刻，长久普遍，犹如山海大地，江河水流。《墨子大全》为墨学研究，荟萃海量古今中外文献，树立观点方法启迪借鉴，为进步后贤墨学研发，铺就奔驰康庄路，架设创新腾飞桥，亟盼后生学子创新高。推出新成果，敢攀新巅峰。

墨者风范

孙中原文“墨者风范张知寒”：知寒青年时期，显露杰出才华，不幸遭遇坎坷，言行体现中国优秀传统道德规范“大丈夫富贵不能淫，贫贱不能移，威武不能屈”。品格为人称典范。知寒对墨学研究事业贡献巨大，体现升华墨者风范。知寒先生从1991年起，以年迈之身，多病之躯，四处奔波，成功筹备主持一次国内（1991）、三次国际（1992、1994、1997）墨学研讨会，有来自全国各地与海外众多学者参加。会议主题涉及墨学的精华及其历史意义、现代价值等基本问题，把墨学研究推进到了前所未有的广度与深度，是墨学界的一大功臣。知寒言传身教，集中体现墨者兼爱无私，献身科学，舍己为人，心系大众的崇高思想和道德风范。诗咏知寒崇高精神风范：“中华自古多英贤，墨者英贤数知寒。立德功言三不朽，道德文章树典范。弘扬墨学谱新篇，价值影响越千年。擎旗兴墨建勋业，墨学强音动人寰。”

墨子今注今译

《墨子今注今译》，合著，商务印书馆2009年版；修订重印2011年版。孙中原撰稿《墨经》和《备城门》以下军事篇注译，融汇作者解读墨辩（墨家逻辑学）和墨守（墨家军事学）的独到成果。

墨翟与《墨子》

《墨翟与〈墨子〉》，孙中原、吴进安、李贤中著，台北五南出版社2011年版。孙中原撰第一篇“墨学精华”，吴进安撰第二篇“墨学的普世价值”，李贤中撰第三篇“墨家哲学的现代意义”。用现代方法，创造性诠释墨学精华，展现墨学的生命活力。古今转型谋发展，中西合璧探真意，普世价值创福祉，现代意义展新机。视野宏阔，探寻墨学研究未来发展的新契机。墨学比较研究，持续发展，古今中外融会贯通。总论墨学的过去、现代和未来，提出墨学研究方法、方向和目标的建议与期待。台湾成功大学中文系叶海烟推荐本书：“内容深入、周延与多面向的分析与诠释，已然是近年来国内相关著述的杰作。”台湾中山医学大学通释中心萧宏恩推荐本书：“海峡两岸最具权威性的墨学专家，以现代的思考角度，将墨学的价值及主要意涵做全面性的探讨。”

墨子与墨学

孙中原著，收入《中国文化经纬》系列丛书，中国书籍出版社2015年版。墨子创墨学，墨学有发展。墨子是继老子和孔子之后，在战国初期（前5世纪）产生的第三位文化巨人。墨子出身平民，熟悉工匠技艺，早年“学儒者之业，受孔子之术”（《淮南子·要略》），后发现儒学的缺点和不足，于是独创反映劳动大众利益的系统学说，即墨学。墨学一旦产生，便迅速在中华大地传播。儒学的第二位代表人物孟子，在战国中期（前4世纪）惊呼：“墨翟之言盈天下。”（《孟子·滕文公下》）墨家在战国中后期（前4到前3世纪）有很大发展。《吕氏春秋·当染》描述墨家发展的盛况说，墨子死后很久，墨家学派依然“从属弥众，弟子弥丰，充满天下”，记载墨家传授谱系和影响说：“禽滑厘学于墨子，许犯学于禽滑厘，田系学于许犯。”“后学显荣于天下者众矣，不可胜数。”本书以通俗简明的笔调，揭示墨学发展的主要阶段和成就，生动形象地描述墨学的精华与局限，展示战国时期墨家显学的概貌和对当今社会的重要启迪。

墨子大辞典

孙中原编，商务印书馆2016年版。创新解释《墨子》语词的大型辞书。面向广大读者，弘扬墨学精华，普及国学知识，有助于深入理解中华优秀传统文化。借助电脑高科技，用电子数字化考据，兼传统考据，对《墨子》语词，穷尽检索，完全归纳，严格核查，科学考辨，务求真切。统计词频，定性定量分析，用现代观点解释。释文准确通俗，有科学性和可读性。词目按拼音字母顺序排列，方便检索。

编写历经数十年系统的调查研究和反复修改。充分利用海峡两岸两部特大型丛书《墨子集成》和《墨子大全》，广取资料。充分利用〔英〕德龙（香港大学哲学系博士）主编《中国哲学书电子化计划》网站提供的丰富资料。德龙用正在发展的学术新领域数字人文（Digital humanities），把电脑高科技应用于人文学术研究。从2006年起，开发网站，给全世界各地学者提供原创功能，方便查询资料，提高研究效率。本书集中修改时间，跟德龙网站发展同步。2008年上半年，编者任台湾东吴大学客座教授，德龙是该校李贤中教授（现台湾大学哲学系教授兼系主任）硕士生，选修编者在该校开设《逻辑元研究》课程，是编者跟德龙合作研究的开始。1961年以来，编者在墨学专攻中，利用长期学习工作机会，遍查中国国家图书馆，中国科学院、中国社会科学院、北京大学、清华大学、中国人民大学图书馆和资料室，含个人藏书，计数千册，广取资料。征引资料，经与哈佛燕京大学引得编纂处编《墨子引得》核查厘定。征引《墨子》原文底本是明《道藏》本，汲取海内外研究的最新成果，融会编者长期专攻《墨子》的创新体会。

墨学大辞典

孙中原、邵长婕、杨文编。2015年国家社科基金后期资助项目，批准号15FZX017。孙中原是项目负责人兼主编。商务印书馆2012年签约出版。本书是首部全面系统的大型墨学辞典，创造性解释墨学语词，面向广大读者，弘扬墨学精华，普及国学知识，有助于深入理解中华优秀传统文化。释文准确通俗，有科学性和可读性。

词目排列，按墨学分科、墨学研究史和墨学研究方法论三编。共收词657个。墨学分科是墨学跟现代世界科学的融会贯通，词目涵盖墨学的重要范畴和命题。第一编墨学分科收词294个。

分科收词：1.逻辑学，收词62个。2.方法论，收词18个。3.认识论，收词32个。4.科技哲学，收词13个。5.世界观，收词17个。6.历史观，收词11个。7.经济学，收词7个。8.政治学，收词30个。9.伦理学，收词26个。10.教育学，收词3个。11.语言文学，收词5个。12.音乐艺术美学，收词5个。13.军事学，收词22个。14.数学，收词15个。15.物理学，收词7个。16.力学，收词4个。17.简单机械学，收词5个。18.光学，收词12个。以上“逻辑学”到“军事学”属人文科学（哲学社会科学），收词251个。“数学”到“光学”属自然科学，收词43个。

墨学分科，二级分类“逻辑学”到“光学”等，划分科学。墨学分科，是现代墨学研究的重要标志和内容，是墨学研究现代化的需求，是现代墨学研究者的神圣使命和社会责任。“逻辑学”到“光学”等墨学二级分科类名，本身是全世界全人类几千年积淀的人文自然科学名称，是学科划分的类概念，用来标识墨学资料的学科类别，反映墨学资料的学科性质。

墨学分科词目和释文，是现代墨学分科研究的概括和升华，为现代和未来墨学研究，奠定坚实基础，开拓继续前进的新起点。墨学分科类名设立的依据，是墨学资料的实证铁证，借鉴全世界全人类几千年文化发展积淀的成果。释文概括墨学界精英主流研究的科学结论和共识，总体超越史上同类著作的学术蕴涵。第一编墨学分科，以词目和释文的形式，再现墨学的系统性、整体性和内容体系的特质。

第二编墨学研究史词目，涵盖古今墨学史的重要人物、典籍、范畴和命题，收词313个。分专题（二级分类）收词：1. 墨家创学，收词35个。2. 诸子论墨，收词6个。3. 中世论墨，收词86个。4. 大陆论墨，收词141个。5. 台湾论墨，收词18个。6. 韩国论墨，收词6个。7. 日本论墨，收词9个。8. 西方论墨，收词12个。第二编墨学研究史，以词目和释文的形式，刻画墨学在战国时期产生，汉到清中绝，现代复兴的曲折前进历程，体现肯定，否定，再到肯定的辩证发展规律。

第三编墨学研究方法论，创造性解释相关方法论的重要范畴和命题，阐发墨学研究发展的理论基础和原理，探索墨学研究的前沿课题。本编收词50个，是在详细占有墨学研究历史和现实资料的基础上，精心选取对墨学研究至关重要的科学方法论点，是墨学研究健康发展的灵魂、工具、利器和决定因素，非墨学研究专用，墨学研究必用。释文联系墨学研究实际，突显科学方法论点在墨学研究中的应用价值。以上“孙中山”到“墨学大辞典”等词目141个，归入“大陆论墨”类名。

台湾论墨

六十多年来台湾学者墨学研究，成就斐然。近年两岸墨学研究交流频密，合作力量日增，前景精彩可期。“台湾论墨”类名，含“严灵峰”到“萧宏恩”等词目18个。

严灵峰

1903～1999，福建福州人，

字灵峰。1928年莫斯科东方大学毕业。编辑大型墨子文献丛书《墨子集成》，全称《无求备斋墨子集成》，收入古今墨学著作91种，装订46册，台北成文出版社出版1977年版。著《墨子知见书目》，台湾学生书局1969年版。收入战国到1976年墨学著作中国233种，日本43种，韩国1种，越南1种。书目列卷数，作者简介，出版时间，主要内容，观点评说和版本。纳入《周秦汉魏诸子知见书目》，台湾正中书局1979年版，中华书局增订1993年版。

《墨子集成序》资料重要。《史记·孟荀列传》曰："盖墨翟，宋之大夫，善守御，为节用。或曰，并孔子时，或曰，在其后。"班固《汉书·艺文志》亦言："在孔子后。"考《论语》、《春秋》俱未及墨子。孟子辟斥杨、墨，庄子剽剥儒、墨。其在孟、庄之前，孔子之后，与七十子并时，固无疑矣。《吕氏春秋·当染》篇《慎大览》高诱注称："鲁人。"故翟尝自鲁至楚，止公输般为云梯以攻宋。其学务不侈于后世，以绳墨自矫，自苦为义，而备世之急。以为儒者烦扰而不悦，厚葬靡财而贫民，久服伤生而害事，故背周道而用夏政。是以虽摩顶放踵，利天下而为之。此《庄子·天下》篇称之为："真天下之好者，才士也夫!"其说主兼爱、尚贤、尚同、节用、贵义、非攻。与当时之儒家分庭抗礼，世称"显学"。

《汉书·艺文志》："《墨子》七十一篇。"今存者五十三篇。阙者：《明鬼》上、中二篇，《非乐》中、下二篇，《节用》下篇，《节葬》上、中二篇，共七篇。目存而书亡者十有一篇。其《经》上、下，《经说》上、下，《大取》、《小取》诸篇，具有科技：光学、力学、几何、逻辑之原理与界说，实乃中国古代早期科学思想之菁华。自余涉及政教之说，守御之方无不备，成一家之言，未可厚非也。

惜秦火以后，墨学式微。逮至汉世，武帝尊重儒术，罢黜百家。董仲舒言："夫仁人者，正其谊不谋其利，明其道不计其功。"其鄙薄"功利"可谓至矣。墨学亦自是一蹶不振，尘霾达二千年之久，岂有命也哉！晋人鲁胜，曾注《墨辩》，其《序》曰："墨子著书，以立名本，惠施、公孙龙祖述其学，以正形名显于世。"又云："《墨辩》有上、下《经》，

《经》各有《说》，凡四篇，与其书众篇连第，故独存。今引《说》就《经》，各附其章，疑者阙之。又采杂集，为《刑名》二篇，略解指归，以俟君子。”惟其书久佚，难以稽考。

宋郑樵《通志•艺文略》著："乐台（当作壹，形近致误）注三卷。”其书当在隋、唐以前，鲁胜之后，并已亡失，不可得见。初唐魏征辑《群书治要》，尚节录其书。迄于中叶，昌黎文起八代之衰，力辟佛、老，以道统自承，其于墨学独具只眼，曰："孔子必用墨子，墨子必用孔子，不相用，不足为孔墨。”韩氏之用心良苦，无如曲高和寡。历两百载，墨学竟无传人，亦可悲也已！自是宋儒沉溺于心性之说，辽、金、元三世无有问津之者。明人节选批校，每多玩弄词章，无所发明。坊刻之书，鲁鱼亥豕，舛误百出。俗云："明人刻书而书亡。”终非无故。其无裨于墨学之传授，不待言矣。现存《墨子》刻本尚多，而宋刊则无有。最古者为日本文应元年（1260年，值宋理宗景定元年）之《群书治要》残卷抄本。

降及清代，释《大取》残篇者，有傅山。校《墨子》全书者，有毕沅、顾广圻、卢文弨，可谓开风气之先，亦墨氏之功臣也。其后，王念孙、俞樾、张惠言、苏时学、戴望、王闿运、王树枏、吴汝纶、陶鸿庆、王景曦、于鬯、孙诒让并治墨学，虽互有短长，于斠雠理董，穷究覃思，功不可没！而孙氏之《间诂》可谓集其大成，大醇而小疵矣。近人刘师培、胡适、张其鍠、范耕研、尹桐阳、张纯一、李笠、陈柱、吴毓江、伍非百、栾调甫、高亨、于省吾、唐敬杲辈尝致力于是，俱有创获。然大都偏于训诂、校勘，于墨子思想作系统之研究者，殊不多觏，诚美中不足者也。

清末新会梁启超，所著《墨学微》一书，泛论墨子学说，蹊径独辟，别开生面，为墨学研究创历史之新页。从兹各方探究之成绩乃渐可观，梁氏倡导之力也。后之学者，倘能继往开来，吸取西方科学方法，融会贯通，使百尺竿头更进一步，发扬而光大之，则墨学之昌明与中华民族文化之复兴岂有既乎，企予望之！祝而祷之！

墨学尚功用，重兼利。为先秦诸子之特色。殊有深入研究之重大意义。因选辑灵峰个人所藏之专著九十有九种，七十有七家，共三百七十一卷，为《无求备斋墨子集成》，就中包括版本、校勘、考证、注释、语译、音韵、批点、札记诸方面，俾供研究墨子学术之重要参考，其涉及版权者外，则兼收并蓄，力求完备。倘有遗珠，读者谅之！至本丛书所收李贽《墨子批选》，茅坤之《墨子批校》，焦竑、翁正春等之《墨子品汇释评》及陈仁锡之《墨子奇赏》四书，承中央图书馆惠予借印，并由台北成文出版社黄成助君独资承印，以广流传，乃能顺利发行。复蒙考试院杨院长亮功先生，代为题笺，于此敬表谢忱！

全称《无求备斋墨子集成》，台湾学者严灵峰编辑。首部大型墨子文献丛书。收入古今墨学著作91种，分装46册。台北成文出版社1977年版。

严灵峰《墨子简编》，台湾商务印书馆1968、1970、1995年版。1966年在台湾辅仁大学哲学研究所讲授课本。《墨子大全》第53册影印，北京图书馆出版社2004年版。

严灵峰《墨子知见书目》，台北学生书局1969年版。《墨子大全》第53册影印，北京图书馆出版社2004年版。

严灵峰《墨子思想体系与各篇内容分析》，《墨子集成》第45册影印，台湾成文出版社1977年版。《墨子大全》第53册影印，北京图书馆出版社2004年版。

韦政通

1927年生，江苏镇江人。《墨家的侠义精神》：在“墨学现代化”国际学术研讨会演讲稿，收入孙中原编《墨学与现代文化》（中国广播电视出版社2007年修订版）。

墨辩新注

李渔叔《墨辩新注》，台北商务印书馆1968年版。《墨子大全》第57册，北京图书馆出版社2004年版。

墨辩今注

李渔叔《墨辩今注今译》，台北商务印书馆1974、1976、1979、1988年版。王冬珍据遗稿校补。天津古籍出版社影印1988年版。《墨子大全》第57册影印，北京图书馆出版社2004年版。

墨辩研究

陈癸淼《墨辩研究》，台北学生书局1977年版。

墨学省察

陈问梅《墨学之省察》，台北学生书局1988年版。原作《墨学研究》，署名陈拱，台湾东海大学1964年排印。著《墨学研究》（东海大学1964、1978年版)、《儒墨平议》(台北商务印书馆1966年版)。

史墨卿

1930年生，山东青州人。台湾高雄师范大学教授。《中国国学》年刊总编辑。著《墨学探微》、《墨学散论》、《中国历代墨子论文索引》等。史墨卿总编辑《中国国学》邀约撰写，刊出孙中原文《墨家论思维形式及其规律》，用现代汉语，人类通用逻辑工具，诠释语言文体有别的墨辩精华，继承弘扬中华民族宝贵知识遗产，史墨卿逐字核对原文，原载《中国国学》第26期(见孙中原著《中国逻辑研究》，商务印书馆2006年版，第273～289页)。

《墨学探微》，台北学生书局1976、1978年版、增订1994年版。《墨子大全》第58册影印，北京图书馆出版社2004年版。《前言》评谭戒甫《墨辩发微》:“其内容虽颇多发明，然亦不乏傅会之处。”

《墨学散论》，高雄复文图书出版社2002年版。《墨子大全》第58册影印，北京图书馆出版社2004年版。集近年发表墨学论文10篇。后附《中国历代墨子论文索引》，著录从战国到1982年墨子论文680多篇。《中国近10年墨子论文索引》(1983～1991)。

墨家哲学

蔡仁厚:《墨家哲学》，东大图书公司1983年版。1977年《自序》:“墨家学派有前后期之分。”“上卷讲‘墨子思想’。”“下卷讲‘墨辩’。”“前期墨家的论敌是儒家，所以墨子书中有《非儒》之篇。而后期墨家的主要论敌是名家与辩者。”认为《尚贤》等“十目二十三篇”(十论)“为墨子之基本理论，最重要”，“墨经或墨辩，乃后期墨家之作，甚重要”。“墨辩各篇，成书于名家惠施公孙龙倡学之后”。下卷《墨辩》分论时代作者，墨辩与名家，墨辩逻辑理论，论知识和时空，辩术，道德观，科学知识。认为《墨辩》六篇产生于庄子后，《天下》篇前，因有公孙龙论题，是墨子后学作品，少墨子观点。墨家名家旨趣各异，无心救世游于辩。跟惠施、公孙龙就“合同异”、“离坚白”等论题辩论。墨家论同异，从实际出发，不同于惠施纯粹名理之谈。主张“坚白相盈不相离”。概念有三名“达类私”，三谓“移举加”，逻辑八种关系式“S必有P”等。讲同一律、矛盾律和排中律。推理式“譬侔援推”，推理谬误式五种。分析光学、力学和几何科学知识。

周富美

1936年生，台湾大学中文系教授。著《救世的苦行者墨子》（时报文化出版公司1982、1998年版；中国友谊出版社2013年版）。中华传统文化大众读本，国学启蒙读物。《墨子快读》（三环出版社2004年版）、《墨子假借字集证》和《墨子韩非子论集》。

王冬珍

1936年生，河南嵩县人。台湾师范大学国文研究所硕士（导师李渔叔）。硕士学位论文《名墨异同考辨》由嘉新水泥公司文化基金会出版。任台湾师范大学国文系教授。《墨学新探》，台湾世界书局1980、1981、1984、1989年版。《墨子思想》，台湾正中书局1987年版。两书收入《墨子大全》74册，北京图书馆出版社2004年版。整理李渔叔遗稿《墨子今注今译》，台北商务印书馆1974年版。

王冬珍《墨子》，台北商务印书馆1999年版。《新编墨子》（中华丛书·新编诸子丛书），编译馆主编，2001年版，王冬珍、王赞源校注。

王赞源

1940～2011，台湾台中人。台湾师范大学国文系教授。发表论著数十种。著《墨子》（世界哲学家丛书之一，傅伟勋、韦政通主编，台北东大图书出版社1996、1997年版）。1998年在中国人民大学哲学系讲学，赠送严灵峰编《墨子集成》一套46册，给中国人民大学哲学系资料室。王赞源拟辞刻章：“台湾师范大学王赞源教授，顺应人民大学孙中原教授之学术热忱，赠送人民大学哲学系墨子集成一套，1998年11月14日。”

王赞源《墨子序》称，1977年在台湾师范大学国文系开授墨子课程。韦政通约稿。墨子思想广博，包括形上学、知识论和价值论，探讨物理、数学、逻辑、军事等科学，最似西方标准哲学家。故采西方哲学方式，列宇宙论、知识论和方法论，与西方哲学家见解相同。方法论中名实原理，涉及二十世纪新兴语义学和语言哲学。“察名实之理”，对语言意义、指称和使用及三者关系看法，与弗雷格、维特根斯坦和当代牛津学派观点吻合，是待开发的墨学精华。认为经典在不同时代，可读出不同意义。经典研究者阐明、批判观念，须有时代眼光，转化应用观念，研究成果可使经典古为今用，不仅限于有历史意义。把墨子治国理论，转化应用于企业管理，写成《墨子的管理思想》。把贵义、兼爱解释为“义利合一，彼此互惠”，用于企业人性管理。贵义、兼爱可作企业经营理念，最高目标，企业伦理原则，提升管理品质，塑造优良企业文化，达成永续经营，说明管理者风范，知人善任方法。基于学术立场，通俗化企求，运用层面整体动态观方法，说明墨子宇宙论、知识论和方法论，类似西方哲学家见解，有超过处。其名实原理，涉及语义学和语言哲学，与现代英国牛津学派理论吻合。探讨墨子治国论，把贵义兼爱创造诠释为企业管理思想。提出新观点，发人深思。

王赞源《墨经正读主编话》（上海科学技术文献出版社 2011 年版）：我要谈一本奇书，庄子称它《墨经》，东晋的鲁胜则称之为《辩经》或《墨辩》。鲁胜是一位天文学家，也是第一位为《墨经》做注的人。可惜他的注已失传了。今本《墨子》有《经上》《经下》《经说上》《经说下》四篇，这四篇正是庄子说的“墨经”。四篇《墨经》，其文字简短不过六千，但其学术领域跨越之大之广，却很令人惊讶。

首先是“宇宙论”（时间、空间、时与空）、“物理学”（力学、光学、热学、运动）、“伦理学”（德目：忠、孝、仁、义、礼、信、廉、任、勇等）、“意义理论”（知识论、语意学、语言哲学）、“数学”（几何、算术）、“逻辑”、“方法论”、“心理学”、“政法论”、“经济学”（物价、货币、贸易）、“天象学”、“认知心态”等。四篇《墨经》，不唯学术领域广博，且文字奥渊，能解其义旨者不多。清孙星衍在《墨子后序》说：“汉、唐以来，通人硕儒，博贯诸子，独此数篇，莫能引其字句。”西风东渐以后，《墨经》渐受学者重视。首先，胡适以此四篇写成学识宜重方法的博士论文，梁启超也写成《墨子的论理学》、《子墨子学说》，又花 20 余年写《墨子学案》、《墨经校释》而声闻学界。其后又有许多学者纷纷加入研究的行列。有些科学的研究者也加入研究《墨经》的行列，如邹伯奇、钱临照、洪震寰、徐克明、曾昭安、方孝博等都是。就连英国哲学与科学双料博士的李约瑟，在多位中国学者的协助下，也研究《墨经》，撰写《中国科技文明史》，名闻国际。

近百年来，这么多的学者专家，花那么多的精力和时间研究《墨经》，可是到目前，竟然没有人能真正懂得《墨经》六千文，你说奇不奇怪？

《墨经正读》的撰写过程：撰稿人写好稿→主编修定→编审委员校定→主编再修定→撰稿人修正→主编→审稿会议→再由主编修定→书局出版。

《墨经正读》终于完稿，我们要感谢前人的研究成果及给予我们的启发，更希望后之来贤修正我们的错误，并突破我们的见解，使墨家学术能发扬光大，免去梁任公所谓的“不肖子孙”的骂名。

李哲贤

1953年生，台湾台北人。台湾云林科技大学汉学应用研究所教授，曾任所长。积极参与两岸学术研究合作交流。2005年与东吴大学哲学系合办台湾首次墨学现代化国际学术研讨会。邀集两岸、韩、日数十位墨学研究者，分别在台湾东吴大学和云林科技大学研讨。2010年11月赴荷兰阿姆斯特丹，参加由莱登大学主办，阿姆斯特丹大学承办的中国逻辑史论坛，任主持人，发表论文《论荀子约定俗成之制名原则及其衍生之问题》。2013年5月在南开大学参加中国逻辑史国际学术研讨会，主持《中国逻辑史手册》先秦逻辑思想研讨，负责本部分主编，编写儒家孔孟荀逻辑思想。

专长先秦诸子学，探讨荀子名学和墨辩关联。著《荀子之名学析论》（文津出版社2005年版），以国际视野，探究荀子名学，借分析诠释中外（美加日）学界研究成果，抉发荀子名学重要论题，探究荀子名学的本质，荀子的哲学立场，荀子名学的评价，荀子和孔子学说的前后相承与发展，荀子名学对墨辩的批判和发展，由此抉发荀子名学在先秦思想史的意义与定位。2011年参加在内蒙古包头举办的墨学国际研讨会，发表《论先秦名学之本质：以荀子名学及墨辩为例》。论文《论墨家名学之本质及其反思》（《职大学报》2011年第6期），主张回归先秦名学本色，深化研究先秦名学，比较研究先秦名学与西方传统逻辑，被比较双方有关联性。

借由西方已成系统理论的逻辑学，诠释先秦名学，有其理论诠释的方便性和合理性。可发掘先秦名学特质，深化先秦名学研究，发掘其价值，进一步追求创新。

李贤中

1957年生，台湾基隆人，台湾大学哲学系教授兼系主任、台湾哲学会副会长。2006年邀集两岸、韩、日墨学研究者，聚集台湾东吴大学与云林科技大学，参加“墨学现代化”国际学术研讨会。参与由中国墨子学会于北京、滕州所办历届墨学研讨会。指导硕士研究生英国德龙（Donald Sturgeon）撰《墨辩中的语言哲学》（花木兰文化出版社2012年版）。主编台湾《哲学与文化》2003年12月第30卷第12期《中国逻辑》专号。专长墨家哲学，中国哲学方法论，先秦名辩学，中国逻辑和认识论。著《墨学——理论与方法》（台北扬智出版社2003年版）、《墨翟先生，请留步！》（台湾三民书局2011年版）和《〈墨子〉新视野》（香港中华书局2014年版）。合著《墨翟与〈墨子〉》（台湾五南出版社2012年版）。发表墨学论著数十种。

《墨学——理论与方法》：以方法学进路，阐发墨家哲学的现代意义，注重墨学理论建构的思路方法。以新方法，呈现墨学理路系统，建构兼爱伦理学和比较研究，整合墨儒人文学。比较分析中国哲学研究方法和台湾50多年墨学研究。方法是达到特定目标之路，包含呈现墨学思想内涵的理路，探求墨学研究者方法的理路和墨子兼爱理论在现代与未来发展之路。认为研究墨学，目的不仅是了解墨家思想，更在于把握墨家精神，以现代语言重构其理论，使其可应用于现代生活。墨学思想内涵超越时空，可与当代学术结合，挥洒新的生命力，展阔加深，成长发展。

《墨翟先生，请留步！》：哲学轻松读。在人我互贼的东周，大谈“兼爱”？在弱肉强食，烽火连天的战国，强说“非攻”？圣者墨翟，摩顶放踵，为了什么？他四处奔波的行踪，能否扭转时局？在充满对话的故事中，隐含哲理，驰骋想象。2000多年前的墨翟，在寻找天下至宝仁义道德的途中，巧遇不同时空的先秦哲人老、庄、惠施、孙子、公孙龙、荀子、韩非。哲人大讲生命、兼爱和兵法，深谈人性管理、君子立志与效益论。读者从中可了解墨家哲学，鸟瞰不同于儒家传统的先秦哲学。

《台湾墨学研究著作选编》：《墨子大全》第98册，北京图书馆出版社2004年影印。摘录台湾21本著作，16篇硕博论文的要点和目录。

2015年11月14、15日主办第七届两岸逻辑教学与学术会议，发表论文《先秦说服术之比较》，认为墨子思想可归属于说服性推理，比较其譬、援、推式的特征。

李贤中《台湾墨学研究回顾》，1997年山东济南第三届墨学国际研讨会论文；台湾《中国国学》1998年第26期；李贤中《墨学——理论与方法》（扬智出版社2003年版），收入孙中原编《墨学与现代文化》（中国广播电视出版社修订本1998年版；《墨子大全》第76册，北京图书馆出版社2004年影印）。

吴进安

1957年生，台湾云林人。台湾云林科技大学汉学应用研究所教授，曾任所长。发表墨学论著数十种。2006年邀集海峡两岸、韩、日墨学研究者，聚集台湾东吴大学与云林科技大学，参与“墨学现代化”国际学术研讨会。参与由中国墨子学会于北京、滕州所办历届墨学研讨会。指导多位研究生撰写墨学研究论文，研讨墨家文化观、伦理观、政治观和兵学。与大陆孙中原、台湾李贤中合著《墨翟与〈墨子〉》（台湾五南出版社2012年版）。缘起2009年终，贤中、进安讲学于北京多所高校，三人在孙中原北京寓所同住半月，旬日长谈，共议凝聚两岸墨学研究新见，畅谈墨学研究未来发展，谋求研究的新视野和新前景。分工孙中原撰第一篇“墨学精华”，吴进安撰第二篇“墨学的普世价值”，李贤中撰第三篇“墨家哲学的现代意义”。公推进安为统稿人，联系在台湾出版。

台湾成功大学中文系主任叶海烟教授评本书：“内容深入周延与多面向的分析与诠释，已然是近年来国内相关著述中的杰作。”台湾中山医学大学萧宏恩教授评本书：“海峡两岸最具权威性的墨学专家，以现代的思考角度，将墨学价值及主要意涵做全面性的探讨。”墨家思想在先秦诸子百家中最富科学人文精神，知识论逻辑学具独特建树，是中国文化的宝贵财富。本书取《墨子》精华，就其哲学、逻辑、科学与人文义蕴，用现代方法创造性诠释，展现墨学生命活力。探索墨学的普世价值，作为现代人类价值观的借鉴。结合当代人情境面向与问题症结，经跟西方哲学对比，发掘墨家哲学的现代意义。结论从"古今转型谋发展，中西合璧探真意，普世价值创福祉，现代意义展新机"的宏阔视野，探寻墨学研究未来发展的新契机。

独著《孔子之仁与墨子兼爱比较研究》（文史哲出版社1993年版）、《墨子政治哲学探微》（香港复文书局1998年版）。《墨家政治哲学研究》（云院书城出版社2001年版）、《墨家哲学》（五南出版社2003年版）、《儒墨哲学比较研究》（花木兰文化出版社2011年版）。《墨子政治哲学探微》：以墨子尚同尚贤为核心，探讨墨子政治哲学。《墨家政治哲学研究》：以政治哲学观点，剖析墨子的政治观和价值观。《墨家哲学》：展开墨家哲学各分项，纲举目张。《儒墨哲学比较研究》：从人与自然、他人和自我的三维关系，探讨儒墨对立的本质。儒墨显学形式有相似，核心观念大相径庭，比较孔子仁与墨子兼爱义理内涵的本质差异。人是孔墨共同关切思考的主体，其成就取向不同。由主体言仁，由客体言兼爱，造就不同文化事业。孔子仁出发点是亲亲血缘关系，墨子兼爱是社会道德伦理。孔墨积极入世，客观环境险恶，道不行，都坚持理念。孔子知时不可为，不放弃理想，不苟同隐逸山林的消极避世。墨子摩顶放踵，利天下而为，迎前承担责任使命。孔墨论理旨趣，核心价值，有内在根本差异，对道义的承担实践，都舍我其谁，精神并驾齐驱。

邱建硕

1968年生，台湾台中人，台湾辅仁大学哲学系教授、《哲学与文化》月刊副主编。研究中国逻辑，义务逻辑，行动逻辑和行动哲学。在文化对话的现代化观点下，以西方逻辑和哲学为背景，对中国逻辑和哲学进行对话式研究。期待通过西方思想的研究，为中国逻辑和哲学赋予现代意义，探讨中国思想影响西方逻辑和哲学的可能性。与李贤中教授共同主编《哲学与文化》2003年12月第12期"中国逻辑"专题，与大陆杨武金教授共同主编2010年

8月第8期“中西逻辑比较研究”专题。

论文《中国逻辑思维的形式与情境——从〈墨子·小取〉的规则谈起》(《哲学与文化》第340期),分析中国古代逻辑思维的特征,为当前逻辑研究带来新领域。从《墨经》选择判断,分析情境因素对理解墨辩的必要性。《中国逻辑研究的方法论和形上学问题》(《哲学与文化》第355期),认为中国逻辑研究跟史料诂解和文化密不可分。史料诂解有方法论问题。讨论问题:“原典正确诂解,是否该脱离现在背景,进行历史还原?还是只要符合合理性解释原则,就是正确诂解?文化是否可以决定逻辑,不同文化有不同逻辑的想法是否成立?”《从墨子三表法看墨辩逻辑》(《职大学报》2008年第3期)认为从三表法到墨辩逻辑,呈现墨家论辩思维的精纯化过程,从包含具体内容,具有特殊性的论证思维,到形式的、具有普遍性的逻辑思维过程。三表法体现墨家思想的中心架构,跟墨辩逻辑有连贯性,包容墨辩逻辑。《墨家思想中的权》(《职大学报》2012年第2期),认为权是衡量。困难处境的利害衡量,有认知和实践意义。透过最佳行动,将现实状态带到有利、理想的未来状态。衡量是行动前的环节和行动中的活动。行动者透过更佳选择,争取实现理想的未来。

论文《从侔式推论考察墨辩逻辑的有效性意义》(《哲学与文化》第435期)、《中国思维现代化问题——从逻辑的观点看》(《现代视域中的传统文化》釜山,岭南大学民族文化研究所2011年10月21日)、《墨子行动哲学的现代诠释》(《网络时代的中国学》,首尔,中国学研究会2013年5月25日)、《什么是墨家逻辑中的好论证》(《逻辑史在中国》,阿姆斯特丹大学,2010年11月25日)、《义务逻辑中的行动主体问题》(第12届人大辅大哲学论坛,中国人民大学,2009年6月24日)。

孙长祥

1952年生,台湾宜兰人,中国文化大学哲学博士、元智大学教授。主讲墨家哲学和墨学专题。论著数十篇。著《思维·语言·行动——现代学术视野中的墨辩》(文津出版社2005年版)。以“思言行”现代学术视野考察墨辩。秉持相近西方哲学问题意识,从哲学认识论立场，以思想、言论和行动一贯为主线，通过墨辩的现代研究，批判继承，创新发展，更新中国哲学，促进中西哲学平等对话，沟通交流。

阐发《大取》道德情境中判断选择的行动伦理。分析《小取》行动规范逻辑结构和意义。《小取》首尾一贯，脉络分明，是墨辩逻辑辩论术，逻辑推论方法的系统形式。《小取》为辩解墨学合理性，合法性和可行性，把谈辩立辞命题化，总结立辞原则、类型和范例。探索墨家形上理念，认识理论，语言观和逻辑方法论。依据当代西方科学典范概念的讨论，反思墨家科学典范概念“法仪”的意涵。

论文《墨子大取篇伦理思想发微》(《华冈文科学报》第20期)、《〈墨子〉中有关科学典范的形构——墨辩与作为典范的法仪》(《哲学杂志》第28期)、《〈墨子·小取〉的名辩思想——自“思言行”行动观点的考察》(《华冈文科学报》第23期)、《墨辩中有关行动规范的逻辑——以墨子大小取为主的讨论》(《东吴哲学学报》第6期)。

《墨辩中的认识与语言》(《华冈文科学报》第26期)、《墨子正义思想理论与实践——从行动伦理的角度论起》(《孔学与人生》第37期)、《当前墨学议题研究的反思》(《职大学报》2011年第5期)、《宿命与天命——墨子“非命”思想的反思》(《哲学与文化》第38卷第11期)、《墨家思想研究的反思——从历史、哲学与诠释的角度论起》(《职大学报》2015年第5期)。

萧宏恩

1961年生，台湾中山医学大学教授。发表论文数篇。2002年访学中国人民大学孙中原，认识墨学，将墨学引进医学人文省思。多次在两岸墨学研讨会和学术期刊，发表墨学应用于医学人文探讨的论文。更深广探究墨学在医学人文实务的应用。比较研究儒学仁和墨学兼爱，纳入医疗场域的人文省思。

论文《仁与兼爱作为医护伦理之内涵初探》(《哲学与文化》第32卷第8期)、《仁与兼爱的临终伦理》(《哲学与文化》第33卷第4期)。领会墨家实践精神，践履墨学民本思想，从墨学启发的“务实、宽容、无私”三向度，探讨医疗场域内具体实务的人文相关议题，省思临终伦理。

发表《墨学在现代临终伦理之意义及其应用》（《源远护理杂志》2006年创刊号）、《墨家兼爱为基础的伦理咨询》（《应用伦理研究通讯》2008年第45期“临床伦理咨询”）、《墨家的灵性关怀与医疗照护的伦理实践》（《哲学与文化》第36卷第2期）、《墨家兼爱与义所展现之生死价值的现代意义》（《中国医药大学通识教育学报》2011年第16期）、《墨学对当代医学之价值》（《职大学报》2011年第8期）、《由墨家兼爱谈视病犹亲》（《高雄医学大学通识教育学报》2012年第7期）、《墨学方法与当代医学伦理之应用》（《应用伦理评论》2014年第57期）、《由墨家兼爱的现实关怀走向超个人的专业精神》（《学校卫生护理期刊》2010年第21期）。

近年在台湾积极思索通识教育改革，把墨学实践精神应用于通识教育。发表《大学通识教育与社会博雅氛围——墨翟与纽斯琫的启发》（《台中学报》（人文社会卷）第2卷第3期）、《先秦墨家对当今通识教育之启发》（《通识学刊·理论与实践》2014年第2卷）。

从墨学平民化与生活化的视角，省思现代议题。发表《由墨子的兼爱谈护理的管理哲学》（《护理杂志》第52卷第5期）。参与指导研究生撰《由墨家兼爱论现代医道精神及医院管理的意义》（《台湾医学人文期刊》2008年第9卷）。以上“严灵峰”到“萧宏恩”等词目18个，归入“台湾论墨”类名。

韩国论墨

韩国学者李珥和现代韩国墨学研究者李云九、朴文铉、尹武学和黄晟圭等有重要贡献。韩国学者从“墨学究竟是什么”的基本问题出发，归结到墨学的核心价值，从对墨学的总体概括开始，展开墨学各方面的深入研究，揭示墨学的独特精神和深层内涵，重视墨学的现代意义和在未来世界的作用。墨学与儒学相辅相成，相互补充，有不可替代的独特价值和生命力，是韩国学者关心的课题。预期推进韩国的墨学研究，墨学对韩国社会的影响会逐渐扩大。《韩国墨学研究》（韩国学者黄晟圭撰稿，孙中原主编：《墨学与现代文化》修订版，中国广播电视出版社2007年版）。“韩国论墨”类名，含“李珥”到“黄晟圭”等词目6个。

李珥

1536～1584，朝鲜实学理论的奠基人。有跟墨子接近的社会改革思想，其哲学思想体现墨学影响。李珥《圣学辑要》："安民者，为之兴利除害。"把墨子口头语"兴利除害"作为安民方法。

李云九

1933年生，韩国思南全义人，韩国成均馆大学教授，该校大同文化研究院院长，长期研究中国传统文化和诸子学。墨学研究代表著《中国的批判思想》（韩国骊江出版社1978年版）；《墨家哲学研究》（成均馆大学、大东文化研究院1995年版）。论文《墨子的战争哲学批判》、《墨家的技术特点和科学意识》和《墨子经济思想的当代意义》等。李云九墨学研究成果，是现代韩国墨学研究的开端，今后韩国墨学研究的基础。

《墨家哲学研究》跟弟子尹武学合作完成，综合韩国墨家研究成果，是韩国第一本整体介绍墨家思想体系的著作。该书《序》说，传统思想有长处和短处，发扬传统文化，慎重对待祖先遗下的宝贵精神财富，应放弃偏见，积极关注墨子和墨学。李云九作为现代韩国墨学研究的第一人，有重要的开创性作用。《墨家哲学研究》冲破韩国墨学研究的困境，改写韩国墨学研究史。李云九重视墨学在今日和未来世界的作用。

《中国的批判思想》分11章和两个附录，大篇幅介绍，高度评价墨家的批判意识。该书《序》说："学问世界无禁区，任何名分不能桎梏批判的自由。通过不断怀疑、批判和讨论，促进思想的发展。"墨学在中国古典学问中，最具批判意识。墨学的批判意识，反映在政治、哲学、科技、军事诸多领域。墨家针砭时弊的批判，有一定时代背景，其批判精神，有永恒价值。批判意识是推进社会发展的动力。今日世界是对昨日世界的批判、继承和发展。未来世界是对今日世界批判、继承和发展。墨学对昨日世界的批判，可作为对今日和未来世界批判的借鉴。李云九阐发墨学的批判意识，有深刻的学术性和预见性。

朴文铉

韩国釜山大学哲学系毕业。韩国东国大学哲学博士。论文题《墨子的经世思想研究》。跟李俊宁合译《墨子》，在韩国传播墨学。继李云九把韩国墨学研究推向更深层次。认为墨子的经世思想，是为消除压迫和战争，阐发救世学说。尚贤、尚同、兼爱、非攻、节用、节葬、非乐、非命等纲目，是墨子经世思想的展开。墨子的理想，是实现世界大同，和平共处。墨子的经世思想，把政治、经济、教育和国际关系等理论系统化。墨子经世思想的现代价值，在于其勤俭平等，和平精神。首次把《墨子》原典翻译为韩文，对韩国墨学研究，打下坚实基础。他之前，有人尝试翻译《墨子》，由于译者不是墨学研究家，而是汉文学家，翻译效果不理想，在对元典的理解上不如朴文铉译作。

论文《墨子与丁若镛思想的相通性》，指出墨子和丁若镛思想在社会、政治、非命等方面相通，提供墨学在古韩国影响的个案研究。2005 年中国台湾举行国际墨学研讨会，发表《墨学与今日的韩国社会问题》，指出由于儒家文化存在缺失，导致今日韩国社会诸多负面现象。墨家在兼爱节用，贵义和平等意识方面，可矫正今日韩国社会诸多弊端。朴文铉："为实现秩序、和平社会，墨子强调领导层的模范作用。儒家以家族为中心的裙带意识，阻碍对腐败的肃清，墨子与儒学对立的理论，脱离家族主义和具有合理公共意识的兼爱伦理，可为今日韩国社会借鉴。"

尹武学

研究重心墨家逻辑。韩国成均馆大学哲学博士。论文题《墨家名学研究》。学术界多认为，中国没有发展出西方那样的逻辑学，在这种情况下，尹武学完成中国逻辑学方面的博士学位论文，意义非凡。《墨家名学研究》分析中国逻辑的产生背景，墨家在中国逻辑史上的重要位置。深刻揭示前后期墨家逻辑范畴的相互关系。认为前后期墨家逻辑连贯，并未断裂，前后贯通，继承发展，不可分离。以此篇博士学位论文为主体，尹武学与其师李云九合著《墨家哲学研究》。尹武学在此书中阐述对墨家逻辑的见解。

尹武学 1997 年到中国参加第三届墨学国际研讨会，发表《墨家的古今之辩》。此论文对墨家逻辑的深刻理解，引起墨学专家的注目。这是韩国学者对墨学研究的重要成果。论文说《墨子》通篇所见的三表法，其中的先王观和古今之辩，跟儒道等其他学派不同。墨家的先王观，是体现

"兼相爱，交相利"观念的理想形态，不只停留在尚古主义，在《墨经》中更加具体化。《墨经》的"五行无常胜"说，是批判循环史观的典型例证。他认为墨家在述古作今的基础上，肯定古今变化，表现先进的历史观。朴文铉和尹武学，是韩国墨学新生派的代表，继承发展韩国的墨学研究。他们的墨学研究，是世界墨学研究成果的重要组成部分。随新生代韩国学者墨学研究的日益深入，会更加促进中国优秀传统文化在韩国的发展。

黄晟圭

1964年生。1994～1999年，在中国人民大学哲学系攻读哲学硕、博士学位。专精墨学。著《墨子的平民学说》（合著，山西出版集团书海出版社2007年版）。发表《孔墨人本学探微》、《中国逻辑在韩国》、《墨子人本思想研究》、《墨子军事思想及其现代意义》、《墨经和科学》（《职大学报》2011年第4期）等论文。

博士论文《〈墨经〉思想研究》（导师孙中原），以《墨经》为研究对象，以墨子立言三表"本、原、用"和为义三务"说书、谈辩、从事"为纲，论述《墨经》的思想体系、结构、意义和特点。认为"说书"部分，论述墨家的宇宙观、认识论、伦理观，是墨学思想大厦的基础。"谈辩"部分，论述墨家的语言观，阐发语言的形式、本质、功能和法则，包含逻辑学、语言学内容。"从事"部分，论述墨家利用自然原理，总结机械技术，阐发政治、经济、教育和修养等社会生活法则。该文阐发《墨经》在东方思想史上的意义，论述墨学在韩国的传播，当代韩国的墨学研究，韩国墨学研究的特征和展望，提出发展《墨经》思想的必要和建议。认为《墨经》是中国优秀传统文化的精华，人类智慧的典范，对诸子百家和中国传统文化有深远影响，是中国现代优秀思想的渊源，对现代和未来社会有重要启示借鉴意义，有实用价值和生命力。

韩国西江大学郑仁在1993年到中国参加首届墨学国际研讨会，发表《墨子的和平思想》。认为墨子的兼爱非攻思想，防止个人斗争，阻止国际战争。墨子在人类历史上最早提出和平理论，进行和平实践。1986年在东洋哲学研究会主编《东洋哲学研究》，第

7集发表《墨家批判意识》。以上"李珥"到"黄晟圭"等词目6个，归入"韩国论墨"类名。

日本论墨

在逻辑学领域，中日两国学术交往源远流长。远自唐代，日本学问僧就到中国，向玄奘师徒学习印度逻辑（因明）。近代初期，日本学者比中国学者更早引进西方逻辑学，比中国学者更早钻研中国逻辑学。中国学者如王国维、梁启超引进西方逻辑学，研究中国逻辑学，借助日本。从历史发展长河观察，中日两国学者，相互学习，取长补短，有助于学术思想繁荣，思维能力增进。日本渡边卓，浅野裕一，比较逻辑学研究家末木刚博，以中国逻辑学为博士论文题目，获博士学位，日本大阪大学名誉教授，立命馆大学教授加地伸行，日本中国学会会长宇野精一，大滨浩等学者，对墨学有独到专门研究成果。日本重要哲学史著作，包含中国逻辑学介绍。近年日本几位学术大家，研究中国逻辑学论著迭出，可资借鉴。诗咏：东邻日本有鸿儒，中国逻辑发宏论。引进西逻动手早，钻研中逻先动身。世界逻辑本质同，一元多表理无分。他山之石可攻玉，中国逻辑育新人。"日本论墨"类名，含"渡边卓"到"墨学在日本"等词目9个。

渡边卓

战后日本墨学研究首位学者。著《墨子》（《全译汉文大系》第18册，讲谈社1974年版）、《墨家思想》（《东方思想讲座》第4册，1967年版）、《墨家集团与其思想》（《史学杂志》1961年版）、《〈墨子〉诸篇的著作年代》（《东方学报》1962～1963）、《墨家的兵技巧书》（《东京中国学报》1957年第3期）、《墨家守御的城邑》（《东方学》1964年第27期），构建日本墨学研究基础。

渡边卓："《墨子》收录墨子和墨家的主张和言论，是现存唯一的墨家总集。墨子是活跃于公元前5世纪后期，即战国初期独特的思想家，在中国数千年悠久的历史上绝无前例。他不畏动乱的时世，通过自身活动，不惜粉身碎骨，热情倡导博爱、平等与和平。""于是不觉中在他周围聚集许多志同道合之士。""墨子和这些志同道合者，结成小型的守御集团。""墨子一方面倡导人道，极力宣传侵略是反人道的罪行，另一方面又不得已拿起武器，率领集团防卫，击退侵略。像这样兼备高层次思想和果断行动的集团，在中国文化史上空前绝后，绝无仅有。”“墨子死后，各国战乱日益激化，而继承墨家思想的后人，进一步强化集团的组织，扩大集团的活动。为时势所迫，集团虽然也经历许多挫折，但是他们在集团内部推行分工别业，互相合作，利益互换，团结一致的理论。在成员间磨炼语言、表达和逻辑等交流思想的艺术，进而在守御的基础上，发展涉及几何学、光学、土木力学等学科，把其中大部分，推广到外部社会，在社会文化史上建立令人惊异的业绩。”“墨家建议当时的统治阶层，实行以自己创始以来所积累的世界观为基础的政治伦理思想。尽管许多弱者狂热坚持和倡导这种世界观，但仍无法得到统治阶层的认可。而在接连的压迫之下，墨家集团于公元前3世纪末期踏上分裂解体之途，终至灭绝，在中国文化史上失去一席之地，时在中国最初的帝国秦王朝建立的前后。”“历经漫长的忘却时期，墨家思想的再振，是在18世纪以后，中国最后的帝国清王朝开始迅速走向灭亡的时期。一些进步的知识分子，再次倡导以墨子为代表的墨家文化。墨家集团在黑暗的古代文化背景中，过早地追寻近代式光明，而导致自身灭亡，又恰因被近代学者重新认识，而再次振兴。”（见渡边卓：《墨子解说·中国文化史上的墨子和墨家》）。

在日本有墨子文献约二百种。最早的中文书籍目录《日本国见在目录》，是藤原佐世奉皇命，借宫中藏书所冷然院于贞观十七年（875）被大火焚毁之机编撰，记载《隋巢子》、《胡非子》、《缠子》3部墨家著作，但没有提到《墨子》。此后，在《本朝续文粹》（13卷）收录藤原敦光博士《变异疾疫饥馑盗贼等勘文》，引用《墨子·辞过》：“墨子曰，古之民未知饮食。圣人耕稼为食也。以增气充虚。今则厚敛。百姓孤寡冻馁。欲无乱。不可得。”这篇《勘文》，写于保延年间（1135～1140）。可以确定，《墨子》最迟在平安后期传入日本。江户时期，通过长崎的贸易往来，《墨子》版本传入日本。大庭修《江户时代唐船来日研究》中《商舶载来书目》亨保十六年（1731）条，记载“《墨子》一部二本”。见大庭修：《关于江户时代的唐船输入书的研究》，关西大学东西学术研究所研究丛刊1967年版。经训堂《墨子》于天保六年（1835）在江户翻印。在江户发行以后，长崎会所《天保十一年（1840）子三番船书籍总簿》中出现《经训堂丛书》记录。在《天保十二年（1841）丑一番船书籍总簿》、《同二番船书籍总簿》、《弘化三年（1846）午二番船书籍总簿》中，相继出现。秋山仪校订《墨子》和江户时期松元刊订《墨子》，是江户时期墨学研究的重要基础。

秋山仪校订《墨子》，明朝茅坤于万历九年（1581）校阅，在涵春楼出版发行《墨子》加入校语，保历七年（1757）由城东书坊出版发行。秋山仪是肥后人，字子羽，号玉山，就学于服部南郭，是熊本藩学者，时习馆的提学。秋山仪校语，没有明确记载出处，但包含古抄本要素。江户松元出版的《墨子》，是清毕沅校订，经训堂发行《墨子》的翻印，天保六年出版发行。这些书籍的出版发行，墨学研究得到重视，墨子和墨家的存在，为人所知。以后吉田汉宦的《墨子校》，是根据古抄本加的校语。诸葛蠡的《墨子笺》，是根据传日的古抄本加的校语。户崎允明的《墨子考》，是汇辑日本人的著作。明治时期，牧野谦次郎《墨子日文解》出版发行。它以清孙诒让《墨子间诂》为底本，参考江户时期的墨学研究成果加注释，由例言、序、凡例、目次、序说、《墨子》本文的通译和附录7部分组成。序说由8部分组成：儒墨显学；墨子时代；墨子事迹；墨子学说由来和各篇要旨；墨子弟子学说和墨学对社会影响；墨子学派衰败原因和近代中国的墨子研究；诸学派对墨学的批评；墨子研究参考书。该书集明治末年日本墨学研究的大成。大正二年（1913），小柳司气太的《墨子间诂》，作为《汉文大系》的一册，由富山房出版发行。以后墨学研究的其他著作陆续发表。小岛佑马，大冢伴鹿各家的研究，是战后日本墨学研究的先驱。

浅野裕一

1946年生，文学博士，日本东北大学教授。近年系统研究墨家思想，专著《墨子》，日本讲谈社1998年版。其论文《墨家集团的质变：墨子对话篇的意义》认为，如墨子对话四篇所写，门人缺乏勤学意识，对待墨翟不尊不信，在名利官位前，有背信弃义行为，定是墨翟在创建学团时的记录。从墨子对话四篇出现的墨家活动范围看，是在未曾涉及燕、晋、秦等区域的墨翟时代。时间范围全部是前五世纪后期。浅野断定，墨子对话四篇全部是墨翟时期的资料。在墨翟时代，十论的主张，已全部形成。

末木刚博

1921～2007，东京大学文学部毕业，东京大学教授，专攻中国、印度和西方逻辑学的比较研究。1980年，孙中原经末木刚博授权，把他所著《逻辑学的历史》和《东方合理思想》等论著，译为中文出版。（末木刚博著，孙中原译：《逻辑学的历史》，《现代逻辑学问题》，中国人民大学出版社1983年版。末木刚博著，孙中原译：《东方合理思想》，江西人民出版社1990年版）

墨家逻辑。末木刚博认为，由墨翟创始的中国逻辑学，构成完成形态的合理思辨体系，是中国古代合理思想的结晶。墨家有比较正确和系统的逻辑思想，墨家逻辑有一个进展过程。墨子在中国明确开始产生逻辑意识，接触到合理思维的原理，提出论证方法的概念，是中国逻辑思想的前驱。

墨子提出的“三表”，是论断的三个标准和论证方法，注意寻求立论的历史和现实根据，以及实际应用的效果，有演绎、归纳、实验方法的萌芽，表现反思论证形式，认识逻辑规律的努力。第一表“本之者”，是在论断和论证中，要依据古代圣王的事实，这是寻求立论的根据，相当于演绎论证法。第二表“原之者”，按照百姓万民的经验，从人民意见导出刑政法律，有归纳法萌芽。第三表“用之者”，参考在实际政治中，给国家百姓人民带来的利益，是用理论的实际效果，判明理论的可靠性，是实验的方法。

《墨子》集中研究逻辑问题的是《墨经》六篇。这六篇不是墨子自著，几乎是学界定论。《墨经》有相当高度的逻辑思想。其中对各家论点，都有深刻讨论。对思维形式、规律和各种逻辑概念，都有深刻的认识和详细的规定。这些细致的逻辑学成果，说明《墨经》已经达到对逻辑进行大致总结的阶段。这是墨家长期学术活动的结果。从墨子起，“谈辩”就成为跟“说书”和“从事”并列的，起不同作用的部门。《墨经》对思维的自觉和规定，恰好跟“谈辩”在该集团内的现实位置相当。这些成果的意义，不是只限于墨家范围。墨子后学逻辑思想特别丰富，广泛考察和明确认识现今称为概念、判断和推理三种思维形式，分别相当于亚里士多德逻辑的概念论、判断论、推理论三个部门，是有一定高度的逻辑学，达到高度的逻辑自觉，具有古代世界罕见，现在也应该学习的彻底合理精神。

“以名举实”，是用“名”列举实，凭借概念指示对象，指概念的作用。“名”是名词概念，是思维的构成单位。“名”分为“达、类、私”三种，已清楚认识到类概念、种概念和个体概念三个层次，跟亚里士多德的概念论、范畴论一致。“以辞抒意”，是用“辞”叙述、述说意，用命题表达思想，指判断的作用。“辞”是联结名构成表达，即命题。“以说出故”，是用“说”揭示“故”，凭借说明，明确根据，指推理的作用。“故”指原因、理由、根据，有“小故”和“大故”之分。“小故”是部分根据，“大故”是全部根据。“小故”是指“有之不必然，无之必不然”，相当于必要条件。“大故”是指“有之必然，无之必不然”，相当于充分且必要条件。墨家以完整的形式，明确区分这两种根据的逻辑思想，是相当高级的，应大书特书。

墨家条分缕析“辩”（思维作用）的七法，即七种思维形式。“或”被定义为“不尽”，指没有穷尽论域的全部范围，是辨别跟全称判断相对的特称判断。“假”被定义为“今不然”，即现在不是如此，指假说，相当于假言判断。“效”即合乎法则的思考为“是”（正确），不合乎法则的思考为“非”（错误），被解释为演绎法。“譬”是概念比较，“侔”是命题比较。“援”相当于类比推理。“推”是知道未知情况跟已知情况同类，从而对未知情况作肯定结论，近似归纳。“辩”的七种方法，相当于特称、假言、演绎、类比、归纳，可跟亚里士多德逻辑学媲美。墨家对“同异”概念意义的正确分析，是卓越的思维方法。第一种“同”被定义为两个概念有相同外延，是说概念外延的同异。《小取》“一周而一不周者也”的说明，是论述概念外延的周延、不周延问题，推理根据概念外延重叠、一致的同异情况来进行，是外延逻辑的萌芽。同异有种种复杂含义，超出单纯的形式逻辑范围。

加地伸行

1936年生，日本大阪大学名誉教授，立命馆大学教授。日本东北大学文学博士，博士论文题目《中国逻辑学研究》。专著有《中国人的逻辑学——从诸子百家到毛泽东》（中央公论社1977年版）。《中国逻辑学史研究——经学基础探讨》（东京研文出版1983年版）。《加地伸行著作集》三卷，含《中国逻辑学史研究——经学的基础探讨》修订版（东京研文出版2010年版）

语义学方向。加地伸行说，有人认为中国没有逻辑学，要判定这种观点是否正确，需要确定“逻辑学”的概念。今日逻辑学有广狭二义。狭义逻辑学是形式逻辑，广义逻辑学是符号学（semiotics，theory of signs）。现代符号学认为，在符号学（广义逻辑学）中，有三个领域：一、语义学（semantics），研究符号及其对象之间的关系，即语言意义指谓作用的理论。二、语用学（pragmatics），研究符号及其解释者之间的关系，即语言实际应用的理论。三、语法学（syntactics），研究符号与符号之间的关系，即语言逻辑结构的理论，另有辞法学，句法学，符号关系学，语形学，语构学等译名。传统形式逻辑和符号逻辑，属语法学领域，是狭义逻辑学。有关符号学（广义逻辑学）的议论，在春秋战国时代，开遍各式各样的花朵。关于“中国没有逻辑学”的观点，如果说的是广义逻辑学，符号学意义上的逻辑学，这个意见是不正确的。如果说的是狭义逻辑学，传统形式逻辑（亚里士多德系统的逻辑学）的意义，在某种程度上是正确的。西方传统形式逻辑所完成的是亚里士多德开创的体系。在亚氏以前，本没有别的体系，只有像春秋战国时代那样的各种议论。发源于亚里士多德的传统形式逻辑，是循着语法学的方向前进的，经过阿拉伯和中世纪学者的努力，被系统化。中国跟亚思士多德差不多同时代的学者，虽曾呈现出朝各种方向前进的可能性，墨家（主要是后期墨家），曾开创在中国研究形式逻辑（语法学）的流派，荀子和公孙龙等人显然是沿着语义学的方向前进，在这方面取得的成果，为以后学者继承。

到明代，欧洲中世纪的形式逻辑传入中国。葡萄牙高因盘利大学使用的拉丁语大部头逻辑学教科书，由李之藻翻译，这就是至今有名的《名理探》。这本书在中国逻辑学史上非常重要。因明学和欧洲形式逻辑流派的引进，使中国语法学的历史得以继续。但从大局说，西方在亚里士多德以后，中国在荀子以后，在符号学上是在不同的领域里前进的。不懂得这种领域的不同，对中国有没有传统形式逻辑（语法学）的问题，就会产生错误的看法。

加地伸行认为，中国逻辑学在语义学方向上发展，可由整个中国思想史证明。为什么中国没有在语用学和语法学的方向上前进，而在语义学的方向上前进？这是由中国语言的结构使然。中国语言以概念为中心，用汉字把概念牢固固定。中国人对概念的固定化很早就作出努力，想出办法，非常关注"言词指示什么"的问题。"言词指示什么"就是"言词"跟其"对象"的关系问题，这是语义学的内容。作为排列联结概念，构成语句的语言，必然要沿着语义学的道路前进。相比之下，由于亚里士多德所使用的是以主项为中心的希腊语，所以他特别详细地探索由建立在主谓项关系上的语句（命题）构成的三段论法，走上以三段论法为中心的传统形式逻辑（语法学）的道路。

中国语义学，用名实关系（言词跟其对象的关系）形式表现出来。名实关系作为研究题目被热烈地讨论。围绕名实关系的论争，是广义中国逻辑学的论争。正是在这里，中国逻辑学意识以多种多样的形态表现出来。研究中国有什么样的逻辑学，关键是弄清古代中国，特别是在春秋战国时代的情况。在春秋战国时代，出现以后中国思维的几乎全部的原型。以后时代的思维，不断重复着春秋战国时代的原型。这同古希腊哲学之成为以后西方哲学的萌芽，恰相类似。并不是只有逻辑学派才谈到逻辑问题。诸子百家都接触到各式各样的逻辑学问题，特别是名实问题。墨家等是中国古代逻辑学意识特别有名的代表。

语义学和形式逻辑。墨家逻辑中既有语义学的内容，又有形式逻辑的内容。《大取》说："名，实名，实不必名。"明确认为实优先。《经说上》说："名若画虎。"意为名不是实物，这跟语义学认为"符号不是事物自身，词不是物，地图不是现实的土地本身"一样。墨家主张，有相当部分属于语义学。墨家论述形式逻辑领域的问题。《小取》说：（一）臧，人也；爱臧，爱人也。（二）盗人，人也；多盗，非多人也。这两个推理是不同的。在（一）的情况下，"臧"（人名）是表示个体。同样，"人"也表示个体。因此，在说"臧，人也"时，臧和人是相等的。在说"爱臧"时，也就等于说"爱人"。在（二）中的"人"，不是（一）中表示个体的人，而是表示人的集合。"盗人，人也"，就是"盗人属于人的集合"，"盗人被列于人之中"。即使"多盗"（盗人多时），当然并没有另外增加人的集合。就人的集合而言，没有变化。因此就可以推出"非多人也"的结论。在（二）的推理中，把人的集合看作"类"，把盗作为类下面的"种"，是对类和种关系的明确意识。在汉字中，个体和普遍的区分不明显。汉字中的"人"，既可以表示个体，又可以表示普遍。而明确作出这种区别的意识，已经在墨家那里生根。

后期墨家在形式逻辑（语法学）方面，留下不少成果。这主要是由墨家生活方式的需要所决定的。这个集团的人，是城墙建筑专家，会制造武器。这就需要广泛使用数学和物理学，进行计算，运用图表公式。就墨家记载的《墨子》看，可知他们有丰富的数学和物理学知识，通晓几何学定理，会利用凸面镜和凹面镜构成影像。这就使他们在形式逻辑上超出概念论的范围，发展判断论和推理论，也逐渐把注意力从概念的内涵移向概念的外延。

高田淳

高田淳、天野镇雄著《中国逻辑思想》，载宇野精一等编《东方思想讲座》第4卷。高田淳认为，在先秦时代百家争鸣的思想斗争中，墨家没有能够取得胜利，这在墨家思想自身中可以找到理由。假如墨家思想在赢得领导权的情况下，来终结先秦思想史，而秦汉又对之加以继承的话，那么，在《墨经》中所取得的关于逻辑学的成果，也许会成为以后前进的基础。然而，历史没有像这样来进展。预见了以后的新世界，用名辩为即将出现的统一者预先构思统治秩序的，是荀子。（高田淳、天野镇雄：《中国逻辑思想》，收入宇野精一等编：《东方思想讲座》第4卷，东京大学出版会1967年版，1974年第2次印刷）

宇野精一

1910～2008，日本东京帝国大学中国哲学文学科毕业，东京大学文学博士、东京大学名誉教授、日本中国学会会长、日本东方学会常务理事，是近代日本著名中国哲学研究家宇野哲人长子。宇野精一撰《中国逻辑思想的产生和影响》专章，收入日本东京大学中国哲学研究室《中国思想史》（《中国逻辑》载《中国思想史》，东京大学中国哲学研究室编，1952年初版，1981年第27次印行）。主编《东方思想讲座》10卷（东京大学出版社1975～1980年版）；《宇野精一著作集》共6卷，明治书院1986～1990年版）

论证逻辑。宇野精一认为，中国明确逻辑意识的产生，是从墨子等人开始。但是，不能认为到了墨子，就突然产生了逻辑思想。在他以前，总有一个酿成的过程。孔子的“正名”（把名搞正确）主张，可以看作是开端。西方逻辑学，由对逻各斯即语言、言词的反省，而发展起来，并最终成为研究思维规律的学问。言词的反省，确实可以说是走向逻辑学的第一步。在中国通过言词的反省来研究思维规律这一点，不够发达，而是朝着论证逻辑的方向来发展的。在这点上，与印度逻辑学的倾向是一致的。对言词进行反省的基础，是名实一致的思想。孔子是从伦理的角度，来论述名称和实体的一致。墨子和以后的诡辩论者，大体是从规定概念的角度来讨论的。对这些不同的倾向，当然也要从以论证为主这一点来加以解释。古汉语文字的内在性质，使中国逻辑思想带有自己的特色。汉字是表意文字，一字一词，不发生曲折变化。本身没有词类区别，对实体和属性的不同，缺乏明确意识。这可以从汉字的特殊性上找原因。汉代特地把诡辩学派称为“名家”。这里的“名”，就是说的言词。名家就是指以言词为中心课题的学派。中国逻辑思想，在论证的方向上发生和发展起来，并且在以后导致诡辩，还有一个原因应该看到。这就是在墨子等人活动的战国初期，那些四方的游说之士，为了论证自己的意见，驳斥论敌的主张，就需要熟练地掌握一种辩论术。因此，根据他们的言行，当时人就把他们称之为“辩者”。由此可见中国逻辑实用性的特点。

在中国逻辑思想的发展过程中，大致分成两大派别，即诡辩学派和逻辑学派。逻辑学派是在对盛极一时的诡辩学派的批判中发展的。考察这一点，自然是很有意义的。事实上，无论是墨家，还是荀子，都具有相当程度的科学知识和科学态度。因此，他们提出正确系统的逻辑思想，决不是偶然的。中国古代的诡辩思潮，曾经风靡一时。这一方面与万物一体观和怀疑论等思想有关，另一方面中国语言文字的特殊性质，也成为重要的因素。并且名实一致，是言词思维的基础，所以稍稍出现名实分离的倾向，就会导致诡辩。由于这种诡辩的影响，一方面在《墨子》、《荀子》等书中产生了逻辑的反省，另一方面出现了和诡辩思想共鸣的《庄子》。中国逻辑思想停留在实用的辩论术阶段，没有进一步发展。其原因之一，是缺乏从哲学上来总结提高。这也表明中国逻辑的一个特点。在荀子以后，中国古代逻辑急剧走向衰落。秦始皇禁止百家争鸣，固然可以作为一个原因，但原来为实用目的而总结的辩论术，在这时失却了其实用性，才是问题的本质。

《墨经》六篇。宇野精一认为，在《墨子》一书中，研究逻辑问题的是《经》上下、《经说》上下、《大取》和《小取》六篇。其中对各家的论点，都有深刻讨论。墨子后学有明确的逻辑意识，墨子本人的思想中，自然也有产生它的必然性。《非命上》把“言有三表”作为“子墨子”的话来加以引用，决不是偶然的。墨子的三表，是论断的三个标准。即在论断、论证中，根据古代圣王的事实（“本之者”：演绎），按照百姓万民的经验（“原之者”：归纳），参考在实际政治中给国家百姓人民带来的利益（“用之者”：实验）。这是一种实证的论证方法的观念，可以看作逻辑思想的前驱。诡辩学派的代表是邓析、惠施和公孙龙。逻辑学派是以批判诡辩学派的思想为契机而产生的。

正确系统逻辑思想的代表是《墨经》六篇和《荀子·正名》。在《墨经》六篇中，有对惠施、公孙龙提出的命题和对《公孙龙子》中语句的说明，从中可以看到对名家命题从逻辑上所进行的批判。《小取》篇详细说明“辩”即逻辑的目的，是“明是非之分，审治乱之纪，明同异之处，察名实之理，处利害，决嫌疑”。把“以名举实，以辞抒意，以说出故”作为辩的方法。并对或、假、效、辟、侔、援、推7种具体辩论方式作出定义。其中辟、侔、援、推，都是由已知进到未知的方法。从这些极为细致的区分和说明中，可以窥见中国逻辑的性质和特点。在《小取》篇中举出“是而然”和“是而不然”的情况。尽管有如此详细的考虑，但所得的结论，还是不够明确。这是由中国语言的内在性质所决定的。即没有区分词类，没有区别包含判断（表示种概念为属概念所包含，或特殊从属于普遍）和属性判断（表示属性属于实体）。由于没有区别表示实体的名词和表示属性的形容词，所以把盗人和盗混用。由于没有分清包含判断和属性判断，所以把作为包含判断的白马和马，获和人的关系，与作为属性判断的车和木、人和盗的关系相提并论。

大滨浩

1904年生，九州大学教授楠本正继的学生，后就读于东京大学。专著《中国古代逻辑》（东京大学出版社1959、1978年版）。大滨浩认为，理解《墨经》应以《墨经》自身为根据。“以名举实”，《墨经》讲到“举”和“狂举”。《经上》说：“举，拟实也。”《经下》说：“狂举不可以知异，说在有不可。”“举”和“狂举”，都是作为逻辑概念来使用的。在这里，光说“以名举实”，即用名来指实，那么，这究竟是正举，还是狂举，还没有肯定，名实关系正确与否，还处在未决定的状态。“以辞抒意”的“意”，从《经下》的“通意后对”（弄清问者意思再回答），“意未可知”（意见正确与否尚未弄清）推断，所谓“意”，是说个人的主观意见。因此，“以辞抒意”，就是用言辞来陈述自己的主观见解，这也是逻辑的客观根据还不明确的状态。这时，名和实的概念及其关系，还没有以根据作为媒介，名实还没有成为正确的统一体。“以说出故”，根据《墨经》有关条目，应该解释为借助“说”（论说，说明），对自己的见解，从逻辑方面，客观方面，提出正确的根据和理由。这时，作为以根据和理由为媒介的统一体，就构成名实一致的基础。对“以名举实，以辞抒意，以说出故”的意思，应根据《墨经》表达的概念理解。

名和实的关系，不能用形式逻辑的标准来衡量。由于是考察名称和实体的关系是否正确，所以在很大程度上是认识论的。他认为“以名举实，以辞抒意，以说出故”，不等同于概念、判断、推理的逻辑学范畴。超出形式逻辑。

大滨浩以“类”概念为中心，考察《墨经》逻辑学的内容、性质和特点。认为墨家逻辑超出形式逻辑的领域，形成更高阶段的逻辑，跟世界观、认识论、方法论有密切联系。在《墨经》中，类与同异有关。类和同异一起，跟言论（辩论）和逻辑有关。所以，“类”是逻辑学概念。《墨经》“推类之难，说在之大小”中的“类”，如果可以看作类种的类，则类的外延就比种的外延大，类推当然就可以看作与外延的大小有关。由《经说下》的解释推测，这样看是正确的。但是，不能说类推完全是外延大小的比较。《墨经》的类推，并不是只就包含关系，从属关系而言。“大小”也不仅是外延的大小，而跟类的同异相关。这就更增加“推类之难”。“类”跟“同异”的联系，有复杂内容，这在《墨经》中有详细讨论。同类的前提，有的能推，有的不能推，不能一概而推。如《小取》说：“之马之目眇，则为‘之马眇’；之马之目大，而不谓‘之马大’。”又说“夫言多方、殊类、异故”，都不只是形式逻辑，而是已超出形式逻辑，包含更广的方法论问题，是更高的逻辑。大滨浩不同意把《墨经》的“类”，等同于三段论法的大前提，认为《墨经》的“推类”，不就是三段论法推理。《墨经》的类概念，跟三段论法的大前提相比，有不同内容。

大滨浩以《墨经》“同异交得”为例，说明对同异关系的推理，超出形式逻辑的范围，对同异的推理而得的结论，不能只通过形式逻辑的归纳法推导出来。作为“同异交得”的实例，《墨经》列举多少、去就、坚柔、死生、长少、白黑、中央旁、是非、成未、存亡、贵贱等许多相对的同异。仅以“去就”而言，表示蛇、蚯蚓一类动物“去就”交互而行的运动规律，“去就”（行止）对立。行不能看作没有止。行中求止，止中想行。行包含止，止包含行。既然把“去就”作为同异交得的例子，在其中就应该既有同，又有异。“去就”不同，但不是完全不同，而是通过相互包含和被包含，同而有异，异而有同。单纯的行和止，都不可能存在。这与“尺蠖之屈，以求伸也”的道理相通。《大取》对同异概念，作出更为细致的分析，更为复杂的分类后，得结论说：“有其异也，为其同也，为其同也异。”这是明显自觉到有异，是因为有同。有同，是因为有异。这是对同异相互联系的深刻认识。

《小取》进而联系辟、侔、援、推四种思维活动，讨论同异问题。这四种思维活动的进行，都以同异的考察为前提。对这四种思维活动所得的结论，也要做同异的考察。因为“辟、侔、援、推之辞”会“行而异”。从逻辑上进行更深的考察，看到事情的各方面，才能引出正确的判断。《小取》还谈到“其然也同，其所以然不必同”等，已经超出形式逻辑的范围。在形式逻辑领域，按照逻辑规律下肯定判断，应该有同一的逻辑理由。各有片面。在荀子逻辑部分，大滨浩发表对《小取》“杀盗非杀人”的看法说，如果考虑“盗”这个名和“人”这个名外延的大小，那么，杀盗不能说是杀人（盗外延小，人外延大）。荀子由外延大的包含外延小的这一面来看，认为是“用名以乱实”。然而，抹杀部分，并不是直接等同于抹杀全体。小的否定，并不直接是大的否定。所以荀子的批评不一定恰当。应该考虑，“杀盗”和“杀人”并不完全一致。

在《墨经》逻辑部分，大滨浩说，荀子是从外延大的包含外延小的这一面来看，所以肯定“杀盗是杀人”。《小取》是从“盗”和“人”外延的差异来看，所以认为“杀盗不是杀人”。前者只从同的一面来判断，后者只从异的一面来判断，所以都是片面的逻辑。时间要素。《小取》推理说：“且入井，非入井也；止且入井：止入井也。且出门，非出门也；止且出门：止出门也。”“且”表示将要。《经说上》：“方然亦且。”大滨浩说，这里应该注意的是，把时间要素引进逻辑，显然超出形式逻辑规律无时间性的局限。

论《小取》。大滨浩说，《小取》是《墨经》结构最系统的一篇，可以把它看作墨家逻辑的集大成，是研究墨家逻辑的最好材料。《小取》论述的某些内容，如“言多方、殊类、异故，则不可偏观也”等，不属于形式逻辑的领域，是世界观的逻辑，不能用形式逻辑的标准衡量。墨家虽然研究逻辑学的规律，如周延、不周延等，然而往往跟具体事例互相联结纠缠，受时空的局限，没有完全作为规律抽象出来，并作为规律充分发挥作用。

墨学在日本

李绍昆。原载于1967年《现代学苑》，收入《墨子研究》（台北商务印书馆1974年版）、《墨学十讲》（台北水牛出版社1990年版）、《墨子大全》第56册。日本文化是中国文化东渐。墨学在日本，影响不如儒佛之盛，墨学研究不如儒佛研究之众。二战以还，日本思想界大变，墨学被注意。往日日本学者研究墨学，大半止于章句训诂，今日东邻学人整理墨学，进而发扬墨家思想。

早期《墨子》版本。最早手抄本《墨子》，是日本宫内省藏《群书治要》卷子本。遇唐太宗讳“民”字，都缺笔避讳。现存《墨子》旧本，推此最远。最早刻本《墨子》，是明刻《道藏》本，国内藏北京白云观，国外日本宫内省。秋山仪校刻《墨子》，刊于1757年。牧野谦次郎《墨子国字解》，东京早稻田大学出版部1927。分上下册，共千余页。原文后，有“大意”、“通释”、“解义”，正文旁，有日文注音，体例完备。第一册，有八章序说：儒墨是周秦诸子两大统宗，墨子以前和当时中国社会，墨子事迹，墨子学说由来和各篇要旨，墨学传授的弟子后学及其社会影响，墨学衰废原由和近代中国学界的墨学研究，墨学对各学派的批评，墨子研究资料书籍。第二册，附录三十多种，六十多页，方便学人。俞樾称赞孙诒让《墨子间诂》说：“集诸说之大成，盖自墨子以来，未有此书也。”牧野可谓日本的孙诒让！牧野谦次郎《墨子国字解序》说：“予之解墨子者，欲以使海内知我东洋往古文明之盛，不必远逊于西洋今日也。”跟梁启超《墨子之论理学》"勉励我们要养成民族自尊心"有相似动机。

墨学研究日文书。小柳司气太《汉学者传记及著述集览》(东京关书院1935年版）著录日本墨学研究者10余家。20世纪上半叶，中国大兴墨学研究之风，日本墨学书寥寥无几，近于冬眠状态。20世纪50年代以还，日本墨学研究欣欣向荣。不泛作墨子通论，大半讨论墨学专题。分析鞭辟入里，创见不一而足。这是近年来墨学在日本的新转机，大进步。高田淳对《墨经》特别有兴趣，发表大作《墨经思想》，引用梁启超、胡适专著，参考高亨新作，从《墨经》发展，了解其特征。渡边卓近年来发表墨学论文最多。《墨家的兵技巧书》(《东京支那学报》1957年第3期)，反驳汉人伪书说。《墨家集团的思想》(《史学杂志》1961年第70卷第10～11期)。《墨子论篇的著作年代——十论二十三篇》(东京《东洋学报》1962年45卷3～4期)，认为是墨家在200年内经四阶段活动写成。《墨家的守城》(东京《东方学》1964年2月第27号)，比较研究军事篇，指出墨家在不同时期的不同活动和不同范围。未刊稿有《墨子耕柱以下五篇的著作年代》、《墨子经说以下六篇的著作年代》。以上"渡边卓"到"墨学在日本"等词目9个，归入"日本论墨"类名。

西方论墨

西方学者〔英〕李约瑟、〔英〕葛瑞汉、〔英〕德龙、〔美〕李绍昆、〔德〕何莫邪、梁生和〔美〕《斯坦福哲学百科全书》、〔美〕《维基百科》有论墨学。"西方论墨"类名，含"李约瑟"到"墨学在当代西方"等词目12个。

李约瑟

1900～1995，英国伦敦人，生物化学家、科学技术史家，汉学家，英国剑桥大学李约瑟研究所名誉所长，1941年当选为英国皇家学会会员（FRS)。1942年秋在陪都重庆任中英科学合作馆馆长。1945年初任英国驻华大使馆科学参赞。1946年赴巴黎，任联合国教科文组织（UNESCO）自然科学部主任。早年以生物化学研究著称。1937年在鲁桂珍等三名中国留学生影响下，研究中国古代科学、技术和医学。1948年返剑桥，在王铃和鲁桂珍协助下，著《中国科学技术史》28卷册。1949年任英中友好协会会长，至1964年。

1954年出版《中国科学技术史》第一卷，这部34分册巨著表明："中国文明在科学技术史上，曾起过从来没有被认识到的巨大作用。""在现代科学技术登场前十多个世纪，中国在科技和知识方面的积累，远胜于西方。"1956年《中国科学技术史》第二卷科学思想史由剑桥大学出版社出版。1965年5月15日发起成立英中了解协会任会长。1971年被选为英国学术院院士（FBA）。1990年《中国科学技术史》中文全译本三册由科学出版社、上海古籍出版社出版。1992年6月13日英国女王伊莉莎白二世签署授予御前顾问（CH）勋章，10月22日女王在白金汉宫授予御前顾问勋章。1994年6月8日当选为首批中国科学院外籍院士，联合国教科文组织授予爱因斯坦奖。李约瑟《墨经中的科学思想》说："完全相信人类理性的墨家，明确地奠定了亚洲自然科学最为重要的基本概念。"（李约瑟《中国古代科学思想史》，江西人民出版社1990年版，第206、231页）

葛瑞汉

1919～1991，英国汉学家，生于英国威尔士的珀纳思（Penarth）。1946年入伦敦大学东方及非洲研究院（SOAS）学汉语。1949年获文学学士学位，任古汉语讲师，1953年获哲学博士学位。以访问学者，客座教授身份，曾讲学于香港大学、耶鲁大学、密歇根大学、康奈尔人文学会、新加坡东亚哲学研究所、台湾清华大学、布朗大学、夏威夷大学。1971年任伦敦大学东方及非洲研究院古汉语教授，1981年当选为英国研究院（文史哲）院士。

葛瑞汉墨学研究，以《墨经》为重点，论及《十论》。认为墨家分早期和后期。《墨辩》六篇是后期墨家作品。认为《十论》每组上中下三篇，差不多同时并存，是处于南北不同地区不同派别墨家相互辩论的结果。葛瑞汉1989年出版《论道者——中国古代哲学论辩》阐述中国古代思想（含墨学），中国社会科学出版社2003年版。对墨学有深入研究，1978年出版《后期墨家的逻辑、伦理和科学》（2003年新版）。

葛瑞汉说，墨子是孔子的第一位论战者。墨子讲究科学，在光学上有造诣，逻辑（三表法）明晰，有重要价值。他说："墨家让所有传统的道德，都接受社会功利性的检验，而且公开地捍卫技术创新。”墨家之所以在战国成为显学，是因统治者把能工巧匠作为社会重要成员。有技能的人，容易引起注意，属于士阶层。“墨家是近于（或属于）士阶层的新贵，他们带来有别于儒家人物从属旧世袭士阶层的新气象。”（《论道者——中国古代哲学论辩》，中国社会科学出版社2003年版，第45页）论文《〈墨子·小取〉的逻辑》（1964），《墨子论辩的语法》（1971），《后期墨家论〈墨子·大取〉中的伦理学和逻辑学》（1972），《对墨家光学方面的系统研究》（1973），《〈墨经〉的结构》（1978），《〈墨子〉核心篇章中反映的早期墨家分派》（1985），《自私的权利：杨朱学派、后期墨家》（1985），《中国逻辑》词条（1967），《后期墨家辩论中“必然”与“演绎”的概念》（1975）。

德龙

1980年生，英国爱丁堡人，留学中国10年，相继求学于北京、台湾和香港，北京语言大学学士，台湾东吴大学硕士，香港大学哲学系博士。治学严谨，累积墨学素养深厚。研究方法得益古今中外融会贯通。语言表达中英文双语流利通畅。积极活动，联接中国大陆、香港和台湾。在北京、台湾和香港相继撰学士、硕士和博士论文。2014年中国墨子学会评为墨学研究优秀青年奖。

专精墨学，学有所成。在中国大陆、台湾和香港发表多篇墨学论文。2006年起，把电脑高科技应用于墨学人文学研究，独自创发大型学术网站《诸子百家：中国哲学书电子化计划》，提供众多原创功能，高效查询墨学等中国学术元典及相关中英文资料，月访问量超百万人次，台湾、香港、中国大陆，美国和欧洲学者使用。有简体和繁体中文版，完整英文版，英文说明，部分原典英文翻译，帮助以英文为母语的学者，研究中直接参考墨学等学术元典原文，在全球范围弘扬墨学与中国传统文化。用现代技术检索，方便使用。含原典数据库、内部字典、词语分析、相似段落数据、原典影像、引得、索引（对部分原典提供索引、引得查询服务，透过输入索引、引得编号，可检索到其所对应的原典段落）、元数据、历代注释本（提供原典外，历代注释数据全文）、当代研究数据库（列出与原典相关的研究论著)、讨论区功能。对研究墨学与中国传统文化，提供便利。

2013年获香港大学哲学系博士学位，方克涛（Chris Fraser）指导。博士学位论文《先秦思想中的知识》，探讨墨家和先秦诸子知识观。论文《墨学、法概念以及社会和谐》收入Wayne Cristaudo等主编《秩序与抗争：东西交涉》(Bridge21出版社2014年版)。是孙中原2008年上半年在台湾东吴大学讲授“逻辑元研究”课的学生，撰课程论文《古汉语与墨辩的语言论》，发表于《重庆工学院学报》(社会科学版) 2008年第7期。评论西方汉学家陈汉生所提出的物质名词假设，认为《墨辩》的语言论，给我们理由怀疑陈汉生的观点。由古汉语的特殊语言系统以及古汉语的灵活性等现象，可见古汉语的使用者，并没有像欧洲语言使用者那样，有明显动机去探讨和分析不同的语法范畴。同时撰《墨辩中的认知与事实》，是第七届国际墨学研讨会参会论文，收入任守景等编《墨子研究论丛》第八辑（齐鲁书社2009年版)。

2006～2009年在台湾东吴大学哲学系攻读硕士学位，李贤中指导，撰《墨辩中的语言哲学》(花木兰文化出版社2012年版)。从语言哲学角度，探讨《墨辩》的认知、事实和语意，论《墨辩》范畴“故理类名辞说辩”。十年前攻读北京语言大学汉语学院学士学位，撰《墨家学派与亚里士多德的逻辑学比较》。

李绍昆

1928～2014。美籍华裔学者，湖南永顺人，土家族。1949年后经港台和马来西亚，定居美国。台湾大学中文系毕业，香港新亚书院哲学研究所、加拿大渥太华大学硕士，美国华盛顿公教大学教育研究院博士。美国宾州玮纳学院哲学系系主任、美国宾州爱丁堡大学教授。1980年后常在大陆访问、讲学和居住。多有墨学论著发表。

著《墨子研究》(台北商务印书馆1974年版)、《墨子——伟大的教育家》(湖南教育出版社1985年版)、《墨学十讲》(台北水牛出版社1990年版)。积极从事海内外墨学交流。多次参加中国墨子学会主办墨学研讨会。2008年七届墨学国际研讨会诵诗：“墨翟向来是圣人，两千年后倍觉亲。曲阜先传六经种，滕州后起精神新。修身原为平天下，辞过方能爱人民。展望墨学世纪外，长江大河贯古今。”

1997年，适应海内外墨学研究发展需要，邀孙中原和谭家健合著《英汉译注墨子全书》。三人分工：李绍昆负责英语译注，孙中原负责《墨经》及《备城门》以下各篇译注，谭家健负责余36篇译注。2002年11月20日三人签约，由商务印书馆出版。书稿经多次修改，历时12年。商务印书馆试验排版，鉴于中英对译，编排困难，建议《英汉译注墨子全书》暂列中译和英译两书，分别出版。接受学术检验，以后再行合编，三人同意实施。《墨子今注今译》商务印书馆2009年版；2012年修改重印。李绍昆译注《英译墨子全书》（*The Complete Works of Motzu in English*，商务印书馆2009年版）。《墨子》英文全译，力求信达雅。展示墨子军事、政治、哲学、机械制造、物理学、数学、宇宙论学术成就。

李绍昆《墨子研究》（台湾现代学苑月刊社1968年版）收1953年来论文15篇，在现代学苑出版社自费出版。1971年4月《再版自序》说，在现代学苑出版社自费出版的《墨子研究》，两年卖完，改由台北商务印书馆再版问世。《墨子研究》第二版（台北商务印书馆1974年版）。《墨子大全》第55册影印，北京图书馆出版社2004年版。书前有王云五题签，王云五1974年《复刊人人文库序》，1968年《方豪教授序》。李绍昆1968年5月12日，即博士论文《墨子的教育体系》答辩后两天，写《自序》回忆：十五年前，原是孔孟学说的忠实信徒，多次跟着孟子后面呐喊“墨子兼爱，是无父也。无父无君，是禽兽也”的口号。后来思想一百八十度大转弯，开始消极非儒，积极崇墨。

李绍昆《墨子——伟大的教育家》（湖南教育出版社1985年版）。原文为英文，博士论文，吉首民族师范学院张志怡译。台北商务印书馆1989年版。《墨子大全》第56册影印，北京图书馆出版社2004年版。分七章。墨子评儒：生平，墨儒关系，不同教育观。宗教教育家：论天、鬼神、人。道德教育：原则，美德，教育方法。科学教育家：科学哲学家，科学发明家。纯科学和应用科学：科学方法论，纯科学，军事战略技术。社会科学教育家。革命教育家：群众教育，社会改革，新世界理想。结论：墨学在现代中国的前景。

李绍昆《墨学十讲》（台北水牛出版社 1990 年版）。1989 年在天津南开大学哲学系研究生演讲稿。《墨子大全》第 56 册影印，北京图书馆出版社 2004 年版。第一讲总论，概述墨子生平和墨学纲领，二到八讲分论，专述墨学跟传统，政治，宗教，社会，科学，教育和军事的关系。最后两讲，总结墨子与中国，墨学与世界的关系。

墨学在欧美

李绍昆。原载于 1968 年《现代学苑》，收入《墨子研究》（商务印书馆 1974 年版）。《墨学十讲》，台北水牛出版社 1990 年版，第 157 ～ 170 页。《墨子大全》第 56 册。近百年，西方学者开始注意墨学。初论孔孟学说，偶而提到墨学。后论中国哲学宗教，墨子也占一席地位。晚近，墨书被译为西方文字，欧美学者得窥墨子思想本来面目，墨学研究渐由广泛而深入，由概述而专论。墨学在欧洲。英国圣公会牧师理雅格（James Legge）在香港传教数十年，认为归化中国的关键，是先了解中国本位文化，做一个东方的传教士，先向西方译传中国之教。说“传教士愈能小心翼翼地驱车于夫子墓旁，他们就愈快地置耶稣的宝座于中国人民的心中。”理雅格译著，大都有关儒家经典，间有不少论及墨学。其早期作品《中国人的天道与鬼神观》，论及墨子天志明鬼。在其成名作《中国经典》第二卷《孟子》译文前，用 30 多页论杨墨学说，选译《墨子•兼爱》三篇。苦口婆心讲基督博爱大道理，比较墨子兼爱学说，结论：“真正的兼爱和博爱，都会带来上帝的光荣，促进世界和平。”19 世纪末，欧人发表墨学论文，大半属于宗教。艾肯斯（Joseph Edkins）在英国皇家亚洲学会中国分会会刊发表《墨翟人格及其作品评介》，哈培尔（Andrew Happer）撰《中国典籍上帝是否圣经耶和华》，达味夫人著《墨子哲学与互惠论》，都从传教士立场，论墨书宗教观。20 世纪以还，欧洲学人研究墨学，逐渐摆脱传教立场，专从学术观点立论。德国汉学家福尔克（Alfred Forke），费时十几年，以孙诒让《墨子间诂》为蓝本，把《墨子》全书译成德文。在西方学界掀起一阵墨学研究风气，方便学者征引转译墨子，称福氏为西方的孙诒让，似不为过誉。

英国李约瑟（Joseph Needham）原学理工，后改行，专门从事空前巨著《中国科学技术史》写作。费时数十年，跑遍中国各省，亲自实地考察，集合一群中国学人，集体撰著，1954年开始分期出版，有七巨册，达数千页，不少有关墨家科技。第二册第十一卷，专论墨家实证论和科学方法论。第四册第二十六卷，详论墨家测量学和光学。李氏一本科学治学方法，一秉实事求是态度，纵论中国科技发展流变，若非绝后，定是空前。

墨学在美洲。近五十年来，美洲人注意墨学。有贡献者，有美国人和不少留美中国学人，中美学人共同合作墨学研究，难能可贵。国人首部介绍墨学的英文著作，当推胡适博士论文《中国古代逻辑方法的发展》。明白清楚，易懂易解。留美墨学功臣梅贻宝，节译《墨子的道德政治作品》忠实翻译《墨子》五十三篇中的三十六篇，撰《墨子：孔子的冤家》介绍墨子生平学说，第四章介绍墨子方法论。成中英在《东西哲学季刊》发表《中国古典逻辑新探》大部分论墨经逻辑。开始英译《墨辩》，对墨学在欧美的发展，意义重大。

墨学世界化

作者李绍昆：1993年夏天，滕州的“墨子国际研究中心”隆重地破土了。本人有幸，不但参与了那次破土典礼，而且写了一首七言律诗，以志其盛：“墨翟向来是圣人，两千年后倍觉亲。曲阜先传六经种，滕州后起精神新。修身原为平天下，辞过方能爱人民。展望墨学世纪外，长江大河贯古今。”六年过去了，20世纪已近了尾声，而墨子国际研究中心不但矗立在滕州的大地上，而且一而再地在这里召开了轰轰烈烈的国际墨学会议。今天恭逢盛会，我不但亲身感到滕州后起的新精神，而且我乘此机会要同大家愉快地分享一下自己对墨学的现代化与世界化的理想和展望，墨学现代化的主要内涵。有人说：“现代化，既指现代文明中的能表现时代特色的社会建设或革新，包括了物质和精神双方面。”

就墨学的现代化而言，个人认为，其主要内涵可以包括以下几点。孔子和墨子都是我国古代的伟大教育家。20篇《论语》是孔门的基本教材，是儒学的人生哲学，但《论语》既非科学的陈述，更非军事的题材，而墨子的53篇，既有人生哲学，也有科学原理，更有军事应用。我们要将墨学现代化，就必须有一部可靠可读的版本，不但在文字上能够读得懂，而且在义理上能够条理分明。换句话说，墨学的现代化一定要做到“古为今用”，而且要坚持墨子的基本指示：“古之善者而述之，今之善者则作之，欲善之益多也。”儒学之所以在中国生根，而至于家喻户晓，是因为宋儒朱熹集诠了《四书》。墨学虽然有清末孙诒让编纂《墨子间诂》，但由于墨学本身涵盖哲学、科学、神学、逻辑学和军事学，孙著并未能满足一般人的需要。

自去年开始，中国人民大学的孙中原教授，中国社科院的谭家健教授以及本人，开始了白话翻译和英译《墨子》全书的工程，希望大家支持，更希望专家指导，但愿在三五年之内，我们能完成一部既权威又普及的文白对照和中英对照的《墨子全译全注》。

为了墨学的现代化，我们必须告别一言堂。这不但是墨子的教学重点，而且是当代中国现代化的金科玉律。没有群言堂，就不能有墨学的现代化！好在，我们这几届的墨学会议一而再地表现了群言堂的精神。只要群言堂的风气展开了，墨学的现代化就会一日千里了！

墨学世界化的几个步骤。墨学的现代化是墨学世界化的先决条件。换句话说，如果没有现代化的墨学，也就无法谈到墨学的世界化。然而，从实际上出发，现代化和世界化可以并列而不相排斥，因现代化是时间上的前进，而世界化则是空间上推广。我们认为，在21世纪即将来临之际，墨学的世界化可以分为三个步骤。研究墨学，我们在滕州就成立了“国际墨子研究中心”。可是，这座中心到现在为止，没有硬件的设施，没有软件的配合。为了墨学世界化，我们要在三五年间采购一批中西文有关墨学的文献，以充实我们墨学中心的图书，并且邀聘一批国内外的墨学专家正式成立一个墨学研究所。只有这样，我们才能招来欧美的学者前来中国研究墨学；也只有这样我们才能免除“礼失而求诸野”的危机！

如果我们要将墨学世界化，

大家就必须将墨子的著作现代化，而且必须将墨学的世界化的责任放在我们身上，希望我们每个与会同仁都具有“当今之世，舍我其谁”的气慨！我们必须培养一批留华的西洋墨学专家，让他们替墨学的世界化去铺路。我认为，中国近代史可以作我们的一面镜子；如果没有一批留美的中国学生如胡适之和陶行知等人的奔走宣传，杜威的哲学，尤其是他的教育思想，能够在中国活跃数十年吗？同理，如果我们真的希望墨学在21世纪走向世界，我们不能不培养一批西方的学者，让他学成归国之后，为墨学的西潮去工作，去铺路，去打先锋！

最后，我们有计划的培养一批自己的中国墨学专家，他们必须具有墨子的学养和精神。借用梁启超的说法，墨子既是一个大马克思，也是一个小基督；而当代的墨学巨子，也必须做一个“上尊天，下爱人”的圣人！照个人的构想，中国现代的墨学家，应当是位学通天人的学问家，用墨子自己的话说，他必须是一位“兼士”！这样的“兼士”多了，墨学自然会现代化，墨学自然会世界化！

结语：10年前，本人应南开大学哲学研究所的邀请，为博士班的学员们作了“墨学十讲”。讲毕，我撰写了一首七律送给学员们。今天有幸，在这国际墨学第四届会议场中，向各位讲述了墨学的现代化与世界化问题，谨抄旧诗作为我的结语：“墨学讲罢发高歌，喜见祖国亲士多；非儒何妨尊孔子，墨经原来属科学。扫除耕柱自卑感，遥继大师止干戈；当代‘兼士’宣新誓，敢教碧海扬三波。”1999年8月8日草于西安旅馆。

墨子英译

李绍昆《英汉译注墨子全书序》：墨子是中国的圣人，也是世界的伟人。他的宗教训诲，如“天志”、“兼爱”的主张，可以同耶稣比美。他的政经学说，如“尚贤”、“尚同”的理论，也堪向马克思看齐。而他的科学研究，如物理、光学的理论，也可以视作爱因斯坦的先驱。因此，当代的史学泰斗梁启超在其所著《墨子学案》中说：墨子是中国的“小基督”，也是中国的“大马克思”！

1950年代以后，我就开始研究墨子。但在20岁以前，我深受中国孔孟之道的影响，对墨子并无甚好感。那时我只会跟着孟子批墨，错误地认为：墨子和杨朱是“无父无君”之徒，都是“禽兽”一类的东西！感谢武汉大学中文老师苏雪林的教导和思高圣经学会主译雷永明（Fr. G. Allegra）神父的鼓励，我才认真地研究了《墨子》全书，并在台湾、加拿大和美国撰写学士、硕士和博士论文，均以墨子作为主题。墨子逝世两千数百年了。在这漫长的20多个世纪，他的作品不但在西方少有人认知，即使在中国也少有人过问！因此，我撰写论文时，就碰到材料整理和引用的困难。在西方，《墨子》最早的译者，是德国的汉学家福尔克（Alfred Forke）。他费了10余年的精力，以孙治让的《墨子间诂》为蓝本，将《墨子》全书译成了德文，时在1922年。

另一位欧洲的中国科学史家，英国的李约瑟（Joseph Needham）博士，在其大部头的《中国科技史》中节译了不少《墨经》原文，并作了科学的注释和引申。我在一篇介绍“墨学在欧美”的论文中说：李氏一本科学的治学方法，以实事求是的态度，纵论了中国各项科学技术的发展和流变。他这部巨著，并非绝后，定是空前（《墨子研究》，第185页）。节译《墨子》为英文的还有三位。首先，是梅贻宝博士翻译的36篇。他在翻译时，尽量保存了中国语风和墨子特色。时在1929年。其次，是哥伦比亚大学华成（Burtom Watson）教授所翻译的《墨子》。华成精通中文和日文。他所译的《庄子全译》非常流畅，但所译的《墨子》16章，却参考了梅译，不但是急就而成，而且他在序文中明白告诉读者，他喜欢庄子，而讨厌墨子。出版时间是1963年。再其次，是英国的汉学家葛（A. C. Gra ham）教授，他所译的《后期墨家的形式逻辑》，包括了《经》、《说》上下及大小《取》共6篇，并详细地为这些篇章作了注释，全书500余页，的确是一部力作。可惜，他将墨子解剖得支离破碎，体无完肤，已经不是活生生的墨子了。这本书由香港中文大学出版，时在1978年。

最近一位节译《墨子》的西方学者，是目前任教加拿大麦基尔大学的雅慈教授（Robin D.s.Yates）。他所译的《备城门》以下诸章，有关墨子守城的战略与战术。由于这些篇章本身的残缺不全以及译者汉学功力有限，译文未能恰切地表达墨子的思想。这部手稿大凡600余页，是1980年在哈佛大学的博士论文，至今尚未出版。

《墨子》一书包罗万象，而这53篇文字又间有讹窜，索解不易，阅读原文不但一般中文读者叫苦，即便专家也感到头大，如果要译成外文，那就难上加难了。清代的训诂学家孙诒让也要“覃思十年，略通其谊”。我曾说，自己是墨学的矮子。经过了50年来的不断努力，对墨学略有所得。但要用英文将《墨子》全书译出，真是谈何容易！

为了促进外国学者对中华瑰宝的认识，也为了加强国人对自家文化的发扬，我欣然接受了中国墨子学会的建议和委托，在1997年决定主持《英汉译注墨子全书》的合作工程。这项工程由本人主持，并主译英文的全译，而中文译注则由中国大陆另两位资深的墨学专家、现任中国墨子学会副会长谭家健和孙中原教授担任。中国社科院文学所谭教授负责译注《亲士》至《非儒》以及《耕柱》至《公输》36篇。中国人民大学哲学系孙教授负责译注《经上》至《小取》以及《备城门》至《杂守》17篇。我们三人齐头并进，从1998年开始到2000年为止，完成了初稿。2001年得到北京商务印书馆的慷慨承诺，拟于2002年签订合同，并预计在一年之内出书。

本来，我建议每位译者都各写一篇不同的序文，但谭、孙两位仁兄坚持要我执笔，因此谦让不如从命，我在打印并校订了英文译稿之后，开始草写这篇序文。在此，我要向读者交代一下，我们三人是怎样进行译注的：在译注工作中，我们坚信，也坚守了中国伟大的翻译家严复先生的“信达雅”三字诀，因此在某些难以取舍的情况下，我们也勇敢地作了猜想的选择，而没有推让给读者作选择。在中文译注中，原则上以简明为上，虽然在学者之中可以有不同的意见，我们也作了取舍。在英文译文之外，我们没有英文的注释。我们认为，英译原文志在介绍墨子的思想，而读者大概也会阅读中文译注作进一步参考和研究。在本书的正文之后，我们提供了中英文的参考书目，但以200部为限，其中也包括我们三人的专著。为使读者便于检阅，我们在书末提供了中英文的人名和关键词的索引，虽然不够完整，但也是提倡认真治学的方法。

译书难，译专著更不易。圣热罗尼莫（St.Jerome）翻译《圣经》为拉丁文，先后费了15年。雷永明（Fr.G.Allegra）翻译《圣经》为中文，先后费了30年。而我之翻译《墨子》为中文，先后只费了两年，实在衷心感到惭愧。因此，我只能将本译视为“初稿”，而诚恳地希望中外读者惠予赐正，指出我们的误译、漏译和其它难免的缺点，教我们在再版前一一改正，以符合大家的期望和理想。

中国的读者，尤其是西方的读者，对墨子和墨学不一定有清楚的认识。在这里，请容许我作一个简介：墨子名翟，是战国时代的人物。在先秦时代，孔子的儒学和墨翟的墨学并称“显学”。可惜的是，汉武帝听信儒者董仲舒的谋略，“罢黜百家而独宗儒术”，墨学就被打入了冷宫，不见天日凡两千余年。直到20世纪初叶，梁启超、胡适之等学者重新评估墨学的价值，墨学在中国才又开始复活。依照梁、胡二氏的导读，整部《墨子》的53篇大致可分为五类。第一类包括7篇，是墨学的纲要。第二类包括24篇，是墨子政经哲学的纲目。第三类包括6篇，是墨家的辩学，是培训弟子的科学讲义。第四类包括5篇，记载墨子与弟子们的言行，体裁颇似儒家的《论语》。第五类包括11篇军事之学，是墨家守城的战略与战术。

《英汉译注墨子全书》之所以能够顺利出版，我们要感谢以下的有关人士。如果没有他们的大力支持和协助，这部空前的学术专著是无法与海内外读者见面的。在酝酿时期，我们得到了中国墨子学会的鼓励，尤其是已故张知寒教授的热切关心，令我们怀念不已。在译注期间，我们三人夜以继日，甚至废寝忘食地伏案埋头，我们的家人殷勤体贴，多方协助，令我们感激难忘。在付印期间，商务印书馆的同仁，特别是责任编辑刘嘉程先生，著作室主任常绍民先生，更是任劳任怨，精心编校，多方联络，功不可没。

此外，我个人更要诚恳地向我们李家的两位女博士鞠躬致谢！李梅博士和李爱华博士先后为我的英文手稿打字，同时也细心地替我校订了两遍。她们为我的英文稿作了必要的润饰和修改，令英文全译更具可读性和流畅性。她们不但对我帮助很大，对读者也贡献不小。

《英汉译注墨子全书》将由北京商务印书馆和香港三联书店分别在两地出简、繁字体版，我们感谢他们的精诚合作，同时也希望借此文化交流，能进一步促进更多更广的中美人士的友谊交流，以及中美两国的学术交流，教21世纪的世界能进入墨子的“上尊天、下爱人”的理想社会，更让大家知道，墨子果然是个“大马克思”和“小基督”。李绍昆2002年6月26日序于美国加州思乡斋。

何莫邪

〔德〕何莫邪（Christoph Harbsmeie），1946年生。1985年在剑桥协助李约瑟研究“中国科学与文明”，分工中国传统语言与逻辑。著《中国传统语言与逻辑》（中国科学与文明），《中国科学技术史》第7卷，剑桥大学出版社1998。1980年在英国伦敦大学《东方和非洲学院院刊》第42卷第3期评论李约瑟在1978年发表《晚期墨子学派的逻辑、道德和科学》。

哲学百科斯坦福

〔美〕《斯坦福哲学百科全书》介绍墨学：墨学制定中国第一个明晰的伦理、政治理论。制定复杂的语义学理论、认识论、功利主义伦理学、类比推理理论。在几何学，机械原理，光学和经济学不同领域都有贡献。墨家强调功利，对所有人公正，主张统一的伦理政治秩序。坚决反对军事进攻和伤害他人。注重效用和节俭，反对浪费和奢侈。关心效用的道德规范，有客观标准，能够可靠无私地裁判和行动，导致有益和正确的结果。墨家相信人们会自然地选择有效果的事情，德育会促使人遵照正确的伦理政治基准。墨家主张建立普遍行之有效的伦理标准。利益是道德的一般标准。人的行为应该寻求促进对世界的利益，除去对世界的祸害。按利益标准“法”对人有益才做，不对人有益，反而有害，就停止不做。所有人都生活在一个蓝天下，强调利益互惠，关系和睦，和平的社会秩序和人类整体的福利。提倡“节葬”，减少浪费奢侈，扩大福利。“非攻”，“非乐”，“节葬”，是严格按照其带来利益的好坏，效果大小，评价选择。

墨家实现“兼爱”的范围非常宽广，生活的各个层面和时间空间，都推行“兼爱”。通过合“法”的制度，“兼爱”不是提倡牺牲个人利益的完全利他主义，是主张互利互惠的人际关系。理论上“兼爱”关心的是完全平等。通过“待人如己”，彼此交互作用，国对国，家对家，人对人，平等双赢，形成理想的社会治理。历史上公正无私，贤明国王做到“兼爱”，民众获益，带来社会和平。“兼爱”是有益的行动，它是社会理想规范的要求。墨子强调利益和睦，和平社会秩序理想，关心世界福利。劝阻军队进攻，尝试攻击不听劝阻的统治者。墨家提倡和平，认识到生存要依靠强大的防卫力量，成为防御战斗的专家。在国家城市受攻击时，担任义勇军，用古代防卫手段，防御工事，保护群众。

维基百科

《维基百科》：墨辩是讲解墨家逻辑学的著作。近代有大量学者钻研《墨经》，发现《墨经》涵盖哲学、逻辑学、心理学、政治学、伦理学、教育学、自然科学等多学科内容。把推理称为“说”。《小取》提到“或假效辟侔援推”七种推理形式。墨子是杰出的科学家，在力学、几何学、光学等方面都有重大贡献，当时诸子望尘莫及。《墨经》提出“端”“尺”“区”等概念，相当于近代几何学的点线面。墨家的科学成就，为众多学者称赞。《墨经》或《墨辩》阐述认识论和逻辑学。《墨子》分两大部分：一部分是记载墨子言行，反映前期墨家思想。另一部分称作墨辩或墨经，阐述墨家认识论和逻辑学，包含自然科学，反映后期墨家思想。

墨学在当代西方

孙君恒，1964年生，撰《墨学在当代西方》（《中州学刊》2005年第2期，收入孙中原编《墨学与现代文化》，中国广播电视出版社修订本2007年版），认为墨学在西方的进展，影响墨学普世价值的实现。以上“李约瑟”到“墨学在当代西方”等词目12个，归入“西方论墨”类名。以上本书第二编“墨学研究史”到“墨学在当代西方”等，共收词313个。

第三编　墨学研究方法论

〔说明〕墨学研究方法论词目，涵盖相关方法论的重要范畴和命题，收词 50 个。所论方法，非墨学研究专用，墨学研究必用，不可不用。墨学研究趋于科学的关键因素。

墨学研究方法论

墨学研究方法论，是墨学研究方法的理论系统，阐发墨学研究发展的理论前提、基础和原理，创新解释相关方法的重要范畴和命题。墨学研究的健康发展，必须端正研究方法。研究范式的转换，方法论的变革，势必带来墨学研究的突破性进展，实现墨学的改造转型，质变创新。

习近平 2013 年 9 月 24 日在纪念孔子诞辰国际学术研讨会上提出，要“努力实现传统文化的创造性转化、创新性发展，使之与现实文化相融相通”。用人类积淀数千年的先进科学方法论研究墨学，是墨学研究健康发展的关键，是现代墨学研究的前沿课题。

在当前世界一体化，全球化的新时代，墨学迎来跟世界先进科学文化联系接轨，比较研究，融会贯通的新机遇。站在世界科学文化的最高峰，用世界一体化和全球化的眼光，以世界和人类本质同一，人类认知和人类科学本质同一为前提，应用现代世界先进的科学方法论研究墨学，取其精华，把墨学改造转型，质变创新为新墨学，把墨学从学者书斋和课堂里解放出来，变为广大人民群众认识和改造世界的锐利武器。

在现代墨学科学研究的语境里，“改造”是正面积极的用词。《现代汉语词典》“改造”释义：“就原有的事物加以修改或变更，使适合需要。从根本上改变旧的、建立新的，使适应新的形势和需要。”在现代墨学科学研究的语境里，“改造”有正面积极的语义：

以研究者头脑为加工厂，改造墨学资料，使之成为现代墨学的崭新精品，以新墨学的科学精神，改造人类，改造世界。

马克思墓碑刻辞："以往的哲学家只是解释世界，而问题在于改造世界。"语出马克思1845年春所写的《关于费尔巴哈的提纲》："哲学家们只是用不同的方式解释世界，而问题在于改变世界。"（《马克思恩格斯选集》第一卷，人民出版社1972年版，第19页）"改造"德文verandern，英文change。英文change the world：改造世界。墨学科学研究的机制原理，是墨学的改造转型，质变创新。

毛泽东《实践论》："认识的过程，第一步，是开始接触外界事情，属于感觉的阶段。第二步，是综合感觉的材料加以整理和改造，属于概念、判断和推理的阶段。""要完全地反映整个的事物，反映事物的本质，反映事物的内部规律性，就必须经过思考作用，将丰富的感觉材料加以去粗取精，去伪存真，由此及彼，由表及里的改造制作功夫，造成概念和理论的系统，就必须从感性认识跃进到理性认识。这种改造过的认识，不是更空虚了更不可靠了的认识，相反，只要是在认识过程中根据于实践基础而科学地改造过的东西，正如列宁所说乃是更深刻、更正确、更完全地反映客观事物的东西。"

以上毛泽东用"改造"一词四次，都指理性认识对感性认识的"改造"，语义可用于现代墨学研究，表达对墨学"改造"的机理。梁启超、胡适、沈有鼎等，率先用现代世界先进科学研究方法攻治墨学，促使墨学逐渐走出低谷，迈向复兴繁荣的航程。现代墨学研究，实现整体超越，借鉴库恩的科学研究范式转换论、希尔伯特的元数学纲领、塔尔斯基的语言分层论、傅伟勋的创造性诠释学分层论，对墨学从事崭新的元研究，创造墨学的崭新成果，促进墨学研究的现代转型，为现代世界人类谋取最大长远利益，最大限度地实现用墨学精华改造人类，改造世界的理想。

方法是宗旨、目的、方向、途径、手段、工具和程序的统称。"方法"一词希腊文拉丁转写为methodos，由meta和hodos构成，直译为"沿着道路"。墨学研究方法论，包括明确墨学研究的主题，研究方向、目标和宗旨，墨学研究做什么，怎么做，明确研究的途径、手段、工具和程序。运用现代科学方法是墨学研究成功的关键。运用现代科学方法，分析墨学资料，加工改制为现代墨学新品，促使墨学的现代转型，为现代世界人类最大长远利益服务。

现代墨学研究，综合运用现代世界先进的科学方法。现代墨学研究方法，包含传统墨学研究方法的科学因素，如古籍整理的方法校勘、训诂、考据，归纳，演绎等，是传统墨学研究方法的继承创新，包含新增系列现代世界先进的科学方法，如系统论、整体论等。

对现代世界先进科学方法论理解运用的广度深度，是现代墨学研究取得高质量学术成果的决定性因素。本编墨学研究方法论专题，解释现代世界科学方法论的重要范畴和命题，说明现代墨学研究的理想方法，推进墨学研究的突破性进展。

现代墨学研究，亟须借助现代科学研究方法。德国数学家希尔伯特把理论研究分为“对象和元”两个层次。把所研究的理论，叫对象理论。把研究对象理论时所运用的工具性理论，叫元理论。美籍波兰裔学者塔尔斯基把语言区分为“对象和元”。把所讨论的语言，叫对象语言。把讨论对象理论时所运用的工具性语言，叫元语言。

墨学从《墨子》元典内的思想观点说，是墨学第一层次的对象研究，它是业已终结，相对封闭的学术思想体系，不再自行增殖变化。《墨子》元典之外、之后、之上的非墨家人士，对《墨子》元典内思想观点的研究，是第二层次的元研究，是充满生命活力张力，可永续研发的开放性进程。相对于现代墨学研究，《墨子》元典内的墨学是古墨学，旧墨学，对象墨学。现代墨学研究的目的，是推陈出新，除旧布新，革故鼎新，新陈代谢，推出新墨学。在学术发展层次上，后者超越和高于前者，是前者的改造制作，现代转型。

墨学研究借助的现代科学研究方法，相对于《墨子》元典来说，具有在外，在后和在上的性质。现代科学研究方法，从范围说，位于《墨子》外面。从时代说，位于《墨子》后面。从层次说，位于《墨子》上面。今人用现代科学研究方法剖析《墨子》，立足视角，是在《墨子》外面，后面和上面。这种在外，在后和在上性质的研究，用专门的科学方法论术语说，是元研究。“元”对应英文meta-，意为在对象之外，之后，之上，具有超越、总体的性质。港台学者译为“后设”，即在对象之外，之后，之上设定。

“元”，指高一层次，含本原、根本、支配、主导、统率、灵魂之意。元研究操作，运用分析综合，抽象概括，演绎归纳等理性认识方法，对墨学资料，去粗取精，去伪存真，由此及彼，由表及里，形成新墨学理论系统。

科学的理论抽象，看似远离对象，实际是更深入对象，把握真相，透视对象本质的科学研究进程。在希腊哲学的多样性中，可找到以后多种观点的胚胎萌芽。在《墨子》中，可以找到现代逻辑学、哲学、科学和人文学的胚胎萌芽。墨学研究揭示由《墨子》胚胎萌芽，到现代科学观点的契机，展现墨学由古到今，由旧到新，古今中外融会贯通的科学思维。

现代科学研究方法是墨学研究的合用钥匙。墨学表露的现代科学征兆，只有在现代科学研究方法本身已被认识之后才能理解。《诗·小雅·鹤鸣》：“他山之石，可以为错”；“他山之石，可以攻玉。”《论语·卫灵公》：“工欲善其事，必先利其器。”现代科学方法是墨学研究的利器。杜甫《望岳》：“会当凌绝顶，一览众山小。”王之涣《登鹳雀楼》：“欲穷千里目，更上一层楼。”苏轼《题西林壁》：“不识庐山真面目，只缘身在此山中。”这些名言佳句可比喻现代墨学研究的崭新境界。

德国哲学家雅斯贝尔斯说，以公元前500年为中心的文化轴心时代，是奠定人类精神基础，影响今日的时代。“这个时代产生了所有我们今天依然在思考的基本范畴。”他说的这个时代，正值墨家兴盛的战国时期。《墨经》有数百个各门科学的范畴命题，是影响到今日的重要元典。“元典”即始典、首典、原典、美典和宝典，是历久弥新，经久不衰之典。元典之树常青，《墨经》之树常绿。“经”即经典、典范、规范、常道和路径。《墨经》包含常用的普遍真理，有“施诸四海而皆准，行诸百世而不悖”的颖异观念。元典是轴心时代的原创，蕴藏后代创造性诠释和转型的全息性基元。这是《墨子》精华可多次诠释转型的奥妙所在。

西方文艺复兴时代，是一次人类从来没有经历过的最伟大的、进步的变革，是一个需要而且产生巨人的时代。战国时期的辉煌，不逊于西方的文艺复兴时代，是需要而且产生巨人的时代，包含墨家学人在内。巨人的智慧之光，辉耀当世，影响现代和未来。墨学有恒久不衰的价值，蕴藏适用过去、现代与未来世界合理思想的基元，禀赋永续研发的潜质。

借鉴傅伟勋创造性诠释学的五层次说，分析现今学界对《墨子》的研究进程，可知当前对《墨子》的校勘训诂和义理研究，多在傅氏所说前两种诠释境界"实谓"和"意谓"试探。即使在"实谓"和"意谓"的诠释境界，学界成果还远未达致理想，臻于完善，构成共识，遑论傅氏所说后三种诠释境界"蕴谓"、"当谓"和"创谓"。这后三种诠释境界，才真正是墨学创新转型的理想化、完善化研究。

近现代西学东渐，全球化，世界一体化趋势，锐不可当。墨学中符合新时代需要的科学精华，是建设新文化的思想资源和启示借鉴。墨家逻辑学、哲学、科学和人文学知识，原来所用先秦古汉语奇怪表达方式，佶屈聱牙，艰涩难懂，不经专门诠释，难以索解。研究者在现代学术素养和专门知识的基础上，对墨学精华创造性诠释，把墨学资料改造转型为今人易懂能用的学术新品，是时不我待的神圣使命。

在全球化、世界一体化的新时代，墨学研究从最广大人民群众迫切的现实需要出发，用现代科学研究方法，读者喜闻乐见，易于理解的语言表达，把墨家用古汉语奇怪表达方式呈现的墨学，改造转型为今人易懂能用的新墨学。新墨学是现代新文化的必要成分，是全球化，世界一体化新时代，社会前进的巨大精神力量，是实现振兴中华，中华民族伟大复兴的锐利精神武器和巨大精神动力。

观点方法一致

观点方法一致，是科学方法论的理论前提、基础和原理。观点是科学研究的结论，又是进一步研究的方法。运用科学观点，观察处理问题，观点就转化为方法。全世界全人类逻辑学和数理化天地生基础科学、技术科学、人文学，有唯一性，一元性，共同性，同质性，共有性，共享性，古今中外科学本质同一，这是全世界全人类科学研究的结论，又是运用于墨学研究的方法。运用全人类科学唯一性的正确观点，观察分析墨学资料，正确观点就转化为正确方法。古今中外比较研究，融会贯通，古为今用，洋为中用，是现代墨学研究的方法。

世界观认识论方法论

世界观、认识论跟方法论一致，是科学方法论的理论前提、基础和原理。用世界观、认识论观察分析墨学资料，世界观、认识论就转化为方法论。现代墨学研究的科学方法论，是科学世界观、认识论的应用。现代墨学研究，以科学世界观、认识论为依据。科学的世界观、认识论和方法论，是墨学研究现代化的灵魂、工具、利器和决定因素。世界观、认识论跟方法论一致的原理，非墨学专用，墨学研究必用，不可不用。

方法是对象灵魂

列宁摘录黑格尔："方法本身就是对象的内在原则和灵魂。""方法不是外在形式，而是内容的灵魂和概念"。(《哲学笔记》，人民出版社1960年版，第237、257页；黑格尔：《逻辑学》下卷，商务印书馆1976年版，第536～537页；《小逻辑》，商务印书馆1980年版，第427页）如中西逻辑学比较研究方法的正确性，就根源于"世界人类逻辑学本质同一"这一逻辑学"对象的内在原则和灵魂"，逻辑学"内容的灵魂和概念"。在全球化，世界一体化的新时代，墨学研究用比较研究方法，这个"方法本身"就是墨学"对象的内在原则和灵魂"，墨学"内容的灵魂和概念"。墨学"对象的内在原则和灵魂"，墨学"内容的灵魂和概念"，包含一个基本的科学原理：全世界全人类只有同一个本质相同的逻辑学，数理化天地生基础科学和技术科学。墨学研究用比较研究方法，天经地义，无可指责。比较研究方法的科学性，根源于墨学精华的普遍性、普适性和普世性，根源于全世界全人类逻辑学，数理化天地生全部基础科学和技术科学本质的唯一性、一元性，共同性、同质性、共有性和共享性。简言之，本质相同，语表不同。透过语表，把握本质，是现代墨学研究目的和方法。

同类同情意物同

《荀子·正名》："凡同类同情

者，其天官之意物也同，故比方之疑似而通。”深层内涵启示：同是人类，有相同本质，相同认知器官，面对相同世界，形成相同认知，通过比较推论，区分真相假象，排除假象，把握真相，形成全世界全人类相同共通的科学。这是现代墨学比较研究的深层机理。

一元多表

逻辑一元，语言多表。科学唯一，语表多样。全世界，全人类逻辑学和数理化天地生基础科学，技术科学，人文科学，有唯一性、一元性，共同性、同质性、共有性和共享性。逻辑学的基础性，工具性和全人类性。“逻辑学的基础性地位，得到世界各国和地区学者的普遍认同。否认逻辑学基础性地位的观点，是十分错误的，其错误性质，如同否认‘数理化天地生’等学科的基础性地位。”“逻辑有全人类性，没有民族性和地区性。逻辑学是全人类普遍适用的知识学科，不为某个民族地区所专有。世界上不同的民族地区，语言千差万别，但依据同一个逻辑。逻辑是全人类共有的精神财富，不依任何民族地区的语言、思想、文化的特殊性为转移。”“世界上各民族地区语言的不同，以及其他可想象的各种差别，都丝毫不影响全人类都应用本质相同的逻辑学，犹如全人类都应用本质相同的‘数理化天地生’基础学科一样。有人否认逻辑学的普遍性和全人类性，认为全人类没有共同的逻辑，‘不同民族有不同的逻辑’，中华民族可以自外于全人类文明的康庄大道，而具有‘本质不同的特殊逻辑’，这种荒谬偏狭的‘民族逻辑观’，是违背全人类文化史和科学史基本事实的不经之谈。”（孙中原：《逻辑学》第三版第一章，中国人民大学出版社2014年版，第6页）

墨学普遍性

科学是全人类对同一世界规律的同一认知。世界同一，人类本质同一，认知器官同一，科学原理同一。逻辑学和数理化天地生，全世界全人类同一。科学有全世界性和全人类性，无地区性和民族性。世界、人类和科学的同一性，不容割裂。科学用不同民族、国家、地区的不同语言表达，但科学本质，科学原理，不因任何民族、国家、地区的不同语言而改变。科学不受种族肤色，风俗习惯的限制，不以任何民族的特殊利益为转移。认为不同民族，有本质不同的科学，本质不同的逻辑，本质不同的数理化天地生基础科学，技术科学，人文科学，是不符合全世界全人类科技发展史和现实的谬想。墨学中的科学因素，有普遍性、普适性和普世性，可跟世界科学知识接轨，是全人类的宝贵知识遗产。日本讲谈社版《人类知识遗产》从书含《墨子》（参见本田济：《人类知识遗产·墨子》，日本讲谈社1989年版）。不能因《墨子》语言的民族性，否认墨家科学知识的普遍性、普适性和普世性。

逻辑学跨文化性

程仲棠："逻辑同科学一样，没有民族性，而具有全人类性，任何一个民族的逻辑成果和科学成果都会成为人类的共同财富，迟早融入其他民族的文化中。所以，逻辑在文化中具有双重身份：对人类文化的总体而言，它属于文化；对文化的个体即各个民族的文化而言，它又是超文化或跨文化的。这就是逻辑的全面的文化定位。文化有东方和西方之分，是就各个民族的文化而言的，既然相对于民族文化，逻辑是超文化或跨文化的，那就没有东方和西方之别。逻辑从西方传入我国后，逐渐成为现代文化的构成部分。""按照张东荪的论题，不同的民族文化有不同的逻辑，因而人类没有共同的逻辑。若果真如此，则不同民族之间的交往、对话、沟通，就成为不可能，这违背了人类文明的历史，也违背了全球化的现实。逻辑在人类文明中的重要作用就是提供一个可以为全人类共享的思维工具或推理工具，使不同的民族在交往、对话或沟通的过程中，有一个合乎理性的共同规范。所以，人类不可能没有共同的逻辑。""逻辑是超文化的。逻辑的超文化之所以可能，就因为逻辑是客观世界的反映，而不是民族的心理、价值观或意识形态的表现，任何一个民族所创造的知识，如果可以称为逻辑，那么它必须满足一个论域的正确思维的必要条件。所以，逻辑在不同的民族文化之中没有实质性的差别，而只有发展程度或成熟程度的差别，任何与'西方逻辑'不可通约的所谓'中国人的逻辑'或'中国式的逻辑'，都不可能成立。"（程仲棠：《"中国古典逻辑学"解构》，中国社会科学出版社2009年版，第174～188页）

施诸四海而皆准

形容墨家思想科学因素超时空的普遍价值，普世价值，世界意义。胡适《中国哲学史大纲》卷上（商务印书馆1987年版，第166页）："施诸四海而皆准，行诸百世而不悖。"墨辩"以类取以类予，有诸己不非诸人，无诸己不求诸人"，意涵同一律、矛盾律，保证思维一贯性，无矛盾性，坚持逻辑标准的唯一性，反对逻辑的双重标准，有"施诸四海而皆准，行诸百世而不悖"的普遍价值，普世价值，世界意义。

墨经研究长期性

借鉴库恩科学范式转换论，希尔伯特理论研究分层论，傅伟勋创造性诠释学五境界说，从《墨经》元典价值，墨家逻辑文化地位，墨家逻辑可持续发展和《墨经》逻辑学难治等重点看，《墨经》逻辑学是长期性的学术研究。当前逻辑学界的一个重要课题，是用现代理论和语言工具，对墨家逻辑学进行高层次，创造性研究，完善研究的转型，把墨家逻辑学改造为跟世界接轨，用现代语言表述，适合现代需要的新型理论，丰富今日的逻辑学宝库，为现代人提供思维工具。沈有鼎："作为逻辑学的宝库，《墨经》到今天还有许多东西没有被清理出来。""《墨经》被清理出来的条目，还不到十分之一。"谭戒甫《墨辩发微》附录书评说："(《墨经》校释）可说者大抵说尽，所遗则往往不可说。"沈有鼎："这话我们不能同意。""要求一下子就把这部艰涩难治的古书每一字都讲通"，是"不合科学规律的幻想。""以高亨的文字学水平，尚且未能胜任，看来这样的事业不是一个人能完成的。"（参见《沈有鼎文集》，人民出版社1992年版，第441页）

墨经校诂难度

孙诒让："先秦诸子之讹舛不可读，未有甚于此书（《墨子》）者。""此书（《墨子》）最难读者，莫如《经》、《经说》四篇。"《墨经》"几于九译乃通"，学者"罕能尽逮"。黄绍箕说，《墨经》"有专家习用之词"，"有名家奥衍之旨"，不是只有古文字学知识能解。（孙诒让《墨子间诂序》序、总目；《与梁卓如论墨子书》；黄绍箕跋）沈有鼎："若是诂解的工夫不先作好，正确的全面估价是不可能的。在所有中国古书中，可以说没有一部书与《墨经》同样程度地需要重新作文字方面的诂解。”“古书的校勘是一个接近真实的无穷过程，《墨经》尤其如此”，“不是一个人所能完成的事业”。（《沈有鼎文集》，人民出版社1992年版，第300页）

墨经与希腊

杨向奎（1910～2000）比喻《墨经》崇高文化价值的惊人语：“《墨经》的确是了不起，我估价很高，并且常说，一部《墨经》等于整个希腊。”“一部《墨经》，无论在自然科学哪一方面，都超过整个希腊，至少等于整个希腊。”（杨向奎：《墨经数理研究》山东大学出版社1993年版，第25页；《墨子大全》第68册，北京图书馆出版社2004年版，第52页）

《墨经》是浓缩的古中国和古希腊。《墨经》文字简约，狭义《墨经》四篇5714字，广义《墨经》六篇8405字，蕴涵宏富，囊括天人，概括万有，是中国古代微型的百科全书，中国最早的百科概念命题集萃和论证。《经上》、《经说上》：各门科学范畴的定义和分类。《经下》和《经说下》：各门科学原理的论证。富含中国古代各门科学的信息，是中国文化永续研发的起点，进一步说明发挥的基元，是有开端，无终点，有预想，待完善的中华学术理性化、逻辑化的蓝图。

系统论

研究系统规律的理论。可应用于墨学研究。墨学由不同子系统构成，有组织性和复杂性。沈有鼎：“《经上下》、《经说上下》乃是一个学派的系统学说，决不可能把一部分送给这一学派，把另一部分送给另一学派。”“至于《经上》和《经下》，更不能说一个早，一个晚。《经上》和《经说上》重点在定义和分类，把重点在论证的部分都留给了《经下》和《经说下》，难道可以说一派专讲定义和分类，另一派专讲论证吗？”“很多人因为《经上》文字较简，《经下》文字较繁，粗粗一看，觉得时代似乎也有先后之别，这实在是‘不思’之甚。郭老不理解《墨经》的结构，所以也有此错误。”《小取》是“完整而简明但较晚出的辩学体系”。（《沈有鼎文集》，人民出版社1992年版，第393页）系统论的应用，是促进墨学研究科学化的重要因素。

整体论

系统整体观，可用来分析狭义《墨经》是一不可分割的整体，如一块整钢铸成的钢板。从整体论观点出发，不能割裂开来说《经上》是前5世纪墨子作，《经下》是前3世纪墨子后学作。

由低级到高级

墨学对象和人对墨学对象的认知，即墨学本身和对墨学的研究，都存在由低级到高级，由简单到复杂，由感性具体到理性抽象，再到理性具体的发展变化过程。现代墨学研究，必须运用运动观，发展观，变化观，历史观，历史主义和历史分析方法，统率资料考辨，才能得出科学结论。中国现代学术群体主流长期墨学研究的结论和共识无可辩驳地证明，由《墨子》"十论"到《墨经》是墨学由低级到高级，由简单到复杂，由感性具体到理性抽象，再到理性具体的发展变化的结果。有人说，《墨经》产生在前，是前5世纪墨子写，"十论"产生在后，是《墨经》的具体化和通俗化，是前3世纪后墨写，这是颠倒墨学发展变化的真实历史进程，是十分荒谬的陋见，决不是现代墨学研究科学共同体的结论和共识。

由抽象到具体

由理性抽象上升到理性具体（整体全面，多样统一）的辩证认识过程。表现认识由现象到本质，由部分本质的抽象概括，到本质整体的综合把握。狭义《墨经》四篇每一条都是理性抽象。狭义《墨经》四篇的系统整体，是理性具体，是许多规定的综合，多样性的同一，理论思维的综合。辩证逻辑方法和原理，非墨学研究专用，墨学研究必用，不可不用。

历史主义

从历史联系和发展变化中考察对象的观点方法。《墨经》从本体论（存在论、世界观）、认识论、语言论、方法论和历史观多角度，阐发朴素辩证的历史主义观点方法。历史主义，意同"历史观"、"历史感"和"历史分析"等。"历史观"狭义指一种科学研究方法论观点：把研究对象看作是在历史中发生、发展和变化的观点。广义指跟世界观、认识论、方法论和逻辑学并列的哲学部门：对社会历史的根本观点。

马克思《资本论·第二版跋》："研究必须充分地占有材料，分析它的各种发展形式，探寻这些形式的内在联系。只有这项工作完成以后，现实的运动才能适当地叙述出来。"（《马克思恩格斯全集》第23卷，人民出版社1972年版，第23页）恩格斯："黑格尔思维方式不同于所有其他哲学家的地方，就是他的思维方式有巨大的历史感作基础。""他是第一个想证明历史中有一种发展、有一种内在联系的人。""他的基本观点的宏伟，就是在今天也还值得钦佩。"赞扬黑格尔著作"到处贯穿着这种宏伟的历史观，到处是历史地、在同历史的一定的联系中来处理材料的"。(《马克思恩格斯选集》第2卷，北京：人民出版社1972年版，第121页）

"历史主义"、"历史感"和"历史观"，用于墨学研究，把墨学看作是在历史中发生、发展和变化的对象。《墨子》"十论"和狭义《墨经》四篇的全部语料，可证明墨学有一个在历史中发生、发展和变化的过程。"十论"是墨学发展的初级阶段，狭义《墨经》四篇是墨学发展的高级阶段。这是百年来现代墨学研究科学共同体的结论和共识，是新墨学、元墨学全部创新科学观的基石。

现代科学的历史观，尊重历史的客观实际存在和由低级到高级，由简单到复杂的变化规律。任何历史人物事件，都是一定历史条件的产物。分析评价从具体历史条件出发，立足发展变化，从变化中把握历史的来龙去脉，发展趋势。有人自恃"考辨家"，却不认真考辨，假考辨，真武断，硬说"墨子亲手写《墨经》的全部或前一半"。现代墨学的科学研究证明，《墨经》全部（非一半）都是前3世纪战国末的产物，跟《荀子》和《公孙龙子》同时代，其中有战国末各学派具体辩论的理论总结，墨子时代（前5世纪）决不可能产生。任何诡辩遁词，都不可能改变这一墨学发展史的客观规律和必然逻辑。

墨家分期

中国现代学术群体，运用科学历史观、历史主义、历史分析方法，经过长期研究，得出无可辩驳的结论，证明墨家由前5世纪墨子创立，到前3世纪后期墨家发展，是由量变到质变的前进过程。《墨子》"十论"反映前5世纪墨子思想，《墨经》反映前3世纪后期墨家思想，是墨学由低级到高级，由简单到复杂，由感性具体到理性抽象，再到理性具体的发展变化过程。这是现代墨学研究的重要成果，结论共识，为现代科学研究者普遍接受。孙中原撰

《中国大百科全书·哲学》第二版“《墨经》”词条释文（中国大百科全书出版社2009年版）：“战国时后期墨家著作。成书于前4至前3世纪间。”“《墨经》哲学有独特的价值和义理，是中国传统哲学的重要组成部分，在先秦两汉和近现代有重要深刻的影响。”科学历史观、历史主义、历史分析方法的运用，体现墨学研究的历史感。墨家由前5世纪的墨子创立，到前3世纪末后期墨家衰亡，共经历200多年，有一个由量变到质变的辩证发展过程。

《墨子》“十论”反映前5世纪墨子和前期墨家的思想，《墨经》反映前3世纪后期墨家的思想，是墨学由简单到复杂，由低级到高级逐渐发展变化的过程。有人强词夺理，说《墨经》产生在前，“十论”产生在后，这样说是颠倒历史，无科学价值可言。以下资料极其重要，须大书特书，用同一科学逻辑观点看待，不能采取自相矛盾的双重标准。

冯友兰是用现代发展变化观点系统研究中国哲学史的开拓者和奠基人，提出墨家分前后期。《墨经》是后期墨家著作。“十论”代表前期墨家思想。贯穿历史观点，历史主义，历史感，是现代墨学科学研究的主要成果之一，为现代墨学科学研究者普遍接受，用科学的历史发展观，分析墨家思想量变质变的发展过程。

冯友兰《中国哲学史新编》第一册第57页：“每一家思想的发展，也都有个过程。先秦的主要各家思想，都有前期和后期的分别。前期出于春秋时代及战国初期。后期出于战国中、后期。”第一册第201～202页：“墨翟所创始及宣传的思想的记录，有《天志》、《明鬼》等三十一篇。这一部分所记载的思想，本书称为前期墨家的思想。”“其余一部分主要是关于认识论、逻辑学和自然科学的思想。《经上》、《经下》、《经说上》、《经说下》、《大取》、《小取》等六篇属于这一部分。这一部分所记载的思想，本书称为是后期墨家的思想，因为其中所讨论的问题都是春秋末、战国初所没有的。其哲学思想也是与前期不同的。”第一册第224～225页：“到了战国中期以后”，“墨家起了分化”，“后期墨家坚持前期墨家的进步方向”，对墨翟思想的科学成分，“大加发挥”。（人民出版社1982年版）

第二册第252～253页（人民出版社1984年版）：据韩非子说："自墨子之死也，有相里氏之墨，有相夫氏之墨，有邓陵氏之墨，……取舍相反不同，而皆自谓真墨。"（《韩非子·显学》）《庄子·天下》篇也说："相里勤之弟子，五侯之徒，南方之墨者，苦获、已齿、邓陵子之属，俱诵墨经，而倍谲不同，相谓别墨。以坚白同异之辩相訾，以奇偶不仵之辞相应，以巨子为圣人，皆愿为之尸，冀得为其后世，至今不决"。这是战国时期墨家内部分化的情况。墨家的这些支派虽然有内部的争执，但是他们"俱诵墨经"，而且还都"以巨子为圣人"；这就是说，他们在学术观点上，虽有一些分歧，但都还是属于墨家，在组织上也都还是统一的。这是后期墨家的主力，其阶级根源是手工业者，工艺和技术工作者阶层。照《天下》篇所说的，后期墨家所讨论的主要问题是关于"坚白同异之辩"。这就是说，他们所讨论的有许多是惠施、公孙龙及其他辩者所讨论的问题。《墨子》中有《经上》、《经下》、《经说上》、《经说下》、《大取》、《小取》六篇性质相同，前后相承；其中所谈的有一部分是关于"坚白同异之辩"；所用的辞句也都可以说是"奇偶不仵之辞"。其中四篇又都称为"经"。可见它们就是《天下》篇所说的《墨经》。这六篇，特别是《经》和《经说》，是后期墨家所用以跟别家辩论的一种手册，所以墨家各派俱诵习之。这并不意味这些篇必出在后期墨家之先。有一种说法，认为《经》和《经说》是墨翟自己作的，或者是墨翟的弟子们所记载的关于墨翟平日讲学的记录。照这种说法，墨经应该是代表墨翟和前期墨家的思想。不过，就上面所说的六篇看起来，其中有许多地方批评名家，尤其是公孙龙一派的理论，也有许多地方批评告子、老聃、庄周和五行家的某些论点。就这些材料看，这六篇的形成，应在名家和庄周以后。它们并非作于同一年代，也不是出于一人之手，其中可能也保存了墨翟本人的某些思想，但大体说来，应该是后期墨家的作品。在第七章中，我们曾谈到，墨翟很重视辩论，提出了"三表"的学说，对逻辑学也有一定的贡献。墨翟说："能谈辩者谈辩，能说书者说书，能从事者从事。"（《耕柱》)。可见在墨翟的学生中，也有一部人是特别从事辩论的。到了战国中期以后，由于部分名家中的诡辩思想的流行，墨家在反对诡辩学说的斗争中，特别研究了关于辩论、逻辑学和认识论方面的问题，形成了后期墨家学说的一个特点。就现存六篇的材料看，后期墨家是在继承了前期墨家学说中的唯物主义思想和重视辩论的精神，反对部分名家中的诡辩学说、公孙龙一派的唯心主义和庄周的相对主义、不可知论的斗争中形成和发展起来的。他们在斗争中对中国古代逻辑学的发展作出了重大的贡献，并且建立了唯物主义的思想体系。

《墨经》是后期墨家作品，是墨家三派的集体创作。从历史背景，辩论论题，思想成熟程度，跟墨子“十论”内容对比等角度考辨，决不能说是前5世纪墨子本人的著作。这是百年来中国众多学者反复考辨的科学结论。有人否认“《墨经》是后期墨家著作”这一百年专家科学考辨的结论，认为这一结论是“对立论所据材料缺乏应有的考辨和证实”。他说：“殊不知这种分类和归属前人有很大争论，而《经上》乃至《经说上》前人多认为是墨子所作。但作者对这些材料不加考辨分析，先入为主地用做主证材料，使立论的基础不稳。”实际上，他才真正是“对这些材料不加考辨分析，先入为主地用做主证材料，使立论的基础不稳。”

《中国大百科全书·哲学》“《墨经》”词条释文：“中国战国时期后期墨家的著作。指今本《墨子》中的《经上》、《经下》，《经说上》、《经说下》，《大取》、《小取》6篇；《墨经》亦称《墨辩》，主要是讨论认识论、逻辑和自然科学问题。”（庞朴：《中国大百科全书·哲学》，中国大百科全书出版社1987年版，第635～636页）《中国大百科全书·哲学》“《墨子》”词条释文：“《经上》、《经下》，《经说上》、《经说下》，《大取》、《小取》等6篇，一般称为《墨辩》，亦称《墨经》。”“当前学术界多认为是后期墨家的作品。这6篇着重讨论的是认识论、逻辑学和自然科学问题，抛弃了天志、明鬼等前期墨家的观点，表明后期墨家的思想有了重大的进步和发展。”（李锦全：《中国大百科全书·哲学》，中国大百科全书出版社1987年版，第637页）孙中原撰《中国大百科全书·哲学》第二版“《墨经》”词条释文，中国大百科全书出版社2009年版：“战国时后期墨家著作。成书于前4至前3世纪间。”“《墨经》哲学有独特的价值和义理，是中国传统哲学的重要组成部分，在先秦两汉和近现代有重要深刻的影响。”以上说明“《墨经》是后期墨家著作”，是百年来科学考辨的结论，是现代墨学研究的重要成果，屡次载入国家权威辞书。

必须重视任继愈、张岂之、冯友兰、张岱年、侯外庐、杜国庠、方授楚等学者科学考辨的成果。任继愈《墨子与墨家》（商务印书馆1998年版，《墨子大全》第85册，北京图书馆出版社2004年影印）第22～23页：“今天我们研究墨子和早期墨家的思想，以《尚贤》、《兼爱》等24篇为主要材料。”《墨经》六篇“是后期墨家的思想”。“因为这六篇的内容有些是针对公孙龙和惠施的错误学说所提出的批判，所以我们今天可以断定这是后期墨家的作品。这六篇中像注重实践的效果、保护私有财产的权利等等，是继承了前期墨家的思想。同时，这六篇中也抛弃了前期墨家‘尊天’、‘明鬼’的宗教迷信的成分。这六篇虽然篇幅很少，可是它的学术价值极高。”任继愈主编：《中国哲学发展史》（先秦）：墨子之后，墨家在发展中有所分化，《韩非子·显学》说“墨离为三”，《庄子·天下》也说墨学分成几派，“倍谲不同，相谓别墨”。这是墨学内部的论争，是学术前进、创新中常有的现象。不过他们的根本学术观点和学术团体组织则大体保持着一致，如《庄子·天下》所指出的“俱诵墨经”，“以巨子为圣人”。战国中期以后，各封建诸侯都在探寻治国良策，广泛搜罗各种人材，以图巩固国家政权，进而称霸于天下。在这种形势下，有着丰富的科学技术知识、精于辩术、善于谋划，并且具有艰苦卓绝的献身精神的墨家，便受到各国普遍的欢迎和尊重，墨家队伍不断壮大，鼎盛时，“徒属弥众，弟子弥丰，充满天下”（《吕氏春秋·尊师》），“显荣于天下者众矣，不可胜数”（《吕氏春秋·当染》），成为影响巨大的学派之一。于是孟轲出来力辟杨墨，说“天下之言，不归杨则归墨”（《孟子·滕文公下》）。目前学术界倾向于将墨家的发展过程分为前期与后期，把战国中、后期的墨者称为后期墨家，以示与墨子本人有所区别。这样做是必要的，合乎历史的实际；后期墨家继承了墨子的优良传统，在学术上又有重大的突破和创造，是战国百家争鸣时代最富有科学精神的一个学派，对繁荣先秦的学术，作出了巨大的贡献。学术界仍然有人认为，《墨子》书中《经上》、《经下》、《经说上》、《经说下》、《大取》、《小取》六篇，是墨子所自著。詹剑峰认为，《庄子·天下》说“俱诵墨经”，既能为各派墨者“俱诵”，可知墨经必为墨子自著。且《墨子·贵义》载墨子向楚惠王献书事，可知墨子有自著之书，故鲁胜在《墨辩注序》里指出“墨子著书，作辩经以立名本”（见詹剑峰：《墨家的形式逻辑》一书中的《读墨余论》）。高亨、范文澜、杨向奎持有与此类似的观点，他们不否认六篇中有墨子弟子增补的成分，但认为六篇基本内容是墨子本人的思想。但更多的学者认为上述六篇是后期墨家的作品，是墨者依靠集体智慧写成的，成书约在战国后期。我们认为，这后一种看法有着比较充分的理由和内在根据。首先，六篇的思想内容打着鲜明的时代烙印。它所论述的坚白、同异、是非、无厚、五行相胜等问题，都属于战国中后期学术界争论最激烈的问题。诚然，这些问题的最初提出，可以追溯到更早的年代，但是它们成为学术界普遍关注的理论问题，却是在名辩思潮达到高峰的时候，即战国中期以后。六篇中对《齐物论》、告子、邹衍作了批评，对惠施、公孙龙的逻辑思想有批判有吸收，从而建立起自己粗具体系的逻辑学说。在一定程度上，六篇是对战国百家争鸣的一种理论上的总结，而不象争鸣的开始。而墨子及其第一代弟子是不可能做到这一点的。其次，就墨学本身来说，从《尚贤》、《尚同》、《兼爱》、《非攻》、《节用》、《天志》、《明鬼》等十余篇，到《经上》等六篇，表现出思想前后相续、认识由低到高的发展过程。人类认识总是由个别到一般、从具体到抽象的。墨子着手建立自己的学说，侧重于在具体问题上论辩和阐发，而六篇则进一步将墨家丰富的思想加以综合、概括，提炼为概念、定理和原则。《经上》将墨家学说凝结为概念的体系，提出一系列概念的精辟定义；《经下》是墨家学说的各种原理；《大取》今本文句错乱颇多，但仍可看出，它是墨家学说的一种归纳和总结；《小取》则是墨家一贯重视的逻辑思想的系统化；《经说上》和《经说下》不同于一般注释，是对于经文的阐明和补充。总之，六篇词句简洁、思想丰富、结构严谨，是一部“墨学手册”或“墨家须知”，包含着后期墨家共同的理论基础，所以尽管他们学派内部有分歧，“相谓别墨”（以正统自居），但“俱诵墨经”。像六篇这样系统的、结论性的理论成果，若不经过长期艰苦的理论思维活动，是无法形成的。因此，六篇绝非一人一时之作，是整个学派经历了几十年乃至上百年的不断补充、陆续完成的。从观点上看，六篇继承了墨子的兼爱学说和功利主义社会观，并作了进一步的发挥；六篇不讲墨子津津乐道的天志鬼神，唯物的科学的成分增多了，迷信的幻想的成分显著减少；在认识论上，六篇把墨子的经验论提升为经验与理性并重的唯物的反映论。在历史观上，六篇不像墨子那样称道尧舜，颂扬古人，提出了不迷信圣人的看法。可以看出，六篇的思想以墨子的思想为基础，又有重要的修正和补充，它提高了早期墨学的水平，在墨学发展中形成一个崭新的阶段。（任继愈主编：《中国哲学发展史》人民出版社1983年版，第516～518页）

张岂之主编《中国思想学说史》（先秦卷）：“‘墨经’一词，在《庄子·天下》中已经出现。所谓《墨经》，指今本《墨子》中的《经》上下、《经说》上下四篇和《大取》、《小取》两篇，这六篇文献大体上是墨子的后学（其弟子、再传弟子等）编纂而成的。墨子后学从‘名学’方面，进一步发展和完善了墨子的思想学说，因此成为先秦‘名学’最重要的代表。”“今存《墨经》六篇，现在大家都趋向于认为由墨子后学陆续写作、编订而成，最晚时可能到了战国末年。墨子在世时，对类和故这两个具有方法论意义的概念已经十分重视。他提出了‘察其类’、‘明其故’的思想，如《非攻》下篇两言‘子未察吾言之类’，《公输》篇‘义不杀少而杀众，不可谓知类’，《非儒》下篇‘入人之国而与人之贼，非义之类也’等，对‘类’概念很重视，另外，又有340个‘故’概念的运用。这些应当是《墨经》逻辑思想的渊源。但《墨经》六篇不仅在文章编排上组织严密，在体裁上《经》《说》互助，条理井然，而且在内容上，对概念（‘名’）、命题（‘辞’）以及推理（‘辩’）本身进行的讨论，已经很有系统性，远远超越了墨子的逻辑思想水平，而且也超越了惠施、公孙龙等人的逻辑思维水平，达到了先秦名学的高峰。从《墨经》与诸子的关系上看，《墨经》六篇分别对庄子的‘大辩不言’说、告子的‘仁内义外’说、邹衍的‘五德终始’说、公孙龙的‘离坚白’说等，进行了批评，对惠施的‘毕同毕异’说则进行了更具体的讨论；甚至对于荀子批评墨家主张‘圣人不爱己，杀盗非杀人’的言论，进行了反批评。《墨经》所批评的这些学者，多处战国中后期。由此，我们可以大胆断定，《墨经》六篇成文，不应早于战国末年。后期墨家对墨子学说进行的重大发展，是先秦学术思想非常光辉的一页。侯外庐等著的《中国思想通史》总结得很好，它说：‘由于重视劳动实践，后期墨家在古代思想史上完成了三大成就：第一，他们发展并修正了墨学；第二，他们具有特别丰富的自然科学知识；第三，他们综结了先秦的名辩思潮。’上述三个方面，分别涉及他们的唯物主义的认识论、系统性的逻辑思想和深刻的科学思想。”（广西师范大学出版社 2007 年版，第 790 ～ 793 页）

冯友兰《中国哲学史史料学》：“《经》上、《经》下、《经说》上、《经说》下、《大取》、《小取》共六篇，一般称为《墨经》或《墨辩》。这六篇没有‘子墨子曰’。有人认为，这足以证明这六篇是墨子自己写的。但是照这六篇的内容看起来，它们所讨论的是有关于自然科学的问题，有关于认识论和逻辑的问题。这些问题都不是墨子时代所有的。在这六篇中，还有对于先秦其他学派的批评。这些批评只能在各学派相当发展以后才能有。在早期墨家思想中，天志占有重要地位；墨子相信上帝和鬼神。可是这六篇中只有一句话提到‘天之爱人’（《大取》），其余部分都没有涉及天志和鬼神。这就是说，在上边所说的二十篇中（指《尚贤》等篇），宗教思想完全被排斥了。这代表墨家思想向唯物主义的发展。从形式方面看，这六篇中有《经》

上、《经》下、《经说》上、《经说》下四篇，‘经’标明简练的命题，‘说’加以说明。《韩非子·内储说》也是这样的体裁。由此可见《经》和《经说》也是战国末期的作品。根据这些情况，我们认为这六篇是后期墨家的作品。当然，所谓后期墨家也还代表一个相当长的时期；这六篇也并不是一人一时所作。”（江苏教育出版社2006年版，第33页）

张岱年《中国哲学史史料学》：“《经》上，《经》下，《经说》上，《经说》下，《大取》，《小取》共六篇，一般称为《墨辩》。关于这六篇的作者和年代的说法不一。梁启超认为：《经上》是墨子本人所作。多数人不同意这一说法。从这六篇是的内容看，有对公孙龙言论的批驳；有对庄子思想的批驳。而庄子、公孙龙都比较晚。因此，这六篇是战国中期以后的作品，是这一时期的墨家学者即后期墨家所作。”（三联书店1982年版，第57～58页）“后期墨家所著《墨经》中有自然科学的精微命题，《小取》、《大取》更是名辩的名篇。”（《墨子研究论丛》第一辑，山东大学出版社1991年版，张岱年序第1～2页）

侯外庐等《中国思想通史》第一卷第十四章论“后期墨家的墨学发展”，第一节论“墨经的成书年代”，说墨子死后，弟子分派，“一派注重名辩的研究，是为墨辩”。“现在，应将此事加以考辨，以便利于我们从事后期墨家思想的研究。”“我们研究《墨经》的成书年代问题。首先，应该证明《墨经》不是墨子自著的书，而是墨家后学的著作，其书写定的年代是相当晚的。”“现在还有人费力考证《墨经》出于墨子。”“《墨经》六篇决不是墨子自著的。”“依据思想的内容看来，其根本观点是师承墨家的传统，其中虽对于墨子的见解有若干发展或修正，但都可以说是墨学必然的合理的演进。”“（《墨经》）最后一次的编定，或者与《大取》《小取》两篇的写成约略同时，当在《荀子》成书与《韩非子》成书的年代中间。”“因为《墨经》六篇是墨家后学多次集体论撰而成的，所以它们是一部贵经验、重实践、发展墨子思想的并总结百家名辩的有体系系的著作。单就体系性一点看来，不仅《小取篇》组织严密，条理井然，就拿《经上》《经下》来说，其中每章相次，虽在错简讹夺之后，处处还可看到它们先后联贯的脉络，窥见作者根据着‘以故生，以理长，以类行’的原则而编次的苦心。而且也正因为如此，所以其成就能远高于先秦各家的名辩思想之上。因为《墨经》是有组织地编定而成的著作，所以其思想是宏博的，其逻辑是严密的。因此，我们的研究，就不妨把这六篇作为一个整体的对象来考察。”

郭湛波《先秦辩学史》（中华印书局1932年版）第196～207页："《墨辩》不是墨翟所作，也非墨翟的学说。不只不是墨翟的学说，并且也不是墨翟时代的学说和产物。""《墨辩》是后期墨家所作。""《墨辩》不是墨翟自作，也不是墨翟的学说。并且非墨翟时代所能产生。是墨子之后，后期墨家所作"。

杜国庠《关于〈墨辩〉的若干考察》："《墨经》并不是墨子自著"。"《墨经》编定的时代很晚，大约在《荀子》至《韩非子》成书之间。"列举证据：墨子时代还没有著述的风气。《墨经》修正墨子思想。有进化观念。冲淡墨子宗教思想。《墨经》批评其他学派的话，对象是墨子不及见。批评庄子、邹衍、告子的话，墨子不及见。大小《取》答复荀子批评。《墨经》体裁是战国末期。吸取各家之长。成就比荀子高。

方授楚《墨学源流》："断不能谓《墨经》止能由墨子自著也。故今定为墨家后学所著。""《墨经》辞约义丰，包罗甚富，如决定为一人所著，亦非一人所能著也。""系用集体主义之精神所成，故不能指为谁某所作。""以《墨经》为墨翟一人所写成，岂独当时所难有，即今亦不易产生；现在学术虽较盛于古，即有上知之才，谁能包办各科耶？《墨经》者当战国时代，百家蜂起，学说云兴，自墨子晚年，以迨后学，聚百余年之所得，乃以集体主义之精神，各各劳手足，费耳目，呕心血，出所知，以著于简册，而成此墨门之百科全书；因欲为墨者所俱诵，故文则辩而不多，独能简要也。至其内容，分析言之，则各家学说，亦有视《墨经》为较精者，惟彼则以一人之力，集中于某一端，而此则能举其全耳。""《墨经》非一人所著，乃墨门多数信徒，百余年心力之结晶，如能认清此点，其成就如此精博，则不足致疑矣。"（中华书局1937、

1989年版，第154～199页；《墨子大全》第43册）

姜宝昌《墨经当出后期墨家之手问题之我见》(《墨子研究论丛》第十辑，第40～60页)。据《墨经》内容、体例论证。《墨经》驳辩名家惠施、公孙龙论点，惠施、公孙龙生当战国中晚期，墨子不及见，驳辩名家惠施、公孙龙，是后期墨家。《墨经》体例通行于战国中晚期到秦时，用连接词“说在”、“其类在”。

蔡仁厚《墨家哲学》，台北东大图书公司1983年版。1977年《自序》：“墨家学派有前后期之分”。“后期墨家的主要论敌是名家与辩者。”第6页：认为“墨经或墨辩。乃后期墨家之作，甚重要。”第104页：“墨辩各篇，成书于名家惠施公孙龙倡学之后。”

上述各家论点正确，论据充分，论证严谨，是百余年来墨学科学研究共同体研究的科学结论和一致共识，是本领域学术前沿的最高学术水准，是承前启后，继续前进的扎实基础，是在本学术领域澄清谬误，明辨是非的可靠出发点，必须用同一科学逻辑观点和标准看待，不能使用自相矛盾的双重标准。

理论历史和现实

理论、历史和现实统一，是现代墨学研究的宗旨、目的、途径和标准。墨学是墨家用概念原理形式，对战国时期自然、社会和思维历史与现实的概括提升。新墨学是现代人用概念原理形式，对墨学历史发展和现实转变（质变飞跃）的概括提升。

墨学研究的理论性。对墨学资料的理性认知，概括提升。现代研究者大脑是新墨学理论的加工厂，任务是对墨学研究的历史和现实资料，理性思维，加工改制，改造制作，熔炼重铸，质变转型，创新发展，升华飞跃，条理化，系统化，创造具有新质的新墨学理论系统。

墨学研究的历史性。墨学研究的概念原理，逻辑表述，是墨学研究历史的概括反映，理论升华，坚持历史发展观，贯穿历史主义，运用历史分析，呈现历史感，把握墨学历史发展的关键环节，机制原理。墨学由前5世纪战国初墨子演讲“十论”，到前3世纪战国末期墨家俱诵《墨经》，是墨学由低级到高级，由简单到复杂，由感性具体、理性抽象到理性具体的崭新质变飞跃，是战国时期200多年历史自然优选的结果，是墨家为全世界全人类贡献的知识精品。

墨学研究的现实性。现代墨学研究的必要性，来源于墨学自身的现代科学价值，现代功能性、效用性、实用性和应用性。理论是时代精神的精华，是现代文明的生命律动。墨学理论的功能效用，张力魅力和强劲动力，根植于墨学理论的现实针对性，现代价值，现代意义。墨学理论与实践结合，指导实践，改造世界，是墨学生命力的表现。墨学是解决现代世界课题可借鉴的资源，是现代人的精神食粮，是现代人认知改造世界的强大精神武器和锐利工具。古为今用是普遍原则。现代人研究墨学，是为现实应用，为全世界全人类最大长远利益服务。

逻辑与历史统一

思维逻辑概括反映对象和认识的历史发展过程。墨家对墨学创造发展的历史，从墨子“十论”开始到《墨经》终结，于是新墨学的逻辑论述，就从墨子“十论”开始到《墨经》终结，这是新墨学逻辑与墨学历史的统一。

轴心时代

〔德〕雅斯贝尔斯说，以公元前500年为中心的文化轴心时代，是奠定人类精神基础，影响今日的时代。“这个时代产生了所有我们今天依然在思考的基本范畴。”（雅斯贝尔斯：《人的历史》，《现代西方史学流派文选》，上海人民出版社1982年版，第38～40页）《墨经》在中国文化轴心时代，参与奠定人类精神基础，是影响今日的重要元典。中国文化轴心时代的范畴，是《墨经》科学产生机制奥秘的环境历史条件和恰当分析工具。

范式转换

借鉴库恩科学范式转换论的观点，分析墨学和中国逻辑学研究，可知古今两种不同范式的理论，在主体、对象、元语言工具、成果、层次、方法、作用、后果、评价等方面有不同性质。墨学现代化的标志，是实现研究范式的转换。如梁启超、胡适和沈有鼎的研究，逐渐完成古今研究范式的转换，开辟前所未有的新局面。

对象理论元理论

希尔伯特的元数学纲领，把理论研究分为对象和元两个层次。他把所研究的理论叫对象理论，把研究对象理论时所用的工具性理论叫元理论。借鉴希尔伯特理论研究分层论，把所研究的墨学理论叫对象墨学，研究墨学理论所用的工具性理论叫元墨学。孙中原十余年来，把元研究方法引进墨学研究，取得重要进展，在海峡两岸有重大影响。用此方法著《中国逻辑研究》（商务印书馆2006年版），2015年国家社科基金中华学术外译项目立项（高等教育出版社，英文）。2008年台湾“国科会”延揽科拔人才计划批准，孙中原到台湾东吴大学任客座教授，《人民日报海外版》2009年7月29日报道。

对象研究元研究

英文构词成分元meta-表在后、超越、总体。港台湾学者译为“后设”、“殿后”，即在某物之后“设立”、“殿定”。现代学人的墨学研究是元研究，《墨子》表达的墨学是对象研究。

对象墨学元墨学

《墨子》表达的墨学是对象墨学，现代学人对墨学高一层次研究的结果是元墨学。

新墨学旧墨学

《墨子》表达的墨学是旧墨学，现代学人墨学研究的结果是新墨学。

今墨学古墨学

《墨子》表达的墨学是古墨学，今日学人墨学研究的结果是今墨学。

对象语言元语言

借鉴塔尔斯基的语言分层论，把所讨论的墨学语言叫对象语言，讨论墨学语言所用的工具性语言叫元语言。

创造性诠释

傅伟勋创造性诠释学“实谓”、“意谓”、“蕴谓”、“当谓”和“创谓”的层面分析法，是现代墨学研究的利器。

人体解剖

马克思：“人体解剖对于猴体解剖是一把钥匙，低等动物身上表露的高等动物的征兆，反而只有在高等动物本身已被认识之后才能理解。”（《马克思恩格斯选集》第二卷，人民出版社1972年版，第108页）现代科学研究方法是墨学研究的合用钥匙。墨学表露的现代科学征兆，只有在现代科学研究方法本身已被认识之后才能理解。极其重要的方法论启示，是克服现代墨学研究中存在错误方法（如保守封闭）的利器。

他山之石

《诗·小雅·鹤鸣》：“他山之石，可以为错。”“他山之石，可以攻玉。”比喻说明，运用现代世界先进科学方法，可作为攻治墨学的工具。现代墨学研究的突破性进展，有赖于引进和运用全世界全人类积淀几千年的先进科学方法。

工欲善其事

《论语·卫灵公》："工欲善其事，必先利其器。"比喻现代墨学研究，必先备用现代世界先进科学研究方法，作为研究利器。

会当凌绝顶

杜甫《望岳》："会当凌绝顶，一览众山小。"比喻说明登上墨学研究的最高峰，要把握现代世界先进的科学研究方法，俯瞰墨学研究存在问题，前瞻未来墨学研究方向。

欲穷千里目

唐王之涣《登鹳雀楼》："欲穷千里目，更上一层楼。"比喻说明墨学研究突破，要把握现代世界先进的科学研究方法，才可在更高角度，审视墨学研究存在问题，探索未来墨学研究方向。

庐山真面目

宋苏轼《题西林壁》："不识庐山真面目，只缘身在此山中。"比喻说明看不清事物真相，因受视野局限，不能从更大范围观察，实现总体超越。在此山中是小视野，在此山外是大视野（元视野）。超越小视野，迈向大视野（元视野），才能看清事物整体真面目，形容墨学元研究理论层次和观察角度。

古为今用洋为中用

古为今用，洋为中用，是现代墨学研究的本质特征，基本方针。"古为今用"是目的：现代人研究墨学，目的是为了今用。"洋为中用"是工具：借鉴全世界全人类积淀几千年的先进科学文化，作为研究墨学的工具、利器和方法。极其重要，现代墨学研究不可须臾离。

毛泽东1942年在《如何研究中共党史》提出"全面的历史的方法""古今中外法"。他说："通俗地讲，我想把它叫作'古今中外法'，就是弄清楚所研究的问题发生的一定的时间和一定的空间，把问题当作一定历史条件下的历史过程去研究。所谓'古今'就是历史的发展，所谓'中外'就是中国和外国，就是己方和彼方。"他说"古今中外法"，"也就是历史主义的方法"。（《毛泽东文集》第2卷，第400页）

毛泽东《同音乐工作者的谈话》（1956年8月24日）："向古人

学习是为了现在的活人，向外国人学习是为了今天的中国人。”“‘学’是指基本理论，这是中外一致的，不应该分中西。”“自然科学、社会科学的一般道理都要学。水是怎么构成的，人是猿变的，世界各国都是相同的。”（《人民日报》1979年9月9日）

比较见真

梁启超：“凡天下事，必比较然后见其真。无比较则非惟不能知己之所短，并不能知己之所长。”（梁启超：《论中国学术思想变迁之大势》，《饮冰室合集》第1册文集7，中华书局1989年版）梁氏解释墨辩“与泰西治此学者相印证”，“引申触类，借材于域外之学以相发”，是比较研究法。（梁启超《墨子之论理学》第56页，《墨子集成》第18册；《墨经通解序》第6页，《墨子集成》第29册，台北成文出版社1975年版）

比较研究

极其重要，现代墨学研究不可须臾离。胡适：“只有那些在比较研究中（例如在比较语言学中）有类似经验的人，才能真正领会西方哲学在帮助我解释中国古代思想体系时的价值。”预测他的比较研究成果，“可能对于这方面的未来研究者有帮助”。（《先秦名学史》，上海学林出版社1983年版）

比较研究中西合璧

今日新墨学研究，在方法论上最重要特点是比较研究。只有通过认真深刻和实事求是的比较研究，才能正确把握墨学的真实意义和深层意蕴。表面看，这似乎是悖论：墨学研究，为什么一定要通过跟别的学说比较，才能把握墨学本质？只有把此一事物，跟彼一事物比较，才能认知此一事物本质的规定性、范围和界限，以及事物彼此的相互关联。本质在事物彼此相互关联中显现。这是认知事物本质的科学认识论和方法论。比较研究法不等于比附。比附是拿不能相比的东西勉强相比。

据西释中合法性

程仲棠：“为‘据西释中’的‘合法性’辩护”：“在中国古代名辩理论与逻辑学的比较研究中，‘据西释中’的诠释方法是否具有合法性或合理性？这实质上就是逻辑学是否具有全人类性的问题。我的回答是肯定的。逻辑学同其他科学一样，有别于意识形态和价值观，具有全人类性而没有民族性，没有东西方之分，正如没有‘西方几何学’与‘东方几何学'或'西方物理学'与'东方物理学"之分一样，'西方逻辑学'与'东方逻辑学'之分也不能成立。'据西释中'的'合法性'的根据即在乎此。逻辑学从西方传入后，逐渐成为我国现代文化的组成部分。正如我所说，'西方逻辑'是一个具有历史意义而没有现实意义的概念。今天学校所传授的、人们所研究的逻辑学，就其历史来源而言，是'西方逻辑学'；就其现实意义而言，是全人类全世界共享的逻辑学。"（《"中国古典逻辑学"解构》，中国社会科学出版社 2009 年版，第 171 ～ 173 页；《暨南学报》（哲学社会科学版）2008 年第 6 期）

据西释中本无错

贺麟："我们不但可以以中释西，以西释中，互相比较而增了解，而且于使西方哲学中国化以收融会贯通之效，亦不无小补。"（贺麟《哲学与哲学史论文集》，商务印书馆 1990 年版，第 269 页）"以西释中"（据西释中，以西解中，以西框中），意指根据西方科学，解释中国思想。中西互释，比较研究，融会贯通，是墨学研究唯一正确的方法。

逻辑学和所有科技理论，本质不分东西。毛泽东 1956 年 8 月 24 日《同音乐工作者的谈话》："'学'是指基本理论，这是中外一致的，不应该分中西。""自然科学、社会科学的一般道理都要学。水是怎么构成的，人是猿变的，世界各国都是相同的。"（《人民日报》1979 年 9 月 9 日）

沈有鼎《墨经的逻辑学·结论》："（有人）企图证明中国没有逻辑学，或者说中国人的思维遵循着一种从人类学术康庄大道游离出来的特殊逻辑，于是《墨经》渐渐变成了供神秘主义者穿凿附会的天书，乌烟瘴气笼罩了《墨经》。""拨云雾而见青天。"（《沈有鼎文集》人民出版社 1992 年版，第 377 ～ 378 页）

逻辑学本质不分东西。不能把《墨经》逻辑学说成是脱离人类学术康庄大道，跟全世界全人类逻辑学对立的"神秘"之物，不能借口地区民族性，抹煞《墨经》逻辑学跟全世界全人类逻辑学本质的同一。

有人说"产生于东方古老文化环境中的墨学特别是墨辩逻辑和墨家科技"，"是否用西学思想和用西学方法来解析就能把握得了？"借口"墨学特别是墨辩逻辑和墨家科技”的地域性（“东方”）、历史性（“古老”）和特殊“文化环境”（中国），否认墨学中科学因素的普遍性、普适性和普世性。

墨学“特别是墨辩逻辑和墨家科技”，必然可用西方民族几千年积淀的“西学思想和用西学方法来解析把握”。“发达典型完善的西方逻辑科技”，是解剖“欠发达典型完善的东方古老逻辑科技”唯一科学的工具，这是运用马克思说“人体解剖对于猴体解剖是一把钥匙”的科学方法。

有人说“产生于东方古老文化环境中的墨学特别是墨辩逻辑和墨家科技”，不能用西学思想方法“来解析就能把握”，指责用全世界全人类共同认可的西方科学分析《墨经》朴素科学思想是“‘以西解中’的方法论弊端”。把“产生于东方古老文化环境中的墨学特别是墨辩逻辑和墨家科技”，说成是脱离人类学术康庄大道，跟全世界全人类共同唯一的逻辑学和科学技术理论对立的“神秘”之物，“不可知”、“不可解”、“不可分析”之物，以“东方古老文化环境”的“地域民族性”和“历史文化性”为借口，抹煞墨学中科学因素的世界性、全人类性和普遍性。

程仲棠说，这类谬论是用狭隘“民族情结”和“义和团心态”，鼓吹东西方思想文化的对立分裂。程仲棠：“有的人却偏要给全人类的、世界性的逻辑学扣上‘西方’的帽子，视为异己、异端，这是自外于人类文明，自外于世界学术，是‘义和团’心态在学术上的表现。”“拆穿‘据西释中’的‘西’字的西洋景，化解其民族情结，其实就是指逻辑学，‘据西释中’无非是说以逻辑学作为根据对中国古代名辩理论进行诠释，在世界现代学术体系的框架中重新认识它的意义。”

所谓“西方逻辑架子，东方文句拼凑”，是对“中西逻辑学比较研究，融会贯通”，“用西方逻辑学工具，研究中国墨辩对象”神圣科学使命的污蔑。所谓“西方逻辑架子”，“用西方逻辑学论述程式来框架墨辩逻辑学说”，是“运用西方逻辑学工具，研究中国墨辩对象”的题中应有之义。“架子”、“框架”比喻事物的基本组织结构。西方逻辑学，墨辩逻辑学，都同样是人类逻辑学，基本组织结构同质。墨辩逻辑学不是脱离世界文明大道的不可解析的“神秘”之物。全人类只有同一种本质相同的逻辑学，有同质的组织结构。透过不同的语言表达形式，可以通约接轨，融会贯通。

所谓“主张我国本有独立性的辩学”，“力主以先秦辩学的本来面目解释《墨经》”，是把墨家辩学歪曲为“脱离人类学术康庄大道的特殊逻辑”。剥去“我国本有独立性的辩学”的古汉语物质外壳，探寻先秦辩学的本来面目，剩下的只是“我国辩学”、“先秦辩学”跟全世界全人类逻辑学的共同本质。

有人把“我国辩学”、“先秦辩学”在本质上跟全世界全人类逻辑学对立起来，割裂开来，在中外逻辑学之间挖沟筑墙，把《墨经》逻辑学孤立封闭起来，抵制用全世界全人类共同的逻辑学方法研究《墨经》逻辑学，使《墨经》变成“供神秘主义者穿凿附会的天书”，让“乌烟瘴气”笼罩《墨经》。谭戒甫《墨经易解》（《墨子大全》第38册第150页）“逻辑三支式”跟所谓“墨辩六物式”的对应图，把“逻辑三支式”的“大前提、小前提、结论”跟他杜撰所谓“墨辩六物式”的“推、侔、援”荒谬等同。这恰恰是他跟谭戒甫竭力反对的作法，即：“以西方的逻辑架子，把我们东方的文句拼凑上去。”“自来不少学者利用西方逻辑三段论法的形式，把来一模一样地支配，因说东方也有逻辑了。及仔细查考，只是摆着西方逻辑的架子，再把我们东方的文句拼凑上去做一个面子。这不是我们自己的东西，虽有些出于自然比附，但总没有独立性。”

东西方民族不同，学理一致。逻辑三支式跟墨辩推理式，可以比较研究，融会贯通，但是不能像他跟谭戒甫那样，把“逻辑三支式”“大前提、小前提、结论”跟谭戒甫杜撰所谓“墨辩六物式”的“推、侔、援”荒谬等同。

程仲棠说，“‘据西释中’的不可避免性”，使有人“陷入尴尬的吊诡：‘摒弃据西释中’的主张遭到主张者的摒弃。”“一方面高调主张‘应彻底摒弃据西释中论’，另一方面又不折不扣地按照‘据西释中’的方法行事。”（《“中国古典逻辑学”解构》，中国社会科学出版社2009年版，第171～173页）

《小取》：“侔也者，比辞而俱行也。援也者，曰：‘子然，我奚独不可以然也？’推也者，以其所不取之，同于其所取者，予之也。”“推”：归谬类推。“侔”：比辞类推。“援”：援例类推。《小取》“推、侔、援”跟“逻辑三支式的大前提、小前提、结论”不相干。谭戒甫把“逻辑三支式”“大前提、小前提、结论”跟他杜撰所谓“墨辩六物式”的“推、侔、援”荒谬等同，是错误“据西释中”（以西释中，以西解中，以西框中）和轻率比附的典型。谭戒甫杜撰的所谓“墨辩六物式”，是子虚乌有，不能成立。

占有材料

极其重要，现代墨学研究不可须臾离。马克思：“研究必须充分地占有材料，分析它的各种发展形式，探寻这些形式的内在联系。只有这项工作完成以后，现实的运动才能适当地叙述出来。”（《马克思恩格斯全集》第23卷，人民出版社1972年版，第23页）现代墨学研究，必须充分地占有墨学资料，分析它的各种发展形式，探寻这些形式的内在联系。只有这项工作完成以后，墨学研究的历史和现实运动才能适当地叙述出来。

考辨

查考辨正。同考据、考证、实证。考据即考证，考察论据证据，根据资料考核、证实和说明。实证是举出事实证据。考据学：用考据方法，考辨古籍，提供根据确凿的学说。e考据：电子数字化考据。晋荣东《e考据与中国近代逻辑史疑难考辩》：“e考据之实其实在《两头蛇：明末清初的第一代天主教徒》出版之前就已经存在。以对中国古代逻辑的研究为例，中国人民大学哲学院的孙中原教授自2000年5月开始就利用可以进行全文检索的电子版《四库全书》、《四部丛刊》以及其他著作，对中国传统推论的基本范畴进行了全面搜索和穷尽归纳，逐个进行定性和定量的实证分析，并在此基础上对中国传统推论的性质进行了总结。”（上海《社会科学》2013年第4期）

狭义《墨经》四篇的作者是前5世纪的墨子，还是前3世纪的后期墨家，需科学考辨。现代墨学的研究，提倡科学考辨，要以正确的历史观（历史主义，历史分析，历史感）为指导，正确运用演绎逻辑，理性思维，理论证明，科学想象力和各种抽象思维、理性认识的方法，去粗取精，去伪存真，由此及彼，由表及里，从语法、语义、语用和语境全面读懂《墨经》，认知《墨经》四篇是一系统整体，不可分割。不能说《经上》、《经说上》是前5世纪墨子写，《经下》、《经说下》才是后期墨家写，更不能说全部《墨经》都是墨子写。墨子不是神，不能在前5世纪战国初，全面总结前3世纪战国末诸子百家争鸣辩论的科学成果。这样说是凭空想象、表面观察和片面归纳的结果，抹杀墨学在战国时期由低级到高级、由简单到复杂、由抽象到具体的客观发展规律。

沈有鼎："《经上下》、《经说上下》乃是一个学派的系统学说，决不可能把一部分送给这一学派，把另一部分送给另一学派。""至于《经上》和《经下》，更不能说一个早，一个晚。《经上》和《经说上》重点在定义和分类，把重点在论证的部分都留给了《经下》和《经说下》，难道可以说一派专讲定义和分类，另一派专讲论证吗？很多人因为《经上》文字较简，《经下》文字较繁，粗粗一看，觉得时代似乎也有先后之别，这实在是'不思'之甚。郭老不理解《墨经》的结构，所以也有此错误。"（《沈有鼎文集》人民出版社1992年版，第393页）

拉法格《思想起源论》页57论"抽象思想的起源"说："词的意义的相继发展的历史解决了第一个困难；它给我们指出具体的意义往往先于抽象的意义。"（三联书店1963年版）比较墨子"十论"和《墨经》四篇的全部语料，可证拉法格所论的思想史规律。比较墨子对"类"、"故"概念的运用和《墨经》四篇对"类"、"故"概念的定义和理论升华，是拉法格所论的思想史规律的证明。《墨经》四篇的全部概念、范畴和命题，是墨学科学发展的实证铁证。

理论证明

用规律性命题，演绎证明。现代墨学研究，兼容事实证明和理论证明。

理性思维

有明确的方向，充分的依据，给对象材料进行思维加工，改造制作，用比较、分析、综合、抽象、概括等逻辑方法，整理经验材料，得出理论系统。用充足论据，对论题进行逻辑推论的认知方式。运用理性思维，读懂狭义《墨经》四篇，认知其系统性和不可分割性，不能说其中的《经》和《经说》上是前5世纪的墨子所作，《经》和《经说》下是前3世纪的后期墨家所作。沈有鼎说："这实在是'不思'（不用理性思维）之甚。"（《沈有鼎文集》，人民出版社1992年版，第393页）

科学想象

墨学研究的全部思维进程中，容有部分科学想象力，幻想和理想的元素。例如墨子墨家的"兼爱"，就不完全是现实、事实和真值的思维，而是容有科学想象力，幻想和理想的思维元素。这是人类特有的理性认识成分。沈有鼎："以上论墨家分派，有点离题，但也足以表明各人对可能性的估计会很不相同。大家不妨发挥一下郭老所提倡的科学性的'想象力'，几个臭皮匠有时会拼得出一个诸葛亮来的。"（《沈有鼎文集》，人民出版社1992年版，第393～394页）郭沫若："科学也需要创造，需要幻想，有幻想才能打破传统的束缚，才能发展科学。"（郭沫若：《科学的春天》，《人民日报》1978年4月1日）

分析综合

极其重要，现代墨学研究不可须臾离。"分析"：把对象整体分解为各个部分，分别研究。对狭义《墨经》四篇183条分条准确了解，知道"《经上》和《经说上》是各门科学的定义和分类，《经下》和《经说下》是各门科学定理原理的论证"，这是科学分析。"综合"：把对象各部分的认知，统合为整体。对狭义《墨经》四篇183条科学分析，准确认知以后，加以统合，认知"《经上下》、《经说上下》乃是一个学派的系统学说，决不可能把一部分送给这一学派，把另一部分送给另一学派。"这是科学综合。

抽象概括

极其重要，现代墨学研究不可须臾离。"抽象"：抽取对象本质属性，舍弃非本质属性。认真研究狭义《墨经》，抽取其"渗透科学精神"的本质属性，是对《墨经》的科学抽象。"概括"：把抽取部分对象的本质属性，推广到对象整体的认知。抽取《墨经》"渗透科学精神"的本质属性，推广到其整体的科学认知。马克思："分析经济形式，既不能用显微镜，也不能用化学试剂。二者都必须用抽象力来代替。"（《马克思恩格斯全集》第23卷，人民出版社1972年版，第8页）现代墨学研究跟"分析经济形式”一样，“既不能用显微镜，也不能用化学试剂。二者都必须用抽象力来代替。”科学的“抽象力”，包含并超越物理学家、化学家“用显微镜”、“用化学试剂”的作用意义，是现代人文社会科学研究者必备的方法论素养。

演绎归纳

“演绎”：演绎推论，即从一般性前提，推出个别性结论。应用演绎推理，已知《经》和《经说》上下乃是一个学派的系统学说，就决不能说《经上》和《经说上》是前5世纪的墨子所作，《经下》和《经说下》是前3世纪的后期墨家所作。“归纳”：归纳推论。从个别性的前提，推出一般性的结论。应用归纳推理，研究狭义《墨经》四篇每一条的用语和思想，都跟墨子“十论”处于不同的水平，则《墨经》四篇整体就跟墨子“十论”产生于不同的时代：“十论”产生于前5世纪墨子的时代，狭义《墨经》四篇产生于前3世纪墨子后学的时代（相当于荀子和公孙龙生存年代）。

去粗取精

极其重要，现代墨学研究不可须臾离。毛泽东《实践论》：“将丰富的感觉材料加以去粗取精，去伪存真，由此及彼，由表及里的改造制作工夫。”《中国革命战争的战略问题》：“将侦查得来的敌方情况的各种材料加以去粗取精，去伪存真，由此及彼，由表及里的思索”。现代墨学研究的神圣使命，是用现代科学方法，对墨学资料，加以“去粗取精，去伪存真，由此及彼，由表及里的改造制作”，构造新墨学的理论系统，为振兴中华，实现中华民族伟大复兴，提供强大锐利的精神武器，使墨学在更广泛的基础上，再度发挥其为人民服务的积极效能。以上本书第三编，从“墨学研究方法论”到“去粗取精”等，共收词50个。所论方法，非墨学研究专用，墨学研究必用，不可不用。墨学研究趋于科学的关键因素。

参考文献

1. 孙中原著：《墨学七讲》，《人文大讲堂》丛书，中国人民大学出版社 2014 年版。

2. 孙中原著：《中国逻辑学十讲》，《人文大讲堂》丛书，中国人民大学出版社 2014 年版。

3. 孙中原著：《墨子解读》，《国学经典解读系列教材》，中国人民大学出版社 2013 年版。

4. 严灵峰编：《墨子集成》，收历代文献 99 种 77 家 46 册，台北成文出版社 1977 年版。

5. 任继愈、李广星主编：《墨子大全》，收历代文献 300 余种 100 册，北京图书馆出版社 2004 年版。